J.M.W. TURNER

Galeries nationales du Grand Palais, Paris
14 octobre 1983 - 16 janvier 1984

J.M.W. TURNER

à l'occasion du cinquantième anniversaire du British Council

Ministère de la Culture
Éditions de la Réunion des musées nationaux

10, rue de l'Abbaye, 75006 Paris

ISBN : 2-7118-0238-8

Cette exposition est placée
sous le haut patronage de S.M. la Reine Elizabeth II
et de
Monsieur François Mitterrand,
Président de la République française

FRANCE

Comité d'honneur

Monsieur Claude Cheysson
Ministre des relations extérieures

Monsieur Jack Lang
Ministre délégué à la Culture

S. Exc. Monsieur Emmanuel Jacquin de Margerie
Ambassadeur de France en Grande-Bretagne

Comité d'organisation

M. Louis Joxe
Ambassadeur de France, Président de l'Association française d'action artistique

M. René Huyghe
de l'Académie française, Président du Conseil artistique de la Réunion des musées nationaux

M. Jacques Boutet
Directeur général des relations culturelles, scientifiques et techniques
au Ministère des relations extérieures

M. Jacques Sallois,
Directeur du Cabinet du Ministre délégué à la Culture

M. Hubert Landais
Directeur des musées de France
Président de la Réunion des musées nationaux

Mme Catherine Clément
Sous-directeur des Échanges artistiques et culturels au Ministère des relations extérieures,
Directrice de l'Association française d'action artistique

Mlle Irène Bizot
Administrateur délégué de la Réunion des musées nationaux

M. Yves Mabin
Chef du Bureau des Arts plastiques au Ministère des relations extérieures

GRANDE-BRETAGNE

Comité d'honneur

Sir Geoffrey Howe
Secretary of State for Foreign and Commonwealth Affairs

The Earl of Gowrie
Minister for the Arts

Sir John Fretwell
British Ambassador to France

Comité d'organisation

Sir Charles Troughton
Chairman of The British Council

The Lord Hutchinson
Chairman of the Trustees of the Tate Gallery, Londres

The Lord Trend
Chairman of the Trustees of the British Museum, Londres

Sir John Burgh
Director General of The British Council

Bryan Swingler
Representative, The British Council, France

Julian Andrews
Director of Fine Arts, The British Council, Londres

Miss Margaret McLeod
Deputy Director of Fine Arts, The British Council, Londres

Tim Brown
Arts Officer, The British Council, France

Ian Barker
Exhibition Officer, The British Council, Londres

Cette exposition a été organisée par le British Council
et la Réunion des musées nationaux
avec la collaboration de l'Association française d'action artistique,
et le concours des services techniques du Musée du Louvre
et des galeries nationales du Grand Palais

Commissaires

Alan Bowness
Director of the Tate Gallery

Dr. John Gage
Lecturer in the History of Art, University of Cambridge

Evelyn Joll
Art historian

Andrew Wilton
Assistant Keeper, Department of Prints and Drawings, British Museum

Michel Laclotte
Inspecteur général des musées, chargé du Département des peintures du Musée du Louvre
et des collections du Musée d'Orsay

Commissaires adjoints :

Andrea Rose
Exhibition Officer, Fine Arts Department, British Council, Londres

Philippe Le Leyzour
Conservateur stagiaire au Département des peintures du Musée du Louvre

Le commissariat a été assisté par

Diana Eccles
British Council, Londres

Catherine Ferbos
British Council, Paris

Administrateur des galeries nationales du Grand Palais
Germaine Pélegrin

Que toutes les personnalités, qui ont permis par leur généreux concours la réalisation de cette exposition, trouvent ici l'expression de notre gratitude :

Viscount Camrose
Monsieur et Madame Nicholas Horton-Fawkes
Madame Amalia Lacroze de Fortabat
Monsieur D.P.H. Lennox
Madame Gordon Lorimer
Messieurs N.W. Lott et H.G. Gerrish
Monsieur le Duc de Northumberland
Sir Michael Sobell
Monsieur le Duc de Westminster

ainsi que tous ceux qui ont préféré garder l'anonymat.

Nos remerciements s'adressent également aux responsables des collections étrangères et françaises suivantes :

CANADA
Québec, Musée du Québec

ÉTATS-UNIS D'AMÉRIQUE
Boston, Museum of Fine Arts
Cambridge, Fogg Art Museum, Harvard University
Fort Worth, Kimbell Art Museum
Indianapolis, Indianapolis Museum of Art
New Haven, Yale Center for British Art
New York, Metropolitan Museum of Art
Oberlin, Allen Memorial Art Museum
Philadelphie, Philadelphia Museum of Art
Providence, Museum of Art
San Francisco, The Fine Arts Museum of San Francisco
Stanford, Stanford University Museum of Art
Washington D.C., National Gallery of Art

GRANDE-BRETAGNE
Aberdeen, Aberdeen Art Gallery and Museums
Bedford, Trustees of the Cecil Higgins Art Gallery
Birmingham, Birmingham Museums and Art Gallery
Bury, Bury Art Gallery and Museum
Cambridge, Fitzwilliam Museum
Cardiff, National Museum of Wales
Cockermouth, The National Trust
Edimbourg, National Gallery of Scotland
Exeter, University of Exeter
Kendal, Abbot Hall Art Gallery
Liverpool, University of Liverpool,Fine Arts Collections
Londres, Trustees of the British Museum
Courtauld Institute Galleries
Trustees of the National Gallery
Royal Academy of Arts
Royal Holloway College, University of London
Trustees of the Tate Gallery
Victoria and Albert Museum
Manchester, City of Manchester Art Galleries
Whitworth Art Gallery, University of Manchester
Newcastle-upon-Tyne, Laing Art Gallery, Tyne and Wear County Council Museums
Oxford, Visitors of the Ashmolean Museum
Petworth, H.M. Treasury and the National Trust
Plymouth, Plymouth City Museum and Art Gallery
Port Sunlight, Lady Lever, Museum and Art Gallery
Salisbury, Salisbury and South Wiltshire Museum
Sheffield, Sheffield City Art Galleries
Southampton, Southampton Art Gallery
Winchcombe, Sudeley Castle, Walter Morrison Collection
Wolverhampton, Wolverhampton Art Gallery

FRANCE
Paris, Musée du Louvre, Cabinet des dessins et Département des peintures

Nous voudrions aussi remercier tous ceux qui, dans les musées et institutions culturelles britanniques et français, ont participé à la réalisation de cette manifestation :

Noel Annesley, Professor A G H Bachrach, Vic Ball, Peter Bass, Alison Birkett, Philip Blackman, Peter Booth, John Bull, Martin Butlin, Catherine Chagneau, Rita Charles, Gilles Chouraqui, Ute Collinet, Richard Dormet, Martin Drury, Alexander Dunluce, Judy Egerton, Claire Filhos-Petit, Ann Forsdyke, Halina Grubert, Daniel Haize, John House, Graham Javes, Paul Joannides, Cecily Langdale, Hugh Leggatt, Catherine Lévy-Lambert, Richard Lockett, Ann Lyles, Jonathan Mason, Judith McColum, Robin Middleton, Max Moulin, Patrick Noon, Viola Pemberton-Piggott, Michael Pidgley, David Posnett, Barbara Putt, Peter Rea, Leonard Read, Marguerite Rebois, Grace Ritchie, John Rowlands, George Scott, Eric Shanes, Claude Soalhat, Martyn Tillier, Susan Valentine, Nicole Weil, Scott Wilcox, Stephen Wildman, Reginald Williams, Peter Wilson, Andrew Wyld, Patrick Youngblood

Traduction de Claude Lauriol et Jacques Rambaud

Sommaire

Avant-propos

Parmi les expositions qui, au lendemain de la guerre, ont révélé le monde de la peinture à toute une génération sevrée d'images, celle organisée à l'Orangerie en 1948 pour célébrer Turner demeure inoubliable. Mais elle ne rassemblait qu'un nombre assez limité de tableaux et d'aquarelles, provenant exclusivement des musées de Londres. Après l'éclatante présentation de l'artiste au cœur de la grande exposition du romantisme anglais montée en 1972 au Petit-Palais, et après le regroupement, brillamment composé en 1981 par le Centre culturel du Marais, des toiles, dessins et aquarelles inspirés par la France, le moment est venu d'offrir au public parisien une vision complète de son œuvre. On sait qu'à la suite de la vaste rétrospective du bicentenaire à la Royal Academy (1974-1975) et de la publication des catalogues raisonnés (M. Butlin et E. Joll, 1977; A. Wilton, 1979), l'interprétation critique de son art s'est considérablement enrichie, nuancée, au cours de ces dernières années, intégrant, dans un examen global de son évolution, certains aspects longtemps négligés ou mal compris de sa production (notamment les toiles « inachevées » ou des séries entières d'aquarelles), sans que soit pour autant, et par réaction, sous-estimé ce qui fit traditionnellement sa juste gloire.

Sans prétendre à une démonstration exhaustive, — certains tableaux irremplaçables et trop fragiles pour voyager faisant inévitablement défaut —, les organisateurs de l'exposition ont donc souhaité offrir un point de vue aussi large et équilibré que possible sur l'ensemble de l'œuvre de Turner, illustrant les grands moments de sa carrière, les étapes de son parcours stylistique, la diversité de ses motifs ainsi que de ses recherches techniques, afin de faire saillir, à travers ces variations, l'unité profonde de son art, la singularité de son génie, le plus original, à coup sûr, de toute la peinture anglaise.

Le British Council a mis tout en œuvre pour répondre à cet ambitieux propos en faisant appel, non seulement à la générosité inappréciable de la Tate Gallery et du British Museum, mais à celle d'une trentaine de musées britanniques et de nombreux collectionneurs, auxquels se sont joints, sollicités par la Réunion des musées nationaux, musées et amateurs américains. Que tous soient ici cordialement remerciés.

Emule de Claude Lorrain, Turner n'est pas seulement le maître de Ziem, mais comme le note J. Gage, celui de tous les « Elstir ». Non sans malentendus, certes, et parfois traces d'agacement, les artistes et les amateurs français ont toujours été touchés, souvent même fascinés, par le peintre. Combien se sont rendus à Londres pour « voir les Turner », comme d'autres à Bayreuth pour entendre le *Ring* ! Il faut donc dire toute notre gratitude à nos amis britanniques qui ont voulu que la plus importante exposition jamais consacrée à Turner hors de Grande-Bretagne ait lieu à Paris.

Michel Laclotte

Les abréviations BJ et W qui figurent dans les textes d'introduction et dans les notices renvoient aux deux ouvrages suivants :
M. Butlin et E. Joll, *The Paintings of J.M.W. Turner,* 1977
A. Wilton, *J.M.W. Turner : vie et œuvre,* 1979,
où l'on peut trouver également toute indication concernant les provenances des œuvres.

Introduction

Au moment où va s'ouvrir à Londres la Turner Gallery — qui réalise, du moins en partie, le désir, exprimé par le peintre dès 1830, de montrer ses œuvres réunies — il convient d'examiner les différentes façons dont l'art de Turner a été abordé depuis deux décennies. L'année décisive est 1966, date à laquelle se tint au Museum of Modern Art de New York l'exposition de Lawrence Gowing, *Turner : Imagination and Reality*, tandis que Jack Lindsay publiait en Angleterre *The Sunset Ship : The Poems of J.M.W. Turner*. La présentation de Gowing, œuvre de peintre autant que de critique, marquait la fin d'une grande tradition, qui consistait à voir en Turner un contemporain et qui avait donné ses meilleurs fruits en France, comme j'ai essayé de le montrer ailleurs dans ce catalogue. « Turner », écrivait Gowing, « isola l'effet pictural, comme on écrème le lait. Il entreprit d'en faire une synthèse nouvelle, avec une richesse presque excessive. Pour achever une œuvre, il avait tendance à y ajouter des détails synthétiques; nous ne les apprécions pas toujours. Ils n'étaient pas fondamentalement nécessaires à sa création, et il finit par en prendre conscience. Il réussit à isoler la qualité intrinsèque de la peinture et à révéler qu'elle pouvait être autonome : une fonction à part dans le processus de l'imagination... »[1].

Comme pour libérer le spectateur des « détails synthétiques », l'exposition de New York faisait largement appel aux toiles et aux aquarelles inachevées.

Quant à Lindsay, en homme de lettres il adopta un point de vue différent. Les poèmes de Turner n'offrent rien de remarquable et la plupart sont même illisibles; il y en a cependant beaucoup, dont certains publiés par Turner lui-même, et ils jettent une lumière intéressante sur sa mentalité, donc sur sa peinture. « Il est évident », écrit Lindsay, « que dans presque toutes ses œuvres Turner mettait des intentions allégoriques, qui s'harmonisent très bien avec ses analyses réalistes et ses définitions plus profondément émotionnelles ou symboliques »[2].

Les deux auteurs ont remarqué que l'œuvre de Turner contenait des ressources cachées, mais ils les ont situées à des niveaux très différents. En un sens, leurs approches constituent l'une et l'autre un retour à Ruskin, cet

1. L. Gowing, *Turner : Imagination and Reality*, New York, 1966, p. 11.

2. J. Lindsay, *The Sunset Ship : The Poems of J. M. W. Turner*, 1966, p. 62. Certains poèmes avaient déjà été publiés et étudiés par C. B. Tinker, *Painter and Poet*, 1938, pp. 148-152; A. Livermore, « Turner's Unknown Verse-Book », *Connoisseur Year Book*, 1957, pp. 78 ss.

interprète si intelligent de Turner, qui avait été témoin des efforts désespérés du peintre pour exprimer le *sens* de *La guerre* (n° 71) par des signes et des allusions[3]; mais, peut-être parce que beaucoup des études récentes sur Turner ont été faites par des universitaires, il est apparu comme un artiste bien plus littéraire et académique que Ruskin lui-même ne l'avait supposé.

On a remis en vedette récemment, par des publications partielles, les conférences de Turner sur la perspective, qui étaient loin de se limiter à une conception stricte de ce sujet éminemment technique[4]. Tandis que Ruskin croyait que le bagage classique du peintre pouvait se réduire au dictionnaire de Lemprière, de nouvelles recherches sur les peintures à sujets classiques (les « peintures absurdes » de Ruskin) ont montré que Turner se servait au contraire de sa petite bibliothèque, qui contenait des ouvrages de Plutarque, Pline, Tite-Live, Montfaucon et la publication en treize volumes d'Anderson, *Works of the British Poets*[5]. Les premières analyses des écrits de Turner les traitaient en général sur un plan plutôt théorique et indépendamment des peintures, en examinant leurs relations avec le thème *ut pictura poesis,* qui faisait l'objet d'un débat animé dans l'esthétique anglaise de la fin du XVIIIe et du début du XIXe siècle et à l'égard duquel Turner prit nettement position par cette remarque : « nous ne pouvons produire de bons peintres sans quelque aide de la poésie »[6]. Mais depuis peu se dessine une tendance à mettre ses écrits plus étroitement en rapport avec les peintures elles-mêmes — non seulement avec les tableaux à l'huile exposés, auxquels Turner appliqua les conventions de l'estampe en y ajoutant des légendes en vers, mais aussi avec les aquarelles faites pour la publication, dont les liens avec la longue tradition de la gravure satirique, de Hogarth à Rowlandson, sont maintenant élucidés[7].

On a vu également se développer ces dernières années des recherches sur les protecteurs de Turner et leur importance, et plus généralement sur le milieu de l'artiste; elles ont été grandement facilitées par la publication en 1977 du catalogue par Butlin et Joll des peintures à l'huile, en 1979 par Wilton des aquarelles achevées dans *Turner : vie et œuvre,* et en 1980 de la correspondance[8]. Enfin, les auteurs d'études sur Turner ont trouvé leur tribune propre dans la revue *Turner Studies,* éditée par Shanes, qui commença à paraître en 1981.

Il n'est pas surprenant que Turner ait cherché à s'approprier l'ensemble du passé et du présent par ses lectures et ses écrits : très jeune il s'était proposé d'imiter Rembrandt ou Vernet, Pope ou Thomson, ainsi que des contemporains comme Dayes et Loutherbourg, Gisborne et Campbell. Mais, de même que pour Girodet en France, son talent d'écrivain était infiniment moindre que son talent de peintre. L'imagination littéraire de Turner affleurait avant tout dans sa peinture, non dans ses écrits : cette griserie du sublime, qui s'exprime à la fois par l'échelle et par le sujet, et qui coïncida avec sa nomination comme membre associé de la Royal Academy en 1799; cette aspiration précoce à l'universalité qu'on devine dans les diverses catégories, souvent embarrassantes pour nous, du *Liber Studiorum* (n° 108), lequel n'est pas le testament d'un vieil artiste mais la déclaration d'intentions d'un jeune.

Nulle part cette interdépendance de l'art et de la littérature n'apparaît plus frappante que dans les notes sur les tableaux des maîtres anciens du Louvre rédigées par Turner lors de sa visite en 1802, juste après avoir transformé son nom de « William Turner » en « J. M. W. Turner, Esq., R. A. » (voir n° 97). Bien

3. Ruskin, *Works,* VII, p. 435 n.

4. Cf. en particulier, J. Ziff, « 'Backgrounds, Introduction of Architecture and Landscape' : A Lecture by J. M. W. Turner », *JWCI,* XXVI, 1963, pp. 124-147; Id., « J. M. W. Turner on Poetry and Painting », *Studies in Romanticism,* III, 1964, pp. 193-215; Gage, 1969, pp. 196-214.

5. B. Falk, *Turner the Painter : his Hidden Life,* 1938, pp. 255-259, a dressé la liste des livres de la bibliothèque; supplément dans Gage, 1969, pp. 215-216. Il est probable que Turner acquit la série d'Anderson aussitôt après la publication du vol. 13 en 1802; il ne possédait pas le vol. 14, publié en 1807.

6. Gage, 1969, p. 128; cf. aussi note 4 ci-dessus.

7. Cf. en particulier, Shanes, 1979, 1981.

8. Pour les mécènes et le milieu, cf. aussi Cologne, Wallraf-Richartz Museum, *J. M. W. Turner - Köln und der Rhein,* 1980; York City Art Gallery, *Turner in Yorkshire,* 1980; Paris, Centre culturel du Marais, *Turner en France,* 1981-82; G. E. Finley, *Landscapes of Memory : Turner as Illustrator to Scott,* 1980; Burnley, Towneley Hall Art Gallery, *Turner and Dr Whitaker,* 1982; Aberdeen Art Gallery, *Turner in Scotland,* 1982; A. Wilton, *Turner Abroad,* 1982.

qu'il ait inclus, en artiste autodidacte, beaucoup de détails techniques dans ses analyses, l'approche est fondamentalement celle de son mentor à l'Académie, Sir Joshua Reynolds, dont Turner avait presque certainement lu le *Journey to Flanders and Holland* de 1781 dès sa publication en 1797 parmi les œuvres posthumes de Reynolds. Ainsi Turner écrivait-il à propos du tableau de Poussin *Les Israélites recueillant la manne :* « Voici le *système* le plus grandiose d'ombre et de lumière qu'on puisse voir dans la collection. Deux figures d'une égale autorité occupent les côtés et ont les *mêmes* couleurs. Leurs satellites colorés les prolongent respectivement jusqu'au centre du tableau, où Moïse les réunit en étant vêtu de bleu et de rouge. Pour moi, il s'agit du cœur même du sujet, car cela crée une *confusion harmonieuse* [l'expression vient de Pope dans *Windsor Forest*], une confusion des parties prévue de façon à se répercuter sur les côtés, par la rencontre de couleurs vives servant de fond aux figures latérales qui sont en bleu et jaune; une confusion agencée avec tant d'art que l'art de la créer sans aboutir au désordre passe inaperçu. Le centre a été *retouché,* en particulier Moïse, et d'après moi également toutes les ombres des draperies rouges... »[9].

Ces remarques émanent d'un artiste profondément intuitif mais aussi très cultivé; seule la nécessité de formuler des idées d'une haute abstraction dans ses conférences sur la perspective, et la propension à recommencer dans certains de ses poèmes tardifs, conduisirent Turner à un véritable embarras verbal.

C'est dans le cadre de l'Académie qu'il chercha à édifier sa réputation et c'est l'Académie qui orienta sa réflexion sur les moyens d'y parvenir. Le souci d'élever le paysage au même degré de complexité narrative que la peinture d'histoire (souci partagé par d'autres artistes anglais : témoin les préoccupations de Constable entre 1820 et 1837) l'entraîna vers une étude inlassable de la figure humaine — élément de son œuvre qui a souvent rendu perplexes ses admirateurs. Les débuts de Turner avaient été parrainés par un peintre français d'histoire et de portraits, Jean-François Rigaud, et dans sa jeunesse il eut des contacts avec le fils de Rigaud, lui aussi peintre d'histoire, avec qui il fit, au début de 1798, une excursion dans le Kent pour y prendre des croquis. Les Rigaud furent parmi les premiers, avec Turner, à profiter de la permission, accordée à partir de cette année-là, de publier des légendes dans le catalogue. J.-F. Rigaud accompagna l'année suivante son tableau *La nourrice* d'un distique qui était peut-être de son invention[10]. Comme étudiant de la Royal Academy, Turner avait suivi le cursus normal de l'académie des moulages (1789-1792) et de la classe du modèle vivant (1792-1799); il y réalisa un certain nombre d'académies plutôt lourdes, qui sont conservées. En 1798 toujours, il acheta en vente publique un fonds important d'études de figures par un peintre d'histoire aujourd'hui oublié, Charles Reuben Ryley, comme s'il se préparait à une nouvelle carrière dans cette direction[11]. Dès qu'il devint académicien à part entière, en 1802, Turner demanda à devenir *visitor,* c'est-à-dire « instructeur », dans la classe du modèle vivant, mais on l'accepta seulement en 1812. Il allait occuper par intervalles cette charge pendant huit ans, jusqu'en 1838, et, à trois reprises pendant les années 1820 et 1830, celle d'*inspector* de la collection de moulages; il enseigna de façon originale cette matière si traditionnelle, associant son goût de l'antique et son goût du modèle vivant en une étude comparative qui faisait écho à l'insertion de motifs des maîtres anciens dans sa peinture[12]. Certes, Turner éprouva toujours quelque gêne à articuler des figures de grandes dimensions (*Jessica,* n° 51, en est un triste

9. TB LXXII, p. 26a. En 1821 Turner essaya d'acheter en vente un des carnets de Reynolds (W. T. Whitley, *Art in England 1821-1837,* 1930, p. 14).

10. Pour Turner et les Rigaud, cf. Finberg, 1961, pp. 46-47; et aussi J. Ziff, « Turner's First Poetic Quotations : An Examination of Intentions », *Turner Studies,* II, 1, 1982, pp. 2 ss.

11. Gage, 1969, p. 238.

12. Cf. Londres, 1974-1975, n^{os} B 46-51, et G. Wilkinson, *Turner's Early Sketchbooks,* 1972, p. 80.

exemple), mais, à petite échelle comme elles le sont généralement, elles remplissent bien leur fonction — orienter notre œil et notre esprit. Dans certaines scènes de foule mouvementées des années 1830 et 1840 (n°s 73, 225, 240), par leur masse, elles deviennent presque le support principal de la composition.

Si les figures jouent un rôle essentiel dans l'art de Turner, pourquoi les a-t-on, depuis Ruskin en tout cas, tellement peu prises en considération ? Après que Sir George Beaumont et ses amis se furent retournés contre Turner vers 1802, des critiques nourries fustigèrent la pauvreté, voire la négligence, de sa facture[13]. Parmi les premiers à insister sur ce point, le plus notable fut William Hazlitt, lui-même auteur de peintures à la manière de Titien. Les tableaux de Turner, écrivait-il en 1814 avant Thoré-Bürger, « sont... à l'excès des quintessences de perspective aérienne; elles ne représentent pas tant les objets de la nature que l'atmosphère à travers laquelle on les voit... L'artiste se complaît à retourner au chaos originel, à ce moment où les eaux furent séparées des terres, où aucun animal ne rampait encore sur le sol et où aucune plante ne portait encore de fruit. Tout est sans forme et vide. Quelqu'un a appelé ses paysages *des portraits de rien, mais très ressemblants* »[14].

Au fur et à mesure de l'évolution de son style, cette vieille idée que les tableaux de Turner ressemblaient plus à la peinture même qu'à une chose représentée donna lieu à une plaisanterie répétée, bien caractéristique d'une époque de consommation alimentaire galopante dans les classes sociales qui s'intéressaient à l'art : les œuvres de Turner ressemblaient à des conglomérats de nourriture haute en couleurs[15]. Le peintre était très conscient de ces critiques et en souffrait; certes, il en plaisantait, mais il prenait soin, pour riposter au préjugé selon lequel ses tableaux pourraient être accrochés dans n'importe quel sens, de mettre des pitons aux cadres pour indiquer la position correcte[16].

Un second facteur, plus important, qui favorisa cette image d'un artiste essentiellement abstrait est l'existence d'un grand nombre d'œuvres inachevées de Turner, huiles ou aquarelles, faisant partie ou non du legs à la nation. On n'a pas encore clarifié l'histoire des œuvres exclues du legs, mais il semble que Ruskin ait pu écarter les aquarelles inachevées, quand il s'occupa de circonscrire le legs vers la fin des annnées 1850 : tout en traitant de façon très cavalière le matériel préparatoire, qui pouvait nuire d'après lui à la réputation de Turner, Ruskin s'intéressait beaucoup aux méthodes de l'artiste et il inclut certaines des aquarelles inachevées dans ses importants legs didactiques aux universités d'Oxford et de Cambridge. Pour la majorité des peintures à l'huile inachevées, on peut remonter la filière jusqu'à la dernière gouvernante de Turner, Sophia Booth, et à son fils d'un mariage antérieur, le graveur Daniel John Pound, qui paraît avoir aussi disposé de certains faux dans ce domaine[17]. Si la vente facile des exemplaires inachevés éclaire d'un jour significatif les jugements sur l'art de Turner dans les années 1860 et après, elle ne renseigne guère sur leur statut dans son atelier; les rares documents suggèrent qu'il répugnait à considérer les œuvres inachevées comme de véritables œuvres d'art. Vers 1800, il refusa de les montrer à Sir George Beaumont — attitude qu'on peut d'ailleurs mettre en rapport avec le refroidissement de leurs relations[18] — et dans les rédactions successives de son testament au cours des années 1830 et 1840 il prit des mesures pour que seules les œuvres « terminées » du legs fussent exposées. C'est seulement dans quelques

13. Cette tradition a été étudiée par Van Akin Burd, « Background to *Modern Painters.* The Tradition and the Turner Controversy », *Publications of the Modern Language Association of America,* 74, I, 1959, pp. 254 ss.

14. W. Hazlitt, *Complete Works,* éd. Howe, XVIII, p. 14; il se rétracta partiellement en 1826, *ibid.* XII, p. 99. Pour Thoré-Bürger, ci-dessous p. 48.

15. La première comparaison gastronomique que j'ai trouvée figure dans la notice de *John Bull,* VII, 27 mai 1825, p. 165, sur *Mortlake Terrace* (n° 36). W. P. Frith, My *Autobiography and Reminiscences,* I, 1887, p. 130 ss, raconte une histoire indiquant que Turner goûtait quelquefois la plaisanterie. Cf. aussi Sir Wyke Bayliss, *Olives : the Reminiscences of a President,* 1906, p. 34, pour une satire scénique sur Turner dans cette veine.

16. P. Cunningham, dans J. Burnet, *Turner and his Works,* 1852, p. 45. La première critique de ce type que j'aie découverte est l'attaque de J. A. Koch contre *Medea* (BJ, n° 294), Gage, 1969, p. 104; cf. aussi B. R. Haydon en 1843 (*Correspondence and Table Talk,* 1876, II, p. 198), et Frith, *op. cit.*, pp. 129-130.

17. Cf. BJ, n°s 555-557.

18. J. W. Archer, « Reminiscences » (1862), *Turner Studies,* I, 1, 1981, p. 31.

notes non datées, aujourd'hui disparues, qu'il suggéra l'exposition tous les cinq ans d'un choix de toiles inachevées, et tous les six ans de « dessins et esquisses inachevés »[19].

Que Turner n'ait pas destiné cette catégorie d'œuvres à l'exposition ne signifie pas qu'il ne les appréciait pas, et la beauté remarquable de certaines a fait penser à bien des commentateurs qu'elles étaient au fond les plus chères à Turner, parce que dégagées de toute contrainte vis-à-vis d'un public hostile. C'est possible, mais, si nous essayons de situer ce type d'œuvres avec plus de précision dans la pratique du peintre, nous avons l'impression qu'il les abandonnait justement parce qu'elles ne le satisfaisaient pas. Dès ses débuts, Turner prit l'habitude d'étendre sous ses compositions — de quelque technique qu'il s'agît — une préparation colorée[20]; mais vers 1818 certaines commandes, en contraignant l'artiste à peindre rapidement une longue série d'aquarelles, aboutirent à de nouvelles méthodes de travail. Le changement se produisit, semble-t-il, à Farnley Hall, où les filles de son protecteur et ami Walter Fawkes virent « des cordes tendues à travers la pièce, comme chez une blanchisseuse, avec des papiers teintés de rose, de bleu et de jaune mis à sécher »[21]. Ces ébauches de couleur se rapportaient peut-être à la série de Farnley, consistant en une quarantaine de gouaches (n°s 136-137), dont une au moins existe encore sous cette forme préliminaire[22], ou encore à la série de l'*History of Richmondshire* de Whitaker (n°s 126-127), pour laquelle on commanda en 1816 cent vingt aquarelles à Turner, qui en termina seulement vingt, l'une d'elles datée 1818 (W, n° 579)[23]. Turner prit assez vite l'habitude de prévoir plusieurs versions d'un même sujet, dont une seule serait terminée (n°s 130 et 131; 133 et 134)[24]; avec la demande croissante de gravures en série dans les années 1820, en particulier après le commencement de la série *England and Wales* en 1825 (n°s 199 à 213), il se mit à faire des dessins par fournées plusieurs années avant qu'on les grave, et quelquefois sans aucune publication déterminée en vue[25]. Plusieurs des dessins et aquarelles de la série *England and Wales* auraient été exécutés chez leur acquéreur, le collectionneur B. G. Windus, et un autre artiste en a décrit la genèse avec beaucoup de verve : « La méthode de Turner consistait à inonder le papier encore humide de couleurs broyées; ... il [le peintre W. L. Leitch] me dit avoir vu une fois Turner travailler et qu'il s'agissait d'aquarelles, dont plusieurs étaient en cours à la fois : Mr Leitch dit qu'il tendait le papier sur des planches et qu'après les avoir plongées dans l'eau il jetait les gouttes de couleurs sur le papier encore humide, produisant partout des marbrures et des dégradés. Le processus de finition était d'une rapidité merveilleuse, car Turner indiquait les grandes masses et les détails, enlevait de la matière pour les lumières assourdies, grattait pour créer les rehauts lumineux, creusait, hachurait et pointillait jusqu'à ce que la composition fût terminée. Cette célérité, fondée sur la pratique de la gamme au début de sa vie, permit à Turner de préserver dans ses œuvres la pureté et la luminosité, et de peindre à un rythme prodigieux... »[26].

Vers 1830, le procédé de la série utilisé pour les aquarelles commença à s'étendre aux huiles; beaucoup furent désormais terminées à partir d'ébauches sommaires qui devaient être déjà sèches lorsqu'il les apportait à l'exposition, donc peintes quelque temps auparavant. Il terminait les toiles sur les murs mêmes de la salle d'exposition, et cela devint un spectacle familier durant les « jours de vernissage » à la Royal Academy ou à la British Institution (voir n° 60). Jusqu'à la

19. Finberg, 1961, p. 444. J'ai discuté ce point plus à fond dans « The Distinctness of Turner », *Journal of the Royal Society of Arts*, CXXIII, 1975, pp. 448-458.

20. Gage, 1969, pp. 27 ss.

21. *Ibid.*, p. 32.

22. *Turner in Yorkshire*, *op. cit.*, n°s 41-42 (W, n° 63).

23. *Ibid.*, n°s 129-130 (W, n° 561). Il est possible que les dessins mentionnés par les filles de Fawkes aient été destinés à la série du Rhin, de 1817, mais David Hill a montré de façon convaincante (*Ibid.*, p. 65) qu'ils ont été commencés sur place et seulement terminés à Farnley.

24. La série d'essais pour une seule œuvre la plus intéressante est peut-être celle pour le *Pont de Grenoble* (1824) de Baltimore (W, n° 404) : cf. *Turner en France*, *op. cit.*, n°s 164-167. Depuis cette exposition, un autre essai pour cette aquarelle a été découvert dans le legs Turner (TB CCLXIII, n° 391).

25. Shanes, 1979, p. 10; Gage, 1980, pp. 111-112.

26. Gage, 1969, p. 32. Pour Turner et la musique : A. Livermore, « Turner and Music », in *Music and Letters* XXXVIII, 1957, pp. 170-179.

fin, la gouvernante de Turner, Sophia Booth, qui semble l'avoir aidé dans l'atelier pendant les dernières années, le vit travailler de la manière suivante à l'ultime série qu'il devait envoyer à l'Académie en 1850 : « Les tableaux étaient disposés en rangée et il allait de l'un à l'autre, travaillant sur l'un, retouchant l'autre, et ainsi de suite, à tour de rôle »[27].

Le développement d'une méthode de travail en série vers 1820-1830 alla de pair avec une nouvelle attitude à l'égard des structures colorées dans la nature, attitude nourrie par des recherches qui aboutirent aux conférences sur la perspective, où, à partir de la saison 1818, Turner mit de plus en plus l'accent sur les problèmes de couleur[28]. A sa nouvelle palette étendue au prisme il donna aussi force et souplesse par la technique des hachures et du pointillé (probablement inspirée de la miniature), qu'il avait expérimentée dans l'aquarelle — la préparation étant recouverte d'un réseau de touches délicates, qui affecte la surface tout entière, y compris le ciel[29].

Cette habitude chez Turner de travailler rapidement et en série lui fit peu à peu appliquer son ancienne notion de la nature essentiellement subjective de la perception (voir ci-dessous p. 54) à l'étude de la peinture en cours plutôt qu'à l'étude du motif. Autrement dit, la peinture devint un processus d'agencements optiques, du type exposé par Matisse dans sa fameuse déclaration de 1908. Ce fut d'ailleurs Matisse qui définit cette base subjective de l'art de Turner âgé, en racontant : « Turner vivait dans une cave. Tous les huit jours, il faisait ouvrir brusquement les volets, et alors quelles incandescences ! Quels éblouissements ! Quelle joaillerie ! »[30]. Telle était en effet la mise en scène qu'il préparait pour les visiteurs; en 1845, l'un d'eux rappelait qu'on le fit attendre dans une antichambre obscure précédant la galerie, car « la lumière brillante du dehors aurait faussé leur vue et ne leur aurait pas permis d'apprécier les tableaux dans les conditions les meilleures, un temps d'obscurité étant nécessaire »[31].

Ainsi, les œuvres inachevées, à l'huile et à l'aquarelle, que nous voyons à des stades variés d'achèvement (par exemple n°s 76-79), étaient celles que Turner ne se sentait pas capable de doter de cette articulation spatiale et de ce jeu de figures, parfois trop riches, qui les auraient rendues complètes. Mais elles n'en sont pas moins belles et fascinantes. Bien des œuvres exposées dans les années 1840 étaient à peine plus finies, mais toutes avaient la caution de titres précis. L'une des tâches principales des études récentes sur Turner a été d'analyser ces titres et de les rattacher à l'image; or, on a découvert que l'utilisation du sujet par Turner n'était pas moins personnelle que sa façon de traiter la forme et la couleur. Quelques aspects de cette approche sont analysés dans le catalogue de l'exposition, qui cherche à montrer « le prodigieux registre de l'esprit » que Constable admirait chez Turner.

John Gage

27. Archer, *op. cit.*, p. 36. Archer mentionne trois œuvres, mais, comme le dit Mrs Booth à John Pye en 1852 (W. Armstrong, *Turner*, 1902, p. 182), Turner envoya une série de quatre toiles (BJ, n°s 429-432).

28. Gage, 1969, ch. 6; G. E. Finley, « Two Turner Studies... Turner's Colour and Optics », *JWCI*, XXXVI, 1973, pp. 385-390.

29. On peut facilement remarquer le changement dans la série *Southern Coast*, reproduite en couleurs par Shanes, 1981.

30. H. Matisse, *Écrits et propos sur l'art*, éd. Fourcade, 1972, p. 290.

31. R. S. Owen, *The Life of Richard Owen*, I, 1894, p. 263.

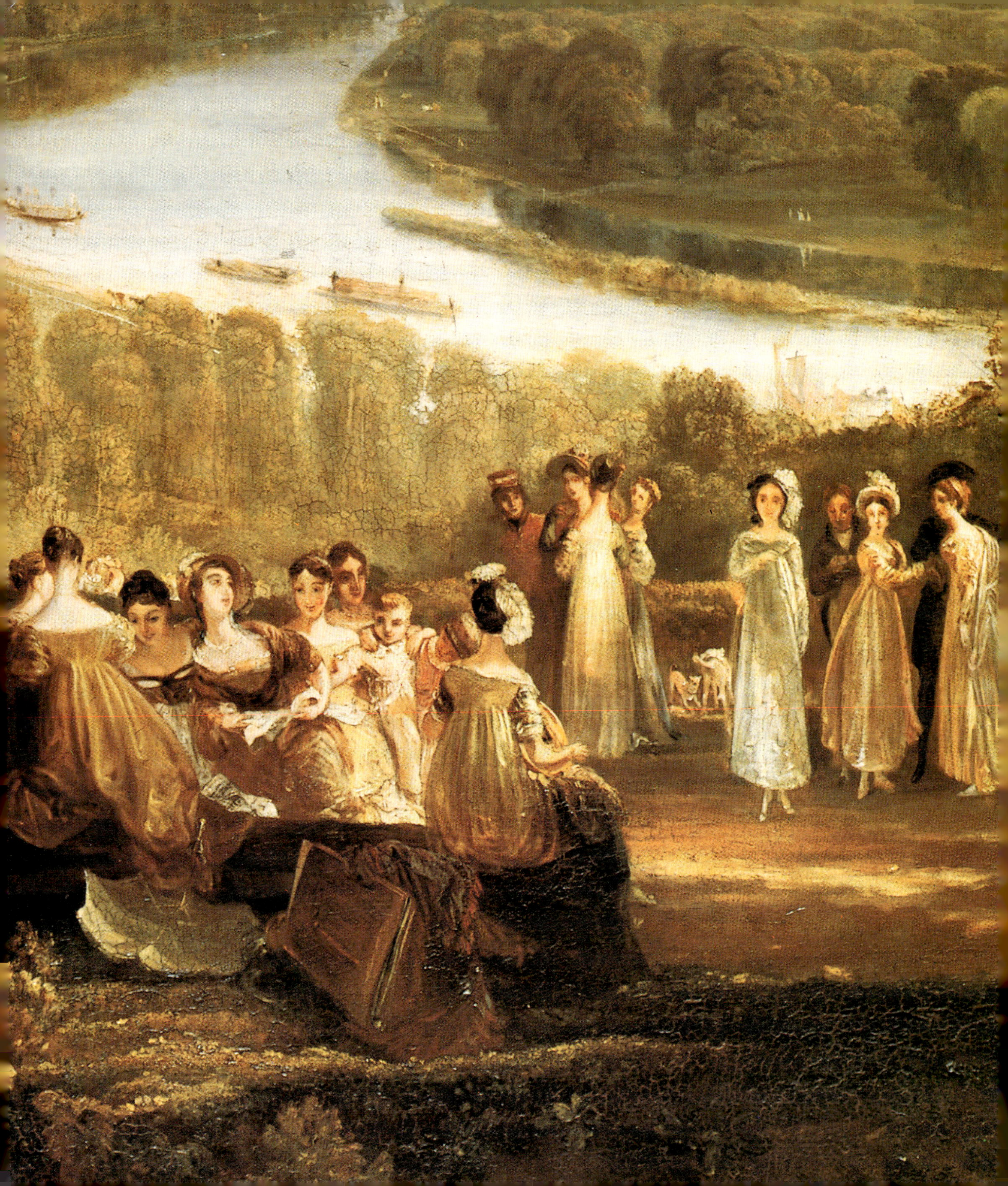

Turner et les grands maîtres

Lors de sa première leçon de professeur de perspective (1811), Turner exprima sa gratitude tant envers « cette institution à laquelle je dois tout » qu'envers son premier président : « C'est entre ces murs que j'ai été instruit, que j'ai écouté — j'espère du moins l'avoir fait — avec un sentiment et un respect justifiés pour cette institution et pour son président d'alors, Sir Joshua Reynolds... Au nom de Michel-Ange, Sir Joshua nous a laissé un volume, un volume riche, complet et inépuisable, ennobli par le style puissant et imagé de ses propres paroles. »[1]

Il avait de très bonnes raisons de rendre hommage à Reynolds et à l'Académie : tous deux annonçaient la fin tant espérée de l'insularité artistique de l'Angleterre. Une immense tradition, mais étrangère jusque-là, allait provoquer admiration et émulation, allait être assimilée, et peu de gens allaient comprendre cette occasion, ce défi aussi bien que Turner. Stimulé par cette certitude et démesurément armé d'ambition, d'imagination et de talent, il parvint à connaître un art ancien d'une manière tout à fait exceptionnelle. Les peintures du Titien, de Poussin ou de Willem Van de Velde sont devenues des modèles essentiels, vivants, d'une perfection et d'un idéal qui, dès l'abord, furent à la fois défi et source d'inspiration. On ne peut en donner meilleure illustration qu'en remarquant cette confession, cet hommage et cet amour-propre si singuliers qui se manifestent à la National Gallery, à Londres : c'est là que, aujourd'hui, selon les termes de son testament, sont exposées les peintures de Turner, *Didon construisant Carthage* et le *Lever de soleil dans la brume,* côte à côte avec l'*Embarquement de la reine de Saba* et le *Mariage d'Isaac et de Rébecca,* du Lorrain.

On ne perçoit visiblement l'engouement de Turner pour les grands maîtres que tout juste avant 1800. Si l'on sent parfois des influences plus anciennes dans ses premières œuvres d'aquarelliste, comme celle de Rembrandt, par exemple (voir n° 83), on peut généralement négliger ces allusions au passé au regard de sa fidélité globale à une tradition anglaise plus récente. Si l'on peut, de la même manière, indiquer certaines sources hollandaises, les premières peintures exposées par Turner, celles de 1796-1797, s'expliquent en grande partie par l'influence de l'art contemporain ou très proche, celui de P.J. de Louthergourg, de C.J. Vernet

1. British Library Add. MS 46151 C, f. 3r-v.

◀ *Détail du n° 34*

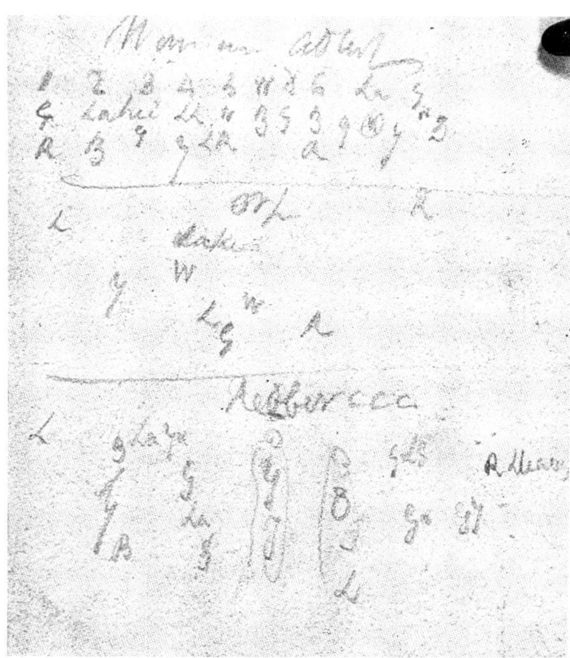

Fig. 1. *Notes sur les couleurs des tableaux de Poussin : « La femme adultère », « Orphée et Eurydice », « Eliezer et Rebecca »,* 1802. Crayon. 0,129 × 0,112. Londres, British Museum (TB LXXII, p. 71).

ou de Richard Wilson[2]. C'est le dernier de ces artistes qui a une importance particulière pour notre histoire. Vers 1796-1797, Turner se livra à l'étude des peintures de Wilson, ces œuvres qui représentent essentiellement la première réponse anglaise toute pleine de compréhension à la grande tradition du paysage telle qu'on la trouve chez Poussin et chez Le Lorrain. Il a fallu à peu près un an pour que Turner fît le pas suivant : Le Lorrain et Poussin devinrent les sujets de ses études et, donc, les sources de ses plus anciennes copies de vieux maîtres connues. La date de ces copies est révélatrice.

C'est en 1798 que l'on rencontre pour la première fois la marque de la grandiose ambition de Turner. Sur dix œuvres présentées à la Royal Academy, cinq étaient des huiles, c'est le plus grand nombre de peintures à l'huile qu'il ait encore jamais exposées; pour beaucoup d'entre elles, en outre, dans le catalogue de l'Academy, le titre précédait des citations poétiques, ce qui suggère que c'est un art qui se veut plus qu'une simple représentation de la nature[3]. Ce qui traduit également le sérieux de ses intentions, c'est sa première tentative d'être admis à la Royal Academy (il en devint membre en 1799). C'est au milieu de ces inquiétudes qu'il fit ses premières copies de Poussin[4].

Il est difficile d'exagérer l'influence de Poussin sur la formation de l'art et des idées de Turner. Sans aucun doute, les premiers essais de Turner en tant que peintre de paysages historiques sublimes, comme *La cinquième plaie d'Égypte* (n° 5), en 1800, sont en grande partie dus à l'exemple de Poussin. Pourtant, de plus d'importance que l'immédiate influence picturale, que l'on retrouve

2. Il a fait au moins six copies de l'œuvre de Wilson, quatre sur papier (TB XXXI-I, XXXVII, pp. 78-9, 86-7, 98-9) et deux à l'huile (B.J., n°s 43 et 44).

3. Voir J. Ziff, « Turner's First Poetic Quotations : An Examination of Intentions », *Turner Studies,* vol. II, n° 1, 1982, pp. 2-11.

4. TB XLVI, pp. 114v *(Paysage avec un serpent)* et 118 *(Présentation de Moïse).* Plusieurs autres dessins du carnet (pp. 59v, 60 et 61) semblent se rapporter aux *Sept sacrements* de Poussin (les deux séries se trouvaient en Angleterre). J. Ziff en dit plus sur Poussin dans « Turner and Poussin », *Burlington Magazine,* vol. CV, juillet 1963, pp. 315-321. On trouvera d'autres études sur l'importante œuvre de Turner à cette époque chez John Gage, « Turner and Stourhead : The Making of a Classicist ? » *Art Quarterly,* vol. XXXVII, printemps 1974, pp. 59-87.

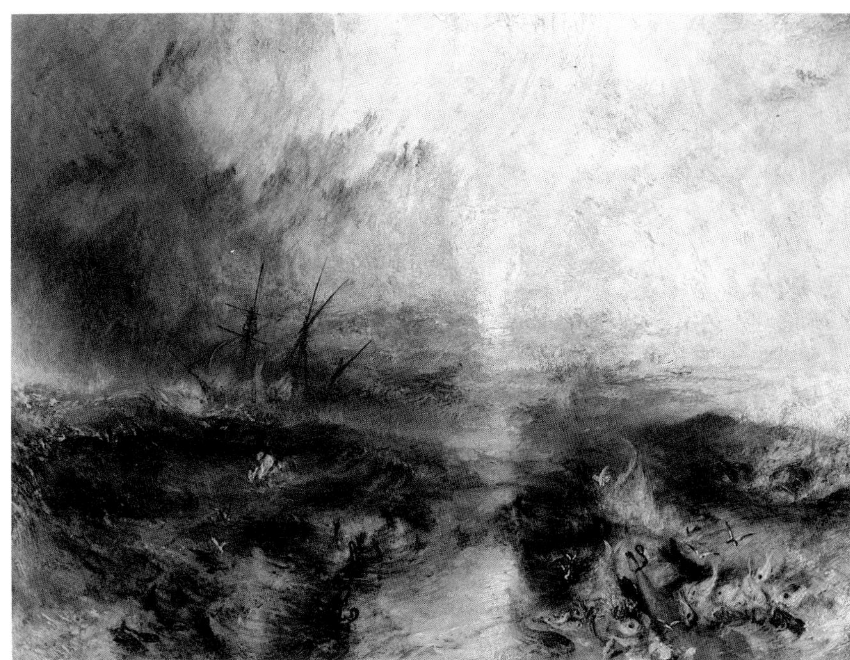

Fig. 2. *Négriers jetant par-dessus bord les morts et les mourants,* 1840. Toile. 0,91 × 1,38. Boston, Museum of Fine Arts.

également dans *Châteaux de St-Michel* (1803; nº 11)[5], sont les visées dérivées de l'art et de la pensée de Poussin. Les conférences de Turner avec leurs longues et fréquentes références à ce maître indiquent que Turner a pu trouver dans l'art de Poussin quelques-unes de ses premières idées sur la portée éventuelle du paysage[6]. Mieux, l'étude exceptionnellement concentrée qu'il fit de la couleur chez Poussin, en 1802 (fig. 1), nous dit avec une quasi-certitude que les théories de celui-ci — les combinaisons de couleurs associées à des modes musicaux — ont précocement stimulé les idées de Turner quant au potentiel expressif de la couleur[7]. Il devait plus tard rejeter les idées de Poussin, les estimant trop restrictives, « carcérales »; il n'en reste pas moins qu'elles sont à l'origine d'un itinéraire qui devait finalement conduire à ces triomphes de la couleur expressive, aux voiles d'un noir intense de *La paix - Funérailles en mer* (1842; nº 70) ou au ciel ardent de *Négriers jetant par-dessus bord les morts et les mourants* (1840; fig. 2)[8].

Devant son legs à la National Gallery, on n'est pas surpris de constater que l'art du Lorrain a également sa place dans les études les plus anciennes de Turner sur les grands maîtres. Aucun autre artiste ne devait avoir d'effet aussi profond sur Turner; la lumière et la couleur aérienne de Claude Gellée, sa composition harmonieuse et ses idylliques visions du passé se sont révélées une inépuisable source d'inspiration. On en trouve le premier indice dans le journal de Joseph Farington; le 8 mai 1799, Turner lui parla d'un des Lorrain provenant des Altieri, que l'on pouvait alors voir à Londres : « Il avait été à la fois heureux et malheureux en le regardant — il semblait au-delà de toute possibilité

5. La relation entre ce tableau et le *Paysage avec une voie romaine* de Poussin a d'abord été remarquée par Evelyn Joll (B.J., vol. I, p. 33).

6. Voir, par exemple, British Library Add. MS 46151 H, ff 23r-24r.

7. Voir les notes de Turner dans le carnet *Louvre,* TB LXXII, pp. 25v-27r et, encore plus important, les notes sur les couleurs des tableaux de Poussin, sur les pp. 71, 72, 73 et 74 et peut-être celles des pp. 65, 66 et 67. Comme l'a fait remarquer John Gage (*Colour in Turner,* 1969, p. 109) la connaissance que Turner a des théories des couleurs de Poussin vient de A. Félibien, *Seven Conferences on Painting,* Londres, 1740.

8. Pour le rejet ultérieur, voir Gage, 1969, p. 200.

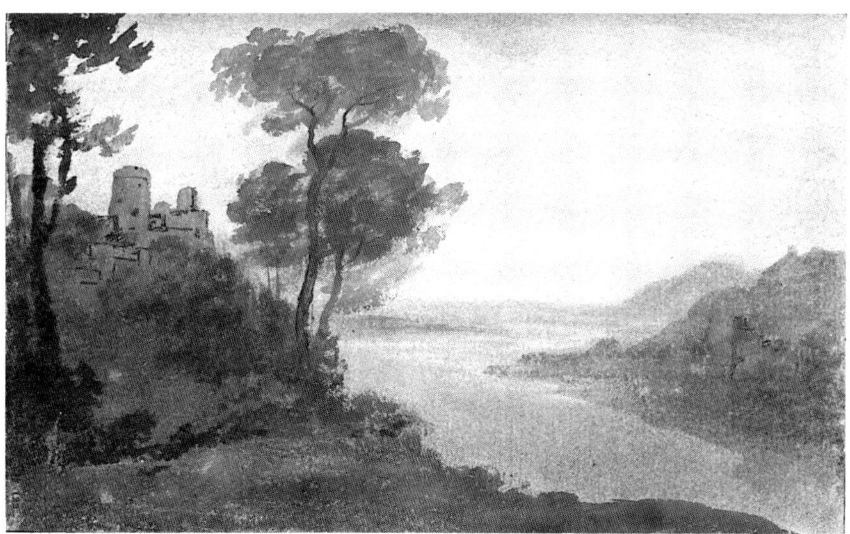

Fig. 3. *Copie d'après le « Paysage avec l'arrivée d'Enée à Pallantée »*, 1799. Aquarelle. 0,230 × 0,137. Londres, British Museum (TB LXIX, p. 122).

d'imitation ». Inimitable, mais non impossible à étudier. Turner copia ce tableau, *Paysage avec l'arrivée d'Enée à Pallantée,* craie avec aquarelle (fig. 3), peut-être le fit-il le jour même[9]. L'absence de personnages et de navires indique nettement que Turner s'est surtout préoccupé de conserver la structure fondamentale de la composition.

A partir de 1800 environ, l'art de Turner révèle un ensemble de sources toujours plus important, et l'on ne saurait mieux expliquer les intentions de l'artiste que ne le fit son héros, Reynolds : « Son but était d'apprendre tout ce qui avait été connu et fait avant sa propre époque... Avec, devant lui, tous ces modèles différents, il évitera l'étroitesse et la pauvreté de conception qui s'attache à l'admiration fanatique d'un maître unique »[10].

C'est ainsi, tout en assimilant les leçons du Lorrain et de Poussin sur les paysages historiques et idéaux, que Turner a pareillement étudié les peintres de marines hollandais, et s'est efforcé de les surpasser. C'est ce qui apparaît le mieux avec ce que l'on a baptisé *Marine Bridgewater* (1801; BJ, n° 14), qui, commandé pour faire pendant à *La tempête se lève* de Van de Velde, a été reconnue supérieure au modèle, et cela par de nombreux admirateurs[11].

Ce que l'on pouvait trouver, en 1800, dans les collections ou dans les galeries anglaises importe peu, ce n'était qu'un très pâle reflet des richesses rassemblées au Louvre; avec la Paix d'Amiens, en 1802, Turner eut la chance de voir cette collection sans précédent. Le 28 septembre, ou aux alentours de cette date, après un voyage de plusieurs mois en Suisse et en France, il arriva à Paris et devait y séjourner deux semaines environ, semblant ne rien faire d'autre que d'étudier l'art. Comme il l'a expliqué plus tard, son étude était régie par une prédisposition personnelle et nationale : « La nationalité, avec sa petitesse, est tombée sur moi. Pourtant je n'ai pu m'empêcher de nous comparer à eux [les

9. TB LXIX, p. 122. La peinture est propriété du National Trust (Fairhaven Collection, Anglesey Abbey).

10. Voir TB CVI, pp. 70v-71v, pour les notes de Turner provenant de ce passage dans le deuxième discours de Reynolds.

11. Le Van de Velde est reproduit dans BJ, vol. II, pl. 541. L'association des deux artistes a son anecdote; on prétend que Turner aurait dit de la gravure d'un tableau de Van de Velde : « Ah ! cela a fait de moi un peintre ! » (Walter Thornbury, *The Life of J. M. W. Turner*, 1904, p. 8).

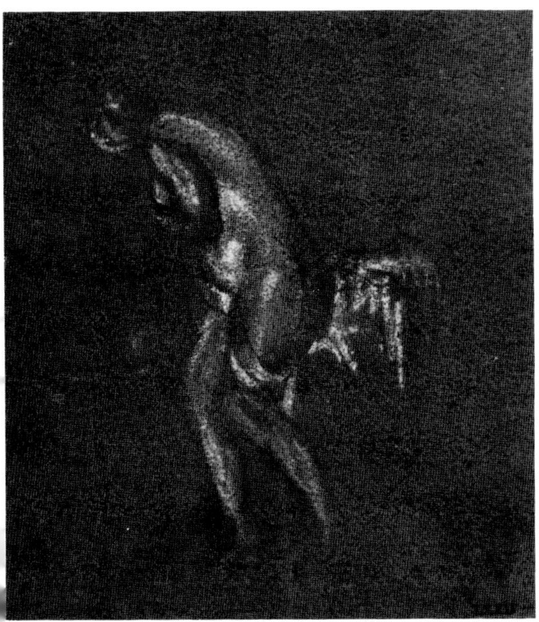

Fig. 4. *Copie de la « Suzanne » de Rembrandt,* 1802. Crayon et craie. 0,129 × 0,112. Londres, Bristish Museum (TB LXXII, p. 61).

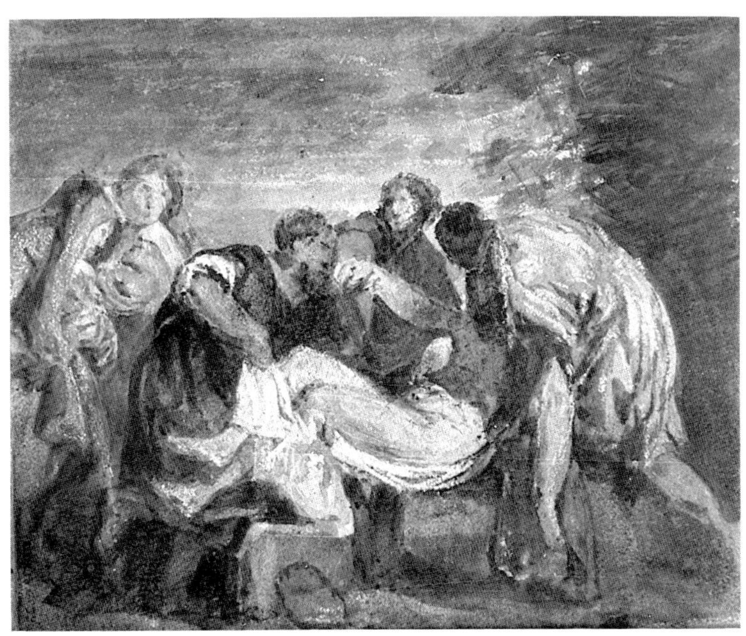

Fig. 5. *Copie de « La mise au tombeau » du Titien,* 1802. Aquarelle. 0,129 × 0,112. Londres, British Museum (TB LXXII, p. 32).

artistes français], généralement à l'avantage de nos efforts… C'est avec raison que nous pouvons nous prétendre peintres [même] si nous sommes piètres dessinateurs. Ainsi, eux et nous, nous contrastons, nous sommes aux extrêmes. La prédilection pour la couleur nous a suivi dans notre admiration des belles tonalités et de l'ampleur du style »[12].

Cet intérêt pour la couleur l'a conduit à l'art du Titien, de Rembrandt et, pour les raisons déjà indiquées, de Poussin. Mais cet intérêt ne va pas sans surprise comme, par exemple, l'art de Rubens qui a posé de considérables problèmes. Rubens a manifestement attiré son attention et a provoqué une critique réitérée : « Le bleu éclatant de la distance, autre exemple de sa déformation de ce qu'il ne veut pas connaître… l'effet naturel », voilà sa réponse au *Paysage avec arc-en-ciel* de Rubens[13]. Ce genre de remarque nous rappelle que nous avons encore affaire à un Turner jeune, relativement étroit.

Ce qui est des plus imprévus, c'est l'absence de toute référence à l'art du Lorrain dans le carnet *Louvre* (vingt ans après, Turner devait étudier de très près les peintures négligées). En 1811, il en parla comme si elles avaient été d'un autre, ce qui explique peut-être qu'il n'en ait pas gardé le souvenir[14]; quelle qu'en soit la raison, cependant, une chose est certaine, l'opinion de Turner sur Le Lorrain n'a pas connu le moindre déclin. C'est même, en réalité, quelques mois après qu'il peignit son premier chef-d'œuvre « claudien », *La fête des vendanges à Mâcon* (n° 7).

12. Dans la copie des *Elements of Art* de M.A. Shee, 1809, par Turner, une note est insérée entre les pp. 32 et 33. Les importantes notes manuscrites de Turner dans le livre de Shee et les *Lectures on Painting* de John Opie, 1809, ont été étudiées par Barry Venning dans « Turner's Annotated Books », *Turner Studies,* II, 1, 1982, pp. 36-46.

13. TB LXXII, p. 78. Le Rubens se trouve au Louvre. Ailleurs, dans ce carnet, p. 78, il a écrit sur *Le tournoi* de Rubens, qui est au Louvre, et il a copié, p. 55, une partie du Rubens *St Roch intercédant pour les victimes de la peste,* qui se trouve à Alost, Belgique.

14. « Les murs du Louvre ne peuvent se glorifier que de deux tableaux de Claude et ces deux-là devraient plus exactement être attribués à Swanevelt » (BL Add. MS 46151 F, f. 16v). Gage, 1969, a laissé entendre que Turner n'aurait pas étudié Le Lorrain en 1802 à cause du mauvais éclairage de la grande galerie qui n'avait pas encore d'éclairage par le plafond.

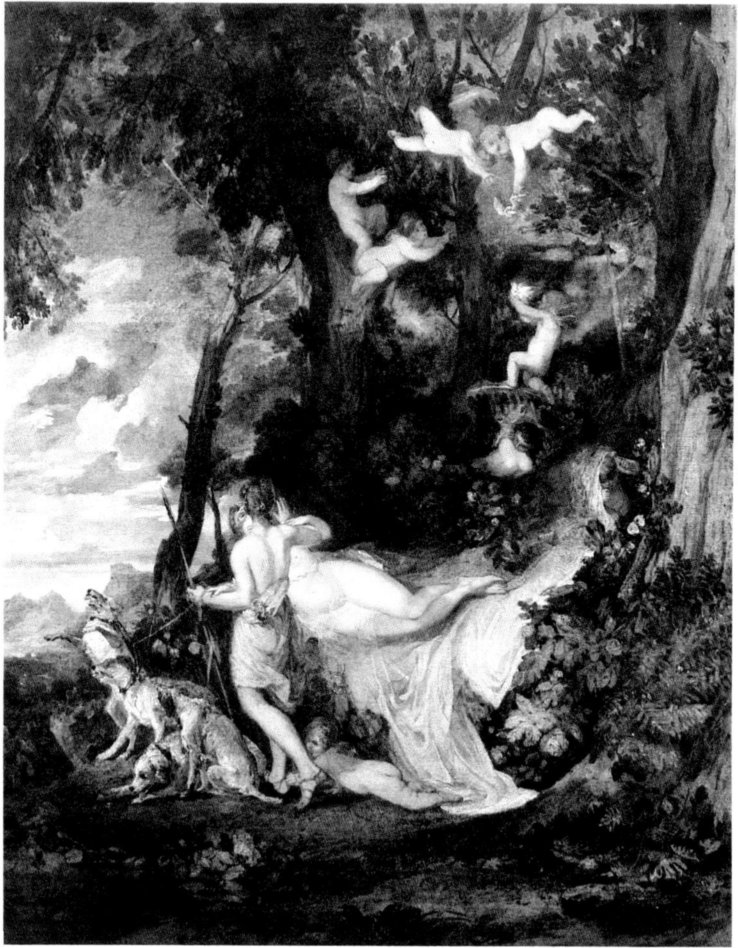

Fig. 6. *Venus et Adonis,* vers 1803. Toile. 1,49 × 1,19. Londres, coll. Christopher Gibbs.

L'intérêt que Turner a toujours porté à l'art hollandais n'est pas surprenant. Jacob Van Ruysdael, de qui Turner devait ultérieurement célébrer la mémoire dans le titre de deux scènes portuaires, a fait l'objet d'une étude soigneuse. Une des peintures du Louvre, *La tempête,* appréciée tout autant que critiquée par Turner, semble avoir été, en définitive, une de ses raisons de peindre *La jetée de Calais,* exposée en 1803[15]. Rembrandt n'a pas eu d'influence immédiate aussi évidente. Il a fallu plus de temps à Turner, semble-t-il, pour en apprécier tout le génie; il en a cependant étudié et copié (fig. 4) plusieurs tableaux mais ses notes révèlent une attitude ambiguë qui n'est pas sans rappeler celle que l'art de Rubens lui donnait. C'est ainsi qu'il trouvait la *Suzanne* de Rembrandt « mal dessinée » et son *Bon Samaritain* « monotone »[16].

Aucune réserve sur l'art du Titien mais Turner est alors arrivé à Paris tout

15. Sur l'intérêt porté par Turner à Ruysdael, voir A.G.H. Bachrach, « Turner, Ruisdael and the Dutch », *Turner Studies,* I, 1, 1981, pp. 19-30.

16. Les copies et les notes se trouvent pp. 56v et 61r du carnet. Les deux Rembrandt se trouvent au Louvre.

préparé à admirer le grand Vénitien. Il connaissait plusieurs des chefs-d'œuvre du Titien de la collection du duc de Bridgewater[17]. Plus important était même le fait que Turner avait utilisé les peintures et les techniques qu'à ce moment on pensait être celles des Vénitiens et, en particulier, du Titien[18]. Cela explique sûrement pourquoi il consacra tant de temps à examiner les couleurs de *La mise au tombeau* (fig. 5) et le fond et le vernis de la *Jeune femme à sa toilette*. Un autre Titien, disparu depuis, *Le martyre de St Pierre,* retint son attention pour la meilleure des raisons, Turner le considérait une perfection absolue : « Divin ! » et encore : « Le plus grand honneur jamais rendu à un paysage ! » Il en avait été tellement frappé que, peu après son retour à Londres, il peignit son tableau le plus ouvertement inspiré du Titien, *Vénus et Adonis* (fig. 6)[19].

Il n'a jamais pu oublier le Titien; en 1819, alors que *Le martyre de St Pierre* avait été restitué à Venise, il l'examina de nouveau[20]. Des années après, en 1840, Turner « cita » ouvertement *Bacchus et Ariane* du Titien quand il traita le même sujet. Cette durable admiration du Titien et des autres peintres vénitiens, de Véronèse en particulier, devait aboutir au glorieux éclatement de couleurs dans des peintures comme *Ulysse raillant Popyphème* (1829), et *Le vaisseau de ligne « Le Téméraire » remorqué à son dernier mouillage pour y être démoli* (1839).

La diversité de ses études et de ses peintures, de 1800 à 1804, — dans le style ou du moins une compréhension visible de Claude Gellée, de Poussin, de Ruysdael et du Titien, — devait rapidement faire prendre conscience d'un fait capital : l'on pouvait démontrer l'importance des représentations de la nature grâce à l'expressive variété qu'elle offre aux yeux de l'artiste. Pour Turner, le passé lui avait appris que représenter la nature et représenter la condition humaine dans la nature pouvait avoir autant de variété et de richesse que la peinture la plus renommée, la peinture des scènes historiques. L'illustration formelle et systématique de la thèse de Turner ne se fit attendre que quelques années, avec la publication, en 1807, du *Liber Studiorum.* On a longtemps associé cette série de gravures au *Liber Veritatis* du Lorrain, association exacte, sans aucun doute; ce qui distingue cependant cette œuvre de celle de son précurseur, c'est l'intention. N'oubliant pas ce qu'avaient accompli le Titien, les Hollandais et les Français, il concluait que l'on pouvait démontrer l'importance de l'art du paysage en en illustrant les classes d'expression (il en a identifié six : E.P. — le pastoral épique, sans doute[21] — le pastoral, les marines, les montagnes, l'architecture et l'histoire).

La plus grande partie du *Liber Studiorum,* cinquante gravures environ, a été publiée entre 1807 et 1812. Chaque gravure faisait partie d'un groupe de cinq qui, même disposées sans ordre, comprenait toujours un exemple de pastoral et un de pastoral épique, soit, en gros, les pôles du réel et de l'idéal. Aucune surprise que ce soit exactement le moment, dans la carrière de Turner, où il adopte finalement l'art de Rembrandt et où, presque tous les ans, Lorrain lui a servi de modèle pour une œuvre importante avec, comme point culminant, en 1814, *Apullia à la recherche d'Appulus,* pratiquement la copie du *Jacob et Laban* du Lorrain, et, en 1815, avec *Didon construisant Carthage*[22].

Turner a rarement répudié d'anciennes amours : Titien, Le Lorrain et les Hollandais, d'un point de vue ou d'un autre, feront sentir leur influence plusieurs années encore après 1840. Cela ne l'empêcha pas d'en trouver d'autres, comme Watteau en est un remarquable exemple. Quoique Watteau ait déjà pu hanter la

17. Francis Egerton, troisième duc de Bridgewater, possédait les magnifiques *Diane et Actéon* et *Diane et Callisto.*

18. Le marchand de couleurs de Turner, Sebastian Grandi, prétendait connaître les couleurs et les techniques des Vénitiens (Gage, 1969, pp. 34 et 230).

19. L'analyse du *Martyre de St Pierre* ainsi que des notes et des copies d'après *La mise au tombeau* et la *Jeune femme à sa toilette* se trouvent pp. 23v et 31v. *Le Christ couronné d'épines* du Titien a également été étudié, pp. 51, 52. Voir également pp. 56v-57 une copie du *Concert champêtre* de Giorgione ainsi que la copie de *La reconnaissance de l'Enfant* de Lorenzo Lotto qui, — comme les tableaux cités plus haut, à l'exception du *Martyre de St Pierre,* — se trouve au Louvre. Les notes de Turner sur *Le martyre de St Pierre* proviennent de la British Library Add. MS 46151 P, f. 4r-v (pour le texte de cette conférence, voir J. Ziff, « 'Backgrounds, Introduction of Architecture and Landscape' : A Lecture by J. M. W. Turner », *Journal of the Warburg and Courtauld Institutes,* vol. XXVI, 1963, pp. 124-147).

20. Une petite partie du tableau a été copiée dans TB CLXXV, p. 40v.

21. « Épique » apparaît dans les références de Turner à la poésie : « Ideas of the Epic, Dramatic, or Pastoral Poetry » (British Library Add. MS 46151 N, f. 6v).

22. Pour l'influence de Rembrandt, voir *Le grand canal de raccordement à Southall Mill,* 1810 (BJ, n° 101).

pensée de Turner, le premier indice concret d'un intérêt véritable se trouve dans les copies des personnages de *L'île enchantée,* qu'il exécuta en 1818 (fig. 7)[23]. Il peut sembler étrangement ironique que l'étude d'une scène aussi intime ait pu sans attendre trouver à se glisser dans une des plus grandes peintures de Turner, *Angleterre : Richmond Hill, le jour de l'anniversaire du Prince Régent,* (1819; n° 34); étant donné, cependant, la vision élégante recherchée par Turner, il ne pouvait y avoir choix meilleur ni plus approprié. Pendant toute la décennie qui suivit, l'art de Watteau continua d'avoir une grande influence dont les conséquences vont de scènes de fête comme *Ce que vous voudrez* (1821; n° 35), à *Boccace racontant l'histoire de la cage à oiseaux* (1828), avec une augmentation de la richesse des couleurs et de la surface peinte. En quelques années seulement, Turner devait généreusement reconnaître ce qu'il lui devait.

Pour Turner, il fallait apprendre des grands maîtres, leur emprunter, il fallait exploiter cette ressource naturelle, mais cela devait changer. Vers le milieu de sa carrière, son attitude se modifia visiblement. Ce qui ne veut pas dire qu'il cessa d'étudier le passé, pour lui-même. En 1821, il copia avec soin les Lorrain du Louvre, jusqu'ici négligés[24]; en 1819, à Venise, il étudia l'art du Tintoret[25]; plus tard, dans la même année, alors qu'il était à Rome, c'est l'art antique et celui de la Renaissance qui captivèrent son attention[26]. Quoi qu'il en soit, Turner engageait avec le passé de nouvelles relations, merveilleusement stimulantes, fait que révèle une peinture étrange et toujours assez mystérieuse, *Rome, du Vatican. Raphaël, accompagné de la Fornarina, prépare ses tableaux pour la décoration de la Loggia* (fig. 8), exposée en 1820, pour le tricentenaire de la mort du maître. Pour la première fois, le peintre du passé n'est ni un rival, ni un guide vers la perfection mais, au lieu de cela, un grand prédécesseur et, semble-t-il, un collègue à honorer. Plus encore, comme l'a remarqué John Gage, en parlant de l'artiste universel de la Renaissance, Turner semble aussi laisser entrevoir ses propres réalisations et ses propres aspirations[27].

Cet hommage à Raphaël a été le premier pas d'une série de peintures historiques qui nous dit avec encore plus de décision ce qu'est cette nouvelle phase des relations de Turner avec le passé. La nécessité de s'affirmer semble faire place à une bienveillance de l'esprit que la sûreté de soi peut seule donner. Le passé dispense encore son enseignement, comme en témoigne la richesse de plus

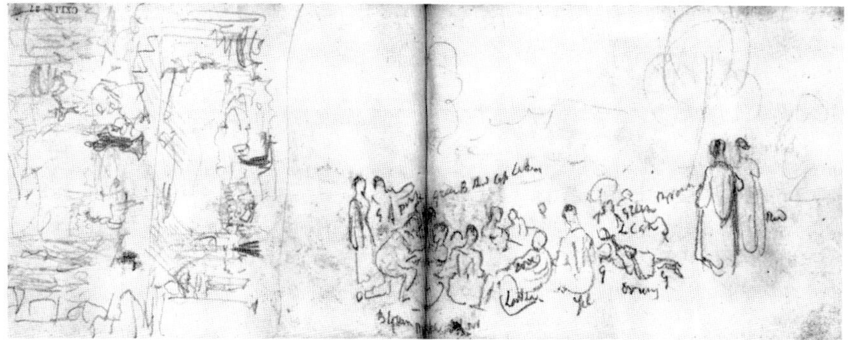

Fig. 7. *Copie de « L'île enchantée » de Watteau,* 1818. Crayon. 0,088 × 0,115 (chaque page). Londres, British Museum (TB CXLI, pp. 26v-27r).

23. TB CXLI, pp. 26v-27. Gerald Finley (« Ars longa, vita brevis : the *Watteau Study* and *Lord Percy* by J.M.W. Turner », *Journal of the Warburg and Courtauld Institutes,* vol. XLIV, 1981, p. 247, n° 28) trouve une influence antérieure, celle d'une gravure d'après Watteau, dans *La déesse de la Discorde choisissant la pomme dans le jardin des Hespérides* (1806; BJ, n° 57).

24. TB CCLVIII, pp. 20r, 32v, 34r : voir J. Ziff, « Copies of Claude's Paintings in the Sketch Books of J.M.W. Turner », *Gazette des Beaux-Arts,* vol. LXV, n° 1, 1965, pp. 57-59.

25. TB CLXXI, pp. 23v-31, contient de nombreux petits croquis des œuvres du Tintoret, principalement de celles de la Scuola di San Rocco. Ces pages comprennent également des copies d'après Jacopo Bassano, le Titien et Véronèse.

26. Pour les copies de sculptures anciennes, voir TB CLXXX. Notes et copies dans TB CLXXI, CLXXX, CLXXIX, CXCIII révélant des centres d'intérêt allant de Dürer et de Raphaël à des modernes comme J.A. Koch (ces centres d'intérêt sont étudiés dans Gage, *Colour in Turner,* pp. 90 ss.).

27. *Ibid,* pp. 93-95.

28. Sur la fraternité des grands artistes, voir Wilton, 1979, pp. 204-206. Cette période comprend également une aquarelle commémorative portant l'inscription « Nicholo Poussin's Birth-Place » (*Ibid,* n° 1006; ici n° 189). Une autre aquarelle, également vers 1832, peut être un souvenir du Lorrain (*ibid,* n° 1007 et n° 190 de l'exposition actuelle).

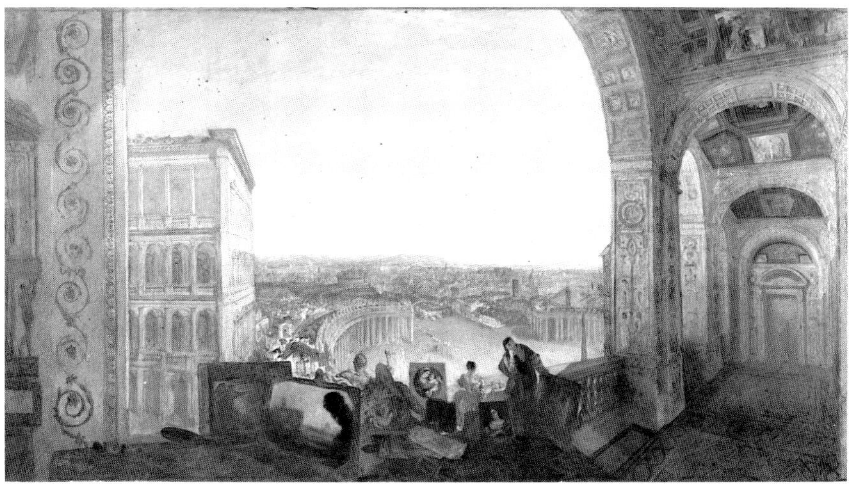

Fig. 8. *Rome, du Vatican. Raphaël, accompagné de la Fornarina, prépare ses tableaux pour la décoration de la Loggia,* exposé en 1820. Toile. 1,77 × 3,35. Londres, The Tate Gallery.

en plus grande de la couleur inspirée, vers 1830, par l'œuvre de Rembrandt, de Van Dyck et de Watteau. A ce moment, cependant, ces leçons se traduisaient en des hommages éclatants : *Port Ruysdael* (1827 et, de nouveau, en 1844 avec une autre peinture), *La fille de Rembrandt* (1827; fig. 9), *Étude de Watteau d'après les principes de Dufresnoy* (1831; fig. 10), *Le pont des Soupirs, le palais des Doges et la douane, Venise : Canaletto peignant* (1833), et *Van Goyen cherchant un sujet* (1833)[28]. Cette louange des maîtres peut également avoir été provoquée par un sentiment accru de son propre caractère mortel; la mort de son père, en 1829,

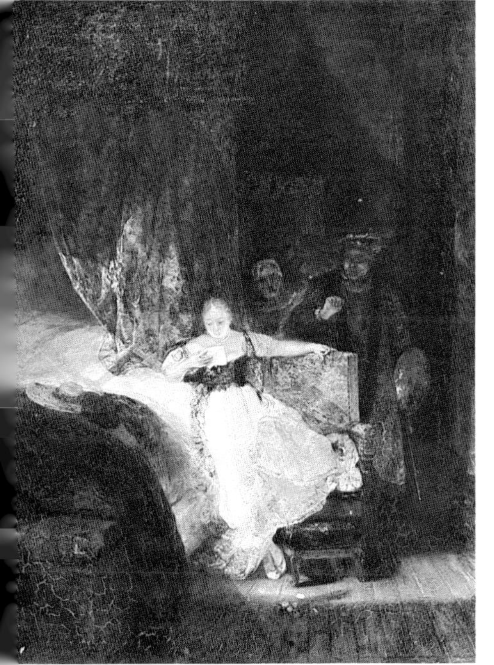

ig. 9. *La fille de Rembrandt,* exposé en 1827. 'oile. 1,22 × 0,86. Cambridge, Mass, Fogg Art Auseum.

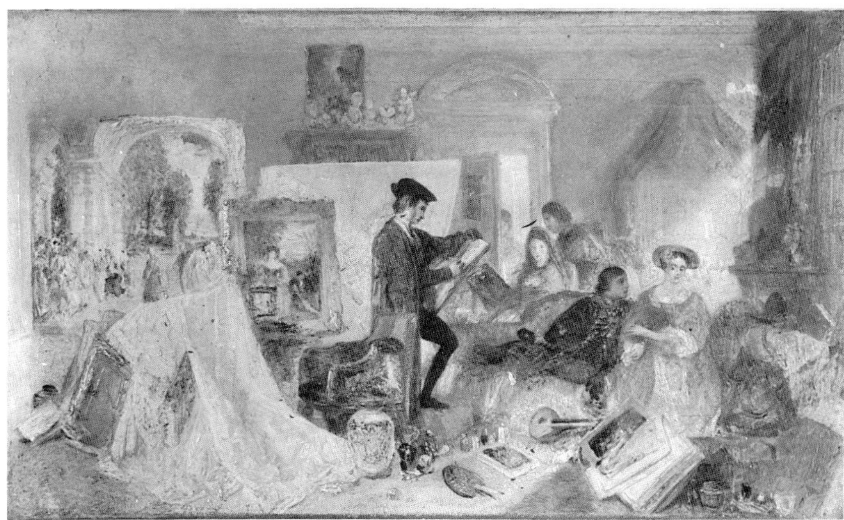

Fig. 10. *Étude de Watteau d'après les principes de Dufresnoy,* exposé en 1831. Bois. 0,40 × 0,61. Londres, The Tate Gallery

incita Turner à écrire son premier testament et l'obligea ainsi à penser sérieusement à disposer de ses œuvres non vendues. Nous apprenons pour la première fois qu'il désirait que les peintures du Lorrain fussent réunies aux siennes, ses propres peintures qui, il le savait, étaient dignes d'une grande tradition.

Ses œuvres en hommage au passé semblent traduire un certain sens de la personnalité. Si Rembrandt n'a pas eu, historiquement, de fille, nous avons cependant *La fille de Rembrandt,* manifestement un enfant de l'art de Rembrandt et, certes, l'enfant de Turner qui, apparemment, considérait son art d'une manière paternelle : « J'ai perdu un de mes enfants », aurait-il dit après avoir vendu une peinture[29]. N'est-ce qu'une coïncidence si ses premières huiles vénitiennes furent en l'honneur de son grand prédécesseur, le Canaletto ? Et Watteau, célèbre pour ses couleurs, ce créateur d'une élégance désenchantée, est-il une évocation de Turner lui-même, coloriste par excellence, au sein du luxe de Petworth House ? Moins problématique est le mode de pensée que Turner, voyageur et dessinateur infatigable, doit sûrement avoir identifié avec la quête de Van Goyen. La constatation d'un parallélisme aussi conscient avec le passé est illustrée par les circonstances entourant encore une autre peinture de cette période, *La vision de Médée* (1828). Prié de faire une première exposition à Rome, Turner peignit un sujet qui, d'après ce qu'il avait lu dans Pline, avait figuré dans une exposition publique de première importance dans la Rome antique[30].

Un coloris rehaussé, une richesse plus étendue et le plus grand nombre de compositions avec personnages que l'on trouve dans sa production autour de 1830 représentent les changements les plus accusés d'un style où l'on sent l'influence de l'art des grands maîtres. A la fin de cette période, il exécuta à ce sujet un dernier

29. Thornbury, *op. cit.*, p. 182.

30. J. Ziff, « But why 'Medea' in Rome ? », *Turner Studies,* II, 1, 1982, p. 19.

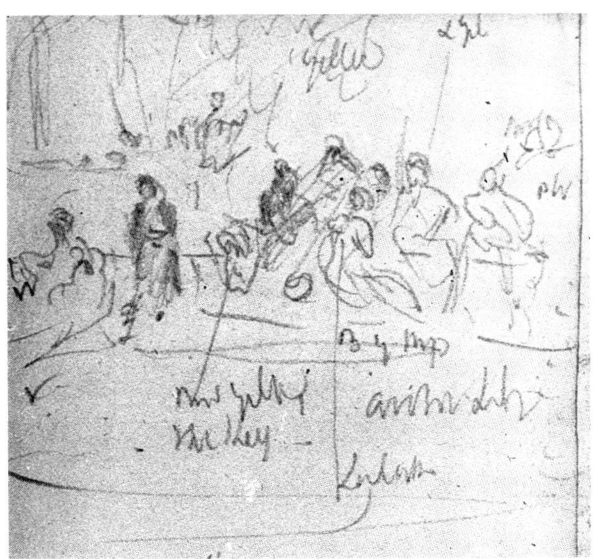

Fig. 11. *Copie de la « Réunion en plein air » de Watteau,* vers 1833. Crayon. 0,163 × 0,086.
Londres, British Museum (TB CCCVII, p. 7).

ensemble de copies, d'une écriture cursive et très rapide. Alors qu'il se trouvait à Dresde, vers 1833, il couvrit quatre pages de carnet de croquis d'après beaucoup de ses artistes préférés, parmi lesquels Watteau, qui, entre tous, a donné lieu, ce qui est significatif, au plus grand nombre de remarques sur les couleurs (fig. 11)[31].

L'art de Turner, pendant ses quinze dernières années, même s'il découle de ses études antérieures, est tellement cohérent et régulier quant au style qu'il ne serait pas pertinent d'en citer les sources. Quoi qu'il en soit, et même au cours des dernières années, il fit périodiquement appel à la mémoire et à la louange de la tradition : ce fut la dernière version de *Port Ruysdael,* la « citation » du Titien dans *Bacchus et Ariane* et, en l'honneur de Venise et du père de son école moderne, *L'installation de trois tableaux de Giovanni Bellini dans la Chiesa Rendentore à Venise* (1841).

Bien que ce fût la dernière chose que Turner eût publiquement avoué, il avait pris conscience, au moins dès 1830, de la grandeur de son œuvre propre. Ce qu'il aurait dit, sans hésiter, ouvertement, c'est que les éventuels mérites de son art n'existaient que parce que de grands artistes avaient montré la voie. Et c'est sûrement ce qu'il nous dit de sa place à la National Gallery, à côté de Claude Le Lorrain. Cela pourrait aussi expliquer l'étrange nature de son avant-dernière exposition à la Royal Académy, celle de 1849. Il semble que sa mauvaise santé l'empêcha d'exposer aucune de ses dernières œuvres, aussi emprunta-t-il deux peintures anciennes qui n'avaient jamais été montrées à l'Académie. La maladie et un propriétaire scandalisé ne purent empêcher Turner d'en retoucher une, *La bouée d'épave,* qui avait été faite, à l'origine, vers 1807[32]. Ce qui importe, c'est que l'autre, *Vénus et Adonis* (autour de 1803; fig. 6), a été laissée sans retouches. Cela pour que nous puissions tous voir, dans cette re-création du Titien, et le propre passé de Turner et, par la preuve picturale, ce passé plus lointain où il avait trouvé ses maîtres et puisé son inspiration.

En tête de cet essai, se trouvait l'éloge de Reynolds par Turner; il ne peut mieux se terminer que par d'autres paroles de Reynolds, tribut que Turner aurait sûrement étendu à ses grands prédécesseurs de l'Art : « Se rappeler de si rares qualités n'est que gratitude... Révérer un tel talent n'est que plaisir »[33].

Jerrold Ziff

31. TB CCCVII, pp. 6r-7v. Parmi les autres artistes étudiés : Raphaël, Le Corrège, Govaert Flinck, Arent de Gelder, Ruysdael et Le Lorrain.

32. Voir BJ., vol. I, pp. 245-247, pour une étude sur le fait de repeindre.

33. British Library Add. MS 46151 C, f. 4r.

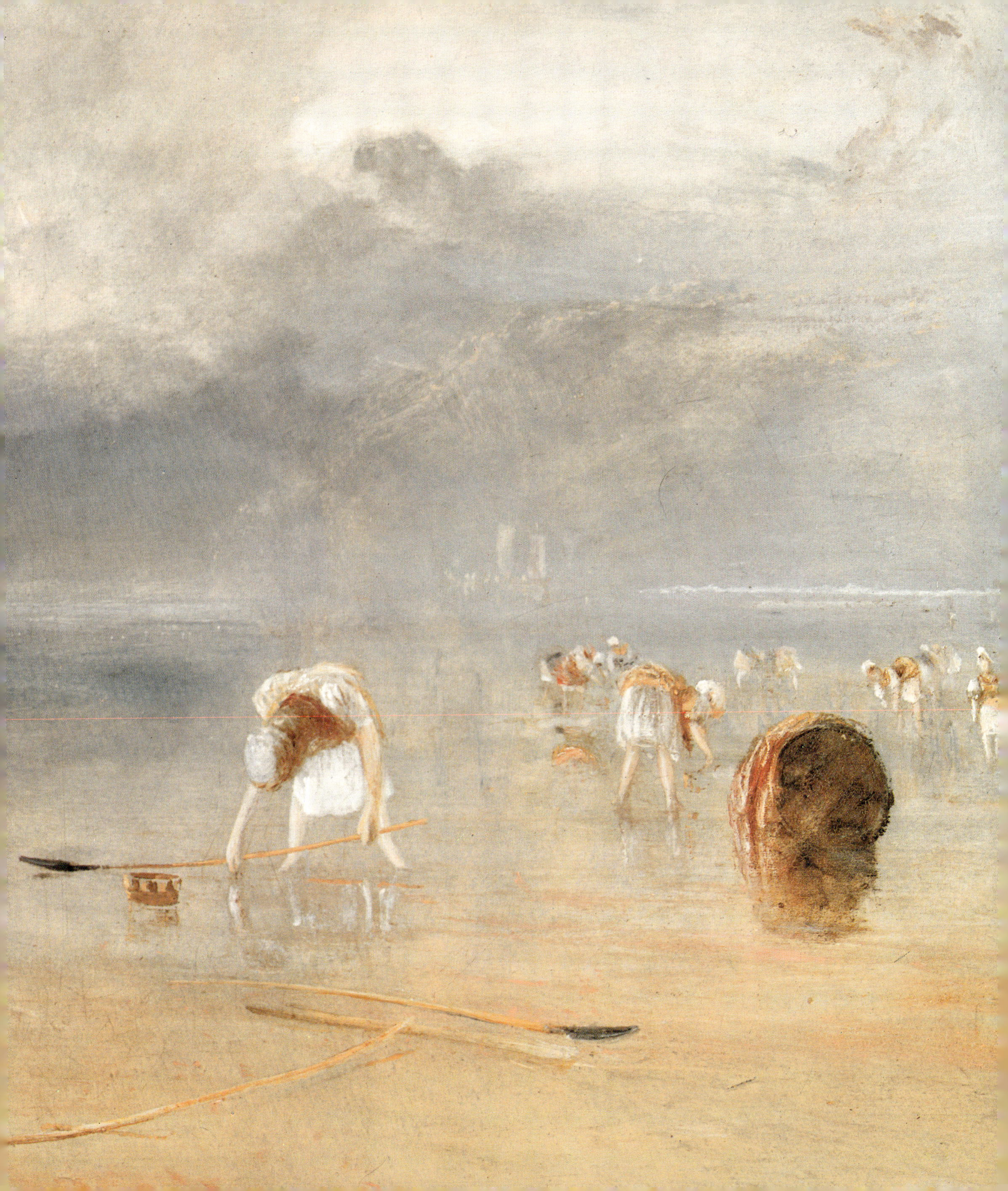

Turner en France

Presque tout au long de sa vie active, Turner a consacré une partie de son temps aux voyages; dès le début de sa carrière, il prit l'habitude de faire du tourisme pour ses activités professionnelles — il était un artiste topographique — et, pour stimuler son imagination, il continua toujours de compter sur son expérience de grand voyageur. Une fois qu'il fut possible de se rendre de nouveau en Europe, après les guerres napoléoniennes, il parcourut le continent en long et en large; il s'est plusieurs fois rendu en France, parfois pour aller en Italie ou en Suisse mais, souvent, pour elle-même. Il était particulièrement sensible aux paysages de France, selon Ruskin qui, dans son premier volume de *Modern Painters*, le décrivit comme « le peintre unique et, par lui-même, le peintre suffisant du paysage français »[1]. Ruskin estimait que Turner avait su pénétrer complètement l'esprit de la France et cette certitude devait ultérieurement trouver un écho en France même : « Jamais... aquarelles ne furent plus françaises que celles où il nous décrit d'un pinceau si spirituel et si brillant le pittoresque de notre pays »[2].

Turner voyait la France avec les yeux du touriste professionnel. Il ne séjournait jamais longtemps nulle part mais se déplaçait sans cesse; et son ignorance de la langue souligne encore mieux sa qualité de spectateur. Quoi qu'il en soit, il s'intéressait assez à l'art français pour aller voir, en 1802[3], l'atelier de David au Louvre et, trente ans après, rendre visite à Delacroix, dans son studio du quai Voltaire[4]. Pour Turner, voyager était aussi une manière de se rapprocher des anciens; il a toujours été très sensible à la relation qu'il y a entre un paysage et les peintres qui s'en sont nourris et c'est Le Lorrain, Poussin et Watteau qu'il avait en tête lorsqu'il contemplait la France.

C'est en 1802 que Turner se rendit en France pour la première fois, lorsque la Paix d'Amiens apporta une accalmie dans les hostilités entre l'Angleterre et la France; et de nombreux artistes anglais profitèrent de l'occasion pour aller visiter un pays hors de portée depuis déjà une dizaine d'années. A la mi-juillet, il fit la traversée de Douvres à Calais; l'année suivante, dans sa grande peinture à l'huile *La jetée de Calais* (BJ, n° 48), il transcrivit les circonstances agitées de son arrivée. Pour une fois, les déplacements de Turner eurent un témoin en la personne de

1. J. Ruskin, *Modern Painters* Vol. I, Partie II, Section 1, chapitre VII, § 41.

2. A. Dayot, *Histoire de la peinture anglaise*, 1908, p. 296.

3. Farington, 1er et 3 octobre 1802.

4. A. Joubin (éd.), *Journal d'Eugène Delacroix*, 1932, Vol. II, p. 321.

Joseph Farington, académicien qui tenait son journal au jour le jour, sans imagination mais avec une curiosité sans limites. Après avoir parlé avec Turner à Paris à la fin septembre, et de nouveau à Londres, au mois de novembre, Farington consigna dans son journal tout ce qu'il avait pu glaner sur le voyage de Turner[5]. Il est clair, dès l'abord, que le véritable but du voyage était la Suisse, qui passait même avant le Musée Napoléon; ce n'est qu'au retour qu'il fit ses études du Louvre. Farington donne les détails terre-à-terre des dépenses de Turner, de son mode de transport, ainsi que des remarques assez abruptes sur le pittoresque de diverses scènes, en les comparant à des scènes analogues d'Écosse ou du Pays de Galles. Turner ne fit que de rares croquis, en chemin; il traversa Auxerre, Autun, Tournus et Mâcon, avant d'arriver à Lyon où il séjourna trois jours, « mais il travailla peu, la place manquant de calme[6] ». Il fallut arriver à Grenoble pour qu'il commençât à dessiner sérieusement. Il se rendit ensuite à la Grande-Chartreuse et entreprit une exploration systématique de la Suisse, avant de retourner à Paris par Strasbourg et Nancy. Dans les Alpes, il amassa assez de matière pour lui donner des sujets pour des années; ce n'est que vingt-deux ans plus tard, par exemple, que les études faites à Grenoble portèrent des fruits avec l'aquarelle du *Pont de Grenoble*[7]. Lors de ses autres séjours en France, Turner découvrit d'autres aspects de la campagne mais il devait reprendre cet itinéraire dans les montagnes du sud-est en 1836, quand il recommença à s'intéresser aux Alpes.

Avec la fin des guerres de l'Empire, les Anglais redécouvrirent la France; Turner, cependant, ne se pressa point d'y revenir. Il ne montra certes pas l'empressement de son ami Charles Eastlake qui s'embarqua pour la France dix minutes après Louis XVIII et était bien loin d'être seul à manifester un tel enthousiasme pour tout ce qui était français[8]. En 1815, Turner exprimait de vrais espoirs et disait : « L'été prochain, peut-être pourrais-je voir le Louvre sans les tableaux qui s'y trouvaient quand je l'ai visité »[9]; en réalité, il attendit 1821 pour retourner en France et, à cette date, Cotman, Crome, Wilkie, Haydon, Edridge et Prout l'avaient tous précédé. Inévitablement, sa première pensée avait été pour l'Italie bien que son tout premier voyage sur le continent, après la guerre, l'eût porté sur le champ de bataille de Waterloo, en 1817, alors qu'il ne pouvait oublier les récentes hostilités[10]. Se rendant enfin en Italie au mois d'août 1819, il traversa la France et nota sur son carnet de croquis des bribes de conversation, tenue dans la diligence entre Calais et Paris, terminant par cette lamentation d'un Français disant que « les Français sont *très bon gens* [sic, en français] mais les Anglais sont tous très mauvais, Pitt est la cause de tout, de la chute du Roi et de sa mort, et Robespierre était leur agent »[11]. Nous avons quelques croquis de son voyage en France, à Beauvais, à Paris, à Tournus, mais cela n'est rien devant l'avalanche de dessins qu'il fit une fois arrivé en Italie.

Turner fit un bref séjour en Normandie, en 1821[12], époque à laquelle les artistes, qu'ils fussent anglais ou français, avaient déjà commencé à prendre conscience du pittoresque de cette province. Cette même année, Richard Parkes Bonington et Alexandre Colin avaient exploré cette région; l'année précédente, le premier volume du *Voyage pittoresque* du baron Taylor, consacré à la Normandie, avait été publié, alors que Cotman et Prout, en Angleterre, exploitaient déjà les thèmes normands. Ces artistes insistaient particulièrement sur les vestiges architecturaux et, par leurs travaux, ils ont contribué à faire plus

5. Farington, 30 sept., 1er oct., 3, 4 et 5 oct., 22, 23 nov.

6. Carnet *France, Savoie, Piémont* (TB LXXIII).

7. Baltimore Museum of Art, Maryland (W, n° 404). Pour un récit complet du voyage de 1802, voir A. Wilton, *Premier voyage de Turner en France, 1802,* dans le catalogue de l'exposition *Turner en France*, Centre culturel du Marais, Paris, 1981.

8. D. Robertson, *Sir Charles Eastlake and the Victorian Art World,* 1978, p. 5.

9. Gage, 1980, p. 63.

10. Pour la visite de Turner à Waterloo, voir A.G.H. Bachrach, *The Field of Waterloo and Beyond,* Turner Studies, I, 2, pp. 4-13.

11. Carnet *Paris, France et Savoie 2* (TB CLXXIII, p. 1a).

12. Carnet *Paris, la Seine et Dieppe* (TB CCXI); carnet *Dieppe, Rouen et Paris* (TB CCLVIII). Voir Finberg, 1961, p. 271.

parfaitement comprendre l'évolution de l'architecture médiévale en Europe. A cette occasion, Turner fit un certain nombre d'études architecturales poussées, sur son carnet de croquis, à Rouen, appliquant à ses dessins toute l'adresse professionnelle qu'il avait acquise lors de son apprentissage, quand il croquait les vieilles villes d'Angleterre, dans les années 1790, alors qu'il voyageait afin de réunir des éléments pour ses aquarelles topographiques. En Normandie, cependant, il ne s'occupa pas exclusivement des édifices mais beaucoup plus des détails de la vie locale, emplissant ses pages d'études de personnages en costume de paysan, d'équipements et d'animaux, comme s'il se préparait à produire des dessins achevés de panoramas urbains. Pourtant, ce voyage ne fut pas la source de tels dessins et ce n'est que plusieurs années après que Turner utilisa ces éléments.

Si Turner s'était contenté, en 1821, de suivre les traces des autres, son voyage suivant, en 1826, fut quand même plus audacieux puisqu'il alla du Rhin jusqu'au point le plus occidental de la France. A la mi-août, il fit un aller-retour jusqu'à la Meuse et à la Moselle, partant de Calais et y revenant et poussant, à l'est, jusqu'à Coblence[13]. Son voyage l'amena alors sur les côtes du nord de la France et en Bretagne, contrée alors presque inconnue des voyageurs anglais. Il fit des crayons sur la route, de Caen, de Bayeux, d'Isigny, de Coutances, de Granville, d'Avranches et du Mont-Saint-Michel[14]. Il utilisa même sa carte de Bretagne comme carnet de croquis improvisé[15] : on y voit de légers croquis de Dinan et des remparts de Saint-Malo, ce qui corrobore une anecdote qu'un certain « Mr Rose de Jersey » raconta à Thornbury, selon laquelle, au cours d'une soirée tardive passée à bavarder autour de quelques verres, Turner dit que « si je dois traverser jusqu'à Saint-Malo, il me faudra certainement descendre la Rance jusqu'à Dinan, car ce fleuve présente de nombreuses scènes pittoresques »[16]. On peut ensuite suivre la trace de Turner à Morlaix, explorant la rivière Morlaix jusqu'aux fortifications de l'estuaire; ensuite, il a dû aller jusqu'à Brest, par la route qui passe par Landerneau, et pousser jusqu'à la Pointe Saint-Mathieu, avant de rebrousser chemin et de se diriger vers le sud, vers la Loire en traversant Quimper, Concarneau et Vannes[17]. Il faut convenir que ses croquis de Bretagne sont, pour la plupart, faits hâtivement, du moins jusqu'à l'arrivée à Nantes, et seuls quelques sujets devaient être ensuite traités en couleurs, mais cet épisode illustre bien l'aspect de recherche des voyages de Turner.

De Nantes, Turner remonta la Loire jusqu'à Orléans et revint en Angleterre par Paris. Les deux carnets de croquis qu'il emplit pendant cette partie du voyage [18] devaient devenir la source d'une série de dessins de la Loire qui ont été publiés sept ans plus tard, bien que ce projet ne semble pas avoir été déjà formé au moment du voyage. C'est en 1827 que l'on a la première indication qu'il projetait une série de dessins tirés de ses séjours en France, lorsque les éditeurs Arch annoncèrent : « M. J.M.W. Turner, R.A., ayant parcouru la côte nord de la France, pendant l'été 1826, ils se proposaient de publier une œuvre intitulée *The English Channel or La Manche,* composée de paysages relevés par lui de Dunkerque à Ouessant ainsi que dans les environs »[19]. Ce projet n'a jamais été réalisé, ce qui n'empêche que l'on doive y rapporter nombre des esquisses de composition que Turner fit de la côte française; ce thème du littoral de la France du nord s'est finalement traduit par un ouvrage unique, *La plage de Calais,* exposé en 1830 (n° 52).

Jusqu'en 1830, l'Italie fut toujours la principale préoccupation de Turner; en

13. L'itinéraire de Turner, du 10 août au 12 septembre, apparaît page 270 du carnet *Meuse et Moselle* (TB CCXVI); Finberg a daté ce voyage de 1826 (*Life*, p. 297). A. Wilton a proposé 1825, comme date plus probable (A. Wilton, 1979, p. 409), mais il n'est pas facile de concilier cette date et le fait que Turner était toujours à Londres le 27 août 1825 (Finberg, *Life*, p. 291). En outre, une lettre de Turner à James Holworthy, du 4 décembre 1826, (Gage, 1980, p. 102) fait état d'une rumeur selon laquelle, en automne, on avait eu des craintes pour sa sécurité à la suite de l'explosion du 20 septembre, dans un magasin de poudre des environs d'Ostende « endroit où l'on sait qu'il doit aller ». L'itinéraire du carnet *Meuse et Moselle* montre qu'il a bien été à Ostende le 7 septembre, ce qui confirme la vraisemblance de 1826 comme année de ce voyage.

14. Carnet *Caen et Lisieux* (TB CCLI); carnet *Coutances et le Mont Saint-Michel* (TB CCL).

15. TB CCCXLIV - 426 Carte itinéraire de la Bretagne, dressée par Dezauche, Paris.

16. Thornbury, 1862, Vol. II, p. 94.
Mr Rose, à la même occasion, a également dit que Turner « m'emmena dans les Pyrénées, décrivant diverses scènes. J'ai souvenir de lui avoir demandé s'il avait vu le cirque de Gavarnie, mais il me répondit par la négative ». Aucune preuve, cependant, ne vient le confirmer. Pour les artistes anglais dans les Pyrénées, voir M. Gaston, *Images romantiques des Pyrénées,* 1976, chapitre 6.

17. Carnet *De Morlaix à Nantes* (TB CCXLVII). Pour le voyage de Turner en Bretagne, voir D. Delouche, *Peintres de la Bretagne : découverte d'une province,* 1977, pp. 59-61. Delouche écrit : « Ce périple d'exploration est un des plus précoces en Bretagne, il reste unique, en l'état actuel de nos connaissances, par ce caractère maritime ». Le carnet n'indique pas, comme le pense Delouche, que Turner soit allé de Morlaix à Brest par la côte.

18. Carnet *Nantes, Angers et Saumur* (TB CCXLVIII); carnet *Loire, Tours, Orléans et Paris* (TB CCXLIX).

19. Finberg, 1961, p. 300.

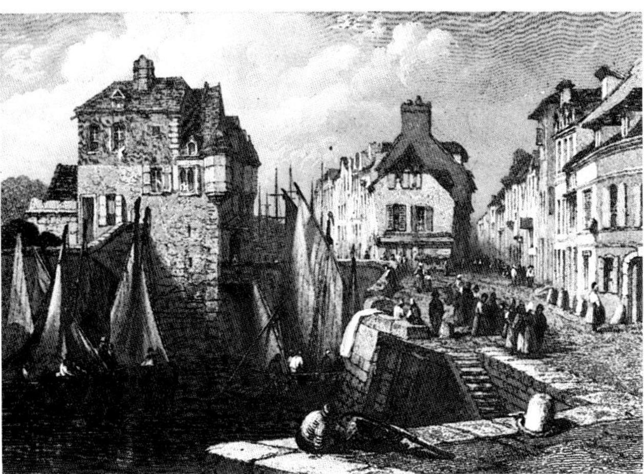

Fig. 12. *Honfleur* : gravure par R. Wallis d'après Clarkson Stanfield (*Heath's Picturesque Annual*, 1834).

1828, il prépara un long voyage d'étude à Rome mais saisit en chemin l'occasion de poursuivre sa découverte de la France. Arrivé à Rome, il écrivit à George Jones qu'il lui avait fallu « presque deux mois pour parvenir à cette Terra Pictura et pour se mettre au travail; mais je suis entièrement responsable de ce long retard. J'ai dû voir le midi de la France, et j'en ai été presque épuisé tellement la chaleur y est intense, particulièrement à Nîmes et à Avignon »[20]. Son voyage de retour, en janvier 1829, se fit dans de tout autres conditions qui rendirent hasardeuse la traversée des Alpes et, « de Foligno jusqu'à une distance de vingt milles de Paris, je n'ai jamais vu la route, je n'ai vu que de la neige ! »[21]

A la fin de l'été 1829, Turner revint visiter les lieux qui lui étaient alors familiers, le long de la Seine, du Havre à Paris[22]. Peut-être avait-il déjà travaillé en vue d'une série de sujets de gravures de France mais nous ne trouvons confirmation de ce projet qu'en janvier 1831, dans une communication faite à l'Athenaeum : « Les 'Landscape Annuals' [publications annuelles de paysages] sont toujours à la mode et les éditions concurrentes de Stanfield et de Harding donnent lieu à un travail préparatoire intensif... le plus surprenant, c'est le bruit selon lequel l'académicien Turner semblerait devoir suivre cet exemple... Il est sur le point d'entreprendre avec Mr Charles Heath la publication de paysages de la Loire »[23]. Ces « Landscape Annuals » dont il est ici fait mention étaient de luxueux livres de voyages, habituellement mis en vente juste avant Noël, dont le principal attrait se trouvait dans les gravures. Cette communication laisse entendre que Turner était relativement nouveau venu dans le monde de ces « Annuals » et qu'il y pénétrait avec un esprit de rivalité, cet esprit qui avait été la cause de plusieurs de ses rencontres avec des contemporains. La boucle était maintenant bouclée car Turner avait déjà exercé une influence formatrice sur des artistes comme Stanfield et comme Harding, quoique leur interprétation du paysage continental ne pût se comparer à ses propres compositions « annuelles », avec leur complexité spatiale, leurs subtiles nuances de l'atmosphère et leur richesse de détails imprévus (fig. 12, 13).

20. Gage, 1980, p. 119. Les carnets concernant cette exploration du midi de la France sont les carnets *D'Orléans à Marseille* (TB CCXXIX); *De Lyon à Marseille* (TB CCXXX); *De Marseille à Gênes* (TB CCXXXI); *Côte de Gênes* (TB CCXXXII).

21. Gage, 1980, p. 126.

22. Carnet *Tancarville et Lillebonne* (TB CCLIII). Carnet *Guernesey* (TB CCLII), avec un certain nombre de pages consacrées à Tancarville, à Quillebœuf, à Caudebec, etc., qui doivent probablement aussi se rapporter à ce voyage (son filigrane 1828 en exclut l'utilisation pour le voyage sur le littoral nord de 1826). Le carnet *Rouen* (TB CCLV) peut également avoir été utilisé à cette occasion : il est vrai, comme le fait remarquer Finberg, que les vues de la cathédrale ne comportent pas la nouvelle flèche centrale dont la reconstruction commença en 1827, mais il est clair que Turner n'était pas intéressé par la réunion de renseignements détaillés sur l'architecture; en 1821, il avait eu tous ceux dont il avait besoin sur Rouen.
Voir Finberg, 1961, p. 318, pour la confirmation de la présence de Turner en France au mois d'août 1829.

23. *The Athenaeum*, n° 170, 29 janvier 1831, p. 76.

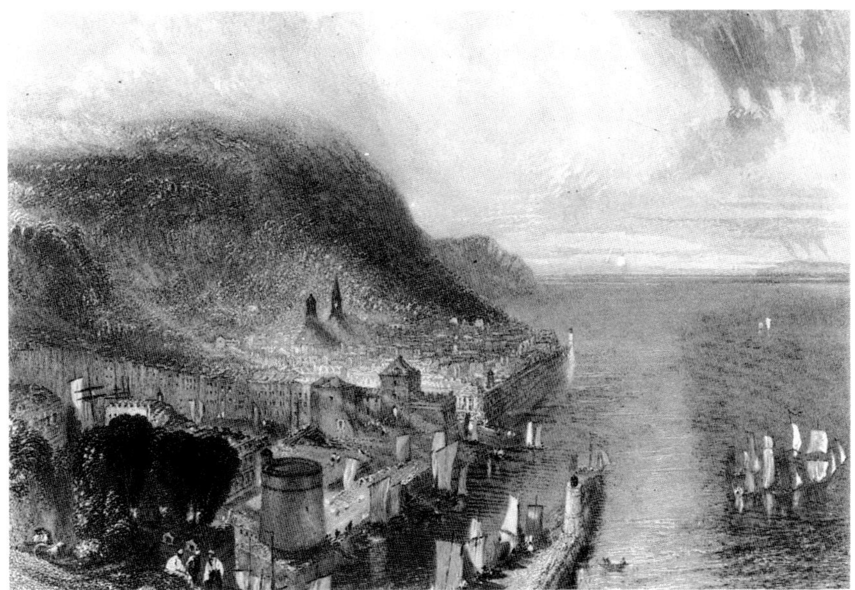

Fig. 13. *Honfleur :* gravure par J. Cousen d'après J.M.W. Turner (*Turner's Annual Tour : the Seine,* 1834); R, n° 472.

L'Athenaeum continuait cependant de douter de sa propre communication : « Il nous souvient d'avoir entendu cet éminent artiste jeter l'anathème sur toute la race des 'Annuals', qui ruinent l'art et submergent le public d'impressions sur acier. » A l'origine, Turner a certainement présenté des objections à la gravure sur acier qui, vers 1830, a transformé tout l'art de la gravure. Il a d'abord quelque peu méprisé les « Annuals » eux-mêmes et, dans une lettre de 1830, il fit une allusion peu flatteuse au fait qu'il devait paraître, cette année, dans « trois beautés »[24]. Une fois surmontée sa résistance, cependant, les « Annuals » de Turner furent considérés les meilleurs modèles du genre; il savait exploiter, à ses propres fins, les qualités de l'artifice et de l'exagération qui sont inhérentes à leur nature même. Faut-il ajouter que ces publications furent le fondement de sa réputation à l'étranger, comme en témoigne une remarque de G.F. Waagen, en 1835, disant que « Turner est connu dans toute l'Europe par ses compositions, nombreuses et souvent très fines, des 'Annuals' et d'autres livres où elles paraissent sous forme de belles gravures sur acier »[25] ?

A une certaine époque, il est possible que Turner ait prévu de prendre son récent voyage dans le midi de la France comme base de sa première excursion. En octobre 1831, l'Athenaeum signala que « les paysages du Rhône de Turner, qu'il avait eus entre les mains pendant quelque temps, devaient paraître dans le courant du printemps prochain. On dit qu'il s'agirait du premier volume d'un 'Annual' de cet artiste »[26]. Dans le legs Turner, un certain nombre d'études en couleurs d'Avignon, d'Arles et de Marseille pourraient être des œuvres préparatoires du projet sur le Rhône. En fait, le premier volume du « Turner's Annual Tour », publié en 1833, fut consacré à la Loire; l'éditeur, Charles Heath,

24. Gage, 1980, p. 138.

25. G.F. Waagen, *Works of Art and Artists in England,* 1838, II, pp. 151 et 152.

26. *The Athenaeum,* n° 209, 29 octobre 1831, p. 707.

l'avait annoncé comme la première livraison d'une étude des paysages fluviaux européens par Turner[27]. Deux autres volumes, traitant tous deux de la Seine, devaient paraître en 1834 et en 1835, mais la publication de ce projet s'arrêta là.

La matière amassée par Turner lors de ses voyages successifs en France n'a donné naissance qu'à très peu de peintures à l'huile[28]; au lieu de cela, elle fut concentrée dans des dessins de petite taille en vue de ses « Annuals Tours ». Il avait adopté l'utilisation de la gouache sur papier bleu; la masse d'études préparatoires d'où les dessins achevés sont issus semble représenter une intense période d'activité expérimentale bien que, dans la pratique, il soit difficile de déterminer combien de temps cette période a pu durer. Il est peu vraisemblable qu'il ait jamais eu des feuilles de papier bleu avec lui, en France; tout le groupe est imprégné de fantaisie et de rétrospection, et des idées définies, réitérées, sur l'espace et sur les couleurs, se retrouvent avec persistance dans toute la série[29].

Turner réunit la plus grande partie de la matière dont il avait besoin pour le deuxième groupe sur la Seine, lors d'un autre voyage le long du fleuve, en septembre 1832, quand il remonta jusqu'à Troyes[30]. Ce voyage a été financé par Robert Cadell, éditeur à Edimbourg, qui avait demandé à Turner d'illustrer une nouvelle édition de la *Vie de Napoléon* de Walter Scott. Cadell envoya Turner voir les lieux où Bonaparte avait été et, à son retour, Turner lui écrivit pour lui rendre compte qu'il avait bien été voir Brienne, Vincennes, La Malmaison, Saint-Cloud, Versailles, Rambouillet, Saint-Germain et Fontainebleau[31] (voir les n°s 188, 221). La carrière de Napoléon n'était pas un thème entièrement nouveau pour Turner : à plusieurs reprises, il avait abordé le sujet de la lutte entre l'Angleterre et la France. Il travailla sur les aquarelles sur Napoléon en même temps que sur les dessins de son « Annual Tour »; elles sont la suite de ses recherches sur les possibilités de la miniaturisation mais nous montrent de manière tout à fait explicite la relation qui, dans son œuvre, relie le paysage et l'histoire.

Même après l'arrêt de son « Annual Tour », Turner a toujours montré de l'intérêt pour la France. En 1836, il pria H.A.J. Munro de l'accompagner en France et dans le Val d'Aoste, ce qui était un privilège rare car, d'habitude, il voyageait seul. Munro rappela plus tard que Turner « semblait désireux de suivre un trajet lui permettant de voir des villes qu'il n'avait pas encore visitées »[32]. En chemin, il fit des croquis à Saint-Omer, à Arras, à Laon, à Reims, à Saint-Dizier, à Langres et à Dijon[33], où Munro dit que Turner « voulait faire mieux que Harding », ce qui prouve du reste combien subsistait toujours un esprit de rivalité avec les autres qui exposaient aussi des paysages du continent[34]. Dans leur ensemble, cependant, les voyages de Turner en Europe, entre 1830 et 1840, constituent une des périodes de sa carrière les moins connues : selon Thornbury, « il allait et venait furtivement sur le continent avec toute la discrétion jalouse d'un policier qui se déplace sur la pointe des pieds »[35]. Bien qu'il soit difficile d'en donner les détails, il est manifeste que l'intérêt porté par Turner aux paysages d'Europe se modifiait. Ses paysages français, lumieux, animés et vastes ouvraient la voie à un paysage idéal plus abrupt et les dernières séries de ses paysages d'Europe ont surtout porté sur les vallées montagneuses de Suisse.

La dernière visite de Turner en France fut aussi son dernier voyage à l'étranger. En 1845, il travaillait à son dernier ensemble d'aquarelles sur la Suisse mais son âge avancé et sa santé défaillante le forçaient à réduire l'importance de

27. R, n°s 432 à 492.

28. Peintures à l'huile sur sujets français exposées : *La fête des vendanges à Mâcon*, 1803 (n° 7); *La jetée de Calais, avec des poissards se préparant à prendre la mer : arrivée d'un paquebot anglais* (1803; BJ, n° 48); *Le port de Dieppe - « changement de domicile »* (1825; BJ, n° 231); *Les rives de la Loire* (1829; BJ, n° 329); *La plage de Calais, à marée basse, des poissardes récoltant les appâts* (1830; n° 52); *Fort Vimieux* (1831; BJ, n° 341); *L'embouchure de la Seine à Quillebœuf* (1833; BJ, n° 353).

29. Pour un récit de ce projet, voir N. Alfrey, *Les fleuves de France* dans *Turner en France*, pp. 187-194.

30. Lettre de Turner à Cadell, du 24 octobre 1832 (voir la note 31) qui confirme, et la date du voyage, et que les deux carnets y sont associés : *La Seine et Paris* (TB CCLIV), et *Paris et environs* (TB CCLVII). Il est cependant possible que ces carnets aient également servi pendant un voyage précédent, peut-être celui de 1829; les croquis de Saint-Germain-en-Laye, pp. 162, 164 et 165 du carnet *Paris et environs*, qui semblent avoir été utilisés comme base de l'aquarelle actuellement au Louvre (n° 188), peuvent difficilement avoir été faits en septembre 1832, étant donné que la gravure de R. Wallis, d'après l'aquarelle, a été publiée la même année.

31. Gage, 1980, pp. 148 et 149. Pour une étude des illustrations du « Napoléon », voir G. Finley, *Landscapes of Memory : Turner as Illustrator to Scott*, 1980, pp. 188-202.

32. Finberg, 1961, p. 360.

33. Carnet *Val d'Aoste* (TB CCXCIII).

34. Le cinquième volume de « The Landscape Annual », sous-titré « The Tourist in France » a été publié en 1834; il contenait vingt-six gravures d'après les vues du midi de la France de J.D. Harding, quoique, en réalité, aucune vue de Dijon n'ait été publiée.

35. Thornbury, 1862, II, p. 161.

ses voyages d'été; cette année, il ne dépassa pas le littoral nord de la France. Au mois de mai, il fit une brève visite à Boulogne et dans ses environs, « cherchant à reprendre des forces en changeant d'air » comme il l'écrivit au père de Ruskin à son retour, faisant des études de couleurs portant exclusivement sur des effets d'atmosphère sur la mer et sur le rivage[36]. Il revint en France au mois de septembre : les aquarelles, faites à cette occasion, à Dieppe, à Eu et au Tréport[37], sont des visions chatoyantes, translucides, comparables aux peintures de Zurich ou de Heidelberg qu'il fit au même moment (voir les n°s 253, 254).

Les Redgrave racontent que, alors que Turner séjournait à Eu dans la maison d'un pêcheur, le Roi Louis-Philippe, qui avait été son voisin pendant ses années d'exil à Twickenham et qu'il avait alors connu, apprit sa présence et l'invita à dîner au château[38]. Cela semble un conte de fée mais un ami de l'artiste, le Rév. W. Kingsley, le confirme : « Turner m'a raconté que Louis-Philippe l'avait reconnu pendant qu'il travaillait et que le roi lui avait envoyé un aide de camp pour l'inviter à dîner. Il avait répondu qu'il n'était pas en tenue pour se rendre en société, n'ayant que les habits qu'il avait sur le dos, mais le roi n'avait pas voulu accepter la moindre excuse; il avait su le mettre parfaitement à son aise et, ainsi, il lui avait rendu une visite très agréable »[39]. L'année précédente, Turner avait observé Louis-Philippe débarquant à Portsmouth pour rendre visite à la Reine Victoria[40]; pourtant, une série d'aquarelles représentant des intérieurs opulents et des scènes de banquet, dans le carnet *Dieppe*, peuvent donner une idée plus intime du spectacle de la vie à la cour. On a émis l'hypothèse que Turner aurait assisté à la visite qu'en retour la Reine Victoria rendit à Eu, le 8 septembre 1845[41]. Trois années plus tard, George Hobbs, le serviteur de Ruskin, décrivit le château, après la chute du roi, et dit qu'il était empli de peintures d'artistes anglais et français en raison de la récente visite de la Reine Victoria[42]; il est possible que les riches intérieurs de Turner aient constitué sa part de souvenirs personnels du même événement. Ces mystérieuses scènes des dernières années d'une cour royale sont parmi les ultimes impressions que Turner eut de la France.

Nicholas Alfrey

36. Gage, 1980, p. 206. Les aquarelles ont été faites dans le carnet *Ambleteuse et Wimereux* (TB CCCLVII); celles des pages 2, 3 et 5 portent la date du 12 mai 1845. Le carnet *Boulogne* (TB CCCLVIII) doit aussi avoir été utilisé à cette occasion.

37. Ces aquarelles ont été faites dans les carnets *Eu et Le Tréport* et *Dieppe* (TB CCCLIX, CCCLX).

38. Richard et Samuel Redgrave, *A Century of British Painters*, 1947, pp. 253, 254.

39. Le Rév. W. Kingsley à G.W. Moon, 29 février 1892. Imprimé dans une brochure de G.W. Moon, *Discovery of a long-lost 'Turner' : Blois on the Banks of the Loire*, 1892.

40. Gage, 1980, p. 203.

41. G. Finley « Turner, the Apocalypse and History : the 'Angel' and 'Undine' », *Burlington Magazine* Vol. CXXI, novembre 1979, p. 692.

42. J.G. Links, *The Ruskins in Normandy : a tour in 1848 with « Murray's Handbook »*, 1968, p. 22.

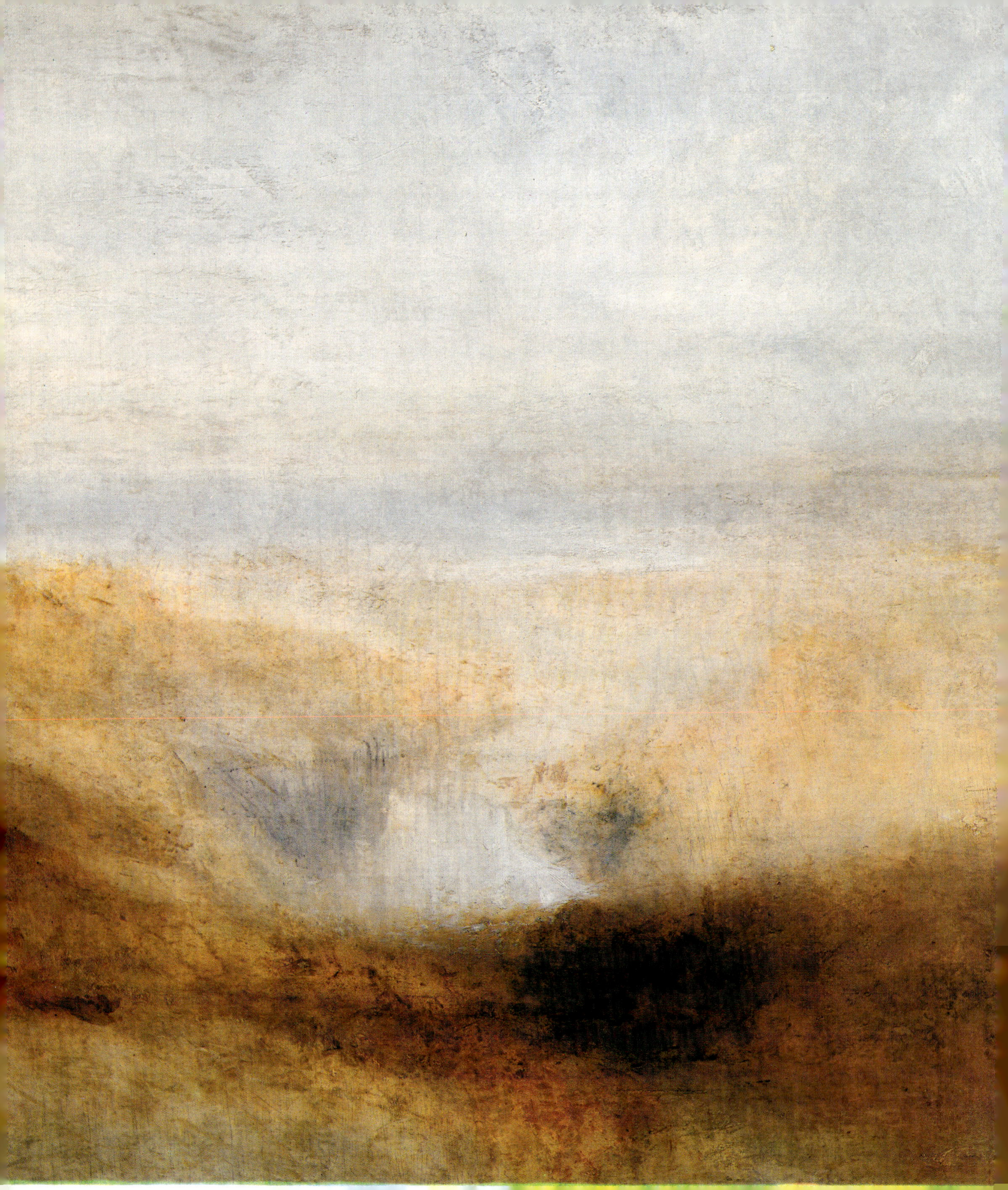

Le roi de la lumière*

Turner et le public français de Napoléon à la Seconde Guerre mondiale

Lorsque Amédée Ozenfant quitta Paris pour Londres au milieu des années 1930, il ne savait rien de Turner, dont il allait devenir un admirateur enthousiaste, le définissant comme « une des très rares figures responsables de l'art international »[1]. Cette ignorance peut surprendre, car Turner avait fait l'objet de deux monographies françaises au cours de la précédente décennie et Henri Focillon donnait une analyse brillante de son art en 1927, dans *La peinture au XIXe siècle*[2]. Mais Ozenfant et ses compatriotes s'étaient rarement trouvés en présence d'œuvres de peintres anglais, soit à des ventes, soit à des expositions, ou même par des reproductions; l'étonnant est plutôt que la peinture et la critique françaises aient été sensibles à l'art de Turner, presque autant qu'à celui de Constable, depuis les premières années du romantisme jusqu'à une date avancée du XXe siècle. Il ne serait pas paradoxal de soutenir qu'on fut même plus sensible à Turner en France que dans son pays natal : les traditions françaises de littérature critique, plus anciennes et de plus vaste portée, valurent à Turner une meilleure compréhension; le développement plus intense de la peinture de paysage en France dans la seconde moitié du XIXe siècle indique qu'il y avait davantage de peintres prêts à chercher leur inspiration de ce côté-là. Sans aucun doute, les critiques de Turner les plus éminents furent jusqu'à une date très récente, à l'exception de Ruskin, des Français, et ce sont presque exclusivement des artistes français qui surent prolonger dans le même esprit la vision de Turner. Le présent essai cherche à rendre compte de ce phénomène.

La tendance générale de la critique dans les revues françaises, qui, mises à part les traductions d'articles anglais, semble commencer avec les notices du *Magazin Encyclopédique* de 1807 par A.-L. Millin de Grandmaison, suit de très près le modèle de l'opinion anglaise en opposant à la célébrité gonflée du peintre, sa négligence de la forme et du fini; il faut dire que cette critique était due en partie à des correspondants anglais[3]. Mais dans la décennie de l'anglomanie et du romantisme naissant, les artistes et les écrivains français commencèrent à faire entendre un son de cloche original. Le groupe le plus influent était alors le cercle de Charles Nodier et du baron Taylor, qui, accompagnés du jeune Eugène Isabey,

* J.H. Rosny aîné, *Turner*, 1925, p. 122.
Cet essai représente le développement d'études antérieures sur l'accueil des Français à l'art de Turner dans Gage, 1969, pp. 189 ss et Gage, 1972, pp. 67 ss. Pour un bon nombre de références importantes, je suis redevable à l'article de S. Monneret, « Turner et la France », *Connaissance des Arts*, 357, nov. 1981, pp. 96-101.

1. A. Ozenfant, « Turner et l'art moderne français », *The Listener*, 21, 1939, p. 76. Cf. aussi C. Mauclair, *Turner*, 1939, p. 28, au sujet de l'ignorance des Français sur Turner.

2. J. H. Rosny aîné [Joseph-Henri-Honoré Boex], *Turner*, 1925; H. Focillon, *La peinture au XIXe siècle : Le retour à l'antique - Le romantisme*, 1927, pp. 148 ss; M. Brion, *Turner*, 1929.

3. [A. L. Millin de Grandmaison] *Magazin encyclopédique*, 1807, I, p. 404 (« Les éloges immodérés qu'on a prodigués à J. M. W. Turner lui ont peut-être donné une trop haute idée de la facilité de son génie. Les défauts que nous venons de blâmer et qu'on retrouve partout dans ses ouvrages, pourraient au moins suffire pour le faire croire. La *Chute du Rhin* près de Schaffouse [BJ, n° 61] n'est vraiment qu'une ébauche au-dessous de la critique »), et VI, pp. 150, 152. Millin est probablement l'auteur, étant donné que son livre de la même année, *Les Beaux-Arts en Angleterre*, fait allusion à cette notice. Les références à des comptes rendus sur l'œuvre de Turner dans *L'Artiste* que donne J. Adhémar, *Les lithographies de paysage en France à l'époque romantique*, 1937, sont malheureusement parfois erronées. Voici les notices où se trouvent ces comptes rendus :
1e série, VI, 1833, p. 162. IX, 1835, p. 211. XII, 1836, pp. 136-137. XIII, 1837, p. 242.
2e série, VIII, 1841, p. 100.
4e série, I, 1844, p. 142. IX, 1847.

◀ *Détail du n° 76*

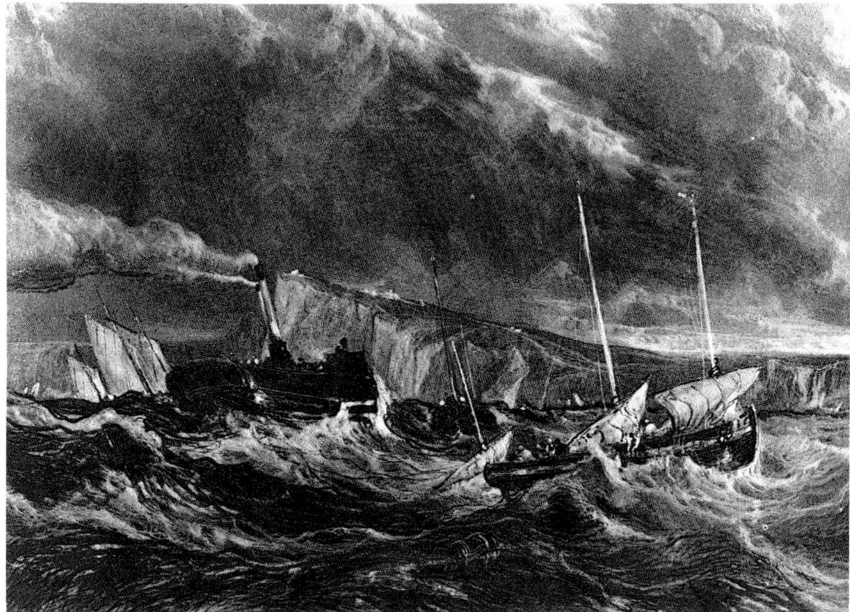

Fig. 14. Eugène Isabey, *Côte de Douvres,* 1832, lithographie. Paris, Bibliothèque Nationale.

visitèrent l'Écosse en 1821. Dans son récit du voyage, *Promenade de Dieppe aux montagnes d'Écosse,* Nodier fit une allusion rapide mais favorable aux aquarelles de Turner, en des termes indiquant qu'il les connaissait déjà; on ne sait toutefois pas comment il eut accès aux aquarelles, puisque aucune ne fut exposée en public cette année-là[4]. Nodier vit sans doute des pièces mises de côté pour la gravure par des graveurs-éditeurs comme W. B. Cooke, qui travaillait alors sur des marines pour la série *Southern Coast* et qui conservait des dessins plus grands du genre de *Hastings vu de la mer* (W, n° 504), dont la facture vigoureuse et le sujet si animé eurent sans conteste un effet sur les marines postérieures d'Isabey (fig. 14)[5]. Le goût de Nodier pour les aquarelles de Turner fut probablement le moteur principal de l'attention plus sérieuse qu'y prêta Amédée Pichot, le traducteur de Byron, pendant sa visite à Londres de 1825[6]. Il envoya au baron Taylor la dernière livraison des *Provincial Antiquities of Scotland* de Walter Scott, où il admirait tout particulièrement, parmi les illustrations de Turner, *Le château de Tantallon* (R, n° 198; W, n° 1067); mais il réservait l'essentiel de ses louanges aux aquarelles, dont il avait pu admirer un certain nombre grâce au lithographe Charles Hullmandel[7]. Il était alors naturel pour un Français de rendre visite à un lithographe dans l'espoir de voir des aquarelles de paysage, car c'est ainsi qu'on reproduisait en France les meilleures œuvres; mais Turner n'aimait guère cette technique et, en fait, on mentionne une seule lithographie faite de son vivant d'après une de ses œuvres, la *Vue de Leeds,* lithographiée par Harding et tirée par Hullmandel en 1823 (R, n° 833; fig. 15). Pichot a peut-être vu l'aquarelle originale (W, n° 544) chez le graveur (bien qu'elle ne figurât pas dans sa collection en 1823) : le sens de l'espace et la perspective plongeante — l'un des

4. « Le genre de l'aquarelle est admirablement traité en Angleterre. Turner y a conservé sa supériorité des années précédentes... » (Ch. Nodier, *Promenade de Dieppe aux montagnes d'Écosse,* 1821, p. 88). Pour Isabey et le baron Taylor pendant ce voyage, cf. M. Salomon, *Charles Nodier et le groupe romantique,* 1908, p. 105; E. Maingot, *Le baron Taylor,* 1963, pp. 27-28.

5. Beaucoup de ces aquarelles furent montrées à l'exposition de Cooke en 1822, et sont reproduites dans E. Shanes, *Turner's Rivers, Harbours and Coasts,* 1981; parmi les lithographies d'Isabey, les n^{os} Curtis 52-53, 83, 86, 88 et 90 sont particulièrement turnériennes.

6. Pour les contacts de Pichot avec Nodier à partir de 1822, Salomon, *op. cit.*, pp. 18 ss.

7. A. Pichot, *Voyage historique et littéraire en Angleterre et en Écosse,* I, 1825, pp. 160 ss.

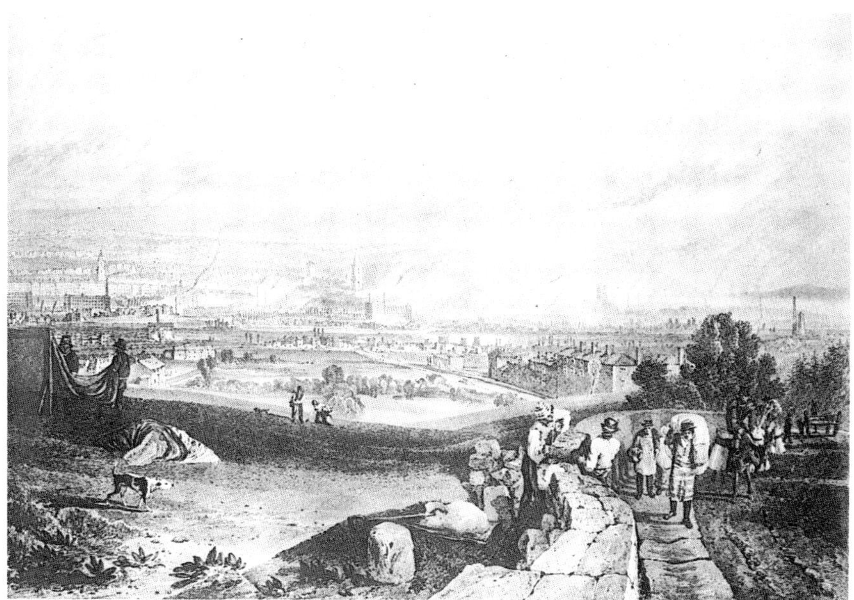

Fig. 15. J. Harding d'après J.M.W. Turner, *Vue de Leeds,* 1823, lithographie. Londres, British Museum.

temps forts de sa critique de Turner — se fonde en grande partie sur cette sorte d'œuvre; Turner, écrivait-il à Taylor, « a été plus loin qu'aucun peintre connu dans l'art de la perspective. Claude lui-même n'a pas rendu les variations de l'atmosphère aux différentes heures du jour, les accidens [sic] de la lumière et des ombres dans les temps sereins ou nébuleux, les effets des orages et des saisons... »[8]. Pichot approfondit plus tard la définition du style de Turner dans une lettre à Blain : « Je voudrais trouver quelque expression assez noble pour caractériser les sublimes effets de ses tableaux et de ses aquarelles. Pour reproduire les scènes terribles ou gracieuses de la nature, il a été hardi et grand comme elle. Partout il a compris que pour l'imiter en artiste de génie, il était possible d'allier l'idéal à l'exactitude des détails. Devant ses paysages le cœur bondit de joie, et se livre à cet enthousiasme qui nous saisit, lorsque, parvenus au sommet d'une montagne, nous mesurons de l'œil l'horizon agrandi. Turner lui-même contemple toujours ses paysages dans le plus vaste cadre, et semble s'élever comme un dieu au-dessus de l'humanité. L'homme, les animaux qu'il introduit dans un site, y jouent un rôle si secondaire, sont tellement rapetissés, qu'ils y figurent comme les hommes que Shakespeare aperçoit des hauteurs de ses rochers de Douvres... »[9].

Ce fut encore Pichot qui écrivit le texte des *Vues pittoresques de l'Écosse* (1826-1828) de F. A. Pernot. Or, on y trouve une lithographie de Bonington — *Edimbourg vu de Calton Hill* (Curtis, n° 32) — très proche de la planche de Turner représentant le même motif pour les *Provincial Antiquities* (R, n° 193; W, n° 1062); plusieurs autres planches de cette publication, par Bonington, Jacottet, etc., doivent aussi beaucoup à Turner. Bonington fut l'un des plus ardents propagateurs de l'art de Turner en France dans les années 1820 : Paul Huet

8. *Ibid.* Nous ne savons pas quelles autres aquarelles de Turner Hullmandel pouvait avoir en mains à cette époque : aucune en tout cas ne fut publiée. Turner fréquentait les soirées du lithographe à partir des années 1820 (Bence Jones, *The Life and Letters of Michael Faraday,* 1870, I, pp. 419 ss).

9. Pichot, *op. cit.*

raconte qu'il « parlait sans cesse » de lui[10], et il avait certainement subi, avant même son voyage en Angleterre de 1825, l'influence des *Picturesque Views of the Southern Coast of England,* recueil « répandu en France » selon Pichot (n° 121). Ainsi, *Rouen vu de Bon Secours,* une vue à vol d'oiseau travaillée à l'aquatinte par T. Fielding en 1824 et gravée par Cooke en 1826, semble dériver de planches comme *Le quai de Plymouth* (R, n° 99; W, n° 456); Turner devait lui rendre la pareille dans une série de vues de grèves qui se ressentent de l'exemple du jeune paysagiste (n° 52).

En effet, c'est surtout comme peintre de marines que Turner exerça une influence sur l'art français entre 1820 et 1840; Paul Huet lui-même manifesta pour son style un intérêt qui fut remarqué par les critiques, et dans deux lithographies de la série *Six Marines* (1832), *Calme* et *La brise* (Delteil, n°s 64 et 65), il montra qu'il avait compris les principes de contraste et de variété dont le *Liber Studiorum* donnait l'exemple[11]. Mais le peintre français le plus attiré vers le sublime en matière de marines fut peut-être, dans les années 1820, Théodore Gudin; ses vastes toiles de tempêtes ou d'incendies en mer révèlent d'étroites affinités avec le *Naufrage* (n° 104) et le *Naufrage d'un cargo* (BJ, n° 210) de Turner. Gudin avait exposé à Londres son *Incendie du Kent* (1828; Paris, Musée de la Marine) à peine achevé [12], et il vit très probablement des œuvres de ce genre dans la galerie personnelle de Turner. Le traitement énergique, voire brutal, de la mer dans le *Kent* et plus encore dans le *Coup de vent sur la rade d'Alger, 7 janvier 1831* (fig. 16) suggère qu'il avait regardé de près non seulement les gravures d'après Turner mais ses tableaux eux-mêmes.

Si Turner devait beaucoup à Poussin, à Claude Lorrain et à Watteau, il semble avoir eu peu de goût pour l'art français de son temps, du moins pour le paysage. Lors de sa visite à Paris en 1802, il avait admiré l'œuvre de Marguerite Gérard au Salon et copié le *Retour de Marcus Sextus* de Guérin (1799; Paris, Louvre) dans le carnet *Louvre* (TB LXXII, p. 47). Il fut impressionné aussi par le *Napoléon au col du Saint-Bernard* (voir n° 28) de David, et il acquit à une date indéterminée la *Mort d'Abel* du Savoyard Jacques Berger, un imitateur de David. Mais, bien qu'il ait noté sur un calepin de 1819 (TB CXCIII, p. 99) les noms de trois paysagistes français travaillant à Rome, Boguet, Michallon, Chauvin, il paraît n'avoir guère eu que mépris pour leur œuvre : l'art à Rome était, disait-il, « au niveau le plus bas »[13]. La visite de Turner à Delacroix pendant son bref séjour parisien de 1832, en quête de matériaux pour l'ouvrage de Scott, *Life of Napoleon* (voir n°s 221-222), baigne encore dans le mystère. Turner a pu entrevoir quelque chose de l'œuvre de Delacroix par son graveur Charles Heath, qui possédait des lithographies, ou par son collègue à la Royal Academy le portraitiste H. W. Pickersgill, qui correspondit quelque temps avec l'artiste français, ou encore, plus vraisemblablement, grâce à un parent de Delacroix, le baron Dominique-Jean Larrey, dont il fit aussi la connaissance à l'occasion de sa visite[14]. Turner ne produisit certes pas grand effet sur Delacroix : « Il me fit une médiocre impression : il avait l'air d'un fermier anglais, habit noir, assez grossier, gros souliers et mine dure et froide »[15]. Mais on ne sait pas s'ils se montrèrent mutuellement certaines de leurs œuvres, et les rares allusions à Turner dans les écrits de Delacroix montrent qu'il le connaissait très mal[16].

Turner a pu cependant apprendre quelque chose d'un autre artiste français avec qui il fut, semble-t-il, directement en rapports pendant ces années : Jean-

10. R. P. Huet, *Paul Huet,* 1911, p. 96.

11. Cf. R, n° 10, *Ships in a breeze* (« Bateaux dans la brise »), et R, n° 44, *Calm* (« Calme »). Cf. aussi J.-L. Tirpenne, *Fragments de paysage* (Adhémar 156), n° 15, 1827, où le *Site des Vosges* et *Près de Nice* jouent sur des effets contrastés de calme et de tempête. Il faut cependant noter que Turner avait lui-même appris ces effets de C.-J. Vernet. Tirpenne montra également des vues tout à fait turnériennes de *Richmond Hill* et de *Greenwich Park* dans les *Croquis du cours de la Tamise* (Adhémar 341), 1833, n° 6; et dans le n° 5 de la même série il dessina une vue d'Oxford avec la « signature » si turnérienne d'un canard sauvage sortant de l'eau.

12. Pour Gudin à Londres, E. Béraud, *Souvenirs du baron Gudin,* 1921, p. 85. On ne trouve pas d'allusion à Turner dans ces mémoires.

13. Cf. Gage, 1969, pp. 98 ss.

14. Cf. Gage, 1980, pp. 259, 275, 149. Pour les relations de Larrey avec Delacroix, cf. E. Delacroix, *Correspondance générale,* éd. Joubin, 1930, I, p. 418. Il est possible que Turner ait déjà été présenté à Delacroix pendant la visite du peintre français à Londres en 1825, lorsque l'architecte C. R. Cockerell l'avait emmené visiter la collection Stafford, où se trouvait la *Marine Bridgewater* (BJ, n° 14); cf. L. Johnson, « Géricault and Delacroix seen by Cockerell », *Burlington Magazine,* CXIII, 1971, p. 551. Turner avait déjà travaillé avec Cockerell cette même année (cf. Gage, *Turner Studies,* I, 2, 1981, p. 25). Rien cependant n'est venu confirmer ces contacts.

15. Delacroix, *Journal,* 24 mars 1855. Notons qu'en 1829 un critique anglais doté de quelques connaissances sur l'art français, attaquant dans le *Morning Herald,* l'*Ulysse raillant Polyphème* de Turner (BJ, n° 330), fit allusion aux rencontres de couleurs fortuites d'un kaléidoscope ou d'un tapis d'Orient en des termes qui font écho précisément à la critique par Louis Vitet de la *Mort de Sardanapale* de Delacroix en 1828 (*Le Globe,* VI, p. 253).

16. Cf. Gage, 1969, p. 268.

17. Mme de Basily-Callimaki, *J. B. Isabey, sa vie, son temps,* 1909, pp. 290 ss.

18. « L. B. », *L'Artiste,* XIII, 1837, pp. 242-243. La supposition, d'abord émise par Nagler, *Künstlerlexikon,* XIX, 1849, et reprise par Adhémar, *op. cit.,* p. 47, que Vivant Denon possédait des gravures de Turner, vient d'une identification erronée des n°s 585-587 dans Duchesne aîné, *Description des objets d'art qui composent le cabinet de feu M. le Baron V. Denon : estampes et ouvrages à figures,* 1826, pp. 169 ss. Il s'agissait en fait d'un lot d'eaux-fortes par la femme et les filles du banquier de Yarmouth Dawson Turner (Cf. Denon à la famille de D. Turner, 1816, 1817, 1819 : Cambridge, Trinity College, Dawson Turner Letters).

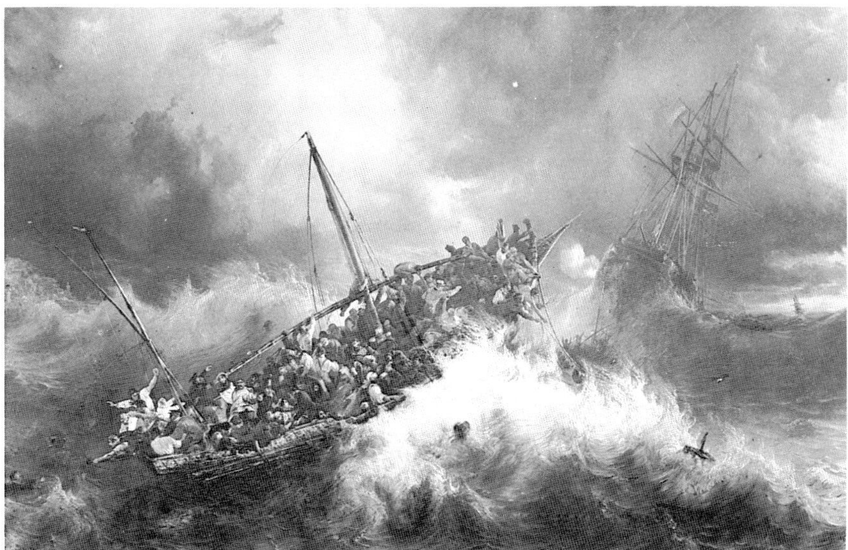

Fig. 16. Théodore Gudin, *Coup de vent du 7 janvier 1831 dans la rade d'Alger,* 1835. Toile. 2,58 × 4,18. Paris, Musée de la Marine.

Baptiste Isabey, dont le portrait de Napoléon parut en frontispice à la biographie de Napoléon par Scott, et qui avait non seulement visité avec assiduité les expositions de Londres vers 1820 mais y avait exposé régulièrement[17]. L'adaptation de la technique pointillée de la miniature qu'on rencontre dans les aquarelles de Turner à partir de 1822 doit vraisemblablement quelque chose aux miniatures-portraits, si à la mode, d'Isabey.

A cette époque, on ne connaissait apparemment en France l'art de Turner que par la gravure : comme l'écrivit un critique dans *L'Artiste* en 1837, elle « l'a fait connaître dans le monde entier »[18]. Les estampes d'après Turner, outre qu'elles suscitaient une grande émulation, faisaient déjà l'objet de purs et simples plagiats[19]. Turner avait offert en 1836 au Roi Louis-Philippe (avec qui il était probablement entré en contact pendant l'exil de celui-ci en Angleterre) un certain nombre de gravures, et il en avait été remercié par une médaille[20]; quelques années plus tard, le graveur Charles Heath répéta ce geste pour des épreuves de la suite *Picturesque Views in England and Wales* (n° 209)[21]. Cependant, ni Turner ni ses éditeurs ne semblent s'être préoccupés de cultiver le public français, sauf au moment où sa carrière de graveur touchait à sa fin : le projet, en 1827, d'une série dite *The English Channel ou La Manche* n'aboutit pas, et c'est seulement dix ans plus tard que la série *The Rivers of France* fut republiée par McCormick à Londres et Rittner à Paris en édition bilingue[22]. Ainsi, malgré l'article exceptionnellement détaillé et riche d'informations sur son art que publia « R » (Ricourt ?) dans *L'Artiste* en 1836[23] — la première notice importante jamais parue où que ce soit — seuls connaissaient Turner des artistes comme Isabey ou des critiques comme Gustave Planche (voir n° 59) qui avaient vu son œuvre en Angleterre.

La situation ne se présentait guère différemment plusieurs années après la

19. Nicholas Alfrey m'a signalé que les gravures grossières de *Jumièges* et *Quillebœuf* dans *La Seine et ses bords* de Nodier (1836) étaient des copies de *Wanderings by the Seine* de Turner (1834-1835; R, n°s 471, 463). Un indice de la renommée des gravures d'après Turner à cette époque est l'utilisation de son nom sur la page de titre de Désiré Nisard [J. M. N. Désiré], *Promenades d'un artiste,* 2 vol., 1835, alors que toutes les planches du volume sont en fait d'après Clarkson Stanfield.

20. Cf. lettre de Turner à Louis-Philippe, mentionnée par G. E. Finley, « Turner, the Apocalypse and History : 'The Angel' and 'Undine' », *Burlington Magazine,* CXXI, 1979, p. 692. On n'a retrouvé ni la lettre, ni les gravures, ni la médaille. Louis-Philippe était en rapports étroits avec Eugène Isabey et Gudin; ce dernier réservait une chambre à Eu quand Turner y vint en 1845 (cf. n°s 253-254 et Béraud, *op. cit.*, p. 87).

21. Gage, 1980, p. 259.

22. Pour *La Manche,* cf. ci-dessus p. 37, et Shanes, *op. cit.*, p. 12. Pour l'histoire des gravures des *Rivers of France,* cf. R, n° 433. Contrairement à la version originale de Leitch Ritchie, qui avait à peine pris contact avec Turner (cf. A. A. Watts, *Alaric Watts,* 1884, II, pp. 312-313), les brefs textes contenaient des notes sur la manière dont Turner traitait les sujets (légendes de *Entre Clairmont et Mauves,* R, n° 447, et *Tancarville,* R, n° 458).

23. *L'Artiste,* XII, 1836, pp. 136-139, republié dans Finley, *op. cit.*, pp. 695-696.

mort de Turner en 1851. Dans un article peu favorable de 1854, un critique anonyme écrivait : « Peu de personnes en France connaissent l'œuvre de Turner, et celles qui ont vu quelques-uns de ses dessins ou de ses tableaux ne sont pas disposées à tant d'admiration... Ajoutons qu'il a rencontré quelquefois des effets de marine nouveaux, imprévus, saisissants et vraiment poétiques, mais surtout sous le rapport de la composition : aussi les gravures exécutées d'après ses œuvres nous semblent-elles la meilleure explication de sa grande renommée... »[24].

Avec la sélection très large de peintures à l'huile et d'aquarelles qui fut montrée à l'exposition de Manchester *Art Treasures* en 1857, et surtout avec l'inauguration à Londres (Marlborough House), d'une partie du legs Turner la même année, les visiteurs étrangers eurent pour la première fois l'occasion d'apprécier le registre entier de l'art de Turner dans l'une et l'autre technique. Le legs Turner servit de base à l'étude de J.L.C. Dubosc de Pesquidoux sur Turner dans son histoire de la peinture anglaise (1858); bien que son estime fût moindre pour les œuvres postérieures aux années 1810, il attira le premier l'attention sur un trait caractéristique de cette collection : « Un instant, en voyant le mot *infinished* [sic] devant la plus excentrique de ces toiles, je crus que ces peintures désordonnées n'étaient que des ébauches bizarres, servant au peintre d'essai ou de point de rappel; mais les Anglais avec lesquels je me trouvais m'assurèrent que la plupart de ces tableaux étaient achevés, et exprimaient la pensée du maître tout entière. Ils me déclarèrent que c'étaient ceux-là que le public de Londres et eux-mêmes préféraient... »[25]. En réalité, le public anglais et les critiques contemporains des Préraphaélites n'étaient pas moins troublés que Pesquidoux devant le manque de « fini » des œuvres de Turner; une « ébauche » de ce genre fut certes proposée comme exemple de l'art de Turner plus tôt en France qu'en Angleterre (voir ci-dessous p. 52), mais il fallut attendre l'étude de Marcel Brion en 1929 pour voir reproduites une bonne quantité d'huiles et d'aquarelles inachevées.

L'exposition la plus importante dans notre perspective fut celle de Manchester, où se retrouvèrent deux jeunes critiques français supérieurement doués : Charles Blanc et Théophile Thoré[26]. Dans son petit livre sur l'exposition *Art Treasures,* Blanc se préoccupa de séparer Turner de Claude Lorrain, car « le peintre français est d'une monotonie sublime; l'artiste anglais est d'une éblouissante variété ». Comme Pesquidoux, Blanc était plus attiré par l'œuvre de jeunesse, jugeant que vers la fin Turner « fut entraîné... par une sorte de vertige. Il voulut creuser l'infini, et il se noya dans l'atmosphère, il tomba dans le délire... »[27].

Avec Thoré-Bürger, la critique sur Turner atteignit un degré de maturité comparable aux seuls écrits de Ruskin, qu'il connaissait d'ailleurs. Bien qu'il fît, lui aussi, de sévères réserves sur les œuvres tardives et exaltât de préférence en Turner le réaliste, il aimait beaucoup les tableaux de la fin des années 1820, et son commentaire sur *Mortlake Terrace* (n° 36) est une évocation magistrale[28]. Blanc l'invita à collaborer au volume sur la peinture anglaise dans son *Histoire des peintres de toutes les écoles;* il y définit l'art de Turner avec une perspicacité exceptionnelle : « Son idée était de peindre la lumière elle-même, indépendamment des objets sur lesquels elle rayonne... Aucun peintre n'a eu et n'a communiqué mieux que Turner l'impression du mélange universel des choses. C'est cette sorte de panthéisme poétique qui lui a fait faire ses chefs-d'œuvre,

24. *Le Magasin pittoresque,* XXII, 1854, p. 236. Cet article semble avoir été le premier à donner des reproductions de Turner : une gravure d'après *L'embouchure de la Humber* (n° 153), gravée à l'origine en 1826 pour les *Rivers of England* (R, n° 763).

25. J. C. L. Dubosc de Pesquidoux, *L'école anglaise 1672-1851,* 1858, p. 198. Pesquidoux écrivit une étude beaucoup moins défavorable sur Turner dans *L'Artiste* en 1871 (pp. 358-371).

26. Sur cette rencontre, H. Marguéry, « Un pionnier de l'histoire de l'art : Thoré-Bürger », *Gazette des Beaux-Arts,* V^{e} pér., 11, 1925, I, pp. 296-297.

27. C. Blanc, *Les trésors d'art à Manchester,* 1857, p. 141; cf. aussi *Les artistes de mon temps,* 1876, p. 489; F. Goodall, *Reminiscences,* 1902, p. 137, rappelle la froideur des artistes français à l'égard de Turner lors de cette exposition, mentionnant en particulier Troyon; pour l'étude que fit Troyon de l'art anglais, cf. L.-Ch. Watelin, « Un voyage de Constant Troyon en Angleterre », *L'art et les artistes,* n. s. I, 1920, pp. 305-306.

28. W. Bürger, *Trésors d'art exposés à Manchester,* 1857, pp. 424 ss. Ce livre connut deux autres éditions, en 1862 et en 1865, sous le titre *Trésors d'art en Angleterre.* Cf. aussi l'analyse du *Boccace* de Turner (1828; BJ, n° 244) par Thoré dans C. Blanc, T. Gautier, P. A. Jeanron, *Histoire des peintres de toutes les écoles : école anglaise,* 1863, p. 14.

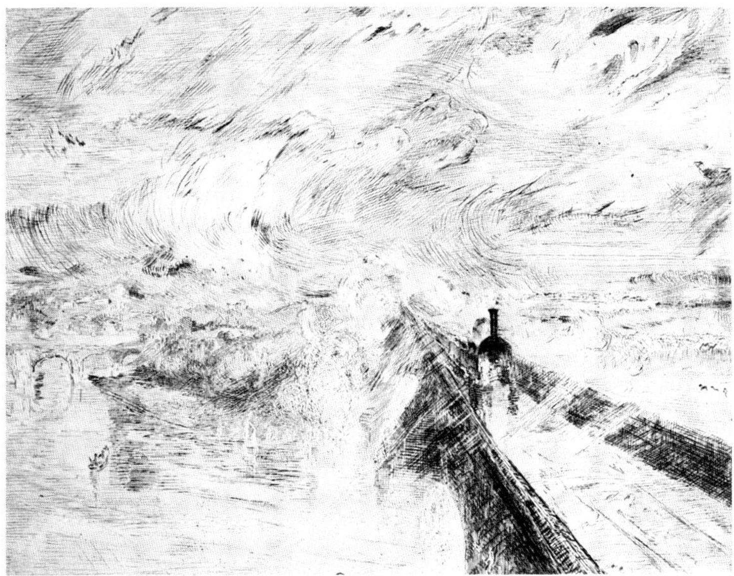

Fig. 17. Felix Bracquemond, *La locomotive. D'après Turner,* 1874, eau-forte. Paris, Bibliothèque Nationale.

mais c'est aussi ce qui l'a précipité dans ses extravagances, faute de percevoir la diversité au sein du grand tout. Après avoir perdu l'homme dans les montagnes, le navire dans les mers, il a fini par perdre la terre et l'eau dans le ciel, l'univers dans un rayonnement de lumière. Son aboutissement fatal a été la confusion et le chaos... Aucun peintre, dans aucune école n'a peut-être aussi merveilleusement peint les effets de la lumière subtile et impalpable. Sa folie de la lumière lui a fait imaginer des combinaisons de couleur que les plus grands coloristes n'avaient point prévues. Son sentiment de l'infinité de la nature l'a conduit à prouver par des œuvres l'infinité de l'art, et à montrer ainsi qu'il y a encore, et qu'il y aura toujours, un nouvel art après les maîtres du passé... »[29].

Le point de vue de Thoré sur la primauté de la lumière dans l'art de Turner resta une notion fondamentale de la critique française jusqu'à la fin du siècle : Théophile Silvestre, Ernest Chesneau et Paul Mantz dans les années 1860, René Ménard dans la décennie suivante, Robert de La Sizeranne, Théodore de Wyzewa et Gabriel Mourey dans les années 1890, tous estimaient que la poursuite fanatique de cet élément insaisissable entre tous était la clé de l'évolution de Turner[30].

On s'attendrait à ce que cette insistance de Turner sur la lumière ait fasciné particulièrement les jeunes impressionnistes, lorsqu'ils virent l'œuvre de Turner au début des années 1870; son rôle de précurseur du mouvement fut mis en avant pour la première fois vers 1900 par des peintres comme Signac et des critiques comme La Sizeranne, et on l'a naturellement inclus dans l'« arbre généalogique » de l'impressionnisme présenté au Jeu de Paume. A leur première exposition, en 1874, les impressionnistes avaient déjà accusé l'importance de Turner sous la forme de l'eau-forte inachevée de Bracquemond d'après *Pluie, vapeur et vitesse*

29. *Ibid.*, pp. 1, 14 ss.

30. T. Silvestre, « Documents nouveaux sur E. Delacroix » (1864), in *Les artistes français,* I, 1926, pp. 46-47 (cité par P. Signac, *De Delacroix au néo-impressionnisme,* 1899, éd. Cachin, 1964, pp. 65-66); E. Chesneau, *L'art et les artistes modernes en France et en Angleterre,* 1864, p. 91; P. Mantz, in *Nouvelle biographie générale,* 45, 1866, sous Turner; R. Ménard, *Entretiens sur la peinture,* 1875, p. 156; R. de La Sizeranne, « Deux heures à la Turner Gallery », *La Grande Revue, Paris et St-Pétersbourg,* III, 4, 1890, pp. 13, 15; T. de Wyzewa et X. Perreau, *Les grands peintres de l'Espagne et de l'Angleterre,* 1891, pp. 130-132; G. Mourey, *Passé le Détroit : la vie et l'art à Londres,* 1895, pp. 288 ss.

(n° 74; fig. 17), tableau qui prit, du moins aux yeux de Monet et de Pissarro, la valeur d'une icône[31]. Il y eut pourtant une extrême ambivalence dans la position de ces peintres à l'égard du maître anglais. Ils avaient vu son œuvre pendant leur visite à Londres en 1870, mais il ne semble pas avoir beaucoup contribué à leur style ni même à leur pensée avant de nombreuses années, avant ce moment où Pissarro recommandait à son fils de regarder *Pluie, vapeur et vitesse, La paix* (n° 70), « une *Marine* étonnante » (n° 53 ?) au Victoria and Albert Museum et « des petits croquis rehaussés d'aquarelle, représentant des poissons, ustensiles de pêche, etc. »[32] (voir n° 226). Monet lui aussi avait été frappé par les aquarelles et par *Pluie, vapeur et vitesse,* comme il le rappelait dans une conversation de 1892; dans un autre entretien avec George Moore, il définit avec enthousiasme le *Matin de gel* (n° 22) comme « peint les yeux ouverts »[33]. Mais quand, vers la fin de leur carrière, Pissarro et Monet jetèrent un regard en arrière sur l'histoire de l'impressionnisme, tous deux se montrèrent beaucoup plus froids dans leur appréciation, reprochant à Turner, au contraire de Constable, son manque de naturalisme, ou, selon les termes de Monet, « le romantisme exubérant de son imagination »[34]. Renoir, dont la facture extraordinairement souple entre 1870 et 1890 apparaît, à certains égards, tout à fait proche du style tardif de Turner, ne semble pas avoir vu d'œuvres du peintre anglais avant sa première visite à Londres en 1895; chez lui aussi, à une sympathie initiale succéda un refus de ce style, taxé de « pâtisserie » : « Turner, ce n'est pas bâti »[35], disait-il, en suivant des normes plus classiques.

Cependant, alors même que les impressionnistes français rejetaient Turner, les critiques introduisaient son nom dans le débat sur l'évolution de ce mouvement, en particulier dans le jugement sur la phase récente de Monet. On ne le rencontre pas dans la critique autour des débuts de Monet[36], mais vers la fin du siècle il était constamment invoqué[37]. Rien de surprenant à cela, car la lente pénétration des tableaux de Turner en France, surtout par l'intermédiaire du marchand parisien Sedelmeyer, mettait en évidence les toiles de la fin, souvent inachevées, dont les couleurs vives, l'économie des formes et la touche grasse avaient beaucoup en commun avec les séries de Monet d'après la cathédrale de Rouen ou la Tamise. Les peintures attribuées à Turner qui figurèrent dans deux ventes de 1874 à l'Hôtel Drouot furent, semble-t-il, les premières à atteindre Paris. Ni l'esquisse à l'huile, ni l'aquarelle vendues le 20 mars et provenant toutes deux de la collection Suchet ne peuvent être identifiées, et elles furent vendues à bas prix[38]; mais à la vente Wilson du 27 avril les Turner firent les plus gros prix. L'un d'eux, *Le château de Kilgarren* (lot 13), se trouve aujourd'hui à Leicester (BJ, n° 37; voir n° 2); l'autre, *Le banquet de Guildhall,* dont on a perdu la trace et qui n'était peut-être pas de Turner, attira l'attention pendant une vingtaine d'années à Paris et Chesneau le loua en termes excellents : « La grande salle de l'hôtel de ville de Londres, tendue de rouge du haut en bas, est incendiée de lumières. D'immenses tables l'occupent dans toute sa profondeur, chargées de candélabres et de mets, entourées par la foule agitée des convives. Au fond, un trône et la table d'honneur. Sur les parois latérales, d'immenses tribunes encombrées de spectateurs. Rien ne peut donner une idée de la magie des colorations, de l'intensité de l'effet lumineux, de l'animation folle, de la verve, de la vie, qui animent cette petite toile qui n'a pas 50 centimètres de hauteur. Turner seul dans l'école anglaise a eu cette puissance extraordinaire, et chez nous Delacroix dans

31. *Société Anonyme des Artistes Peintres, Sculpteurs, Graveurs, etc. Première Exposition,* n° 25 : *Cadre d'eaux-fortes,* dont *La locomotive. D'après Turner (planche non terminée).* Bracquemond allait souvent à Londres, et y était en particulier en septembre 1873 (J.-P. Bouillon, « La Correspondance de F. Bracquemond », *Gazette des Beaux-Arts,* 82, 1973, pp. 362, 368, 376, 378). Il fait une brève allusion au tableau de Turner dans *Du dessin et de la couleur,* 1885, p. 189. Pour la réputation du tableau dans le cercle impressionniste, cf. Gage, 1972, pp. 67 ss.

32. Camille Pissarro à Lucien Pissarro, 20 février 1883 (*Correspondance de C. Pissarro,* éd. Bailly-Herzeberg, I, 1980, p. 175). Lucien eut une réaction enthousiaste, tout spécialement aux aquarelles (J. Rewald, « Lucien Pissarro : Letters from London, 1883-1891 », *Burlington Magazine,* XCI, 1949, p. 189). Dans la collection de South Kensington il y avait deux autres marines auxquelles Camille Pissarro pouvait aussi faire allusion : *St Michael's Mount, Cornouailles* (BJ, n° 358) et *Pêche à la ligne au large de Hastings* (BJ, n° 363).

33. F. Lewison, « Theodore Robinson and Claude Monet », *Apollo,* 78, 1963, p. 211. G. Moore, *Vale,* 1947, pp. 112-113. Cf. aussi C. Fels, *Claude Monet,* 1925, pp. 101-102. Signac fait peut-être allusion à ce tableau lorsqu'il dit qu'en 1870-1871 Monet et Pissarro « sont tout d'abord frappés par ses effets de neige et de glace » (*op. cit.,* p. 80), car très peu d'autres œuvres montrent de tels effets.

34. Camille Pissarro à Lucien Pissarro, 8 mai 1903 (C. Pissarro, *Lettres à son fils Lucien,* éd. Rewald, 1950, pp. 500-501; cf. Lucien Pissarro à B. Blackwell, 1914, dans W. S. Meadmore, *Lucien Pissarro : un cœur simple,* Londres, 1962, pp. 148 ss); R. Koechlin, « Claude Monet », *Art et Décoration,* févr. 1927, p. 39; R. Gimpel, *Journal d'un collectionneur marchand de tableaux,* 1963, p. 88.

35. A. Vollard, *La vie et l'œuvre de P. A. Renoir,* 1918, pp. 147-149. Monet, Pissarro et Renoir apparaissent comme signataires d'une curieuse lettre qu'on dit avoir été envoyée au propriétaire de la Grosvenor Gallery à Londres, Sir Coutts Lindsay, après 1877. Les autres signataires étaient Degas, Boudin, John-Lewis Brown (dont le père était un collectionneur notoire de Bonington). Mary Cassatt, Berthe Morisot (dont l'intérêt pour les aspects whistleriens de l'œuvre de Turner ressort dans une lettre de 1875 : cf. *Correspondance de Berthe Morisot,* éd. Rouart, 1950, p. 88) et Sisley (qui étudia, dit-on, Turner en Angleterre dès les années 1850). Voici le texte de la lettre : « Un groupe de peintres français unis des mêmes tendances esthétiques, luttant depuis dix ans contre les conventions et les routines pour ramener l'art à l'observation scrupuleusement exacte de la nature, s'appliquant avec passion à rendre la réalité des formes en mouvement ainsi que les phénomènes si fugitifs de la lumière, ne peut oublier qu'il a été précédé dans cette voie par un grand maître de l'école anglaise, l'illustre Turner ». Cette lettre semble avoir été publiée d'abord en version anglaise par J. Anderson, *The Unknown Turner,*

1926, p. 17, avec la date 1877; mais le livre d'Anderson est un tissu d'inventions, et seule la version française transcrite ici, publiée avec un ordre légèrement différent dans les signatures et la date 1885 par H. H. Plowden, *William Stanley Haseltine,* 1947, p. 90, donne une apparence de probabilité au document. Lindsay avait ouvert la Grosvenor Gallery en 1877, et dans les expositions d'hiver 1883-1884 et 1885-1886 il avait montré un grand nombre d'œuvres de Reynolds et de Gainsborough; aussi n'est-il pas impossible qu'un groupe d'impressionnistes qui se manifestaient à Londres vers ces années-là aient eu envie de voir une rétrospective Turner dans la même série. Il figura en effet à l'exposition d'art anglais organisée dans l'hiver 1888-1889. Mais tant qu'on n'aura pas découvert une publication antérieure et plus fiable de la lettre, elle reste sujette à caution.

36. Mais cf. le compte rendu de 1875 cité par L. Venturi, *Les archives de l'impressionnisme,* 1939, II, p. 301.

37. Goncourt, *Journal,* 2 sept. 1894; Roger Marx, *Un siècle d'art* (1900), cité dans S. Z. Levine, *Monet and his Critics,* 1976, p. 252; G. Kahn, dans *Gazette des Beaux-Arts,* 3e pér., 31, 1904, pp. 83-84.

38. *Tableaux de l'école anglaise :* 18. Turner, Esquisse (Vue prise en Écosse), 0,37 × 0,62, ancienne collection H. A. Munro, 6 600 F (aucun sujet écossais de cette dimension n'est mentionné dans W. E. Frost & H. Reeve, *A Complete Catalogue of Paintings... in the Collection of the late H. A. J. Munro of Novar,* 1865); 24. Turner, Aquarelle, *Sauvetage de naufragés,* ancienne collection Sir Charles Borrett, 3 000 F (peut-être le *Naufrage au large de Margate,* ou *La jetée de Calais, bateaux allant au secours d'un naufrage,* ou *Les pilleurs d'épaves,* mentionnés dans la collection Borrett en 1862 (Thornbury, 1904, p. 595). Beaucoup des Turner de Borrett n'étaient probablement pas authentiques.

39. E. Chesneau, *La peinture anglaise,* 1882, pp. 158 ss. Le catalogue de la vente (Hôtel Drouot, 27 avril 1874, n° 14) décrit le tableau (0,49 × 0,48) comme montrant la salle « richement décorée pour le banquet offert en 1815 par la Cité aux souverains alliés. A droite et à gauche, de grandes tribunes tendues de rouge sont réservées aux dames; des étendards sont suspendus à la voûte... il est impossible de pousser plus loin la magie du coloris, l'exactitude de la mimique... » Il fut vendu 12 200 F. Le tableau le plus proche parmi les œuvres connues de Turner est *George IV au banquet du Maire à Edimbourg* (1822; BJ, n° 248).

40. L. Bénédite, *Albert Lebourg,* 1923, pp. 173 ss. C'était le n° 5 de l'exposition, dont on n'a retrouvé aucun catalogue. Le n° 11 était aussi un Turner, une *Vue de l'hôpital de Greenwich,* dont le sujet correspond peut-être au n° 25 de la présente exposition.

41. E. Chesneau, *La peinture anglaise,* p. 151, note. Chesneau souligna que Turner avait fait lui-même les contours à l'eau-forte pour cette série; il trouvait ces eaux-fortes aussi belles que celles de Rembrandt, point de vue partagé par l'aquafortiste P. G. Hamerton dans son *Turner,* Paris, 1889, pp. 39 ss. Ruskin espérait que Chesneau écrirait une biographie de Turner (*Works,* XIII, p. LVI); s'il ne le fit pas, la cause en est peut-être le manque d'enthousiasme des éditeurs français : Hamerton rapporte qu'on lui demanda de réduire son manuscrit d'un tiers, « sous prétexte que les numéros plus épais [de la série *Les artistes célèbres*] *étaient réservés aux grands artistes.* La vente fut très moyenne, car bien peu de Français s'intéressent à l'art anglais ». (P. G. Hamerton, *An Autobiography, 1834-1858, and a Memoir by his Wife, 1858-1894,* 1897, pp. 541 ss).

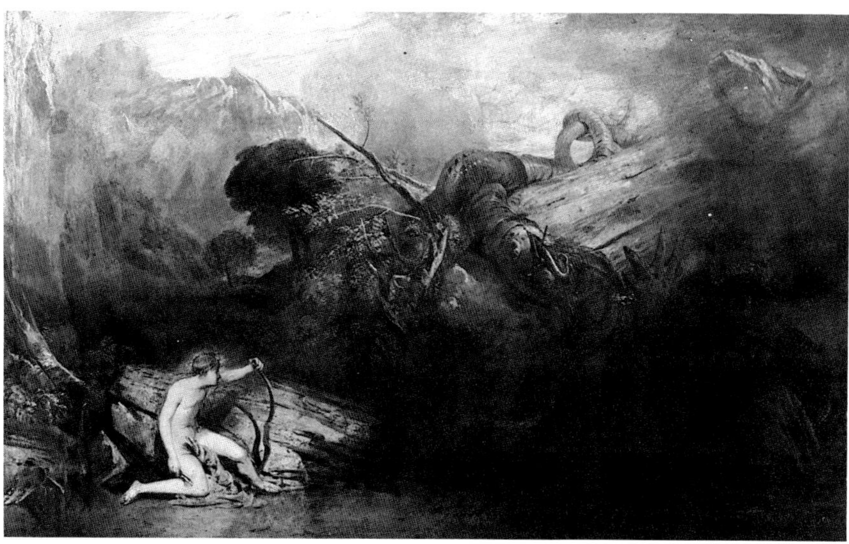

Fig. 18. J.M.W. Turner, *Apollon et Python,* 1811. Toile. 1,45 × 2,37. Londres, The Tate Gallery.

L'assassinat de l'évêque de Liège »[39]. Le petit tableau fut acquis par Sedelmeyer et réapparut à l'importante exposition des œuvres de Turner qu'il présenta dans sa galerie en 1894, exposition qui devint en France, pendant cette décennie, le foyer des discussions sur Turner[40].

Chesneau, dont le premier contact avec l'œuvre de Turner avait eu lieu à l'Exposition Internationale de Londres en 1862, apparaît comme une figure-clé dans l'histoire de la fortune de Turner en France; disciple de Ruskin, il porta en effet sur Turner un jugement plus lucide qu'aucun autre critique français. Comme Ruskin, il souligna l'importance du *Liber Studiorum* (nos 105 à 112), qui, soutenait-il, « donne la mesure complète du génie de Turner »[41]. En outre, à l'instar de Ruskin — seul parmi les critiques à défendre ce point de vue — il considérait le peintre comme « très lettré », et il donna une liste de ses peintures à sujets littéraires, avec les titres. Cette attention au choix souvent excentrique des sujets chez Turner, aussi bien qu'à sa façon très abstraite de les traiter, révèle, par-delà l'impressionnisme, l'influence du milieu des symbolistes, qui constituait en fait le public le plus favorable à Turner dans la dernière décennie du XIXe siècle. Au sujet d'*Apollon et Python* (BJ, n° 115; fig. 18), tableau particulièrement cher à Ruskin, Chesneau se demandait : « Je ne sais si notre grand artiste français M.

Gustave Moreau a jamais vu cette page d'une si vibrante émotion. S'il la voit jamais, il y reconnaîtra le génie d'un de ses ancêtres »[42]. Or Moreau en vint justement, nous le verrons, à apprécier le génie de Turner.

En 1890, bon nombre d'œuvres tardives de Turner étaient déjà accessibles dans la collection de Camille Groult à Paris. Il en avait peut-être même montré une dès 1887 à l'*Exposition de tableaux de maîtres anciens au profit des inondés du Midi,* organisée à l'École des Beaux-Arts : le *Paysage* de Turner qui figurait dans cette exposition sous le n° 157 était prêté par un certain M. G.***, et les comptes rendus semblent bien décrire le tableau de la collection Groult maintenant conservé au Louvre (n° 76). J. K. Huysmans écrivit : « On se trouve en face d'un brouillis de rose et de terre de sienne brûlée, de bleu et de blanc, frottés avec un chiffon, tantôt en tournant en rond, tantôt en filant en droite ligne ou en bifurquant en de longs zigzags. On dirait d'une estampe balayée avec de la mie de pain ou d'un amas de couleurs tendres étendues à l'eau dans une feuille de papier qu'on referme, puis qu'on rabote à tour de bras, avec une brosse; cela sème des jeux de nuances étonnantes surtout si l'on éparpille, avant de refermer la feuille, quelques points de blanc de gouache.

C'est cela, vu de très près, et, à distance, ... tout s'équilibre. Devant les yeux dissuadés, surgit un merveilleux paysage, un site féerique, un fleuve irradié coulant sous un soleil dont les rayons s'irisent. Un pâle firmament fuit à perte de vue, se noie dans un horizon de nacre, se réverbère et marche dans une eau qui chatoie, comme savonneuse, avec la couleur du spectre coloré des bulles. Où, dans quel pays, dans quel Eldorado, dans quel Éden flamboient ces folies de clarté, ces torrents de jour réfractés par des nuages laiteux, tachés de rouge feu et sillés de violet, tels que des fonds précieux d'opale? Et ces sites sont réels pourtant; ce sont des paysages d'automne, des bois rouillés, des eaux courantes, des futaies qui se déchevèlent, mais ce sont aussi des paysages volatilisés, des aubes de plein ciel; ce sont des fêtes, célestes et fluviales, d'une nature sublimée, décortiquée, rendue complètement fluide, par un grand poète »[43]. Jamais depuis Ruskin un tableau de Turner n'avait fait l'objet d'un examen aussi attentif du point de vue technique ni d'une évocation aussi vivante; mais à aucun endroit Huysmans ne suggère que le tableau était inachevé.

En 1891 Edmond de Goncourt fut invité par Groult à voir un autre tableau de sa collection, une vue de Venise[44]; dans une veine proche de Huysmans, il écrivit à son sujet : « Ce tableau est un des dix tableaux qui ont donné à mes yeux la grande joie. Car ce Turner, c'est de l'or en fusion, avec, dans cet or, une dissolution de pourpre. En voilà, de l'orfèvrerie qui dégote Moreau, *stupidifié* devant ce tableau d'un peintre dont il ne connaissait pas même le nom ! Ah ! cette *Salute,* ce Palais des Doges, cette mer, ce ciel aux transparences roses d'une agalmatolithe, tout cela comme vu dans une apothéose, couleur de pierres précieuses ! Et de la couleur par coulées, par larmes, par congélations, telles qu'on en voit sur les flancs des poteries de l'Extrême-Orient. Pour moi, c'est un tableau qui a l'air fait par un Rembrandt né dans l'Inde... ». Là, toutefois, E. de Goncourt décrit sans doute un des faux Turner que Groult gardait pour s'amuser à confondre les amateurs[45].

Ces deux œuvres se trouvaient probablement parmi la douzaine de tableaux de Turner, ou du moins attribués à Turner, qui furent présentés à la galerie Sedelmeyer en 1894, dans une exposition de peinture anglaise réunie surtout

42. Chesneau, *La peinture anglaise, op. cit.*, p. 156. Le rapprochement avec Moreau (et Böcklin) fut repris par J. Leclercq (J. M. W. Turner, *Gazette des Beaux-Arts,* 3e pér., 31, 1904, p. 485), par Focillon en 1927 (*op. cit.*, p. 156) et par Mauclair en 1939 (*op. cit.*, pp. 20 ss).

43. J. K. Huysmans, *Certains,* 1889, pp. 201 ss. Il est curieux que Théodore de Wyzewa, symboliste lui aussi, ait attaqué Turner en 1891 précisément pour les mêmes qualités de lumière, d'atmosphère et de rêverie (*op. cit.*, pp. 130-132); mais il était peu connaisseur : la seule illustration d'une œuvre de Turner dans son livre, un *Christ au lac de Tibériade,* reproduit, semble-t-il, un tableau dans la manière du peintre de Bristol Samuel Jackson. La notice de Maurice Hamel sur le Turner de l'exposition de 1887 fait aussi penser au tableau du Louvre : « ... Turner a rêvé un pays idyllique qui n'est pas l'Arcadie de Poussin, qui serait peut-être celle de Shakespeare. C'est un beau rêve. A ne le considérer que comme tache lumineuse, ce paysage est singulièrement séduisant avec ses verts et ses orangés imprégnés de soleil, son azur laiteux réfléchi dans les eaux, ses gouttes de ciel dormant entre deux berges et ses horizons noyés où s'estompent des promontoires... » (*Gazette des Beaux-Arts,* 2e pér., 35, 1887, I, p. 251).

44. Il connaissait déjà le tableau qui semble bien être celui du Louvre (*Journal,* 18 janv. 1890).

45. *Ibid.*, 12 août 1891. Cette œuvre — probablement acquisition récente — n'a pas été identifiée; c'était peut-être un des faux que Groult conservait pour se divertir aux dépens des « connaisseurs » (Gimpel, *op. cit.*, p. 39). Groult prêta aussi le tableau à l'*Exposition d'art anglais à Bagatelle* en 1905, moment où Arsène Alexandre en parla dans *Les Arts,* juin 1905, pp. 2-10 (cf. Michael Kitson, *La Revue du Louvre,* 4-5, 1969, p. 247). Pour un autre faux Turner à sujet vénitien, acquis par le peintre J.-F.-L. Bonnat, sans doute vers la même époque, cf. A. Personnaz et Georges-Bergès, *Le musée de Bayonne, collections Bonnat,* 1925, p. 17 : *Marine* (école de Turner), et *Ville de Bayonne, Musée Bonnat, catalogue sommaire,* 1930, n° 986 : *Paysage avec fond de ville* (imitation de Turner).

46. Un groupe de collectionneurs anglais avaient déjà essayé sans succès, en 1860, d'acheter et d'offrir au Louvre une vue de Venise (n° 63), « puisque Turner est si mal connu et si peu apprécié sur le continent ». Pour la réaction de Camille Pissarro à l'exposition de 1894, cf. *Lettres*

pour faire de la publicité à *L'Italie antique : Ovide banni de Rome* (BJ, n° 375), que le marchand espérait vendre très cher au Louvre[46]. On discuta beaucoup autour de l'exposition, mais les artistes, ceux de l'avant-garde comme les conservateurs, s'accordèrent à décrier le morceau de résistance et il ne fut pas acheté. Les critiques, cependant, furent dans l'ensemble favorables; vers la même époque, Gabriel Mourey, un ami de Claude Debussy, décrivit avec enthousiasme exactement ce type de tableau dans son compte rendu du legs Turner à Londres (voir n° 64) : « Évoquez tous les fastes immémoriaux de la lumière, sa polyphonie permanente, son chromatisme vertigineux, ses fluidités, ses matérialisations imprévues, sa mobilité protéiforme, ses désagrégations apocalyptiques : voilà ce que contiennent les toiles de Turner. Et ce solennel drame se joue parmi les plus héroïques décors dont ait pu rêver un rêve humain. Le marbre des palais surgit en tours éclatantes, s'ajoure en portiques, en colonnades devant les fêtes du ciel; des arcs de triomphe surplombent les abîmes; au bord des quais de porphyre que l'eau caresse de son roulis de pierres précieuses, des navires de victoire gonflent leurs voiles vers l'au-delà... »[47].

Plus que sur la représentation de la lumière naturelle chez Turner, les critiques français mettaient désormais l'accent sur la fonction de la lumière et surtout de la couleur dans la structure même du tableau; ce sera la note dominante des jugements français sur Turner jusqu'à la fin du siècle. Ainsi Turner l'« oriental », donc Turner l'interprète de Venise, devenait le point de mire. Robert de La Sizeranne avait souligné dès 1890 l'importance des petites toiles vénitiennes de la fin : « J'admire encore dans cette toile..., les *Abords de Venise* [BJ, n° 406 ?], l'effort violent et inspiré d'où sont sorties ces notes impressionnistes, ce foyer de lumière vert tendre, brillant au-dessus de la mer comme un astre végétal, parsemé de taches sanglantes, ce baiser cristallin qu'au giron des brumes délicates l'aube qui s'éveille donne aux ondes encore endormies, et ces gondoles glissant entre deux transparences, avec leurs cabines rouges et leurs agrafes d'or : rêve que Diaz et Ziem ont oublié de rêver »[48]. Quant à Signac, qui avait déjà appris de Turner à Londres « la couleur pour la couleur »[49], il remarquait, lors d'une visite à Istambul en 1907, « la lumière enveloppée du nord sur une couleur d'orient. On pense à Londres, à Rotterdam, à Venise un peu. C'est turnérien surtout »[50]. C'est aussi au cours de ces années qu'un élève de Gustave Moreau, Henri Matisse, accomplit, sur les conseils de Camille Pissarro, son pèlerinage à Londres pour voir les Turner, et y découvrit que les aquarelles de Turner et les tableaux de Monet avaient en commun la « construction par la couleur »[51].

Mais, comme nous l'avons vu, les peintres français n'étaient pas les seuls, vers 1900, à admirer Turner. Peu à peu, ses œuvres devenaient beaucoup plus accessibles, soit dans l'original[52], soit grâce à des reproductions en couleurs peu coûteuses mais de plus en plus exactes. Or, cette conscience chez de nombreux écrivains et intellectuels français du rôle de Turner venait en grande partie du prestige croissant de son interprète le plus prestigieux, John Ruskin.

Ruskin intéressait les théoriciens de l'art en France depuis longtemps; dans les années 1860 était parue *L'esthétique anglaise, études sur M. John Ruskin* de J. A. Milsand, et La Sizeranne avait publié en 1897 *Ruskin et la religion de la beauté*[53]. La première monographie française sur Turner, celle de P. G. Hamerton en 1889, et la deuxième, le *Canon de Turner* de Cherfils en 1906, étaient fondées

à son fils, op. cit., pp. 345-346. Il mentionne deux beaux tableaux de la collection Groult, qui pourraient être le n° 76 et le BJ, n° 520, *Val d'Aoste*, aujourd'hui à Melbourne. *L'Italie antique* est le type de sujet architectural qui fut flétri par Ruskin comme « peinture absurde » et particulièrement critiqué par Hamerton dans son *Turner* (1889, p. 84). Pour l'opposition d'autres artistes, dont Gervex et Alfred Stevens, cf. *Magazine of Art*, XVII, 1894, pp. XXXVI, XLIV. On n'a retrouvé aucun catalogue de l'exposition (il ne s'agit pas de *100 Paintings by Old Masters belonging to the Sedelmeyer Gallery*, 1894, où l'*Italie antique* était le n° 98). Leclercq rapporte qu'elle comprenait « une douzaine » de Turner (*op. cit.*, p. 484), dont quatre ou cinq peuvent maintenant être identifiés (cf. notes 39, 40, 43, 45, ci-dessus). Edmond de Goncourt visita l'exposition en juillet et se demanda si les œuvres tardives de Turner ne commençaient pas à ressembler trop à des vases orientaux de type « flambé » (*Journal*, 5 juillet 1894).

47. G. Mourey, *op. cit.*, pp. 289 ss. Debussy, ami de Mourey et qui connaissait l'œuvre de Turner depuis 1891, était d'accord avec lui pour condamner la tendance à associer Turner et les impressionnistes, car le peintre anglais était « le plus beau créateur du mystère qui soit en art » (lettre à Jacques Durand, mars 1908, cité par E. Lockspeiser, *Debussy, his Life and Mind*, II, 1965, p. 20, note).

48. R. de La Sizeranne, « Deux heures à la Turner Gallery », *op. cit.*, p. 13. La Sizeranne accorda une place exceptionnelle aux œuvres vénitiennes dans son essai sur « The Oil Paintings of Turner » in *The Genius of J. M. W. Turner*, éd. C. Holme, 1903, pp. IV-V.

49. *Journal*, 28 mars 1898 : J. Rewald, « Extraits du journal inédit de Paul Signac », *Gazette des Beaux-Arts*, 42, 1953, pp. 31-32.

50. F. Cachin, *Paul Signac*, 1971, p. 88.

51. R. Escholier, *Matisse, ce vivant*, 1956, p. 41.

52. En 1904 Leclercq estimait qu'il y avait « cinquante remarquables de ses œuvres » dans la seule ville de Paris (*op. cit.*, p. 485).

53. Les deux livres naquirent d'articles dans la *Revue des Deux Mondes*; cf. J. Autret, *Ruskin and the French before Marcel Proust*, Genève, 1965, pour une liste de toutes les traductions françaises des écrits de Ruskin.

toutes deux sur la pensée et les recherches de Ruskin. Les premières notions de Proust sur Turner remontent aux traductions de Ruskin par Milsand et par La Sizeranne; son essai sur Ruskin dans la *Gazette des Beaux-Arts* de 1900 fait ressortir deux points importants et antithétiques dans la critique de l'écrivain anglais sur Turner : l'usage des figures et du détail épisodique pour donner une allure narrative à des tableaux comme *Didon construisant Carthage* (BJ, n° 131), et la subordination du savoir à la spontanéité de la vision, comme le montre une histoire racontée par Ruskin dans *The Eagle's Nest* : « Turner était un jour à dessiner le port de Plymouth et quelques vaisseaux à un mille ou deux de distance, vus à contre-jour. Ayant montré ce dessin à un officier de marine, celui-ci observa avec surprise et objecta avec une très compréhensible indignation que les vaisseaux de ligne n'avaient pas de sabords. Non, dit Turner, certainement non. Si vous montez sur le mont Edgecumbe et si vous regardez les vaisseaux à contre-jour, sur le soleil couchant, vous verrez que vous ne pouvez apercevoir les sabords. Bien, dit l'officier, toujours indigné, mais vous savez qu'il y a là des sabords ! Oui, dit Turner, je le sais du reste, mais mon affaire est de dessiner *ce que je vois, non ce que je sais* »[54].

Quand Proust commença à écrire *A la recherche du temps perdu,* cette habitude de regarder Turner avec les yeux de Ruskin influença ses descriptions à différents niveaux. La plage de Balbec, écrivait-il dans un agenda, devait donner sur une mer à la Turner[55]. Et surtout, Elstir allait être présenté comme un peintre très proche de Turner (cf. *Le côté de Guermantes,* II, pp. 231-232), sa manière de traduire la perception s'apparentant étroitement à celle que souligne l'anecdote citée plus haut; Proust parle de « l'effort d'Elstir de ne pas exposer les choses telles qu'il savait qu'elles étaient, mais selon les illusions optiques dont notre vision première est faite... » (*A l'ombre des jeunes filles en fleur,* I, p. 839). Quand l'auteur nous promène à travers l'atelier d'Elstir, nous croyons feuilleter la publication du « Studio » de 1909, *The Water-Colours of J. M. W. Turner;* en effet, les tableaux décrits par Proust correspondent, dans l'esprit sinon dans la lettre, à la série des reproductions de ce volume. Ainsi, certains traits du *Port de Carquethuit* rappellent beaucoup *Scarborough* (pl. VIII; W, n° 529; voir aussi n° 118) : « Dans le premier plan de la plage, le peintre avait su habituer les yeux à ne pas reconnaître de frontière fixe, de démarcation absolue, entre la terre et l'océan. Des hommes qui poussaient des bateaux à la mer couraient aussi bien dans les flots que sur le sable, lequel, mouillé, réfléchissait déjà les coques comme s'il avait été de l'eau... des femmes qui ramassaient des crevettes dans les rochers, avaient l'air, parce qu'elles étaient entourées d'eau et à cause de la dépression qui, après la barrière circulaire des roches, abaissait la plage... au niveau de la mer, d'être dans une grotte marine surplombée de barques et de vagues, ouverte et protégée au milieu des flots écartés miraculeusement... » (I, p. 837). Proust souligne la découverte par Elstir de nouvelles lois de la perspective, et lorsqu'il décrit « un fleuve à cause du tournant de son cours, un golfe, à cause du rapprochement apparent des falaises [qui] avaient l'air de creuser au milieu de la plaine ou des montagnes un lac absolument fermé de toutes parts » (I, p. 839), on pense au *Coude de la rivière Lune* (pl. XIII; W, n° 575). Une autre toile montrant « au pied des immenses falaises, la grâce lilliputienne des voiles blanches sur le miroir bleu où elles semblaient des papillons endormis... » (I, p. 839) se rapproche de la *Baie de Lulworth* (pl. IX; W, n° 449). On citera encore ce passage

54. Marcel Proust, « John Ruskin », *Gazette des Beaux-Arts,* 1900, I, p. 311, d'après Milsand, *L'esthétique anglaise,* 1864, pp. 130-131; id., *Gazette des Beaux-Arts,* 1900, II, p. 137, d'après R. de La Sizeranne, *Ruskin et la religion de la beauté,* 1897, p. 232. L'essai de Proust fut republié comme partie de sa préface à la traduction de *La Bible d'Amiens* de Ruskin (1904), et de nouveau dans *Pastiches et mélanges* (1919).

55. L. Mck. Johnson, *The Metaphor of Painting,* 1980, p. 172. Toutes les citations de *A la recherche du temps perdu* sont empruntées à l'édition de La Pléiade 1954.

qui semble une réplique à l'éclat matinal du *Château de Norham* (pl. XIV; W, n° 736; voir n° 151) : « Elstir s'était complu autrefois à peindre de véritables mirages, où un château coiffé d'une tour apparaissait comme un château complètement circulaire prolongé d'une tour à son faîte, et en bas d'une tour inverse, soit que la pureté extraordinaire d'un beau temps donnât à l'ombre qui se reflétait dans l'eau la dureté et l'éclat de la pierre, soit que les brumes du matin rendissent la pierre aussi vaporeuse que l'ombre » (I, p. 839). Enfin, la dernière description évoque *Launceston, Cornouailles* de la série *England and Wales* (pl. XV; W, n° 752) : « Et soit qu'une arête montagneuse, ou la brume d'une cascade, ou la mer empêchât de suivre la continuité de la route, visible pour le promeneur mais non pour nous, le petit personnage humain en habit démodé perdu dans ces solitudes semblait souvent arrêté devant un abîme, le sentier qu'il suivait finissait là, tandis que, trois cents mètres plus haut dans ces bois de sapins, c'est d'un œil attendri et d'un cœur rassuré que nous voyions reparaître la mince blancheur de son sable hospitalier au pas du voyageur mais dont le versant de la montagne nous avait dérobé, contournant la cascade ou le golfe, les lacets intermédiaires » (I, p. 840)[56]. Mais, loin de copier Turner, Proust utilisait ces belles reproductions en couleurs comme point de départ d'une composition à la manière du peintre anglais. Il saisissait mieux que Ruskin la logique globale d'une peinture, et ses reconstitutions imaginaires comptent parmi les plus sensibles des textes critiques jamais écrits sur Turner.

Si un Debussy ou un Proust reconnaissaient Turner comme un des leurs, il allait évidemment toucher, et de façon durable, le grand public français. Il fit l'objet d'un nombre croissant d'études, centrées désormais sur le rôle de l'aquarelle, sur les toiles inachevées de la dernière période — Focillon les qualifia de « grandes aquarelles à l'huile » — et sur le refus du sujet. Dès 1906 Cherfils avait blâmé la condamnation par Ruskin des toutes dernières œuvres, la comparant au large consensus pour rejeter le Beethoven de la fin[57]; en 1929, Brion écartait comme ridicules les prétentions littéraires de Turner, tandis qu'il louait les aquarelles et reproduisait beaucoup d'œuvres inachevées, aquarelles ou huiles[58]. Dans son chapitre « Le discrédit du sujet » pour l'*Encyclopédie française* (1935), Paul Signac donna comme exemple plusieurs Turner, y compris — fait surprenant — *Pluie, vapeur et vitesse* (n° 74) et *La guerre* (n° 71); il montrait aussi une nette préférence pour la dernière version du *Château de Norham* (BJ, n° 512), qui devait figurer trois ans plus tard à l'exposition de peinture anglaise du Louvre, parmi les nombreuses huiles et aquarelles inachevées comprises dans la première présentation importante en France de l'œuvre de Turner[59]. Mauclair écrivit que ces œuvres, mal accrochées, « étaient souvent presque invisibles; mais elles suffirent à provoquer la surprise et l'admiration de certains membres de la nouvelle école »[60]. Bien que vétéran de la critique des impressionnistes, Mauclair ne paraît pas avoir remarqué combien la France s'était montrée réceptive, de manière riche et complexe, à l'art de Turner : le peintre anglais avait su parler à chaque génération un langage nouveau et original.

John Gage

56. W. G. Rawlinson & A. J. Finberg, *The Watercolours of J. M. W. Turner*, 1909. Le livre fut publié à Londres, Paris et New York par *The Studio* et obtint un tel succès en France que trois ans plus tard Finberg publiait *Les aquarelles de Turner à Farnley Hall*, pour *The Studio*, aussi en français. Certains de ces rapports avec les descriptions de Proust ont été notés par J. Monnin-Hornung, *Proust et la peinture*, Genève, 1951, pp. 91 ss. Cf. aussi J. Autret, *L'influence de Ruskin sur la vie, les idées et l'œuvre de Marcel Proust*, Genève, 1955, pp. 129 ss, pour l'hypothèse d'une utilisation par Proust des belles illustrations de Ruskin, *Works*, Library Edition. Michel Butor, au contraire, ne compte pas Turner parmi les multiples sources de la peinture d'Elstir (*Les œuvres d'art imaginaires chez Proust*, Cassal Lecture 1963, Londres, 1964, pp. 18-34).

57. C. Cherfils, *Canon de Turner*, 1906, p. 61. A peu près au même moment, Armand Dayot parlait avec chaleur de certaines œuvres de la fin (*La peinture anglaise des origines à nos jours*, 1908, p. 163).

58. M. Brion, *Turner*, 1929, pp. 22 ss, 56.

59. P. Signac, « Le sujet en peinture », *Encyclopédie française*, XVI, 1935, ch. II, 3, réimprimé dans *De Delacroix au néo-impressionnisme*, éd. Cachin, 1964, pp. 156 ss. Paris, Louvre, *La peinture anglaise, XVIIIe et XIXe siècles*, 1938, n° 145. L'exposition comprenait huit peintures à l'huile, dont cinq esquisses et œuvres inachevées, et quinze aquarelles, dont trois seulement terminées.

60. C. Mauclair, *Turner*, 1939, p. 28. Bien qu'édité à Paris, ce livre semble n'avoir été publié que dans une traduction anglaise.

Peintures

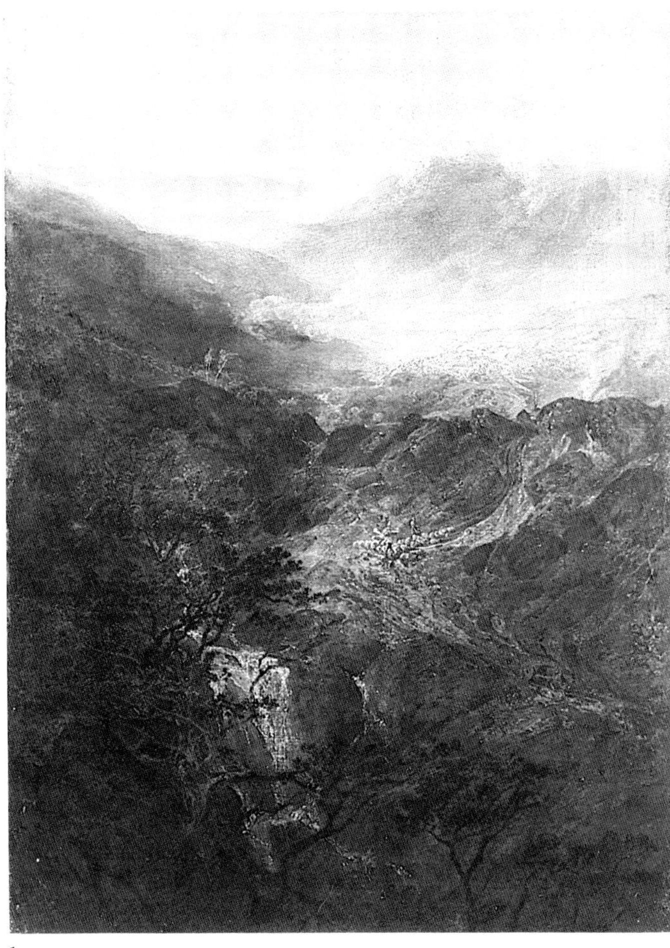

1

1

Matin sur la montagne de Coniston, Cumberland

1798

Toile. 1,23 × 0,89

BJ n° 5 (pl. 1)

Expositions : Londres, R.A., 1798, n° 196; Amsterdam, Berne, Paris, Bruxelles, Liège (n° 1), Venise, Rome (n° 2), 1947-1948. *Bibliographie :* BJ (avec bibliographie antérieure); Wilton, 1980, pp. 39 ss, 45; J. Ziff, « Turner's first poetic quotations : an examination of intentions », *Turner Studies,* II, 1, 1982, p. 2.

Turner s'était rendu au pic dit Coniston Old Man en 1797, quand il parcourut le Lake District, dans le nord de l'Angleterre, pour y faire des esquisses; il représenta alors le site sur un dessin, dont il se servit pour ce tableau (TB XXXV, p. 57). Une aquarelle de même sujet et d'une date voisine montre une composition analogue mais en largeur (Clonterbrook Trustees, W, n° 230, ill.). Le format vertical du tableau exposé était, à vrai dire, inhabituel à cette époque, quoique beaucoup plus fréquent dans les aquarelles (par exemple n°s 84, 90). Turner a pu s'inspirer des toiles en hauteur de Dughet représentant des cascades, par exemple les *Cascades de Tivoli* (Londres, Wallace Collection), tableau qui fut gravé en 1744. Turner exprima plus tard l'idée, traditionnelle en Angleterre, que cet artiste était avant tout le peintre de l'orage (Gage, 1969, pp. 213 ss); ici, le ciel tumultueux et le troupeau de moutons confirment ce rapprochement. Mais, à la différence de Dughet, Turner choisit un point de vue nettement surélevé par rapport au paysage, permettant ainsi au spectateur de dominer parfaitement un vaste panorama, mouvementé et tout enveloppé d'atmosphère.

En 1798, la Royal Academy accepta pour la première fois que d'importantes citations fussent imprimées comme légendes dans ses catalogues d'expositions; Turner avait en réserve des extraits des *Saisons* de James Thomson et d'autres de Milton. Le titre du *Matin sur la montagne de Coniston* était accompagné d'un passage du *Paradis perdu* de Milton, livre V, vers 185-188 :

> "Ye mists and exhalations that now rise
> From hill or streaming lake, dusky or gray,
> Till the sun paints your fleecy skirts with gold,
> In honour of the world's great Author, rise."[1]

Au deuxième vers, Turner a changé le « steaming » (« fumant ») du texte en « streaming » (« ondulant »), ce qui suggère — s'il ne s'agit pas d'une coquille — soit qu'il citait de mémoire, soit que, comme dans le cas d'autres légendes de cette année-là, il adaptait sa source pour mieux coller à l'image. J. G.

Londres, The Trustees of the Tate Gallery (n° 461)

(1) « Vous, brouillards et exhalaisons qui maintenant vous élevez,
Gris ou sombres, de la colline ou du lac ondulant,
Jusqu'à ce que le soleil peigne d'or vos franges laineuses,
Levez-vous en l'honneur du grand Créateur du monde ».

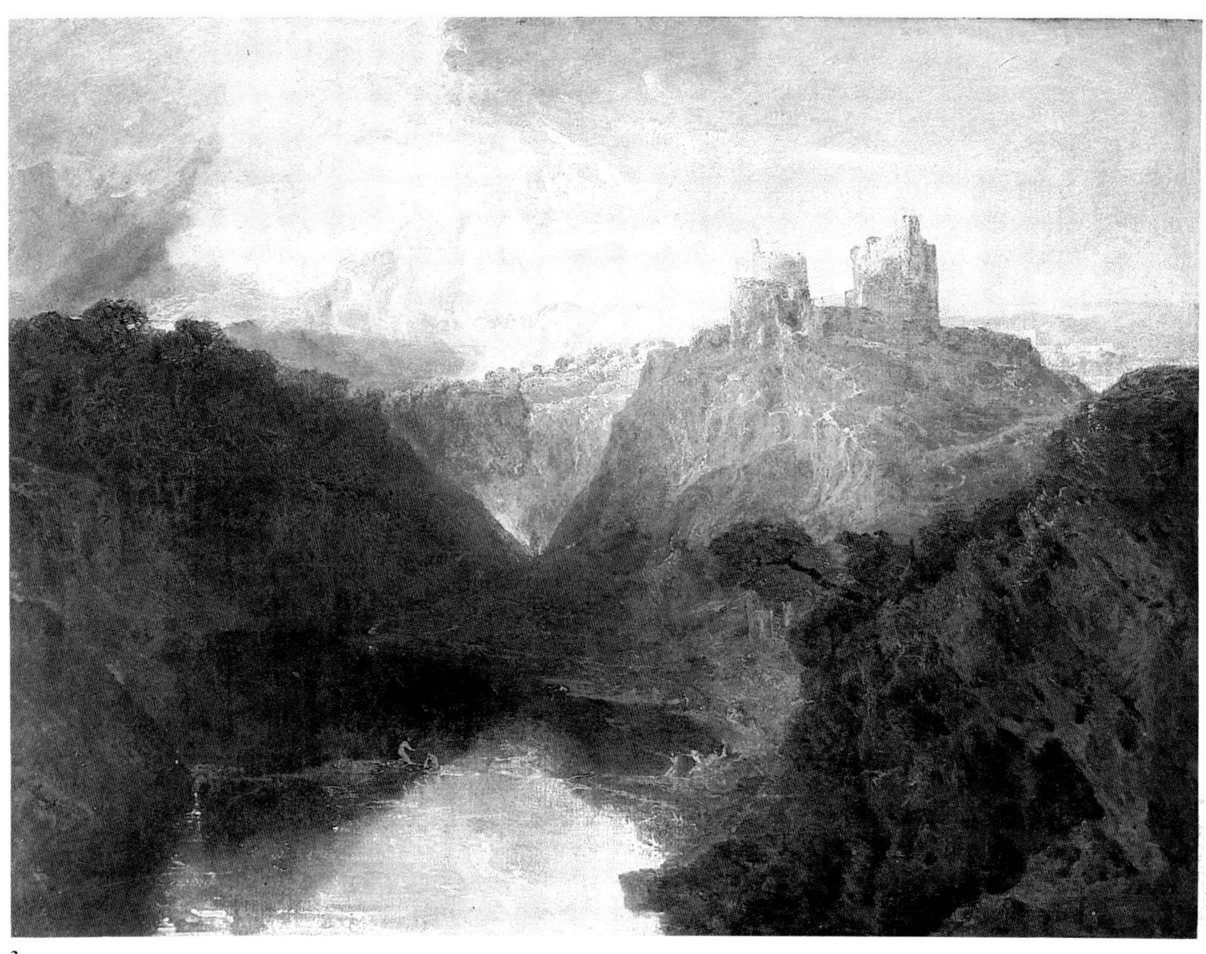

2

2

Le château de Kilgarran sur la Twyvey; lever de soleil brumeux avant une journée étouffante

1799

Toile. 0,92 × 1,22

BJ n° 11 (pl. 7)

Expositions : Londres, R.A., 1799, n° 305; Sir J. Leicester's Gallery, 1819, n° 27; Londres, Guildhall, 1899, n° 1; Paris, 1972, n° 259; Londres, 1974-1975, n° 47.
Bibliographie : BJ (avec bibliographie antérieure).

Le voyage de Turner à travers le Pays de Galles en 1798 était avant tout un pèlerinage au pays de Richard Wilson (Gage, 1980, p. 219); ses carnets sont pleins de vues que les tableaux de Wilson avait rendues célèbres. Turner fut probablement poussé à visiter le château de Kilgarran par le souvenir d'un tableau de Wilson, gravé en 1775, qui le représente (W. G. Constable, *Richard Wilson,* 1953, p. 170 et pl. 30a). Ce château plaisait aussi beaucoup au principal mécène de Turner vers la fin des années 1790, Sir Richard Colt Hoare; il l'avait observé de différents points de vue et soutenait qu'« il gagne beaucoup à être contemplé du plan d'eau ». Turner emboîta le pas, remplissant plusieurs pages du carnet *Hereford Court* d'esquisses du site, sous des angles variés (TB XXXVIII, pp. 28-29, 73, 88, 100) et peignant encore d'autres vues (BJ, nos 36-37). Mais toutes les autres versions, y compris une aquarelle conservée à Manchester qui montre exactement la même vue (W, n° 243, ill.), présentent une composition beaucoup plus dispersée et plus lâche que le tableau exposé : ici, la structure en X et l'abstraction voulue de la composition rappellent surtout un autre tableau de Wilson, également gravé en 1775, *Le Snowdon vu de Llyn Nanttle* (versions à Liverpool et à Nottingham : Constable, *op. cit.*, p. 186 et pl. 55).

Oldfield Bowles, un peintre amateur qui imitait Wilson et qui avait vu le tableau quand il était chez un ami de Turner, le paysagiste William Delamotte à Oxford, jugeait qu'il égalait les meilleurs tableaux de Wilson (cf. aussi Farington, 10 juin 1801).

Néanmoins, malgré tout ce qu'il doit à Wilson, bien des aspects du tableau portent la marque exclusive de Turner. Les larges masses de couleurs chaudes ou plus froides, en particulier les rouges ardents des rochers au premier plan; les ombres diaphanes et le ciel agité, proche de celui du *Matin sur la montagne de Coniston* (n° 1); le souci, souligné dans le titre, des conditions climatiques; l'économie des moyens, particulièrement remarquable dans la façon de traiter la lumière sur les constructions : tout cela annonce l'évolution future de Turner.

Une autre version du sujet, maintenant à Leicester (BJ, n° 37), mais dont l'attribution à Turner n'est pas universellement acceptée, compte parmi les premières huiles de Turner qui firent leur apparition à Paris, dans les années 1870. Ernest Chesneau considérait alors qu'elle « démontrait aux stylistes que le style ne se dégage point d'une conception purement intellectuelle de la nature même. Cette vue d'Irlande [sic], nullement arrangée, avait toute la grandeur, toute la noblesse des plus nobles pages du Poussin, avec quelque chose de plus : l'émotion ». (*La peinture anglaise*, 1882, pp. 158 ss). J. G.

Grande-Bretagne, The National Trust (en dépôt à Wordsworth House, Cockermouth)

3

Bois de hêtres avec des bohémiens assis au second plan

Vers 1799

Huile sur papier, marouflée sur panneau. 0,27 × 0,19

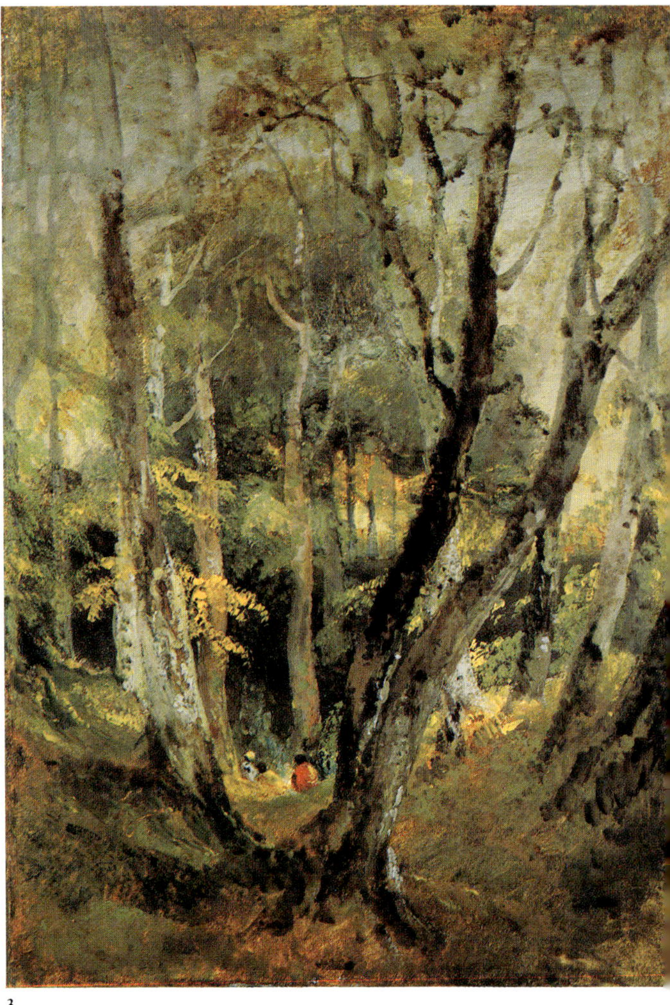

3

4

Bois de hêtres avec des bohémiens autour d'un feu de camp

Vers 1799

Huile sur papier, marouflée sur panneau. 0,27 × 0,19

Bibliographie : M. Rajnai, « Two recently-discovered oil sketches by Turner », *Turner Studies*, II, 2, 1982, pp. 58-59.

Ces pendants, qu'on connaît depuis peu, pourraient être identifiés avec les « deux petites esquisses à l'huile d'arbres et [?] de bohémiens » que Charles Turner (aucune parenté)

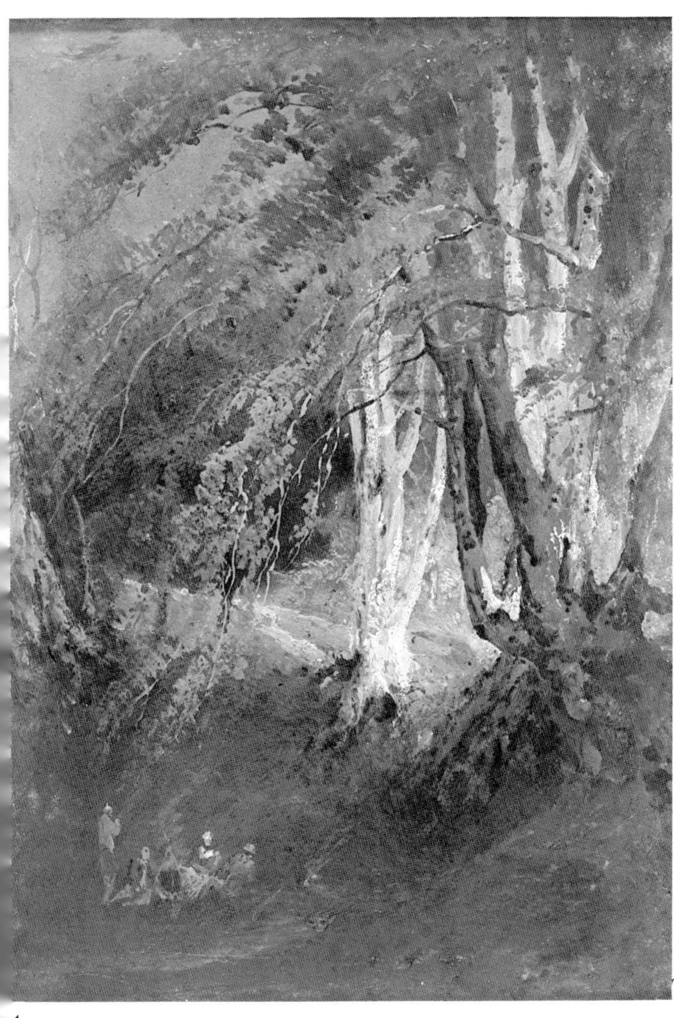

4

signale dans son journal (Yale University Library, Osborn Collection) avoir acheté le 9 septembre 1854 à Sarah Danby, qui avait été la maîtresse de Turner à partir de 1800 au moins. Wilton et Rajnai ont souligné que leur style les apparente à maintes œuvres de 1800 environ; ils les mettent en rapport, ainsi que d'autres esquisses à l'huile du legs Turner (BJ, n°s 154-159, datées auparavant vers 1805-1807) et qu'une esquisse du Fogg Museum (Rajnai, ill. 8), avec une indication du *Journal* de Farington, le 30 octobre 1799, selon laquelle Turner était allé dans le Kent « peindre des hêtres ». Le feuillage clairsemé et jaunissant des deux esquisses confirmerait cette date.

Quelques-unes des esquisses du legs Turner portent l'inscription *Knochholt, Kent,* désignant la maison d'un vieil ami de Turner, l'aquarelliste W.F. Wells. Wells collectionnait les dessins de Gainsborough et les gravait; or, la peinture transparente du n° 3 et de l'esquisse BJ n° 158 rappelle extraordinairement Gainsborough; de même la conception du sujet (par exemple, au Norwich Castle Museum, l'*Étude de talus et d'arbres,* vers 1746-1747 : John Hayes, *The Landscape Paintings of Thomas Gainsborough,* 1982, n° 10).

Turner fit des études d'arbres déterminés à partir de 1796 environ (Wilton, n°s 152-162), mais cette vue rapprochée d'un groupe d'arbres à contre-jour était nouvelle, et elle devint un motif fréquent dans le paysage anglais après 1800, en particulier dans l'œuvre de John Sell Cotman (par exemple *Devil's Bridge, Cardigan,* 1801, Londres, Victoria and Albert Museum, ou *Duncombe Park,* 1808-1810, Londres, Tate Gallery : Arts Council, *John Sell Cotman,* 1982, n°s 4 et 119, ill.).

La découverte et la datation de ces esquisses de Turner sont particulièrement importantes, car elles montrent qu'il peignit à l'huile en plein air plus tôt qu'on ne le soupçonnait jusqu'alors. On pourrait établir un lien entre cet intérêt et l'amitié du peintre avec William Delamotte, son contemporain exact, dont on sait qu'il fit très tôt — 1803 au moins — des esquisses à l'huile (Gage, 1980, p. 248). J. G.

Cambridge, The Syndics of the Fitzwilliam Museum

5

La cinquième [sic] *plaie d'Égypte*

1800

Toile. 1,24 × 1,83

BJ n° 13 (pl. 10)

Expositions : Londres, R.A., 1800, n° 206; Londres, International Exhibition, 1862, n° 268; Londres, Guidhall, 1899, n° 9; Indianapolis, 1955, n° 7; Seattle, World Fair, 1962, n° 21; New York, 1966, n° 2; Londres, 1974-1975, n° 70.
Bibliographie : BJ (avec bibliographie antérieure); R. Warner, *Excursions from Bath,* 1801, p. 125; Mauclair, 1939, p. 38, ill.; J. Ziff, « Turner and Poussin », *Burlington Magazine,* CV, 1963, pp. 315-321, ill.; Wilton, 1979, pp. 61, 65, 66; Wilton, 1980, pp. 133-135.
Gravure : par Charles Turner, *The Fifth Plague of Egypt* pour le *Liber Studiorum,* 1808 (R, n° 16).

Cette toile écrasante marque un tournant dans la carrière de Turner; elle était probablement la plus grande qu'il eût peinte jusqu'alors et la première à s'inspirer d'un mythe de l'Antiquité; en outre, comme l'ont noté les critiques

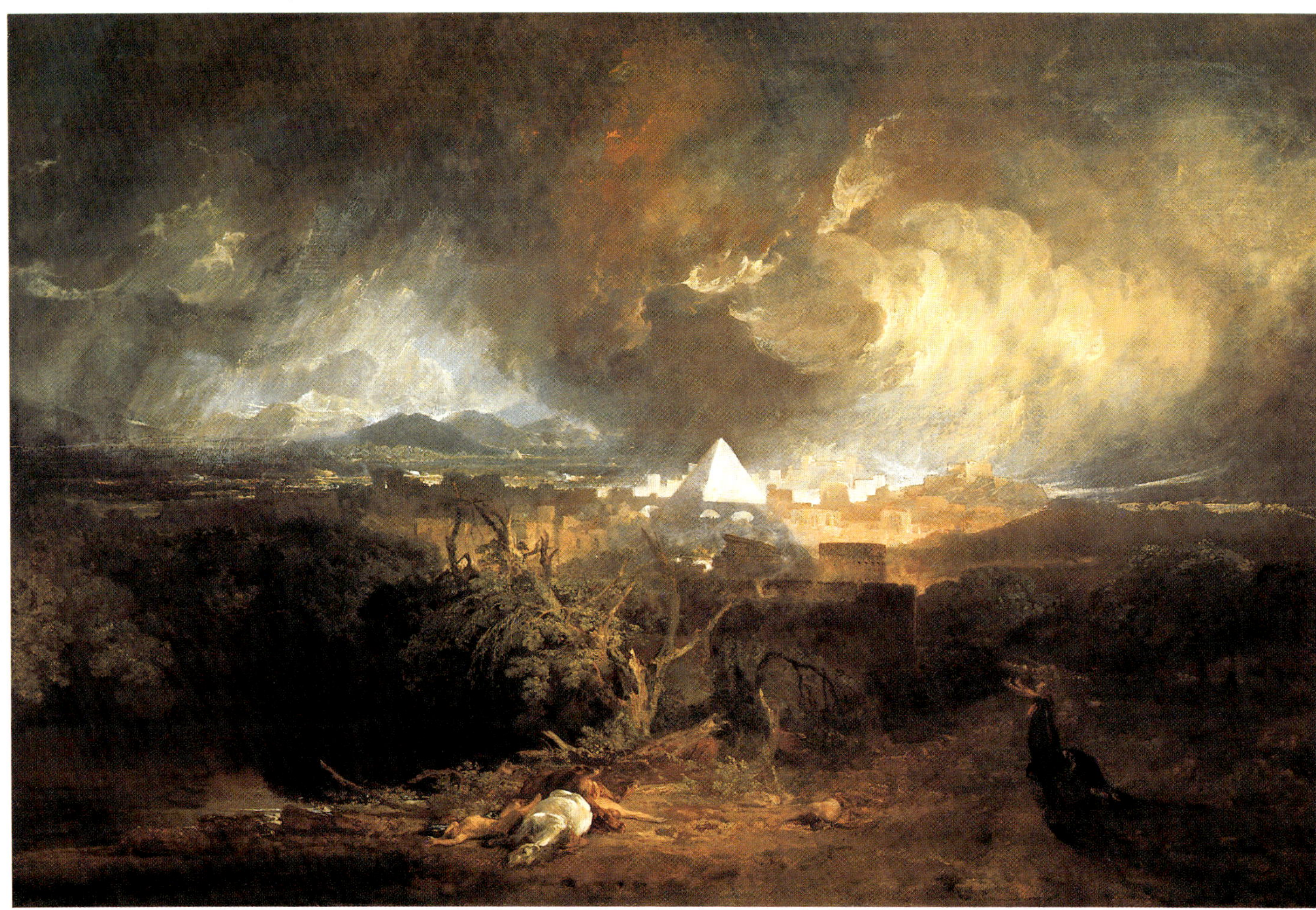

5

contemporains, on peut y voir le premier signe d'une renaissance, dans l'art anglais, du style sublime de Richard Wilson à ses débuts. Turner s'intéressait beaucoup à Wilson vers la fin des années 1790 (voir n° 2); ici, cette influence est particulièrement sensible dans la touche crémeuse; mais Ziff a signalé aussi que la composition en bas-relief révèle clairement la dette de Turner à l'égard de Poussin. Enfin, le fond d'architecture suggère que Turner avait regardé de près les *Vedute di Roma* de Piranèse : il les connaissait bien, grâce à la collection de son mécène Richard Colt Hoare (voir n° 31).

Mais, pour découvrir ce qui poussa Turner dans une nouvelle direction, il faut rechercher les liens entre *La cinquième plaie d'Égypte* et cette figure-clé que représente pour la conception anglaise du sublime l'écrivain millionnaire William Beckford of Fonthill. Beckford, très impressionné lui aussi par Piranèse, avait déjà protégé Philippe-Jacques de Loutherbourg, dont l'œuvre offre peut-être le meilleur précédent, dans l'art anglais du XVIIIe siècle, au « sublime » de Turner; il devait aussi collectionner plus tard les œuvres de Francis Danby, le principal rival de John Martin en matière de peinture apocalyptique entre 1820 et 1830. En 1799, Beckford écrivit du Portugal à Turner pour lui demander de se rendre à Fonthill en vue d'une commande non précisée (Farington, 27 mai 1799). Turner avait pu lui être présenté par son architecte James Wyatt, qui faisait exécuter au jeune peintre des dessins montrant les nouveaux bâtiments de Fonthill Abbey; l'un d'eux avait figuré à l'exposition de la Royal Academy en 1798 (Wilton, nos 332-333). Dans un carnet qu'il utilisa dès 1795, Turner avait noté : *Mr. Beckford for the Plague of Egypt* (« M. Beckford pour la Plaie d'Égypte »; TB XXV, p. 1);

vers la fin de l'été 1799, il passa plusieurs semaines à Fonthill et réalisa six ou sept grandes aquarelles de l'Abbaye — ce caprice gothique d'un mégalomane —, qui n'était pas encore achevée. Cinq d'entre elles (W, n°s 335-339) furent exposées, ainsi que le présent tableau, à la Royal Academy en 1800. Dans ces aquarelles (pour la plupart maintenant très altérées), le sens de l'espace et de l'atmosphère est si proche des intentions de Beckford pour son vaste domaine, dont il était en train de remodeler le paysage selon ses propres plans (R. J. Gemmett, *Gazette des Beaux-Arts,* 80, 1972, pp. 335 ss), que nous pouvons supposer un accord profond entre l'humeur romantique de l'artiste et celle du mécène. Cependant, bien que Beckford eût acquis *La cinquième plaie* avant même l'ouverture de la Royal Academy (*St. James Chronicle,* 29 avril-1er mai 1800), les termes employés par Turner dans la discussion avec Farington au sujet de l'achat (*Journal,* 10 juillet 1800) ne suggèrent pas une véritable commande, et les circonstances précises de la réalisation restent donc mystérieuses.

On a souvent souligné que le titre de Turner est erroné; car la plaie décrite par l'*Exode,* IX, 23 (citation utilisée comme légende dans le catalogue de la Royal Academy) n'est pas la cinquième mais la septième — erreur qui paraît plus normale de la part de Turner que de Beckford. Mais, dans ce tableau, Turner se préoccupa moins, semble-t-il, de caractériser une des plaies d'Égypte que d'en donner une représentation synthétique. Il n'a pas montré la grêle, sujet précis de la septième plaie, mais seulement le feu qui l'accompagne et qui dut attirer Turner vers ce sujet : « Moïse éleva les mains vers le ciel, et le Seigneur envoya le tonnerre et les éclairs, et le feu se répandit sur le sol ».

Dans la planche de même sujet gravée en 1808 par Charles Turner pour le *Liber Studiorum* (R, n° 16), le peintre traduisit plus exactement ce passage, en incluant l'éclair, qu'on voit à peine sur le tableau exposé; d'autre part, bien que les chevaux morts, mis en évidence au premier plan de la composition, puissent avoir été frappés par l'éclair en même temps que l'arbre voisin, ils font probablement aussi allusion à la cinquième plaie, l'épizootie qui frappa les chevaux et d'autres animaux (*Exode,* IX, 3). Le personnage courbé, derrière Moïse, est sans doute Aaron en train de recueillir la poussière (« les cendres de la fournaise », que Moïse jettera vers le ciel pour produire la sixième plaie, celle des eaux bouillantes répandues sur l'homme et sur l'animal : *Exode,* IX, 8). Aucun contemporain, même un ecclésiastique comme Richard Warner, ne releva la moindre anomalie dans le titre du tableau de Turner; aussi peut-on difficilement en tirer argument pour affirmer que l'œuvre n'était pas une commande. Warner mentionne que le tableau se trouvait accroché en septembre 1800, comme élément principal du décor, dans le salon de musique encore inachevé de Fonthill Splendens (pas l'Abbaye).

La figure de Moïse dérive vaguement du Saint Paul prêchant à Athènes, dans la série des cartons de tapisserie de Raphaël, qui étaient bien connus par les gravures et aussi par les copies de Thornhill à la Royal Academy de Londres. On voit des études préparatoires pour le tableau dans les carnets TB XLV, pp. 79, 117, et TB LXIX, pp. 22, 23, 24, 25. Le tableau n'est pas remarquable par sa seule taille, mais aussi par l'extrême économie des moyens. Sur une grande partie du premier plan apparaît la préparation rouge foncé, non recouverte et où quelques touches habiles rendent la profondeur et la texture. L'ensemble montre une maîtrise surprenante dans un genre qui était absolument nouveau pour Turner. Comme il avait été élu membre associé de la Royal Academy en novembre 1799, on est tenté de supposer que le tableau fut peint en grande hâte pour justifier cet honneur et pour lancer l'artiste comme peintre académique. Selon les termes du critique de la *St. James Chronicle,* « toute la conception est d'un grand artiste ». J. G.

Indianapolis, Indianapolis Museum of Art (en souvenir de Evan F. Lilly)

6

Pêcheurs sous le vent, par tempête

1802

Toile. 0,91 × 1,22

BJ n° 16 (pl. 12).

Expositions : Londres, R. A., 1802, n° 110; Londres, 1977, n° 2. *Bibliographie :* BJ (avec bibliographie antérieure); Luke Herrmann, « Turner and the Sea », *Turner Studies,* I, 1, 1981, p. 6, pl. 5.

Jusqu'à une date récente, on identifiait la « marine Iveagh » de Kenwood avec le tableau exposé par Turner en 1802 comme *Pêcheurs sous le vent,* tandis que le tableau de Southampton passait sous les noms de « La vague » ou « Bateau à la crête d'une vague ». Butlin et Joll ont exposé en détail les raisons de reconnaître au contraire dans le tableau de Southampton les *Pêcheurs sous le vent.* La preuve déterminante est l'inscription *M. Dobree's Lee Shore* (« Sous le vent de M. Dobree ») portée par Turner sur une étude pour le n° 6 dans le carnet *Jetée de Calais* (TB LXXXI, pp. 84-85). Il s'agit de Samuel Dobree (1759-1827), riche banquier qui possédait une collection importante des premières marines de Turner; le tableau exposé se trouvait certainement déjà chez lui en 1805. Le fait que la « marine Iveagh » lui appartenait aussi contribua sans doute à la confusion entre les titres des tableaux; mais l'étude attentive des descriptions que les comptes rendus contemporains

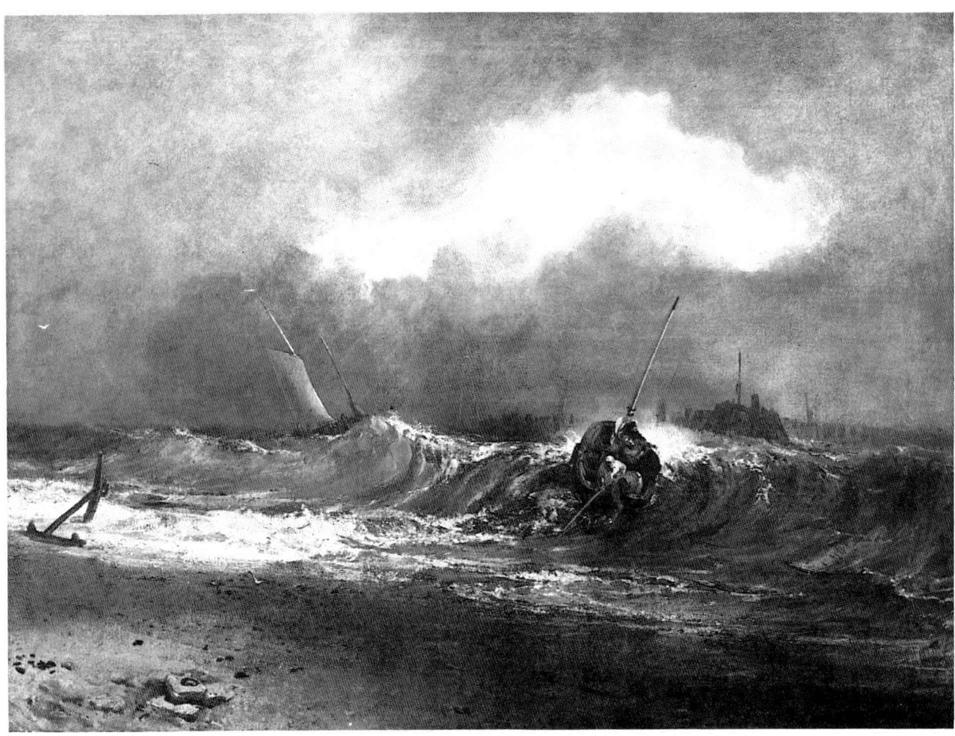

6

donnent du tableau exposé en 1802 corrobore l'identification retenue ici.

On voit d'autres études de vagues se brisant sur le rivage, très semblables à celles du n° 6, dans le carnet *Dunbar* (TB LIV), que Turner utilisa pendant son voyage en Écosse de l'été 1801, et les deux carnets *Sous le vent* (TB LXVII et LXVIII) montrent aussi, selon la remarque de Herrmann, combien Turner se souciait des dangers qui menaçaient les pêcheurs s'ils partaient en mer par gros temps. Comme le note aussi à juste titre Herrmann, le n° 6 possède un tel cachet d'authenticité qu'on peut supposer chez l'artiste une expérience directe des tempêtes en mer.

Turner essaya parfois de racheter ses propres toiles quand elles passaient en vente; il laissa un ordre pour le n° 6, mais sans succès, quand il fut vendu chez Christie en 1842. E. J.

Southampton, Southampton Art Gallery.

7

La fête des vendanges à Mâcon

1803

Toile. 1,46 × 2,37

BJ n° 47 (pl. 13).

Expositions : Londres, R. A., 1803, n° 110; Turner's Gallery, 1804 ?; Londres, British Institution, 1849, n° 43; Manchester, 1857, n° 229; Tokyo et Kyoto, 1970-1971, n° 31; Londres, 1974-1975, n° 76; La Haye, 1978, n° 111; Paris, 1981-1982, n° 186. *Bibliographie* : BJ (avec bibliographie antérieure); Hamerton, 1889, pp. 25-26, 92; Wilton, 1979, pp. 77-82 (ill. coul.); M. Kitson, « Turner et Claude Gellée », in *Turner en France,* op. cit., pp. 586-589 (ill. coul.).

Turner était passé par Mâcon en 1802 lorsqu'il alla de Paris à Lyon, mais ses études pour le tableau (TB LXXXI, pp. 54, 116-117; *Turner en France,* fig. 1121-1123) montrent qu'il avait déjà l'idée de traiter le sujet à la manière de Claude Lorrain. Hamerton a fait remarquer l'inexactitude topographique, et dès 1803 le critique de la *British Press* écrivait : « C'est, sans conteste, le premier paysage de ce genre qu'on

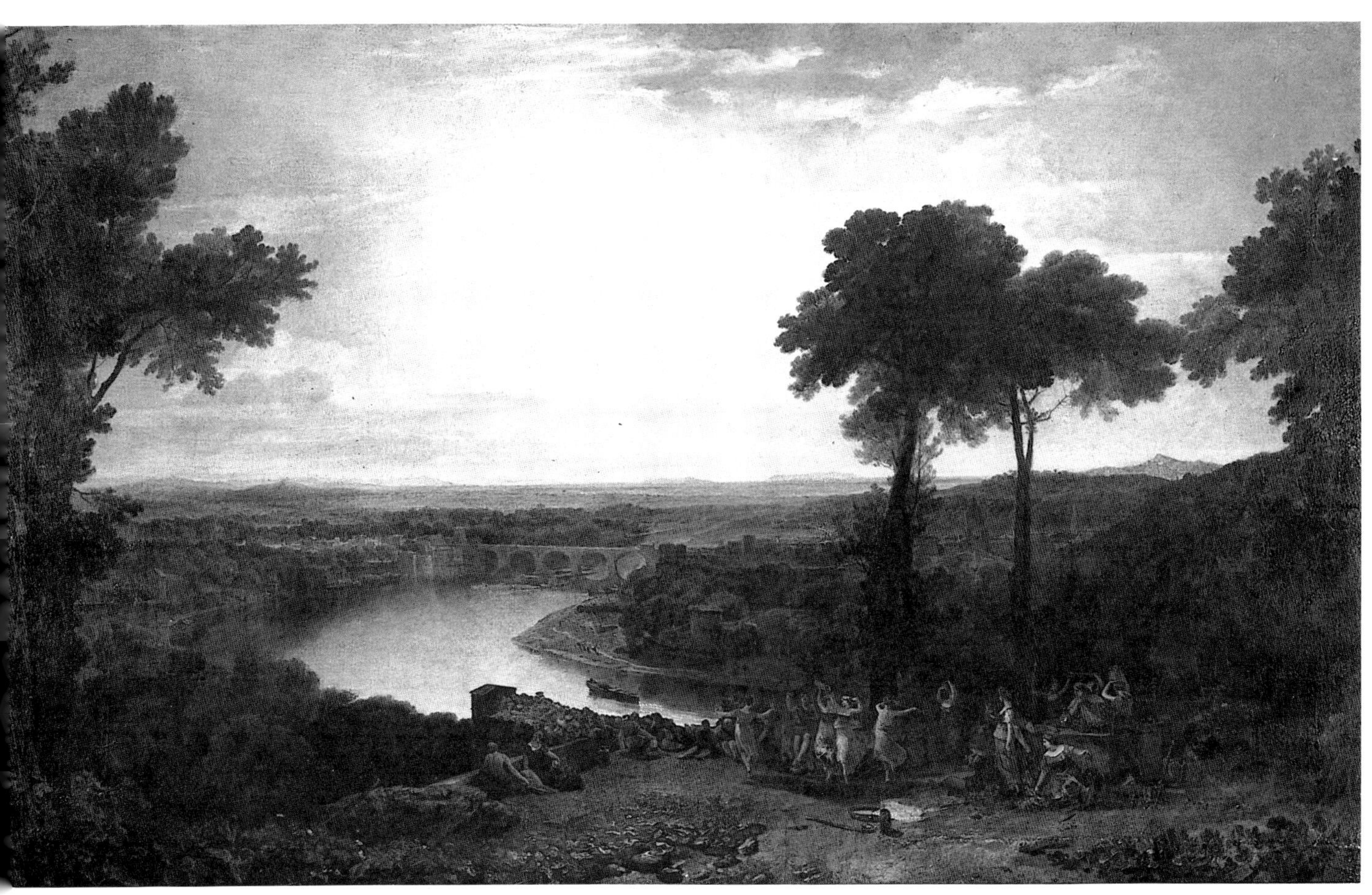

ait peint depuis l'époque de Claude Lorain [sic], dont Mr. Turner a très évidemment regardé les œuvres avec profit; nous osons affirmer qu'il a même surpassé ce maître par la richesse et les formes de certaines parties du tableau. Le paysage est d'une beauté exceptionnelle; le dessin des nombreuses figures et leur groupement montrent des qualités de style bien supérieures à celles de Claude ».

Turner avait visité le Louvre peu de temps auparavant, mais il était resté insensible aux peintures de Claude (J. Ziff, « Copies of Claude's Paintings in the Sketch Books of J. M. W. Turner », *Gazette des Beaux-Arts,* 65, 1965, pp. 51-64); comme l'a noté Kitson, la structure du tableau exposé se rapproche plus du *Paysage avec Laban et ses filles (Liber Veritatis,* n° 134) de Claude, alors conservé à Petworth dans la collection de son nouveau mécène, le troisième comte d'Egremont. Cette dernière œuvre allait devenir l'un des Claude favoris de Turner, et il s'inspira encore plus étroitement de sa composition en 1814 pour *Apullia cherchant Appulus* (Tate Gallery; BJ, n° 128), tandis qu'il l'utilisa plus librement dans un certain nombre de toiles monumentales comme les n°s 26 et 34. Cependant, bien que Turner ait cherché à imiter Claude en appliquant de la détrempe, le tableau était primitivement beaucoup moins moelleux et « claudien » dans les tons qu'aujourd'hui, et il montrait « les verts et les jaunes les plus vifs »; selon le commentaire de Sir George Beaumont, ami de Constable et critique, Turner avait « emprunté le sujet à Claude mais oublié son coloris ». Cela pourrait confirmer que l'œuvre s'inspire, non pas du tableau même de Claude Lorrain, mais de la gravure exécutée par Woollett en 1783, comme le suggère d'ailleurs Kitson.

D'autres différences révèlent aussi une interprétation du sujet absolument typique de Turner, à une date pourtant très précoce. Le point de vue surélevé — bien peu fidèle à la

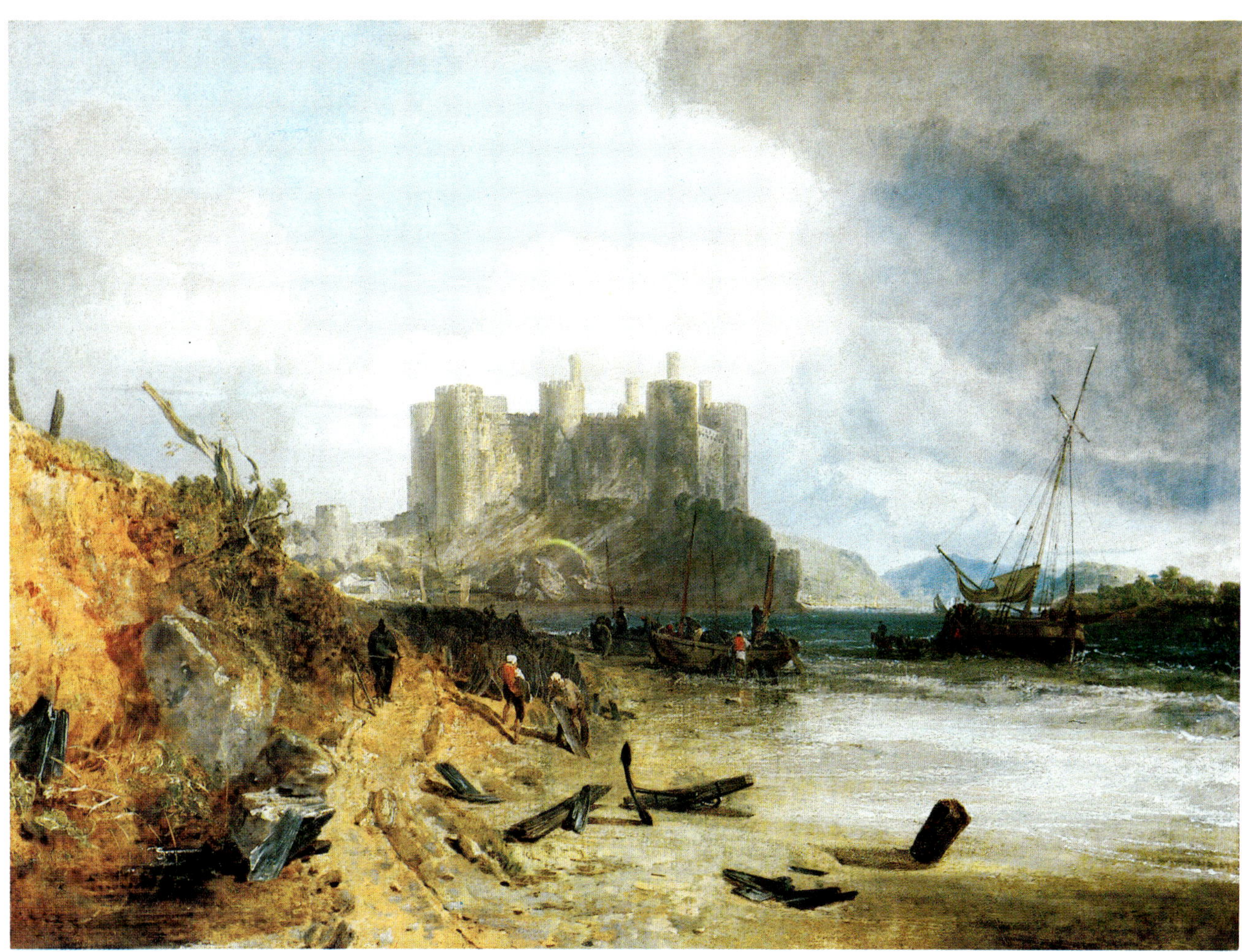

8

topographie de Mâcon — donne une grande impression de profondeur (modification encore plus sensible dans les n°s 26 et 34), et, selon la remarque de Kitson, l'effet de lumière est beaucoup plus frappant. Turner peint le soleil lui-même au centre du tableau, tandis que Claude Lorrain laisse seulement sa lueur filtrer à travers les arbres. J. G.

Sheffield, Sheffield City Art Galleries

8

Le château de Conway

Vers 1803

Toile. 1,03 × 1,39

BJ n° 141 (pl. 126).

Exposition : Londres, 1977, n° 4.
Bibliographie : BJ (avec bibliographie antérieure).

Turner fit une première visite au château de Conway lors de son voyage dans le nord du Pays de Galles en été 1798. On rencontre plusieurs dessins au crayon du château dans le carnet *Hereford Court* (TB XXXVIII). L'un des versos porte l'inscription :

M. Leader
4 f 8. long
3 f. 6. wide 70

Elle indique que Leader avait commandé une peinture d'après ce dessin, car les dimensions du tableau correspondent presque exactement à ces chiffres. Leur précision fait penser qu'elle était destinée à un emplacement particulier, ce qui expliquerait pourquoi elle ne fut pas exposée à l'époque. La notation *70* pourrait se rapporter au prix convenu en guinées.

William Leader semble avoir commandé des tableaux à Turner de 1800 environ jusqu'à 1807-1808 au moins, date à laquelle Turner peignit pour lui une huile connue sous le nom de « marine Leader ». On en a perdu la trace et la composition n'est connue que par la gravure du *Liber Studiorum*, publiée en 1809 et intitulée *Original sketch of a picture for W. Leader Esq.* (« Esquisse originale d'un tableau pour Monsieur W. Leader »).

Leader devait avoir un intérêt ou une attirance particulière pour Conway, car il possédait, outre le tableau exposé, deux aquarelles le représentant, exécutées vers 1800. Elles furent vendues chez Christie le 18 mars 1843.

La partie gauche du premier plan rappelle encore Richard Wilson, dont l'influence sur Turner est sensible surtout juste avant 1800. Mais la touche apparaît ici plus fluide que dans les tableaux de Turner à cette époque. Ce trait, joint à une palette proche de celle de la « marine Iveagh » à Kenwood, habituellement située vers 1803-1804, rend vraisemblable une date de 1803 environ pour le tableau exposé.

Louis Hawes, de l'Université d'Indiana, a supposé que Turner aurait peint le tableau, bien que ce fût une commande, pour rivaliser avec Loutherbourg, dont le *Château de Conway vu de la rivière* avait été exposé à la Royal Academy en 1801. Hawes cite plusieurs autres exemples d'un esprit de compétition entre les deux peintres pendant la première décennie du siècle. E. J.

Grande-Bretagne, collection Duke of Westminster

9

Le col du Saint-Gothard

Vers 1803-1804

Toile. 0,80 × 0,64

BJ n° 146 (pl. 129).

Exposition : Londres, 1977, n° 5.
Bibliographie : BJ (avec bibliographie antérieure).

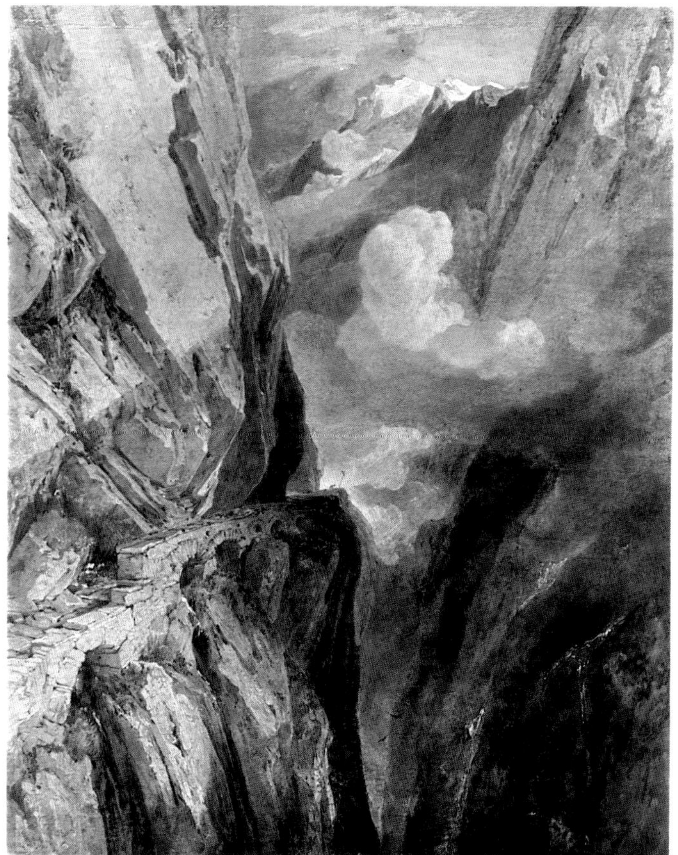

9

D'après la tradition, peint, ainsi que son pendant, pour John Allnutt (1773-1863), riche marchand de vin à Clapham, qui commanda aussi le n° 134 à Turner, et fit également des commandes à Lawrence et à Constable.

Turner vit le col du Saint-Gothard, alors l'un des principaux passages à travers les Alpes, lors de son premier voyage sur le continent, en 1802. Il fut manifestement très frappé par le caractère « sublime » du col et relata ses impressions dans le carnet *Saint-Gothard et Mont-Blanc* (TB LXXV). Ce tableau et son pendant, *Le pont du Diable au Saint-Gothard* (BJ, n° 147; Grande-Bretagne, coll. part., prêté au Virginia Museum of Fine Arts de Richmond) ont été peints très fidèlement d'après deux esquisses à l'aquarelle (ill. coul. dans *Turner in Switzerland*, pp. 62-63) figurant sur les pp. 33 et 34 de ce carnet; c'est probablement après les avoir vues que Allnutt commanda les tableaux à l'huile. La commande pourrait dater de 1803-1804 environ et précède donc une version plus grande à l'aquarelle (0,985 × 0,685),

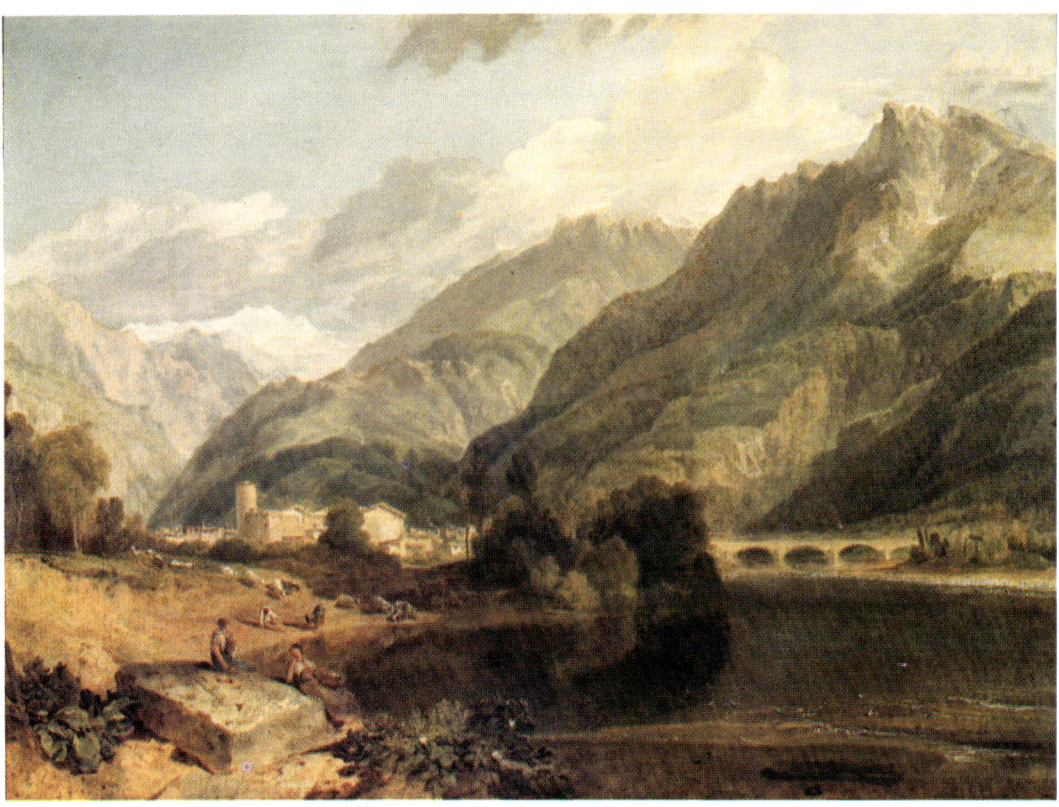

10

signée et datée 1804, qui fut achetée par Walter Fawkes et se trouve maintenant dans l'Abbot Hall Art Gallery de Kendal, Cumbria (n° 99). L'aquarelle présente une composition presque identique à celle du tableau de Birmingham, mais il y manque la croix de chemin et le personnage à côté; y figurent cependant les deux mules de bât sur le sentier à gauche du col.

Il est caractéristique de Turner d'avoir beaucoup exagéré l'étroitesse de la gorge, ce qui, joint au parti de couper le sommet de la montagne et le fond du gouffre, produit un effet vertigineux d'instabilité, comme l'a remarqué Andrew Wilton (*Turner and the Sublime*, p. 116).

Autant qu'on sache, c'est le seul tableau de Turner qui ait appartenu à un Premier Ministre de Grande-Bretagne : il fut entre les mains d'Arthur Balfour de 1910 à 1916. E. J.

Birmingham, Birmingham Museums and Art Gallery

10

Bonneville, Savoie, avec le Mont-Blanc

1803

Toile. 0,91 × 1,22

BJ n° 46 (pl. 14)

Exposition : Londres, R. A., 1803, n° 24.
Bibliographie : BJ (avec bibliographie antérieure).

Ce tableau fut peint à partir d'esquisses faites par Turner lors de son voyage sur le continent en 1802; on relève en particulier une étude pour la composition sur la p. 7 du carnet *Saint-Gothard et Mont-Blanc* (TB LXXV). Turner répéta la composition, avec de légères variantes, deux fois à l'aquarelle (n°s 94 et 101) et de nouveau à l'huile en 1812 (n° 12).

L'œuvre figura, ainsi que le n° 11, à l'exposition de la Royal Academy en 1803. Les différences qu'on y perçoit reflètent les influences opposées auxquelles Turner fut

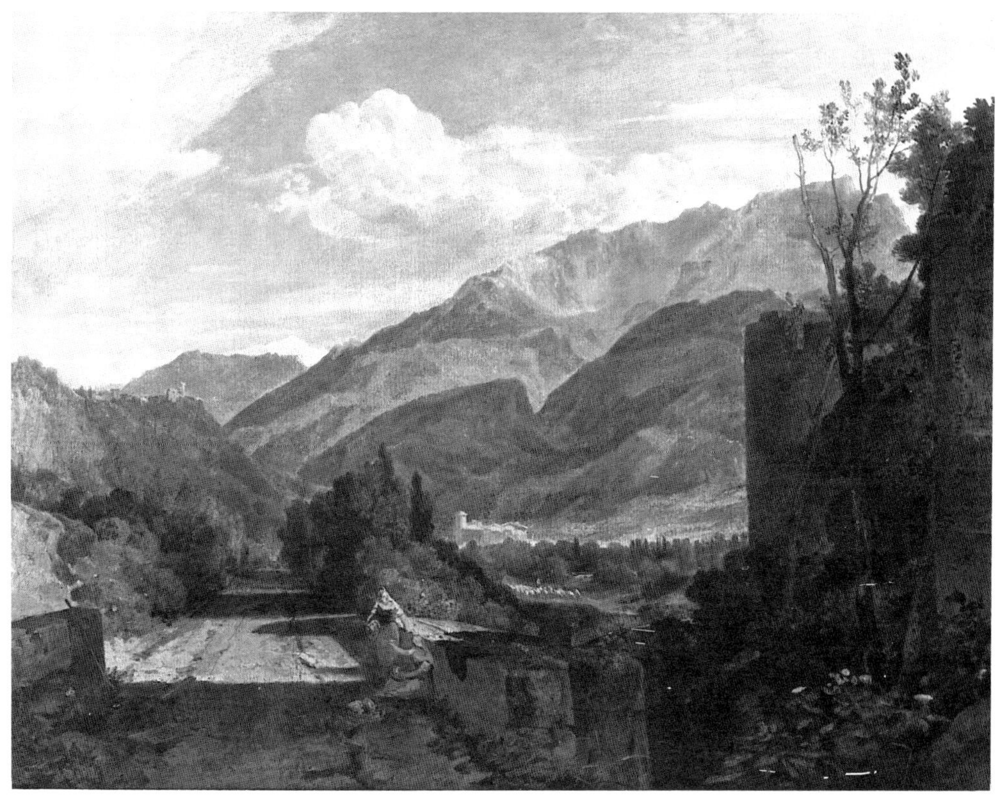

11

soumis à l'occasion de son voyage à l'étranger. Si le n° 11 montre Turner essayant d'imposer au paysage des environs de Bonneville certains éléments du classicisme à la Poussin, ici il se laissa entièrement pénétrer par les qualités « sublimes » du paysage alpin : il en résulta le plus beau paysage que Turner eût sans doute peint à cette date. Quelques-unes de ses qualités au moins furent reconnues par le critique de la *British Press* (9 mai 1803), qui écrivait : « C'est un beau paysage, au coloris riche et vigoureux; le second plan et les lointains sont ménagés et traités avec un grand raffinement et font le meilleur effet. Si le premier plan était aussi achevé, le tableau serait non seulement plus parfait mais presque impeccable. En mettant l'accent sur la profondeur, ce maître semble épuiser le pouvoir de ses tons sur la *distance,* et par conséquent les premiers plans restent privés de détails et de la force correspondante... » E. J.

Grande-Bretagne, collection particulière

11

Châteaux de Saint-Michel, Bonneville, Savoie

1803

Toile. 0,91 × 1,22

BJ n° 50 (pl. 15)

Expositions : Londres, R. A., 1803, n° 237; Londres, 1974-1975, n° 74.
Bibliographie : BJ (avec bibliographie antérieure); Wilton, 1979, pp. 97-98, 220.

Dans l'été 1802, au moment de la Paix d'Amiens, Turner effectua son premier voyage sur le continent. Il arriva probablement au début d'août en Haute Savoie, et les environs de Bonneville furent la première région des Alpes à retenir son attention. Il en résulta les deux vues de Bonneville qu'il exposa à la Royal Academy en 1803; elles sont présentées ici sous les n°s 10 et 11. On a confondu

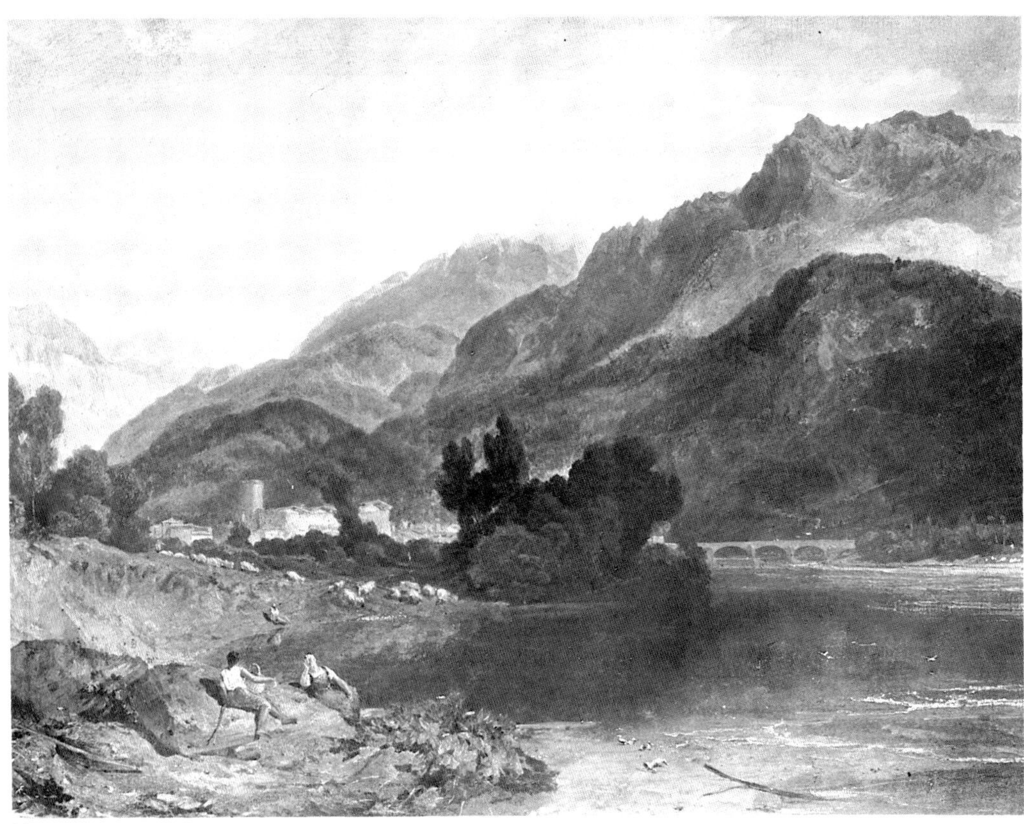

12

autrefois l'historique des deux œuvres, mais l'identification du tableau de Yale avec celui qui figurait sous le n° 237 à la Royal Academy est prouvée par une lettre de Turner, en date du 30 juin 1804, à son premier propriétaire, Samuel Dobree (voir aussi n° 6); il demande en effet : « Dois-je enlever le nuage sur le tableau de Bonneville ? ». Cette lettre n'atteignit visiblement pas Dobree assez tôt pour lui permettre de répondre avant la livraison du tableau. Le nuage resta donc, et il apparaît beaucoup plus important ici que sur le n° 10.

Des croquis au crayon de la région de Bonneville se trouvent dans le carnet *France, Savoie et Piémont* (TB LXXIII, en particulier p. 46v, qui constitue une esquisse sommaire des montagnes au fond du n° 11), et il existe aussi une étude à l'aquarelle pour le tableau dans le legs Turner, exposée ici sous le n° 103.

L'intérêt et l'admiration de Turner pour l'œuvre de Nicolas Poussin, déjà visibles vers 1800 (voir *La cinquième plaie d'Égypte*, n° 5) se ravivèrent sous l'influence de deux événements : sa visite au Louvre et l'exposition à Londres du *Paysage romain avec une route* de Poussin, actuellement dans la Dulwich Picture Gallery mais qui appartenait alors au marchand Noel Desenfans. Turner définit plus tard le Poussin Desenfans, dans un de ses cours sur la perspective, comme « un exemple magistral de paysage historique, où les règles de la perspective linéaire disciplinent le paysage lui-même, centre vers lequel convergent toutes les lignes ».

On ne peut guère douter que le Poussin Desenfans ait été la source du n° 11; en outre, Turner a dû saisir l'occasion de traiter justement un sujet français à la manière de Poussin, car un autre de ses paysages de France exposés à la Royal Academy fut la *Fête des vendanges à Mâcon* (n° 7), qui est imprégné de l'esprit de Claude Lorrain. Turner put ainsi acquitter d'un seul coup sa dette à l'égard des deux grands paysagistes français du XVIIe siècle.

Dans le tableau de Yale, il a greffé des éléments de composition classique sur le désordre sauvage du paysage alpin. Par la suite, en observant la nature, il acquit la conviction qu'elle était indomptable; il renonça donc à toute tentative d'y superposer un schéma logique lorsqu'il peignit ses aquarelles de Suisse après 1803.

A la Royal Academy, le tableau conquit l'admiration de

Thomas Lawrence. Joseph Farington rapporte : « Lawrence me fit observer que les tableaux de Turner contiennent ses défauts habituels, mais que la beauté l'emporte. Il trouvait son tableau de l'entrée particulièrement remarquable ». E. J.

New Haven, Yale Center for British Art (Paul Mellon Collection)

12

Vue du château de Saint-Michel, près de Bonneville, Savoie

1812

Toile. 0,92 × 1,23

BJ n° 124 (pl. 113)

Exposition : Londres, R. A., 1812, n° 149.
Bibliographie : BJ (avec bibliographie antérieure).
Gravure : par H. Dawe dans le *Liber Studiorum*, 1816 (R, n° 64).

Comme on le voit immédiatement, ce tableau répète pour l'essentiel la composition du n° 11, les différences — relativement minimes — se limitant aux figures et au premier plan. Il est extrêmement rare de rencontrer dans l'œuvre de Turner deux versions authentiques d'une même composition. Mais, comme on ne sait rien des circonstances qui amenèrent Turner à peindre et à exposer ce tableau neuf ans après le n° 11, on ne peut qu'en conjecturer les raisons. Une explication tout à fait plausible serait que le n° 12 ait été commandé par une personne qui avait admiré soit la première version soit l'une des aquarelles de Bonneville; mais aucune preuve ne confirme cette hypothèse, puisqu'on ne connaît pas la provenance ancienne du tableau. Une autre possibilité, moins vraisemblable toutefois, serait que Turner, au moment où il projetait le *Liber Studiorum*, décida d'y inclure Bonneville, sujet pour lequel il avait une prédilection évidente, et peignit une version plus moderne destinée à la gravure.

Mais la principale raison qui poussa Turner à peindre une troisième vue de Bonneville était peut-être tout simplement commerciale : les deux versions de 1803 s'étant vendues rapidement, l'artiste aurait décidé, suivant une règle de bonne guerre, de profiter de ce succès. De 1808 à 1811, une bonne part des tableaux qu'il avait exposés à la Royal Academy consistait en œuvres de commande : les autres n'avaient en général pas trouvé d'acheteurs. Turner a donc pu essayer de renverser la vapeur en reprenant un sujet qui s'était bien vendu. E. J.

Philadelphia, The John G. Johnson Collection

13

Le Déluge

1804-1805

Toile. 1,43 × 2,35

BJ n° 55 (pl. 65)

Expositions : Turner's Gallery, 1805 ?; Londres, R. A., 1813, n° 213; Londres, 1974-1975, n° 81.
Bibliographie : BJ (avec bibliographie antérieure); A. Pichot, *Voyage historique et littéraire en Angleterre et en Écosse*, 1825, I, p. 188; J. Ziff, « Turner and Poussin », *Burlington Magazine*, CV, 1963, p. 320 (ill.); Wilton, 1980, pp. 136-139; R. Verdi, « Poussin's *Deluge* : the Aftermath », *Burlington Magazine*, CXXIII, 1981, pp. 397 ss.
Gravure : par H. Quilley, *The Deluge*, 1828 (R, n° 794).

Ce tableau fut exposé à la Royal Academy en 1813 avec une légende empruntée au *Paradis perdu* de Milton, livre XI, vers 734-741 :

> « Cependant le vent du midi s'élève et, avec ses noires [ailes
> Volant au large, il rassemble toutes les nuées
> De dessous le ciel...
> ... et alors le firmament épaissi
> Se tient comme un plafond obscur; en bas se précipite la [pluie
> Impétueuse, et elle continua jusqu'à ce que la terre
> Ne fût plus en vue... »

Wilton a émis l'hypothèse vraisemblable qu'il ait été destiné à Lord Carysfort (à qui est dédiée la reproduction en mezzotinte de Quilley, 1828, R. n° 794), mais soit resté dans l'atelier de Turner pour une raison inconnue. On peut sûrement faire remonter l'origine de l'œuvre au contact, pourtant peu enthousiaste, de Turner, avec l'une des représentations du Déluge les plus admirées à l'époque romantique, l'*Hiver* de Poussin; lors de sa visite au Louvre en 1802, il avait critiqué « l'absurdité des formes et l'insertion des figures », tout en disant que « le coloris est sublime » (TB LXXII, p. 42). Il essaya d'en donner une version plus monumentale, plus dynamique et plus axée sur les figures, en s'inspirant surtout de ses études d'après les Titien et les Véronèse du Louvre. Notons que, lorsque Pichot vit le tableau dans la Turner's Gallery en 1825, il le compara, non pas avec Poussin, mais avec la *Scène de Déluge* de Girodet (1808; Paris, Louvre), qui donnait une priorité absolue aux figures. Girodet, disait-il, avait mis l'accent surtout sur des individus, mais « dans le tableau de Turner, nous comprenons le danger de toute la race humaine ».

La première idée pour le tableau semble bien être celle du carnet *Jetée de Calais* (TB LXXXI, pp. 120-121, 163), qui offre une composition assez différente; on trouve des études

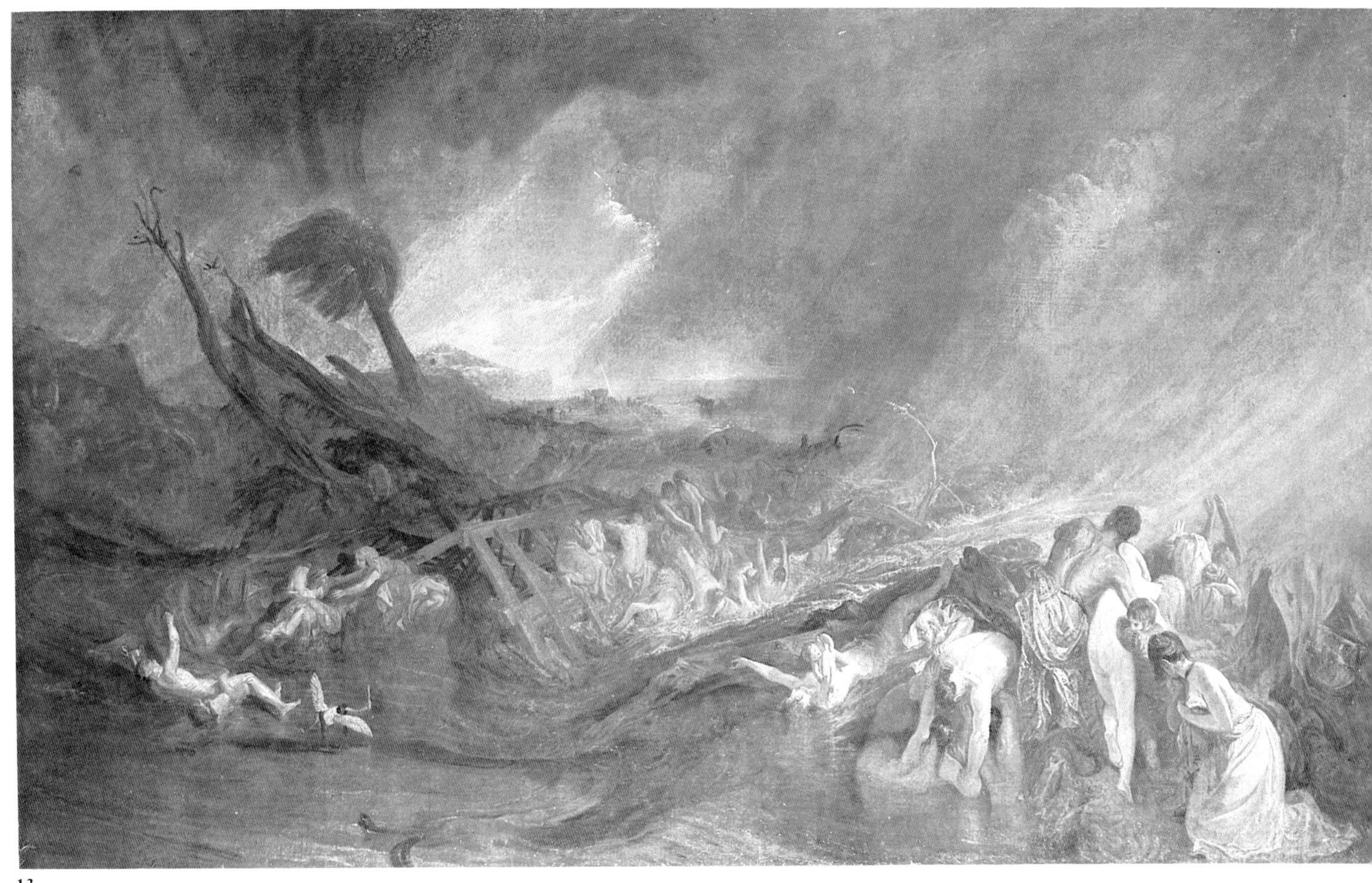
13

pour les groupes de figures dans TB LXIX, p. 66, et TB CXX, X. La version préparée pour le *Liber Studiorum* (R, n° 88), mais jamais publiée, était considérablement simplifiée et le nombre des figures réduit.

Pour une version plus tardive du sujet, voir n° 72 ci-dessous. J. G.

Londres, The Trustees of the Tate Gallery (n° 493)

14

La villa de Pope à Twickenham

1808

Toile. 0,91 × 1,20

Signé en bas à gauche : *I M W Turner RA PP*

BJ n° 72 (pl. 60)

Expositions : Turner's Gallery, 1808; Londres, 1974-1975, n° 148.
Bibliographie : BJ (avec bibliographie antérieure).
Gravure : par John Pye (figures par C. Heath) pour l'ouvrage de Britton, *Fine Arts of the English School,* 1811 (R, n° 76).

Turner ajouta ici *PP* à sa signature habituelle en témoignage de reconnaissance pour avoir été élu professeur de perspective à la Royal Academy en décembre 1807.

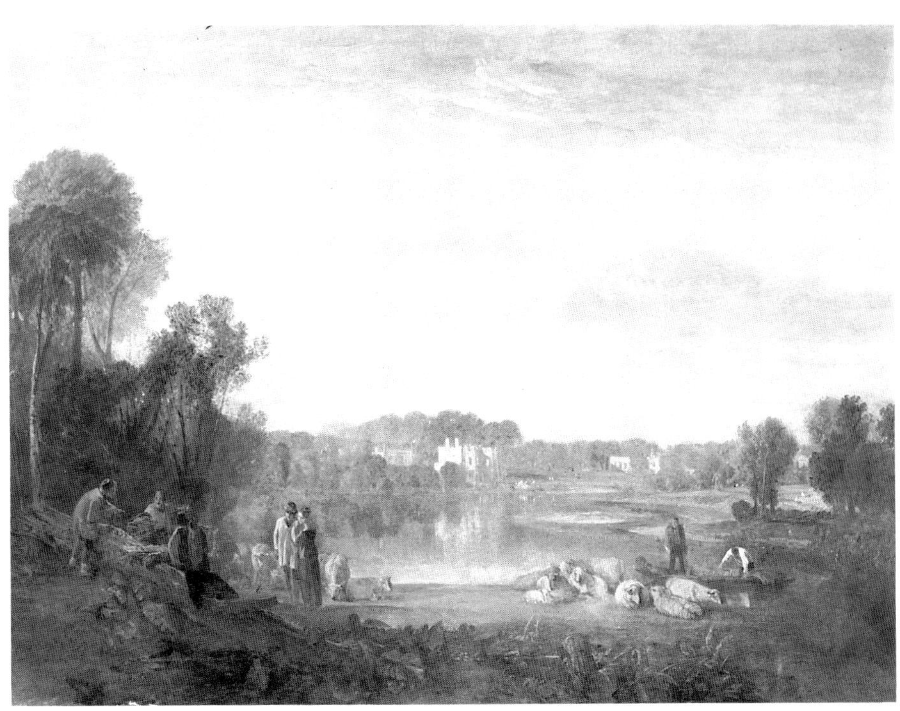

14

La villa, située sur la Tamise à Twickenham et autrefois propriété d'Alexander Pope (1688-1744), fut démolie en 1807. Turner commémora l'événement non seulement par cette peinture mais aussi par un poème, *On the Demolition of Pope's House at Twickenham* (« Sur la démolition de la maison de Pope à Twickenham »), qui se trouve dans le recueil de poèmes de 1808 (publié par Lindsay dans *The Sunset Ship*, p. 117); il en existe aussi un croquis antérieur et incomplet dans le carnet *Greenwich* (TB CII, pp. 11v ss). Cette esquisse se rapporte au « Thompson [sic] Shrine », sujet que Turner devait traiter l'année suivante lorsqu'il exposa *La harpe éolienne de Thomson* (n° 26), tableau longtemps conservé dans la même collection que *La villa de Pope*.

Il ne reste aucun catalogue de l'exposition de la Turner's Gallery en 1808, mais une longue notice, presque sûrement de John Landseer, dans la *Review of Publications of Art* de juin 1808 en décrit le contenu avec assez de détails. Il en ressort que les sujets de nature, avec prédominance des vues de la Tamise, constituaient l'essentiel de l'exposition. Turner utilisait une palette plus fluide qu'auparavant et déployait un art plus consommé dans le rendu de l'atmosphère. Ici, il a enveloppé sa composition d'une sorte de cocon de lumière vaporeuse, qui reflète à merveille sa nostalgie devant le saccage puis la démolition de la villa. Selon les mots de Landseer « ... alors l'esprit, s'adonnant volontiers à un sentiment de plaisir mélancolique, en vient tout naturellement à comparer la permanence de la Nature avec les fluctuations de la mode et les vicissitudes du goût... ni le goût, ni le génie, ni la célébrité de Pope ne purent retarder l'œuvre du Temps — la lassitude née de la satiété et le désir de changement qui en découle ».

Landseer signalait aussi que le tableau avait été acheté 200 guinées par Sir John Leicester, ce qui « accrut considérablement sa réputation de collectionneur avisé d'art moderne ». Sir John Leicester (1762-1827) fut l'un des principaux acheteurs des premiers tableaux de Turner; on le nomma Lord de Tabley en 1826, mais il mourut l'année suivante et le gros de sa collection fut immédiatement dispersé en vente publique. A la vente, Turner racheta lui-même le *Lever de soleil dans la brume* (Londres, National Gallery) et *Le forgeron* (Londres, Tate Gallery), tandis que *La villa de Pope* était acheté 205 guinées par James Morrison.

Le tableau fut le premier de Turner que John Pye reproduisit en gravure (voir aussi n° 59). L'habileté de Pye à mettre en valeur les accents lumineux frappa tellement Turner qu'il regretta de ne pas s'être adressé plus tôt à lui.

E. J.

Winchcombe, Sudeley Castle (Walter Morrison Collection)

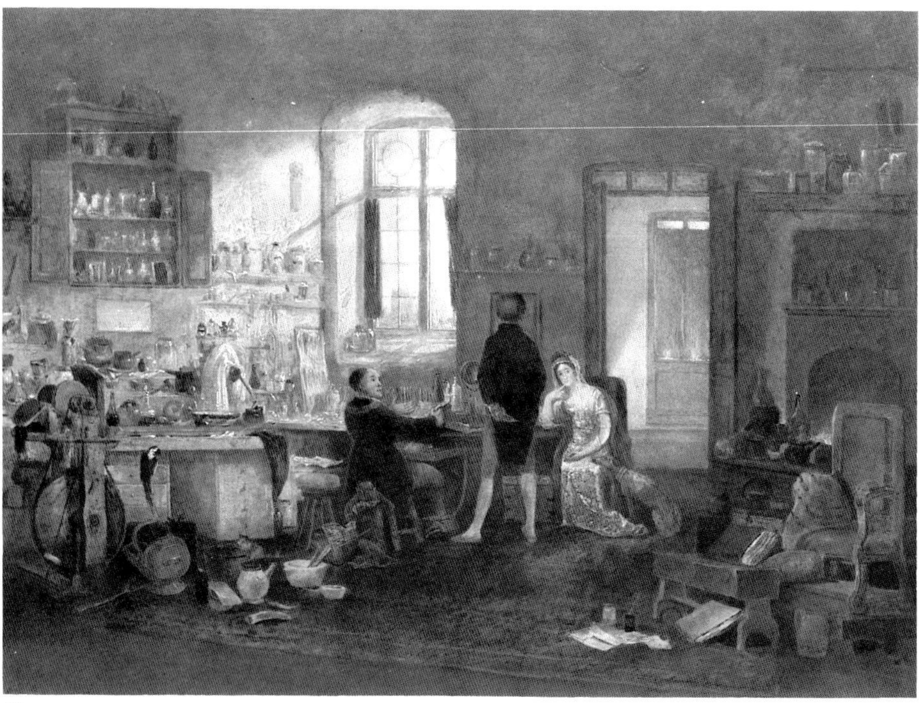

15

15

La facture impayée, ou le dentiste reprochant à son fils sa prodigalité

1808

Huile sur panneau. 0,59 × 0,80

BJ n° 81 (pl. 64)

Expositions : Londres, R. A., 1808, n° 167; Londres, 1977, n° 9; Manchester, Whitworth Art Gallery, *The Arrogant Connoisseur : Richard Payne Knight*, 1982, n° 197.
Bibliographie : BJ (avec bibliographie antérieure); Wilton, 1979, pp. 123, 133 (ill.); A. S. Marks, « Rivalry at the Royal Academy : Wilkie, Turner and Bird », *Studies in Romanticism*, XX, 1981, pp. 341 ss (ill.); M. Clarke and N. Penny, *The Arrogant Connoisseur*, 1982, n° 197 (ill.).

Le panneau appartient à une série de sujets de genre, qui commence en 1807 avec *Le forgeron de campagne discutant le prix du fer et le prix demandé au boucher pour ferrer son cheval* (Londres, Tate Gallery; BJ, n° 68) et grâce à laquelle Turner espérait rivaliser avec le jeune artiste écossais David Wilkie. Ainsi, Benjamin West, le président de la Royal Academy, considérait que le tableau était peint tout spécialement pour concurrencer Wilkie (Farington, 16 avril 1808), dont les scènes de genre avaient fait sensation à l'exposition de la Royal Academy en 1806. Mais, tandis que les sujets de Wilkie et sa manière de les traiter ont un ton aimable et même sentimental, ceux de Turner offrent, comme l'indiquent leurs titres compliqués, un aspect satirique, davantage dans la tradition de Hogarth : ses procédés narratifs, caractérisés par la prolifération des détails, et l'usage d'inscriptions sur le tableau lui-même, réapparaissent ici avec le diplôme du « Collège des Chirurgiens » sur le mur et l'« Arrachage d'une dent » à côté du singe (détails analogues dans les n°s 113-114).

Richard Payne Knight, éminent spécialiste de l'Antiquité classique et théoricien du « pittoresque », qui commanda le tableau, est surtout connu pour s'être opposé à l'acquisition des sculptures du Parthénon par le gouvernement britannique, sous prétexte qu'elles étaient médiocres. Mais il fut également célèbre de son temps parce qu'il désira réunir une collection d'art britannique moderne, afin de montrer que ce dernier pouvait soutenir la comparaison avec l'art des maîtres anciens (Farington, 11 février 1808). Les contemporains et les critiques récents (y compris l'auteur de cette notice) ont eu l'impression que Turner avait peint le n° 15 pour faire pendant à la *Sainte Famille* de Rembrandt, alors dans la collection de Payne Knight (Amsterdam, Rijksmu-

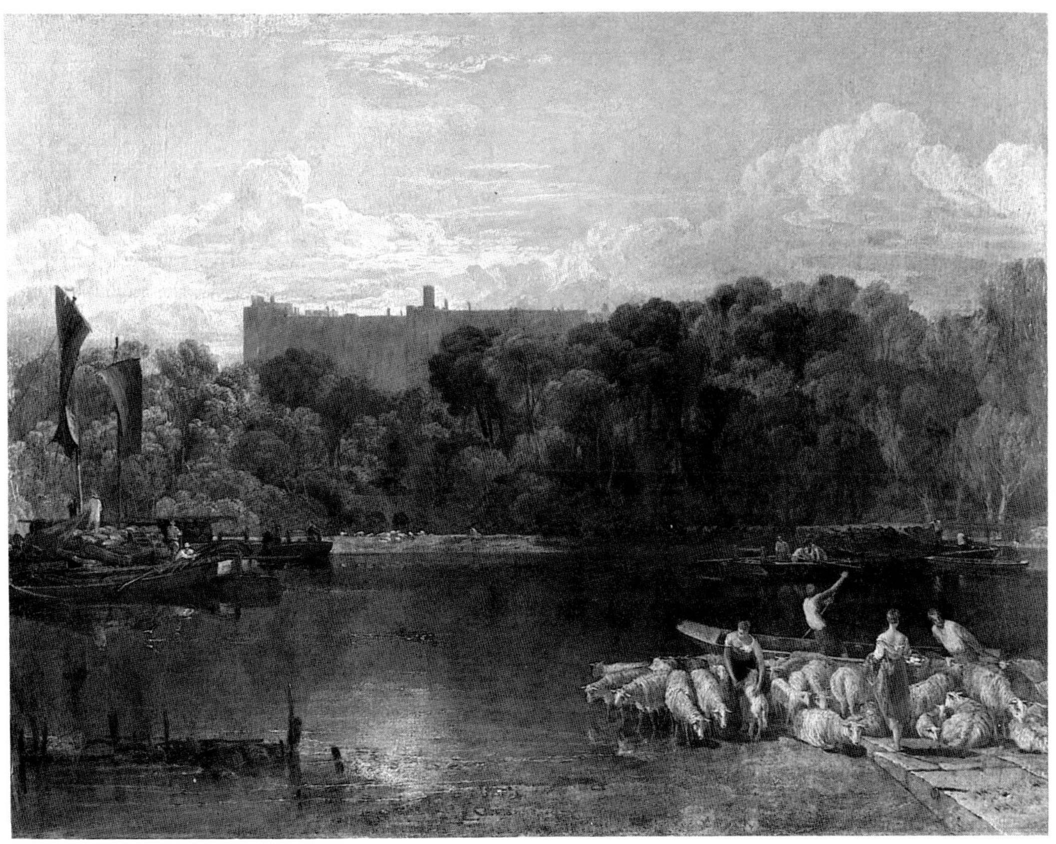

16

seum), qui présente exactement les mêmes dimensions. Mais le nettoyage récent du panneau a révélé que la touche transparente se rapproche beaucoup plus de Téniers, dont l'œuvre fascinait Turner depuis 1795 environ (voir n° 81); Penny suppose, avec assez de vraisemblance, que le véritable pendant du tableau dans la collection de Knight était un tableau proche de Téniers, *Le laboratoire de l'alchimiste,* maintenant attribué à Gérard Thomas (Christie's, 4 mai 1979, n° 99; ill. dans Clarke and Penny, p. 185), qui ridiculise une famille en proie au désordre, comme celle du dentiste dans la peinture de Turner.

Il existe des études préparatoires pour le tableau dans TB XCIX, pp. 73, 74, 75v, 77v, et peut-être TB CXCV (a), p. 1. J. G.

Grande-Bretagne, collection D. P. H. Lennox.

16

Le château de Windsor vu de la Tamise

Vers 1805

Toile. 0,88 × 1,19

Signé en bas à droite : *I M W Turner RA ISLEWORTH*

BJ n° 149 (pl. 162)

Exposition : Londres, 1974-1975, n° 80.
Bibliographie : BJ (avec bibliographie antérieure).

Cette œuvre fut achetée à Turner par George Wyndham, troisième comte d'Egremont (1751-1837), collectionneur inlassable de peintures et de sculptures, qui finit par posséder vingt toiles de Turner (dont deux autres vues de Windsor); il avait pourtant donné l'impression à Constable, en 1824, de « ne s'intéresser absolument pas au paysage ». Turner séjourna souvent à Petworth entre 1830 et 1837, peignant de nombreux tableaux dans une pièce mise à sa disposition.

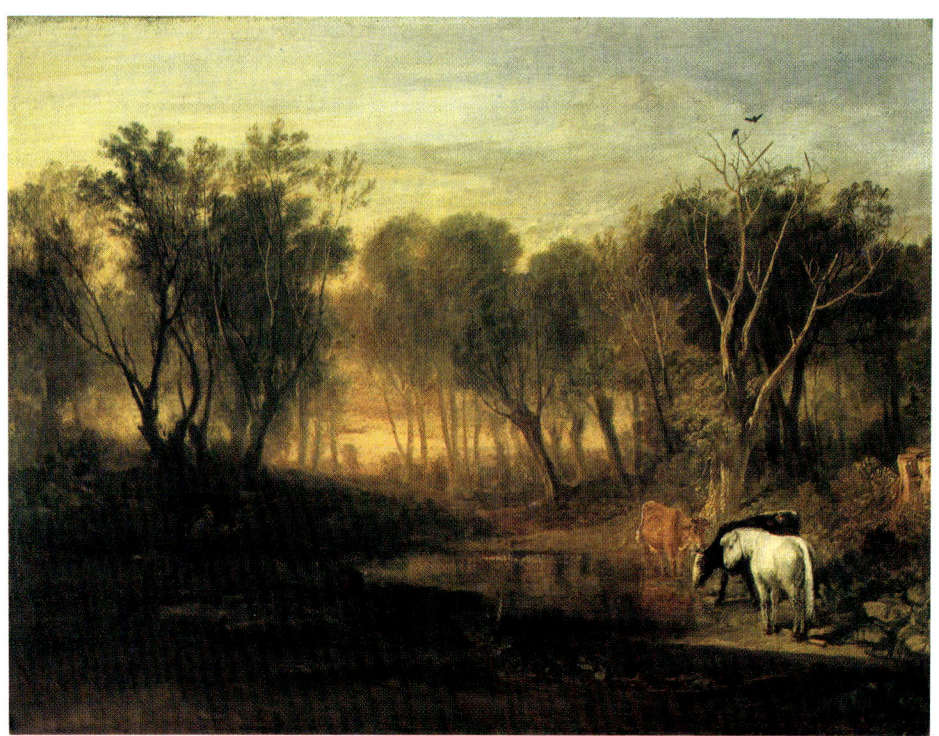

17

Il semble s'être senti plus à l'aise à Petworth que nulle part ailleurs, excepté Farnley.

Le tableau dérive d'une étude à l'aquarelle au verso de la p. 29 du carnet *Études pour des tableaux, Isleworth* (TB XC : Wilkinson, 1974, ill. coul. p. 108). Au revers de la couverture de ce carnet, on lit *J. M. W. Turner Sion Ferry House Isleworth.* Cette inscription et la graphie de la signature sur le tableau indiquent que ce dernier fut peint à l'époque où Turner avait une maison à Isleworth, qui se trouve sur la Tamise, à vingt kilomètres de Londres. Comme Finberg croyait que Turner s'était installé à Isleworth seulement après avoir quitté Hammersmith en 1811, il data à tort le carnet et le tableau vers 1812. Mais une lettre de l'artiste, datée du 23 novembre 1805 et portant l'en-tête *Sion Ferry House, Isleworth,* prouve qu'il eut une maison à Isleworth longtemps auparavant. On peut donc dater le tableau beaucoup plus tôt, ce que confirme l'analyse stylistique. Il se rapproche beaucoup des tableaux de Bonneville (1803, n°s 10 et 11), du *Narcisse et Écho* (exposé en 1804) et du *Jardin des Hespérides* (exposé en 1806); aussi Rothenstein et Butlin ont-ils eu raison de proposer une date voisine de 1805. Ils décèlent dans cette œuvre un signe de l'intérêt précoce de Turner pour un type de composition plus classique, fondée « principalement sur des formes parallèles à la surface du tableau ». Ce trait a probablement sa source dans des études faites par le peintre au Louvre en 1802, en particulier d'après des tableaux de Poussin et de Dughet.

E. J.

H. M. Treasury and The National Trust

17

La forêt de Bere

1808

Toile. 0,88 × 1,19

Signé en bas, à droite du centre : ... *Turner RA*

BJ n° 77 (pl. 61)

Expositions : Turner's Gallery, 1808; Londres, 1974-1975, n° 149.
Bibliographie : BJ (avec bibliographie antérieure).

Le tableau est né d'une visite que Turner fit à Portsmouth en octobre 1807 pour assister à l'arrivée d'une escadre navale

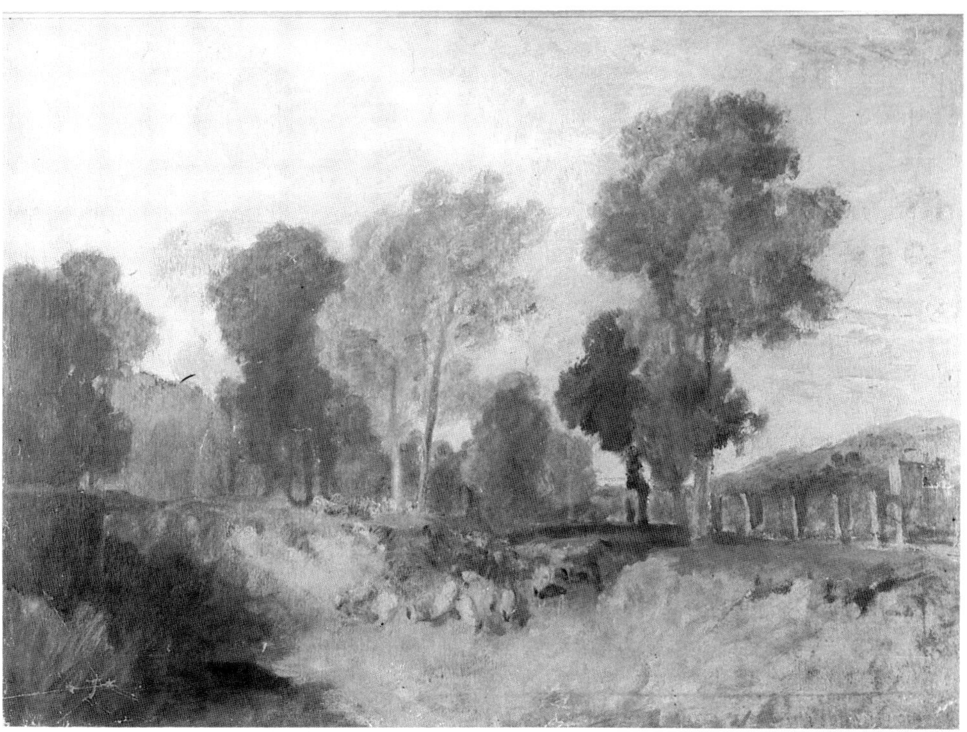

18

britannique, commandée par le vice-amiral Stanhope et ramenant deux navires danois en septembre. En allant à Portsmouth, Turner traversa la forêt de Bere, propriété de Lord Egremont. Le peintre a représenté les personnages du premier plan en train d'écorcher des branches de châtaigners pour le calfatage et le tannage, activités qu'on pratiquait sur les terres de Lord Egremont. Il s'agissait sûrement d'une allusion intentionnelle, Turner espérant que le tableau aurait ainsi plus d'attrait aux yeux de Lord Egremont.

Comme on l'indique dans le catalogue de l'exposition de la Royal Academy en 1974-1975, les peintures que Turner exposa dans sa « Gallery » de 1808 témoignent d'un « retour à la nature », fruit de ses expériences de 1807, lorsqu'il peignait des esquisses à l'huile, installé dans un bateau à voile sur la Tamise (voir n°s 18, 19, 20). Le n° 17 offre des échos de l'art de Crome et surtout de Gainsborough, et aussi, par ce dernier, des paysages de Rubens. Pourtant, Turner devait par la suite, dans un de ses cours sur la perspective, critiquer Rubens paysagiste. Il l'accusait de « jeter ses couleurs au hasard comme un bouquet de fleurs et de prendre de telles libertés avec les éclairages qu'il détruisait la simplicité, la vérité, la beauté de la nature pastorale... » Ce fut précisément le rendu fidèle et sensible de la lumière dans le tableau exposé qui valut à Turner les éloges de la *Review of Publications on Art;* l'auteur le comparait — curieusement d'ailleurs — à Cuyp, prétendant que « le renom de Cuyp... pâlirait, croyons-nous, si l'on rapprochait ses œuvres de ce tableau de Turner ».

Dans le carnet *Rivière* (TB XCVI), utilisé en 1807, on voit, au verso de la p. 45, un poney gris qui semble bien être en rapport avec ce tableau. E. J.

H. M. Treasury and The National Trust

18

Arbres au bord de l'eau et un pont à mi-distance

Vers 1806-1807

Toile. 0,88 × 1,20

BJ n° 169 (pl. 154)

Bibliographie : BJ (avec bibliographie antérieure).

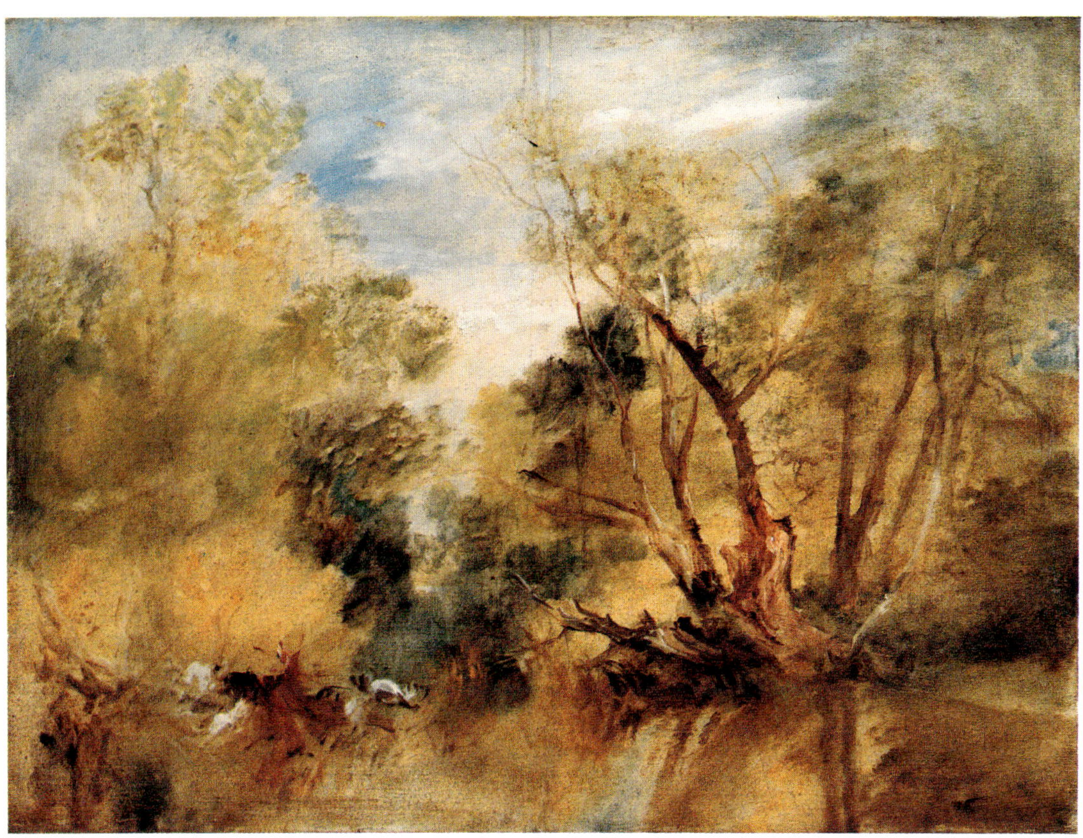

19

19

Saules au bord d'un ruisseau

Vers 1806-1807

Toile. 0,86 × 1,16

BJ n° 172 (pl. 167)

Expositions : Amsterdam, 1936, n° 157; Venise, 1938, n° 12; Prague, Bratislava (n° 146), Vienne (n° 53), 1969; Tokyo et Kyoto, 1970-1971, n° 32; Lisbonne, 1973, n° 3; Londres, 1974-1975, n° 146.
Bibliographie : BJ (avec bibliographie antérieure)

20

La cime des arbres et le ciel, château de Guildford (?) : le soir

Vers 1807

Acajou plaqué. 0,27 × 0,73

BJ n° 186 (pl. 173)

Expositions : New York, Chicago, Toronto (n° 47), Moscou, Leningrad (n° 53), 1960; Londres, 1974-1975, n° 141; Leningrad et Moscou, 1975-1976, n° 12; Hambourg, 1976, n° 17.
Bibliographie : BJ (avec bibliographie antérieure)

Turner fit de longs séjours au bord de la Tamise, en dehors de Londres, habitant Isleworth à partir du printemps 1805, puis Hammersmith après 1807 (P. Youngblood, *Turner Studies*, II, 1, 1982, p. 34). Il entretenait alors un voilier à Richmond et s'installait pour y travailler, voguant sur la Tamise ou sur son affluent, la Wey. On trouve le résultat de

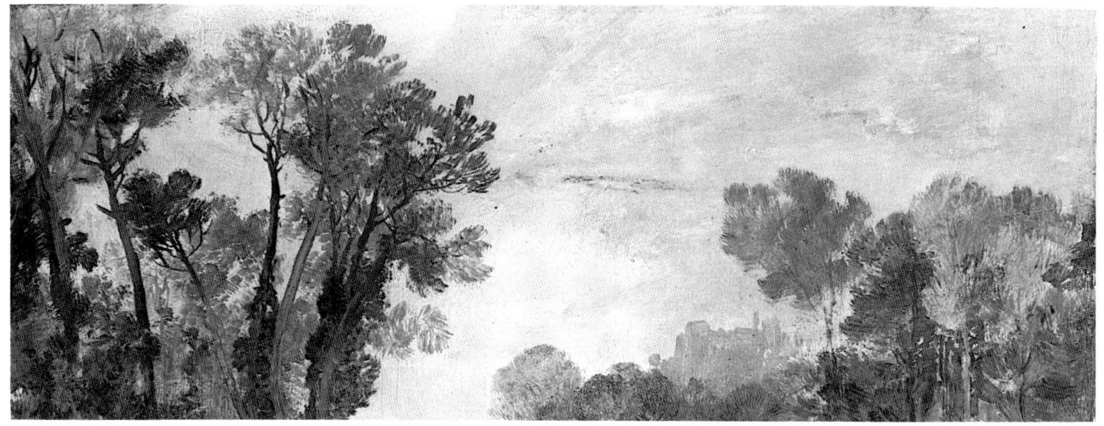

20

ces expéditions dans le carnet *Études pour des tableaux, Isleworth* (TB XC, pp. 55v, 56), qui contient un dessin proche du n° 18, dans le carnet *La Tamise de Reading à Walton* (TB XCV; voir n°s 115 et 116 ci-dessous) et dans le carnet *La Wey, Guildford* (TB XCVIII), où le dessin p. 10 se rapproche particulièrement du n° 18 (G. Wilkinson, *The Sketches of Turner R. A.*, 1974, ill. p. 85). Mais Turner en tira également une série de petites esquisses à l'huile sur panneau et des peintures sur toile, plus grandes et inachevées, comme le n° 19, qui semblent avoir été faites en plein air. Ces œuvres annoncent, par la qualité et la fonction, les ébauches de Théodore Rousseau; Turner les aurait probablement retravaillées, à la manière du n° 18, qui offre un certain nombre de repentirs, puis portées à ce degré de fini exigé pour une exposition que montre le n° 21.

Plusieurs artistes fixés à Londres, dont le plus proche disciple de Turner, A. W. Callcott, travaillaient sur les bords de la Tamise pendant ces années-là; mais le sentiment et la qualité de petites esquisses sur panneau comme le n° 20 les apparentent plus aux œuvres légèrement postérieures de Constable, bien que les contrastes de couleurs soient généralement moins accentués et la tonalité plus claire. Les ébauches n'ont guère de parallèle dans la peinture anglaise de l'époque, et Turner semble avoir déjà abandonné cette méthode vers 1811, quoiqu'il fût alors sur le point de se fixer de manière plus stable au bord de la Tamise, à Twickenham; il continua la série des pastorales anglaises, qui témoigne de la même vision de la nature, jusqu'au *Matin de gel* de 1813 (n° 22). J. G.

Londres, The Trustees of the Tate Gallery (n°s 2692, 2706, 2309)

21

L'arrachage des navets, près de Slough

1809

Toile. 1,02 × 1,30

BJ n° 89 (pl. 85)

Expositions : Turner's Gallery, 1809, n° 9; Londres, 1974-1975, n° 156; Leningrad et Moscou, 1975-1976, n° 15.
Bibliographie : BJ (avec bibliographie antérieure)

La présence du château de Windsor au fond fit qu'on appela longtemps le tableau *Windsor*, mais le titre actuel est celui que donnait le catalogue de l'exposition de la Turner's Gallery en 1809. Un certain nombre de dessins s'y rapportent dans le carnet *Windsor, Eton* (TB XCVII, en particulier pp. 2, 22, 27, 81v, 82v, 87 et 89). Finberg date ce carnet vers 1807, tandis que John Gage propose 1806 (catalogue de l'exposition Paris 1972).

Les dimensions insolites de la toile réapparaissent avec la *Prairie à Dorchester, Oxfordshire* (BJ, n° 107), qui fut montré dans la Turner's Gallery en 1810 (n° 12). Turner considérait-il ces deux tableaux comme des pendants ? Ils ont le même caractère pastoral, et l'on connaît plusieurs exemples de tableaux formant paire mais que Turner exposa à un an d'intervalle.

Par ailleurs, Turner a pu vouloir simplement traiter le château de Windsor de façon naturaliste. Comme le souligne le catalogue de l'exposition du bicentenaire de la Royal Academy, le contraste est net entre l'accent mis sur les activités agricoles au premier plan — avec évocation sommaire du château au fond — et la manière dont Turner a rendu le même site dans *Le château de Windsor vu de la Tamise* (n° 16), de 1805 environ, où la composition,

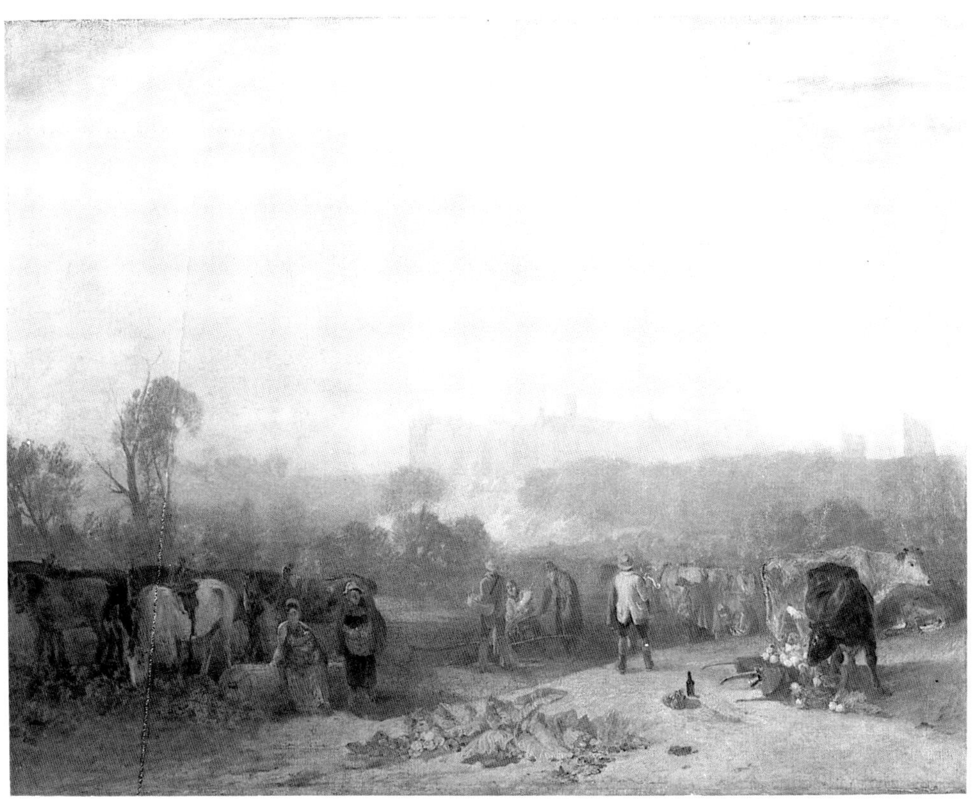

21

essentiellement classique, doit certainement quelque chose à l'exemple de Gaspard Dughet.

Le n° 21 fut estimé 200£ dans une note sur le carnet *Finance* (TB CXXII-36), qui date probablement de 1810 environ. C'est le même prix que pour les toiles de format habituel, 0,91 m sur 1,20 m (voir n° 14). E. J.

Londres, The Trustees of the Tate Gallery (n° 486)

22

Matin de gel

1813

Toile. 1,13 × 1,74

BJ n° 127 (pl. 115)

Expositions : Londres, R. A., 1813, n° 15; Turner's Gallery, 1835; Londres, 1974-1975, n° 161; Leningrad et Moscou, 1975-1976, n° 16; Hambourg, 1976, n° 22.
Bibliographie : BJ (avec bibliographie antérieure); David Hill, « A Frosty Morning : Turner in Yorkshire », *Country Life*, 25 décembre 1980, pp. 2402-2403.

Exposé en 1813, avec le vers suivant emprunté aux *Saisons* de Thomson :

« La dure gelée fond sous ses rayons ».

Thornbury rapporte quelques souvenirs du jeune Trimmer, fils d'un ancien ami de Turner, Henry Scott Trimmer (vers 1780-1859), à propos de ce tableau qui aurait été un

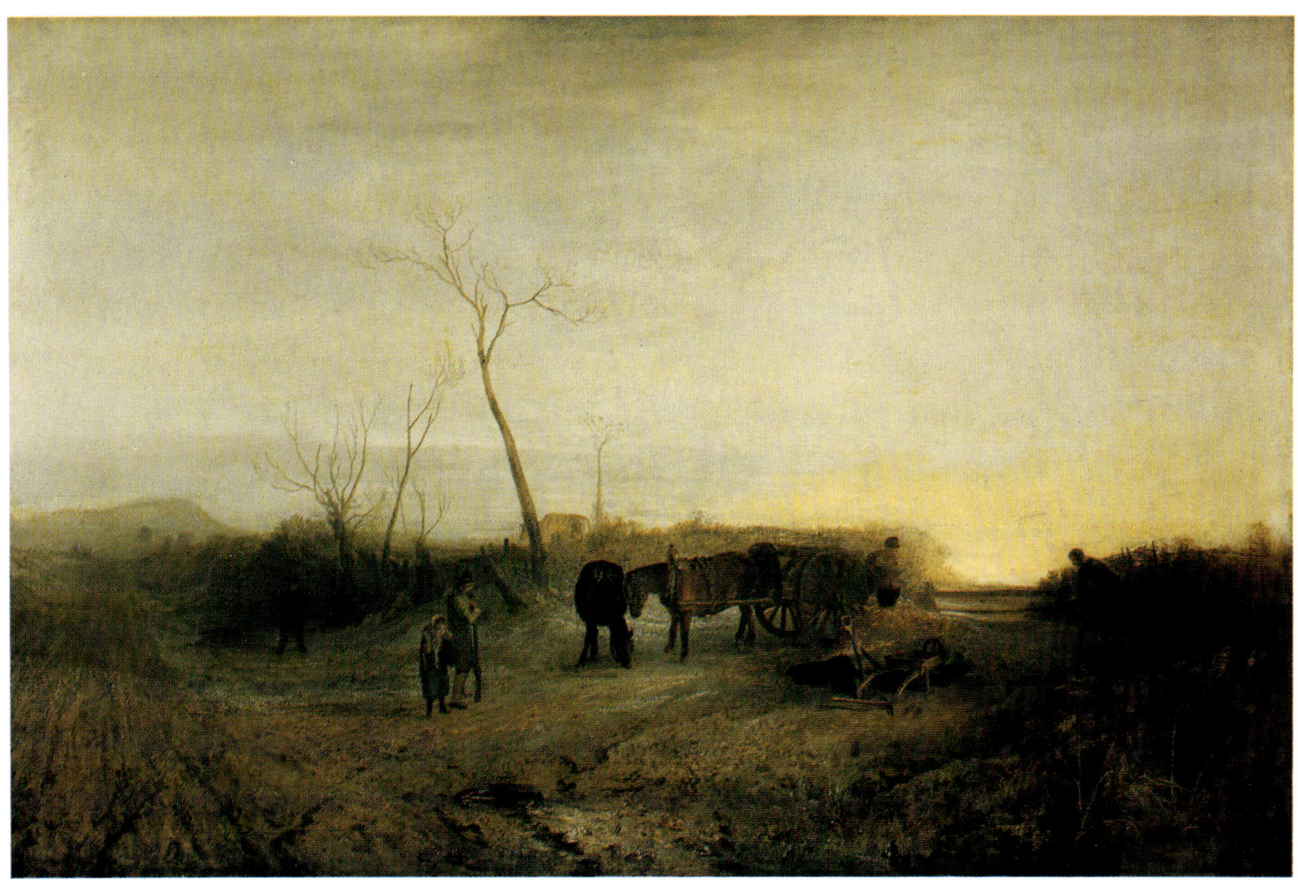

22

des préférés de l'artiste. Turner y avait immortalisé « son vieux cheval bai si courtaud — plutôt un croisement de cheval et de poney... Il parla un jour de le donner [le tableau] à mon père, qui l'appréciait beaucoup. Il raconta que, voyageant en voiture dans le Yorkshire, il en avait fait l'esquisse au cours du trajet; la voiture figure d'ailleurs au fond du tableau. D'après mon père, le tableau était beaucoup plus vif lorsqu'il figura à Somerset House [exposition de la Royal Academy] et il fit sensation... La fillette aux cheveux sur les épaules, me dit encore mon père, lui rappelait une fillette qu'il avait vue de temps en temps Queen Anne Street et que, d'après sa ressemblance avec Turner, il avait prise pour une parente ». Comme l'a noté Lindsay, il s'agit presque certainement d'Evelina, une des filles naturelles que Turner eut de Sarah Danby.

On ne s'étonnera pas que ce chef-d'œuvre, qui réussit encore à nous faire frissonner au cœur de l'été, ait été fort admiré de l'archidiacre Fisher, protecteur de Constable. Fisher considérait que c'était, dans l'exposition de 1813, le seul tableau supérieur à ceux de Constable; il écrivit à celui-ci : « Mais vous ne devez pas récriminer contre mon jugement : vous êtes un grand homme, comme Bonaparte, et vous n'êtes vaincu que par le gel ».

Il apparaît qu'en 1818 Dawson Turner (1775-1858), banquier de Norfolk et collectionneur, demanda à voir le tableau et s'enquit du prix. Turner répondit en indiquant 350 guinées, mais aucune vente ne s'ensuivit.

Dans son article de *Country Life,* David Hill suppose que l'homme au fusil pourrait être Walter Fawkes, et le jeune garçon situé plus loin Hawksworth Fawkes, le fils aîné de Walter. Bien que séduisante et assez plausible, cette hypothèse n'est étayée par aucune preuve. E. J.

Londres, The Trustees of the Tate Gallery (n° 492)

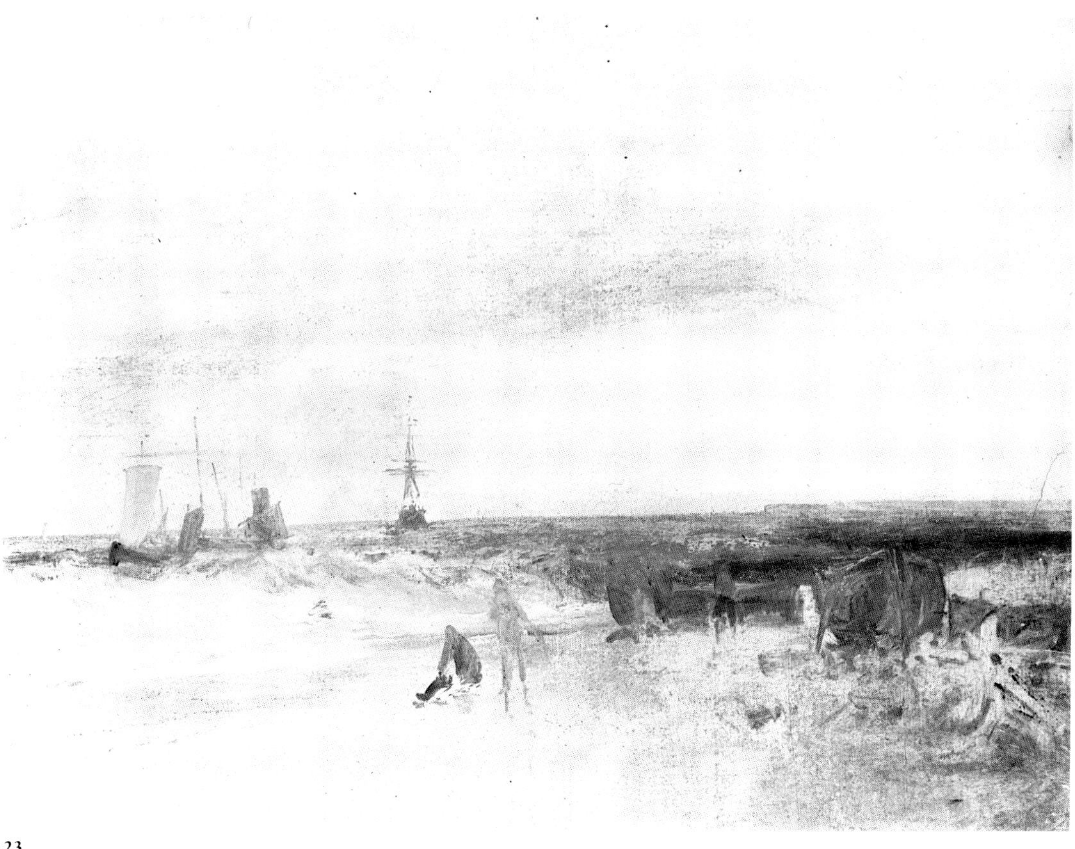

23

23

Côte avec des pêcheurs et des bateaux

Vers 1809

Toile. 0,85 × 1,16

BJ n° 176 (pl. 156)

Exposition : Adelaide, Sydney, Brisbane, Perth, 1960, n° 4.
Bibliographie : BJ (avec bibliographie antérieure)

Par le sujet et par le traitement, cette ébauche s'apparente à la *Pêche au large de Blythe, à marée montante* (n° 24), exposé à la Turner's Gallery en 1809, date plus vraisemblable pour le n° 23 que celle de 1806-1807 proposée par Butlin et Joll.

J. G.

Londres, The Trustees of the Tate Gallery (n° 2698)

24

Pêche au large de Blythe, à marée montante

1809

Toile. 0,89 × 1,19

BJ n° 87 (pl. 82)

Expositions : Turner's Gallery, 1809, n° 7, et 1810, n° 4; Londres, Royal Academy, 1815, n° 6; Plymouth, 1815; Londres, 1974-1975, n° 155.
Bibliographie : BJ (avec bibliographie antérieure)

La plage de Blythe se trouve dans l'estuaire de la Tamise, en amont de Sheerness et en face de Canvey Island.

On relève certaines ressemblances de composition entre le n° 24 et le n° 23, de 1806-1807 environ, mais les détails sont tout à fait différents. Un dessin à la sépia dans le legs Turner (TB CXX-Q) semble plus directement en rapport avec le tableau, mais il est seulement esquissé à grands traits.

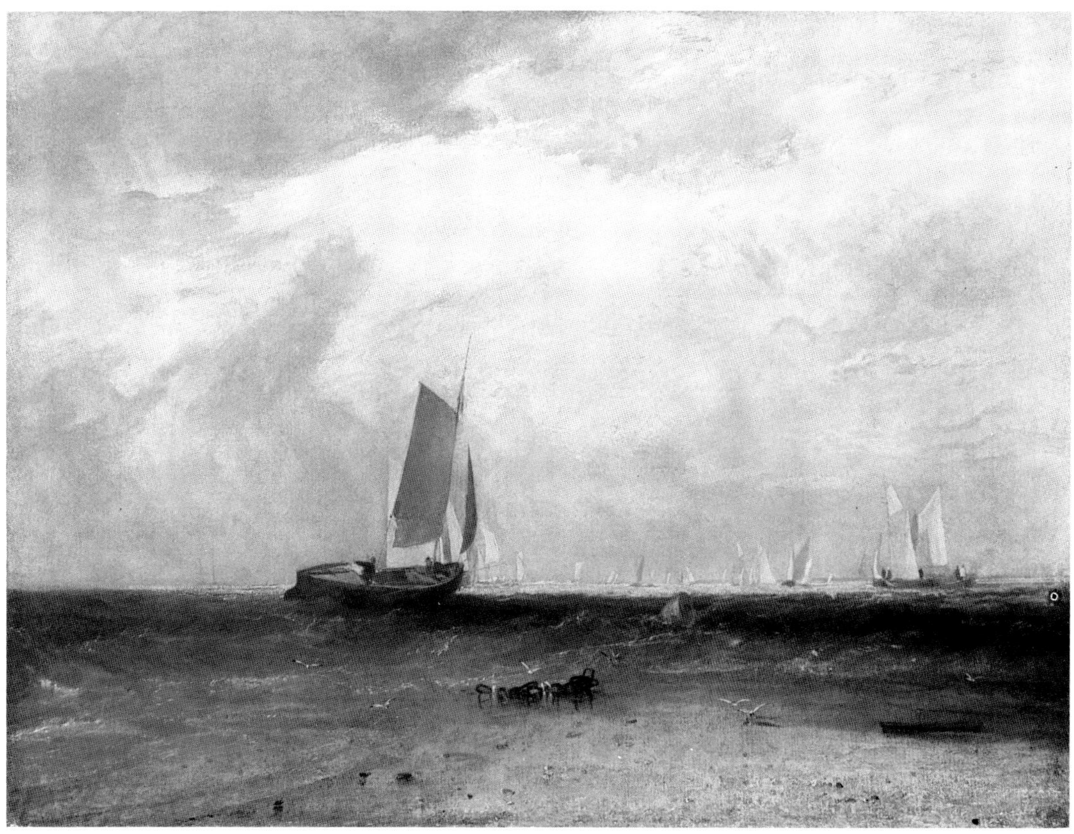

24

Les expositions de la Turner's Gallery en 1807 et 1808 étaient consacrées surtout à des vues de la Tamise, sujet qui prit aussi une place importante dans celle de 1809. Turner avait visiblement une haute opinion de ce tableau, car il l'exposa quatre fois entre 1809 et 1815, et en fit aussi un croquis à la plume, qu'il envoya en même temps que trois autres croquis de marines ou vues de côte à Sir John Leicester, dans une lettre du 12 décembre 1810. Sir John avait, semble-t-il, demandé quels tableaux de ce genre Turner pouvait alors fournir, mais la correspondance n'aboutit pas à une vente, bien que Sir John ait finalement acheté en 1818 l'un des tableaux proposés en 1810, *Lever de soleil dans la brume* (BJ, n° 69). Tout cela rend très problématique l'anecdote de Thornbury d'après laquelle Turner se donna « le plaisir orgueilleux de le vendre à son vieil ennemi sir John [en réalité George] Beaumont ».

Thornbury racontait aussi : « Un ami me dit que le ciel de la *Plage de Blythe* a perdu sa beauté, l'acétate de plomb utilisé dans les nuages ayant viré au brun sale ». Au service de restauration de la Tate Gallery on n'a rien décelé qui appuie cette allégation; mais la toile a été autrefois déchirée en cinq endroits, aussi une autre anecdote de Thornbury au sujet du n° 24 contient-elle peut-être une part de vérité. Il prétend que dans l'atelier de Turner le tableau servait de volet à une fenêtre qui était l'entrée privée de son chat favori; un jour, celui-ci, indigné de rencontrer toujours cet obstacle sur son chemin, l'aurait égratigné. E. J.

Londres, The Trustees of the Tate Gallery (n° 496)

25

Londres

1809

Toile. 0,90 × 1,20

Inscription en bas à gauche : *1809 JMW Turner RA PP(?)*

BJ n° 97 (pl. 86)

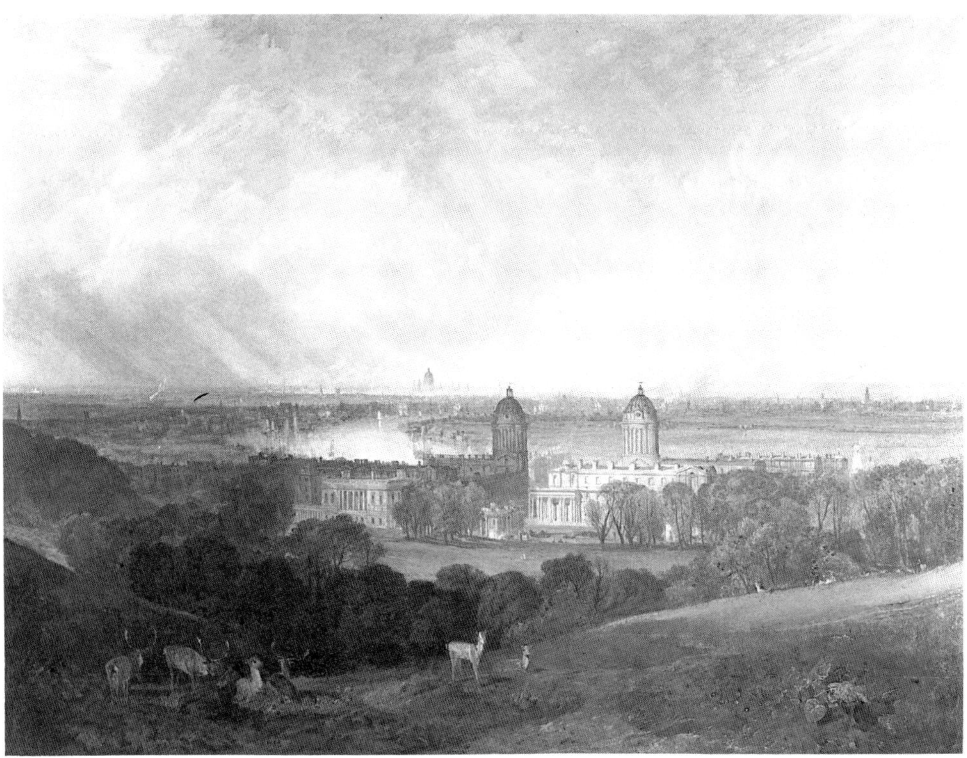

25

Expositions : Turner's Gallery, 1809, n° 16; Londres, 1974-1975, n° 152; Leningrad et Moscou, 1975-1976, n° 13.
Bibliographie : BJ (avec bibliographie antérieure)
Gravure : par Charles Turner dans le *Liber Studiorum* (R, n° 26) et publié le 1er janvier 1811 comme « appartenant à Walter Fawkes Esq., de Farnley » (voir plus loin).

Exposé dans la Turner's Gallery en 1809 avec les vers suivants :

"Where burthen'd Thames reflects the crowded sail,
Commercial care and busy toil prevail,
Whose murky veil, aspiring to the skies,
Obscures thy beauty, and thy form denies,
Save, where thy spires pierce the doubtful air,
As gleams of hope amidst a world of care"[(1)].

On conserve, dans le legs Turner, un dessin au crayon pour la composition (TB CXX-N) et des études de daim dans le carnet *La Tamise, de Reading à Walton* (TB XCV, pp. 43-44).

La vue, prise à peu près de l'observatoire de Greenwich Park, survole l'Hôpital de Greenwich, construit par Wren (actuellement Royal Naval College), et s'étend jusqu'à Londres, où St. Paul se détache nettement sur l'horizon.

Les lettres *PP*, ajoutées à la signature habituelle de Turner, signifient « Professor of Perspective », poste de la Royal Academy auquel Turner avait été élu en décembre 1807 (voir aussi n° 14).

L'inscription sur la planche du *Liber*, de 1811, montre que Walter Fawkes possédait le tableau à cette date; il l'avait très vraisemblablement acheté à l'exposition de 1809, ce que confirme le type de signature, car Turner avait l'habitude de signer ses tableaux au moment de la vente.

Les vers montrent l'attitude ambivalente de Turner : à la fois regrets devant les ténèbres de l'industrialisation qui descendent sur la ville et fierté de la prospérité commerciale qu'apporte cette industrialisation. Lindsay (1966, p. 240) cite d'autres cas où Turner utilise des tours d'église comme symboles d'espérance. E. J.

Londres, The Trustees of the Tate Gallery (n° 483)

(1) « Là où sur la Tamise se pressent les navires
Règnent le dur labeur et les soins du commerce;
Leur voile de fumée, s'élevant vers le ciel,
Obscurcit ta beauté et désavoue tes formes;
Mais ça et là tes flèches percent les ténèbres,
Telles des lueurs d'espoir dans un monde accablé ».

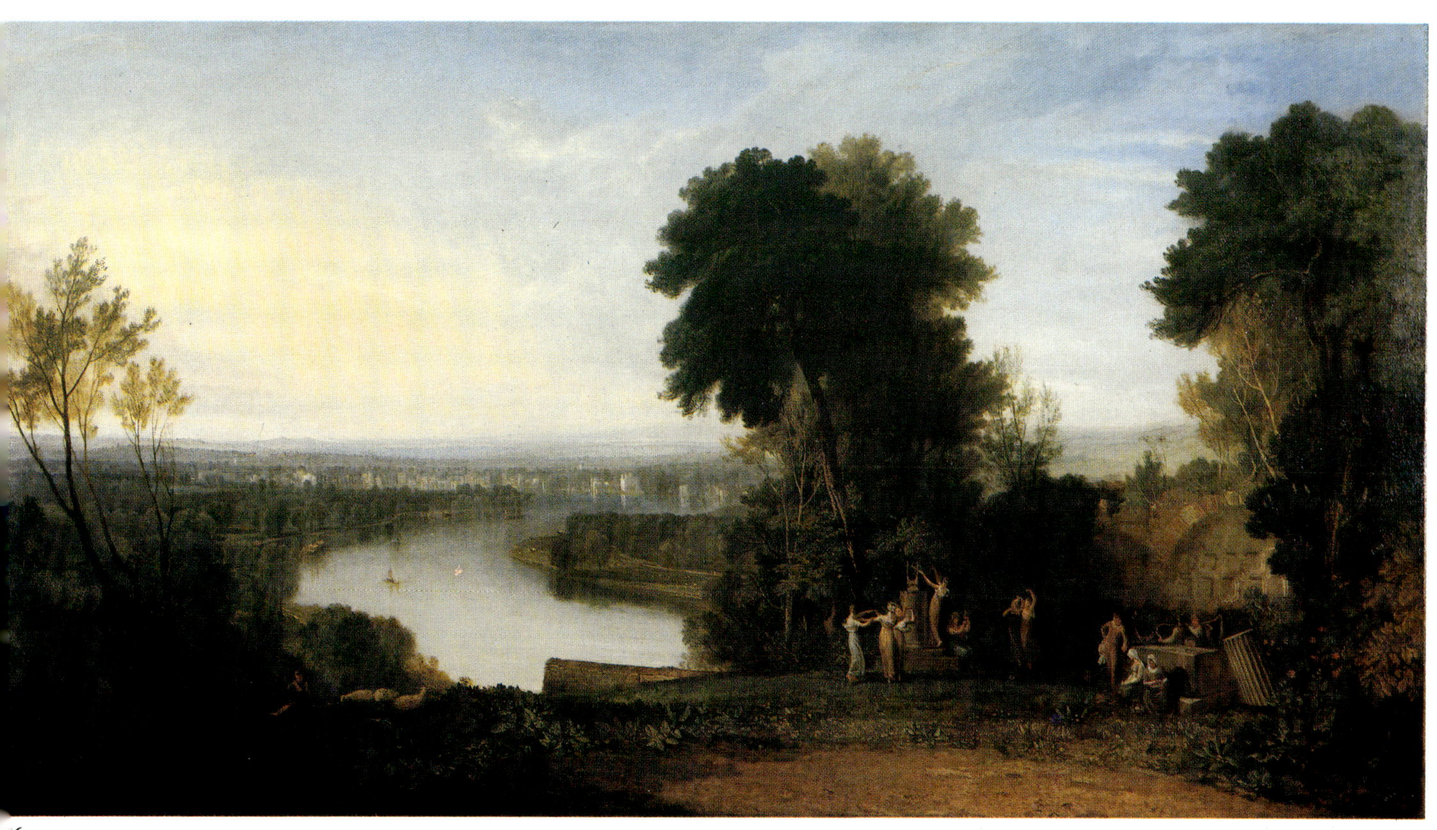

6

26

La harpe éolienne de Thomson

1809

Toile. 1,66 × 3,06

BJ n° 86 (pl. 81)

Expositions : Turner's Gallery, 1809; Londres, International Exhibition, 1862 (sous le nom d'*Italie*); Londres, 1977, n° 10; Cambridge, Fitzwilliam Museum, *Beauty, Horror and Immensity*, 1981, n° 59; Manchester, 1981, n° P1.
Bibliographie : BJ (avec bibliographie antérieure); Royalton-Kisch, *Concise Catalogue of Foreign Paintings*, Manchester, 1980, appendice p. 123 (ill.).

L*a harpe éolienne de Thomson* est la seconde des grandes variations de Turner sur l'art de Claude Lorrain — une série qui va de *Mâcon* (n° 7) à *Richmond Hill* (n° 34); elle a le même format que ce dernier et un sujet apparenté. Mais ici Turner a pris son rôle d'académicien encore plus au sérieux, car il a conçu le tableau comme un hommage aux deux plus grands poètes anglais de l'époque Queen Anne, Alexander (« Alexis ») Pope et James Thomson, et à cette société d'artistes et d'écrivains de Twickenham (Reynolds compris) dans laquelle lui-même allait bientôt trouver sa place; il se préparait en effet à construire là, sur un terrain acquis deux ans auparavant, sa villa de Sandycombe Lodge (pour la date, cf. P. Youngblood, *Turner Studies*, II, 1, 1982, p. 22). Afin de parachever la solennité classique du tableau, Turner y adjoignit le plus long de ses poèmes qui ait jamais été publié — l'un des plus lisibles aussi, mais qui imitait jusqu'au pastiche les modèles du début du XVIIIe siècle. Ce poème lui coûta beaucoup d'efforts : on conserve des brouillons pour une autre version dans le carnet TB CII (1808), pp. 4, 11a, 14-14a et 54; par ailleurs, six brouillons dans un cahier de vers de la même date ont été partiellement édités par Lindsay (*The Sunset Ship*, n°s 52-54). Même après que le tableau eut été exposé et la légende publiée, Turner continua à la polir (TB CXXXI, de 1812-1813, pp. 188a-189). Voici le poème tel qu'il fut publié :

To a gentleman at Putney, requesting him to place one [an Aeolian Harp] *in his grounds.*

"On Thomson's tomb the dewy drops distil,
Soft tears of Pity shed for Pope's lost fame,
To worth and verse adheres sad memoery still,
Scorning to wear ensnaring fashion's chain.
In silence go, fair Thames, for all is laid;
His pastoral reeds untied, and harp unstrung,
Sunk is their harmony in Twickenham's glade,
While flows the stream, unheeded and unsung.
Resplendent Seasons! chase oblivion's shade,
Where liberal hands bid Thomson's lyre arise;
From Putney's height he nature's hues survey'd,
And mark'd each beauty with enraptur'd eyes.
The kindly place amid thy upland groves
Th'Aeolian harp, attun'd to nature's strains,
Melliferous greeting every air that roves
From Thames' broad bosom or her verdant plains,
Inspiring Spring! with renovating fire,
Well pleas'd, rebind those reeds Alexis play'd,
And breathing balmy kisses to the Lyre,
Give one soft note to lost Alexis' shade.
Let Summer shed her many blossoms fair,
To shield the trembling strings in noon-tide ray;
While ever and anon the dulcet air
Shall rapturous thrill, or sigh in sweets away.
Bind not the poppy in the golden hair,
Autumn! kind giver of the full-eared sheaf;
Those notes have often echo'd to thy care
Check not their sweetness with thy falling leaf.
Winter! thy sharp cold winds bespeak decay;
Thy snow-fraught robe let pity' zone entwine,
That gen'rous care shall memory repay,
Bending with her o'er *Thomson's* hallow'd shrine."(1)

Le « gentilhomme de Putney » est certainement l'acquéreur éventuel du tableau, peut-être James Morrison, qui arriva à Londres en 1809 et qui acheta plus tard *La villa de Pope* (n° 14); on voit celle-ci au bord de la rivière et les versions antérieures de la légende y faisaient allusion (la correction de *fame* — « gloire » — en *fane* — « temple » — au deuxième vers, faite d'après ces brouillons, ne semble guère significative, puisqu'il apparaît d'après le quatrième vers que pour Turner la réputation de Pope avait également souffert de la mode).

Le titre du tableau se réfère à l'*Ode on Aeolus's Harp* de Thomson (« Ode sur la harpe d'Éole », 1748), qui inspira aussi à Turner le mètre et la forme en quatrain de la légende; mais la place prépondérante des Quatre Saisons, à la fois dans la composition du tableau et dans les vers, désigne clairement le poème majeur de Thomson, celui dont Turner avait si souvent tiré ses légendes. La topographie paraît en effet calquée sur un passage de l'*Été* (vers 1417-1429), qui vient juste après les vers choisis par Turner pour illustrer *Richmond Hill* dix ans plus tard, et qui donne une force particulière aux associations claudiennes et classiques :

« ... puis, dans ce beau vallon
Examinons Twitnam où les sœurs d'Apollon
Semblent prier ce dieu par leur douleur muette,
De prolonger les jours de Pope leur poëte.
Ensuite visitons les palais de Hampton...
Qui pourrait te décrire, ô vallon enchanteur?
Côteaux verds et rians, séjour du vrai bonheur,
Qui pourrait vous décrire? et la riche Achaïe
Et les bosquets rians de l'antique Hespérie
Qui purent inspirer de champêtres accens
Sont bien loin d'égaler vos sîtes ravissans;
Ici, pour nous donner les fruits de la culture,
L'art unit ses efforts à ceux de la nature »(2).

Adele Holcomb a rapproché aussi la référence topographique et l'image de la tombe de Thomson ornée par les

(1) *A un gentilhomme de Putney, pour lui demander d'en* [harpe éolienne] *mettre une chez lui*

*« Sur la tombe de Thomson, la rosée distille ses gouttes,
Douces larmes qui de Pope déplorent la gloire envolée;
La Mémoire affligée au mérite pourtant et à la poésie s'attache,
Dédaignant de la mode les séduisantes chaînes;
Coule sans bruit, belle Tamise, car tout est suspendu :
Les roseaux déliés de sa flûte, la harpe aux cordes arrachées
Ne font plus résonner la clairière de Twickenham,
Tandis que va le fleuve, de son chantre privé.
Saisons resplendissantes! chassez les ombres de l'oubli
Là où de généreuses mains posent la lyre de Thomson;
Des hauteurs de Putney il contemplait de la nature les teintes
Et ses yeux enchantés notaient chaque beauté.
Des êtres bienveillants placent sur la hauteur
Une harpe éolienne; à la nature accordée,
Elle frémit doucement aux moindres brises qui volent
Du fleuve majestueux ou de ses plaines verdoyantes.
Avec un zèle ardent, ô âme du Printemps!
De la flûte d'Alexis rattache les roseaux,
Et soufflant à la lyre des baisers embaumés
Offre de tendres harmonies à l'ombre du poète oublié.
Que l'été étende sur elle ses riches floraisons,
Afin de protéger les cordes palpitantes des rayons de midi;
Cependant qu'à l'envi l'air en sa suavité
Vibrera de soupirs et de chants enivrés.
Mais toi, Automne! noble dispensateur des gerbes aux beaux épis,
Dans ta chevelure d'or n'emprisonne pas le pavot;
A tes constants efforts ces notes répondirent :
Que la chute des feuilles n'altère pas leur mélodie.
Du déclin, ô Hiver! parle ta bise froide,
Que ton manteau de neige recouvre la Pitié,
Afin que ton soin généreux rende justice à la Mémoire,
S'inclinant avec elle sur la tombe sacrée de Thomson ».*

(2) *Les Saisons* de J. Thomson, traduites en vers français pat J. Poulin, Paris, Vve Durand, 1802.

Saisons de l'*Ode occasion'd by the death of M. Thomson* (« Ode à l'occasion de la mort de M. Thomson », 1749) de William Collins. Mais les figures qui animent les ruines classiques sur la droite du tableau suggèrent à nouveau que Turner pensait avant tout aux illustrations du poème de Thomson : beaucoup de belles éditions du XVIIIe siècle avaient brodé soit dans le registre allégorique cher au baroque, soit dans un registre plus profane, plus narratif, qui a ses racines dans la tradition médiévale des travaux des mois. Devant la harpe éolienne, et en accord avec sa nature éthérée, une troupe de nymphes — les Saisons — a formé une ronde, comme dans le frontispice de Thomas Stothard à l'édition Stockdale des poèmes de Thomson (1794). Mais, conformément à la légende de Turner, l'une d'elles, le Printemps, a quitté le cercle pour « souffler des baisers embaumés sur la lyre ». Plus à droite, autour du sarcophage qui constitue le tombeau du poète, le peintre a imaginé des personnifications plus terrestres des Saisons — deux femmes sur lesquelles veille un jeune homme en costume néo-élisabéthain, comme celui de Palemon dans l'illustration de William Hamilton pour l'*Autumn* de l'édition Tomkins (1797).

Sans aucun doute, nous avons affaire à l'un des meilleurs exemples chez Turner d'une réalisation purement littéraire, au classicisme épuré. J. G.

Manchester, City of Manchester Art Galleries

27

Avalanche dans les Grisons (Chalet détruit par une avalanche)

1810

Toile. 0,90 × 1,20

BJ n° 109 (pl. 116)

Expositions : Turner's Gallery, 1810, n° 14; Amsterdam, 1936, n° 158; Amsterdam, Berne, Paris, Bruxelles, Liège (n° 16), Venise, Rome (n° 18), 1947-1948; Rotterdam, 1955, n° 50; Londres, *The Romantic Movement,* 1959, n° 346; Detroit et Philadelphie, *Romantic Art in Britain,* 1968, n° 116; Paris, 1972, n° 261; Londres, 1974-1975, n° 87; Hambourg, 1976, n° 16; Munich, 1979-1980, n° 219.
Bibliographie : BJ (avec bibliographie antérieure); Wilton, 1979, pp. 95, 153; Wilton, 1980, pp. 98-99.

Comme Turner n'était jamais allé dans le canton suisse des Grisons au moment où il peignit ce tableau, on a suggéré qu'il emprunta le sujet à un passage de l'*Hiver* dans les *Saisons* de Thomson, où cette référence géographique est associée à une scène d'avalanche. Turner connaissait bien ce poème, mais ici il va plus loin, et aussi plus loin que le tableau de P. J. de Loutherbourg dont il s'inspira probablement sur le plan artistique, *Avalanche ou chute de glace dans les Alpes, près de Scheideck, dans la vallée de Lauterbrunnen* (Lord Egremont et Sir John Fleming Leicester, deux protecteurs de Turner, possédaient des versions de cette œuvre à l'aquarelle et à l'huile), en mettant l'accent, non pas sur la neige, mais sur la formidable chute de rochers. Comme l'écrivit Ruskin (*Works, XII,* pp. 122-123), « Personne n'avait jamais conçu auparavant une pierre *en vol* ». Dans sa liste des tableaux exposés en 1810, Turner ajouta au titre de celui-ci un poème de son cru insistant sur la connotation humaine du sujet, à laquelle, dans la peinture, seuls font allusion le chalet et le chat écartelé de frayeur sur le toit :

"The downward sun a parting sadness gleams,
Portenteous lurid thro' the gathering storm;
Thick drifting snow on snow,
Till the vast weight bursts thro' the rocky barrier;
Down at once, its pine-clad forests,
And towering glaciers fall, the work of ages
Crashing through all ! extinction follows,
And the toil, the hope of man — o'erwhelms."(1)

La conclusion du poème fait écho aux versets 18-19 du chap. XIV du *Livre de Job* : « Hélas : comme une montagne finit par s'écrouler... ainsi l'espoir de l'homme tu l'anéantis ». Dans l'étude préparatoire pour *La supplique de l'écrivain pauvre* (n° 113), l'un des papiers disséminés sur le sol porte le titre *Hints for Epic Poem... and Paraphrase of Job* (« Suggestions pour un poème épique... et Paraphrase de Job ») : Turner songeait probablement à un écrit de Sir Richard Blackmore, *A Paraphrase on the Book of Job,* qui caractérisait Job comme un « véritable héros de poème épique » (2e éd., 1716, p. XXXII) et approfondissait le sens du texte biblique :

« Quand tes fatales flèches s'abattent sur un homme
Il ne jouira plus des délices du monde...
Triste destin de l'homme : si la mort le saisit,
Privé de souffle il gît sans espoir de revivre,
S'il continue de vivre, il doit toujours s'attendre
Aux souffrances du corps, aux angoisses de l'âme »
(chap. XIV, pp. 65 ss).

(1) « Le soleil qui décline luit d'un triste rayon,
Lugubrement, sous les menaces de l'orage;
La neige s'amoncelle,
Et son terrible poids fend l'écran de rochers;
Les pins de la forêt et les glaciers des cimes
Dévalent tout à coup, détruisant sans remède
L'œuvre des générations ! Tout disparaît,
Tout le fruit du labeur et tout l'espoir de l'homme ».

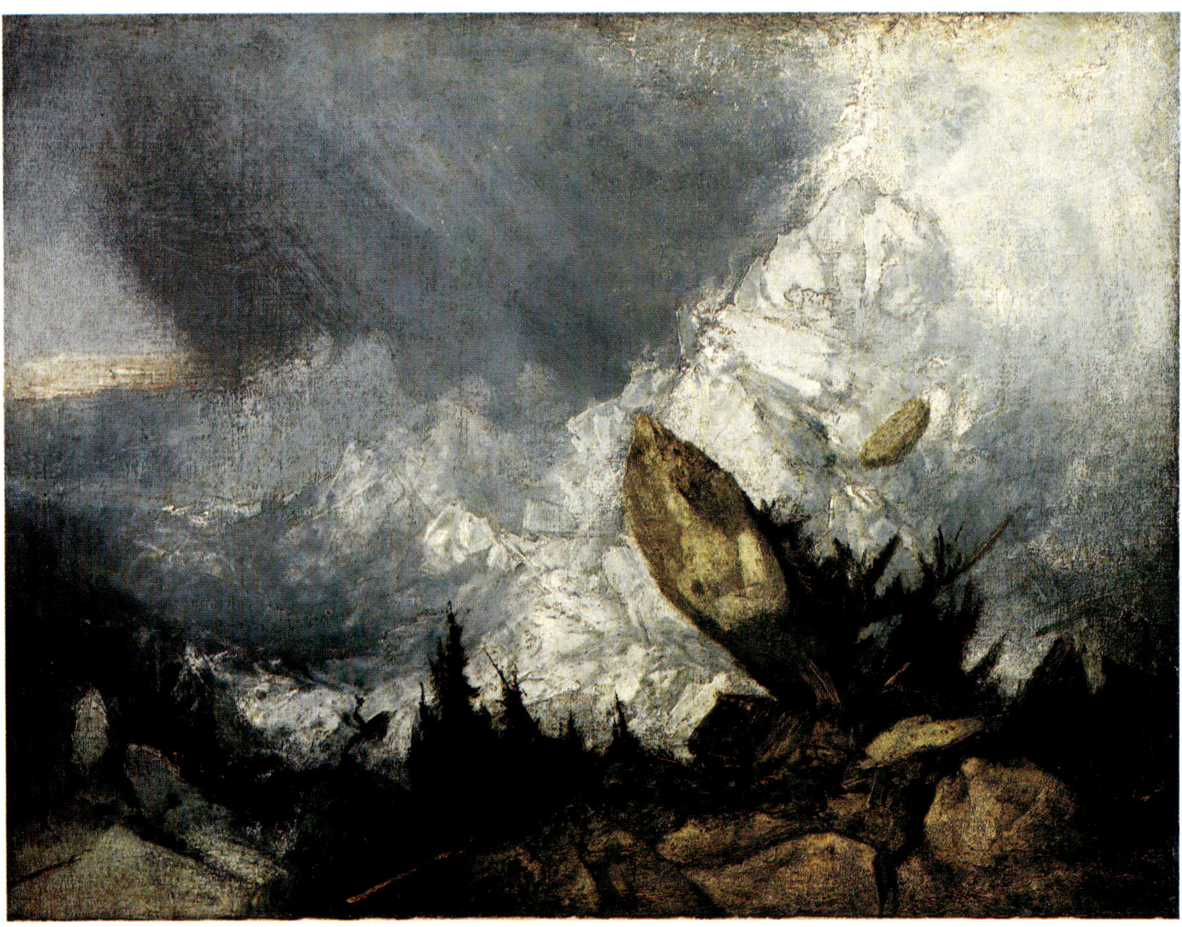

27

Turner utilisait ainsi la légende poétique de manière plus subtile et plus positive qu'il ne l'avait fait jusqu'alors, et cet usage annonce son propre poème épique de 1812, *The Fallacies of Hope* (« Les illusions de l'Espérance ») (voir n° 28).

L'intervention énergique du couteau à palette est un des éléments qui firent dire aux contemporains que le tableau présentait un style tout à fait insolite chez Turner à l'époque. J. G.

Londres, The Trustees of the Tate Gallery (n° 489)

28

Tempête de neige : l'armée d'Hannibal franchissant les Alpes

1812

Toile. 1,46 × 2,37

BJ n° 126 (pl. 117)

Expositions : Londres, R. A., 1812, n° 258; Paris, 1972, n° 262; Lisbonne, 1973, n° 6; Londres, 1974-1975, n° 88; Leningrad et Moscou, 1975-1976, n° 7; Munich, 1979-1980, n° 220.
Bibliographie : BJ (avec bibliographie antérieure); H. C. Robinson, *Diary, Reminiscences and Correspondence,* éd. Sadler, 1869, I,

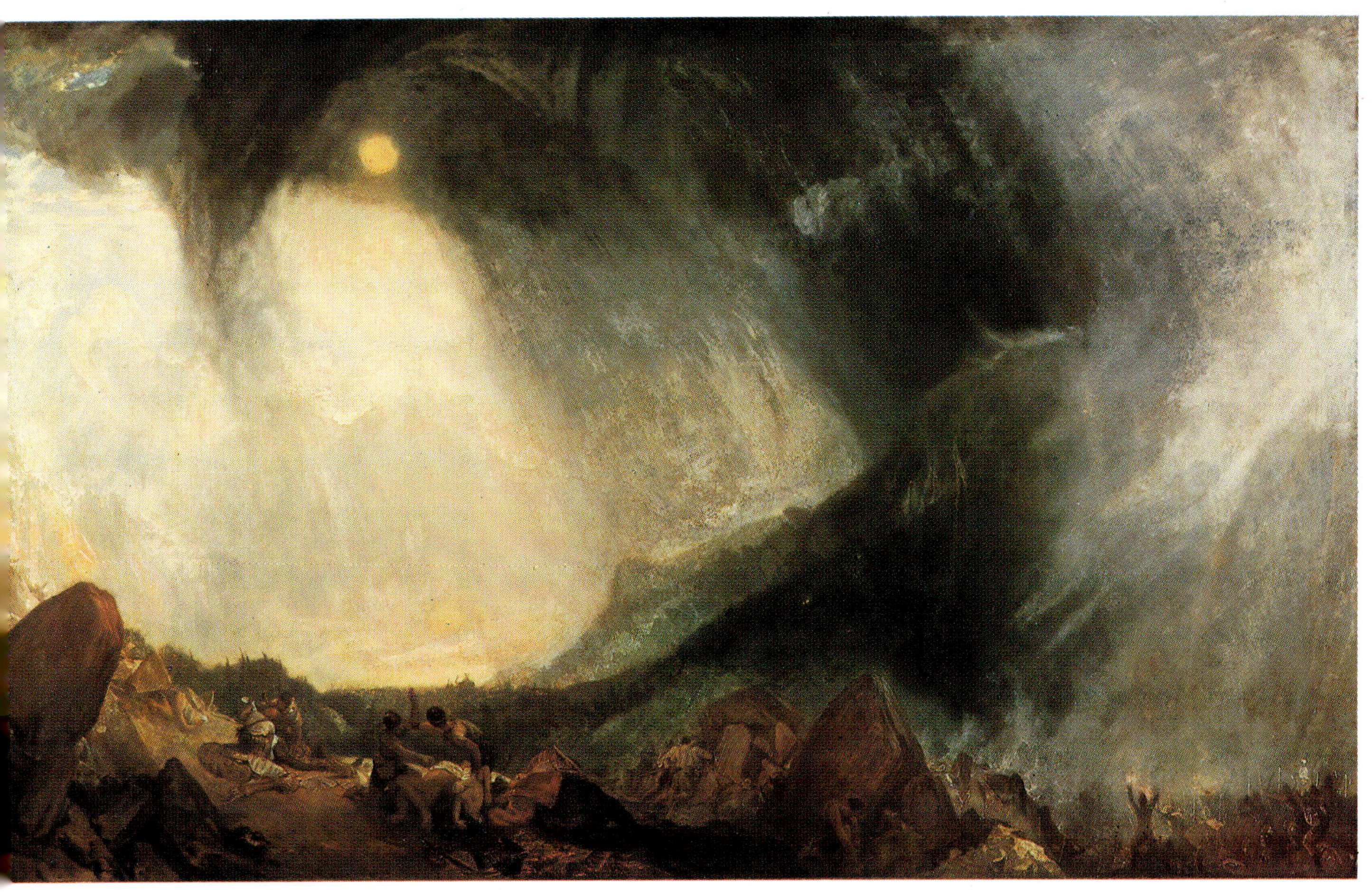

p. 381; A. Pichot, *Voyage Historique et Littéraire en Angleterre et en Écosse,* 1825, I, p. 188; M. Brion, *Turner,* 1929, p. 31; C. Mauclair, *Turner,* 1939, pp. 19-20; T. S. R. Boase, *Les peintres anglais et la Vallée d'Aoste,* Aoste, 1959, pp. 16-20; Wilton, 1979, pp. 155-156; L. R. Matteson, « The Poetics and Politics of Alpine Passage : Turner's Snow Storm : Hannibal and his Army Crossing the Alps » *The Art Bulletin,* LXII, 1980, pp. 385 ss.

Avec *Hannibal,* Turner introduisit le paysage dans le domaine de la « peinture d'histoire » — au plein sens de cette expression. Au XVIIIe siècle, on avait peint en Angleterre des sujets empruntés à la lutte d'Hannibal contre Rome; mais l'épisode favori était *Le serment d'Hannibal,* ou encore *Hannibal montrant à ses troupes la grande plaine d'Italie,* un moment plus euphorique de la traversée des Alpes en 218 av. J.-C. D'un tableau de John Robert Cozens (1752-1797) représentant ce dernier sujet et exposé à la Royal Academy en 1776, Turner disait que « de tout ce qu'il avait vu, c'était l'œuvre dont il avait le plus appris ». Mais dans le tableau de 1812 Turner donna une dimension toute différente au thème, en ajoutant au titre, sur le catalogue de la Royal Academy, un long extrait d'un de ses poèmes manuscrits, *The Fallacies of Hope* (« Les illusions de l'Espérance ») dont il allait tirer des légendes de tableaux pendant plusieurs années :

"Craft, treachery, and fraud — Salassian force,
Hung on the fainting rear ! then Plunder seiz'd
The victor and the captive, — Saguntum's spoil,
Alike, became their prey; still the chief advanc'd,
Look'd on the sun with hope; — low, broad, and wan;
While the fierce archer of the downward year
Stains Italy's blanch'd barrier with storms.
In vain each pass, ensanguin'd deep with dead,
Or rocky fragments, wide destruction roll'd.

Still on Campania's fertile plains — he thought,
But the loud breeze sob'd, « Capua's joys beware !"(1)

Ainsi, la tourmente de neige n'est pas seulement un parallèle aux déprédations des hommes des tribus alpines (eux-mêmes victimes du pillage), qu'on voit opérer au premier plan du tableau, mais aussi le signe précurseur du destin qui devait vaincre les Carthaginois dans les délices de Capoue.

Pour cet épisode, les sources principales de Turner furent Tite-Live (*Roman History,* 1686, pp. 296-299, 360) et Oliver Goldsmith (*Roman History,* 1786, I, pp. 155 ss et 176), deux ouvrages qui se trouvaient dans sa bibliothèque; quant au texte de sa légende, il peut fort bien avoir été inspiré par un passage sur le même sujet dans les *Walks in a Forest* de Thomas Gisborne (4e éd., 1799, p. 101). Mais le précédent le plus direct à l'approche de Turner est une paire de médaillons en céramique modelés par Dassier pour Wedgwood en 1779; l'un montre le passage des Alpes, l'autre les victoires d'Hannibal à Trevia, Trasimène et Cannes sur la face, mais au revers « Hannibal victime du Plaisir ».

Turner avait été attiré par le sujet d'Hannibal passant les Alpes dès 1802 au moins, lorsqu'il en fit un dessin dans le carnet *Jetée de Calais* (TB LXXXI, pp. 38-39); mais l'origine de l'idée sous sa forme définitive semble remonter à une tempête spectaculaire dont le peintre fut témoin en 1810, alors qu'il séjournait dans le Yorkshire avec son mécène et ami Walter Fawkes. C'était l'année où Fawkes, parlementaire réformiste et historien amateur, publia sa *Chronology of the History of Modern Europe* (jusqu'en 1793), dont il donna un exemplaire à Turner. Cette rencontre a pu susciter l'association de l'histoire et des conditions climatiques dans le tableau de Turner. En 1808, *The Artist's Repository* avait lancé un appel pour que l'on traitât l'histoire d'Hannibal d'après des croquis faits sur place : ainsi procéda sans doute Turner, car, comme l'indique, selon la remarque de Boase, l'emploi du mot « Salassien » dans la légende, le peintre croyait qu'Hannibal avait utilisé l'un des cols alpins donnant accès au Val d'Aoste; or, il avait visité la vallée et en avait pris des croquis en 1802, sous l'égide de Fawkes, qui avait probablement financé en partie l'expédition et qui acheta beaucoup des aquarelles de Turner réalisées à cette occasion (voir nos 98, 100). Une des sources d'information sur ces tribus alpines était l'inscription ornant l'arc d'Auguste à Aoste, arc dont Turner fit précisément deux dessins (TB LXXIV, pp. 9-10).

Matteson a émis l'hypothèse que la venue à Londres, en 1809, d'une délégation tyrolienne pour obtenir l'aide de l'Angleterre contre une éventuelle invasion du Tyrol par Napoléon, incita aussi Turner à peindre alors ce sujet; en effet, Turner exploitera plus tard l'histoire des guerres entre Rome et Carthage comme un parallèle à la lutte entre l'Angleterre et la France. Il avait vu à Paris en 1802 le *Bonaparte au Saint-Bernard* de David, qui contenait évidemment une allusion au rôle du Premier Consul comme successeur d'Hannibal et de Charlemagne (Farington, 3 octobre 1802). Lorsque ce portrait fut gravé en 1807 par George Cooke, on publia un commentaire soulignant ces associations historiques : « En dépeignant cette marche intrépide à travers les Alpes, qui ouvrit la campagne de 1800 en Italie et qui se termina par la bataille de Marengo — issue fatale pour l'Europe —, Monsieur David a eu le talent d'offrir une composition purement historique... Quand on scrute les beautés ou les défauts du tableau, les grands noms d'Hannibal et de Charlemagne se présentent spontanément à notre imagination et s'associent avec les exploits de Bonaparte, au point qu'il devient inutile de retracer les faits historiques... » (*The Historical Gallery of Portraits and Paintings,...* I, 1807).

Turner a pu se souvenir de ce commentaire quand il utilisa, bien des années plus tard, cette image de Bonaparte par David comme illustration de la bataille de Marengo dans l'*Italy* de Rogers (W, n° 1157).

A l'exposition de la Royal Academy, ce grand tableau aurait dû normalement être accroché très haut, mais Turner prit grand soin qu'on l'accrochât au-dessous de la cimaise, de façon que le spectateur fût emporté plus facilement par son tourbillon. Il eut un grand succès, auprès des critiques comme du public; le journal radical *Examiner* sentit bien que « les éléments moraux et physiques sont magnifiquement à l'unisson, combinés par la main d'un maître et suscitant une impression de terreur et de majesté ». Le sculpteur John Flaxman jugea que c'était « le meilleur tableau de l'exposition », tandis que son ami le critique et mémorialiste Henry Crabb Robinson le qualifiait de « paysage le plus merveilleux que j'aie jamais vu ». J. G.

Londres, The Trustees of the Tate Gallery (n° 490)

(1) « Trahison, ruse et fourberie — la force des Salasses —
A l'arrière corrompaient les traînards ! Le Pillage alors s'empara
Du vainqueur et du vaincu : le butin de Sagunte
Devint leur proie commune; mais le chef avançait,
Regardant plein d'espoir, le grand soleil blême sur l'horizon,
Tandis que le fier archer de l'année finissante
Maculait de tempêtes la blanche barrière des Alpes.
En vain chaque passe, ensanglantée de morts
Ou jonchée de rochers, proclamait les ravages,
Hannibal toujours songeait à la fertile Campanie;
Mais le vent plaintif répétait : « Prends garde aux délices de Capoue ! »

29

Vue du port de Plymouth

1813

Huile sur papier. 0,15 × 0,23

Bibliographie : Turner Studies, II, 2, 1982, p. 53 (ill).

On avait perdu la trace de cette esquisse entre 1912 et sa réapparition chez Christie en juin 1981. Elle ne fut donc mentionnée dans aucun des travaux sur Turner jusqu'à sa publication dans les *Turner Studies.* On peut la dater avec certitude de 1813; elle appartient en effet à un groupe d'esquisses analogues que Turner fit pendant son voyage dans le Devon et que conserve le legs Turner (BJ, n°s 213-224). Une autre esquisse de la même série se trouve à Leeds (Leeds City Art Galleries; BJ n° 225).

Nous sommes bien renseignés sur le voyage de Turner dans le Devonshire grâce aux souvenirs de Cyrus Redding (*Fifty Years Recollections,* 1858, I, pp. 199-206) et à ceux du jeune Charles Eastlake (recueillis par Thornbury, 1877, p. 153), qui tous deux accompagnaient Turner dans ses excursions studieuses.

Eastlake décrit les méthodes de Turner dans ces occasions : « Après son retour à Plymouth, M. Johns [Ambrose Johns (1776-1858), paysagiste de Plymouth] préparait une petite boîte à peinture portative, contenant du papier préparé pour des esquisses à l'huile et d'autres fournitures. Quand Turner s'arrêtait devant une vue et paraissait avoir envie d'en faire une esquisse, Johns lui tendait la boîte et le grand artiste, trouvant tout à sa portée, commençait immédiatement à travailler. Comme il avait parfois besoin d'aide pour se servir de la boîte, la présence de Johns était indispensable; au bout de quelques jours, il fit ses esquisses à l'huile devant nous, sans aucune gêne ».

D'après Eastlake, Turner remarqua que « l'une des esquisses — et peut-être la meilleure — avait été faite en moins d'une demi-heure ». Ce qui ébahit le plus ses compagnons était précisément la rapidité avec laquelle Turner travaillait, et leur admiration eut raison de sa propension, souvent rapportée, à garder le secret sur ses procédés; aussi se mit-il à peindre en public dans le Devon, comme il ne devait plus le faire jusqu'à ses dernières performances lors des vernissages d'expositions à la Royal Academy.

Quand Turner quitta Plymouth, « il emporta toutes ses œuvres », raconte Eastlake, démentant ainsi la supposition que l'artiste aurait donné une ou deux esquisses à Johns en remerciement de son aide. Ce ne fut donc pas le cas, mais longtemps après Turner envoya à Johns « dans une lettre une petite esquisse à l'huile qui n'avait pas été peinte d'après nature ». Bien que l'esquisse exposée et celle de Leeds semblent exécutées en plein air, elles sont probablement seules susceptibles d'être identifiées avec les peintures données à Johns. E. J.

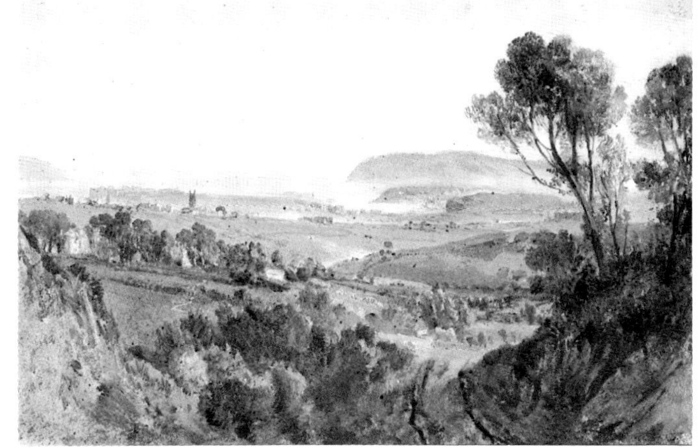

29

États-Unis, collection particulière

30

L'éruption des monts de la Souffrière dans l'île St-Vincent, le 30 avril 1812,

d'après un croquis fait par M. Hugh P. Keane

1815

Toile. 0,79 × 1,04

BJ n° 132 (pl. 120)

Expositions : Londres, R. A., 1815, n° 258; Londres, 1974-1975, n° 163.
Bibliographie : BJ (avec bibliographie antérieure).
Gravure : par Charles Turner, *The Burning Mountain* (Whitman, n° 863)

Ce tableau inaugure la série des volcans que Turner représentera entre 1815 et 1820 (par exemple, Wilton, 1980, n° 33). Mais en 1815 il s'agissait d'une orientation nouvelle; le fait que le tableau fut exposé quelques mois seulement avant la publication d'une grande reproduction en mezzotinte par Charles Turner, *The Burning Mountain* (« La montagne embrasée », Whitman, n° 863) fait penser

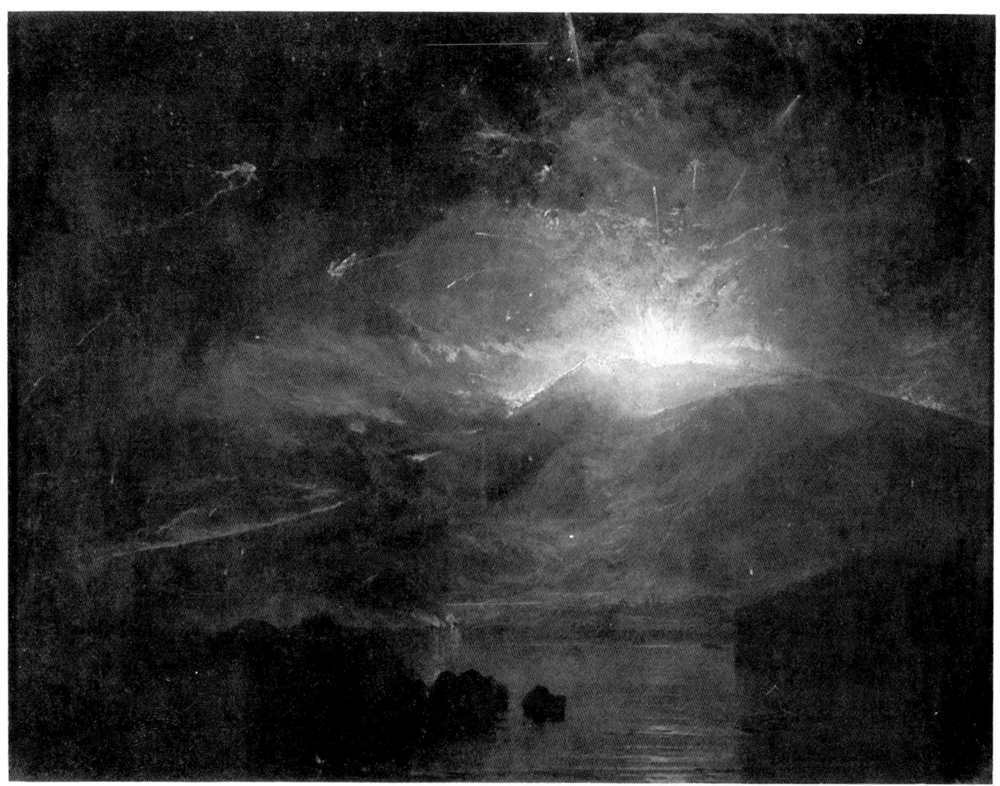

30

que Turner le peignit peut-être en vue de la reproduction. Nous savons peu de chose sur Hugh Perry Keane (vers 1770-vers 1823), qui fournit l'esquisse, sauf qu'il était le fils du procureur général de Saint-Vincent, et qu'il avait exercé la profession d'avocat à Londres à partir de 1790 mais l'abandonna avant 1823; il pourrait être le « gentleman » qui commanda la gravure et emporta la planche avec toutes les épreuves sauf trois.

Le sujet convenait admirablement à l'imagination de Turner. Il avait dans sa bibliothèque un exemplaire des *Transactions of the Geological Society* (I, 1811) qui contenait une étude sur la *Souffrière* de Monserrat, île voisine de Saint-Vincent; mais nous ne savons pas quand il avait acquis cette revue. A l'exposition de la Royal Academy, le tableau était accompagné d'une longue légende en vers :

"Then in stupendous horror grew
The red volcano to the view
And shook in thunders of its own,
While the blaz' d hill in lightnings shone,
Scattering their arrows round.
And down its side of liquid flame
The devastating cataract came,
With melting rocks, and crackling woods,
And mingled roar of boiling floods,
And roll'd along the ground !"[1]

Les vers étaient probablement de Turner, et le dernier est une réminiscence d'un verset de l'*Exode,* IX, 23, qu'il avait utilisé en 1800 comme légende pour *La cinquième plaie d'Égypte* (n° 5). J. G.

Liverpool, University of Liverpool Fine Art Collections

(1) « Devant les yeux épouvantés de tous
Apparut alors le rouge volcan,
Et ses propres grondements l'ébranlèrent;
De mille éclairs s'embrasait la colline,
Qui projetaient leurs flèches alentour.
Le long de ses flancs, en flammes liquides,
Roulait la meurtrière cataracte :
Rochers en fusion, craquement des bois,
Dans le rugissement sourd de ses flots,
Bouillante, elle s'écoulait sur le sol ».

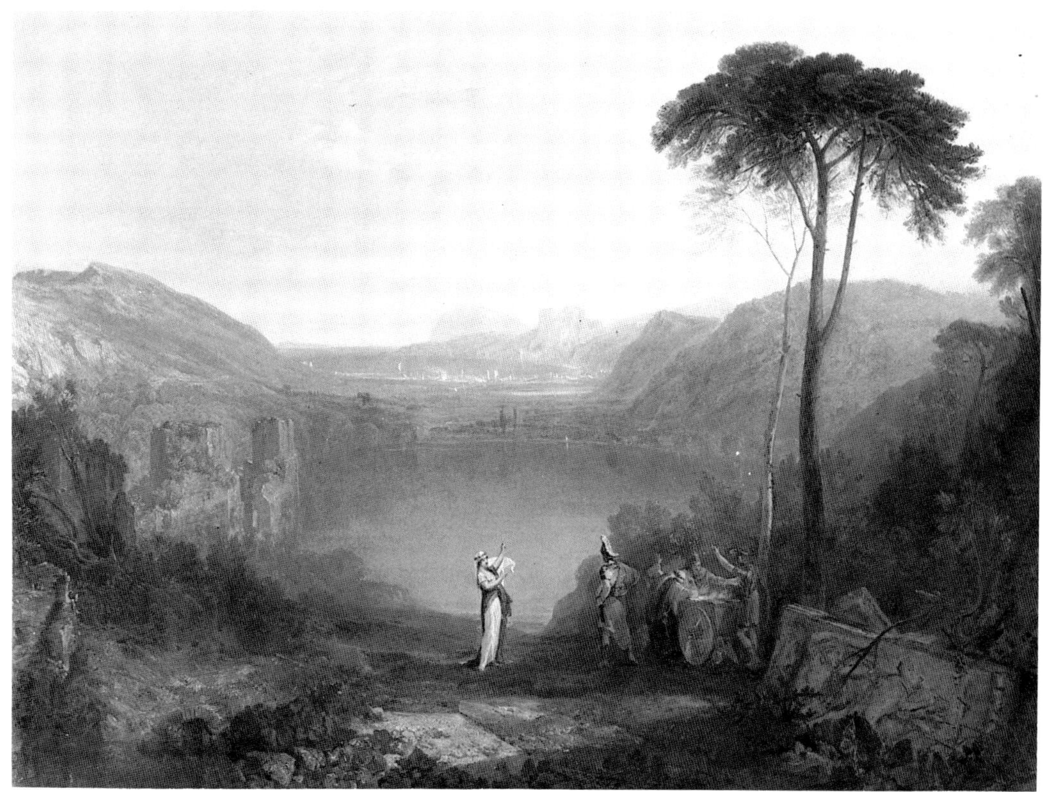

31

31

Le lac Averne :
Énée et la Sibylle de Cumes

1814-1815

Toile. 0,72 × 0,97

BJ n° 226 (pl. 214)

Bibliographie : BJ (avec bibliographie antérieure); Kenneth Woodbridge, *Landscape and Antiquity : Aspects of English Culture at Stourhead, 1718-1838,* 1970, pp. 89, 183, 243, 270, pl. 29a; John Gage, « Turner and Stourhead : The Making of a Classicist ? », *Art Quarterly,* XXXVII, 1974, pp. 59-87.

Peint pour Sir Richard Colt Hoare (1758-1838), au prix de 150 guinées; on conserve le reçu, daté du 25 février 1815. Colt Hoare, artiste amateur et connaisseur en antiquités, hérita de Stourhead dans le Wiltshire en 1785 et fut un des principaux mécènes de Turner à ses débuts, lui commandant deux séries d'aquarelles d'après la cathédrale et la ville de Salisbury; le n° 31 est pourtant la seule peinture à l'huile de l'artiste qu'il ait possédée.

Le point de départ du tableau fut un dessin du lac Averne par Colt Hoare lui-même, daté 4 février 1786. Turner le copia (TB LI-N), probablement lors d'une visite à Stourhead vers la fin des années 1790; il ajouta un sentier et quelques fragments d'architecture antique au premier plan. Ce dessin servit à son tour pour la première version à l'huile du motif, peinte par Turner vers 1798 et maintenant conservée dans la Tate gallery (n° 463).

Le rapport entre les deux versions à l'huile n'est pas claire, mais rien n'indique que celle de la Tate — exercice banal sur le style de Richard Wilson — ait jamais été accrochée à Stourhead, ni même qu'elle ait appartenu à Colt Hoare. On notera avec intérêt que, d'après un inventaire de Stourhead dressé en 1822, la version de Yale y figurait en pendant à un tableau de Wilson, *Le lac de Nemi avec Diane et Callisto.*

L'intervalle de seize ans entre les deux versions semble également difficile à expliquer. Mais on pourrait imaginer que Colt Hoare ait désiré que son esquisse fût transformée par Turner à la manière de Claude Lorrain plutôt qu'à la manière de Wilson. Aussi attendit-il que Turner ait prouvé à nouveau son goût pour l'œuvre de Claude en exposant des tableaux comme *Mercure et Hersé,* en 1811, ou *Apullia cherchant Appulus,* en 1814 : le moment était alors venu pour la réalisation du vœu de Colt Hoare.

Entre autres raisons à la commande de Hoare, Kenneth Woodbridge indique que celui-ci publiait alors le journal de son voyage en Italie, poussé par « une vague de nostalgie pour le passé », et que cet intérêt pour l'antiquité classique et pour ses propres voyages coïncidait avec le moment — 1814 — où Turner exposait un épisode de l'*Énéide, Didon et Énée.*

Le sujet du n° 31 est emprunté à un passage du livre VI de l'*Énéide* : Énée apprend de la Sibylle de Cumes (Deiphobè) qu'il ne pourra accéder au monde des Enfers, où il cherche l'ombre de son père, que s'il emporte un rameau d'or, détaché d'un arbre sacré, pour l'offrir à Proserpine. Gage a identifié, de façon vraisemblable, la troisième figure, absente de la version de la Tate, avec Chrysès (voir aussi n° 119), personnage au service — tout comme la Sibylle — d'Apollon, à qui était offert le sacrifice.

Gage a remarqué encore un autre changement dans la version de Yale : « Le relief peu distinct du sarcophage (sur la droite du premier plan) représente maintenant un homme attaquant un monstre à plusieurs têtes, peut-être Cerbère, le gardien de l'Hadès, bien que dans l'*Énéide* il soit dompté, non par Énée mais par la Sibylle grâce à un philtre. En soulignant, dans cette dernière version, le rôle d'Apollon, dieu de la lumière, et de l'Hadès, royaume des ombres, dans l'histoire d'Énée, Turner montre son intérêt croissant pour le conflit de la lumière et de l'obscurité;... on pressent l'interprétation beaucoup plus approfondie qu'il donnera du mythe en 1834, dans *Le rameau d'or* (Tate Gallery) ». E. J.

New Haven, Yale Center for British Art (Paul Mellon Collection)

32

Vue du temple de Jupiter Panellenius dans l'île d'Égine, avec la danse nationale grecque de la romaika : l'Acropole d'Athènes dans le lointain

Peint d'après un croquis fait par M. H. Gally Knight, en 1810

Exposé en 1816

Toile. 1,18 × 1,78

Signé et daté, au premier plan à gauche : *JMW Turner RA 181 [4 ?]*

BJ n° 134 (pl. 133)

Expositions : Londres, R. A., 1816, n° 71; Londres, British Institution, 1817, n° 62; Manchester, Royal Manchester Institution, 1845, n° 228; Édimbourg, Royal Scottish Academy, 1847, n° 175; Londres, *The Age of Neo-classicism,* 1972, n° 254.
Bibliographie : BJ (avec bibliographie antérieure); Wilton, 1979, pp. 214-215; J. Gage, « Turner and the Greek Spirit », *Turner Studies,* I, 2, 1981, pp. 16-18.
Gravure : par H. Dawe pour le *Liber Studiorum,* s.d., (R, n° 77).

Le tableau fut exposé en 1816 à la Royal Academy avec un pendant, *Le temple de Jupiter Panellenius restauré* (BJ, n° 133), réapparu récemment, après plus d'un siècle (Christie's, 16 juillet 1982, n° 78, ill. coul., acheté par Feigen). C'est le premier exemple chez Turner d'une paire de tableaux conçus pour défendre une thèse, procédé qu'il répètera souvent vers la fin de sa carrière (par exemple n°s 70 et 71). La tradition littéraire du parallèle entre la Grèce antique et la Grèce moderne était vivante en Angleterre au XVIIIe siècle et s'était incarnée au moins une fois dans une œuvre d'art : vers 1772 on demanda à Richard Wilson et à Solomon Delane de décorer une bibliothèque de peintures représentant *Athènes dans sa splendeur* et *Athènes dans sa décadence actuelle* (W. G. Constable, *Richard Wilson,* 1953, pp. 169-170, pl. 29b). Les deux œuvres sont perdues, mais elles avaient été gravées, et Turner était, on le sait, grand admirateur de Wilson (voir n°s 1 et 2). Toutefois, l'apparition du thème dans son œuvre à ce moment précis est due indirectement à Lord Byron, qui avait visité la Grèce en 1809-1811 et dont le chant consacré à la Grèce dans le *Pèlerinage de Childe Harold,* publié en 1812, avait remporté un grand succès. Le riche amateur Henry Gally Knight, qui inspira ce sujet à Turner et lui commanda probablement le tableau (voir TB CXLI, p. 35a; CLIII, p. 2a), s'était trouvé

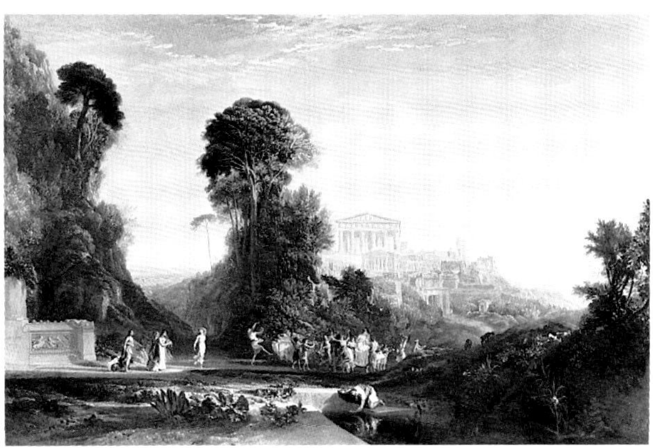

J.M.W. Turner : *Le temple de Jupiter Panellenius restauré,* exposé en 1816. Toile. 1,16 × 1,77. New York, coll. Richard L. Feigen.

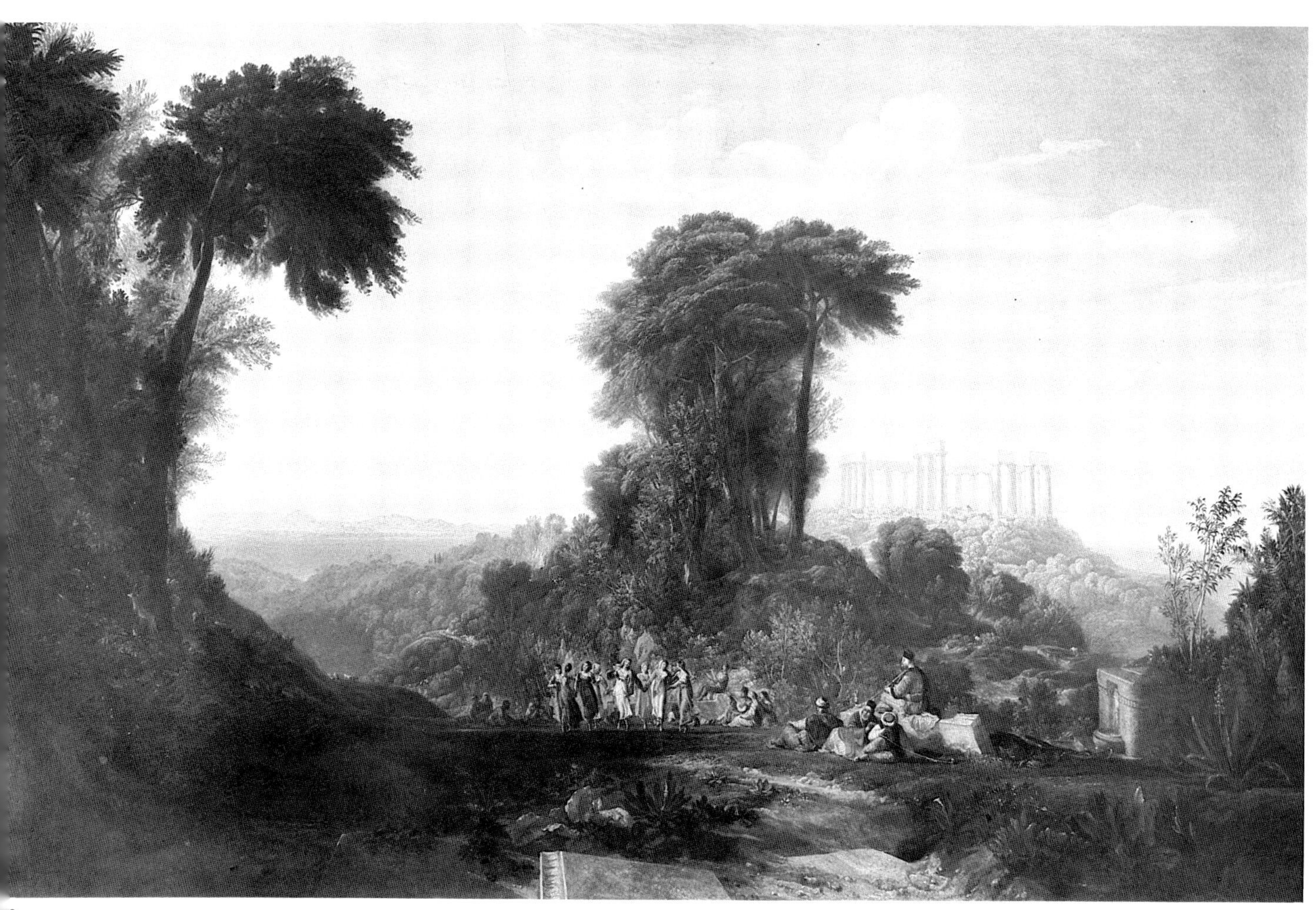

2

à Athènes avec Byron et il composait à cette époque des poèmes de ton byronien; ses dessins et son journal sont perdus. Si la première pensée de Turner pour une planche du *Liber Studiorum* consacrée au temple d'Égine (n° 110) se rapproche de l'esquisse de Knight, il apparaît que l'idée de mettre en pendant l'ancien et le moderne n'avait pas encore fait surface : les figures, intemporelles, rappellent celles de Claude Lorrain et la lumière venant de l'est qui éclaire les ruines est celle du matin. Mais vers 1813 ou 1814 Turner tomba sur une étude de F. S. N. Douglas, *An Essay on Certain Points of Resemblance between the Ancient and Modern Greeks,* qui juxtaposait un mariage grec antique, sujet du *Temple de Jupiter Panellenius restauré,* et la danse de la romaika, sujet du n° 32 (3e éd., 1813, pp. 118 ss). Le contraste de l'aube et du crépuscule était désormais codifié : la lumière de l'aube allait éclairer le temple dans son état primitif, celle du soleil couchant les ruines et leur environnement actuel. C'est le thème du tableau exposé, qui fut gravé par Henry Dawe pour le *Liber Studiorum,* sans que la planche (R, n° 77) ait jamais été publiée.

La réalisation des deux vues du *Temple de Jupiter* (identifié depuis comme le temple de la déesse-mère Aphaia) marqua chez Turner le début d'une attitude entièrement nouvelle devant la reconstitution de l'architecture antique. Auparavant, dans ses tableaux d'histoire à fond architectural, comme *La dixième plaie d'Égypte* (1802; BJ, n° 17) ou *Didon et Énée* (1814; BJ, n° 129), il s'était contenté d'emprunter à des peintres du XVIIe siècle, par exemple Poussin ou Claude Lorrain. Maintenant, comme l'implique le titre « Le temple de Jupiter *restauré* », son approche devient beaucoup plus archéologique. Il s'inspira pour ce tableau de publications récentes comme les *Antiquities of Athens*, de James Stuart et Nicholas Revett, dont la reconstitution de la façade ouest du Parthénon (vol. II, 1787, chap. I, pl. III) donna à Turner des idées pour le fronton sculpté d'Égine, et dont la reconstitution des Propylées de l'Acropole (ibid., chap. V, pl. III) lui fournit un modèle pour sa porte dorique. Quant à l'élévation du temple, Turner semble l'avoir empruntée aux *Antiquities of Ionia* de Revett (II, 1797, pl. IV, XI, XVII). Ces publications avaient un grand intérêt pour Turner, qui ne visita jamais la Grèce, car elles lui procuraient non seulement des reconstitutions d'édifices antiques au goût du jour mais aussi des vues pittoresques de ruines peuplées du genre de figures qu'il utilisa précisément dans le n° 32. Ainsi Turner puisa-t-il des éléments pour le tableau exposé à la fois dans la planche des *Antiquities of Athens* représentant le *Temple de Jupiter Olympien* (vol. III, 1797, chap. II, pl. I), avec sa ronde de jeunes filles, et dans celle des *Antiquities of Ionia* représentant le temple de Jupiter à Égine (II, 1797, pl. II). Il semble cependant que Turner ne se soit pas contenté de regarder les œuvres publiées, mais ait aussi consulté des personnalités, car la représentation du fronton sculpté dans *Le temple de Jupiter restauré* fait penser qu'il connaissait une reconstitution par l'architecte C. R. Cockerell, chef de l'expédition archéologique qui fouilla le temple en 1811. Gally Knight avait rencontré Cockerell à Athènes cette année-là et Turner était aussi en contact avec un autre architecte, Thomas Allason, qui travaillait en Grèce à l'époque et connaissait l'œuvre de Cockerell; le peintre pouvait donc être au courant, par un canal ou l'autre, avant la publication de Cockerell en 1819, des hypothèses sur la disposition des marbres d'Égine. Turner devait plus tard collaborer avec Allason comme avec Cockerell à des publications archéologiques, dont la grande étude sur le temple d'Égine que Cockerell fit paraître en 1860.

Mais, pour la signification immédiate des pendants de Turner, il faut revenir à Byron et à ses élégies sur la liberté des Grecs étouffée par le joug turc. En 1813, Gally Knight composa, sous l'influence de Byron mais dans une langue plus archaïque, un récit en vers, *Phrosyne : A Grecian Tale* (publié en 1817), qu'il dut montrer à Turner; en effet, un épisode décrit précisément la scène qui se déroule au premier plan du tableau exposé, et cet épisode évoquait, au moins pour un instant, l'ancienne liberté politique de la Grèce :

« Bientôt sous le platane les vierges assemblées
Se donnèrent la main pour leur danse habituelle;
Isolés de la fête, les jeunes gens à part
Suivaient les mêmes traces, mais sans la même adresse.
En un groupe solennel se tenaient les vieillards
Qui, penchés sur leurs pipes, discutaient gravement;
La troupe des matrones, au babil enjoué,
En ligne était rangée pour voir et commenter;
Partout se répandait la foule du vulgaire,
Et les essaims d'enfants s'amusaient alentour —
O souriant tableau ! on croyait voir en rêve
La Grèce antique revivre, et la Liberté »
(chant I, 184-195)

En donnant un coup de pouce si ouvertement politique au motif du temple de Jupiter Panellenius, Turner faisait sienne, comme Byron, la lutte à peine naissante du peuple grec pour son indépendance nationale. J. G.

Grande-Bretagne, collection Duke of Northumberland

33

Le champ de bataille de Waterloo

1818

Toile. 1,47 × 2,39

BJ n° 138 (pl. 134)

Exposition : Londres, R. A., 1818, n° 263.

Bibliographie : BJ (avec bibliographie antérieure); Wilton, 1980, pp. 155-156; A. G. H. Bachrach, « The Field of Waterloo and Beyond », *Turner Studies*, I, 2, 1981, pp. 4 ss.

En 1816 la British Institution offrit un prix pour une peinture commémorant la bataille de Waterloo, qui s'était livrée le 17 juin 1815. George Jones, futur ami intime de Turner, remporta le premier prix. Les contraintes de son travail empêchèrent Turner de quitter l'Angleterre avant août 1817, mais le souvenir du concours dut orienter son attention lorsqu'il voyagea en Hollande, Belgique et Rhénanie ce mois-là. Il passa une journée à explorer le champ de bataille et à faire des esquisses (TB CLX, pp. 17v-26), suivant l'itinéraire proposé par le guide de Charles Campbell, *The Travellers Complete Guide through Belgium and Holland* (1817); ce livre citait aussi les vers de Byron au chant III du *Pèlerinage de Childe Harold*, qui seront utilisés par Turner comme légende en 1818, puis, en abrégé, par F. C. Lewis dans sa gravure en mezzotinte de 1830 (R, n° 795) :

« Le jour précédent les vit pleins d'une vie débordante;
La veille, fiers et joyeux dans le cercle de la Beauté;
Minuit déclencha le signal — le bruit du combat;
Le matin, le piétinement des armes — le jour,
Le déploiement austère et magnifique de la bataille !
Lorsque se déchirent, au-dessus, les nuées orageuses,

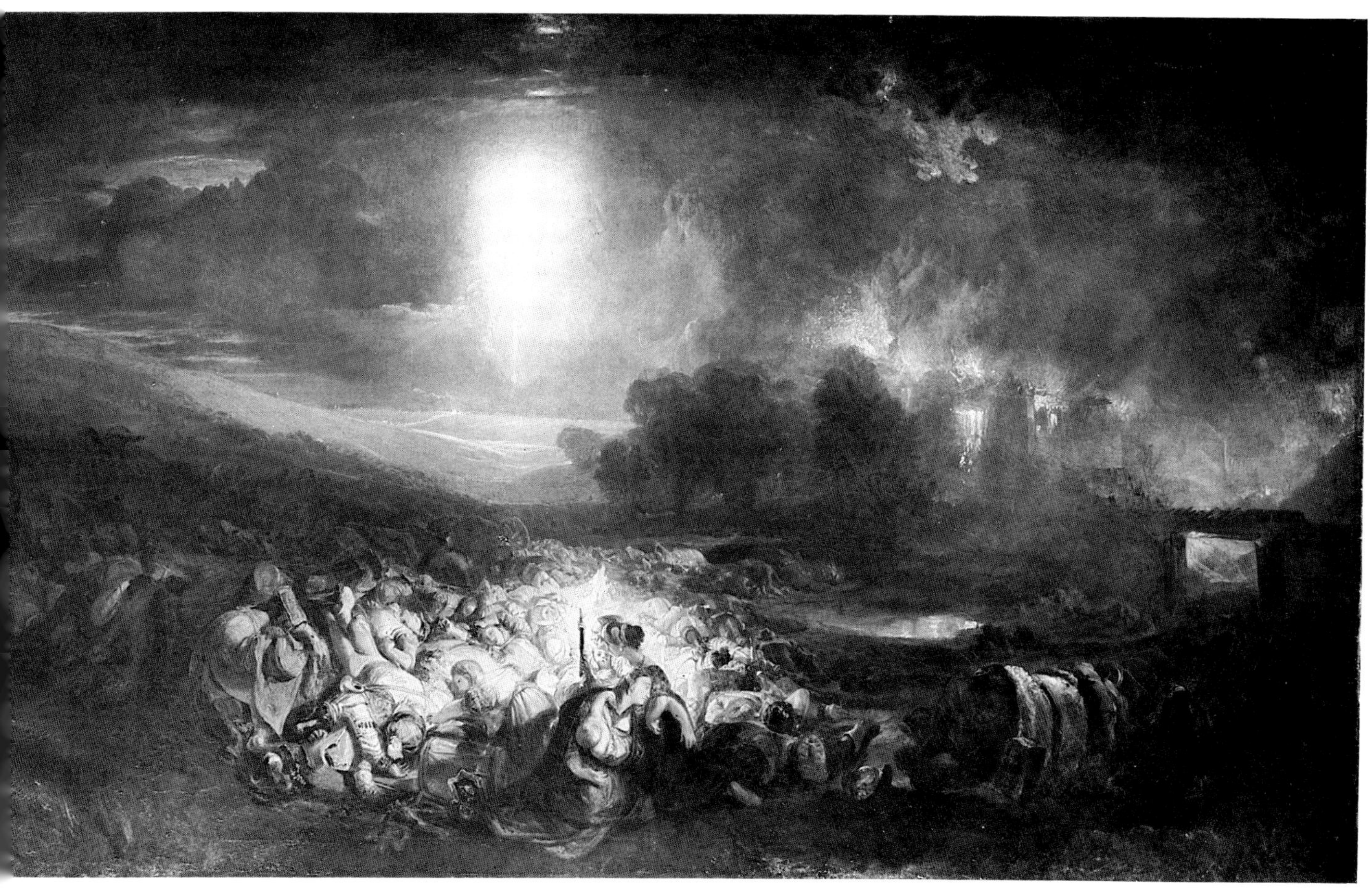

> La terre est recouverte d'une autre argile,
> Qu'elle recouvrira de sa propre argile, amoncelée et [entassée,
> Cavaliers et chevaux, — amis et ennemis,
> Tous mêlés dans de mêmes sanglantes funérailles. »[1]

Les vers s'appliquent particulièrement bien à la vue du champ de bataille au grand jour que présente une aquarelle exécutée pour Walter Fawkes et conservée actuellement à Cambridge (W, n° 494, ill.), et à une vignette composée au début des années 1830 pour l'illustration des œuvres de Byron (n° 223) et dont la topographie correspond, par ailleurs, à la composition du tableau exposé. Ici, la scène se passe de nuit, après la bataille; elle montre les veuves des simples soldats français, qui avaient suivi leurs maris lors de la campagne et jusqu'au champ de bataille, recherchant leurs corps au milieu du carnage. Les lueurs à l'horizon pourraient être les feux allumés, d'après Campbell, pour effrayer les maraudeurs prêts à détrousser les morts ou les mourants.

Turner accentuait par cette note pathétique le ton anti-héroïque des vers de Byron; aussi n'est-il pas surprenant que le tableau ait reçu un accueil mitigé à l'exposition de la Royal Academy. Aux yeux de certains critiques, cette interprétation des événements était inexacte; seul l'article de Leigh Hunt dans le journal radical *The Examiner* (24 mai 1818) identifia bien le sujet comme le moment où « les veuves, les frères et les enfants des soldats massacrés vinrent, le regard anxieux et le cœur torturé, rechercher, dans le charnier de l'Ambition, les victimes immolées à l'égoïsme et au mal institutionnalisés ».

J. G.

(1) Byron, *Le chevalier Harold.* Introduction, traduction et notes par Roger Martin, Paris, Aubier-Montaigne, 1949.

Londres, The Trustees of the Tate Gallery (n° 500)

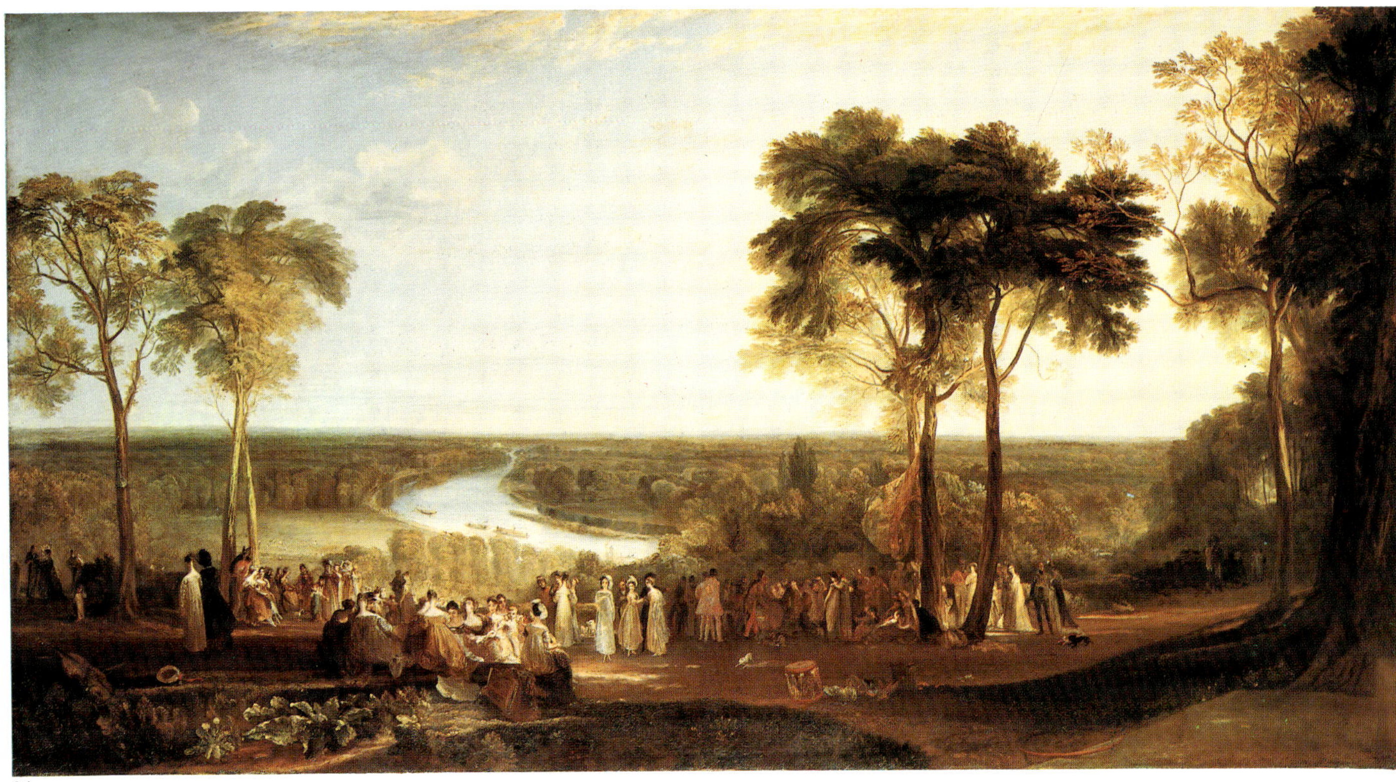

34

34

Angleterre : Richmond Hill, le jour de l'anniversaire du Prince Régent

1819

Toile. 1,80 × 3,34

BJ n° 140 (pl. 125)

Expositions : Londres, Royal Academy, 1819, n° 206; Turner's Gallery, 1835; Londres, 1974-1975, n° 167.
Bibliographie : BJ (avec bibliographie antérieure); A. J. P. Defauconpret, *Londres en 1819*, 1820, pp. 102 ss; Wilton, 1979, p. 132.

Si la colline de Richmond résumait l'Angleterre pour Turner, c'est qu'on la considérait depuis longtemps comme le plus bel endroit des environs de Londres, un « site classique » comparable à la vallée du Tibre près de Rome. Turner avait déjà consacré à cette vue un tableau d'une veine plus néoclassique, *La harpe éolienne de Thomson*, de 1809 (n° 26); ici, il emprunta à Thomson pour la légende, reproduisant un passage d'une des *Saisons, L'Été* :

> « Amanda, de quel côté porterons-nous nos pas ?
> Nous ne le savons. Où choisirons-nous d'aller ?
> Tout est semblable avec toi. Dis, allons-nous suivre
> Les méandres des ruisseaux ? Ou marcher dans l'aimable [prairie ?
> Ou rechercher les clairières ? Ou bien errer au hasard
> Parmi les ondulantes moissons ? Ou encore,
> Pendant que l'été radieux resplendit,
> Escaladerons-nous tes flancs, merveilleuse Shene ? »[1]
> (vers 1410-1418)
>
> (Shene est l'autre nom de Richmond)

Dans ce tableau, Turner, tout en conservant le format typique de Claude Lorrain, a introduit des personnages modernes, en partie repris, comme l'a montré Ziff, d'un tableau de Watteau, *L'île enchantée*, qui avait appartenu à

(1) *Les Saisons* de J. Thomson, traduites en vers français par J. Poulin, Paris, Vve Durand, 1802.

Reynolds (il habita lui-même Richmond Hill) et se trouvait alors dans la collection d'un ami de Turner, James Holworthy (H. Adhémar, *Watteau*, 1950, n° 188, ill.). Il y a une esquisse pour ces figures dans le carnet *Notes, Rivière* (TB, CXLI, pp. 26v-27 : G. Wilkinson, *The Sketches of Turner R. A.*, 1974, ill. p. 174), qui contient également quelques dessins de Richmond Hill (pp. 10v-13; voir aussi TB CXL, pp. 77-82). Le passage d'un ton élégiaque à une atmosphère de fête ou intimiste caractérise les représentations postérieures du même motif (n° 202); Turner a pu s'inspirer de l'œuvre d'autres artistes, comme Thomas Hofland, dont la grande *Vue de Richmond Hill, le soir* avait été exposée à la Royal Academy en 1815 et à la British Institution l'année suivante, ou encore de Peter de Wint, dont le *Richmond Hill* fut reproduit par le graveur de Turner, W. B. Cooke, en 1817.

Turner fit plusieurs études préparatoires détaillées pour le tableau, dont une mise en place des couleurs à l'aquarelle (n° 199 : Wilkinson, op. cit., ill. coul. p. 175); mais il commença, semble-t-il, sur une toile plus petite, qu'il abandonna ensuite (BJ, n° 227). L'élaboration du sujet à plus grande échelle — l'une des plus vastes toiles de Turner — pourrait être en rapport avec la référence, dans le titre, à l'anniversaire officiel du Prince Régent, le 23 avril, qui était aussi l'anniversaire de Shakespeare et de Turner. De Richmond Hill on pouvait voir les palais royaux de Kew et de Windsor avec leurs parcs; le prince était venu à cheval de Kew deux jours avant son anniversaire de 1818. En peuplant la scène de figures à la Watteau, Turner désirait probablement attirer l'attention royale sur le tableau : le Prince partageait le goût de beaucoup de ses sujets pour ce peintre, bien qu'il n'ait jamais réussi à acquérir un tableau authentique de lui (*George IV and the Arts of France*, Londres, The Queen's Gallery, 1966, n°s 52-55). Le bruit que Turner était parvenu à s'assurer la protection de la couronne courait à l'époque de son premier voyage en Italie, plus tard dans la même année. Farington écrivait à Sir George Beaumont : « On dit qu'il a reçu commande du Prince Régent à cet effet [peindre des motifs d'Italie]; si c'est vrai, notre exposition prendra un autre tour » (D. Sutton, *Notes and Queries*, 15e série, 175, 1938, p. 166). Mais le n° 34 resta chez Turner et bien qu'il eût redoublé d'efforts, dans les années 1820, pour obtenir le patronage royal, il ne réussit qu'à peindre l'infortunée *Bataille de Trafalgar* (1823-1824, Greenwich : BJ, n° 252).

Richmond Hill reçut un accueil plutôt froid de la part des critiques, en particulier d'A. J. P. Defauconpret, le traducteur français de Walter Scott, qui écrivait : « On fait un grand éloge de la Terrasse de Richmond, paysage de six pieds sur cinq par M. Turner. L'artiste ne me paraît pas avoir suffisamment rendu justice à la beauté du point de vue que présente cet endroit, qui offre un des plus beaux coups d'œil qu'on puisse voir, quoique, à mon avis, fort au-dessous de celui que présente la terrasse de Saint-Germain. Son tableau n'est qu'une masse confuse d'arbres, dont on n'aperçoit que les branches qui les couronnent; et l'art, qui doit souvent embellir la nature, l'a privée ici de presque tous ses charmes ». J. G.

Londres, The Trustees of the Tate Gallery (n° 502)

35

Ce que vous voudrez

1822

Toile. 0,48 × 0,52

BJ n° 229 (pl. 216)

Expositions : Londres, Royal Academy, 1822, n° 114; Londres, 1974-1975, n° 307.
Bibliographie : BJ (avec bibliographie antérieure)

Les années 1820 à 1824 marquent un changement extraordinaire dans les habitudes de Turner : au cours de ces cinq années, il envoya seulement trois tableaux à la Royal Academy : *Rome, du Vatican* (fig. 8, p. 31; 1,77 × 3,35) en 1820, *Ce que vous voudrez* en 1822 et *La baie de Baiae* (BJ, n° 230; 1,45 × 2,39) en 1823. *Ce que vous voudrez* fut accueilli avec mépris par les critiques, tant à cause de son sujet que de ses dimensions (c'est le plus petit tableau que Turner ait exposé entre 1797 et 1850). Le *New Monthly Magazine*, par exemple, se montra particulièrement dur dans ses réticences : « De Turner nous n'avons rien du tout, ou plutôt pire que rien, car on ne peut pas appeler le n° 114 un tableau. C'est une toile barbouillée — une tache sur le grand nom de l'artiste et un affront au goût du public ».

Bien que les critiques y eussent décelé l'influence de Watteau (étant donné l'amour de Turner pour les calembours, le titre « What you will » joue certainement sur le nom de Watteau), ils ne semblent pas avoir compris que *Ce que vous voudrez* correspondait au sous-titre de *La Nuit des Rois* de Shakespeare. En effet, le n° 35 montre au premier plan Olivia et ses deux suivantes, dont Sir Toby Belch, Sir Andrew Aguecheek et Maria, cachés derrière les statues du jardin, observent les manigances.

D'après Ruskin, Turner dit à son ami le Rév. William Kingsley qu'il « avait plus appris de Watteau que de tout autre peintre ». Turner devait reconnaître à nouveau sa dette, de façon plus explicite, en 1831, lorsqu'il exposa à la Royal Academy *Une étude de Watteau d'après les principes de Dufresnoy* (fig. 10, p. 31). Le n° 35 révèle aussi l'influence

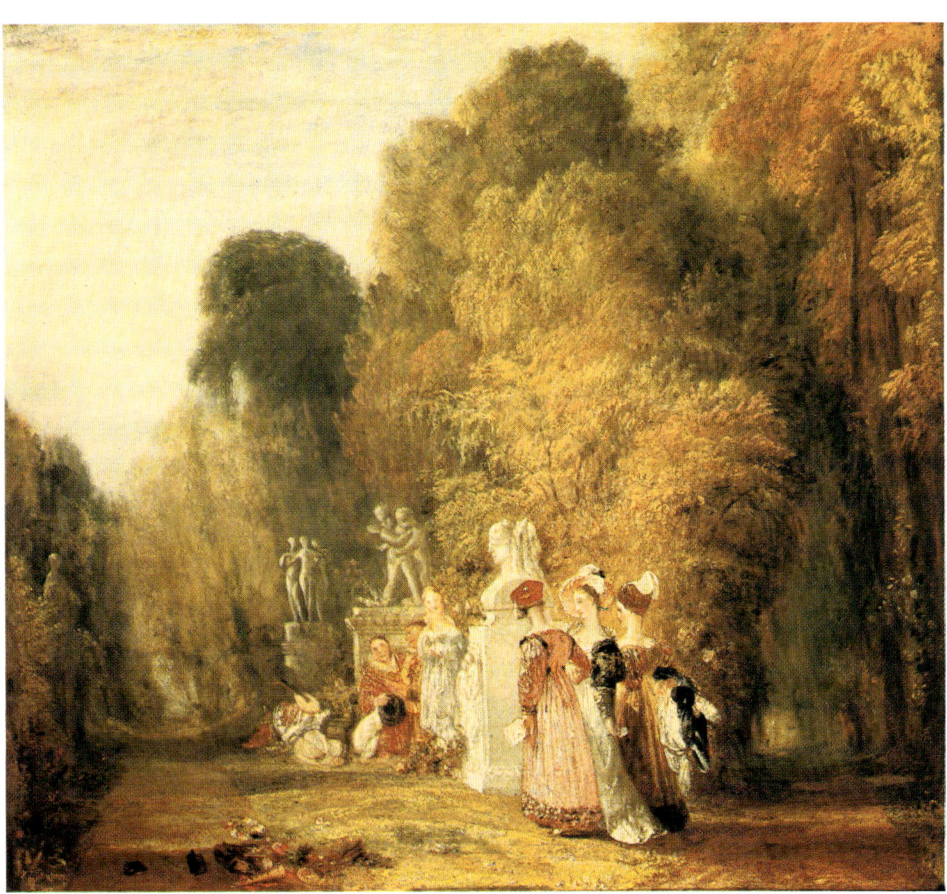

35

d'un collègue de Turner à la Royal Academy, Thomas Stothard (1755-1834) : son exemple a pu, autant que celui de Watteau, orienter l'intérêt de Turner vers les sujets à figures, qui allaient le préoccuper à la fin des années 1820 et au début des années 1830.

Comme l'a remarqué Ziff (*Gazette des Beaux-Arts*, janvier 1965, p. 64, note 30), les statues représentées au fond du tableau ont leur source dans les études que fit Turner d'après la sculpture classique lors de sa visite à Rome en 1819. On rencontre plusieurs copies de sculptures classiques dans le carnet *Fragments du Vatican* (TB CLLXXX, pp. 6v, 22, 31, 53), mais Turner les a chaque fois légèrement transformées.

C'est peut-être la présence des statues qui poussa le sculpteur Francis Chantrey, ami intime de Turner, qui possédait aussi le n° 66, à acheter le tableau à l'exposition de la Royal Academy. E. J.

Grande-Bretagne, collection particulière

36

Mortlake Terrace, résidence de William Moffatt. Un soir d'été

1827

Toile. 0,92 × 1,22

BJ n° 239 (pl. 223)

Expositions : Londres, R. A., 1827, n° 300; Manchester, 1857, n° 256; Londres, 1974-1975, n° 310.
Bibliographie : BJ (avec bibliographie antérieure); W. Bürger [T. Thoré], *Trésors d'Art en Angleterre*, 1862, pp. 425 ss; E. Shane, « The Mortlake Conundrum », *Turner Studies*, III, 1, 1983, pp. 49 ss.

Peint pour William Moffatt, qui habita « The Limes » (la maison existe encore) à Mortlake, sur la Tamise, de 1812

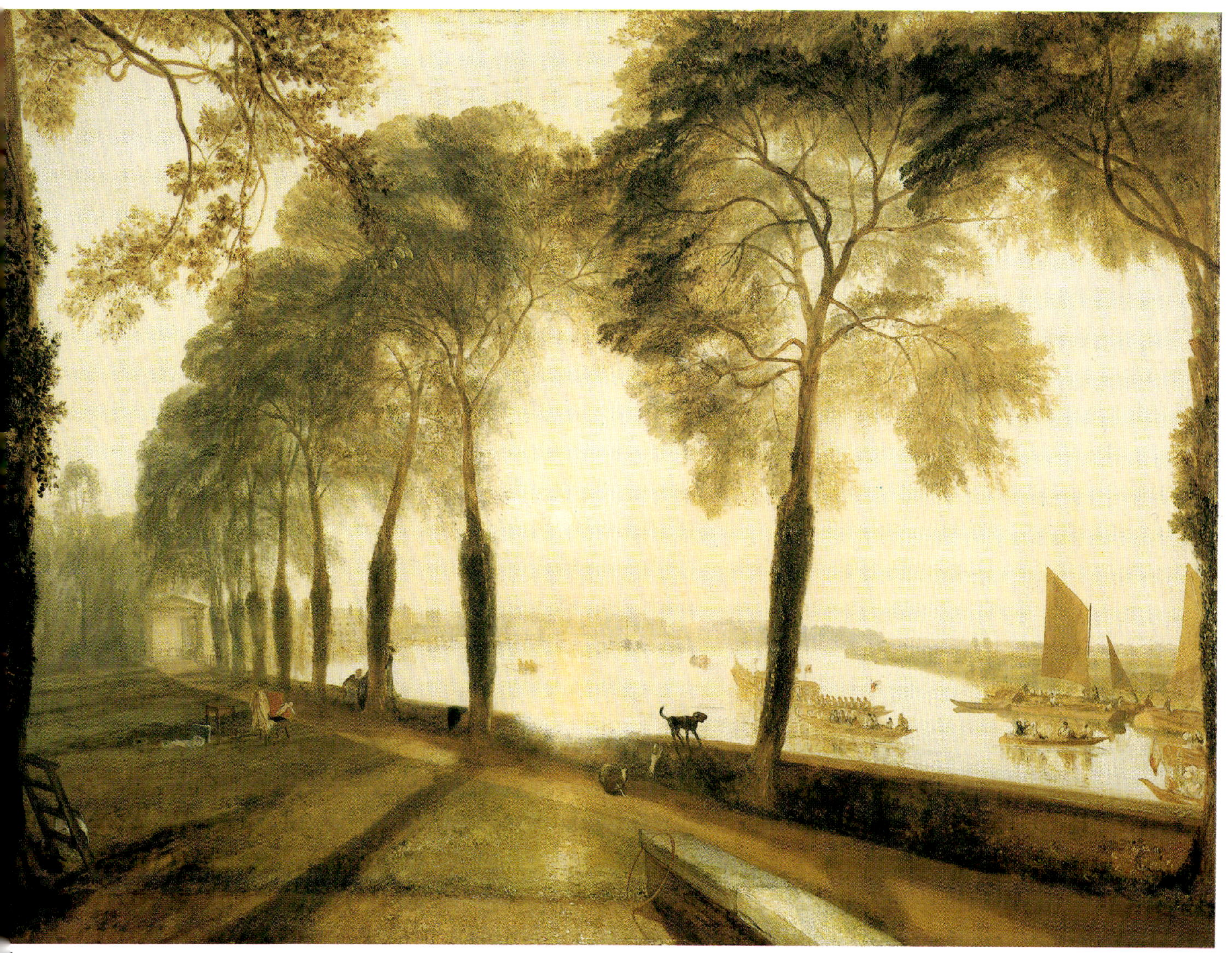

jusqu'à sa mort en 1831. Turner avait exposé à la Royal Academy, l'année précédente, le pendant (New York, Frick Collection) du tableau exposé; il montre la maison et la rivière au petit matin. On voit des études au crayon pour les deux tableaux dans le carnet *Mortlake et Pulborough* (TB CCXII, pp. 15v-16 pour le tableau exposé) et d'autres dans le carnet *Mélanges, noir et blanc* (TB CCLXIIIa, n° 1 et 2). Notons que le n° 36 n'est pas une vue de la maison, mais une vue prise de la maison.

A propos du chien noir sur le parapet, on rapporte une de ces anecdotes concernant Turner qui abondaient les jours de vernissage à la Royal Academy. D'après Thornbury, l'artiste écossais Sir George Harvey lui raconta que Turner, s'étant rendu compte qu'une note sombre au premier plan augmenterait l'impression de profondeur, « découpa dans une gravure une figure de chien et la colla au premier plan du tableau et que, de même, l'ombrelle d'une dame consistait en un pain à cacheter fixé puis recouvert de peinture ». Mais Frederick Goodall, R. A., prétendait que le chien était l'œuvre d'Edwin Landseer : « Il découpa un petit chien en papier, le peignit en noir et le colla sur la terrasse le jour du vernissage... A midi, quand Turner sortit de table,

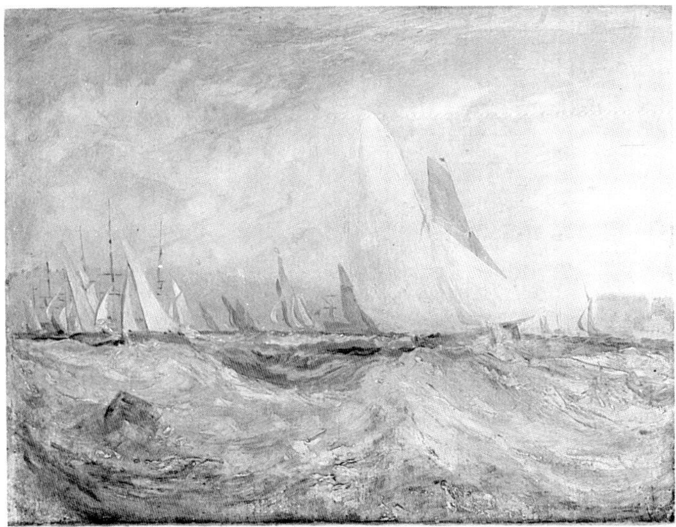

37

tous se demandaient ce qu'il dirait ou ferait. Il se dirigea vers le tableau avec indifférence, ne dit pas un mot, ajusta parfaitement le petit chien, puis vernit le papier et commença à le peindre. Tel il nous apparaît encore aujourd'hui ».

Laquelle des deux versions faut-il croire ? Le chien est certes collé, mais cela ne résout pas le problème. On rencontre des fragments collés dans d'autres tableaux de Turner (par exemple *Le pèlerinage de Childe Harold* ou *Le rameau d'or*) et il serait difficile de croire que Landseer, alors âgé de dix-neuf ans seulement, aurait osé porter la main sur le tableau d'un peintre tellement célèbre et plus âgé. Éric Shanes émet l'hypothèse suivante : le chien de Turner avait pu tomber pendant qu'il déjeunait; Landseer, après l'avoir recollé provisoirement, aurait prévenu Turner, lequel l'aurait fixé convenablement après le déjeuner.

A la Royal Academy, le n° 36 fut sévèrement critiqué pour sa tonalité jaune, comme l'avait été la vue de *Cologne* (New York, Frick Collection) en 1826. Citons, entre autres comptes rendus qui adoptèrent la même attitude, celui de *John Bull* : « Quand le tableau tout entier est atteint de jaunisse, c'est vraiment insupportable ».

Thoré, qui vit le tableau à l'exposition de Manchester en 1857, le décrivit avec emphase comme le chef-d'œuvre de Turner, « celui que je prendrais pour me représenter le génie de Turner dans sa franchise tout exceptionnelle, et absolument dégagé de toute influence des anciens maîtres... Ce qu'on voit des arbres et des pierres, tout est enveloppé et dévoré par la lumière; tout semble être la lumière même et jeter aussi des rayons et des étincelles... Pour moi, j'ai vu aussi, sur le bord de la Tamise, ces effets singuliers de la lutte du soleil contre le brouillard et la poussière, et je tiens ce paysage de Turner... pour un chef-d'œuvre ».

E. W. Cooke fit une copie de l'une des deux vues de Mortlake Terrace quand les deux tableaux se trouvaient chez son père, le graveur W. B. Cooke, entre la mort de Moffatt et la vente de la collection en 1838 (*Journal* d'E. W. Cooke, archives de la famille Cooke). E. J.

Washington, National Gallery of Art (Andrew W. Mellon Collection, 1937)

37

Esquisse pour « Le château d'East Cowes, régate remontant dans le vent » n° 2

1827

Toile. 0,45 × 0,60

BJ n° 261 (pl. 235)

Expositions : Londres, 1974-1975, n° 312; Leningrad et Moscou, 1975-1976, n° 27.
Bibliographie : BJ (avec bibliographie antérieure); Graham Reynolds, « Turner at East Cowes Castle », *Victoria and Albert Museum Yearbook*, I, 1969, pp. 67-72.

L'une des trois esquisses pour le tableau exposé à la Royal Academy en 1828, qui figure ici sous le n° 38. C'est probablement le deuxième de la série, mais l'ordre reste problématique, car on ne connaît pas le déroulement de la course.

Dans une lettre sans date, écrite de l'île de Wight, Turner demanda à son père de lui envoyer une ou deux pièces de toile non tendue sur châssis — soit une pièce de 1,82 m sur 1,22 m, soit « une longueur entière ». Sur la toile de 1,82 m sur 1,22 m, Turner peignit neuf esquisses, trois pour chacun des deux tableaux représentant une régate, le n° 38 étant l'un des deux. La toile fut alors coupée en deux, une moitié contenant cinq esquisses, l'autre quatre.

En 1905, les deux morceaux de toile furent découverts, roulés, à la National Gallery; on les divisa alors en neuf. Il ne reste aucun témoignage de l'emplacement des esquisses, mais, des trois correspondant au n° 38, les n°s 1 et 3 se trouvaient sur un rouleau et le n° 2 sur l'autre. Si l'ordre proposé est correct, Turner aurait donc utilisé les deux rouleaux en alternance, afin de laisser le temps à son assistant (au cas où il en aurait eu un) de préparer le rouleau pour une nouvelle esquisse.

Malgré les difficultés pratiques, ces esquisses furent presque certainement peintes d'un bon point de vue sur la

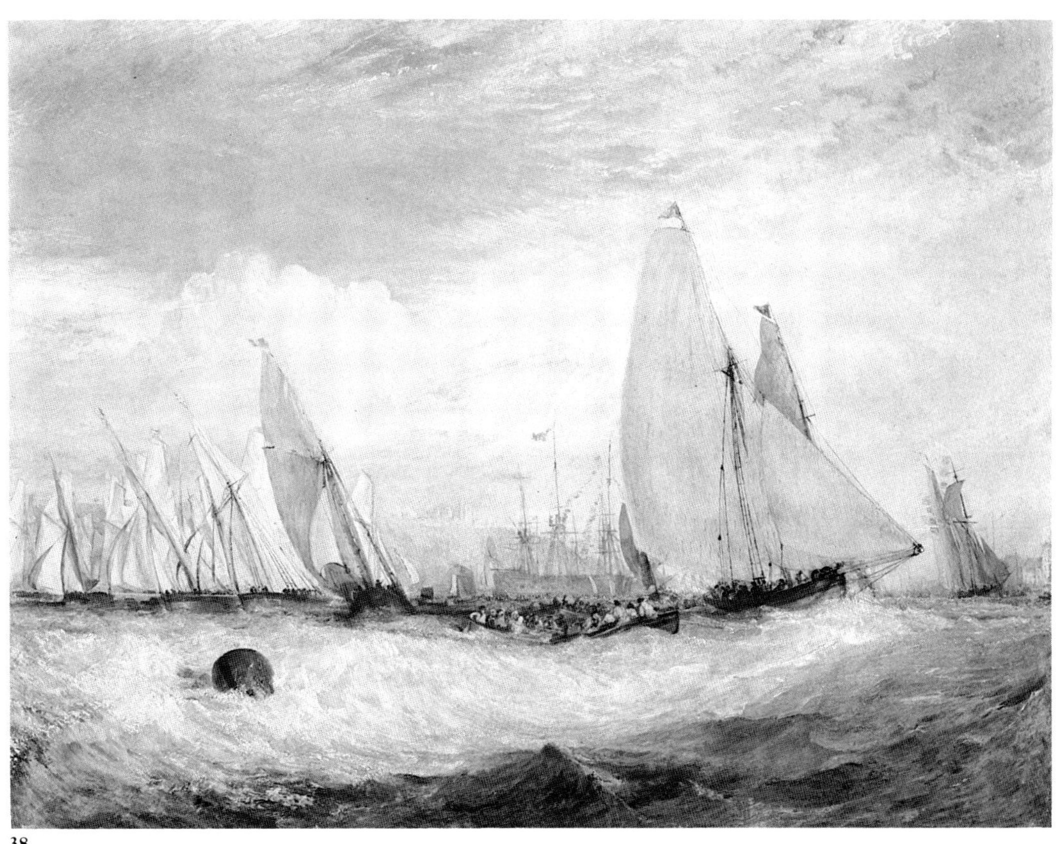

38

mer. Dans ce cas, il s'agirait d'un des bateaux ancrés au large de Cowes Road, peut-être celui qui se détache sur le tableau n° 38. E. J.

Londres, The Trustees of the Tate Gallery (n° 1994)

38

Le château d'East Cowes, résidence de J. Nash; régate remontant dans le vent

1828

Toile. 0,90 × 1,20

BJ n° 242 (pl. 262)

Expositions : Londres, Royal Academy, 1828, n° 113; Londres, 1974-1975, n° 321.
Bibliographie : BJ (avec bibliographie antérieure).

A la fin de 1827, Turner se rendit dans l'île de Wight chez l'architecte John Nash (1752-1835), qui possédait le château d'East Cowes (aujourd'hui disparu) et qui lui commanda ce tableau et son pendant, *Le château d'East Cowes, résidence de John Nash; régate allant au mouillage* (Londres, Victoria and Albert Museum), tous deux exposés à la Royal Academy en 1828.

Bien que le Royal Yacht Club ait été fondé en 1812, les premières courses de Cowes ne commencèrent qu'en 1826; les tableaux de Turner commémorent donc la deuxième année de la régate qui est maintenant célèbre dans le monde entier. Lorsqu'il était à Cowes, Turner peignit un certain nombre d'esquisses à l'huile d'après des yachts sur la Solent et sur la Medina, en particulier trois pour chacun des tableaux de régate (voir n° 37).

Les deux tableaux offrent un contraste prononcé et sans aucun doute voulu : luminosité sereine dans la *Régate allant au mouillage,* vents mugissants et mer houleuse dans le tableau exposé. Bien que les titres mettent le château d'East Cowes en vedette, il n'apparaît dans aucun des deux tableaux comme un élément essentiel.

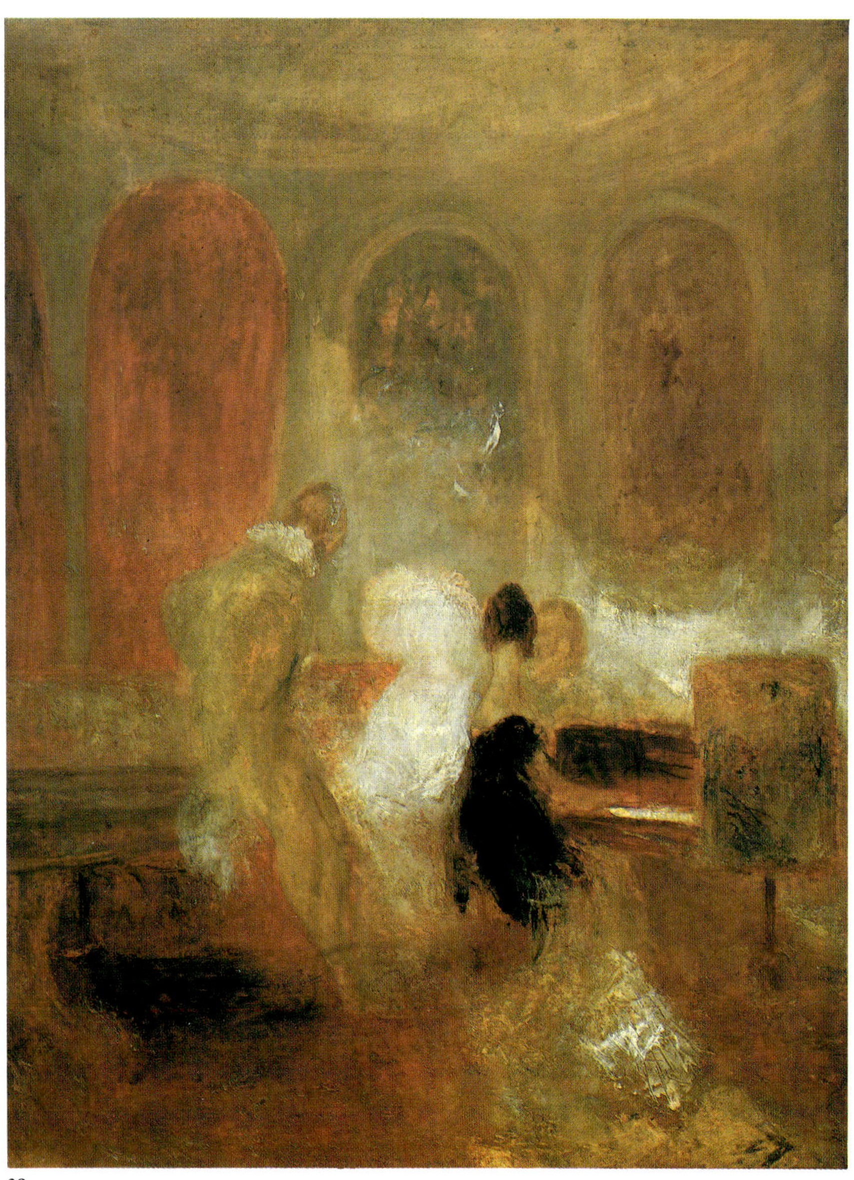

39

La critique accueillit l'un et l'autre avec faveur, tout en préférant la *Régate allant au mouillage.* Mais l'article du *Morning Herald* (26 mai) critiqua sévèrement le n° 38 pour des raisons techniques : les yachts de Turner « avaient des mâts trop importants et portaient une voile telle qu'aucun bateau de cette taille ne pourrait supporter un seul instant un vent pareil », tandis que la mer « ressemblait plus à de la poussière de marbre qu'à une eau vivante ». Ce dernier reproche fait écho aux restrictions de Sir George Beaumont sur la *Jetée de Calais* (Londres, National Gallery), vingt-cinq ans auparavant : « dans la marine de Turner, l'eau rappelle les veines d'un marbre »; quant à l'inexactitude dans la représentation des bateaux et de leur gréement, les critiques y reviennent périodiquement tout au long de sa carrière.

E. J.

Indianapolis, Indianapolis Museum of Art (don de Mr et Mrs Nicholas Noyes)

39

Concert au château d'East Cowes

vers 1827

Toile. 1,21 × 0,90

BJ n° 447 (pl. 434)

Expositions : Amsterdam, Berne, Paris, Bruxelles, Liège (n° 35), Venise, Rome (n° 41), 1947-1948; New York, 1966, n° 11; Londres, 1974-1975, n° 336; Leningrad et Moscou, 1975-1976, n° 31.
Bibliographie : BJ (avec bibliographie antérieure); P. Youngblood, « Three Mis-identified Works by J.M.W. Turner », *Burlington Magazine* (à paraître).

On a considéré jusqu'ici que cette toile inachevée, l'une des plus connues des œuvres de la fin, représentait une scène d'intérieur à Petworth et datait du milieu des années 1830. Mais Patrick Youngblood vient de démontrer que le cadre en est le Salon octogonal de John Nash au château d'East Cowes (démoli en 1949-1950); Turner y séjourna en 1827 et y réalisait des gouaches très proches de celles de Petworth (n°s 165 à 173). Mais l'état d'inachèvement, la tonalité plutôt sombre et les affinités stylistiques avec les œuvres peintes à la manière de Rembrandt et de Watteau vers la fin des années 1820, par exemple *La fille de Rembrandt* (fig. 9, p. 31) ou *Boccace racontant l'histoire de la cage à oiseaux* (BJ, n° 244), qui comprend d'ailleurs une vue fantaisiste du château d'East Cowes, suggèrent à l'auteur de cette notice que le tableau exposé daterait de 1827 environ. J. G.

Londres, The Trustees of the Tate Gallery (n° 3550)

40

Entre les ponts

1827

Toile. 0,30 × 0,48

BJ n° 266 (pl. 241)

Exposition : Londres, 1974-1975, n° 318.
Bibliographie : BJ (avec bibliographie antérieure); Graham Reynolds, « Turner at East Cowes Castle », *Victoria and Albert Museum Yearbook,* I, 1969, p. 72, pl. 5.

L'une des neuf esquisses, réparties sur deux morceaux de toile, que Turner peignit lors de son séjour dans l'île de Wight à la fin de juillet et en août 1827. La genèse de ces esquisses est décrite en détail dans la notice du n° 37.

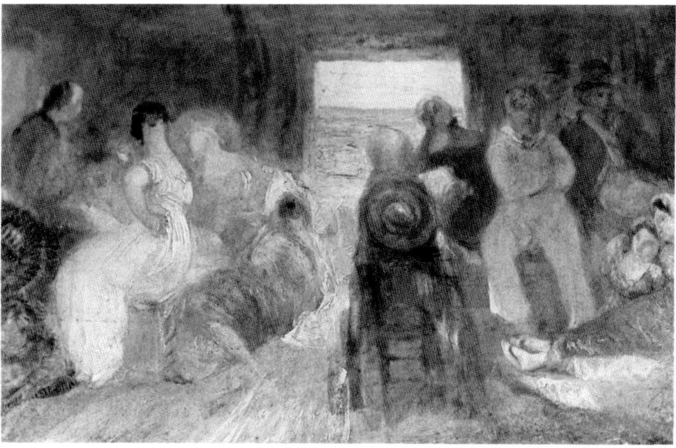
40

Comme le n° 40 se trouve sur la même toile que trois esquisses de la même année pour les tableaux des régates (voir n° 37), il fut probablement peint au même moment. Dans ce cas, il semblerait que ce bateau de guerre était ancré un peu plus loin de Cowes que le stationnaire visible sur les n°s 37 et 38. Mais l'esquisse pourrait aussi décrire une scène à bord du stationnaire lui-même, où les visiteurs auraient été admis pendant la régate. E. J.

Londres, The Trustees of the Tate Gallery (n° 1996).

41

Près de Northcourt dans l'île de Wight

1827

Toile. 0,43 × 0,61

Signé, en bas à gauche : *JMW Turner RA*

BJ n° 269 (pl. 265)

Bibliographie : BJ (avec bibliographie antérieure).

En 1826, Turner exposa à la Royal Academy (n° 297) une *Vue de la terrasse d'une villa à Niton dans l'île de Wight, d'après les croquis d'une dame.* La dame en question était une ancienne élève de Turner, Julia Bennet (1775-1867), devenue entre-temps Lady Gordon. Outre la villa de Niton, les Gordon possédaient aussi, en copropriété, une autre maison de l'île : Northcourt, un manoir de l'époque de

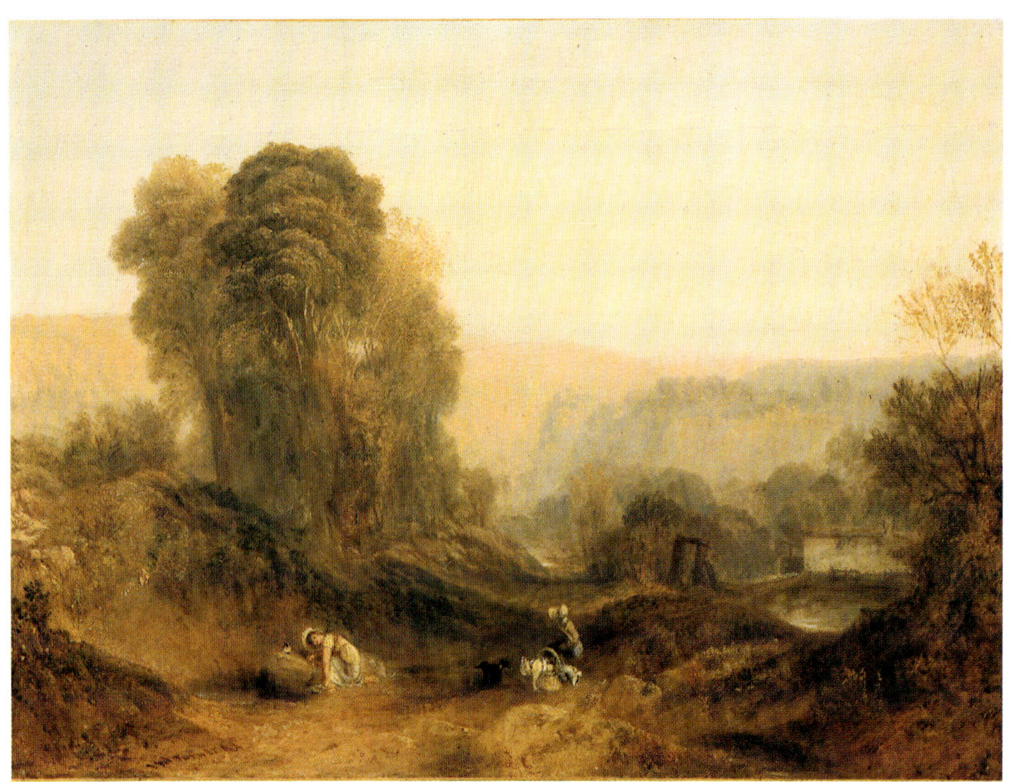

41

Jacques Ier dans la paroisse de Shorwell. Lady Gordon et sa sœur aînée, Lady Swinburne (dont le mari fut également un protecteur de Turner), avaient hérité ensemble de Northcourt en 1818.

Turner était manifestement resté en termes amicaux avec Julia Gordon, bien qu'on ne sache pas à quelle occasion elle lui commanda le tableau de 1826. En été 1827, Turner passa plusieurs semaines dans l'île de Wight, hôte de John Nash à East Cowes (voir nos 37-40). Ce fut très probablement au cours de ce séjour (Northcourt et Cowes sont seulement à seize kilomètres l'un de l'autre) que les Gordon demandèrent à Turner de peindre le tableau, comme pendant à leur *Villa à Niton.*

Les Gordon, qui firent aussi d'importantes commandes à l'ami et disciple de Turner Augustus Wall Callcott, possédaient encore un troisième tableau de Turner (Worcester, Mass., Worcester Art Museum). Comme celui qui représentait *La villa à Niton* avait été oublié dans l'index du catalogue de l'exposition de la Royal Academy en 1826, il ne fut jamais mentionné dans les publications sur Turner; les trois Turner des Gordon restèrent donc inconnus avant de figurer à l'exposition d'hiver de la Royal Academy en 1912. Leur authenticité fut alors mise en doute par le critique d'art du *Daily Telegraph,* peut-être trompé par les dimensions exceptionnellement faibles des deux sujets de l'île de Wight et par le fait qu'aucune des trois vues n'était identifiée dans le catalogue, où on les intitulait simplement « Paysage ». Mais le prêteur, petite-fille des Gordon, put réfuter cette accusation en prouvant la provenance des tableaux.

C'est donc seulement la deuxième fois que ce tableau figure dans une exposition.

E. J.

Québec, Musée du Québec.

42

Vue d'Orvieto

1828

Toile. 0,91 × 1,23

BJ no 292 (pl. 293).

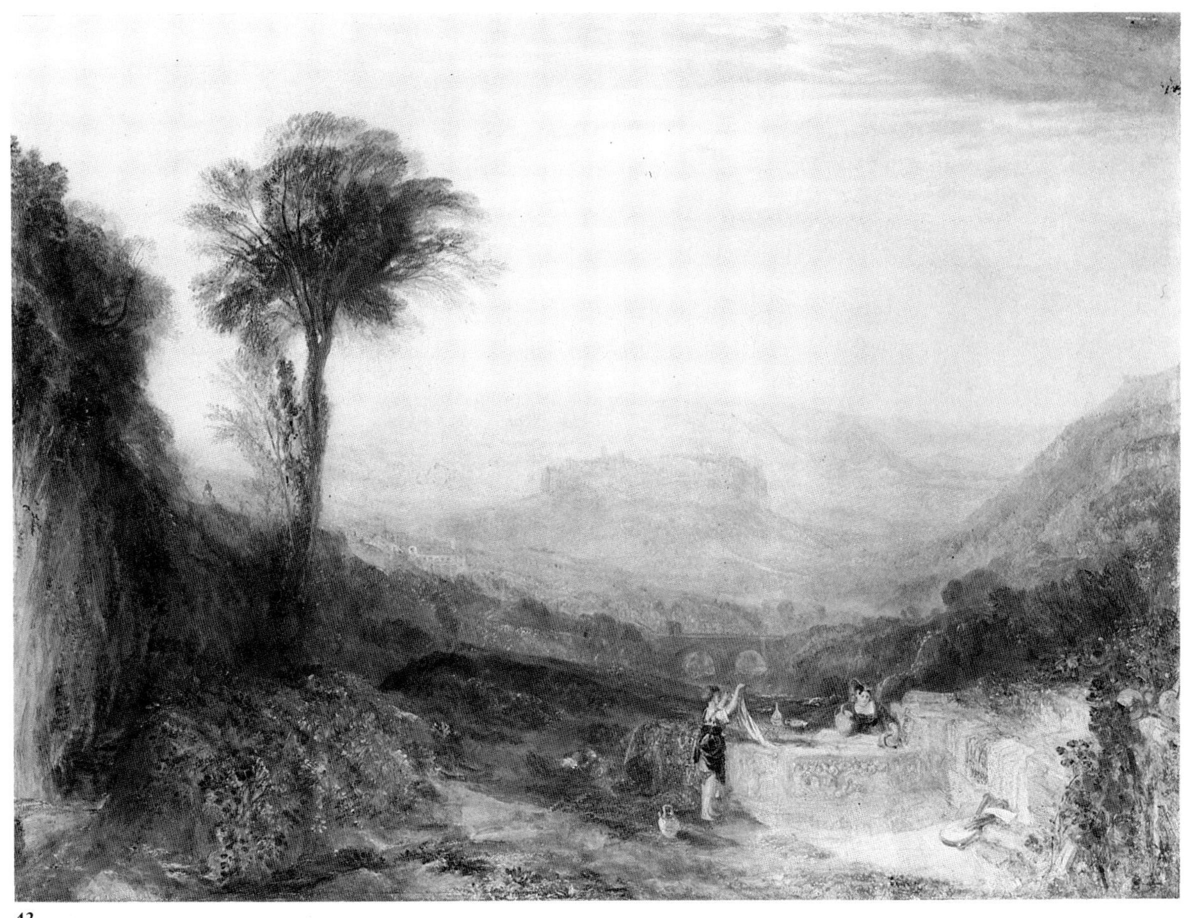

42

Expositions : Rome, 1828-1829; Londres, Royal Academy, 1830, n° 30; Londres, 1974-1975, n° 472; Munich, 1979-1980, n° 359.
Bibliographie : BJ (avec bibliographie antérieure).

Turner passa une partie de l'hiver 1828-1829 à Rome. Il quitta l'Angleterre en août et consacra presque deux mois au trajet, mais il était certainement déjà au travail à Rome le 13 octobre lorsqu'il écrivit à son ami George Jones en lui donnant des détails sur son voyage.

Il existe un certain nombre de croquis d'Orvieto à la mine de plomb dans le carnet *De Florence à Orvieto* (TB CCXXXIV) et un petit croquis d'ensemble, à côté de cinq autres sujets, dans l'angle gauche au bas de la p. 25 du carnet *Viterbe et Ronciglione* (TB CCXXXVI).

A la fin d'août, quand il était encore à Paris, Turner avait écrit à Charles Eastlake, qui se trouvait déjà à Rome : « Quant à moi, mes pinceaux s'emploieront d'abord à commencer pour lui [Lord Egremont] *con amore* un pendant à son beau Claude [*Jacob et Laban,* exposition Washington-Paris, 1982-1983, n° 43] ».

A Rome, Turner et Eastlake habitaient tous deux au n° 12 de la Piazza Mignanelli; c'est là que Turner commença son tableau pour Lord Egremont, généralement identifié avec *Palestrina* (BJ, n° 295), mais Lord Egremont n'en prit jamais possession et il fut acheté finalement par Elhanan Bicknell en 1844. Il est maintenant conservé à la Tate Gallery.

Le 6 novembre 1828, Turner écrivit à Chantrey : « Je travaille toujours au tableau de Lord E. ... Mais comme les gens disent que je ne le montrerai jamais, j'ai terminé, pour arrêter leurs cancans, un petit tableau de trois pieds sur quatre »; on peut en toute certitude identifier ce dernier avec *Orvieto.*

Turner exposa le tableau en décembre, pour une semaine, au palais Trulli, en même temps que *Regulus* (BJ, n° 294) et probablement *Médée* (BJ, n° 293); aucun ne trouva d'acheteur, aussi Turner les fit-il rapatrier par bateau à

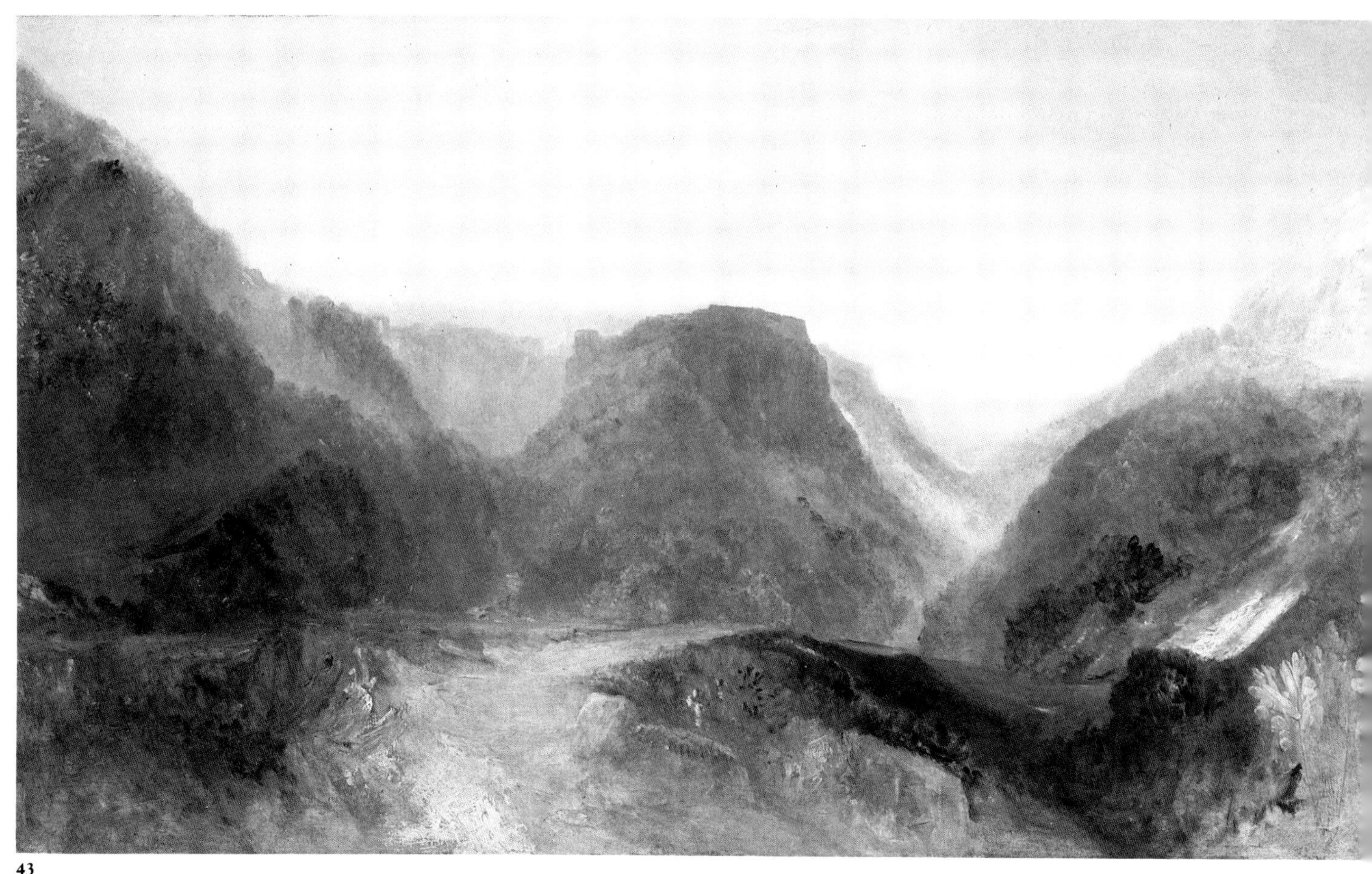

43

Londres. Il avait espéré les montrer à l'exposition de 1829 à la Royal Academy, mais le retard du bateau empêcha qu'ils arrivent à temps. Le n° 42 fut exposé en 1830; le critique du *Morning Chronicle* (3 mai 1830) en dit, de même que du *Pilate se lavant les mains* (BJ, n° 332) qu'ils « avaient été fabriqués sous nos yeux » pendant les jours du vernissage. C'est en tout cas une exagération pour le n° 42, puisqu'il avait déjà été exposé à Rome; mais Turner avait pu y bricoler quelques changements . E. J.

Londres, The Trustees of the Tate Gallery (n° 511).

43

Paysage italien, sans doute Civita di Bagnoreggio

1828-1829

Toile. 1,50 × 2,49

BJ n° 301 (pl. 297)

Bibliographie : BJ (avec bibliographie antérieure).

La toile et le type de châssis sont identiques à ceux d'autres tableaux certainement peints à Rome pendant l'hiver 1828-1829.

C'est seulement en 1976 que Virginio Oddone proposa l'identification du site avec Civita di Bagnoreggio, ou encore Pitigliano. Il s'agit de deux petites villes perchées, aux environs d'Orvieto (voir n° 42). On trouve des esquisses de paysages analogues dans le carnet *Viterbe et Ronciglione* que Turner utilisa lors de cette visite (TB CCXXXVI, en particulier pp. 3 et 4v).

L'artiste reprit le même paysage, avec des changements mineurs, pour le *Pluton enlevant Proserpine* (Washington, National Gallery; BJ, n° 380), qui fut exposé en 1839 à la Royal Academy (n° 369).

Le degré d'achèvement du n° 43 nous renseigne sur l'état des toiles que Turner apportait à la Royal Academy, puis terminait pendant les cinq jours de vernissage avant l'ouverture. Les comptes rendus de l'époque, qui décrivent les tableaux de Turner à l'arrivée comme « informes et vides », exagèrent certainement — même si cela fut vrai dans quelques cas; il reste que, sans être des griffonnages de premier jet, la plupart des toiles livrées à Somerset House exigeaient, comme celle-ci, des touches supplémentaires.

E. J.

Londres, The Trustees of the Tate Gallery (n° 5473).

44

Esquisse pour « Ulysse raillant Polyphème »

1828-1829

Toile. 0,60 × 0,89

BJ n° 302 (pl. 299)

Exposition : Londres, 1974-1975, n° 475.
Bibliographie : BJ (avec bibliographie antérieure).

45

Le lac Nemi

1828-1829

Toile. 0,60 × 0,99

BJ n° 304 (pl. 300)

Expositions : Londres, 1974-1975, n° 476; Hambourg, 1976, n° 98.
Bibliographie : BJ (avec bibliographie antérieure).

46

Une arche, avec des arbres au bord de la mer

1828-1829

Toile. 0,60 × 0,87

BJ n° 310 (pl. 301)

Exposition : Londres, 1974-1975, n° 478.
Bibliographie : BJ (avec bibliographie antérieure).

47

Dans un port claudien

1828-1829

Toile. 0,60 × 0,92

BJ n° 313 (pl. 305)

Exposition : Londres, 1974-1975, n° 479.
Bibliographie : BJ (avec bibliographie antérieure).

Ces quatre esquisses, de dimensions très semblables, appartiennent à un groupe homogène de seize, dans le legs Turner. La toile diffère de celle des tableaux certainement peints à Rome, mais comme les motifs identifiables sont italiens et que le n° 44 est l'esquisse d'un tableau exposé en 1829, le groupe peut être situé, sans trop d'hésitation, à l'époque du séjour de Turner à Rome dans l'hiver 1828-1829.

Les n°s 44 et 45 se trouvaient primitivement, avec cinq autres, sur une même grande toile, qui fut divisée en 1913-1914; bien qu'on n'en sache rien, les neuf autres esquisses sont probablement nées du même processus. En tout cas, les seize toiles présentent des traces de clous, preuve qu'elles ont été clouées par-devant sur quelque support ou châssis. Turner peignit ensuite sur les trous, mais les traces indiquent qu'il avait l'habitude de clouer une grande pièce sur un support plus petit et d'ajuster la toile chaque fois qu'il commençait une nouvelle esquisse. Toutes les esquisses portent des craquelures verticales révélant qu'elles furent roulées à un moment quelconque, probablement pour faciliter leur transport en Angleterre.

D'après Martin Butlin (BJ, p. 160) ces œuvres sont des esquisses et non des tableaux « inachevés » qui auraient pu être terminés plus tard en vue d'une exposition. La présence du n° 44 dans ce groupe corrobore ce point de vue. Il pourrait s'agir d'exercices de composition, certaines décri-

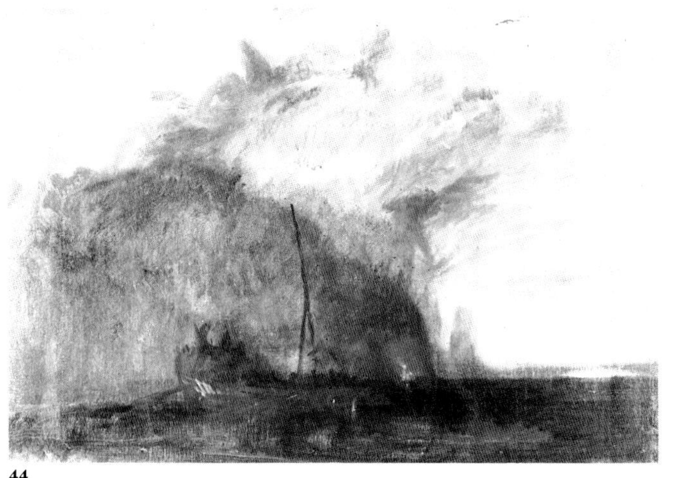

44

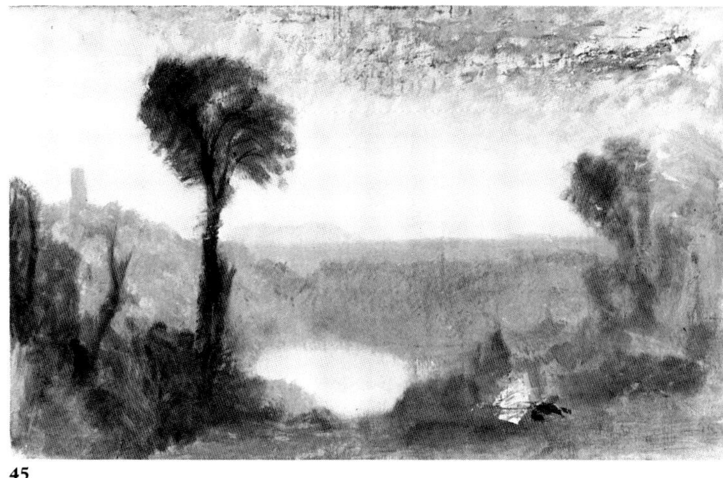

45

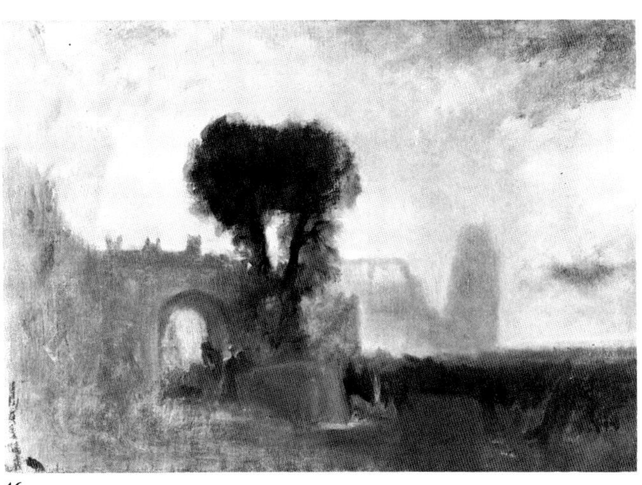

46

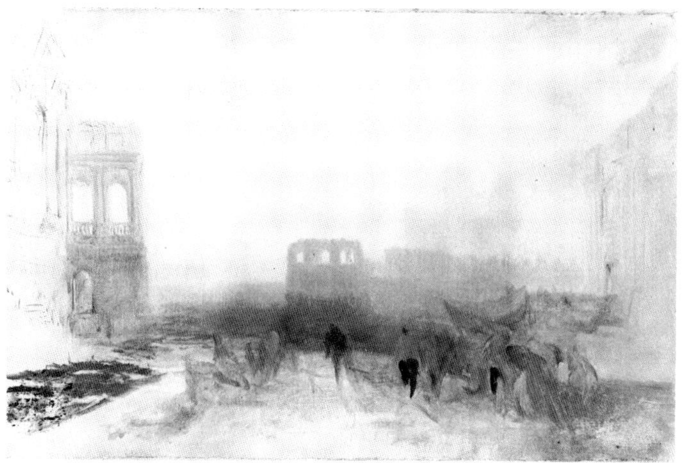

47

vant des endroits que Turner avait déjà visités en 1819, certaines, comme le n° 47, dérivant d'œuvres d'autres artistes. Dans l'ensemble, elles se caractérisent par des tons fortement contrastés, répartis en larges zones et par aplats. Dans le n° 45, toutefois, le ciel a été peint rapidement, avec des gouttes épaisses de pâte.

Seul le n° 44 est en relation directe avec un tableau achevé. Comme les tableaux que Turner expédia de Rome par mer en vue de l'exposition de 1829 à la Royal Academy (voir n° 42) arrivèrent trop tard pour y figurer, le n° 44 a pu subir le même sort. Mais il est fort possible que Turner ait rapporté ces esquisses en rentrant, et de toute façon il n'avait pas absolument besoin du n° 44 pour peindre la grande version (BJ, n° 330).

Pour le n° 45, Turner utilisa peut-être certains dessins du carnet *Fragments du Vatican* (TB CLXXX), qui date du voyage de 1819, à moins qu'il ne soit retourné à Nemi en 1828-1829. Les touches ponctuelles de couleur vive au premier plan (vêtements laissés par les baigneurs ?) suggèrent qu'ici Turner pouvait avoir une idée précise de tableau.

Le n° 47 était autrefois nommé « Sujet carthaginois », mais le titre actuel paraît plus exact, bien que les figures du premier plan, en train de courir, n'évoquent guère Claude Lorrain.

E. J.

Londres, The Trustees of the Tate Gallery (n°s 2958, 3027, 3381, 3382).

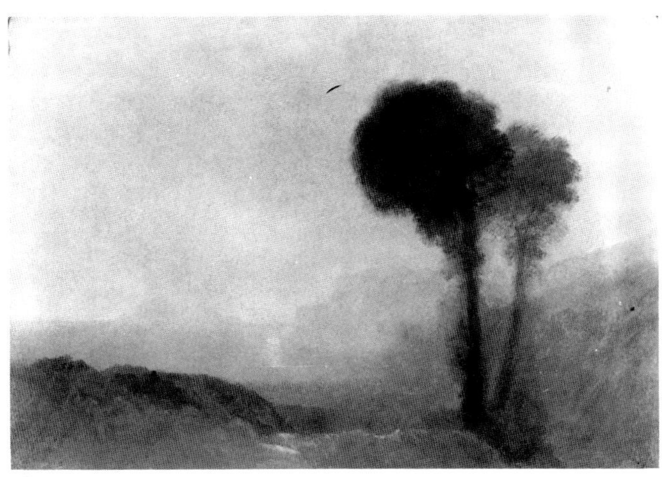

48

48

Vue de côte près de Naples

1828 ? ou 1819 ?

Carton. 0,41 × 0,59

BJ n° 320 (pl. 304)

Expositions : Londres, 1974-1975, n° 470; Leningrad et Moscou, 1975-1976, n° 51.
Bibliographie : BJ (avec bibliographie antérieure).

Esquisse appartenant à un groupe de dix, de dimensions fort voisines, dont certaines sont peintes sur une mousseline tendue sur carton épais, d'autres — par exemple l'œuvre exposée — directement sur le carton. D'après Martin Butlin (BJ, p. 163), leur fraîcheur et leur spontanéité suggèrent qu'elles auraient été peintes sur le motif, bien que Turner l'ait rarement fait.

On situe habituellement le groupe en 1828, mais avec beaucoup moins d'assurance que le groupe des esquisses plus grandes (n°s 44-47); il pourrait dater de la première visite de Turner en Italie, en 1819.

Il y a autant d'arguments en faveur de l'une et de l'autre datation : contre la date de 1819, le principal est que, à notre connaissance, Turner ne peignit pas d'esquisses pendant ce séjour, tandis qu'il en fit en 1828. Mais, d'autre part, on trouve dans ce groupe l'esquisse d'un bâtiment en ruine qui apparaît dans *La baie de Baiae* (BJ, n° 230), exposé en 1823 : l'utilisation d'une pochade antérieure semble plus probable qu'un souvenir concrétisé après coup. De plus, à propos du n° 48, si le motif a été identifié correctement, il n'apparaît pas que Turner ait visité Naples en 1828; mais, bien entendu, ce n'est pas impossible. Enfin, les esquisses de ce groupe ont en général une tonalité plus sourde que celles de 1828.

Bref, les éléments en faveur de 1819 sont suffisamment nombreux pour montrer que la question est encore loin d'être résolue. E. J.

Londres, The Trustees of the Tate Gallery (n° 5527).

49

Squelette tombant d'un cheval, ou *La Mort sur un cheval pâle*

vers 1830

Toile. 0,60 × 0,75

BJ n° 259 (pl. 254)

Expositions : Londres, *The Romantic Movement,* 1959, n° 358; New York, 1966, n° 5; Turin, *Il Sacro e il profano nell'arte dei Simbolisti,* 1969, n° 13; Dresde (n° 9) et Berlin (n° 12), 1972; Londres, 1974-1975, n° 335; Leningrad et Moscou, 1975-1976, n° 30.
Bibliographie : BJ (avec bibliographie antérieure); Wilton, 1979, p. 210.

Plusieurs historiens de l'art ont suggéré que ce tableau remarquable illustrerait le chapitre VI de l'*Apocalypse* et représenterait *La Mort sur un cheval pâle.* Le sujet eut une grande importance dans l'art romantique anglais; Baudelaire s'inspira pour un poème d'une eau-forte de John Hamilton Mortimer sur ce thème (1784) et Benjamin West reçut une médaille d'or au Salon de 1802 pour une autre version du sujet. Lord Egremont, ami et protecteur de Turner, particulièrement lié avec lui vers la fin des années 1820, possédait en 1819 une esquisse de West pour son tableau; mais à Petworth elle était intitulée à juste titre *Le triomphe de la Mort,* ce qui n'est manifestement pas le sujet du tableau de Turner. Le squelette couronné bascule au-devant du tableau, et la tête curieusement aplatie et creusée de sa monture semble dériver d'un des chevaux parmi les plus rongés de la frise du Parthénon, tels que les présentaient les gravures de Stothard d'après Pars (J. Stuart et N. Revett, *Antiquities of Athens,* IV, 1816, chap. IV, pl. VII, VIII). C'est une image pathétique plutôt que triomphante; elle pourrait correspondre à une sorte d'optimisme obscur et désespéré chez Turner, au moment où la Mort emportait beaucoup de ses proches. Rappelons que plusieurs interprétations postérieures des thèmes de l'Apocalypse par Turner, comme *L'ange debout dans le soleil* de 1846 (Londres, The Tate Gallery; BJ, n° 425), n'étaient guère orthodoxes, pas plus que celle de West; notons aussi que John Pye, graveur

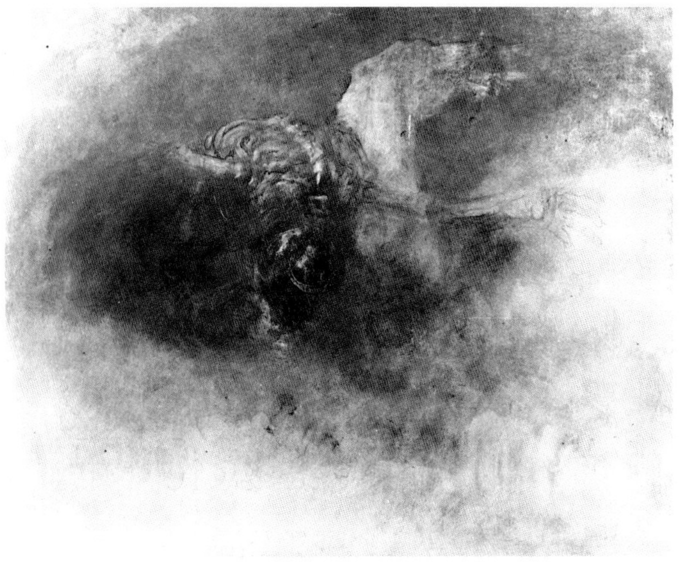

49

qui travaillait pour Turner vers 1825, était un membre influent d'une secte millénariste particulièrement extravagante (J. F. C. Harrison, *The Second Coming : Popular Millenarism, 1780-1850,* 1979, pp. 130-131).

Le style et le traitement du tableau, doté de minces glacis, largement balayé et gratté, n'ont, en fait, aucun parallèle dans la peinture à l'huile de Turner; mais il se rattache de très près à certaines études de figures à l'aquarelle, fort intimes et même érotiques, dans deux carnets des environs de 1830 (TB CCLXXXI, CCXCI b; n° 173). Malgré les qualités rembranesques du tableau, il semble bien refléter une crise d'angoisse intense et personnelle. J. G.

Londres, The Trustees of the Tate Gallery (n° 5504).

50

Paysage du soir, sans doute le canal de Chichester

1825-1828

Toile. 0,65 × 1,26

BJ n° 282 (pl. 267)

Exposition : Londres, 1974-1975, n° 330.
Bibliographie : BJ (avec bibliographie antérieure).

L'histoire du tableau est obscure : sans doute se trouvait-il chez Turner à sa mort mais faisait-il partie de ceux que son héritier reçut comme non authentiques, d'après le jugement de 1856 qui cassa le testament de l'artiste. Il parvint jusqu'à Miss H. M. Turner, qui le donna à la Tate Gallery en 1944. Depuis on a de nouveau mis en doute l'attribution à Turner, mais ces doutes peu fondés ont été entièrement dissipés par le nettoyage récent, qui a révélé la grande qualité du tableau.

La composition présente des ressemblances frappantes tant avec l'esquisse qu'avec la version définitive du *Canal de Chichester* (BJ, n°s 285 et 290). Ce dernier tableau appartient à une série de quatre commandés par Lord Egremont et peints vers 1828-1829 pour sa salle à manger de Petworth. Mais on ne voit pas trace de la cathédrale de Chichester sur le n° 50 et les collines du fond montrent nettement des pics, tandis qu'elles sont arrondies sur les deux autres versions. L'identification du site avec le canal de Chichester reste donc probable mais pas absolument sûre.

La peinture est plus épaisse que dans les autres versions du *Canal de Chichester,* l'artiste ayant repris par endroits la pâte encore fraîche sur la toile, ce qui incite à proposer une date plus ancienne, peut-être vers 1825.

Le choix fut dicté par les intérêts financiers qu'avait Egremont dans le canal de Chichester, officiellement ouvert en 1822, mais dont il cessa de soutenir l'exploitation en 1826. D'où la possibilité que les quatre tableaux de Petworth aient été prévus un certain temps avant la date à laquelle ils furent peints; toutefois, à la suite du refroidissement survenu dans leur amitié en 1814, il ne semble pas que Turner et Egremont aient renoué avant 1827. Si la date proposée ici est juste, le n° 50 pourrait-il avoir été peint comme une œuvre indépendante, que Turner l'ait ou non montré ensuite à Egremont, au moment de la commande pour sa salle à manger ? Cela ne paraît guère vraisemblable, aussi devrait-on peut-être revoir la date du tableau. E. J.

Londres, The Trustees of the Tate Gallery (n° 5563)

51

Jessica

1830

Toile. 1,22 × 0,91

BJ n° 333 (pl. 321)

Expositions : Londres, R. A., 1830, n° 226; Londres, 1974-1975, n° 331.
Bibliographie : BJ (avec bibliographie antérieure); Van Akin Burd,

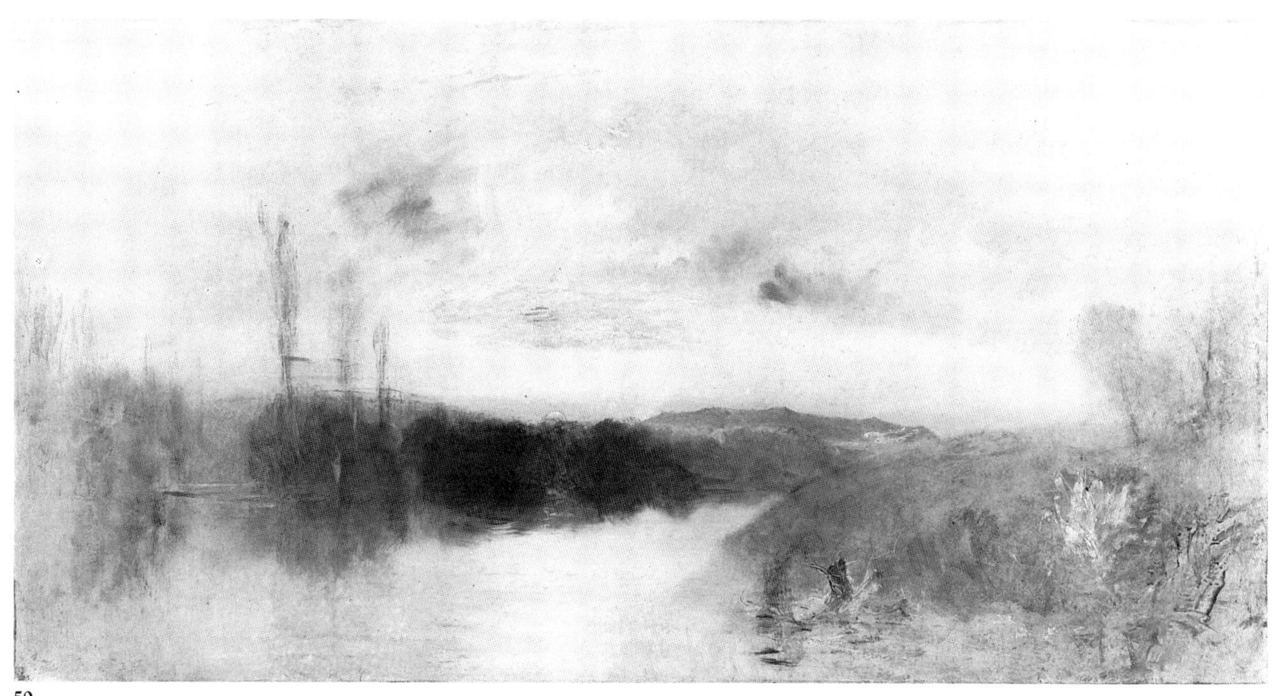

50

« Background to *Modern Painters* : the Tradition and the Turner Controversy », *Publications of the Modern Languages Association of America,* 74 (I), 1959, p. 264; J. Ziff, *Art Bulletin,* LXII, 1980, p. 170; H.I. Shapiro, *Art Bulletin,* LXIII, 1981, p. 346.

Si *La Mort sur un cheval pâle* (n° 49) représente sous son aspect le plus intime l'intérêt du peintre pour Rembrandt vers 1830, c'est *Jessica* qui l'exprime le plus ouvertement et de la façon la plus colorée. Dans un certain nombre de toiles, de *La fille de Rembrandt* de 1827 (fig. 9, p. 31) jusqu'à *Pilate se lavant les mains* (Londres, Tate Gallery; BJ, n° 332), exposé à la Royal Academy la même année que *Jessica,* Turner s'était plu à reprendre les sujets de Rembrandt, en les traitant dans le même style mais avec une palette beaucoup plus intense. Ici, l'allusion est moins directe, car il existe dans l'œuvre de Rembrandt et de son entourage plusieurs tableaux de femmes se penchant au seuil d'une porte ou à une fenêtre, dont Turner a pu facilement connaître soit les originaux, soit des reproductions : comme dans le cas de *La fille de Rembrandt,* il s'inspira sûrement de différentes sources. Mais, de toute évidence, il étudia Rembrandt autant pour le style que pour le motif : comme le remarque John Constable, Jessica est au fond une fiancée juive, et Turner avait probablement vu le chef-d'œuvre de Rembrandt (Amsterdam, Rijksmuseum), l'éclat de ses empâtements jaunes et rouges, quand il se trouvait à Londres chez le marchand John Smith, entre 1825 et 1836.

L'origine du tableau est obscure, malgré une tradition familiale d'après laquelle il serait né d'une discussion parmi quelques peintres réunis à Petworth concernant l'impossibilité de peindre un tableau sur fond jaune. L'anecdote ne se défend pas, mais elle paraît caractéristique des propos ironiques sur l'art dans cette noble demeure, propos dont sortit au moins un tableau de Turner dans sa veine théorique, *Une étude de Watteau d'après les principes de Dufresnoy* (1831; fig 10, p. 31; G. E. Finley, *Journal of the Warburg and Courtauld Institutes,* XLIV, 1981, pp. 244 ss).

Turner exposa le tableau à la Royal Academy avec une légende ostensiblement empruntée au *Marchand de Venise* de Shakespeare : « Shylock : "Jessica, ferme la fenêtre, t'ai-je dit" ». Cette phrase ne se trouve pas dans la pièce, mais, comme l'a noté Joll, dans l'acte II, scène 5, Shylock lui demande : « Bouche les oreilles de la maison, c'est-à-dire mes croisées ». Les critiques furent presque unanimes à condamner le tableau, mais le poète John Hamilton Reynolds, écrivant dans l'*Athenaeum* du 5 juin 1830, semble du moins avoir compris l'allusion contenue dans la légende de Turner : « Une vieille marchande à la toilette éméchée, aperçue dans l'encadrement d'une fenêtre sur cour d'Holywell Street [à Oxford, où vivait Reynolds], paraîtrait une Vénus délicate au doux regard, comparée à cette catin qui,

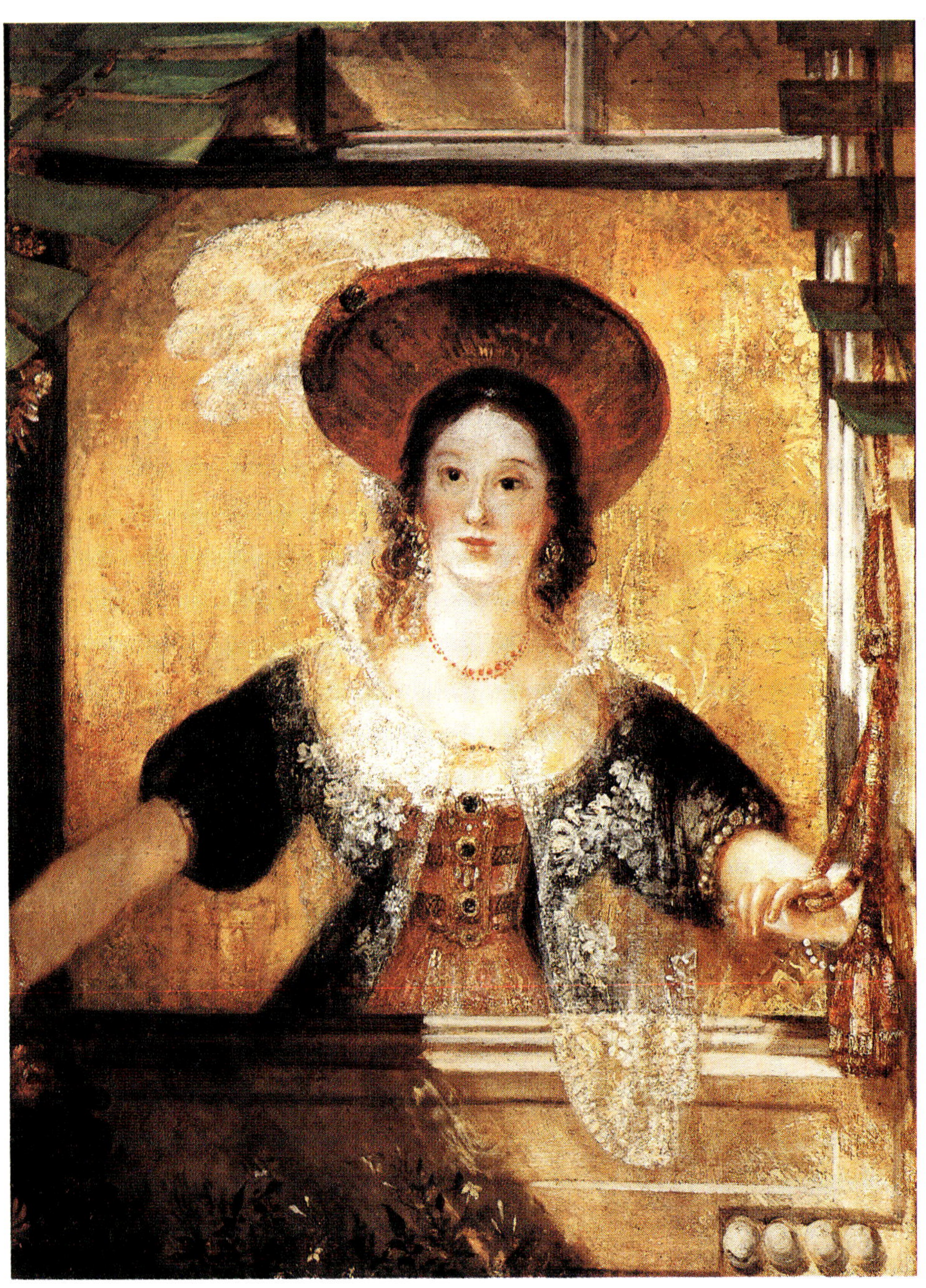

51

d'une fenêtre barbouillée de jaune royal, déshonore Shakespeare. Shylock peut à juste titre s'écrier, selon les termes cités dans le catalogue, "Jessica, ferme la fenêtre, t'ai-je dit" ». En fermant le store — vénitien comme il se doit — on donnerait un aspect plus fondu, plus typiquement rembranesque, à la figure de Jessica. J. G.

H. M. Treasury and The National Trust

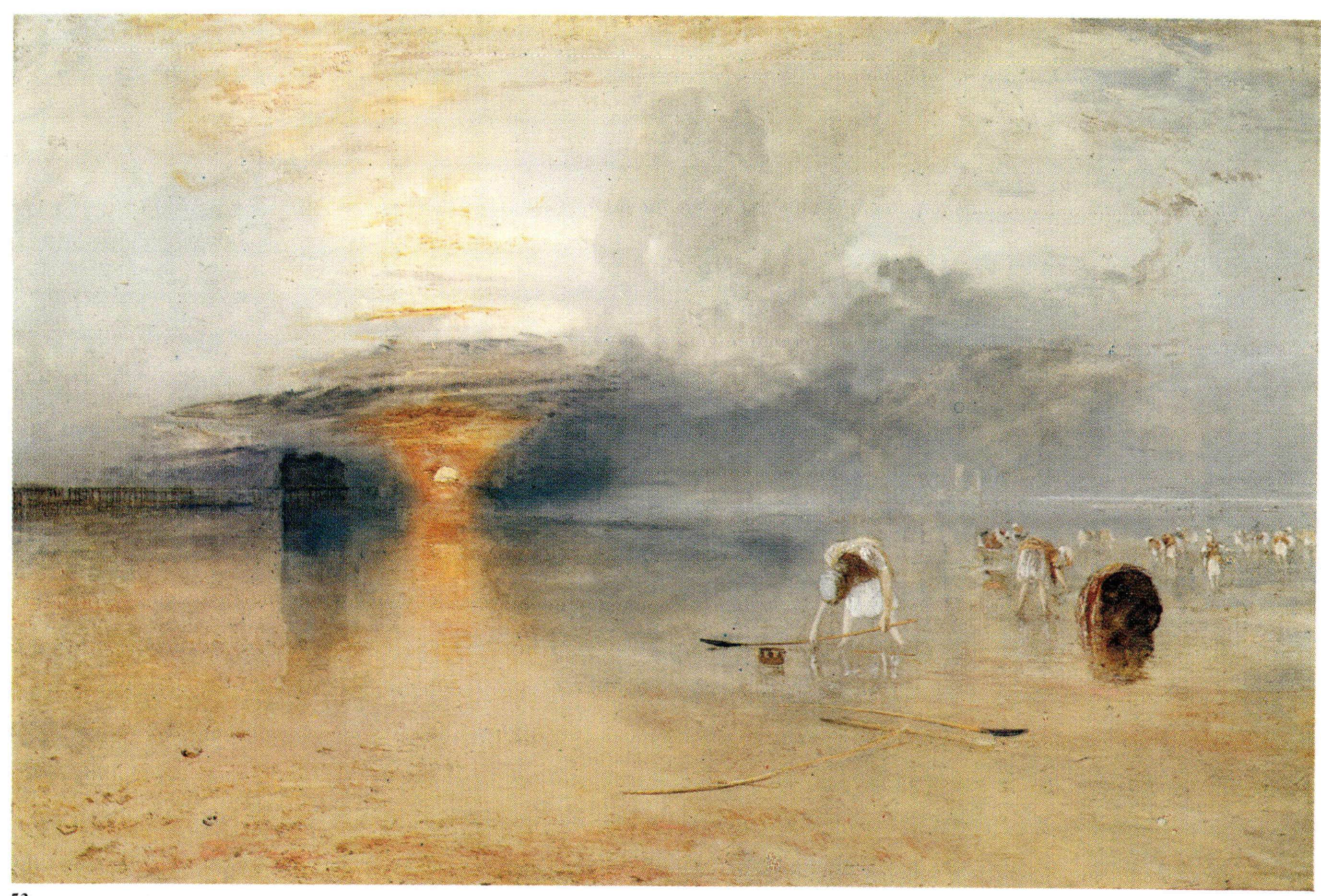

52

52

La plage de Calais, à marée basse, des poissardes récoltant les appâts

1830

Toile. 0,73 × 1,07

BJ n° 334 (pl. 324)

Expositions : Londres, R. A., 1830, n° 304; Paris, 1972, n° 264; Londres, 1974-1975, n° 508; Leningrad et Moscou, 1975-1976, n° 56.
Bibliographie : BJ (avec bibliographie antérieure).

Turner se rendit de nombreuses fois à Calais; aussi Ruskin avait-il sûrement tort de supposer que tous les tableaux de l'artiste sur ce sujet dérivent de souvenirs notés lors de sa première visite en 1802, malgré le mot « poissardes » du titre qui reprend ici celui de *La jetée de Calais* de 1803. En réalité, un minuscule dessin du legs Turner (TB CCLX, n° 44), datant probablement de la visite de Turner à Calais en 1826, semble correspondre tout particulièrement à ce tableau, car il montre quatre femmes courbées dans des attitudes fort semblables à celles des figures du premier plan sur le tableau.

Finberg et Lindsay ont décelé dans *La plage de Calais* un sentiment de désolation qu'ils attribuent à la tristesse de Turner après la mort de son père en septembre 1829. Mais John Gage a soutenu avec grande vraisemblance, dans le catalogue de l'exposition de Paris en 1972, que la véritable source de Turner était ici les vues des côtes françaises par Bonington. Nous savons que Turner voyait en Bonington

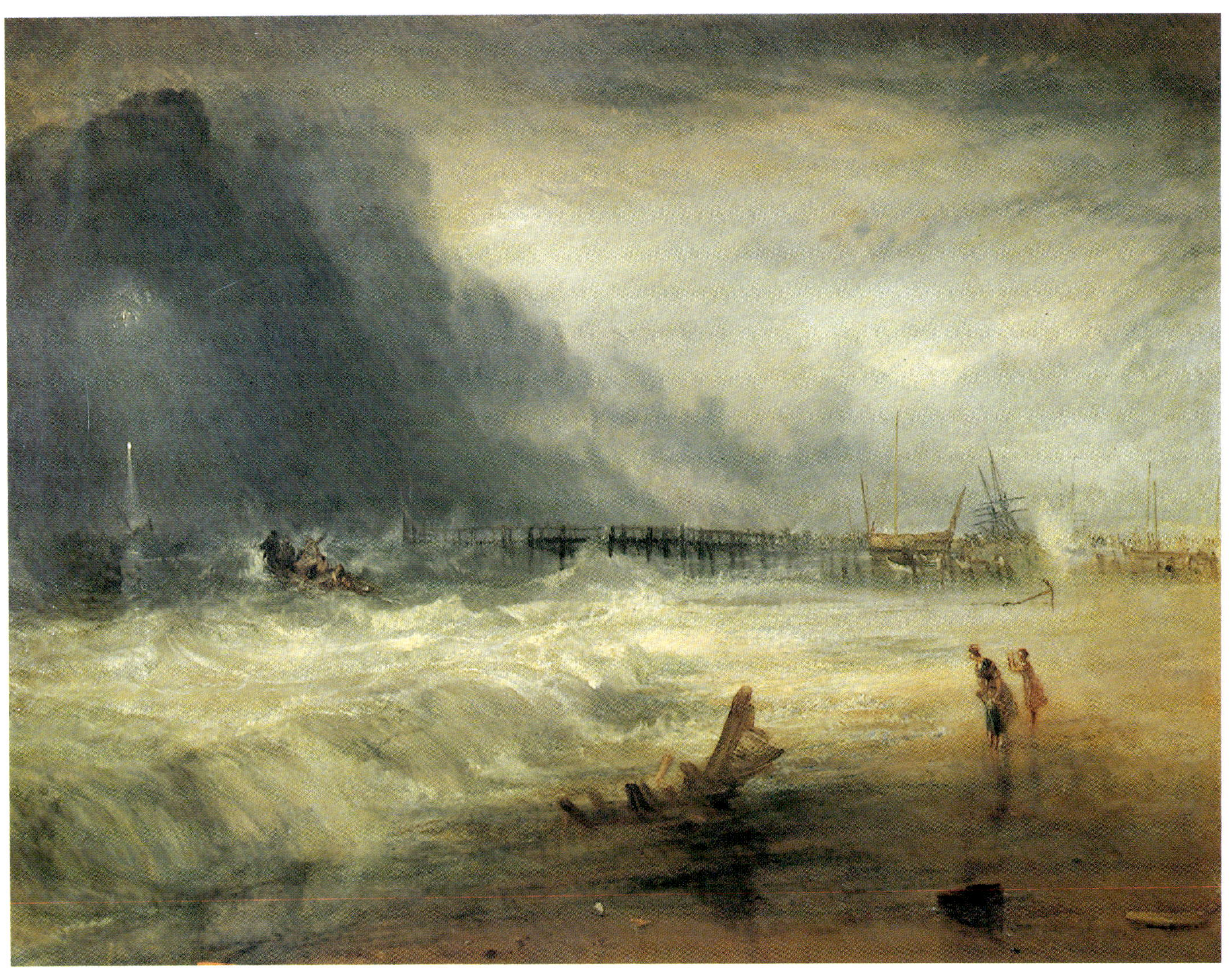

53

(1802-1828) le plus doué des jeunes paysagistes; il a peut-être même assisté à la vente du fonds d'atelier de Bonington en juin 1829, à Londres.

On considérera donc, dans une certaine mesure, *La plage de Calais* comme un hommage à Bonington, mais aussi, étant donné le goût de la compétition chez Turner, comme une tentative pour surpasser son jeune rival en affrontant un sujet que Bonington s'était approprié; il reste que le magnifique coucher de soleil est une adjonction bien typique de Turner.

Turner a choisi ici une toile de dimensions exceptionnelles pour lui, mais parfaitement adaptées à une vaste étendue plate et à un horizon bas. L'année suivante, il exposa un tableau de la même taille, le *Fort Vimieux* (BJ, n° 341; Grande-Bretagne, coll. part.), représentant lui aussi un coucher de soleil sur une côte française. On pourrait penser que Turner a conçu les deux tableaux comme des pendants, mais aucun document ne le prouve, et d'ailleurs les deux tableaux restèrent dans l'atelier du peintre jusque vers 1845, avant d'être achetés par des collectionneurs différents. E. J.

Bury, Bury Art Gallery and Museum

53

Bateau de sauvetage et l'équipage de Manby se dirigeant vers un navire échoué lançant des signaux de détresse

1831

Toile. 0,91 × 1,22

BJ n° 336 (pl. 325)

Expositions : Londres, R. A., 1831, n° 73; Berlin, 1972, n° 16; Londres, 1974-1975, n° 509; Leningrad et Moscou, 1975-1976, n° 58.
Bibliographie : BJ (avec bibliographie antérieure).

Sur le chemin de l'Écosse en 1822, Turner était passé par Great Yarmouth, port de la côte du Norfolk qui est le théâtre de l'épisode représenté, et il y avait fait un certain nombre d'esquisses (TB CCIX, pp. 26a-34a). Graham Reynolds (*Victoria and Albert Museum Yearbook,* I, 1969, p. 77) a suggéré que le n° 255 serait une étude pour ce tableau, mais Joll a rejeté cette hypothèse, en raison du style tardif. Joll a également signalé une *Jetée de Yarmouth* par John Constable à l'exposition de la Royal Academy en 1831, et supposé que le tableau aurait été peint en concurrence. Cela semble improbable, étant donné le titre si long et circonstancié que Turner donna à son œuvre et l'iconographie très spécifique, qui comporte le mortier du capitaine G. W. Manby, utilisé pour envoyer une corde à bord d'un bateau en train de sombrer, et le canot de sauvetage petit mais résistant qu'il avait mis au point. On donna en récompense à Manby le titre de membre honoraire de la Royal Society, un mois seulement avant que le tableau de Turner fût exposé. Il avait commencé à travailler à son appareil vers 1813 (G. W. Manby, *Reminiscences,* Yarmouth, 1839, pp. 132-135), et il fut financé essentiellement par le banquier de Yarmouth Dawson Turner (aucune parenté), avec qui J. M. W. Turner était en contact depuis 1817 environ. Comme le peintre, Manby fit la connaissance du chimiste Michael Faraday dans les années 1820 et rencontra le portraitiste Thomas Phillips, ami de J. M. W. Turner, en 1830 (Lettre de Manby à Dawson Turner, 27 mai 1830, Cambridge, Trinity College, Lettres de Dawson Turner); aussi n'est-il pas surprenant que Turner ait été au courant de son invention.

Turner aurait même pu voir en Manby un acheteur éventuel, car Manby réunissait à cette époque une collection de marines illustrant ses idées et peintes par des artistes comme le maître de Bonington, Louis Francia; il légua cette collection à Norwich en 1841. Quant à Bonington, on lui avait demandé en 1827 une lithographie pour l'*Essai pratique et démonstratif sur les moyens de prévenir les naufrages et de sauver la vie aux marins naufragés* de Manby (Curtis, 53).

Quelles que soient les circonstances exactes dans lesquelles fut peint ce tableau, Turner éprouvait un grand attrait pour le thème du sauvetage en mer; il reprit le motif du tableau dans *Fusées et signaux bleux (proches) pour avertir les bateaux à vapeur de la présence de bas-fonds,* exposé en 1840 (BJ, n° 387), et dans une aquarelle datant à peu près du même moment, *La plage de Yarmouth* (W, n° 1406). Il montra aussi un intérêt continu pour un autre sujet cher à Manby : les phares (voir n° 208 et Gage, 1980, p. 287); enfin, dans les années 1830, un sujet correspondant à une autre préoccupation de Manby retint particulièrement son attention : la lutte contre le feu (n° 60). J. G.

Londres, Victoria and Albert Museum

54

Pilleurs d'épaves - La côte du Northumberland, avec un bateau à vapeur allant au secours d'un navire en mer

1834

Toile. 0,91 × 1,21

BJ n° 357 (pl. 336)

Expositions : Londres, R. A., 1834, n° 199; Londres, British Institution, 1836, n° 53; Edimbourg, Royal Scottish Academy, 1849, n° 339.
Bibliographie : BJ (avec bibliographie antérieure).

On voit au loin le château de Dunstanborough, sujet d'un tableau à l'huile beaucoup plus ancien, exposé en 1798 et actuellement à Melbourne. Les épaves et les pilleurs d'épaves reviennent tout au long de la carrière de Turner, dans les huiles comme dans les aquarelles; mais le n° 54 rappelle peut-être une scène dont Turner fut témoin lorsqu'il revenait d'Écosse en septembre 1831.

Le tableau, l'un des six achetés ensemble à Turner par Elhanan Bicknell en 1844, arriva en Amérique vers 1900; aussi est-il tout à fait inconnu en Europe. Il fut acheté pour Yale en 1978. Nettoyé depuis par John Brealey, il apparaît désormais digne de figurer parmi les chefs-d'œuvre du milieu des années 1830; on notera avec intérêt que la structure d'ensemble de la composition annonce celle du n° 60, exposé l'année d'après.

Ruskin compara le n° 54 au *Négrier* (1840; fig. 2, p. 25) et conclut que la facture diffère beaucoup, même si les sujets ont des points communs. L'écrivain remarquant dans *Les*

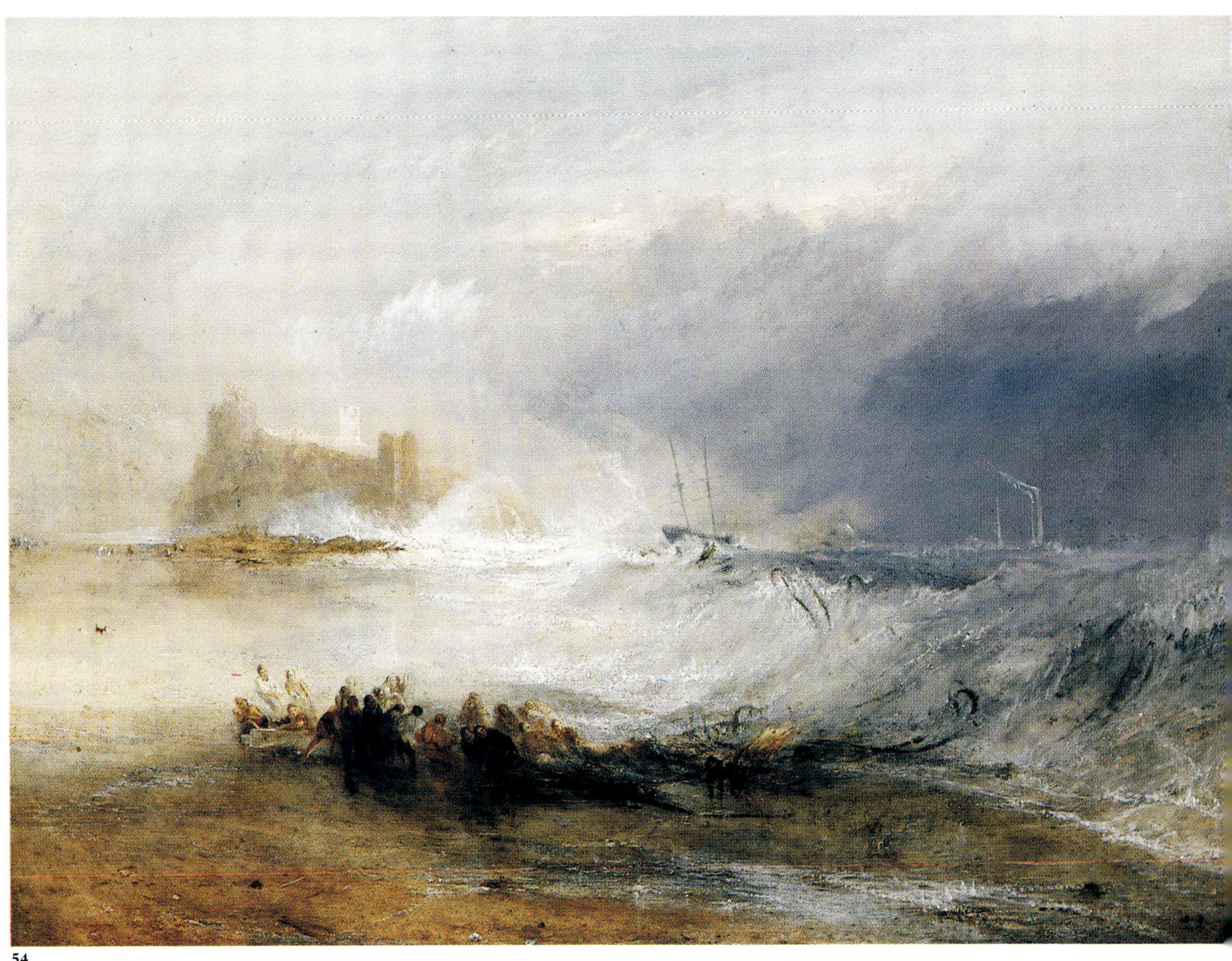

54

pilleurs d'épaves un certain détachement, que Turner — sans doute volontairement — n'observera plus dans le tableau postérieur.

Le peintre animalier Thomas Sidney Cooper R. A. (1803-1902) considérait que le tableau « reste inégalé, pour la conception et l'imagination, dans l'œuvre même de Turner »; (My *life*, 1890, II, pp. 5-6); mais les critiques n'y firent guère attention lors de l'exposition à la Royal Academy. E. J.

New Haven, Yale Center for British Art (Paul Mellon Collection)

55

Épave sur une mer démontée

1830-1835 ? ou 1840 ?

Toile. 0,92 × 1,22

BJ n° 455 (pl. 438)

Expositions : Londres, 1974-1975, n° 492; Leningrad et Moscou, 1975-1976, n° 57.
Bibliographie : BJ (avec bibliographie antérieure).

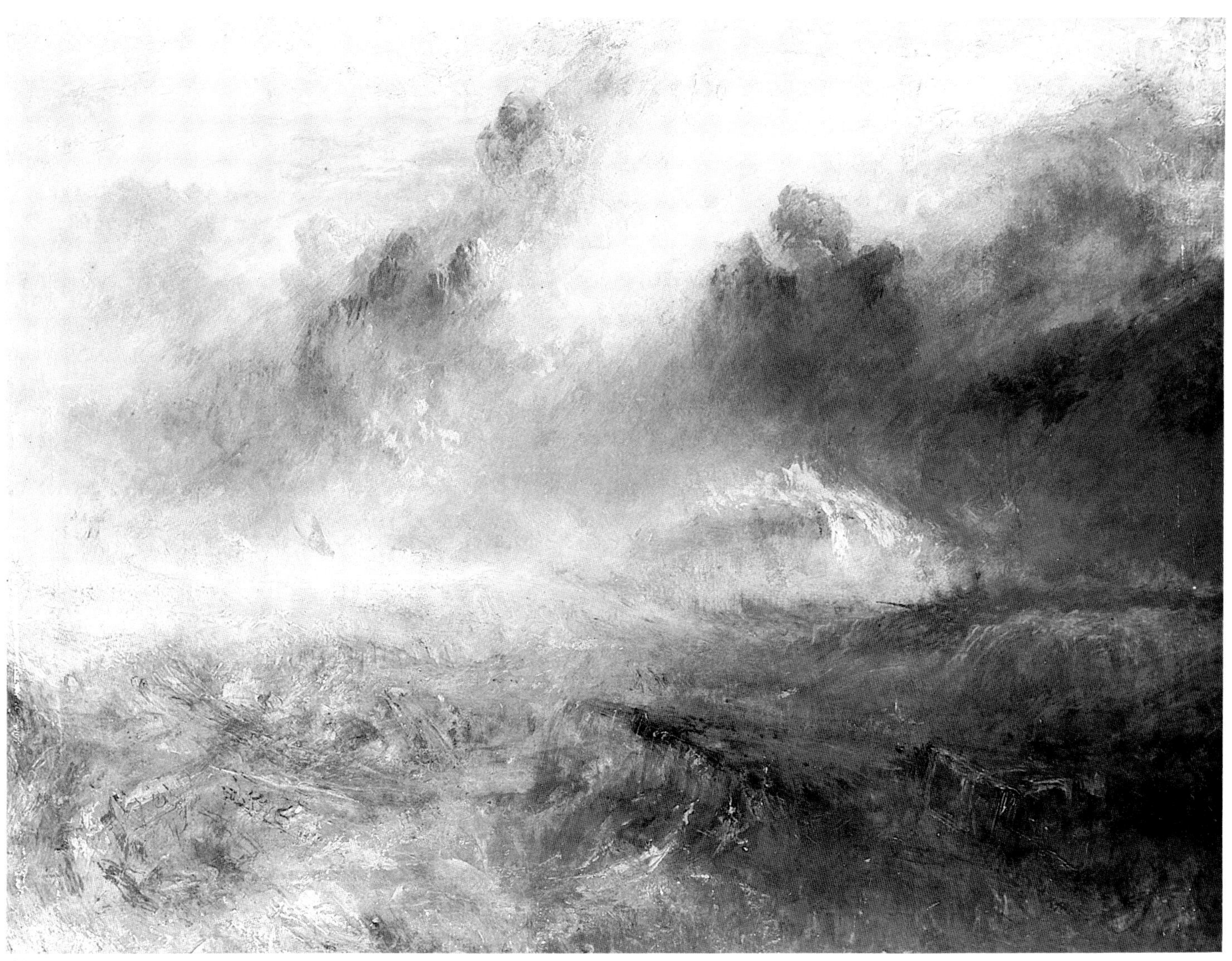

55

Dans son catalogue de la collection Turner publié en 1920, D. S. MacColl déclare que ce tableau et les *Brisants sur une plage basse* (BJ, n° 456) ont été peints d'après deux marines plus petites, actuellement au National Museum of Wales de Cardiff (BJ, n°s 480 et 481), qui commémoraient, disait-on, « la tempête qui fit rage le 21 novembre 1840, jour où naquit la Princesse royale ». Mais il n'y a guère de rapport entre les deux tableaux de Cardiff et le n° 55, et donc aucune donnée sûre pour la datation de celui-ci — un des rares cas de désaccord entre Butlin et Joll. Martin Butlin décèle d'étroites affinités entre le n° 55 et *L'embouchure de la Seine à Quillebœuf* (BJ, n° 353), exposé en 1833. Il cite également « les nuages au modelé assez solide et les vagues relativement disciplinées malgré leur violence » comme indices supplémentaires d'une date entre 1830 et 1835.

Lorsque, dans l'exposition du bicentenaire de la Royal Academy, le tableau figura non loin d'*Ostende* (BJ, n° 407), exposé en 1844, la facture du ciel me parut suffisamment analogue dans les deux tableaux pour garantir une datation beaucoup plus tardive du n° 55. On pourrait trouver confirmation de ce point de vue dans les touches bien personnelles de rouge sur l'eau, au premier plan à gauche :

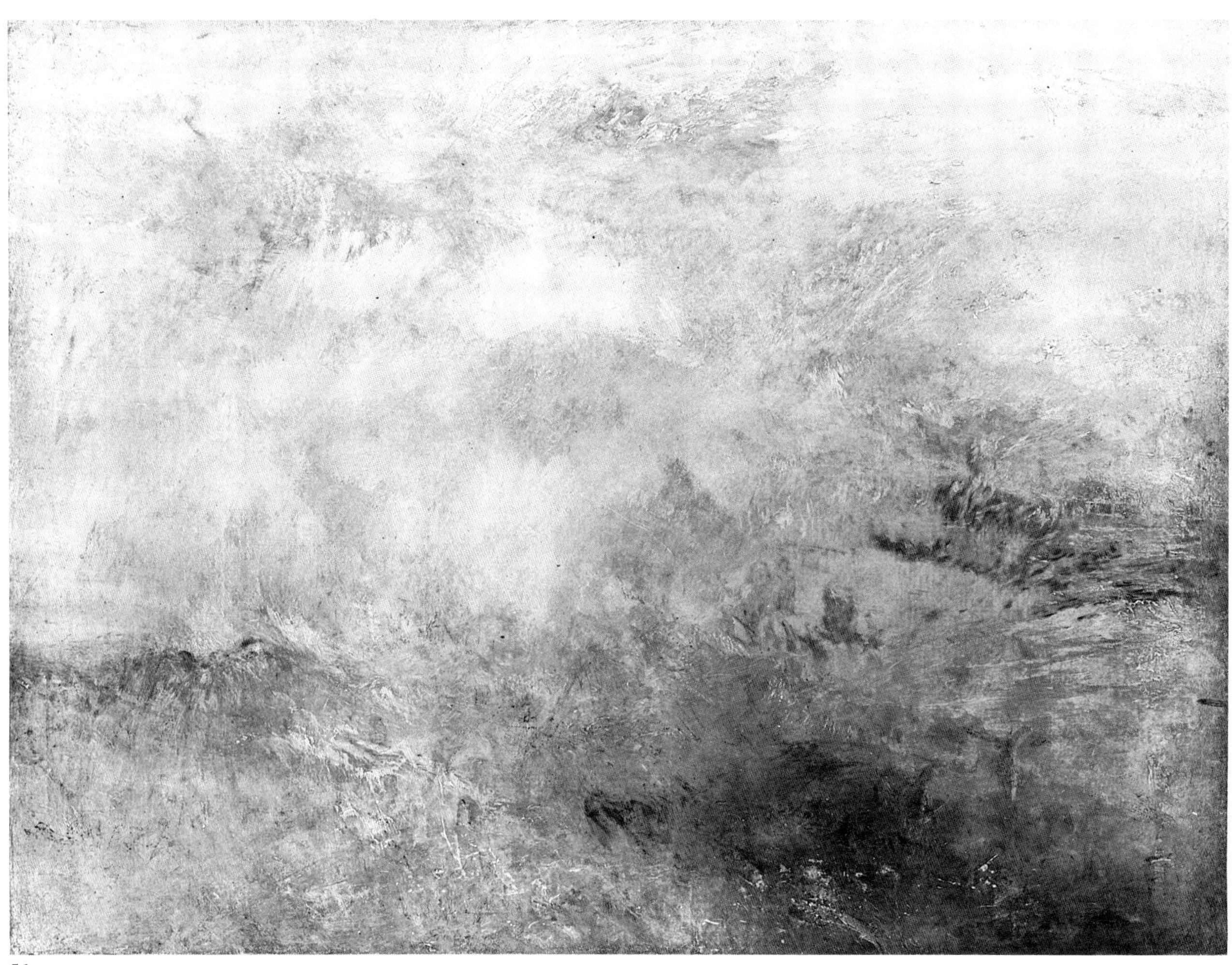

56

Turner utilise l'encre rouge à la plume d'une manière fort semblable dans ses aquarelles à partir de 1840 environ.

Mais cette discussion quelque peu académique sur la date, et surtout dans un domaine où il serait téméraire de rechercher une trop grande précision, ne doit pas nous empêcher de savourer l'admirable qualité dramatique de ces marines tardives. Dans le legs Turner, le nombre des marines peintes à partir de 1830 prouve que le sujet fascina Turner jusqu'à la fin. Les quatre marines exposées ici (n°s 55-58) et dont aucune ne l'avait été du vivant de l'artiste, montrent avec quelle variété il traita ce thème privilégié; le groupe provenant du legs Turner contient quelques-unes de ses peintures les plus personnelles et les plus belles. E. J.

Londres, The Trustees of the Tate Gallery (n° 1980)

56

Tempête sur mer avec des dauphins

vers 1840

Toile. 0,91 × 1,22

BJ n° 463 (pl. 442)

Exposition : Londres, 1974-1975, n° 501.
Bibliographie : BJ (avec bibliographie antérieure).

Dans le catalogue de la National Gallery (*The British School*, 1946), Martin Davies suggère que ce tableau représenterait un lever de soleil, mais on a supposé par ailleurs, dans le catalogue de l'exposition du bicentenaire de

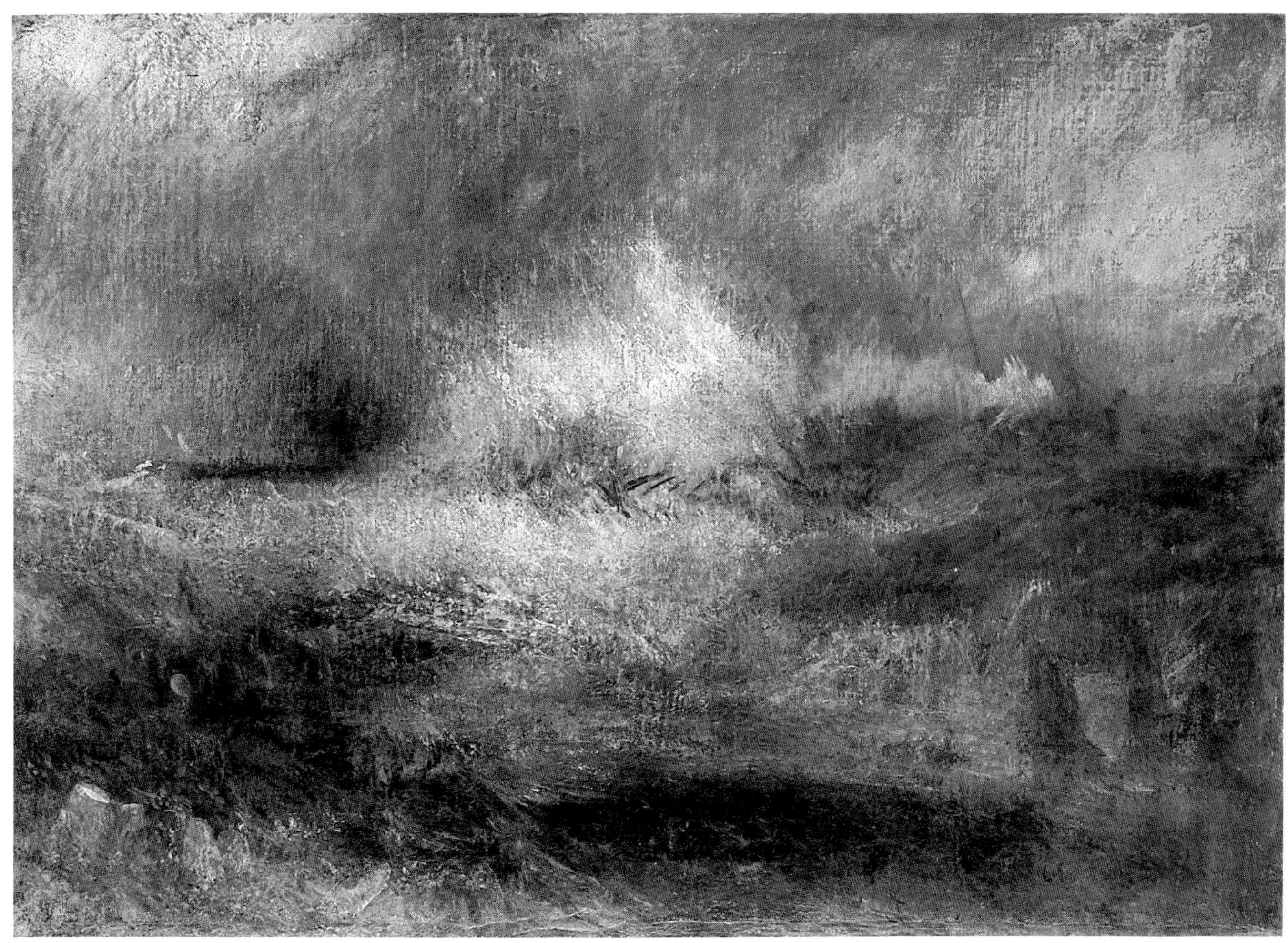

57

la Royal Academy, que les rouges et les oranges pourraient être « les reflets d'un bateau en flammes invisible ». Quelle qu'ait été l'intention de Turner, le tableau offre un contraste absolu avec le coloris beaucoup plus sobre des autres marines, le n° 55 par exemple.

Ici, les touches brillantes, en particulier dans le ciel, apparente l'œuvre au *Négrier* (fig. 2, p. 25), exposé en 1840, ou à des toiles du legs Turner comme le *Crépuscule sur un lac* (BJ, n° 469) ou le *Lever de soleil avec des monstres marins* (BJ, n° 473). Ce dernier se rapproche plus que le n° 56 des quatre tableaux exposés en 1845 et 1846 qui ont pour sujet des baleiniers; toutefois, le n° 56 se situe probablement vers 1840 ou un peu après.

Nous ne pouvons deviner si les deux tableaux représentant des dauphins et des monstres marins étaient liés entre eux dans l'esprit de Turner, mais ce n'est pas invraisemblable.

E. J.

Londres, The Trustees of the Tate Gallery (n° 4664)

57

Tempête en mer avec une épave en feu

vers 1840

Toile. 0,99 × 1,41

BJ n° 462 (pl. 449)

58

Exposition : Londres, 1974-1975, n° 495.
Bibliographie : BJ (avec bibliographie antérieure).

Les dimensions insolites de la toile, communes à ce tableau et au *Yacht s'approchant de la côte* (BJ, n° 461), ont fait supposer que Turner les conçut comme des études contrastées de lumière et d'ombre, le n° 57 étant l'une des rares scènes nocturnes dans la production à l'huile de Turner. Les deux toiles ont été trop lourdement pressées au cours du rentoilage, ce qui a aplati les empâtements.

Dans le *Yacht s'approchant de la côte,* on devine, sur la partie gauche du premier plan, des traces de gondoles que le peintre a recouvertes; d'autre part, comme l'observe Martin Butlin (BJ, p. 257), la composition s'apparente de très près à celle du *Négrier* (fig. 2, p. 25), bien que l'esprit soit tout différent. Il souligne aussi que certains éléments du n° 61 rappellent la composition des *Pilleurs d'épaves — La côte du Northumberland* (n° 54), tableau exposé en 1834; mais, d'après lui, les qualités plus dramatiques du n° 57 indiqueraient une date plus avancée. Il propose de situer vers 1835-1840 tant le *Yacht s'approchant de la côte* que le n° 57. La datation de ce type de tableau est difficile, nous le savons, et l'on doit se garder de trop affiner; il me semble toutefois que 1840 serait préférable à 1835. Certaines ressemblances entre le tableau exposé et les *Vagues se brisant sur la rive* (BJ, n° 482), qu'on date habituellement vers 1840, tendraient à confirmer ce point de vue. E. J.

Londres, The Trustees of the Tate Gallery (n° 4658)

58

Marine avec une côte au loin

vers 1840

Toile. 0,91 × 1,22

Inscription en haut à droite : $\frac{M}{c}$ *MNNsTTs*

BJ n° 467 (pl. 457)

Exposition : Londres, 1974-1975, n° 503.
Bibliographie : BJ (avec bibliographie antérieure).

Il est presque plus difficile de proposer un titre qu'une date pour les marines peintes par Turner vers la fin de sa vie : sous certains éclairages, la côte semble inexistante plutôt que « lointaine ».

Quand le tableau fut nettoyé, en 1973, il se révéla particulièrement proche, pour la facture et pour le style, de la *Marine, tempête se levant* (BJ, n° 466), qu'on date hypothétiquement vers 1840. Cette date paraît vraisemblable pour les deux tableaux; en effet, comme l'a noté John Gage dans le catalogue de l'exposition de 1972 à Paris, Turner allait reprendre la composition centrifuge de la *Marine, tempête se levant,* où le contraste maximum entre la lumière et l'ombre se concentre au milieu du tableau, et lui donner de nouveaux développements, par exemple avec la *Tempête de neige — Vapeur au large d'un port* (BJ, n° 398), tableau exposé en 1842 à la Royal Academy.

L'inscription semble avoir été apposée avant que la peinture fût complètement sèche, mais le sens de ces lettres a défié jusqu'ici toute tentative d'explication. Le *Forum romain* (BJ, n° 233), exposé en 1826, porte des lettres analogues, mais également incompréhensibles. E. J.

Londres, The Trustees of the Tate Gallery (n° 5516)

59

La Pierre éclatante de l'Honneur (Ehrenbreitstein) et la tombe de Marceau, *d'après* Childe Harold *de Byron*

1835

Toile. 0,93 × 1,23

BJ n° 361 (pl. 335)

Expositions : Londres, R. A., 1835, n° 74; Paris, 1972, n° 266; Berlin, 1972, n° 19; Londres, Victoria and Albert Museum, *Byron,* 1974, n° 538; Londres, 1974-1975, n° 514; Hambourg, 1976, n° 106.
Bibliographie : BJ (avec bibliographie antérieure); G. Planche, *Revue des Deux Mondes,* 4e série, 1835, II, pp. 680 ss.
Gravure : par John Pye, 1845 (R, n° 662).

Commandé par John Pye (1782-1874), le graveur que Turner considérait comme le prince de son art. En fait, la gravure ne fut publiée qu'en 1845, et quelque temps auparavant le tableau avait évidemment regagné l'atelier de Turner, où Elhanan Bicknell l'acheta en mars 1844, dans un groupe qui comprenait le n° 54. Un an après l'avoir acheté, Bicknell n'était pas encore parvenu à persuader Turner de lui livrer le tableau; il écrivit à Pye une lettre qui mêlait de timides doléances et une résignation pleine d'humour.

Lorsqu'il fut exposé à la Royal Academy, le tableau était accompagné de quelques vers empruntés au chant III du *Childe Harold* de Byron, dont ceux-ci :

« Près de Coblence, sur un tertre,
Il est une petite et simple pyramide
Qui couronne le sommet de la verdoyante hauteur.
Sous sa base se cachent les cendres de héros,
Celles de notre ennemi... Mais que cela n'empêche
D'honorer Marceau...
... le champion de la Liberté... » (1)

C'est une allusion à un épisode de la campagne de 1796 : le général Marceau fut tué au siège de la forteresse d'Ehrenbreitstein, près de Coblence.

Turner avait vu Ehrenbreitstein en 1817, puis en 1834, dans la perspective de son projet — finalement avorté — de compléter *The Rivers of France* (« Les rivières de France ») par une série de gravures consacrées à d'autres grands fleuves européens, dont le Rhin. Une grande feuille du legs Turner (TB CCCXLIV, nos 1-16), pliée en seize, contient plusieurs esquisses en rapport avec ce tableau.

Malgré ses fréquents voyages en Allemagne, Turner ne peignit que cinq tableaux à l'huile sur des sujets allemands.

(1) Byron. *Le chevalier Harold.* Introduction, traduction et notes par Roger Martin; Paris, Aubier-Montaigne, 1949.

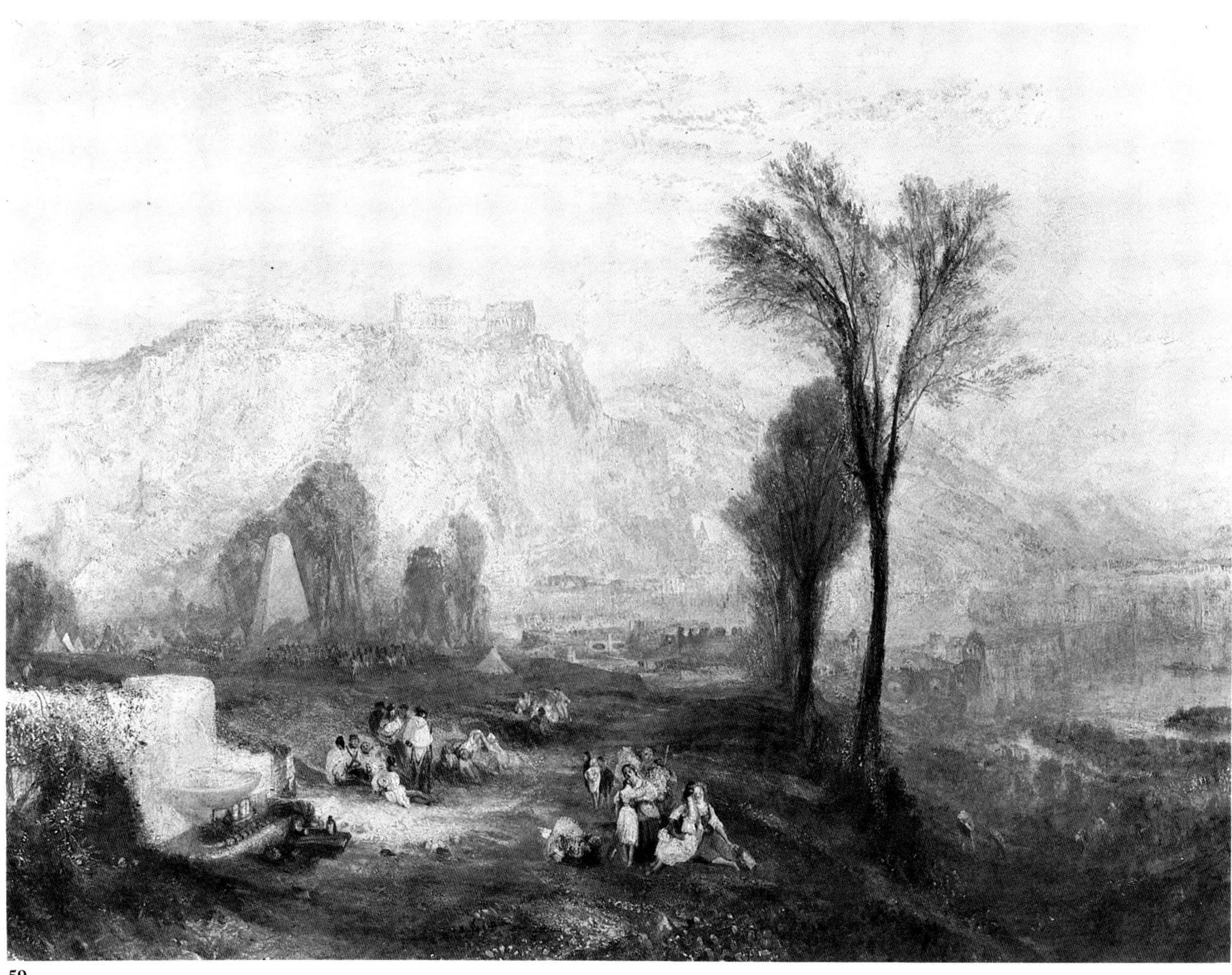

59

Le choix d'Ehrenbreitstein ne surprend guère, car on sent Turner fasciné par la majesté de cette forteresse qui domine le Rhin (il devait la peindre souvent à l'aquarelle dans les années 1840; voir n° 139); il eut ici l'occasion d'utiliser l'un de ses motifs favoris pour illustrer les vers d'un poète qu'il admira de plus en plus au fil des ans.

Ehrenbreitstein fut généralement bien accueilli par les critiques d'art anglais en 1835, mais sévèrement critiqué par G. F. Waagen, lors de sa première visite en Angleterre, pour son « manque absolu de vérité ». Gustave Planche écrivait dans la *Revue des Deux Mondes :* « Il m'est impossible de croire qu'un pareil paysage ait jamais existé ailleurs que dans le domaine des fées; je ne dis rien des figures, qui sont informes et grossières... Est-ce [la montagne] de l'or, de l'acajou, du velours ou du biscuit ? Le ciel où nagent les lignes de l'horizon est lumineux et diaphane. Mais ni l'Espagne, ni l'Italie, ni les rives du Bosphore, n'ont pu servir de type à Turner pour la création de cette splendide atmosphère... ».

E. J.

Grande-Bretagne, collection particulière

60

L'incendie des Chambres des Lords et des Communes le 16 octobre 1834

1835

Toile. 0,92 × 1,23

BJ n° 359 (pl. 338)

Expositions : Londres, British Institution, 1835, n° 58; New York, 1966, n° 9; Detroit et Philadelphie, 1968, n° 120; Berlin, 1972, n° 18; Londres, 1974-1975, n° 512.
Bibliographie : BJ (avec bibliographie antérieure); *L'Artiste,* IX, 1835, p. 211; XII, 1836, p. 138; R. J. B. Walker, « The Palace of Wesminster after the Fire of 1834 », *Walpole Society,* XLIV, 1972-1974, pp. 101 ss; Wilton, 1979, p. 218 (ill. coul. p. 199); Gage, 1980, p. 286; R. Dorment, *Catalogue of English Paintings in the Philadelphia Museum of Art* (à paraître).

Le feu qui fit rage dans tout le palais de Westminster la nuit du 16 au 17 octobre 1834 offrit, pour ainsi dire, au public londonien l'expérience incomparable d'un spectacle romantique réalisé. L'aspect dramatique d'un incendie reflété dans l'eau jouait un rôle traditionnel dans le répertoire des théâtres londoniens depuis le début du XIXe siècle (S. Rosenfeld, *Georgian Scene Painters and Scene Painting,* 1981, pp. 118-119); aussi n'est-il pas étonnant que cet incendie véritable et exceptionnellement grave soit vite devenu le sujet de ces sortes de représentations théâtrales qu'étaient le Panorama et le Diorama. Dans *The Gentleman's Magazine* (novembre 1834, p. 477), un témoin décrivait : « Londres et ses faubourgs... déversant ses myriades d'habitants pour assister à ce spectacle grandiose et terrifiant ». Dans la foule il y avait de nombreux artistes, dont John Constable, qui se plaça à Westminster Bridge, qu'on voit sur la droite du tableau de Turner. Quant à Turner, il prit, avec Clarkson Stanfield et plusieurs élèves de la Royal Academy, un des nombreux bateaux qui sillonnaient le fleuve; d'après la séquence des neuf aquarelles dans un carnet qui a pu être utilisé sur place (TB CCLXXXIII; Dorment, op. cit., ill.), il semble qu'il soit passé à plusieurs reprises devant le lieu du sinistre, l'observant tantôt de l'est, avec l'incendie à sa droite (TB CCLXXXIII, p. 3; n° 224), tantôt de l'endroit exactement opposé, ou parfois, comme ici, avec l'incendie à sa gauche (TB CCLXXXIII, p. 9). Ces différentes positions lui permirent de créer, dans ses deux tableaux à l'huile sur ce sujet, des variations étonnantes sur le thème du froid et du chaud, spécialisant ses toiles avec une hardiesse sans précédent. Tandis que la plupart des esquisses à l'aquarelle semblent représenter l'incendie d'un point de vue bas sur la Tamise, pour le tableau exposé Turner a pu s'inspirer du Diorama de Lambert, qui fut montré au Queen's Bazaar à la fin de 1834 : il avait été pris d'un point de vue élevé — un peu au-dessus de la base de Westminster Bridge, du côté du Surrey. L'effet d'éclairage créé par Turner correspond exactement à ce que notait un correspondant du *Times* le 17 octobre : « Vu du fleuve, l'embrasement était particulièrement grandiose et impressionnant... Westminster Bridge, couvert de gens debout sur les balustrades, était un curieux spectacle, les masses sombres de cette foule offrant un contraste étrange avec la pierre blanche du pont, que le clair de lune mettait en valeur ».

Sans être en rapport tout à fait direct avec les esquisses, les deux tableaux à l'huile et l'aquarelle inachevée (n° 225) rendent compte de la progression du feu au cours de la nuit. L'aquarelle montre les efforts des pompiers dans la cour du Palais Vieux (où l'incendie se serait déclenché), en face de la chapelle d'Henry VII et de l'abbaye de Westminster, qu'on voit au loin sur la gauche, vers huit heures du soir, alors que le principal objectif était de sauver Westminster Hall des flammes qui l'entouraient (*The Times,* 17 octobre). Le tableau exposé décrit un moment légèrement postérieur, vers 10 ou 11 heures, quand les flammes partant de la chapelle Saint-Etienne (Chambre des Communes) se rabattaient vers l'est; le pignon de la chapelle se détache nettement sur le brasier, avec les tours de l'abbaye au fond. Joll a supposé que Turner avait arbitrairement changé la direction des flammes dans la version de Cleveland (BJ, n° 364); mais en fait ce tableau semble montrer un stade postérieur dans la progression du feu, après que le vent eut tourné à l'ouest, repoussant les flammes au-delà du fleuve, et que les efforts incessants des pompiers eurent réussi à sauver une grande partie de Westminster Hall, dont le pignon à la silhouette sombre constitue le principal élément architectural de cette vue (*Gentleman's Magazine,* op. cit., pp. 478, 481). La position du bateau du Sun Fire Office, clairement désigné par une inscription au premier plan du tableau de Cleveland, prouve aussi qu'il était environ 1 heure du matin, le 17, lorsqu'on réussit à le remorquer par bateau à vapeur de Rotherhithe à Westminster, contribuant ainsi à sauver la maison du Président de la Chambre des Communes (*The Times,* 18 octobre).

Dans l'aquarelle inachevée (n° 225), Turner se concentra également sur l'activité des pompiers; il s'agissait probablement d'une œuvre destinée à une gravure d'illustration mais dont le projet fut finalement abandonné. Il est tentant de penser que la publication aurait été l'un des nombreux opuscules du capitaine G. W. Manby relatifs à la lutte contre le feu, certains publiés avec l'aide du banquier de Yarmouth Dawson Turner, avec qui J. M. W. Turner était aussi en rapports à cette époque (voir n° 53). Dans son *Plan for the Establishment of a Metropolitan Fire Police* de 1835, Manby invoquait son expérience du sinistre de 1834 pour insister sur la nécessité d'un service de pompiers unifié, qui remplacerait le service privé de compagnies d'assurances

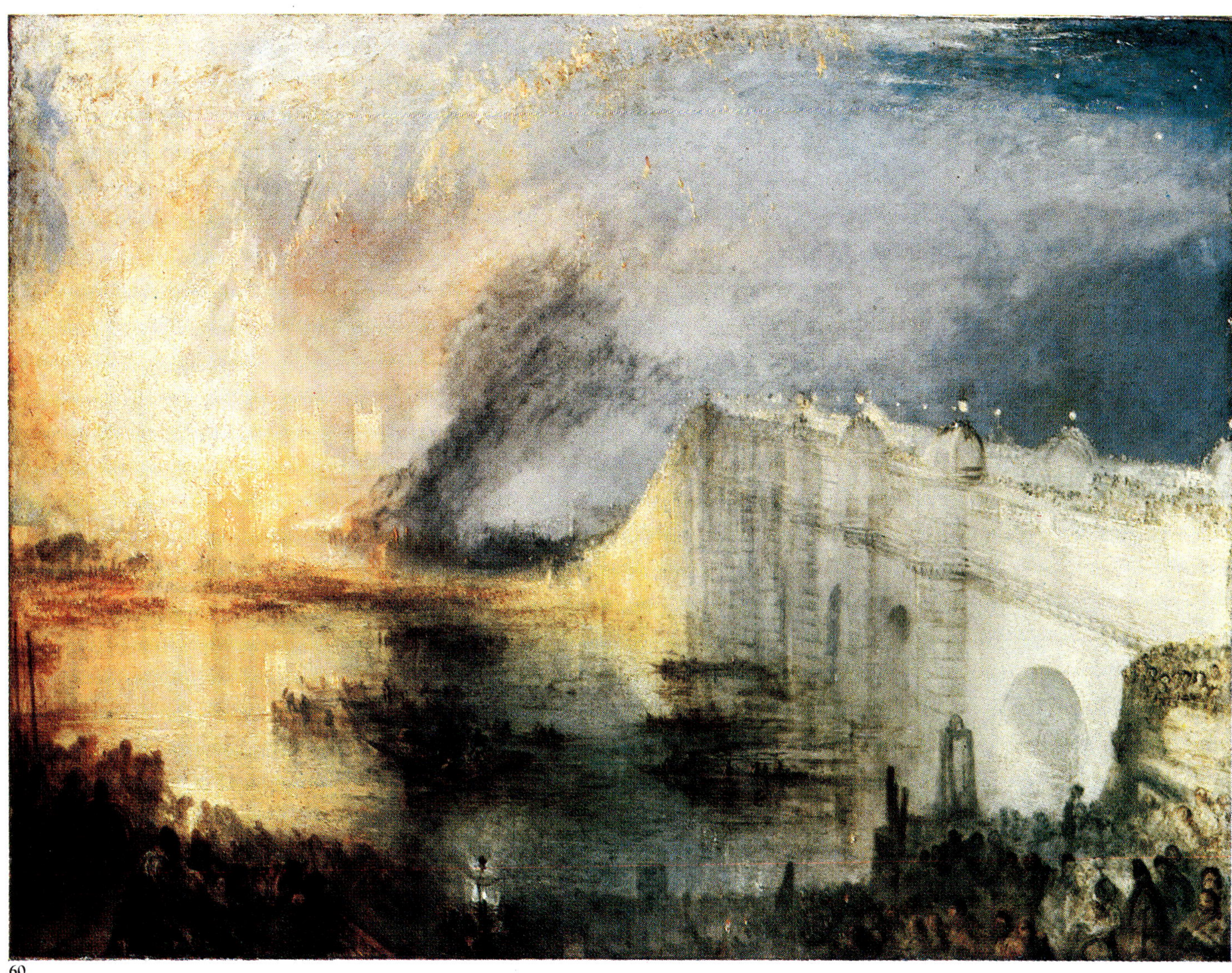

60

comme le Sun Fire Office. La carcasse de Westminster Hall était présentée comme un témoin de la vanité des efforts dispersés. Les tableaux de 1835 n'étaient que les premiers d'une série de tableaux de Turner consacrés vers la fin de sa vie à des incendies spectaculaires, mais le thème de la lutte contre le feu, avec l'insistance sur la chapelle Saint-Etienne et sur Westminster Hall, loin de retracer simplement un spectacle sublime, recélait, dans l'esprit de l'artiste, une pointe de polémique.

La toile de Philadelphie est l'un des premiers tableaux de Turner dont nous savons qu'il fut pratiquement peint sur les murs mêmes de la salle d'exposition, le 5 février 1835, deux jours avant le vernissage privé (E. W. Cooke, *Journal*, archives de la famille Cooke). Le peintre de genre E. V. Rippingille décrivit comment Turner transforma ce qui était pour ainsi dire une toile blanche : « Il n'y avait vraiment pas de temps à perdre, car le tableau, lorsqu'il fut envoyé, n'était guère qu'un barbouillage de couleurs variées, sans formes ni fond, comme le chaos avant la Création... Un pareil magicien, opérant ses enchantements en public, intéressait et fascinait. Etty travaillait à côte de lui; de temps en temps, les deux grands artistes échangeait un mot ou un sourire. Le petit Etty se reculait par moments pour contempler l'effet de son tableau... mais pas Turner : pendant les trois heures que je passai là — et je compris qu'il en était de même depuis le début du travail, le matin — il ne cessa jamais de travailler, ni ne regarda une seule fois ou ne s'éloigna du mur où était accroché son tableau... Une petite boîte à couleurs, un nombre infime de petits pinceaux et un ou deux flacons se trouvaient à ses pieds, très mal placés; mais sa faible taille lui permettait d'atteindre très rapidement, en se baissant, tout ce qu'il voulait. Lorsqu'il se penchait en avant et de côté vers la droite, le bouton en métal gauche de son costume bleu s'élevait à six pouces au-dessus du bouton droit; la tête enfouie dans les épaules et baissée, il présentait un aspect bizarre aux visiteurs, qui murmuraient entre eux des commentaires et riaient doucement sous cape. A un moment donné de ses mystérieuses manigances, on voyait Turner, qui travaillait presque uniquement au couteau à palette, rouler et étendre un tas de pâte translucide sur la longueur et la hauteur d'un doigt. Comme Callcott observait la scène, je me hasardai à lui demander : "De quoi enduit-il son tableau ?". A quoi on me répondit : "Je ne voudrais pas être celui qui lui poserait la question"... Bientôt l'œuvre fut terminée : Turner rassembla ses instruments, les remit dans la boîte et la ferma, puis, le visage toujours tourné vers le mur et sans s'en écarter, il partit en marchant de côté, sans dire un mot à personne; enfin, arrivé à l'escalier au centre de la pièce, il descendit à toute vitesse. Tous regardaient avec un sourire de surprise amusée, et Maclise, qui se trouvait à côte de lui, commenta : "La marque d'un vrai talent, c'est qu'il ne s'arrête pas pour regarder son œuvre : il *sait* qu'elle est achevée et il s'en va" ».

J. G.

Philadelphie, Philadelphia Museum of Art (John H. McFadden Collection)

61

Mariniers déchargeant du charbon la nuit

1835

Toile. 0,90 × 1,21

Signé sur la bouée, à gauche : *J M W T*

BJ n° 360 (pl. 341)

Expositions : Londres, R. A., 1835, n° 24; Londres, 1974-1975, n° 360.
Bibliographie : BJ (avec bibliographie antérieure).

La composition rappelle de très près celle de l'aquarelle *Shields sur la Tyne,* signée et datée 1823, qui fut gravée dans la série *The Rivers of England* (« Les rivières de l'Angleterre »). Mais dans le tableau, qui montre également la Tyne à South Shields, Turner réussit à donner l'impression d'un espace beaucoup plus grand, en élargissant le plan d'eau entre les deux rangées de bateaux.

Turner l'exécuta comme pendant à *Venise,* tableau exposé en 1834 et maintenant conservé lui aussi à Washington. Les deux tableaux étaient destinés à Henry McConnell, fabricant de textiles de Manchester qui réunit une importante collection de tableaux anglais, ou du moins à son instigation. MacConnell partit pour l'Amérique en 1849, mais vendit les deux tableaux à John Naylor de Liverpool avant son départ. A son retour, en 1861, il essaya de les racheter, et écrivit à Naylor : « Je crois que je pourrais obtenir d'autres Turner, mais comme les vôtres ont été peints à mon instigation, ils m'attirent plus que les autres ». Cette demande n'eut, bien entendu, aucun succès; mais MacConnell pensait — on le constate avec surprise — que Naylor consentirait plus volontiers à lui rendre les *Mariniers* que *Venise.*

MacConnell rappelait aussi qu'il avait payé les *Mariniers* 300 £, « une somme supérieure à celle demandée par Turner »; le prix de Turner devait donc être à l'origine 250 guinées. Comme son prix habituel pour le format normal de 0,91 m sur 1,22 m était de 200 guinées (voir n° 14), il semblerait qu'il ait très peu augmenté ses prix en un quart de siècle.

Dans l'ensemble le tableau fut admiré à la Royal Academy, bien que plusieurs critiques n'aient pas trouvé le ciel assez sombre pour une scène nocturne.

Outre le contraste évident entre la lumière du jour et celle de la lune, McConnell a pu suggérer à Turner d'accentuer l'opposition entre une Venise inondée de soleil, dont les habitants semblent jouir de vacances perpétuelles, et l'effervescence de la zone industrielle au nord de l'Angleterre, avec son atmosphère enfumée.

De plus, Turner (ou MacConnell mais c'est moins

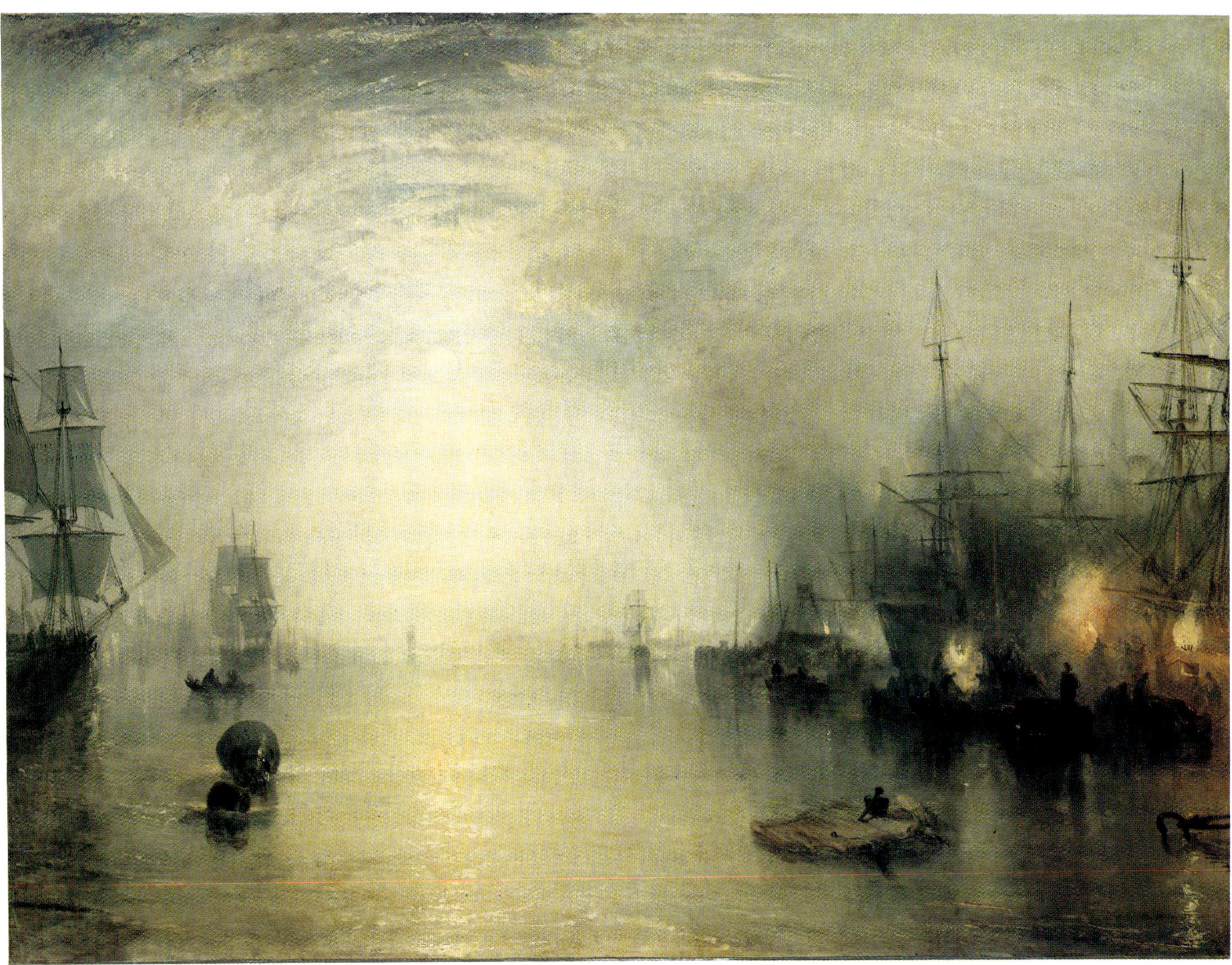

61

vraisemblable) a peut-être conçu les tableaux comme un avertissement. Turner avait toujours eu conscience que Venise, jadis grande puissance maritime, sombrait maintenant dans un triste déclin et, qui pis est, passait sous la domination étrangère. Il aurait donc souhaité, par son tableau *Mariniers déchargeant du charbon la nuit,* mettre la Grande-Bretagne en garde contre un pareil destin, si elle ne luttait pas pour maintenir à la fois sa suprématie navale et son expansion industrielle. Comme Turner avait déjà accompagné un autre de ses tableaux exposés en 1835 (n° 59) d'une citation du *Pèlerinage de Childe Harold,* il a pu ici encore, comme l'a fait remarquer Gerald Finley, penser à Byron, qui apostrophe ainsi la Grande-Bretagne dans le chant IV :

« ... devant la chute
De Venise songe à la tienne,
Malgré les remparts de tes flots ». [1]

E. J.

Washington, National Gallery of Art (Widener Collection, 1942)

(1) Byron. *Le chevalier Harold.* Introduction, traduction et notes par Roger Martin, Paris, Aubier-Montaigne, 1949.

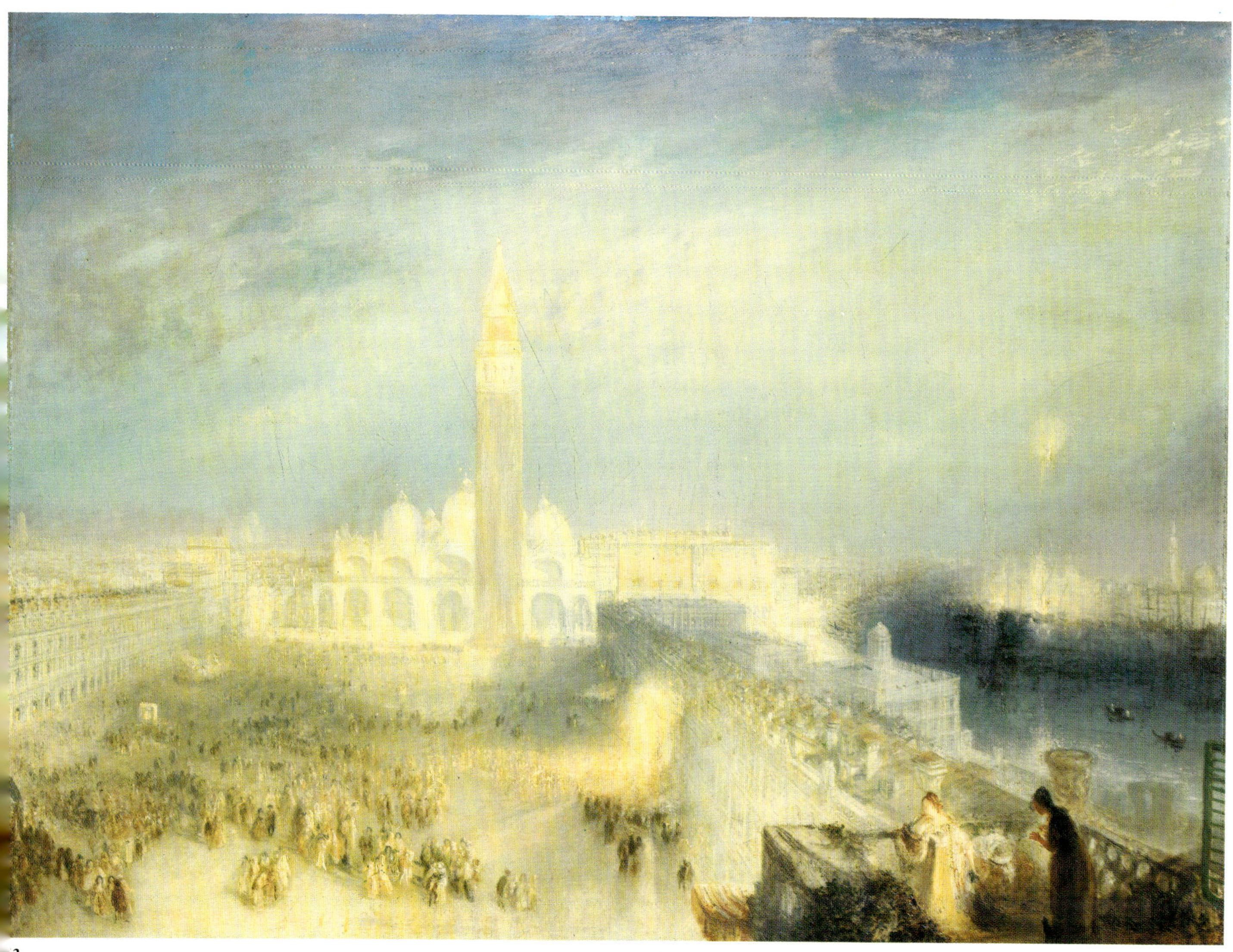

62

Juliette et sa nourrice

1836

Toile. 0,89 × 1,20

BJ n° 365 (pl. 343)

Expositions : Londres, R. A., 1836, n° 73; New York, 1966, n° 14. *Bibliographie* : BJ (avec bibliographie antérieure); Van Akin Burd, « Background to *Modern Painters* : the Tradition and the Turner Controversy », *Publications of the Modern Languages Association of America*, 74, I, 1959, pp. 254 ss; J. Ziff, *Art Bulletin*, LXII, 1980, p. 170; H. I. Shapiro, ibid., LXIII, 1981, p. 346.

On n'hésitera pas à considérer cette toile éblouissante, si rarement montrée, comme l'œuvre la plus représentative de Turner dans la phase tardive de sa carrière. Elle détermina en effet le jeune Ruskin à intervenir en faveur du peintre lorsqu'il fut attaqué sur un ton particulièrement venimeux par le Rév. John Eagles, critique d'art au *Blackwood's Edinburgh Magazine*. Ruskin rédigea une longue réfutation de cette critique, la soumit à l'approbation de Turner et, bien que celui-ci lui eût déconseillé de la publier, elle constitua le noyau du premier volume des *Modern Painters* (1843); dans ce volume, son but était de développer l'idée que, contrairement à l'opinion courante, les paysages de Turner étaient plus fidèles à la nature que ceux de tout autre artiste.

Turner aurait sûrement approuvé le jugement de Ruskin, même si, dans le cas présent, il avait favorisé la confusion quant à la vraisemblance en transportant à Venise l'action que Shakespeare a placée à Vérone. « Entre autres absurdités », écrivait Eagles, « nous nous demandons sans cesse pourquoi Juliette et sa nourrice se trouvent à Venise. Le cadre de la scène apparaît en effet comme un assemblage de sites de Venise, jetés pêle-mêle, striés de bleu et de rouge, et précipités dans un tonneau de farine. On a plongé la pauvre Juliette dans la mélasse pour lui donner l'air doux, et nous avons peur que cette architecture farineuse saupoudre son jupon ».

Sans tenir compte de ce pronostic, bien des commentateurs se sont pourtant interrogés sur ce déplacement du lieu de l'action, et Ziff a émis récemment l'hypothèse que la Juliette de Turner ne serait pas l'héroïne de Shakespeare, mais celle d'une courte nouvelle de Samuel Rogers, *Marcolini,* publiée dans son recueil de textes en vers et en prose, *Italy,* que Turner avait justement illustré à la fin des années 1820 (n°s 216, 217). Cette Giulietta est la fiancée d'un jeune Vénitien, Marcolini, qui fut exécuté pour un meurtre qu'il n'avait pas commis; elle perd la raison, et chaque nuit, quand la cloche de Saint-Marc sonne pour la messe célébrée en expiation de cette injustice, elle regarde de sa fenêtre gothique vers l'endroit de la place où son fiancé a été mis à mort. L'anecdote a pu inciter Turner à imaginer Juliette dans le cadre de la place Saint-Marc, mais, comme l'a signalé Shapiro dans une réplique à Ziff, son héroïne est tout à fait shakespearienne. Turner semble avoir aimé particulièrement *Roméo et Juliette;* en 1830 (vente Balmanno, Sotheby, 4-12 mai, lot 895), il acheta une des illustrations de Thomas Stothard pour la pièce, et dans le tableau exposé il a modelé le personnage de Juliette sur les paroles que lui adresse intérieurement Roméo, quand elle est assise au balcon après le bal (acte II, scène 2). « Voici que sur sa main elle appuie une joue », tandis que de l'autre elle tient le gant que son amoureux rêve d'être, « pour toucher ce visage ». Sous le soleil pâle, elle est la source de lumière qui découpe en une silhouette sombre, contrastant avec son propre éclat, les formes de la nourrice :

> « Oui, c'est là l'Orient, c'est elle mon soleil.
> Lève-toi, beau soleil, achève cette lune
> Déjà toute malade et blême de chagrin...
> Deux des étoiles les plus belles de la nuit,
> Ayant affaire ailleurs, doivent prier ses yeux
> De luire dans leurs sphères jusqu'à leur retour » [1]

Turner a certainement situé Juliette à Venise pour l'atmosphère si romantique et si festive de la ville, évoquée par Byron dans un passage de *Childe Harold* qu'on utilisa comme légende — sûrement avec le consentement de Turner — pour le deuxième tirage de la gravure de Hollis d'après ce tableau (1842; R, n° 654) :

> « ... le lieu charmant de toutes fêtes,
> Les délices de la terre, la mascarade de l'Italie ». [2]

Le public accueillit assez mal le tableau de Turner. Cependant, le critique du *Morning Post* fut enthousiaste : c'était, écrivait-il « l'une de ces peintures magiques par lesquelles Mr Turner étourdit les sens et emporte l'imagination. Ce tableau est une véritable scène d'enchantement... son mérite consiste à faire appel à l'imagination par l'intermédiaire de la couleur, et jamais on n'a vu séduction plus étonnante ni illusion plus splendide. » J. G.

République Argentine, collection Mme Amalia Lacroze de Fortabat

63

Venise, vue du porche de la Madonna della Salute

1835

Toile. 0,91 × 1,22

BJ n° 362 (pl. 342)

Exposition : Londres, R. A., 1835, n° 155.
Bibliographie : BJ (avec bibliographie antérieure).
Gravure : par W. Miller, 1838 (R, n° 648).

Cette vue est un souvenir du voyage de Turner à Venise en 1833, qu'avait financé Munro de Novar. D'après Thornbury (1877, p. 105), au lieu de l'aquarelle qu'on lui avait commandée, le peintre réalisa ce tableau, « qui ne plut jamais beaucoup à M. Munro. L'artiste, blessé par la déception du mécène, refusa d'abord de lui vendre son tableau; il y consentit finalement ». On ne peut s'empêcher d'éprouver quelque sympathie pour Munro dans l'histoire.

Turner semble être parti d'un dessin au crayon fait pendant sa visite de 1819 (TB CLXXV, p. 67v). Mais, comme l'a remarqué Barbara Reise, le point de vue du tableau est double : les édifices de gauche sont vus de l'angle des degrés de la Salute, tandis que ceux de droite ont été observés de l'autre côté du canal, à quelque cent mètres en

(1) Collection Shakespeare. Texte anglais-français publié sous la direction de A. Koszul, Paris, J.M. Dent, 1924, p. 65.

(2) Byron. *Le chevalier Harold.* Introduction, traduction et notes par Roger Martin, Paris, Aubier-Montaigne, 1949.

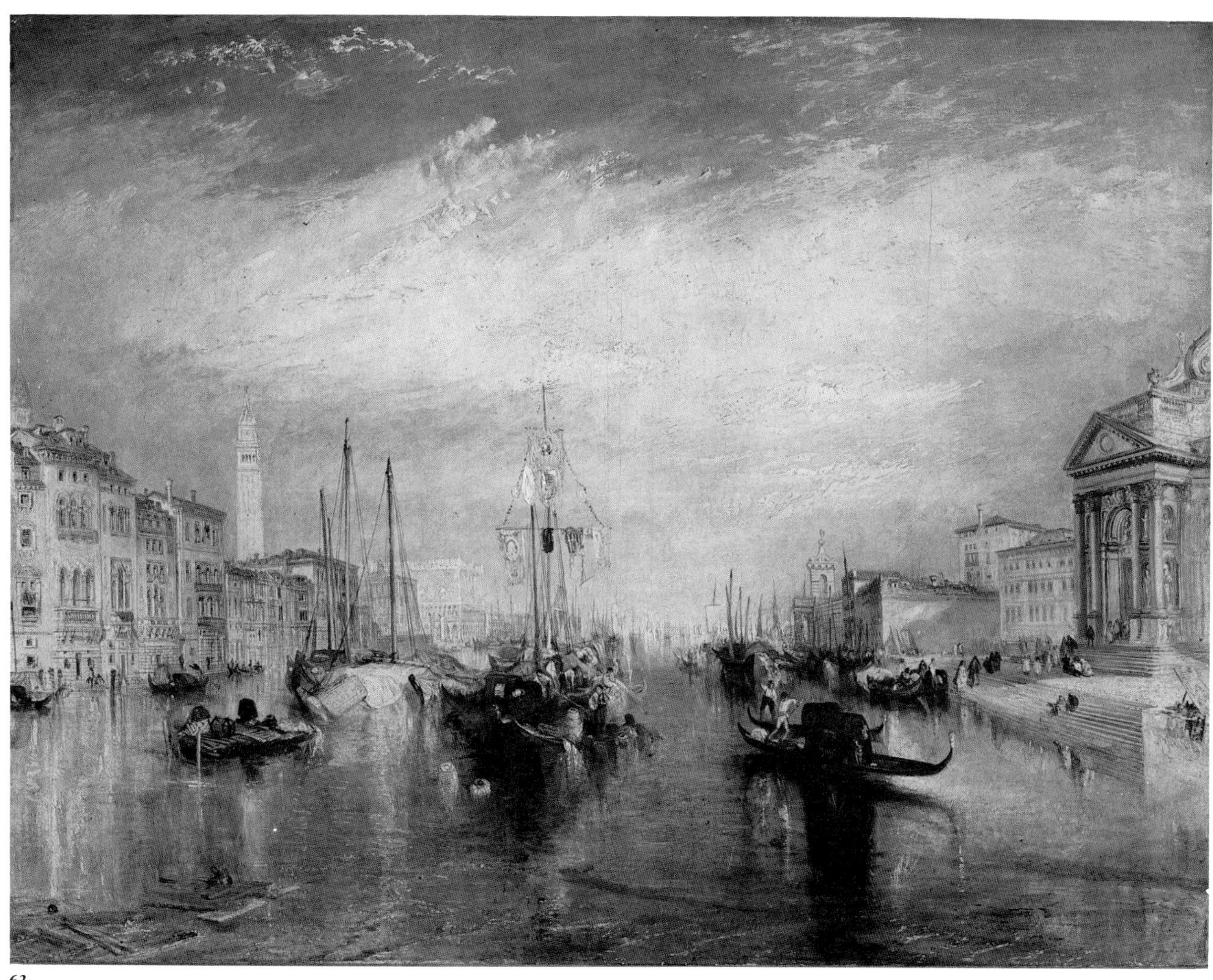

63

amont, au bord du Campo del Traghetto de Santa Maria del Giglio.

A l'exposition de la Royal Academy, le tableau fut dans l'ensemble apprécié, bien que le critique du *Frazer's Magazine* (XII, n° LXVII, pp. 52-55) l'ait qualifié de « chef-d'œuvre d'obscurité clinquante » et ait mis Turner en garde contre l'idée que « pour atteindre la poésie, il faut être à peu près inintelligible » — jugement qui nous paraît aujourd'hui singulièrement erroné.

Munro ne prit visiblement pas goût au tableau avec le temps et le vendit chez Christie en mars 1860; il fut alors acheté par le marchand Ernest Gambart. Dans une lettre (coll. Jeremy Maas), écrite à Gambart un mois après la vente, le père de Ruskin suggère que le tableau devrait aboutir au Louvre, et propose d'offrir lui-même 500 £ si l'on peut trouver vingt contributions de 100 £ (le tableau avait été acheté 2.520 £ à la vente, et le père de Ruskin demandait au marchand de le céder au prix coûtant). Il donna une réception quelques jours après pour lancer la souscription, mais sans succès, de sorte que Gambart vendit le tableau ailleurs. Le Louvre dut ainsi attendre plus de cent ans avant d'acquérir son premier tableau de Turner (voir n° 76). Il est donc particulièrement heureux que le n° 63 figure à l'exposition.

E. J.

New York, The Metropolitan Museum of Art (Legs Cornelius Vanderbilt, 1899)

64

Rome antique : Agrippine accostant avec les cendres de Germanicus. - Le Pont triomphal et le Palais des Césars restaurés

1839

Toile. 0,91 × 1,22

BJ n° 378 (pl. 354)

Expositions : Londres, R. A., 1839, n° 66; prêt au Boston Museum of Fine Arts à titre d'échange, 1954-1957; Londres, 1974-1975, n° 516.
Bibliographie : BJ (avec bibliographie antérieure); R. N. Wornum, *The Turner Gallery,* 1875, pp. 74 ss; J. H. Rosny aîné, *Turner,* 1925, p. 105; Wilton, 1979, pp. 215-216.

Le tableau fut exposé en 1839 comme pendant à *Rome moderne - Campo Vaccino* (coll. Earl of Rosebery; BJ, n° 379). Il portait une légende probablement composée par Turner :

> ... "The clear stream,
> Aye, ... the yellow Tiber glimmers to her beam,
> Even while the sun is setting."(1)

Agrippine était la femme de Germanicus Julius Caesar (15 av. J.-C. - 19 apr. J.-C.), qui mourut de mort violente au cours d'une expédition à Antioche. L'acte de « piété » qu'elle accomplit en rapportant à Rome les cendres de son mari devint le sujet d'un certain nombre de tableaux anglais et français du XVIIIe siècle (R. Rosenblum, *Transformations in late eighteenth-century art,* 1967, pp. 42-43). Ici, Turner a suivi Oliver Goldsmith (*Roman History,* 1786, II, p. 88) en substituant Rome à Brindisi comme lieu d'accostage; la grande barge qui pointe sous le Pont triomphal est probablement celle d'Agrippine. Plusieurs commentateurs modernes ont pensé que Turner s'était inspiré pour la paire d'un poème de James Thomson, *Liberty* (« Liberté », IIIe partie, 1735). Mais l'association semble moins directe chez Turner que dans ce texte. Jack Lindsay a souligné (*The Sunset Ship : Poems by J. M. W. Turner,* 1966; pp. 49-50) que dans *Rome antique* le peintre avait montré le lever de la lune en même temps que le coucher du soleil, et qu'il y avait probablement été incité par deux vers de Byron, dont il se servit comme légende pour le pendant :

> « La lune est levée, et cependant il n'est pas nuit
> Le couchant se partage le ciel avec elle... »
> (*Le Pèlerinage de Childe Harold,* IV, XXVII)(2).

La même ambiguïté du moment et de l'atmosphère se retrouve dans la légende du n° 64 : le geste de dévotion d'Agrippine allume une lueur dans les ténèbres de cette Rome décadente, dont le déclin allait s'accélérer sous les gouvernements de son fils Caligula et de son petit-fils Néron.

Wilton a noté à juste titre que, dans le cas de la *Rome moderne* non plus, Turner ne s'adonne pas uniquement aux regrets : il pensait sans doute aux vers du *Pèlerinage de Childe Harold* qui précèdent ceux qu'on vient de citer :

> « Tes ronces elles-mêmes sont magnifiques, ta lande
> Est plus riche que la fertilité d'autres cieux
> Tes débris sont une gloire... »(2)

Grâce à une inscription, Turner met ici l'accent sur le rôle des papes successifs dans les fouilles et la protection du forum romain; d'autre part, la référence du titre à la restauration d'édifices antiques montre qu'ici encore il s'agit dans une large mesure d'un exercice archéologique (voir aussi n° 32). Mais, contrairement à la reconstitution du temple de Jupiter à Egine, il n'existait presque aucun témoignage sur l'aspect du Palais des Césars (TB CCCLXXV, p. 33) et du Pont triomphal à Rome. Aussi Turner se lançait-il dans le domaine de la reconstitution imaginaire qu'avaient exploré pendant plusieurs années J. M. Gandy et C. R. Cockerell, et que Turner lui-même avait déjà illustré avec enthousiasme l'année précédente dans *L'Italie antique — Ovide banni de Rome* (BJ, n° 375; voir Gage, *Turner Studies,* III, 1, 1983). Le Palais des Césars sur le Palatin offre ici quelques traits communs avec la reconstitution assez palladienne de Bianchini au XVIIIe siècle (F. Bianchini, *Del Palazzo de' Cesari,* 1738, pl. XII, XIII), ainsi qu'avec celle, plus basse et plus grêle, de l'architecte russe Konstantin Thon, que Turner a pu rencontrer lors de sa deuxième visite à Rome, en 1828 (Constantino Thon, *Il Palazzo de' Cesari sul Monte Palatino,* Rome, 1828, pl. IV, VII). Il est possible aussi, comme me l'a fait remarquer Vivian Cameron, que le palais de Turner emprunte quelque chose, dans sa composition d'ensemble, au projet de Gandy pour le nouveau Palais du Parlement après l'incendie de 1834, projet qu'il avait montré à la Royal Academy l'année suivante (*Sketch for New Senate Houses;* Architectural Association, *Joseph Michael Gandy, 1771-1843,* 1982, n° D6, ill.). Là aussi, un pont donnait accès au palais.

Tout en attirant l'attention sur l'arbitraire de la

(1) « ... Le fleuve aux eaux limpides,
Oui, ... le Tibre doré sous son rayon scintille,
Lors même que le soleil décline ».

(2) Byron. *Le chevalier Harold.* Introduction, traduction et notes par Roger Martin, Paris, Aubier-Montaigne, 1949.

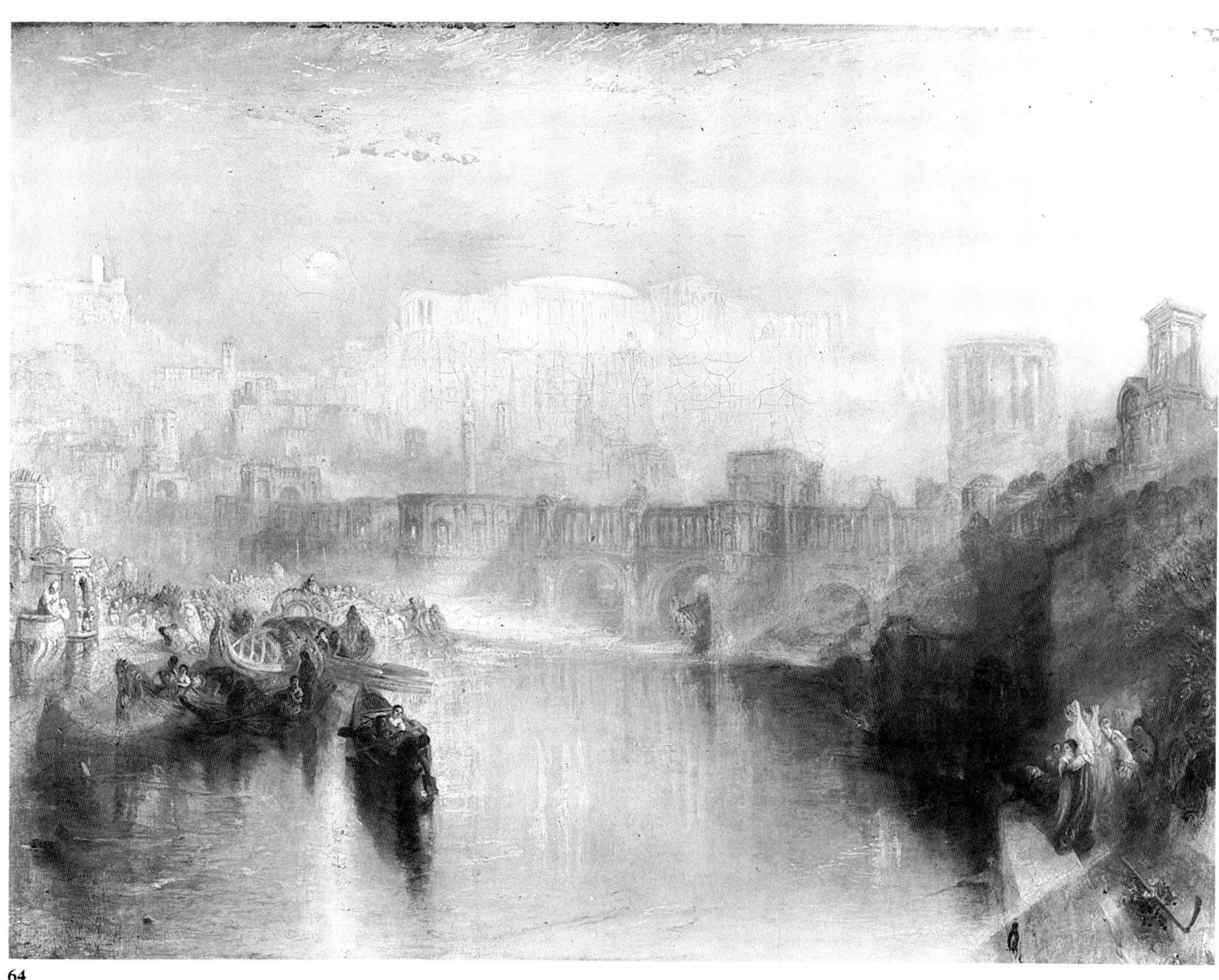

64

topographie dans ce tableau, Wornum notait que le Pont triomphal se situait à un bon kilomètre et demi du Palais des Césars, près de l'actuel Ponte Sant'Angelo. On l'identifiait parfois avec le Ponte Vaticanus, qu'on pensait avoir été érigé par le fils d'Agrippine, Caligula, le responsable mégalomane du célèbre pont de Baiae, que Turner avait peint dans un grand tableau exposé en 1831 (BJ, n° 357; A. Nibby, *Roma nel 1838,* I, 1838, pp. 205-206). Le témoignage le plus détaillé (mais non illustré) sur le pont dont Turner ait pu disposer était probablement l'ouvrage de Ridolfino Venuti *Accurata e Succinta Descrizione Topografica delle Antichità di Roma* (2e éd., 1803, IIe partie, pp. 172 ss), qui comporte aussi un rapport sur le parcours du triomphe romain. Turner ne savait pas l'italien, mais il a pu être aidé par Sir Richard Colt Hoare, un des souscripteurs du livre, qui continuait à protéger Turner dans les années 1820 (voir n° 135), ou par C. R. Cockerell, qui l'avait cité comme une source autorisée pour sa propre reconstitution du Forum romain, montrée à la Royal Academy en 1819, juste avant son association étroite avec Turner (Gage, *Turner Studies,* I, 2, 1981, p. 25; III, 1, 1983). J. G.

Londres, The Trustees of the Tate Gallery (n° 523)

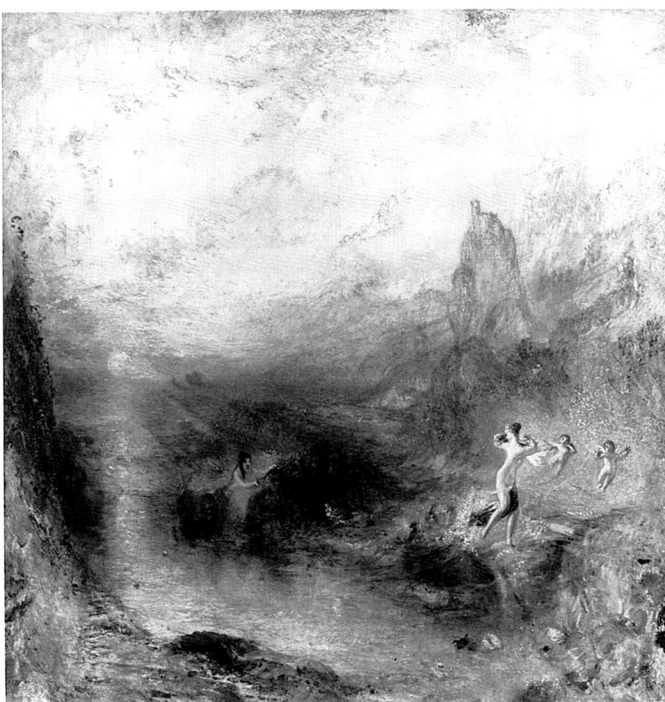

65

65

Glaucus et Scylla

1841

Huile sur panneau. 0,79 × 0,77

Expositions : Londres, R.A., 1841, n° 542; Paris, Galerie Sedelmeyer, 1902, n° 99; Londres, R.A., 1968-1969, n° 166.
Bibliographie : BJ (avec bibliographie antérieure); M.B. Wallace, « J.M.W. Turner's Circular, Octagonal and Square Paintings », *Arts Magazine,* avril 1979, pp. 111-112.

Dès les années 1810, Turner fut attiré par la fable de Glaucus et Scylla (Ovide, *Métamorphoses,* XIII, 895-967; XIV, 1-74) : il exécuta en effet pour le *Liber Studiorum* (R., n° 73) une composition très proche de celle-ci, mais qui ne fut jamais publiée. Si le paysage et les personnages étaient alors claudiens (c'est en fait une répétition presque littérale du *Chrysès* de 1811, n° 119), ils sont ici délibérément vénitiens, et l'on peut discerner dans le traitement de Scylla et de ses suivantes l'intérêt renouvellé de Turner pour l'œuvre du Titien, que manifestait déjà *Bacchus et Ariane,* exposé à l'Académie l'année précédente (BJ, n° 382). On peut signaler que, probablement à cette date, Turner possédait un tableau vénitien non identifié, représentant des dieux marins (Christie, 25 juillet 1874, lot 26). Comme *Bacchus et Ariane, Glaucus et Scylla* était à l'origine encadré comme un tondo et présenté en même temps qu'un autre tondo, *L'aube du christianisme - La fuite en Égypte* (BJ, n° 394) dont la palette sombre et froide s'oppose à celle, chaude et éclatante, du *Glaucus.* Ils constituent le premier exemple d'une série de paires de petits tableaux caractéristiques dans l'œuvre de Turner du début des années 1840 (voir n°s 70-73).

Les liens thématiques ne sont peut-être pas aussi évidents que dans les œuvres ultérieures; en effet, on ne sait toujours pas si *L'aube du christianisme* (qui, comme *Bacchus,* traite d'une divine rivalité du soleil et des étoiles) avait pour pendant *Glaucus et Scylla* ou *Bacchus et Ariane.* Mais le point de départ de Turner semble bien avoir été le poème de Thomas Gisborne « Spring », extrait des *Walks in a Forest* (4e édit., 1799, p. 5), qu'il utilisa pour écrire la légende de *L'aube du christianisme* et où le poète décrit le Christ comme une étoile s'élevant dans le ciel « en un rougeoiement qui éclipse la splendeur méridienne du soleil ». Dans *L'aube du christianisme,* l'étoile est le motif déterminant; dans notre tableau, le soleil (couchant, semble-t-il) est, comme Wallace le suggère, l'emblème de Circé, « fille du soleil », qui, jalouse de l'amour du dieu marin Glaucus pour Scylla, lui donna une potion qui fera d'elle d'abord un monstre hideux puis un écueil dangereux près de la côte sicilienne; peut-être Turner l'a-t-il représenté, avec Charybde, par les deux rochers rouges sang à l'horizon. Comme si souvent dans l'œuvre de l'artiste, le soleil est une force destructrice, mais l'opposition morale entre les deux tableaux n'est pas sans ambiguïté : l'aube pleine d'espoir du pendant est entachée par la douleur de l'exil et par la présence du mal sous la forme d'un grand serpent noir au premier plan. De manière plus élémentaire, Turner, comme déjà dans *Ulysse raillant Polyphème* (voir n° 44), fait allusion à l'union du feu et de l'eau, génératrice de l'activité volcanique.

Dans *Glaucus,* les crustacés remarquablement peints du premier plan annoncent la métaphore centrale de *La guerre,* l'année suivante (n° 71), dont la composition est également très proche de celle du n° 65.

L'utilisation nouvelle, dans ces tons chauds, de quelques sujets typiquement claudiens du *Liber Studiorum* annonce aussi la grande série du milieu des années 1840 (n°s 76-78).

J.G.

Fort Worth, Texas, Kimbell Art Museum.

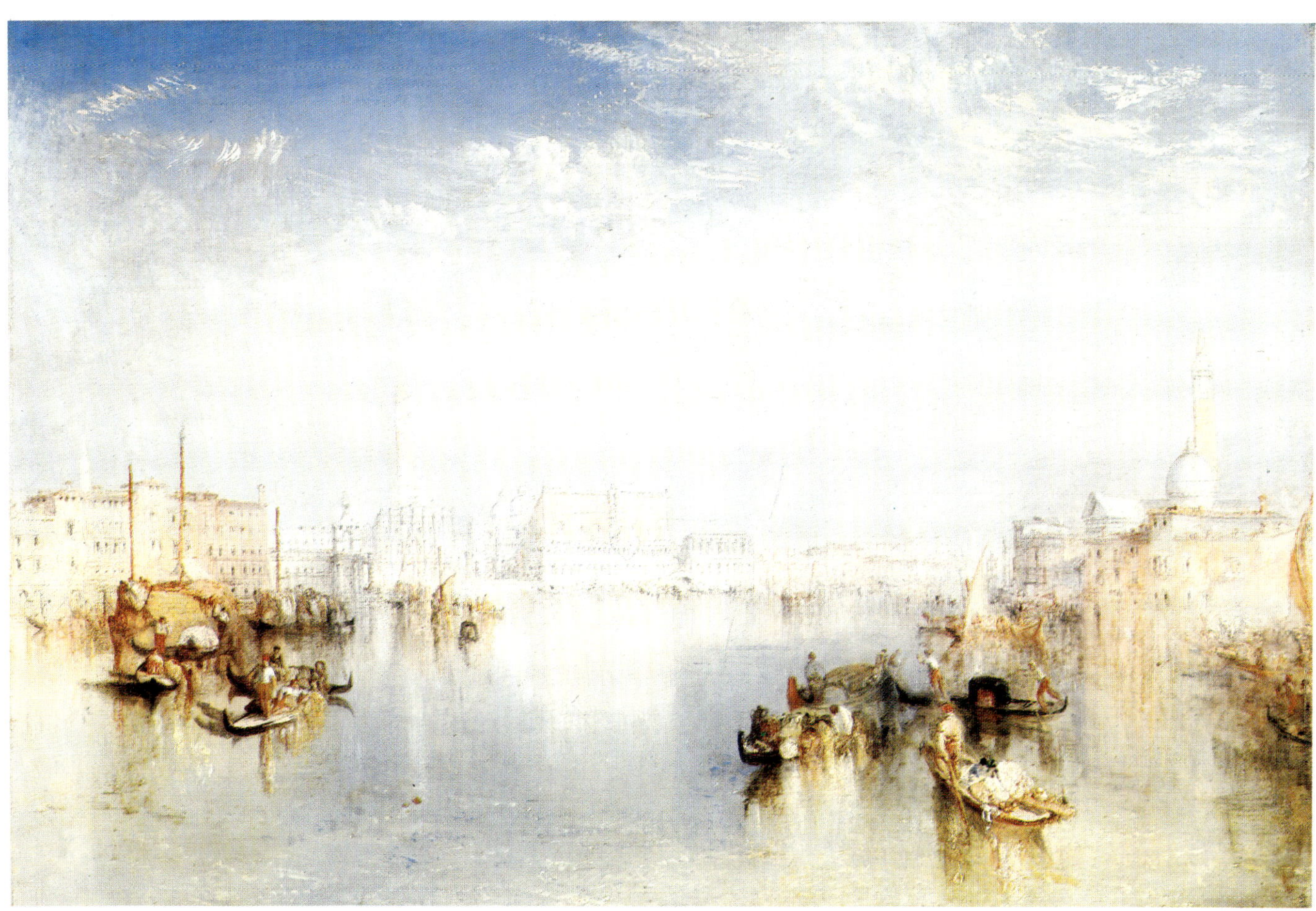

66

66

Le Palais des Doges, la Dogana, et une partie de San Giorgio à Venise

1841

Toile. 0,63 × 0,93

BJ n° 390 (pl. 362)

Exposition : Londres, R. A., 1841, n° 53.
Bibliographie : BJ (avec bibliographie antérieure); « Reminiscences » par J. W. Archer, *Turner Studies*, I, 1, juin 1981, p. 34.

Acheté le jour du vernissage à l'exposition de la Royal Academy en 1841 par un ami intime de Turner, le sculpteur Sir Francis Chantrey (1781-1841), qui possédait aussi le n° 35 et dont l'admiration pour Turner — en particulier pour ses œuvres de jeunesse — était, nous dit George Jones, « sans bornes ». L'information de Thornbury, d'après laquelle Chantrey acheta le n° 66 « anonymement, sur les conseils d'un collègue de l'Académie », est certainement inexacte, étant donnée l'amitié entre Turner et Chantrey; selon le propos tenu par l'artiste George Lance à J. W. Archer, Turner exécuta le n° 66 spécialement pour Chantrey.

La restauration de 1982, par John Brealey au Metropolitan Museum, a révélé la splendeur du tableau, dissimulée depuis tant d'années sous les vernis craquelés et décolorés. Il apparaît désormais clairement que les vues peintes de Venise offrent beaucoup de ressemblances avec les aquarelles de Turner à la même époque; elles confirment tout à fait un

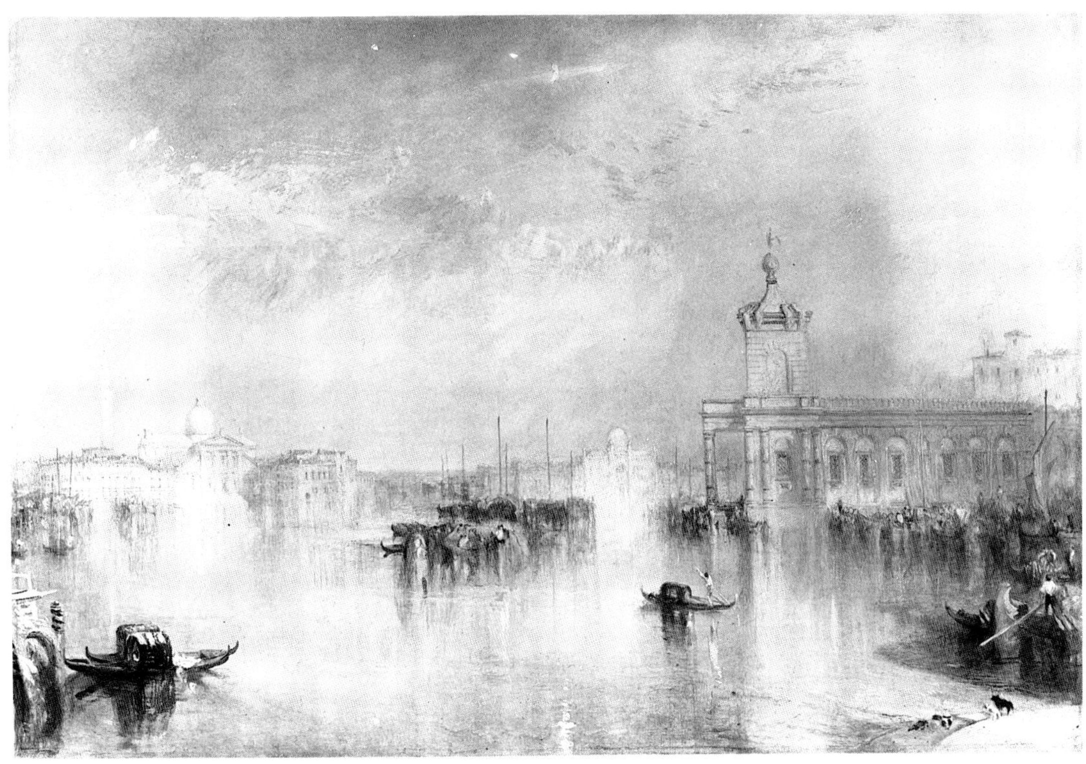

67

commentaire fait par un critique de l'*Athenaeum* (5 juin), au moment de l'exposition à la Royal Academy : « Il serait difficile de surpasser la clarté de l'atmosphère et de l'eau qu'offrent ces peintures de Venise — l'eau y captant tout reflet passager avec une transparence délicate inaccessible à un pinceau plus médiocre ». E. J.

Oberlin, Oberlin College, Allen Memorial Art Museum (Legs Mrs F. F. Prentiss, 44-54)

67

La Dogana, San Giorgio, Zitella, vues des marches de l'Europa

1842

Toile. 0,62 × 0,92

BJ n° 396 (pl. 365)

Expositions : Londres, R. A., 1842, n° 52; Londres, National Gallery, 1847 (le premier Turner qui y fût montré, comme exemple du grand legs de peinture britannique fait par Vernon); Hambourg, Oslo, Stockholm, Copenhague, 1949-1950, n° 98; Londres, 1974-1975, n° 532; Leningrad et Moscou, 1975-1976, n° 66; Munich, 1979-1980, n° 260.
Bibliographie : BJ (avec bibliographie antérieure).

Turner séjournait souvent à l'hôtel Europa de Venise (ancien palais Giustinian) et des fenêtres faisait de nombreuses esquisses (nos 230-231). Dans l'aquarelle n° 236, de 1840 environ, le point de vue est très semblable à celui du tableau exposé, qui pourrait se fonder lui-même sur un croquis au crayon dans le carnet *De Milan à Venise,* de 1819 (TB CLXXV, p. 40; A. J. Finberg, *In Venice with Turner,* 1930, pl. 2). Le n° 67 fut montré en 1842 à la Royal Academy, en même temps qu'une vue de Venise, de mêmes dimensions, *Le Campo Santo à Venise* (Toledo, Ohio, The Toledo Museum of Art; BJ, n° 397); comme l'a suggéré Chris Mullen dans le catalogue de l'exposition de Munich, le contraste entre les deux tableaux, que les critiques ont généralement étudiés comme une paire, est l'image de la grandeur et de la décadence de Venise. La Dogana da Mar, édifice de Giuseppe Benoni terminé en 1682, avec sa figure

68

de Fortune pour girouette, était le symbole par excellence de la puissance marchande de Venise, l'île du cimetière San Michele celui de sa mort. Pour Turner comme pour tant de ses contemporains, Venise représentait, après la suppression de la République par Napoléon en 1797, le dernier des grands empires sombrant sous l'effet combiné de la corruption interne et de l'invasion étrangère.

Un détail étrange, resté sans explication jusqu'ici, la partie droite du premier plan, pourrait corroborer cette interprétation : les vases aux couleurs brillantes posés sur le quai sont probablement des articles de luxe importés, typiques du commerce vénitien. Ils sont plus durables, mais en dernière analyse pas moins délétères, que les ordures flottant au premier plan du *Campo Santo* (A. I. Spriggs, « Oriental Porcelain in Western Paintings, 1450-1700 », *Transactions of the Oriental Ceramic Society*, 36, 1964-1966, pp. 73-87). Mais leur juxtaposition avec le chien blanc et le chien noir, qui sont plus caractéristiques de Turner, permet aussi un commentaire sur le plan formel : le groupe tout entier résume, pour ainsi dire, la palette de Turner, avec ses pôles de lumière et d'ombre, de tons froids et de tons chauds (voir aussi n°s 70 et 71, 72 et 73). A Petworth (n° 168) Turner s'était familiarisé avec le « bleu et blanc » chinois et il avait certainement parlé avec son ami de Petworth, le peintre américain C. R. Leslie, du « goût extrêmement raffiné dans la sélection et la répartition des couleurs » que présente ce type d'objet oriental (C. R. Leslie, *A Handbook for young painters*, 1855, pp. 177-178). Comme bien souvent chez Turner, le contenu et la forme sont intimement liés.

J. G.

Londres, The Trustees of the Tate Gallery (n° 372)

68

Venise et la Salute

vers 1840-1845

Toile. 0,62 × 0,92

BJ n° 502 (pl. 491)

Expositions : Londres, 1974-1975, n° 536; Leningrad et Moscou, 1975-1976, n° 68.
Bibliographie : BJ (avec bibliographie antérieure).

69

C'est la récente restauration qui a dévoilé cet alliage étincelant de jaune et de blanc. Le tableau présente d'étroites affinités avec *Venise - Maria della Salute,* exposé à la Royal Academy en 1844 (Londres, The Tate Gallery; BJ, n° 411); à peine moins achevé que ce dernier, il donne une bonne idée des couches de couleur des œuvres de Turner à un stade avancé de leur évolution vers l'état de tableau d'exposition. J. G.

Londres, The Trustees of the Tate Gallery (n° 5487)

69

Scène vénitienne (?)

vers 1840-1845

Toile. 0,79 × 0,79

BJ n° 504 (pl. 492)

Bibliographie : BJ (avec bibliographie antérieure).

Le titre de cette toile inachevée est conjectural, bien qu'elle présente quelques rapports avec des thèmes de fêtes vénitiennes des années 1840. Butlin suppose qu'elle pourrait avoir été conçue en pendant avec une autre toile inachevée de la même taille, *Une rivière vue d'une colline* (BJ, n° 532); mais Turner a utilisé presque exactement la même palette dans les deux tableaux, ce qui serait une exception dans la série des paires de petits tableaux vers le début des années 1840 (par exemple nos 70-71). J. G.

Londres, The Trustees of the Tate Gallery (n° 5482)

70

La paix - Funérailles en mer

1842

Toile. 0,87 × 0,86

BJ n° 399 (pl. 386)

Expositions : Londres, R. A., 1842, n° 338; Amsterdam, 1936, n° 162; San Francisco, *Golden Gate Exhibition*, 1939; prêté au Louvre de 1950 à 1959, à titre d'échange; Ottawa, *Victorian Artists in England*, 1965, n° 150; New York, 1966, n° 24; Dresde (n° 16) et Berlin (n° 26), 1972; Lisbonne, 1973, n° 18; Londres, 1974-1975, n° 521; Leningrad et Moscou, 1975-1976, n° 64; Munich, 1979-1980, n° 367.
Bibliographie : BJ (avec bibliographie antérieure); *Deutsche Kunstblatt*, 1857; W. Bürger [T. Thoré], *École anglaise* (1863), in C. Blanc, *Histoire des peintres de toutes les écoles*, p. 15; L. Pissarro à C. Pissarro, 11 juin 1883 (J. Rewald, « L. Pissarro : Letters from London », *Burlington Magazine*, XCI, 1949, p. 189); A. Dayot, *La peinture anglaise*, 1908, p. 164; H. Focillon, *La peinture au XIXe siècle : Le retour à l'antique - Le romantisme*, 1927, pp. 162, 166; Wilton, 1979, pp. 200-203, 210-211, 216; M. B. Wallace, « J. M. W. Turner's Circular, Octagonal and Square Paintings, 1840-1846 », *Arts Magazine*, 53, avril 1979, pp. 112-113.

71

La guerre - L'exilé et l'arapède

1842

Toile. 0,79 × 0,79

BJ n° 400 (pl. 387)

Exposition : Londres, R. A., 1842, n° 353.

Bibliographie : BJ (avec bibliographie antérieure); Paul Signac à Angrand, 18 avril 1898 (J. Rewald, « Extraits du journal inédit de Paul Signac », *Gazette des Beaux-Arts*, 42, 1953, p. 32); Wilton, 1979; M. B. Wallace.

La paix et son pendant beaucoup moins célèbre, *La guerre*, sont les premiers exemples certains d'une série de petits tableaux ronds, octogonaux ou carrés, appariés à la fois pour la forme et pour l'iconographie afin d'illustrer une idée. La notion même de paire remonte, dans l'œuvre de Turner, à 1816 (n° 32); vers la fin des années 1830, avec l'*Italie antique* et l'*Italie moderne* (BJ, nos 374, 375), Turner accentua le contraste en y incluant des préoccupations de coloris chaud et froid. La lecture de la *Théorie des couleurs* de Goethe vers 1840 (voir n° 73) aida probablement le peintre à concrétiser ce concept de polarité; *L'aube du christianisme - La fuite en Égypte* (voir fig. p. 134) et *Glaucos et Scylla* (n° 65), exposés ensemble en 1841, ont peut-être aussi un lien thématique, bien qu'on ne l'ait pas encore explicité de manière satisfaisante.

Dans le cas des toiles exposées, qui étaient primitivement encadrées en octogones, le sujet est clair, grâce aux titres, aux légendes et à l'iconographie, qui concerne des événements historiques récents. Les légendes sont empruntées aux *Fallacies of Hope* (« Les illusions de l'Espérance »). *La paix* portait les vers suivants :

> "The midnight torch gleamed o'er the Steamer's side
> And Merit's corse [*corpse*] was yielded to the tide"[1].

« Le cadavre du Mérite » était celui du peintre Sir David Wilkie, qui était mort sur le bateau à son retour de Terre Sainte en mai 1841, et fut enseveli dans la mer au large de Gibraltar, parce que le règlement de quarantaine empêchait de débarquer son corps. Turner était uni à Wilkie par des liens personnels et professionnels; s'il l'avait pu, disait-il à Stanfield, il aurait peint les voiles encore plus noires, et le canard (« mallard ») volant, en grand deuil, apparaît comme une signature (cf. Gage, 1980, p. 231). Il dut partager le regret unanime, à la Royal Academy et ailleurs, que Wilkie n'ait pu recevoir des funérailles dignes de lui et une véritable tombe; comme l'a montré Wallace, son destin présentait en cela un contraste évident avec celui de Napoléon, dont on était allé chercher les cendres à Sainte-Hélène pour les enterrer en grande pompe aux Invalides. La légende composée par Turner pour *La guerre* fait allusion à cette ironie du sort :

> "Ah ! thy tent-formed shell is like
> A soldier's nightly bivouac, alone
> Amidst a sea of blood...
> ... but you can join your comrades."[2]

Wilkie, un artiste, un homme de paix, mourut seul, sans cérémonie, privé de tout monument commémoratif; Napoléon, homme politique et homme de guerre, mourut certes

(1) « Une torche luisant sur le flanc du vapeur,
Le cadavre du Mérite aux flots fut rendu ».

(2) « Ta coque en forme de tente rappelle
Le bivouac nocturne d'un soldat, seul
Sur une mer de sang...
... Va donc, rejoins tes camarades ! »

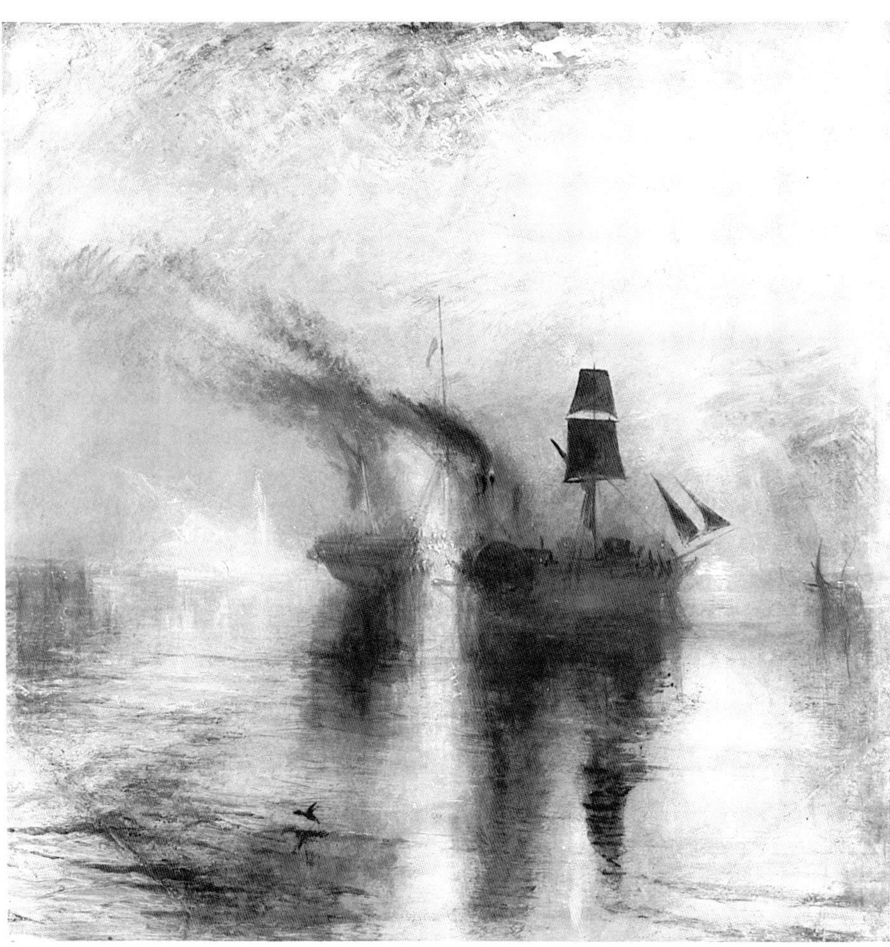

70

seul, lui aussi, mais ses restes furent finalement réunis à ceux de son armée, dans son pays.

Cette paire de tableaux prenait aussi une résonance particulière pour Turner dans le contexte immédiat et plus spécialisé de la Royal Academy. Wilkie était non seulement son ami, mais un des académiciens les plus en vue; sa carrière avait été brillante (voir n° 15); on avait songé à le nommer président après la mort de Lawrence en 1830 et il reçut le titre de chevalier en 1836. Pour *La guerre,* Turner partit d'une peinture très populaire de Benjamin Robert Haydon, *Napoléon méditant à Sainte-Hélène* (version originale, 1829), qui non seulement avait été gravée, mais existait en un grand nombre de répliques, l'une d'elles appartenant à la collection d'un des mécènes de Turner, le poète Samuel Rogers, avec lequel il était particulièrement lié entre 1830 et 1850. Rogers possédait aussi une version d'un *Paysage pastoral* de Claude Lorrain (*Liber Veritatis,* n° 11), de format octogonal, qui a pu inspirer à Turner l'octogone irrégulier des tableaux de 1842. Ami très proche de Wilkie (il fit son éloge funèbre en octobre 1841), Haydon était par ailleurs un opposant farouche à l'Académie et mena toute sa vie contre cette institution une campagne que Turner considérait comme un assassinat. Quelques années plus tard, lorsque Haydon se suicida, mourant dans un bain de sang, Turner se contenta de dire : « Il avait poignardé sa mère ».

Haydon s'était efforcé de maintenir en Angleterre les traditions de la peinture d'histoire monumentale en créant de vastes toiles sombres sur des thèmes essentiellement classiques. La principale version du *Napoléon méditant,* peinte pour Sir Robert Peel en 1831 et maintenant au Metropolitan Museum de New York, a presque trois mètres

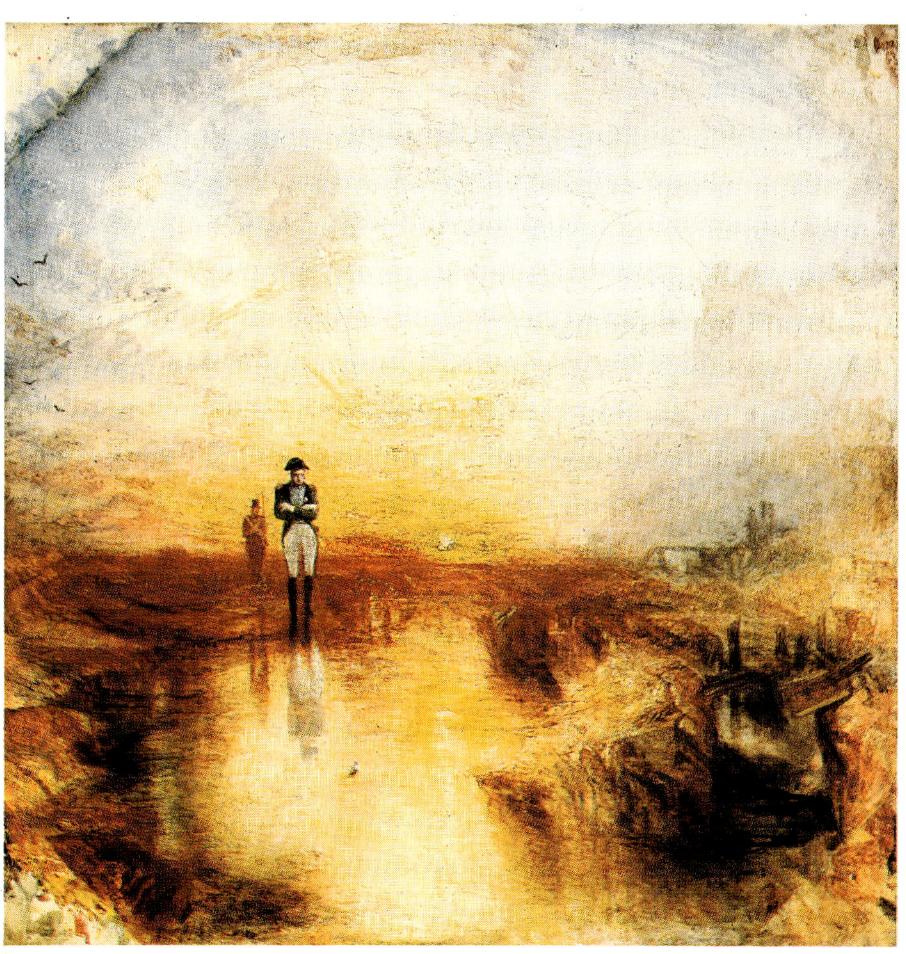

71

de haut. Dans cette nouvelle série de petits tableaux, Turner recourut, pour la composition et les figures, au vocabulaire des vignettes qu'il avait utilisées dans ses illustrations de livres entre 1830 et 1840, en particulier la *Vie de Napoléon* de Walter Scott (n° 222). En se proposant de démontrer que des effets grandioses pouvaient être obtenus sur une petite échelle, Turner, s'opposant nettement à Haydon, étendait la notion même de sublime.

Les deux tableaux furent presque universellement honnis des critiques; *The Spectator* (7 mai 1842) les définissait comme « deux taches rondes de rouge et de noir ». Seul Ruskin se montra plus favorable, en particulier à propos de *La guerre,* dont il prenait la légende fort au sérieux : « Les vers dont Turner accompagne ce tableau sont très importants, comme expression verbale de l'association, dans son esprit, entre la couleur du soleil couchant et le sang... L'idée que Napoléon perçoit une ressemblance entre la coquille d'arapède et une tente passait alors pour triviale aux yeux de la plupart des gens; il se peut (bien que ce ne soit pas mon avis); en tout cas, il n'y a rien de risible dans l'idée que ce malheureux disque lavé par les flots possède un pouvoir et une liberté qui lui sont refusés, à *lui* ». Ruskin admirait aussi « le rayonnement de pourpre et d'or » du tableau; il annonce Signac, qui le citait en 1898, ainsi que les nos 72-73 pour caractériser la dernière manière de Turner : « Ce ne sont plus des *tableaux,* mais des polychromies, des pierreries, la *peinture* dans le plus beau sens du mot ». J. G.

Londres, The Trustees of the Tate Gallery (nos 528, 529)

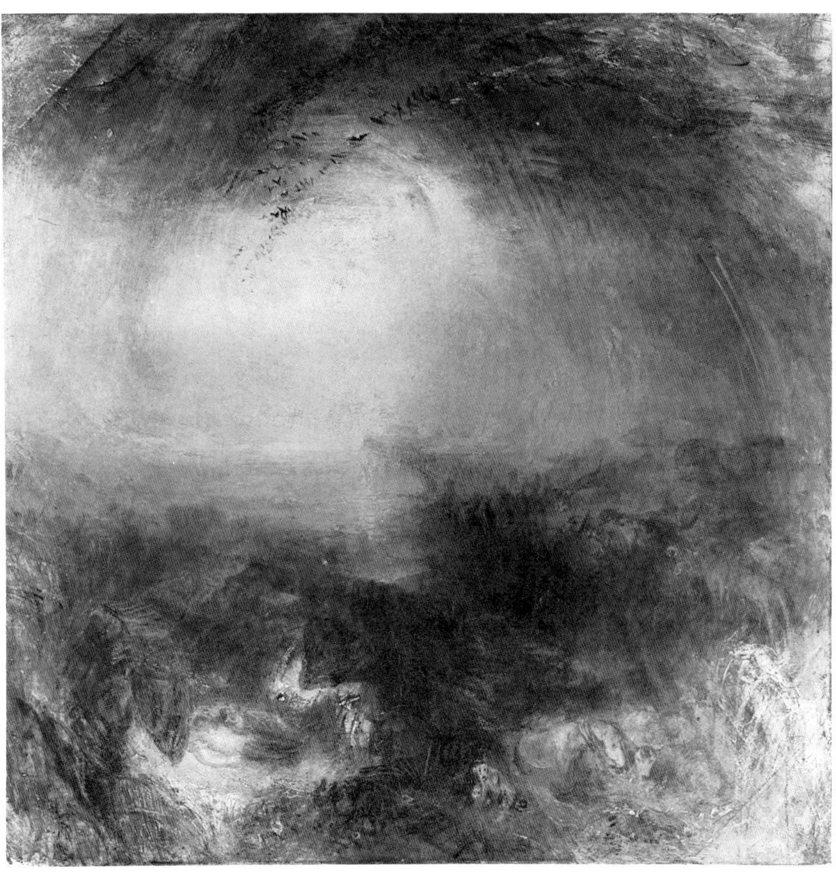

72

72

Ombres et ténèbres - Le soir du Déluge

1843

Toile. 0,78 × 0,78

BJ n° 404 (pl. 392)

Expositions : Londres, R. A., 1843, n° 363; Londres, *The Romantic Movement*, 1959, n° 360; New York, 1966, n° 28; Dresde (n° 18) et Berlin (n° 27), 1972; Londres, 1974-1975, n° 522; Hambourg, 1976, n° 130.
Bibliographie : BJ (avec bibliographie antérieure); T. Silvestre, *Documents nouveaux sur E. Delacroix* (1864), in *Les Artistes français*, 1926, I, pp. 46-47; P. Signac à Angrand, 18 avril 1898 (J. Rewald, « Extraits du Journal inédit de P. Signac », *Gazette des Beaux-Arts*, 42, 1953, p. 32); Wilton, 1979, p. 216; Wilton, 1980, pp. 140-141.

73

Lumière et couleur (la théorie de Goethe) - Le lendemain du Déluge - Moïse écrivant le livre de la Genèse

1843

Toile. 0,78 × 0,78

BJ n° 405 (pl. 393)

Expositions : comme n° 72.

Bibliographie : comme n° 72.

La traduction par C. L. Eastlake (1840) de la *Théorie des couleurs* de Goethe et la paire de grands tableaux de John Martin sur le thème du Déluge, *La veille du Déluge* et *L'apaisement* semblent avoir été la source de cette paire de tableaux, octogonaux à l'origine. La *Veille* de Martin fut

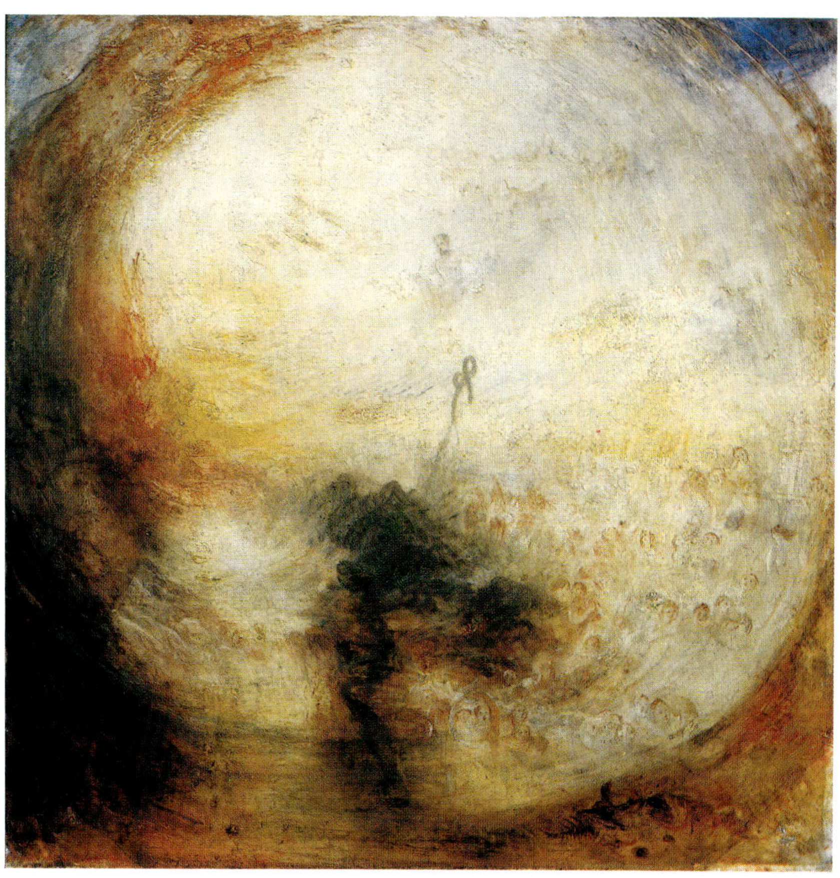

73

acquise par le Prince Albert, et ce fut peut-être pour attirer l'attention de ce spécimen royal de l'éducation germanique que Turner inscrivit le nom de Goethe dans le titre du n° 73. Mais, comme le reconnut Théophile Silvestre lorsqu'il intitula les pendants *Couleur avant le Déluge* et *Couleur après le Déluge,* ils sont essentiellement des recherches sur les notions de couleur et de lumière, et se fondent sur la table des polarités à la p. 276 du livre de Goethe :

Plus	*Moins*
Jaune	Bleu
Action	Négation
Lumière	Ombre
Éclat	Obscurité
Force	Faiblesse
Chaleur	Froid
Proximité	Distance
Répulsion	Attraction
Affinités avec les acides	Affinités avec les bases

En marge de cette liste, Turner écrivit sur son exemplaire personnel, copieusement annoté, « Lumière et ombre ».

Dans ses tableaux, Turner inversa l'ordre de Goethe, puisque l'orage menaçant du Déluge suggérait l'obscurité et la nuit sur le point de tomber, interprétation sans doute influencée par la relecture des *Walks in a Forest* (« Promenades en forêt ») de Thomas Gisborne, qui comportait un récit du Déluge ;

> « … Le ciel, un beau matin,
> D'un voile d'ailes s'obscurcit; la terre résonnait
> De pas innombrables; en longue procession,
> Les oiseaux y cherchaient le hasard d'un refuge…
> Les ténèbres alors partout se répandirent
> Et l'ombre de la mort obscurcit le soleil;
> C'était comme un retour à la nuit primordiale… »
>
> (*Walk* 6, *Winter : Frost,* éd. 1799, pp. 127 ss)

Au contenu de ce passage fait écho la légende tirée des

Fallacies of Hope (« Les illusions de l'Espérance ») dont Turner accompagna le titre dans le catalogue de la Royal Academy :

"The morn put forth her sign of woe unheeded;
But disobedience slept; the dark'ning Deluge closed [around,
And the last token came : the giant framework floated,
The roused birds forsook their nightly shelters screaming
And the beasts waded to the ark"(1).

Mais l'obscurité avait aussi une priorité en raison de son rôle comme prélude à la Lumière dans l'histoire de la Création (*Genèse,* I, 2-3), qui est naturellement le principal sujet du récit de Moïse dans le n° 73; et aussi parce que, comme le montrent clairement les annotations de Turner à la *Théorie* de Goethe, il considérait que le philosophe allemand avait sous-estimé cette notion. « Rien sur l'ombre et l'obscurité en tant que données picturales ou optiques », écrivait-il dans une de ses notes (Gage, 1969, p. 178). Comme l'a suggéré Joll, ce fut peut-être cette raison qui poussa Turner à abandonner une version légèrement plus petite du *Soir du Déluge,* celle de Washington (BJ, n° 443), qui est d'un ton plus clair et plus chaud que le n° 72 et ne produit donc pas un contraste aussi net.

Le sujet du pendant apparaît tout de suite beaucoup moins traditionnel, beaucoup plus personnel. La légende de Turner, à nouveau tributaire des *Fallacies of Hope,* disait :

"The ark stood firm on Ararat; th'returning sun
Exhaled earth's humid bubbles, and emulous of light,
Reflected her lost forms, each in prismatic guise
Hope's harbinger, ephemeral as the summer fly
Which rises, flits, expands and dies"(2).

Les bulles irisées, dont l'une, au premier plan, forme presque un cercle chromatique, sont les bulles de gaz des marais pompés par le soleil à la surface du monde gorgé d'eau; mais Turner pourrait aussi en avoir eu l'idée d'après l'étude sur les couleurs des bulles de chocolat chaud dans la théorie de Goethe : ces bulles sont des illusions, comme celles de la tradition iconographique de l'*Homo Bulla,* dont Turner avait pu connaître plusieurs exemples poétiques dans son livre favori sur la pêche, le *Compleat Angler* d'Isaak Walton (1653, chap. XVI, XXI) et dont il avait fait lui-même un poème vers 1800 (Lindsay, *Sunset Ship,* pp. 103 ss). La pêche dut aussi familiariser Turner avec les mœurs de cet autre exemple de la précarité, l'« éphémère », qui apparaît aussi dans ses vers. Le moment culminant dans le récit du Déluge, l'apparition de l'Arche d'alliance (*Genèse,* IX, 13) devient ainsi chez Turner l'image d'une espérance illusoire.

Wilton a souligné un aspect baroque tardif dans la conception du n° 73, et il a fait remonter le début de cette phase chez Turner, ainsi que l'iconographie des pendants étudiés, à deux petites vignettes préparées pour les *Poetical Works* de Milton (1835; W, n° 1265) et pour les *Poetical Works* de Campbell (1837; W, n° 1274). En 1833, et de nouveau, semble-t-il, en 1840, Turner se rendit à Vienne, où il a pu voir le plafond de F. A. Maulbertsch dans l'église des Piaristes, la *Glorification de la Vierge,* de 1752 (Wien / Halbturn / Heiligenkreuz / Gutenbrunn, *F. A. Maulbertsch,* 1974, pl. coul.); il se rendit aussi à Venise, où il a pu revoir le palais Labia et voir un tondo de plafond par Tiepolo représentant *Le Génie sur le cheval Pégase, chassant le Temps* (A. Morassi, *G. B. Tiepolo : Catalogue,* fig. 326), ou encore admirer la *Gloire de saint Dominique* de Piazzetta à SS. Giovanni e Paolo (R. Pallucchini, *Piazzetta,* 1956, pl. 31; TB CCCXIV, pp. 34a-35). Toutes ces œuvres ont un format plus ou moins circulaire et montrent une vivacité de couleur qui les apparente au tableau *Lumière et Couleur* : Turner aura eu quelque modèle de ce genre. Aucun format ne pouvait mieux convenir à cette apothéose de la lumière, et le recours de Turner à une source aussi peu à la mode prouve sa réceptivité constante à la puissance expressive de l'art du passé. J. G.

Londres, The Trustees of the Tate Gallery (n°s 531, 532)

(1) « Le matin vainement annonça le malheur,
L'homme insouciant dormait; le déluge approcha, escorté de ténèbres,
Puis vint le dernier signe : on vit flotter sur l'eau la carcasse géante
Les oiseaux éveillés quittèrent leurs abris avec des cris perçants,
Les autres animaux gagnant l'arche à grand'peine ».

(2) « Sur le mont Ararat, l'arche se dressait ferme; le soleil revenu
Faisait surgir de terre des bulles de vapeur; montant vers la lumière,
Elles reflétaient en milliers de prismes ses formes disparues,
Héraut chacun de l'Espérance, comme l'éphémère d'été
Qui naît un matin, se déploie, voltige et meurt ».

74

Pluie, vapeur et vitesse (Rain, Steam and Speed - The Great Western Railway)

1844

Toile. 0,91 × 1,22

BJ n° 409 (pl. 395)

Expositions : Londres, R. A., 1844, n° 62; New York, Chicago, Toronto, 1946-1947, n° 57; New York, 1966, n° 33; Paris, 1972, n° 274.
Bibliographie : BJ (avec bibliographie antérieure); *L'Artiste,* IVe sér., I, 1844, p. 142; H. Taine, *Notes sur l'Angleterre* (1871), 10e éd., 1895, p. 350; T. Gautier, *Histoire du romantisme* (1874), 3e éd., 1977, p. 371; E. Chesneau, *La peinture anglaise,* 1882, p. 153n; C. Pissarro à L. Pissarro, 20 févr. 1883 (*Correspondance,* éd. Bailly-

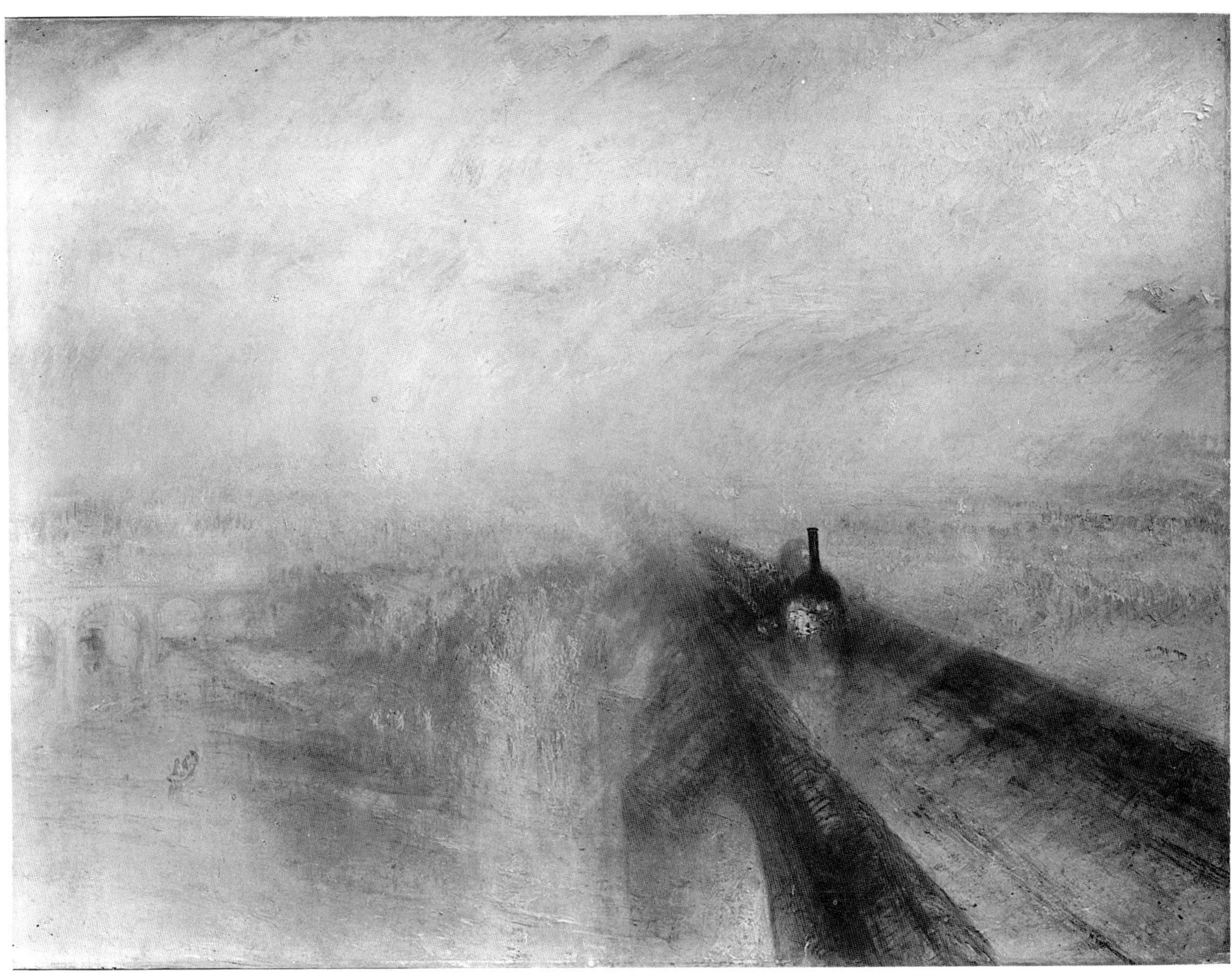

74

Herzeberg, I, 1980, p. 175); L. Pissarro à C. Pissarro, 11 juin 1883 (J. Rewald, « L. Pissarro : Letters from London », *Burlington Magazine,* XCI, 1949, p. 189); F. Bracquemond, *Du Dessin et de la Couleur,* 1885, p. 189; Hamerton, 1889, p. 94; P. Signac à Angrand, 18 avril 1898 (J. Rewald, *Gazette des Beaux-Arts,* 42, 1953, p. 32); J. Leclercq, « J. W. Turner », *Gazette des Beaux-Arts,* IIIe sér., 32, 1904, p. 252, ill.; A. Dayot, *La peinture anglaise,* 1908, p. 164; J. H. Rosny aîné, *Turner,* 1925, p. 106; H. Focillon, *La peinture au XIXe siècle : Le retour à l'antique - Le romantisme,* 1927, p. 158 (ill.); M. Brion, *Turner,* 1929, p. 45; P. Signac, « Le sujet en peinture », *Encyclopédie française,* XVI, 1935, chap. II. 3; C. Mauclair, *Turner,* 1939, p. 24; J. Gage, *Turner : Rain, Steam and Speed,* 1972; id. « Gautier, Turner and John Martin », *Burlington Magazine,* CXV, 1973, p. 393; Wilton, 1979, p. 220.

Le tableau de Turner montre une locomotive de type « luciole » et ses wagons traversant la Tamise sur le viaduc de Maidenhead; celui-ci avait été construit en 1839 par l'ingénieur du Great Western Railway, Brunel, et était sans doute le plus remarquable de ses ponts. Au moment où s'ouvrait l'exposition de 1844 à la Royal Academy, le chemin de fer fut prolongé de Bristol à Exeter, à travers le Devonshire, terre des ancêtres de Turner : ce pourrait être la raison qui l'incita à peindre ce sujet. A gauche du pont, défiant l'averse, des baigneurs et des pique-niqueurs font signe de la main; sur le fleuve on voit un bateau plein de pêcheurs. Mais au titre de l'œuvre répondent d'autres détails qui furent remarqués par un jeune ami de Turner pendant que le peintre travaillait à son tableau sur le mur de la Royal Academy : « Il utilisait des pinceaux assez courts, une palette malpropre, et, debout, presque contre la toile, il semblait peindre avec les yeux et le nez autant qu'avec la main. Naturellement, il se reculait souvent pour juger de l'effet. Turner devait aimer les enfants, car cela ne le gênait pas que je le regarde travailler; il me parlait au contraire de temps en temps, tout en peignant le petit lièvre qui détale devant la locomotive pour sauver sa vie. Je suis persuadé que c'est le lièvre et non le train qui représente la "vitesse" du titre : le mot devait traîner dans sa tête quand il peignit le lièvre, car il introduisit à côté, sur la plaine que domine le viaduc, la figure d'un homme labourant, comme si "Speed the plough" [le nom d'une vieille danse populaire] traversait alors son esprit » (Gage, 1972, p. 19). L'hypothèse du garçon sur ce personnage est confirmée par le fait qu'on le retrouve sous une forme très semblable et avec le titre « Speed the Plough » en guise de propagande électorale dans l'aquarelle *Northampton,* qui était déjà prête en 1833 pour la publication dans les *Picturesque Views in England and Wales,* mais ne fut jamais gravée (W, n° 881; Shanes, 1979, p. 38, n° 53). Tous ces détails, que les commentateurs modernes ont généralement négligés, apparaissent avec une clarté parfaite dans l'eau-forte gravée par Félix Bracquemond en 1874, bien qu'elle soit inachevée (fig. 17, p. 49).

Le début des années 1840 fut une période cruciale à la fois pour le Great Western Railway et pour Turner; en 1842, la Reine Victoria avait fait sur cette ligne sa première excursion en chemin de fer, poussée par le Prince Albert qui, l'année suivante, fit le voyage complet jusqu'à Bristol pour lancer le bateau à vapeur de Brunel, *Great Britain.* Peut-être Turner recherchait-il de nouveau l'appui de la famille royale, mais ce fut en vain. Le Great Western était aussi synonyme de vitesse; sur le trajet de Bristol avec le Prince Albert en 1843, le chronométreur Charles Babbage releva une vitesse d'environ 120 km à l'heure dans une descente; or Babbage, célèbre pour avoir inventé un type primitif d'ordinateur, appartenait alors au cercle des relations de Turner (C. Babbage, *Passages from the Life of a Philosopher,* 1864, p. 325; Gage, 1980, pp. 270, 280). Deux ans plus tôt, un ami de Turner, le peintre John Martin, avait voyagé avec Brunel sur la plate-forme d'une locomotive en poussant des pointes expérimentales qui dépassaient 130 km à l'heure. Paradoxalement, ce fut Martin qui donna corps à la vision romantique du chemin de fer comme fourrier déshumanisant de la damnation — opinion partagée par Wordsworth, Ruskin, Dickens et Delacroix; en effet, dans son grand *Jugement Dernier* de 1854 (Londres, Tate Gallery), les armées de Gog et de Magog sont conduites à l'abîme par un chemin de fer moderne. Les gravures de Martin étaient très admirées en France et Théophile Gautier avait présente à l'esprit cette image apocalyptique quand il écrivait à propos du tableau de Turner dans son *Histoire du romantisme* : « ... nous pensions à une esquisse de Turner que nous avons vue à Londres et qui représentait un convoi de chemin de fer s'avançant à toute vapeur sur un viaduc, par un orage épouvantable. C'était un vrai cataclysme. Éclairs palpitants, des ailes comme de grands oiseaux de feu, babels de nuages s'écroulant sous les coups de foudre, tourbillons de pluie vaporisée par le vent : on eût dit le décor de la fin du monde. A travers tout cela se tordait, comme la bête de l'Apocalypse, la locomotive, ouvrant ses yeux de verre rouge dans les ténèbres et traînant après elle, en queue immense, ses vertèbres de wagons. C'était sans doute une pochade d'une furie enragée, brouillant le ciel et la terre d'un coup de brosse, une véritable extravagance, mais faite par un fou de génie ».

Cependant, Turner considérait plutôt le chemin de fer comme un divertissement, et rien ne permet de penser qu'il partageait ce pessimisme : à l'époque, même une locomotive du Great Western avait peu de chances de dépasser un lièvre.

Dans l'ensemble, les critiques anglais furent frappés de stupeur. Celui du *Times* se demandait « si les tableaux de Turner sont des chimères éblouissantes ou des réalités saisies dans l'instant »; mais le romancier Thackeray, dans un compte rendu facétieux du *Fraser's Magazine* soulignait l'effet réel rendu par des moyens tout à fait irréels : « C'est un fait qu'il existe une locomotive qui marche à 50 miles à l'heure ». En France, la réaction fut presque unanimement favorable : *L'Artiste* trouvait l'œuvre « fort spirituelle » et, en 1939 encore, Mauclair prétendait que *Pluie, vapeur et vitesse* avait été si souvent reproduit que pendant un certain temps ce fut le seul tableau de Turner connu en France.

J. G.

Londres, The Trustees of the National Gallery (n° 538)

75

Van Tromp, virant de bord pour contenter ses maîtres, embarque un coup de mer et se fait tremper

1844

Toile. 0,91 × 1,21

BJ n° 410 (pl. 396)

Expositions : Londres, R. A., 1844, n° 253; Londres, 1977, n° 22.
Bibliographie : BJ (avec bibliographie antérieure).

Peintre de marines par excellence et ayant connu l'époque où la marine britannique représentait un « noble rempart » contre l'invasion française, Turner s'intéressait tout naturel-

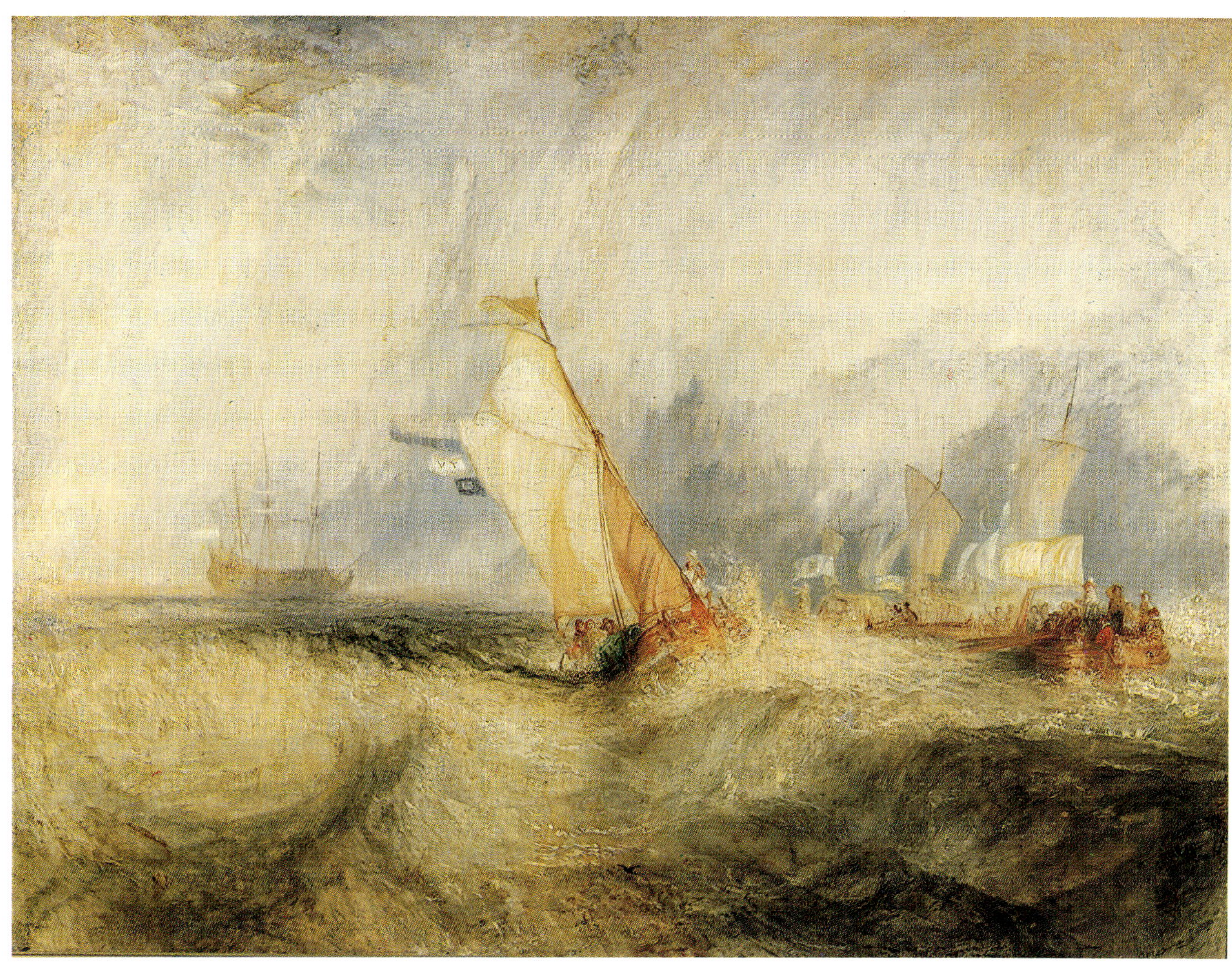

75

lement à l'histoire maritime. C'est ainsi qu'il fut amené à peindre quatre tableaux illustrant des épisodes de la vie des amiraux Maarten Harpertszoon Tromp (1598-1653) et son fils Cornelis (1629-1691); il les confondit en un seul personnage et paracheva son erreur en ajoutant « Van » au nom. Ce tableau est le dernier de la série, les trois autres étant : *La péniche de l'amiral Van Tromp à l'entrée de la Texel en 1645* (Londres, Soane Museum; R. A., 1831, n° 288), *La chaloupe de Van Tromp à l'entrée de la Scheldt* (Hartford, Wadsworth Atheneum; R. A., 1832, n° 206); *Le retour de Van Tromp après la bataille au large de Doggerbank* (Londres, The Tate Gallery, n° 537; R. A., 1833, n° 146).

Nous ignorons pourquoi il s'écoula onze ans entre le troisième et le quatrième tableau, mais le n° 75 a pu être peint à l'instigation de Thomas Griffith, le marchand de Turner, qui semble avoir eu sa part dans le choix du sujet des tableaux exposés par Turner en 1844, à en croire une lettre de Turner du 1er février : « ... et dites-moi, je vous prie, si le nouveau Port Ruysdael aura seulement un sujet de pêche et si les nouvelles *marines* ne doivent comporter que des bateaux hollandais ».

Comme le *Port Ruysdael* de 1844 reprend un thème que Turner avait traité une première fois à l'exposition de la Royal Academy en 1827, il paraît vraisemblable que Griffith ait encouragé l'artiste à continuer la série de Van Tromp, sachant que les marines se vendent généralement bien et que sur les trois premières deux avaient déjà trouvé preneur.

En 1844, quand le n° 75 fut exposé, le catalogue portait en note : « vide *Lives of Dutch Painters* ». On n'a retrouvé aucun ouvrage de ce titre. Turner a pu l'inventer, mais, au

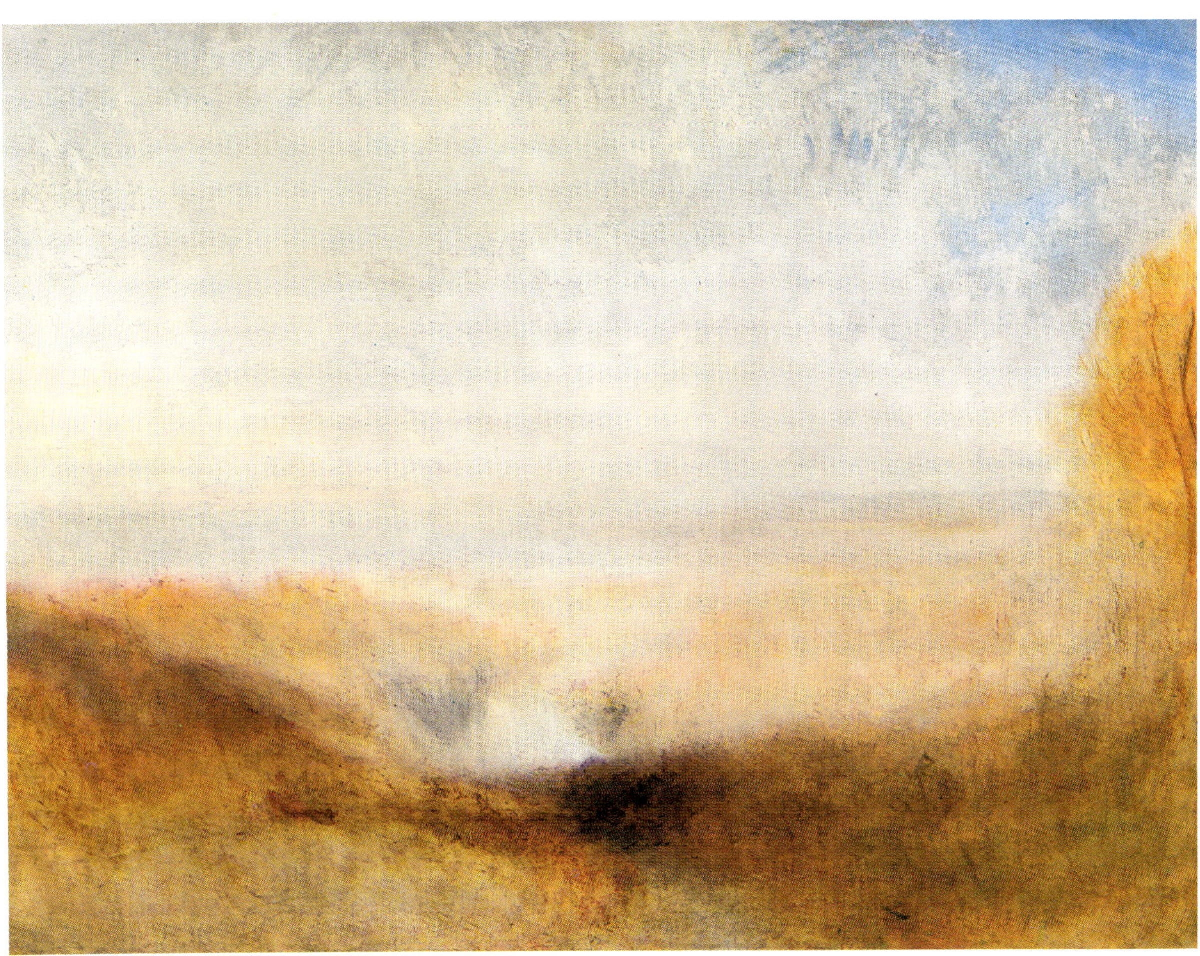

76

cas où il s'agirait d'une véritable référence utile pour comprendre le tableau, nous devons aujourd'hui nous en passer.

Dans une étude sur les rapports de Turner avec la peinture hollandaise du XVIIe siècle et avec les peintres de marines en particulier, A. G. H. Bachrach a proposé l'interprétation suivante. Tromp avait été destitué de sa charge auprès de l'amiral De Ruyter pour avoir continué sa route au lieu de se porter au secours de son supérieur dans le combat de la Saint-Jacques, le 25 juillet 1666. En 1673, Guillaume III s'arrangea pour réconcilier les deux amiraux et le trop bouillant Tromp fut réintégré après avoir fait sa soumission à l'Amirauté hollandaise. On voit ici Tromp exécuter une manœuvre symbolique « pour contenter ses maîtres », signe qu'il a fait la paix avec ses supérieurs et qu'il est prêt désormais à suivre une nouvelle voie. En même temps, Turner réussit à nous montrer sa sympathie pour Tromp en le peignant dans toute la satisfaction de sa rentrée en grâce, debout et agitant la main avec une certaine forfanterie, campé sur le gaillard d'avant, insensible au vent et à la mer houleuse.

Le n° 75 fut acheté il y a cent ans par Thomas Holloway (1800-1883), qui fonda une université pour femmes à Egham, à une trentaine de kilomètres de Londres. Il décida alors de réunir une collection de tableaux « pour le plaisir et l'instruction des étudiants, comme pour le public en général », ce qui l'occupa les deux dernières années de sa vie.

E. J.

University of London, Royal Holloway College

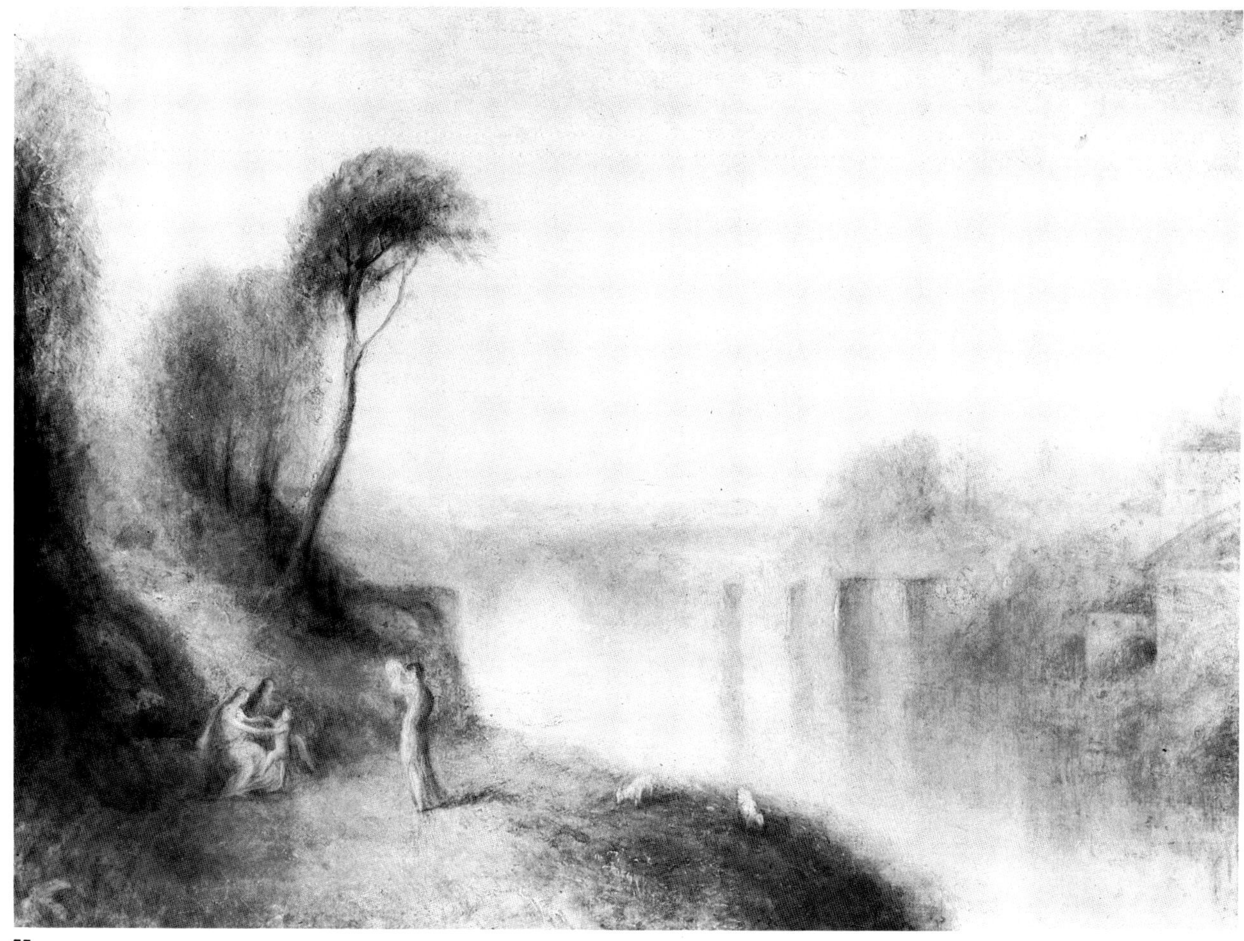

77

76

Paysage avec une rivière et une baie au loin

vers 1845

Toile. 0,94 × 1,23

BJ n° 509 (pl. 495)

Expositions : Paris, École des Beaux-Arts, *Exposition de tableaux de maîtres anciens au profit des inondés du midi,* 1887, n° 157 (?); Paris, *Vingt ans d'acquisitions au Musée du Louvre,* 1967-1968, n° 387 (voir ci-dessus p. 43); Paris, 1972, n° 267; Londres, 1974-1975, n° 620. *Bibliographie* : BJ (avec bibliographie antérieure); Maurice Hamel, *Gazette des Beaux-Arts,* 2ᵉ pér., 35, 1887, I, p. 251 (?); J. K. Huysmans, *Certains,* 1889, pp. 201 ss (?); E. de Goncourt, *Journal,* 18 janv. 1890; M. Kitson, « Un nouveau Turner au Musée du Louvre », *La Revue du Louvre,* 4-5, 1969, pp. 247-256; id. « Nouvelles précisions sur le "Paysage" de Turner », ibid. 12, 1971, pp. 89-94; J. Gage, « Turner coloriste », Paris, Centre culturel du Marais, *Turner en France,* 1981-1982, pp. 567-568.

Paris, Musée du Louvre (RF 1967-2)

77

Paysage : femme avec un tambourin

vers 1845

Toile. 0,88 × 1,18

BJ n° 513 (pl. 499)

Exposition : Londres, 1974-1975, n° 623.

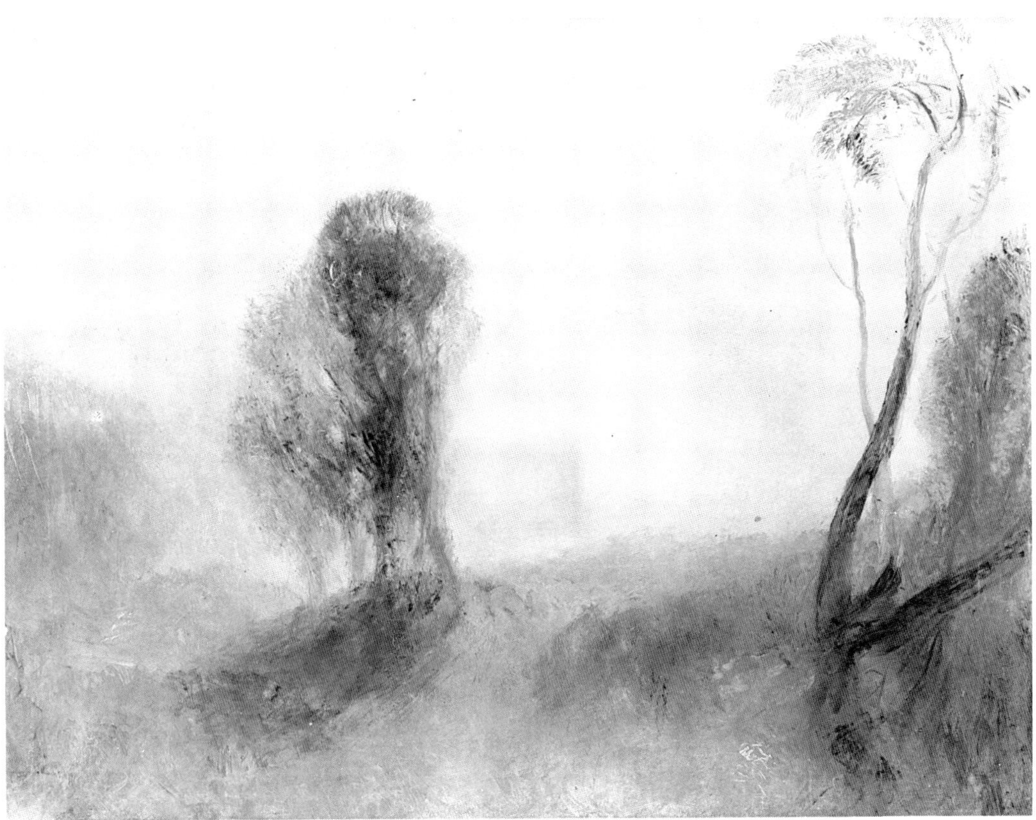

78

Bibliographie : BJ (avec bibliographie antérieure); M. Kitson, *Revue du Louvre,* 4-5, 1969, p. 254.

Grande-Bretagne, collection particulière

78

Soleil levant, château dans une baie : « Solitude »

vers 1845

Toile. 0,91 × 1,22

BJ n° 515 (pl. 501)

Expositions : New York, 1966, n° 27; Londres, 1974-1975, n° 622. *Bibliographie :* BJ (avec bibliographie antérieure); M. Butlin, « Turner's late unfinished oils; some new evidence for their late date », *Turner Studies,* I, 2, 1981, pp. 43 ss.

Londres, The Trustees of the Tate Gallery (n° 1985)

79

Soleil levant, un bateau entre des promontoires

vers 1845

Toile. 0,91 × 1,22

BJ n° 516 (pl. 502)

Expositions : Lisbonne et Madrid, 1949, n° 47; Hambourg, Oslo, Stockholm, Copenhague, 1949-1950 n° 102; Ostende, *La peinture sous le signe de la mer,* 1951, n° 98; Cape Town, 1952, n° 30; New York, 1966, n° 19; Paris, 1972, n° 268; Lisbonne, 1973, n° 17; Londres, 1974-1975, n° 625; Leningrad et Moscou, 1975-1976, n° 80.
Bibliographie : BJ (avec bibliographie antérieure); M. Butlin, *Turner Studies,* I, 2, 1981, p. 45.

Ces toiles appartiennent à un groupe de tableaux inachevés de la fin; certains sont arrivés sur le marché peu après la mort

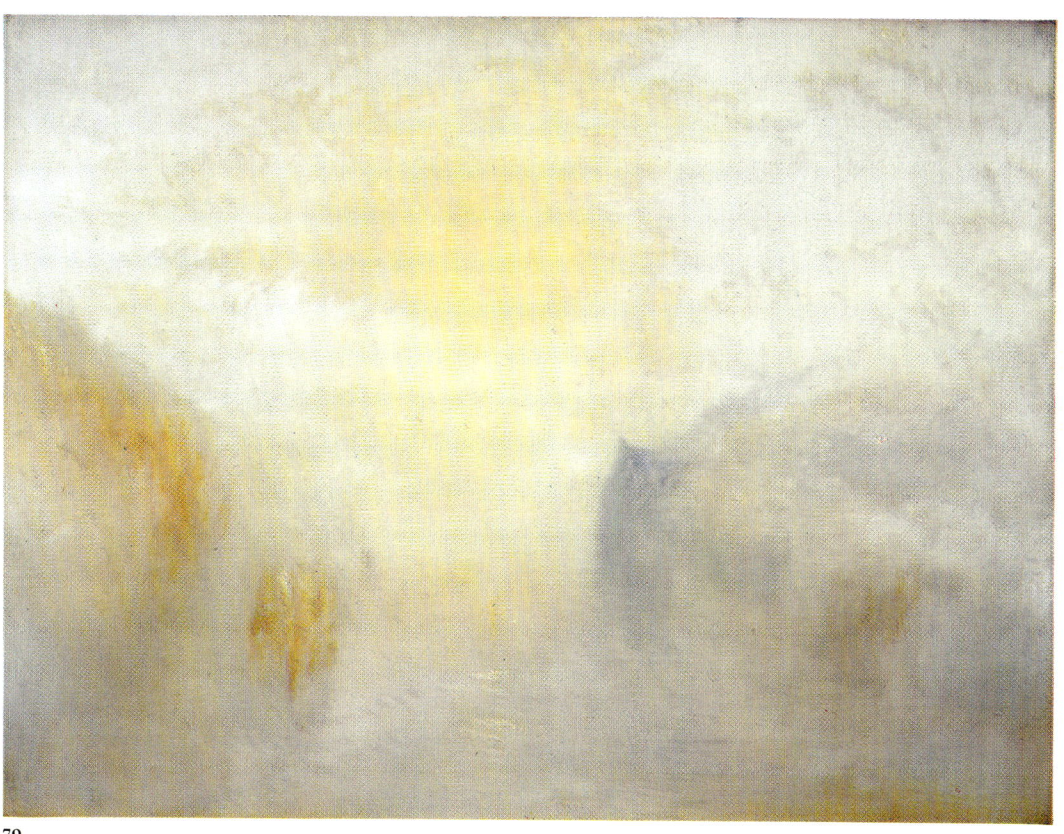

79

de Turner par l'intermédiaire de sa gouvernante, Sophia Booth, et de son fils, le graveur Daniel John Pound. Plusieurs d'entre eux en particulier les n°s 76, 77, 78, sont en rapport plus ou moins étroit avec des compositions faites à l'origine pour le *Liber Studiorum* : le n° 76 avec *The Junction of the Severn and Wye* (« Le confluent de la Severn et de la Wye »; R, n° 28), le n° 77 avec *The Woman and Tambourine* (« La femme au tambourin »; R, n° 3; n° 105) et le n° 78 avec *Solitude* (R, n° 53). Tous les tableaux qu'on a associés jusqu'ici à cette publication sont d'un genre que Turner caractérisa comme Pastoral (P) ou Pastoral Élevé (EP) — cette dernière variante comportant toujours une référence à Claude Lorrain. On a dit que la série montrait l'attirance tardive de Turner pour un type de sujet idyllique qui vers 1840 n'était pas encore très largement représenté dans son œuvre, et que, tout comme dans le *Liber,* il désirait présenter une vue synoptique des possibilités du paysage grâce aux exemples de sa propre production. A l'appui de cette idée, citons la découverte par Butlin que plusieurs toiles des œuvres de ce groupe, encore dans le legs Turner (n°s 78-79), portent une marque qui peut être datée entre 1839 et 1844. Ainsi, les tableaux reprenant des sujets du *Liber* peuvent être rattachés au renouveau d'intérêt de l'artiste pour cette publication, qu'il fit réimprimer en 1845.

Tous ces tableaux ont une palette très claire, où prédominent les rouges et les jaunes, mais leur degré variable d'achèvement révèle un procédé caractéristique de Turner à la fin de sa vie, qui consistait à travailler en même temps à plusieurs œuvres et qu'il avait déjà appliqué à l'aquarelle quelques années auparavant. L'effet aquarellé des fines couches de peinture est particulièrement évident dans les moins finis du groupe, par exemple le n° 79; d'autres furent même exécutés dans une technique mixte d'huile et d'aquarelle. J. G.

Londres, The Trustees of the Tate Gallery (n° 2002).

Aquarelles dessins et estampes

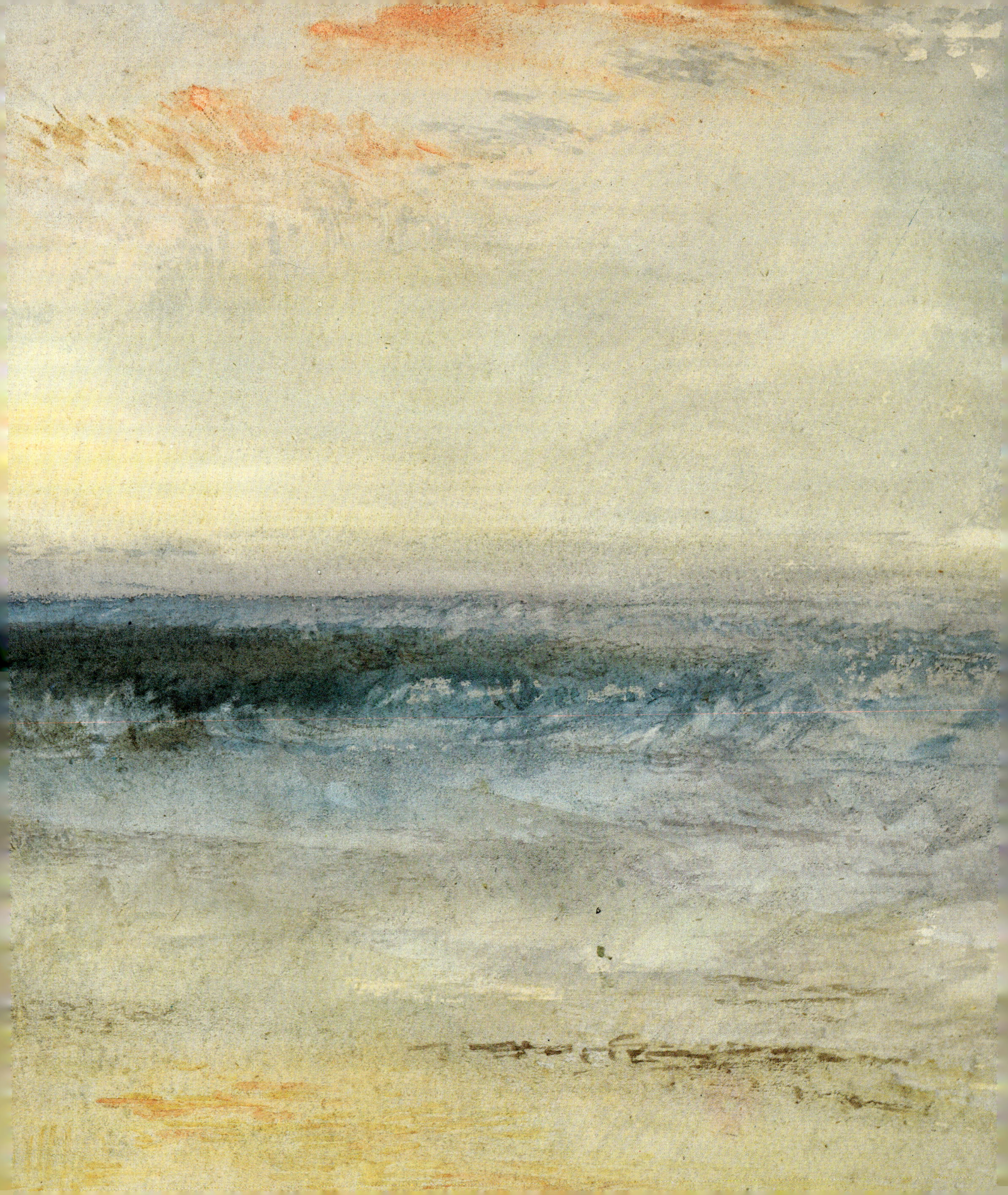

La technique de l'aquarelle chez Turner

En 1799, à l'âge de vingt-quatre ans, Turner a exposé à la Royal Academy la grande aquarelle représentant le château de Caernarvon qui, dans l'exposition actuelle, porte le n° 89. Comme l'a dit un des visiteurs des salles de l'Académie, le tableau représente le château, « le soleil d'une splendeur fastueuse se couchant derrière ses tours indistinctes »[1]; placée sur un des côtés de la composition, l'architecture massive est complétée, de l'autre côté, par un délicat amas de navires aux voiles mi-ferlées, tandis que les rayons dorés du soleil se reflètent dans le bas du tableau, au centre, dans l'eau calme du port. On a vraiment là une évidente réminiscence des ports de mer de Claude Lorrain[2], et c'est la première de ces références délibérées que Turner manifesta ainsi en public. Bien que son œuvre exposée depuis 1796, quand il dévoila pour la première fois une peinture à l'huile sur les murs de l'Académie, fût ambitieuse, il n'avait pas, jusqu'alors, invité avec autant de hardiesse à comparer directement son œuvre à celle des maîtres anciens.

Il est donc assez surprenant, dans ces circonstances, que ce *Château de Caernarvon* ne soit pas une peinture à l'huile mais une aquarelle. Turner voulait-il consciemment rendre moins évident le parallèle avec Lorrain ? Ou bien voulait-il s'imposer lui-même une tâche d'une double difficulté ? C'était au mois de mai 1799 — juste au moment de l'exposition — qu'il avait déclaré qu'un tableau de Claude Gellée, alors visible à Londres, était « impossible à imiter »[3]; il était certes impossible de chercher l'exploit avec ce support plus délicat et plus intime qu'est l'aquarelle. Il ne peut cependant y avoir le moindre doute, cette œuvre atteignit remarquablement son objectif. Comme l'a déjà noté le commentateur que j'ai cité, Turner parvient « à un ton d'une profondeur et d'une force auxquelles je n'aurais jamais cru auparavant que l'on rêvât de parvenir avec des outils aussi indociles »[4]. Cette remarque laisse à penser que son auteur n'avait jamais été à aucune des récentes expositions de l'Académie où Turner avait exposé des aquarelles d'une force égale[5]. D'autres artistes avaient aussi commencé à chercher des effets plus grands, plus puissants avec ce procédé, principalement poussés par la compétition de tant de peintures grandes et dramatiques que l'on voyait dans

1. Thomas Green, *The Diary of a Lover of Literature*, Ipswich, 1810, cité par Finberg, *Life*, p. 57.

2. Voir M. Kitson, « Turner and Claude », *Turner Studies*, II, 2, 1983, p. 5.

3. Farington, *Journal*, 8 mai 1799.

4. T. Green, ibid., et Finberg, ibid.

5. Voir Finberg, ibid. Les premières aquarelles de la grande manière envoyées à l'Académie par Turner sont, par exemple, *Le prieuré d'Ewenny*, 1796, (n° 83 dans cette exposition) et *Le château de Norham sur la Tweed, un matin d'été*, 1798 (voir fig. 22).

◀ *Détail du n° 228*

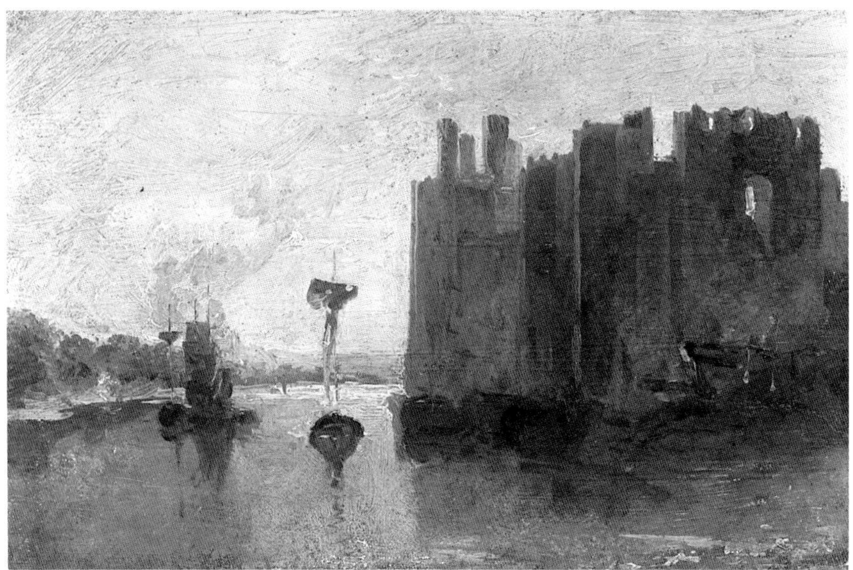

Fig. 19. J.M.W. Turner, *Château de Caernarvon,* vers 1798. Bois. 0,15 × 0,23. Londres, The Tate Gallery.

les salons si divers de l'Académie[6]. Turner, avec des œuvres comme le *Château de Caernarvon,* atteignait pourtant un nouveau sommet de la force d'expression, qui devait avoir une vaste influence sur les aquarellistes, et cela pendant près d'un siècle.

Il avait une double intention : mettre au point les « outils indociles » qu'il avait hérités afin que l'aquarelle devînt aussi souple et expressive que l'huile; et rehausser le langage de la topographie — la description de lieux précis — pour qu'il devînt un canal qu'emprunterait l'art très sérieux du paysage. On ne peut distinguer les deux aspects — technique et conceptuel — de cet ambitieux programme car, toute sa vie, Turner est resté topographe et la signification centrale de beaucoup de ses œuvres se relie aux émotions et aux idées propres que fait surgir la contemplation d'endroits bien définis.

Quoi qu'il en soit, nous avons la preuve que, dans le cas de Caernarvon, il avait envisagé de faire une peinture à l'huile. On trouve, dans le legs de l'artiste[7] (fig. 19), un petit croquis à l'huile de cette composition et les études qu'il fit dans son carnet *Jetée de Calais* montrent clairement qu'à cette date — 1800 environ — une idée embryonnaire pouvait parfois se réaliser soit dans une huile, soit dans une aquarelle; parfois dans les deux, semble-t-il[8]. Dès le commencement, cependant, les huiles ont tendance à être moins dépendantes des références topographiques que les aquarelles; dans cette mesure, on peut dire que l'attitude de Turner devant les deux types de peinture était conditionnée par la tradition.

Et le croquis à l'huile de Caernarvon, et l'aquarelle terminée sont tirés de dessins au crayon qu'il fit d'après nature, pendant une excursion dans le Pays de Galles, l'été précédent. Aucun croquis ne correspond exactement à la composition ultime, bien qu'il ait fait une étude soignée du château lui-même, vu du même point que le dessin final[9] (fig. 20). Il a également fait une série d'études

6. Pour un compte rendu récent de la réalisation de la grande aquarelle d'« exposition », voir J. Bayard, *Works of Splendor and Imagination,* Yale Center for British Art, 1982.

7. Tate Gallery; BJ n° 28.

8. Voir le catalogue, n° 93.

9. Dans le carnet *Hereford Court,* TB XXXVIII, p. 94 recto.

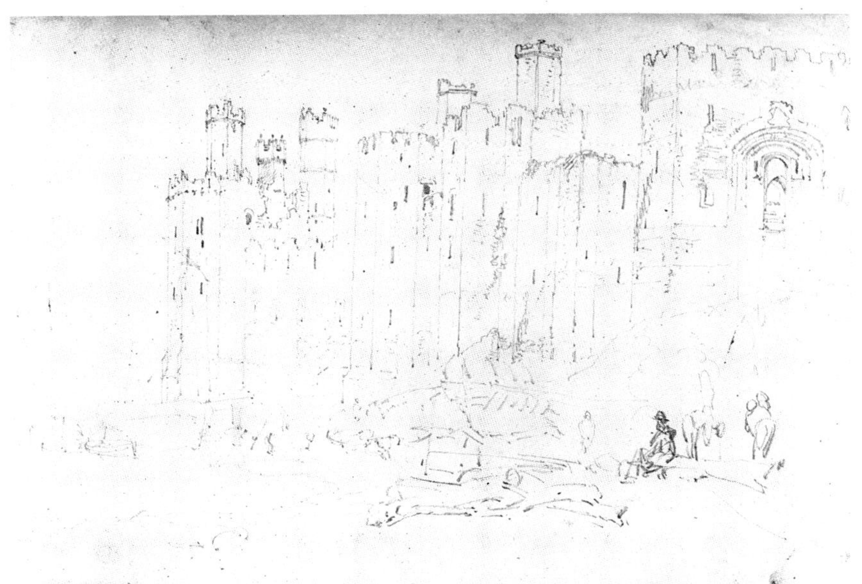

Fig. 20. J.M.W. Turner, *Château de Caernarvon,* crayon. Londres, British Museum.

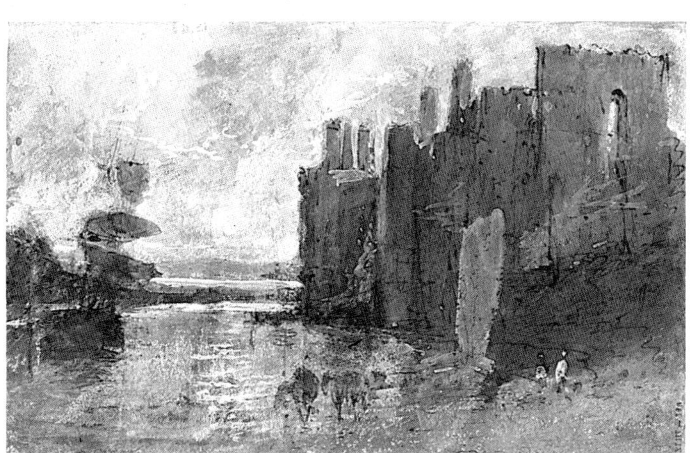

Fig. 21. J.M.W. Turner, *Château de Caernarvon,* aquarelle. Londres, British Museum.

de composition en couleurs, dans un autre carnet[10] (fig. 21), essayant divers effets (il semble avoir un moment pensé à un clair de lune), travaillant aussi sur les masses et sur l'opposition des éléments principaux. Ces études de couleurs sont faites à la gouache, sur les pages d'un petit carnet de croquis qui ont préalablement été enduites par Turner d'un lavis de la couleur de la terre : il semble avoir adopté ce fond sombre dans un certain nombre de carnets utilisés entre 1796 et 1800, dans l'intention particulière de reproduire l'effet d'une toile préparée pour la peinture à l'huile, de la manière habituelle; la gouache est passée

10. Carnet *Académique,* TB XLIII, pp. 39, 41 à 44.

sur cet apprêt d'une manière très semblable à de la peinture à l'huile, et les clairs sont ajoutés à l'aide d'un pigment blanc non mélangé.

Le procédé adopté pour ces études à la gouache est exactement le contraire de celui que l'on utilise avec l'aquarelle pure. Ici, le fond est toujours de papier blanc et les zones claires, loin d'être des adjonctions sur d'autres pigments, sont constituées d'omissions, si bien que le papier blanc lui-même donne la luminosité nécessaire. L'artiste peut profiter de cette luminosité dans tout son dessin car, par nature, l'aquarelle est transparente (alors que la gouache est opaque) et il est possible d'en adapter la résonance en faisant varier la densité matérielle de la couche de peinture tout autant que par la profondeur ou la légèreté de la couleur elle-même. Turner n'a jamais exposé d'œuvre à la gouache; ce n'est même que très rarement qu'il a utilisé ce procédé pour des dessins terminés et ceux-ci étaient presque toujours de petite taille.[11] Il préférait généralement travailler avec de l'aquarelle seule, sur un papier blanc de bonne qualité. Vers la dernière décennie du XVIIIe siècle, les papiers tramés avaient presque supplanté les anciens papiers vergés comme papiers à dessin et les aquarellistes en préféraient la surface plus lisse, plus régulière. Bien que la gouache dût devenir ultérieurement un ingrédient habituel d'œuvres théoriquement exécutées à l'aquarelle, on ne l'utilisait pas comme aide pour renforcer la couleur, de 1790 jusqu'aux trois ou quatre premiers lustres du XIXe siècle, car on estimait que de tels subterfuges étaient une trahison de l'intégrité de la véritable aquarelle[12]. Jusqu'à sa mort, Turner a eu tendance à conserver la distinction entre ces deux méthodes et, quoiqu'il ait régulièrement, pendant la deuxième moitié de sa carrière, renforcé des détails de l'avant-plan, comme les personnages, avec de petites touches de gouache, il n'a jamais utilisé le blanc de plomb ni le blanc de Chine pour les clairs de ses aquarelles.

C'est pendant ces années d'expérimentation de l'aquarelle, entre 1790 et 1800, qu'il commença à imaginer des méthodes pour produire des clairs autrement que par la simple technique des « réserves » de papier habituelles chez ses prédécesseurs. Dans le *Château de Caernarvon*, et dans plusieurs aquarelles antérieures, ainsi que dans un ensemble d'études très intéressantes[13], il mit au point divers systèmes de réserve et de grattage. La première méthode implique de recouvrir les zones de papier que l'on ne veut pas peindre avec de la cire ou quelque autre matière que l'on enlèvera ensuite, cela pendant que l'on applique la couleur. La deuxième méthode implique de nombreux procédés divers, depuis le grattage avec l'ongle, avec un canif ou avec l'extrémité mousse d'une brosse jusqu'au procédé que Turner en vint à utiliser pour remplacer avec efficacité les réserves les plus compliquées : l'enlèvement de la peinture, dans les parties claires, sur les zones des badigeons séchés, à l'aide d'une brosse et d'eau pure. Les zones réhumectées pouvaient être épongées et prenaient l'aspect de marques faites au pinceau sur le papier. Cette technique restait naturellement parfaitement fidèle à l'esprit de l'intégrité de l'aquarelle et les collègues de Turner l'admirèrent fort[14]. C'est un élément capital de l'aquarelle, un procédé pouvant faire preuve de subtilités immenses. Il était possible de passer une succession de badigeons sur le papier et chacun, pénétré par le système de « l'épongeage », faisait apparaître les couches de couleur sous-jacentes ou encore le blanc du papier lui-même. Cette utilisation d'une succession de couches semi-transparentes, partiellement pénétrées, voilant et dévoilant à demi ce qui se

11. Les dessins qu'il fit pour être gravés en vue des *Annual Tours* de la Loire et de la Seine (voir les n°s 174 à 198) sont les plus importants de ces œuvres.

12. J.-C. Horsley, dans *Recollections of a Royal Academician*, Londres 1903, cite Turner qui disait : « Si vous continuez à utiliser ce mauvais matériel, vous détruirez dans ce pays l'art de l'aquarelle ». En tenant compte de la phraséologie édouardienne, ce souvenir pourrait bien contenir un germe de vérité.

13. TB XXXIII-D, XLIV-A, L-M, par exemple; et la grande vue de la région des lacs, dans cette exposition (n° 86).

14. Farington a noté cette méthode dans son *Journal*, 28 mars 1804.

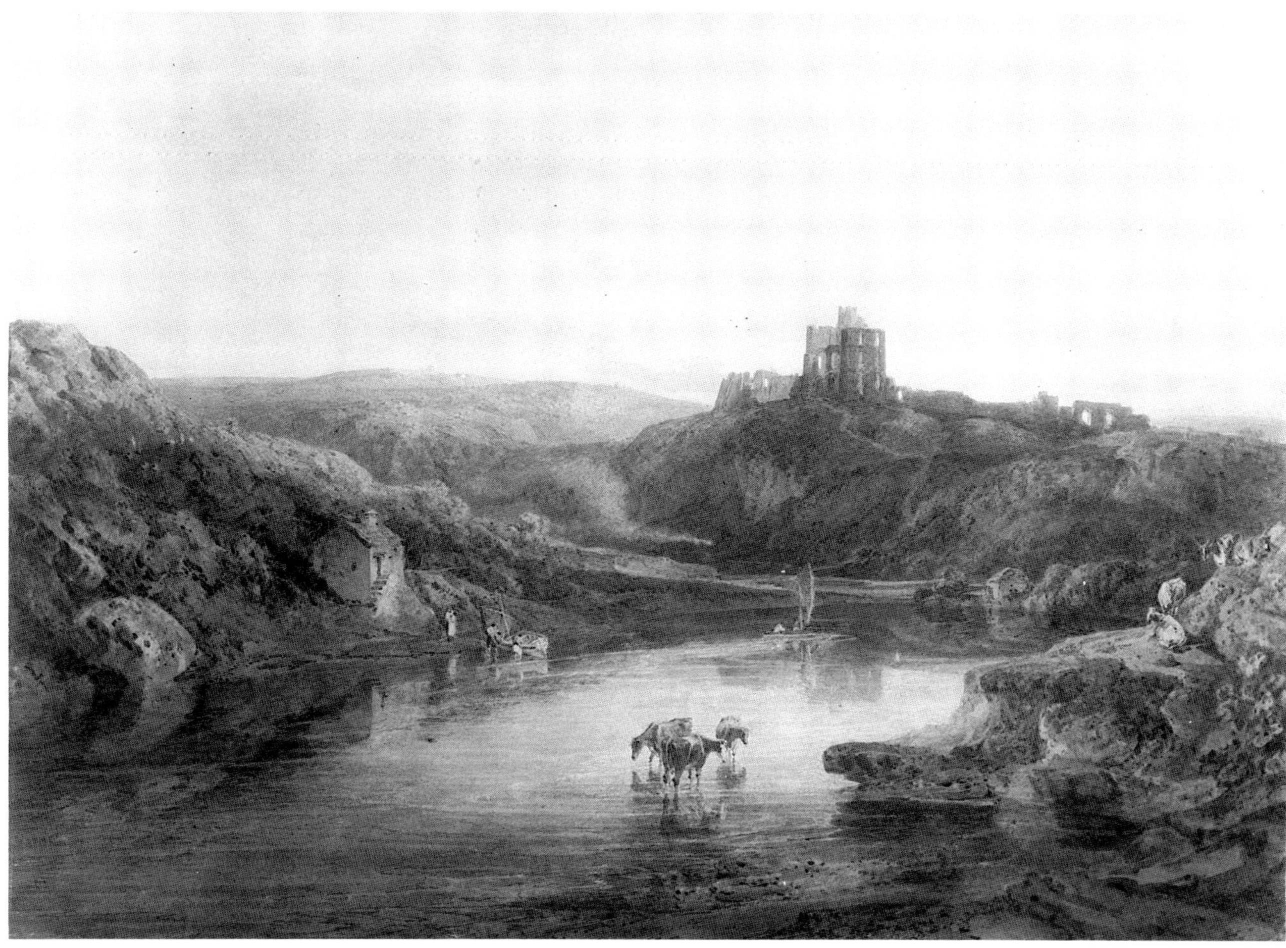

Fig. 22. J.M.W. Turner, *Château de Norham,* aquarelle. Bedford, Cecil Higgins Museum.

trouve en dessous et prenant toujours vigueur ou luminosité de ce qui est recouvert, a fait parvenir les essais que Turner fit dans le domaine du paysage « atmosphérique » à un caractère magique et insaisissable, à une richesse qui, comme nous l'avons vu, frappèrent le public par leur extrême nouveauté.

Il faisait preuve d'une étonnante puissance d'imagination pour percevoir les relations mutuelles entre le pigment et le papier. Prenons le cas d'une grande aquarelle de cette époque, à peu près, une vue du château de Norham[15] (fig. 22), que l'on a dernièrement détachée de son support : on a trouvé un large étalement de couleur au verso de la feuille, aux endroits correspondant aux surfaces du dessin qui doivent être les plus sombres et les plus riches. C'est un effet analogue à celui des clichés à projeter — comme dans les lanternes magiques — fort populaires à cette époque; Turner lui-même en fit quelques-uns[16] (fig. 23) : un sujet est peint à l'aquarelle sur une face d'une feuille de papier qui est maintenue devant une lumière, les rayons lumineux ne pouvant la traverser ailleurs qu'aux endroits choisis par l'artiste — fenêtre, lanterne, lune, etc. — par l'application

15. Exposé à la R.A. en 1798 (W, n° 225); actuellement au Cecil Higgins Museum, Bedford. C'est grâce à Halina Grubert et à Ann Mc Cool que j'ai pu examiner ce dessin.

16. TB XXVIII-H, M, par exemple, qui n'ont probablement pas été exécutés en même temps, comme Finberg le laisse entendre.

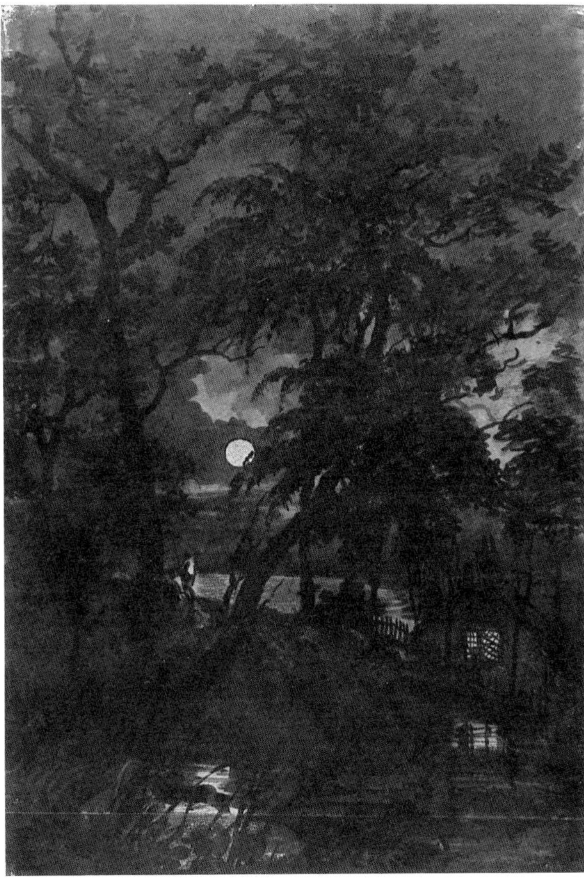

Fig. 23. J.M.W. Turner, TB XXVIII-M, aquarelle. Londres, Bristish Museum.

de couches sombres au verso du dessin. Ces jouets populaires donnent un bon exemple de certaines des caractéristiques si remarquables de l'aquarelle et l'on ne peut guère douter que les propres expériences auxquelles s'est livré Turner à ce sujet n'aient poussé, par sa méthode, vers des formes plus sérieuses de peinture. Le badigeon se trouvant au verso de la grande aquarelle du *Château de Norham* n'est cependant pas d'une épaisseur qui arrête la lumière, comme dans un cliché transparent; c'est un rose, chaud mais plutôt pâle — un lac pourpre très dilué — avec un peu de jaune pâle qui correspond au ciel, par-dessus. Il est difficile d'affirmer si cela a ou non un quelconque effet sur l'image vue par le spectateur mais Turner avait manifestement l'intention de donner à son sujet romantique une chaleur et une résonance plus grandes en utilisant, derrière le papier, une couche de couleur supplémentaire. On trouve une méthode tout à fait parallèle à celle-ci dans les portraits contemporains au pastel d'artistes comme John Downman[17], qui ajoutaient souvent la couleur rose des joues du modèle au verso plutôt qu'au recto de la feuille, pour donner ainsi un effet délicat et vivant de circulation sanguine sous la peau, au lieu de plaquer du rouge à la surface.

17. John Downman, 1750-1824.

On n'a encore découvert aucun autre emploi de cet artifice mais il n'est pas impossible que le *Château de Norham* ne soit pas un cas unique. Nombreuses sont les grandes œuvres exposées de cette époque qui se trouvent toujours dans leurs vieux cadres dorés, lourds, analogues à ceux que l'on utilisait pour les peintures à l'huile, et Turner montait souvent lui-même les aquarelles sur de grandes feuilles de carton pour donner au papier sur lequel il peignait un support adéquat. Généralement, ce carton était lui-même brun sombre et il porte parfois des traces de très grands badigeons de couleur qui ont été passés sur la totalité de l'avant-plan d'une composition, une fois celle-ci terminée... probablement pour rétablir une cohérence qui avait disparu pendant l'exécution des diverses parties du sujet[18].

Le souci d'une unité globale n'était cependant pas un simple remords dans l'effort de création de Turner. Il était fondamental et coexistait avec son désir de gorger ses peintures de détails significatifs. Dès les années qui suivirent 1790, il faisait de grandes études de couleurs pour ses dessins les plus ambitieux, études qui lui permettaient d'établir une large palette chromatique et tonale dans laquelle il pouvait fignoler les détails; ces grandes études sont, dans leur utilisation, le prolongement des études de couleurs petites, progressives que nous retrouvons dans les carnets, comme celles de Caernarvon dont nous avons parlé. Il faut pourtant y attacher une nouvelle importance en cela qu'elles sont exécutées à la même échelle que l'œuvre définitive, c'est-à-dire sur de grandes feuilles de papier qui lui permettent, au plus grand degré possible, l'usage libre et souple du pinceau. Turner s'obligeait sciemment à travailler à cette échelle, avec des masses les plus grandes possibles, et lorsque, plus tard, il abandonna pratiquement les grandes dimensions pour l'aquarelle, il continua de procéder à ces « structures de couleurs » avant de se lancer dans ses dessins définitifs.

La hardiesse dramatique de l'image présentée en 1799 par le *Château de Caernarvon* est la preuve évidente de ce processus de simplification. Même en son état fini, c'est un compte rendu remarquablement sincère où les détails de l'architecture, des bateaux et des personnages sont résolument subordonnés au sentiment général. Pendant que se formait l'art de Turner, cette largeur de conception, qui jaillissait en grande partie de l'esthétique du sublime de la fin du XVIIIe siècle, fut modifiée par l'irrésistible fascination qu'exerçaient sur lui le monde matériel et les activités de ses habitants. Ses aquarelles, qu'il exposait de moins en moins à l'Académie, devinrent beaucoup plus petites, sans doute en partie parce qu'elles étaient de plus en plus destinées à la gravure; et, en même temps, elles reflétaient de plus en plus combien il comprenait la complexité de la nature. L'homme en vint à jouer progressivement un rôle plus important dans ses paysages, comme s'il était un intermédiaire essentiel pour en démontrer le véritable sens, la véritable signification. Parallèlement, sa technique devint plus précise. Il avait déjà reconnu l'utilité du trait de pinceau précis, maîtrisé, comme un repoussoir indispensable sur le large plan qui fait le fond des badigeons sur lesquels il travaille; l'opposition des deux méthodes, l'une toute de liberté et de largeur, l'autre resserrée et méticuleuse, apparaît manifestement dans les puissants paysages à l'aquarelle de John Robert Cozens, qui mourut à la fin de 1797[19] (fig. 24). Cozens a été le premier Anglais qui obtint de profonds effets expressifs à l'aquarelle et ses œuvres ont certainement beaucoup appris à Turner; ses principes techniques sont peut-être les leçons les plus importantes qu'il en

18. On trouvera un exemple de cette méthode avec la grande aquarelle du *Château de Caernarvon, Galles du Nord,* que Turner exposa à l'Académie en 1800 (TB LXX-M; W, n° 263). Voir le catalogue de l'exposition du bicentenaire de *Turner,* 1974, p. 25.

19. J.-R. Cozens, 1752-1797. Pour un récit et une bibliographie de fraîche date, voir A. Wilton, *The Art of Alexander and John Robert Cozens,* Yale Center for British Art, 1980.

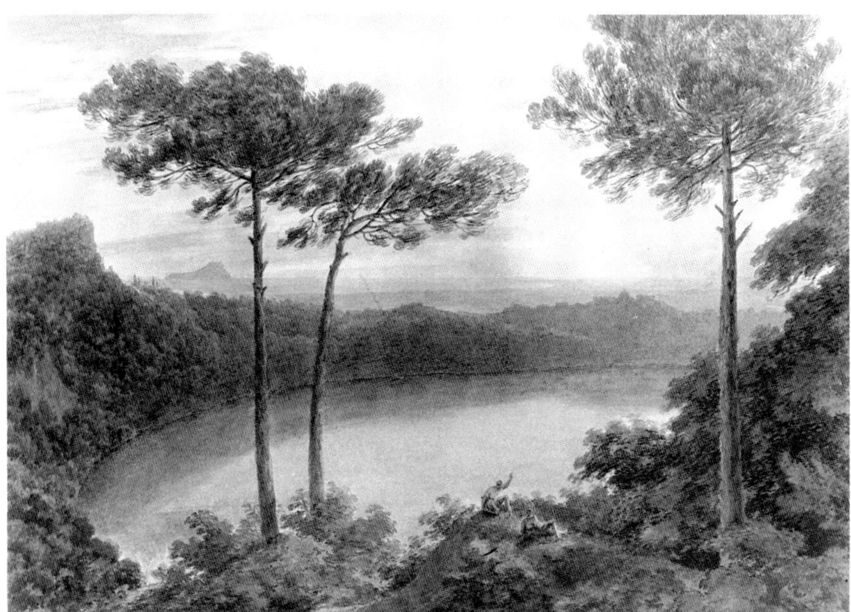

Fig. 24. John Robert Cozens, *Le lac d'Albano et Castel Gandolfo.* Aquarelle. 0,602 × 0,472. Leeds City Art Gallery.

tira. Pourtant, alors que Cozens juxtaposait des premiers plans, richement travaillés, de masses denses faites par petites touches de pinceau avec des distances éthérées, spacieuses, indiquées par des touches légères, Turner a combiné les deux méthodes en un amalgame beaucoup plus intime et complexe. Ses aquarelles en vinrent à reposer sur de larges étendues de couleurs de base tandis que la surface était faite d'une fine trame de hachures qui communiquaient les plus subtils et les plus changeants effets de lumière et d'ombre, de vent et d'eau, juste comme les traits délicats du pinceau du miniaturiste figent la mobilité d'un visage humain sur un fragment d'ivoire ou de papier.

L'étude sommaire et l'aquarelle achevée avec minutie ne constituaient pas, alors, deux exercices distincts pour Turner : sa méthode n'était pas aussi rigide. Ayant défini les traits essentiels de sa composition, il commençait à les transférer sur la feuille finale, travaillant souvent, nous a-t-on dit, sur plusieurs à la fois : il tendait le papier sur un carton puis le plongeait dans l'eau pour que les badigeons initiaux, appliqués sur du papier humide, soient aussi larges que possible[20]. Une célèbre légende nous dit qu'il « versait de la peinture humide sur le papier jusqu'à le saturer, le déchirait, le griffait, le grattait avec une sorte de frénésie et tout l'ensemble devenait un vrai chaos »; on raconte qu'il aurait accroché des aquarelles à moitié finies sur un fil, dans son studio, comme du linge que l'on fait sécher[21]. De cette union intime de la peinture et du papier, Turner a su extraire et la diversité des détails et l'unité de la composition. Et la méthode elle-même garantissait que le produit ultime rendrait le dynamisme qui avait présidé à sa création. Même les méthodes par lesquelles il imposait de l'ordre au « chaos » qu'il avait délibérément créé étaient dynamiques, imprégnées d'énergie : il

20. Voir B. Webber, *James Orrock,* R.I., 1903, I, pp. 60 ss.

21. William Leighton Leitch : « The Early History of Turner's Yorkshire Drawings » in *Athenaeum,* 1894, p. 327, cité par Gage, 1969, p. 32.

utilisait une brosse fine pour délimiter les formes des nuages ou des personnages et, avec des hachures imbriquées, faisait apparaître la texture toujours changeante du ciel, de la mer ou des pentes de lointaines montagnes. Il retirait les clairs des eaux qui tombaient en cascades ou coulaient en ondoyant à l'aide d'un couteau pointu et il s'était fait pousser l'ongle du pouce afin d'être toujours muni d'un des outils essentiels de sa profession. Souvent, on voit que les surfaces de ses peintures ont été moulées avec le doigt et les circonvolutions de son pouce contribuent souvent, par leur tracé, au feuillage ou aux rochers.

L'impression prédominante que donnent ses aquarelles de la dernière époque est à l'opposé du monumental tranquille de l'ancienne aquarelle du *Château de Caernarvon.* Leur atmosphère a beau être sereine, comme dans beaucoup des vues tardives de Suisse[22], elle traduit un dynamisme, une ferveur qui sont le pouls même de la vie, l'énergie créatrice de l'artiste. Jusqu'à la fin, il conserva le sens de l'énergie inhérente du concret et la poursuivit activement. Malgré ses nombreux voyages à travers l'Angleterre et ses excursions répétées sur le continent, il n'a jamais abandonné le contact direct du monde de la matière qui était dépositaire de cette énergie, et son habitude de prendre de rapides esquisses témoigne combien il y répondait de manière vivace. Un artiste beaucoup plus jeune, William Lake Price, se rappelait l'avoir regardé, vers la fin de sa vie (en 1842, probablement, ou en 1843), « sur le lac de Come... dessinant ou peignant. Turner tenait à la main un tout petit livre, de quelque deux ou trois pouces carrés, où il notait avec continuité et rapidité, les unes après les autres, les combinaisons *changeantes* des montagnes, de l'eau, des arbres, etc., qui apparaissaient au passage et il en emmagasina jusqu'à *vingt* environ, ou même plus, pendant un passage d'une heure et demie »[23] (c'est Price qui souligne).

Les mots de cet écrivain expriment bien en eux-mêmes les qualités frappantes des croquis de Turner : la « continuité » et la « rapidité » sont certes leurs caractéristiques les plus remarquables. Il est presque certain qu'il travaillait au crayon lorsque Price le regardait (fig. 25) : il était rare qu'il utilisât la couleur

22. Voir les nos 241 à 250 dans cette exposition.

23. William Lake Price, « On Composition and Chiar-Oscuro », *The Photographic News,* 27 avril 1860, p. 407. Je suis reconnaissant à Katherine di Giulio d'avoir attiré mon attention sur ce passage.

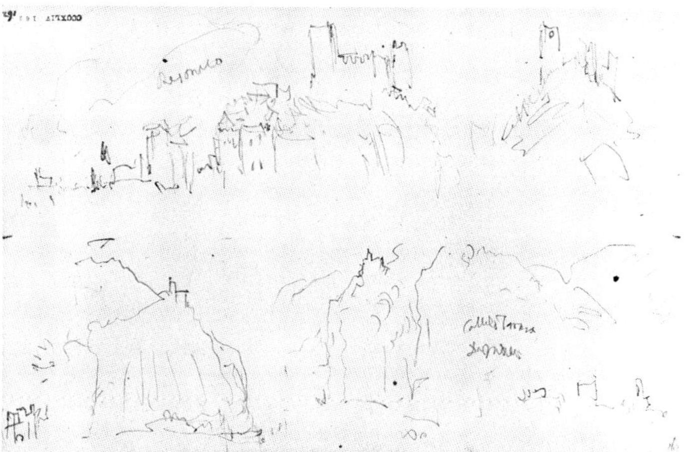

Fig. 25. J.M.W. Turner, TB CCCXLIV-162, crayon.
Londres, British Museum.

en voyage, pour la simple raison pratique qu'il « aurait fallu trop de temps pour la couleur en plein air — il pouvait faire quinze ou seize croquis au crayon pendant le temps d'en faire un en couleurs. »[24] Il semble qu'il ait ajouté de la couleur à certaines de ses études, mais ultérieurement, peut-être là où il logeait, aux premières heures de la matinée avant son excursion quotidienne[25]. Ses croquis au crayon entrent donc dans deux catégories : ceux où il enregistre une succession de vues, dessinés à petite échelle, une sorte d'encyclopédie de renseignements topographiques prévue pour donner les détails nécessaires aux œuvres qu'il exécuterait ultérieurement; et ceux qui, quoique sommaires, font eux-mêmes pressentir une composition achevée. Les premiers ne sont en aucune manière « composés » mais les derniers comportent souvent tout l'essentiel d'une œuvre terminée. La transmutation de la nature observée en une unité picturale a déjà eu lieu et tout ce que l'artiste doit encore faire, c'est d'adapter des détails lorsqu'il réalisera son idée à plus grande échelle. C'est de cette manière que, presque dès le début de sa carrière, Turner a étudié la nature, l'œuvre d'art terminée devant les yeux, pourrait-on dire; vers la fin de sa vie, le caractère indivisible des diverses étapes de la création était devenu la marque apparente et visible de son énergie intellectuelle et imaginative : chaque événement distinct de la chaîne est en lui-même une œuvre d'art, gorgée d'une vision, d'une fin parfaitement élaborées; et les aquarelles achevées, qui marquent le point culminant de cette suite de phénomènes, conservent la force et la fraîcheur des réponses non préméditées. Là, le dynamisme de son esprit et de sa technique forgent l'unité la plus remarquable qui soit.

Andrew Wilton

24. Voir Arthur T. Bolton, éd., *The Portrait of Sir John Soane, R.A.*, Londres, 1927, pp. 284, 285.

25. Voir *Ruskin on Pictures*, 1901, p. 337.

80 à 103

Les premières œuvres

Bien que Turner ait commencé sa carrière de dessinateur par des sujets architecturaux et topographiques, sa production révèle dès le départ un intérêt pour des thèmes très variés, ainsi que la connaissance des styles et des préoccupations d'autres artistes. Après avoir imité avec grand succès, autour de 1790, les aquarelles topographiques d'Edward Dayes et les vues architecturales de Thomas Malton, il semble s'être adressé brusquement, en 1792, à un modèle de plus haute stature, l'Alsacien Philippe-Jacques de Loutherbourg. Son style de dessinateur subit un net changement et le choix des sujets s'étendit jusqu'aux registres dramatique et comique; il s'essaya aussi pour la première fois aux thèmes maritimes. Au bout d'un an, il jugea probablement qu'il avait appris de Loutherbourg ce qu'il en attendait, bien qu'il n'ait produit aucun tableau à l'huile dans sa manière jusqu'aux *Pêcheurs en mer* de 1796 (BJ, n° 1). En 1795, il connaissait déjà les paysages italiens si évocateurs de l'aquarelliste John Robert Cozens et les eaux-fortes architecturales vaguement inquiétantes de Giovanni Battista Piranesi. Ces deux artistes l'aidèrent à doter ses vues à l'aquarelle d'une plus grande force expressive; sous l'influence du second et de Rembrandt, commença à se développer chez lui une approche toute nouvelle de cette technique. Dans ses carnets, il expérimenta des fonds teintés de couleur sombre, analogues à ceux des peintures à l'huile; dans ses aquarelles poussées, qui furent régulièrement exposées à la Royal Academy pendant toute la dernière décennie du XVIIIe siècle, il adoptait des couleurs riches et sombres, appliquées en couches denses, qu'il arrêtait brusquement ou essuyait pour créer des rehauts et des modifications de tons. Il se tourna particulièrement vers les intérieurs, vers les effets dramatiques de lumière et d'ombre auxquels ils se prêtent. En 1800 les aquarelles qu'il montrait à l'Academy avaient atteint une échelle majestueuse, souvent la taille de grands tableaux à l'huile, et possédaient la même force que des peintures. L'influence de deux grands paysagistes, Claude Lorrain et Richard Wilson, perce dans ces pièces ambitieuses, où l'artiste cherche à conjuguer la valeur d'information des vues topographiques et la grandeur du paysage idéal ou romantique. Turner fit de nombreux voyages à travers l'Angleterre et le Pays de Galles au cours des années 1790, dont une visite importante dans les Galles du Nord en 1798 et une autre en 1799; il vit l'Écosse en 1801, et en 1802 alla pour la première fois à l'étranger — parcourant la Suisse et s'arrêtant à Paris. Dès 1794 il s'était procuré une commande d'illustrations pour un livre de poche; les commanditaires privés abondèrent dès le début de sa carrière, choisissant souvent des esquisses dans ses carnets pour qu'il en fît des aquarelles de grand format. En 1803, trois des mécènes qui allaient jouer le plus grand rôle dans sa vie, Sir John Fleming Leicester, Lord Egremont et Walter Fawkes de Farnley (dans le Yorkshire) lui achetaient déjà des œuvres à l'huile et à l'aquarelle. A. W.

Bibliographie : Finberg, 1910, pp. 6-39; *Life*, pp. 14-55; Wilton, 1979, pp. 23-63.

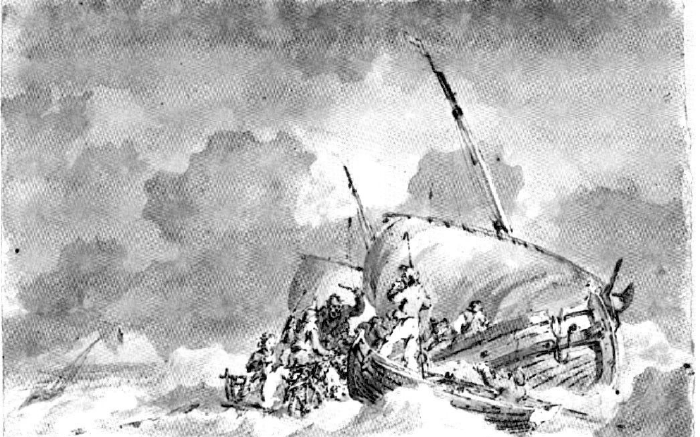

80

80

Marins embarquant des cochons par une mer houleuse

1792

Crayon, aquarelle, plume et encre brune. 0,222 × 0,273

Verso : étude de figures fermant un bateau par une passerelle; crayon.

Exposition : Londres, 1975, n° 4.
Bibliographie : Finberg, 1910, p. 43.

Fait partie d'une série d'études, dans le legs Turner, qui illustrent l'intérêt croissant de Turner pour la mer, sous l'influence de Loutherbourg. Ici, la façon comique de rendre le sujet, qui s'exprime dans le trait nerveux et saccadé de la plume, imite manifestement Loutherbourg; mais Finberg a suggéré, à juste titre, que Turner avait aussi regardé Rowlandson et Morland. Il existe dans le legs d'autres études au crayon sur le même sujet (TB XXIII-W, X) : leur graphie délicate et raffinée nous assure que Loutherbourg fut bien son principal modèle. A. W.

Londres, The Trustees of the British Museum (TB XXIII-T)

81

Intérieur d'une chaumière

vers 1795

Crayon et aquarelle avec quelques ratures. 0,199 × 0,271

Signé, près du bord gauche : *W. Turner,* et de nouveau en bas à droite, deux fois.

W n° 141

Expositions : Londres, R. A., 1796, n° 686; Londres, 1974-1975, n° 14.
Bibliographie : C. Monkhouse, *Turner,* p. 9; Finberg, 1910, pp. 22-23.

Finberg a proposé d'y voir le dessin montré à la Royal Academy en 1796 sous le titre *Intérieur d'une chaumière, étude faite à Ely;* c'est très vraisemblable, en raison du fini de l'exécution et de l'absence d'un autre candidat à l'identification. Cependant, il a pu être exécuté avant cette année-là, et fut, en tout cas, fait sur la base du matériel accumulé par Turner pendant son voyage de 1794 dans les Midlands. Monkhouse pensait qu'il s'agissait de la mère de l'artiste dans la cuisine familiale de Maiden Lane, Covent Garden; mais rien n'appuie cette hypothèse sentimentale. Le dessin est un exemple précoce de l'intérêt de Turner pour les effets prononcés de clair-obscur dans des intérieurs sombres; les pots de terre placés bien en évidence montrent un rendu détaillé, typique également de son œuvre de l'époque et indiquant une influence de peintres de genre hollandais de l'époque comme Nicolas Maes. A. W.

Londres, The Trustees of the British Museum (TB XXIX-X)

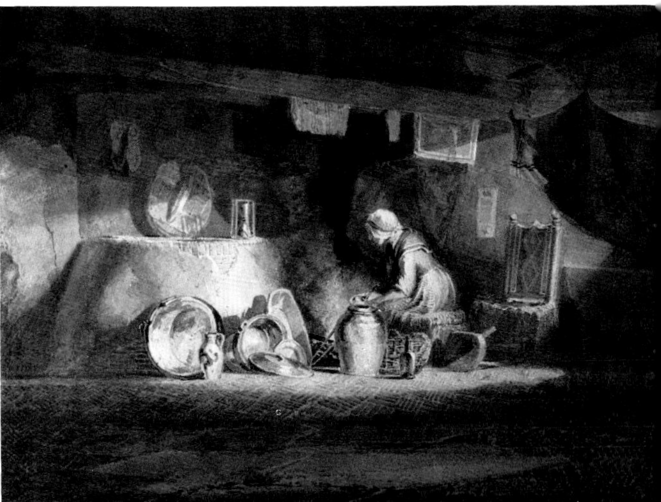

81

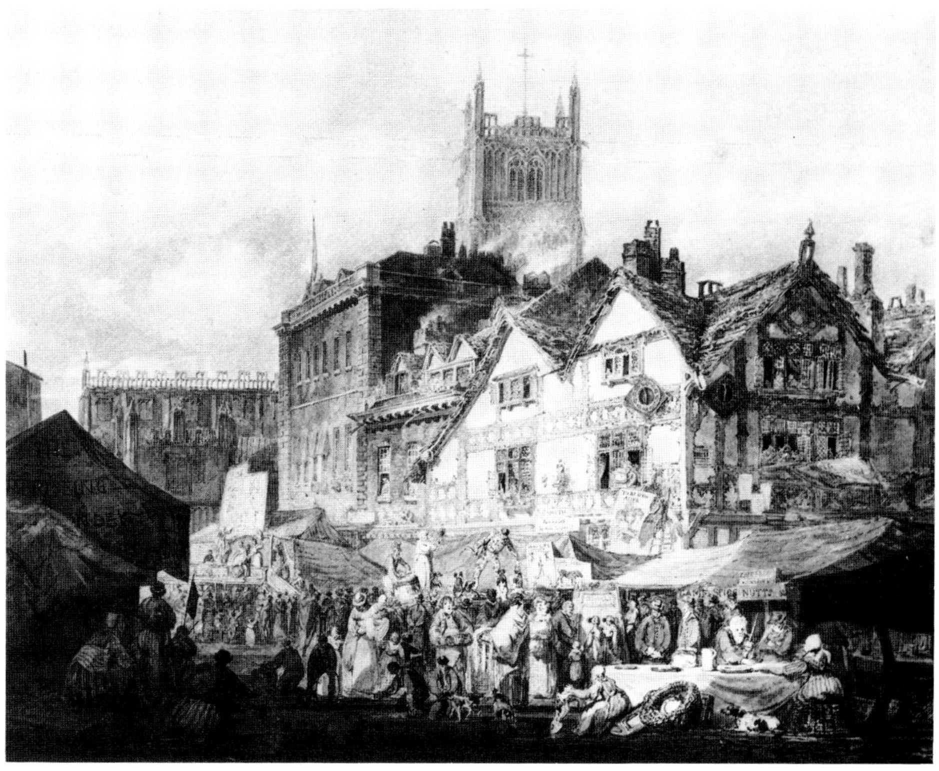

82

82

Wolverhampton, Staffordshire

1796

Aquarelle. 0,318 × 0,419

W n° 139

Exposition : Londres, R. A., 1796, n° 651.

Turner nota la distance de Lichfield à Wolverhampton sur la p. 6 du carnet *Matlock* (TB XIX), utilisé pendant son voyage dans les Midlands en 1794. Dans ce carnet, des croquis au crayon pp. 21 et 22, représentant le marché et une partie du clocher, ont servi manifestement d'études pour le n° 82.

L'hypothèse d'Armstrong que les figures ne seraient « peut-être pas de Turner » a été réfutée à juste titre par Wilton; il souligne que le grouillement au premier plan atteste l'intérêt précoce de Turner pour les foules. Le n° 82 montre combien Turner était doué pour l'invention comique, don qu'il allait montrer plus tard au cours de sa carrière dans des scènes comme la foire aux chevaux de *Louth, Lincolnshire,* de 1827-1828 environ (W, n° 809), et la réunion électorale de *Northampton,* en 1830-1831 (W, n° 881). E. J.

Wolverhampton, The Wolverhampton Art Gallery

83

Le transept du prieuré d'Ewenny, Glamorganshire

1797

Aquarelle avec ratures sur crayon. 0,400 × 0,559

W n° 227

Expositions : Londres, R. A., 1797, n° 427; Londres, 1974-1975, n° 16.

D'après le dessin au crayon sur la p. 11 du petit carnet

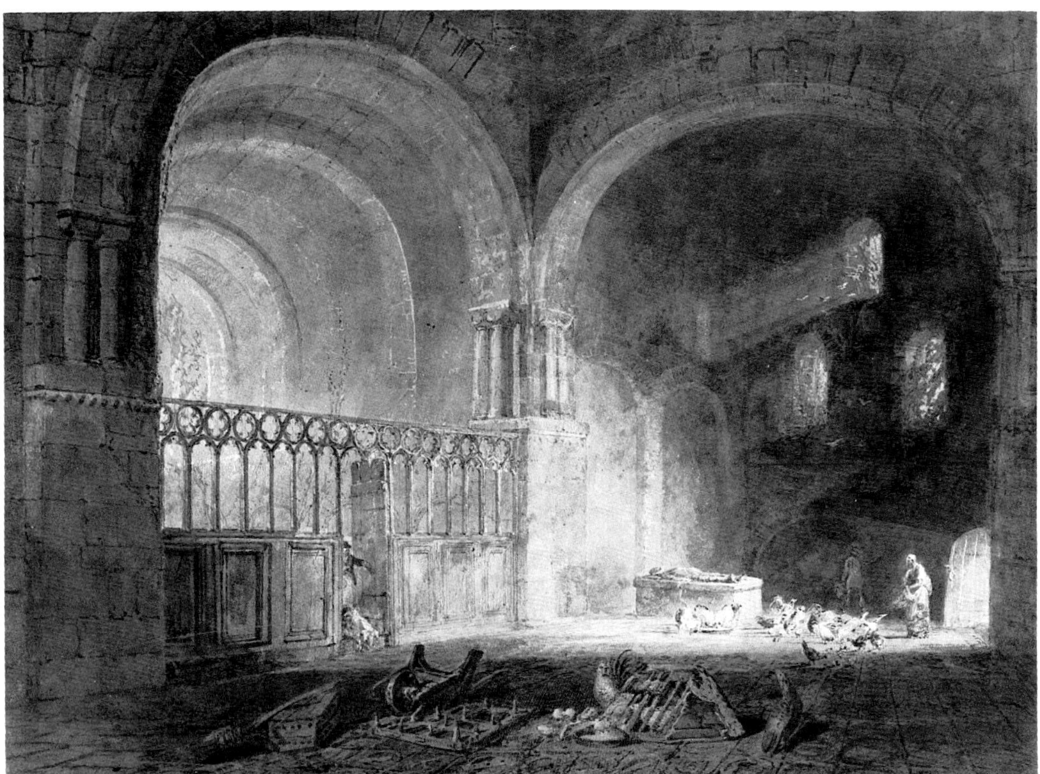

83

Galles du Sud (TB XXV), que Turner utilisa pendant son excursion de 1795.

Cette aquarelle, qui ne semble pas correspondre à une commande, est l'une des plus belles que Turner ait peintes avant 1800. Elle montre un progrès considérable par rapport à ses œuvres antérieures, en particulier dans le traitement de la lumière. Celle-ci vient de trois sources différentes : la porte ouverte, les fenêtres à vitraux au-dessus et la grande fenêtre sur la gauche. Il en résulte une impression d'espace fabuleusement dilaté, tandis que les parties dans l'ombre offrent un contraste lourd de drame.

La critique de la *St. James Chronicle* (20-23 mai 1797) considérait que l'aquarelle « égalait les meilleures œuvres de Rembrandt », et Gage a suggéré que le *Repos pendant la Fuite en Égypte* de Rembrandt, alors à Stourhead dans la collection d'un des mécènes de Turner, Sir Richard Colt Hoare, put être, avec son éclairage qui combine clair de lune et lueur d'un feu, une des sources de cette aquarelle. Comme on l'a également signalé, d'autres œuvres conservées à Stourhead durent aussi influencer le n° 83 : les eaux-fortes de Piranèse et les grandes vues à l'aquarelle de Rome et de ses environs par Abraham-Louis-Rodolphe Ducros (1748-1810), dont Colt Hoare possédait un groupe important.

E. J.

Cardiff, National Museum of Wales

84

Chœur de la cathédrale de Salisbury

1797

Crayon et aquarelle. 0,648 × 0,508

Inscriptions en bas à droite : *Turner/SARUM*, et en bas au centre : *ΣIOV*, et date *1797* en bas à gauche.

W n° 197.

Exposition : Londres, R. A., 1797, n° 450.

Vers 1795, Sir Richard Colt Hoare commanda à Turner deux séries d'aquarelles, l'une d'édifices de Salisbury et des

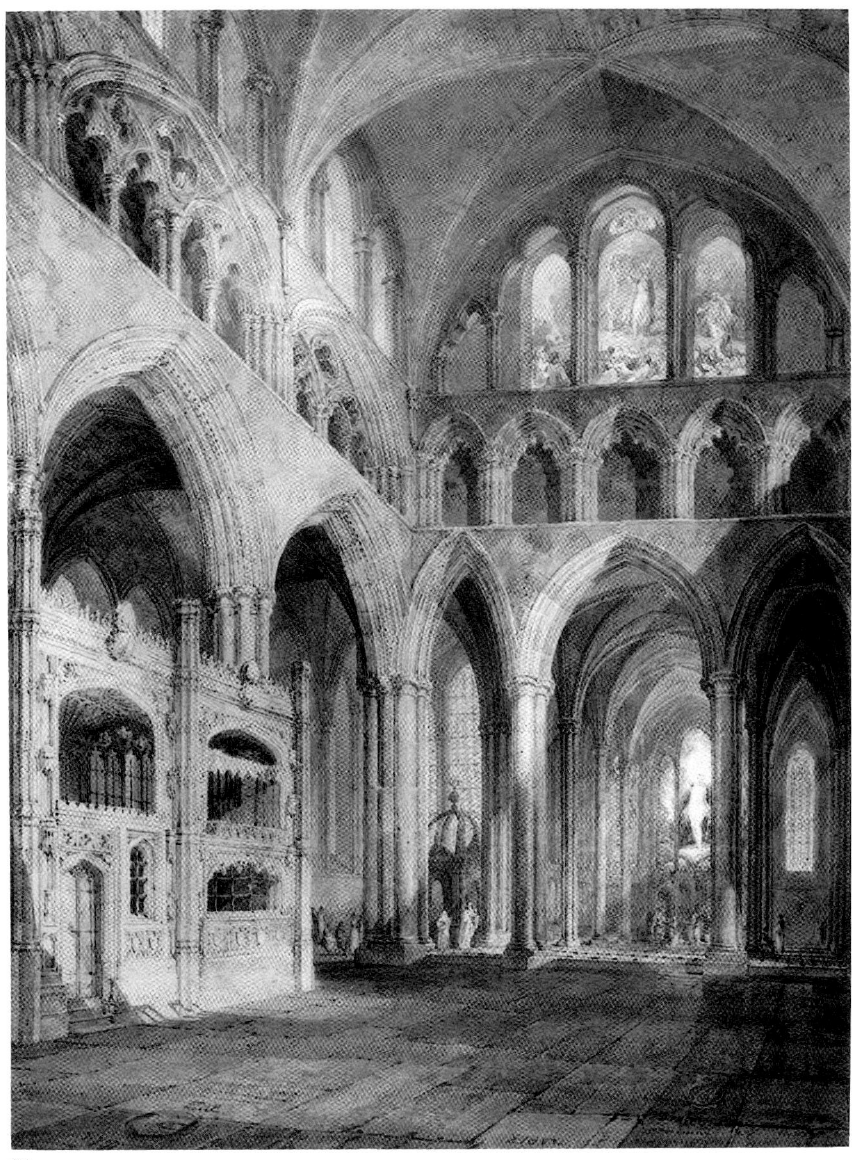

84

environs, l'autre de vues de la cathédrale. Chaque série contient dix vues; Turner devait travailler par intermittence à la commande jusqu'en 1805. Une liste des vingt sujets se trouve sur une feuille séparée, dans le legs Turner (TB CCCLXVIII-A).

Des aquarelles de la série consacrée à la cathédrale (elles sont presque deux fois plus grandes que celles consacrées à la ville), huit seulement sont connues, dont le n° 84 et le *Porche nord* (W, n° 196) — également exposées à la Royal Academy en 1797 — semblent avoir été terminées les premières.

Comme dans le cas du *Transept du prieuré d'Ewenny* (n° 83), le sentiment d'un espace infini doit ici quelque chose à Piranèse, tandis que par ailleurs l'échelle et le sujet offrent à Turner une occasion splendide de montrer sa virtuosité dans le dessin d'architecture. E. J.

Salisbury, Salisbury and South Wiltshire Museum

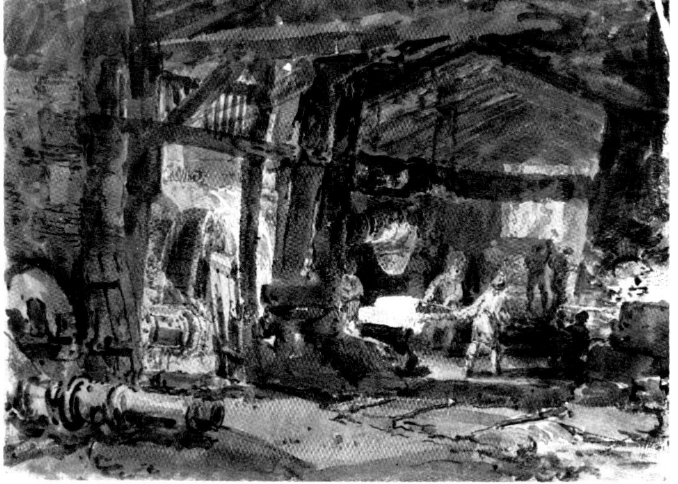

85

85

Une fonderie

1797 ?

Crayon et aquarelle avec quelques ratures. 0,247 × 0,347

Expositions : Paris, 1972, n° 280; *Turner and Watercolour*, 1974, n° 6.

Cette étude paraît bien dériver d'un croquis au crayon dans le carnet *Nord de l'Angleterre* (TB XXXIV, p. 90), que Turner employa lorsqu'il visita le Yorkshire, Durham et le Northumberland en 1797; il a peut-être noté ce motif à York ou aux environs. Un intérieur du même genre, qui semble celui d'une forge navale, avec des ancres placées en évidence, se voit dans le petit carnet *Wilson* (TB XXXVII, pp. 102, 103), où Turner fit une série d'expérimentations à l'aquarelle et à la gouache sur des fonds sombres, pour obtenir de cette technique plus de relief et de force. La feuille exposée montre cependant une forge différente, dans laquelle on fond du matériel d'artillerie, et l'aquarelle est appliquée directement sur un papier non préparé. A. W.

Londres, The Trustees of the British Museum (TB XXXIII-B)

86

Vue du Lake District

1797

Crayon et aquarelle avec des réserves. 0,548 × 0,770.

Finberg a suggéré que ce dessin montrerait le mont dit Coniston Old Man, avec Coniston Water à mi-distance. On n'a pu confirmer cette identification, mais un autre motif de montagne, traité dans un style fort voisin et vers la même époque est traditionnellement connu sous le nom de *Petite rivière de montagne, Coniston* (W, n° 230). Les deux aquarelles semblent avoir été faites peu après le voyage de Turner dans le nord de l'Angleterre, dont le Lake District, en 1797. Un dessin à la plume du carnet *Tweed et Lacs* utilisé pendant ce voyage représente Coniston Old Man et servit de base au tableau *Matin sur la montagne de Coniston* (n° 1), que Turner exposa à la Royal Academy en 1798 sous le n° 196; deux autres feuilles du carnet comportent des motifs notés à Coniston (TB XXXV, pp. 57, 58, 59).

Cette aquarelle, dont la gamme et le style sont bien caractéristiques de la production de Turner cette année-là, atteste l'habitude de réserver les zones où il projetait de placer les figures. A. W.

Londres, The Trustees of the British Museum (TB XXXVI-L)

87

Vue vers le sud-est en direction du Snowdon et du Col de Llanberis, avec l'Elidir Fawr à gauche et le Moel Eilio à droite

1799

Crayon et aquarelle; feuille pliée au centre quand la couleur était encore fraîche. 0,545 × 0,764

Inscription, en bas à droite, plume et encre brune : 46.

Exposition : Kendal, 1971, n° 25.

Appartient à un groupe de grandes feuilles comportant des dessins à la plume et des études à l'aquarelle d'après des paysages du nord du Pays de Galles, faits par Turner pendant son voyage de l'été 1799. Certains dérivent apparemment de croquis au crayon pris sur de petits blocs-notes que Turner portait sur lui; mais d'autres semblent avoir été dessinés sur le motif, par exemple celui-ci. Quoique beaucoup d'entre eux atteignent une véritable puissance et une valeur

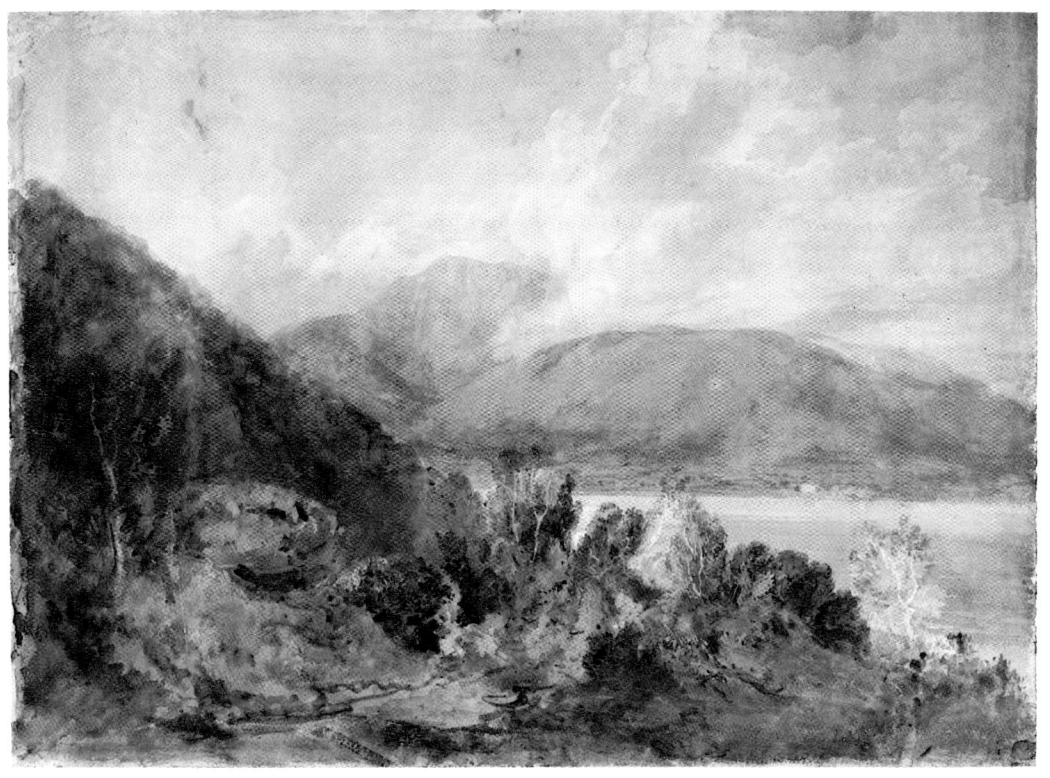

86

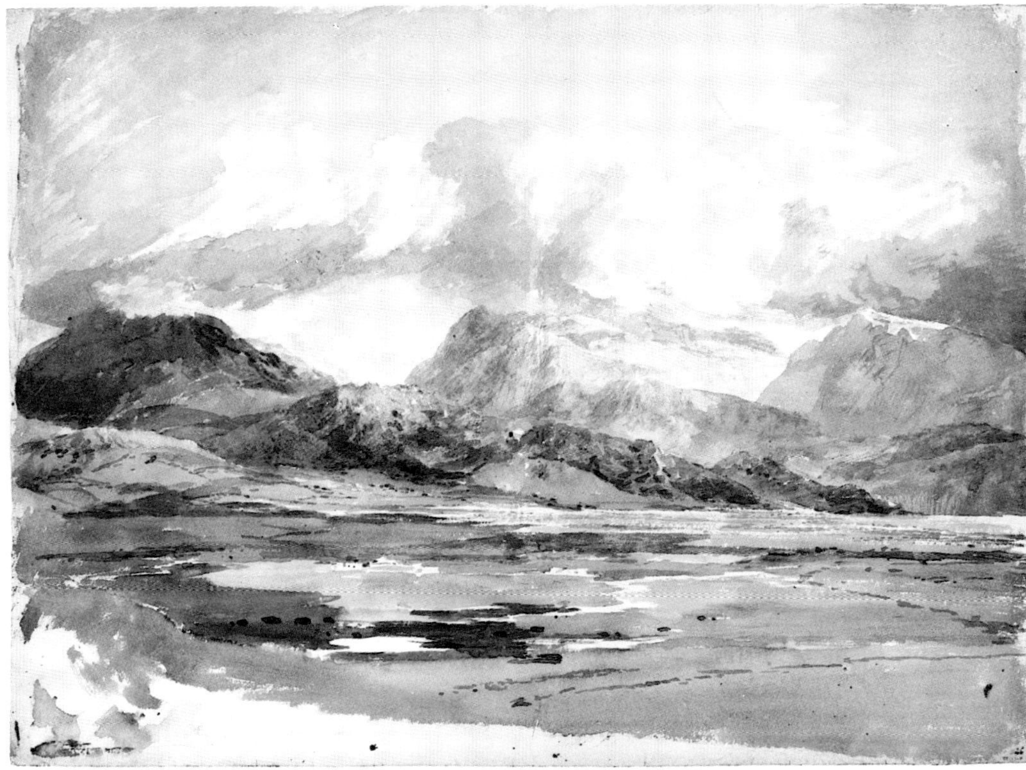

87

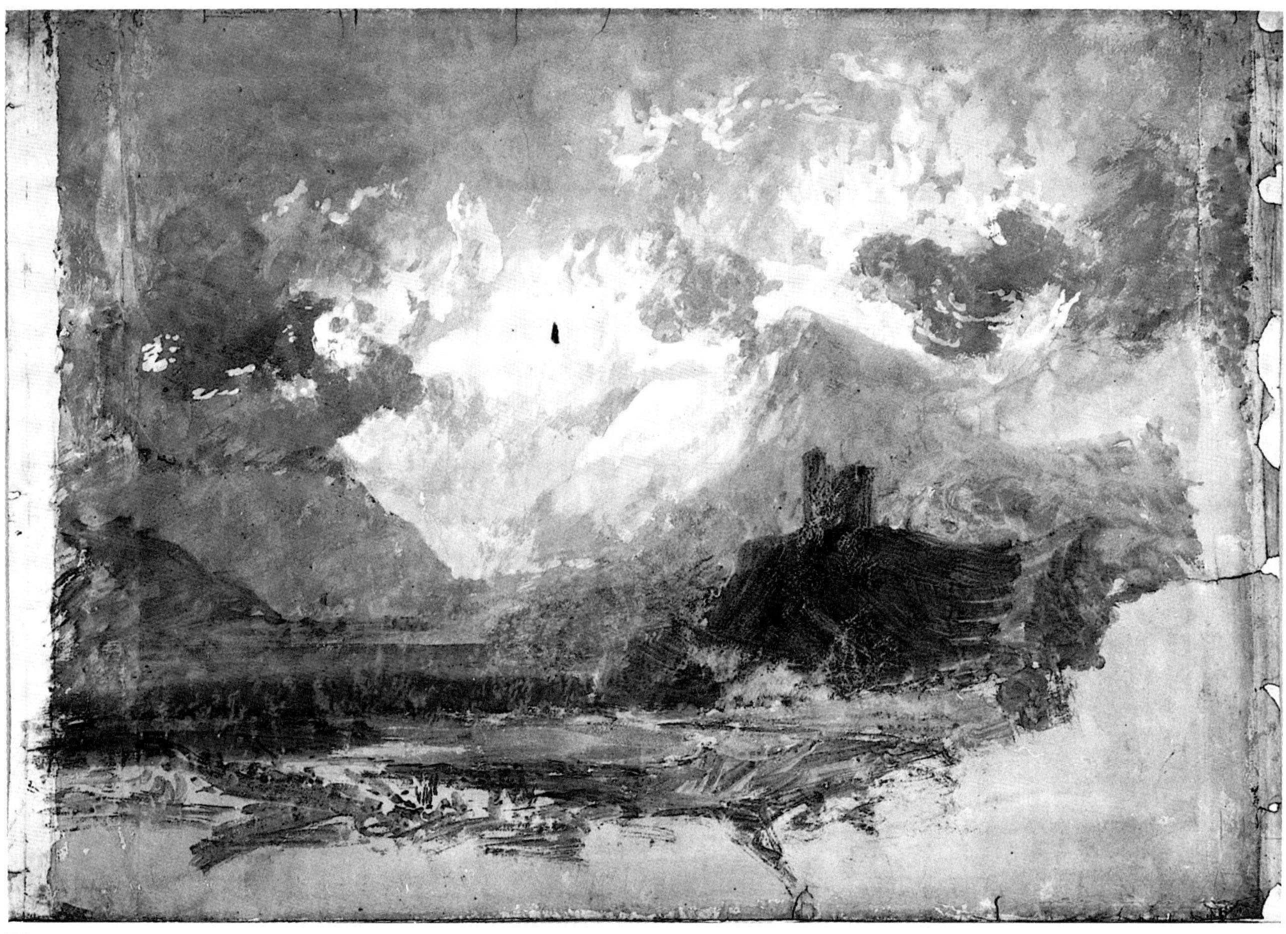

88

poétique réelle, aucun n'est une aquarelle finie au sens strict. Dans son inventaire du legs Turner, Finberg a considéré à tort que la série représentait des vues du Lake District; dans sa biographie (*Life*, 1961, p. 159), il proposa de les dater en 1809, mais remarqua que l'une d'elles montrait le château de Conway, dans le Pays de Galles; il fallut toutefois attendre l'exposition de certains de ces dessins à Kendal en 1971 pour qu'ils fussent tous reconnus comme des motifs gallois. A. W.

Londres, The Trustees of the British Museum (TB LX (a)-F)

88

Dolbadarn Castle, Llanberis

vers 1799

Aquarelle (mélangée à la pâte ?) et réserves sur papier teinté d'un lavis bleu. 0,670 × 0,980

Exposition : Londres, 1975, n° 21.
Bibliographie : Gage, 1969, p. 30, pl. 37.

Contrairement au n° 87, cette feuille n'appartient pas vraiment à la série des grandes études à l'aquarelle faites par Turner pendant son voyage de 1799 dans le nord du Pays de Galles. Le traitement exceptionnellement large incite à y voir plutôt une œuvre expérimentale, exécutée en atelier après le retour à Londres. En fait, elle semble dériver, non

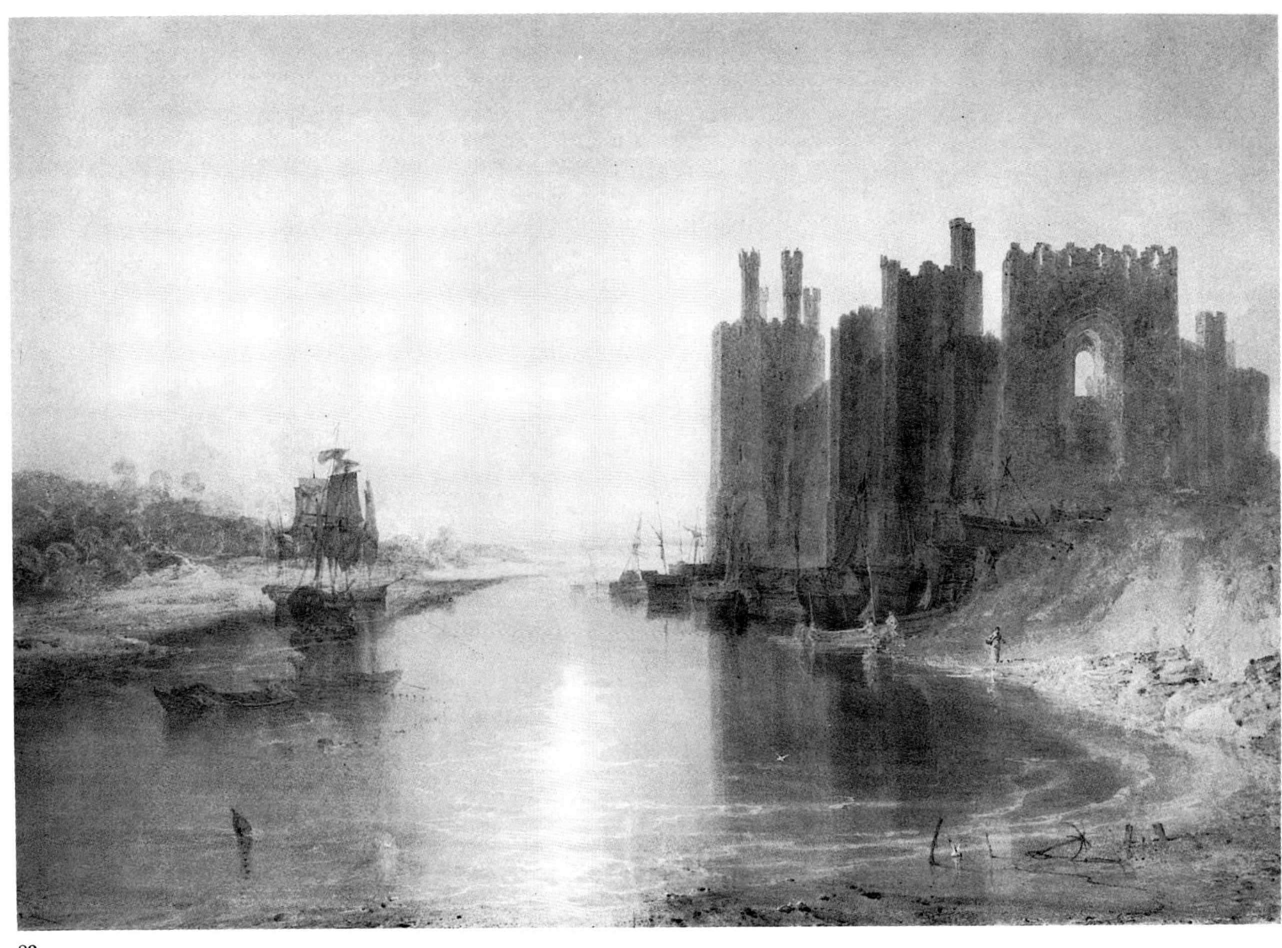

89

pas des dessins de Dolbadarn faits en 1799, mais d'une étude au crayon dans le carnet *Hereford Court,* utilisé pendant le voyage de 1798 (TB XXXVIII, p. 47). La feuille présente une technique plus élaborée que les études faites en voyage : elle est exécutée sur un fond bleu et l'on y trouve le procédé des réserves (peut-être avec un produit à la cire), que Turner expérimentait alors. L'artiste y emploie aussi un procédé unique : il a mélangé la peinture d'une substance visqueuse assez épaisse — farine de froment ou œuf — pour lui donner plus de corps. On décèle d'autant mieux le tracé même du pinceau sur le papier et l'ensemble prend un dynamisme inhabituel. Cette aquarelle illustre bien un commentaire de Farington d'après lequel Turner n'a souvent « pas de méthode fixée d'avance, mais laisse courir les couleurs jusqu'à ce qu'il ait exprimé son idée ». Dolbadarn Castle, sur une falaise basse dominant le lac de Llanberis, au-dessous du Snowdon, se révéla un sujet particulièrement cher à Turner; il l'utilisa pour son tableau de réception à la Royal Academy, en 1800 (BJ, n° 12). A. W.

Londres, The Trustees of the British Museum (TB LXX-0)

89

Le château de Caernarvon

1799

Aquarelle sur crayon. 0,570 × 0,825

Signé : *Turner*

W n° 254

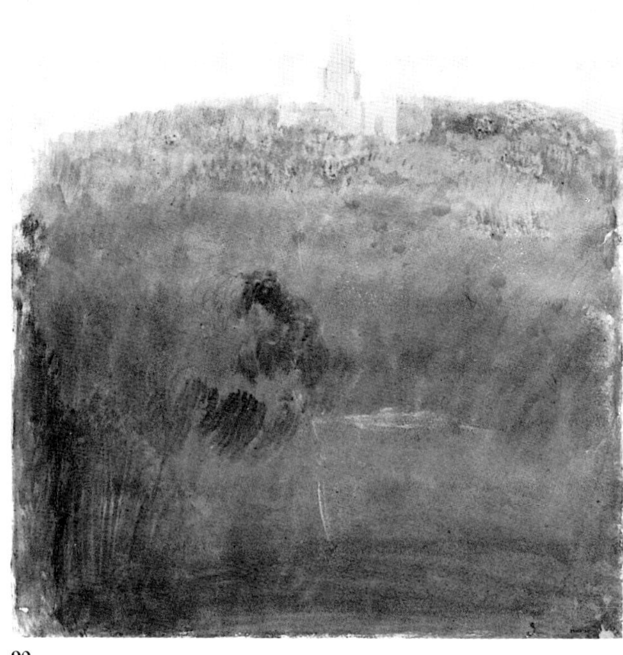

90

Expositions : Londres, R. A., 1799, n° 340; Londres, 1974-1975, n° 42.

Exposé à la Royal Academy avec ces vers du chant I de l'*Amyntor et Theodora* de Mallet :

« ... Voilà que descend
Le soir paisible, heure solennelle, où le soleil d'or [déclinant
Embrase le firmament, et le grand miroir d'azur,
Étincelant d'un doux éclat, rend au ciel son visage [rayonnant
Avec une splendeur sans égale ».

Le dessin fut acheté à l'exposition par John Julius Angerstein (1735-1823), et Farington relate que le prix payé, 40 guinées, « fut fixé par Mr. A. et était bien supérieur à celui que Turner aurait demandé ». La collection de tableaux anciens réunie par Angerstein forma le noyau de la National Gallery de Londres au moment de sa fondation, en 1824.

Dans le carnet *Académique* (TB XLIII), une étude à l'aquarelle pour le n° 89 apparaît au verso de la p. 39 et le livre contient un certain nombre d'autres vues du château fig. 21, p. 157. La Tate Gallery conserve une petite huile sur panneau de 1798 environ (fig. 19, p. 156) qui montre à peu près la même vue.

Comme l'ont remarqué plusieurs auteurs, il est intéressant de noter que Turner employait alors des techniques extrêmement semblables pour l'huile et pour l'aquarelle; une comparaison entre les n°s 2 et 89 le prouvera. E. J.

Grande-Bretagne, collection particulière

90

Fonthill Abbey vue du sud-est

vers 1800

Crayon et aquarelle. 0,466 × 0,330

Inscription, en bas à gauche, plume et encre brune : 3.

Bibliographie : Finberg, *Life*, 1961, pp. 61, 67; Gage, 1969, p. 31, pl. 7.

Appartient à une série d'environ deux douzaines de dessins, dans le carnet *Fonthill*, où Turner étudia l'« abbaye » gothique construite par William Beckford dans le Wiltshire entre 1793 et 1807, et le domaine qui l'entourait. Il y passa trois semaines en août et septembre 1799, préparant une série de cinq vues de la demeure pour Beckford. Elles furent montrées à la Royal Academy en 1800 (W, n°s 335-339) et comptent parmi les plus grands paysages d'Angleterre que Turner ait jamais réalisés à l'aquarelle. L'étude ici exposée n'est pas en rapport avec une œuvre terminée, mais le motif se rapproche d'une très grande étude en couleur de format vertical, dans le legs Turner (TB LXX-P; Gage, 1969, pl. 8), qui pourrait avoir été projetée comme une sixième aquarelle de la même série mais resta inachevée. Un léger croquis d'ensemble au crayon se trouve dans le carnet *Dolbadarn* (TB XLVI, p. 107). Le même carnet contient des études analogues pour d'autres vues de Fonthill. Gage (op. cit.) suggère que cette étude colorée reflète l'influence des deux Claude Lorrain que Beckford venait d'acquérir de la collection Altieri; Turner les avait vus le 8 mai 1799 et ils furent l'occasion pour son collègue Benjamin West d'analyser le procédé de Claude consistant à « poser de simples gradations de couleurs plates de l'horizon jusqu'en haut du ciel et de l'horizon jusqu'au fond [probablement premier plan], sans mettre de nuages dans le ciel, ni de formes spécifiques dans le paysage avant d'avoir parfaitement déterminé ces gradations ». A. W.

Londres, The Trustees of the British Museum (TB XLVII-10)

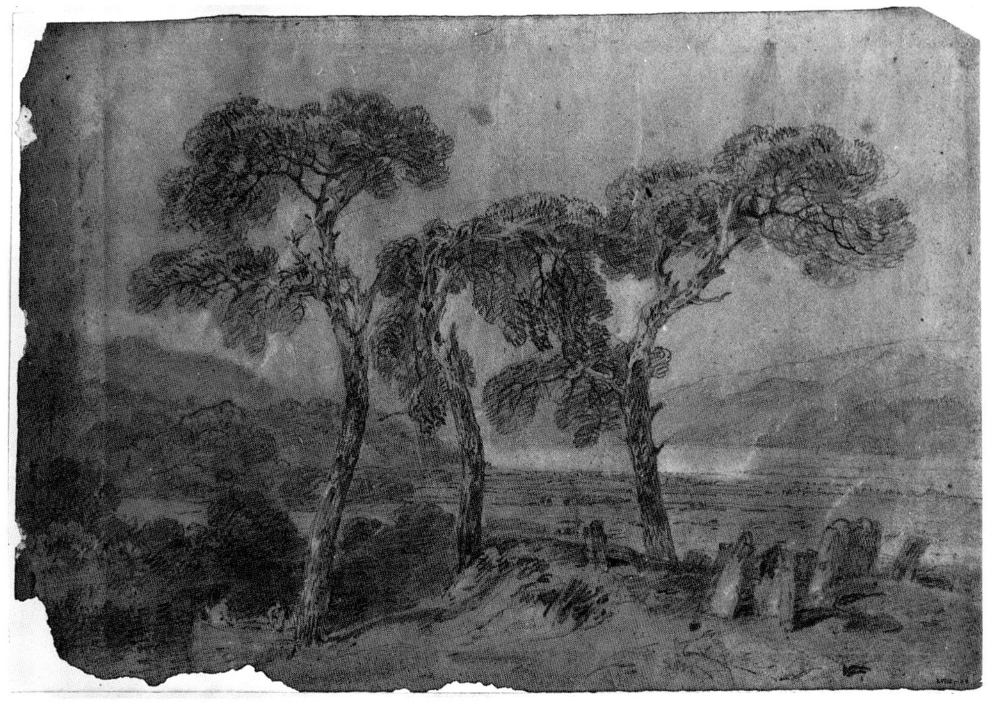

91

91

Trois pins sylvestres dans un paysage, avec un lac au fond

1801

Crayon et gouache blanche sur papier teinté d'un lavis beige. 0,297 × 0,437

Bibliographie : A. Wilton, in *Turner in Scotland,* 1982, p. 17.

Fait partie d'une série de presque soixante dessins au crayon, très poussés, que Turner exécuta pendant son voyage en Écosse de l'été 1801. D'après Farington (*Journal,* 6 février 1802), Turner lui dit qu'il avait étendu sur les feuilles, en guise de préparation, une mixture d'« encre de Chine et de jus de tabac », tandis que les rehauts étaient constitués d'un « liquide blanc de sa propre fabrication »; on peut en déduire que ces dessins furent exécutés pendant son excursion de trois semaines dans les Highlands, plutôt qu'élaborés à une date ultérieure, comme l'ont pensé certains. Quoique, dans bien des cas, Turner ait sûrement retravaillé ses dessins pour nuancer les valeurs, ici la précision avec laquelle les arbres sont observés semble indiquer que le dessin fut terminé sur le motif. Une étude apparentée, trop faible pour avoir servi de source principale, mais peut-être utilisée comme esquisse préliminaire de composition, se trouve dans le carnet *Pont de Tummel* (TB LVII, pp. 1v, 2). Voir une autre aquarelle élaborée à partir d'un des « crayons écossais », n° 92. A. W.

Londres, The Trustees of the British Museum (TB LVIII-56)

92

Le château de Kilchurn, avec les montagnes de Ben Cruchan, Écosse : midi

1802

Aquarelle. 0,533 × 0,772

W n° 344

Expositions : Londres, R. A., 1802; n° 377; Aberdeen, 1982, n° 19.

Cette aquarelle dérive de nombreuses études faites en 1801, qui se trouvent dans le carnet *Lacs écossais* (TB LVI, pp. 42-

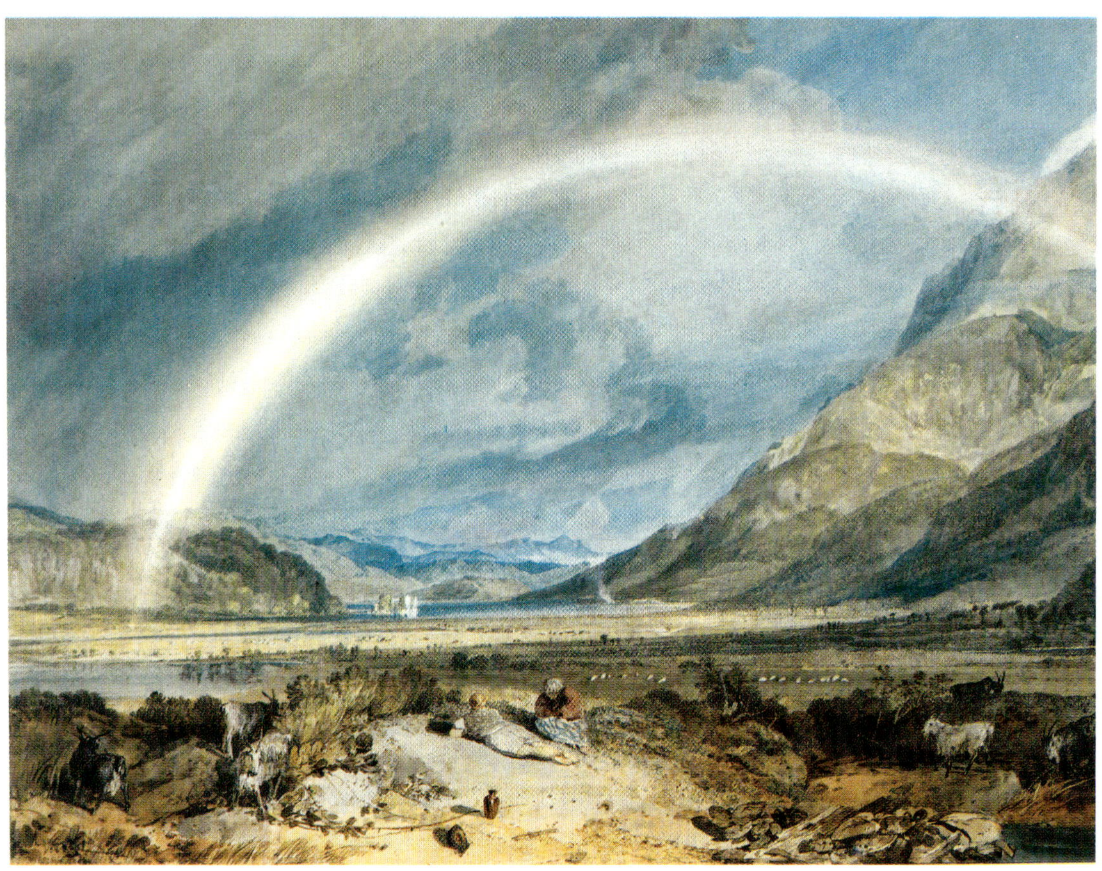

92

63). Au revers de la couverture du carnet, Turner a noté qu'il avait quitté Edimbourg le 18 juillet et *on the 5 of August finished this Book at Gretna Green* (« fini ce livre le 5 août à Gretna Green »). D'après les esquisses, on peut reconstituer son itinéraire; d'Inverary, où il avait exécuté une commande pour le duc d'Argyll, il semble avoir continué jusqu'au Loch Awe. Plusieurs études de Kilchurn et du lac furent certainement faites d'un bateau, moyen recommandé pour visiter le château.

Dans sa *Life of J. M. W. Turner* (1879), P. G. Hamerton consacre le chapitre IV tout entier à l'étude de cette aquarelle (ou peut-être d'un autre dessin de *Kilchurn*, W, n° 345, dont la trace est perdue), qui marquait, d'après lui, le moment où Turner « se délivra de l'esclavage de la topographie ». Ce jugement révèle une incompréhension des buts de Turner, comme Andrew Wilton le souligne dans le catalogue de l'exposition d'Aberdeen. En fait, dans le n° 92, les détails essentiels sont d'une grande précision topographique; les timides libertés que Turner a prises visent à introduire quelques éléments de « sublime » dans l'œuvre.

E. J.

Plymouth, The Plymouth City Museum and Art Gallery

93

Carnet « Jetée de Calais »

vers 1800-1805

84 feuillets de papier bleu, dans un encartage avec deux agrafes.
Filigrane : 1794.
0,436 × 0,267

Ouvert aux pp. 122-123 : étude pour la *Marine Bridgewater.*

Plume et encre brune avec de la craie.

Exposition : Londres, 1974-1975, n° 89.

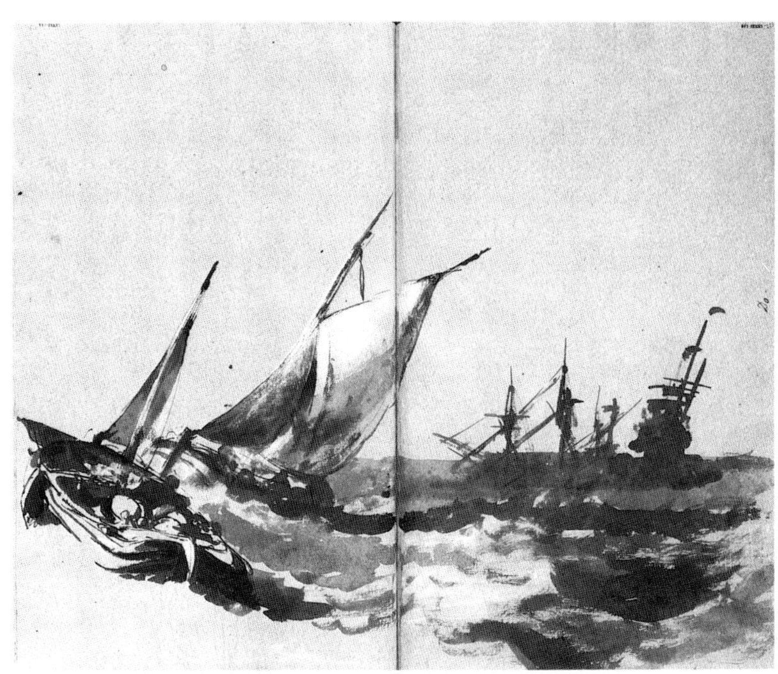

93

Bibliographie : Finberg, 1910, pp. 45-48; Wilkinson, 1974, pp. 57 ss; Bachrach, 1974, pp. 13-14; Wilton, 1979, p. 74.

Turner utilisa le carnet *Jetée de Calais* pendant les années qui suivirent sa nomination comme membre de la Royal Academy; il fournit une documentation complète sur son travail de 1800 à 1806 — les principaux tableaux et quelques aquarelles importantes. Turner semble avoir annoté l'album une fois rempli, apparemment en 1805; il y inscrivit des renseignements sur la destination de beaucoup d'études, sans doute afin de pouvoir s'y référer rapidement quand il projetterait de nouvelles compositions. A cela s'ajoutait peut-être un sentiment de fierté pour la variété et la qualité de ces dessins expérimentaux, dont beaucoup sont si beaux.

Parmi les aquarelles projetées, la plus soigneusement étudiée dans le carnet est *Le Mont Blanc vu du lac de Genève* (New Haven, Yale Center for British Art; W, n° 370), une grande composition de laquelle on passe presque imperceptiblement au vaste tableau de 1807, *Lever de soleil dans la brume* (Londres, National Gallery; BJ, n° 69). Quant aux études pour une *Fuite en Égypte* (pp. 60, 63), elles montrent que le schéma de cette composition se dégagea des notations qui aboutirent à la *Sainte Famille* de 1803 (BJ, n° 49), à la *Cinquième plaie d'Égypte* (n° 5) et à *Vénus et Adonis* de 1805 environ (BJ, n° 150; fig. 6, p. 28). Une étude pour un tableau représentant *Héro et Léandre* (p. 57) s'apparente aux idées pour la *Destruction de Sodome* de 1805 environ (BJ, n° 56), bien que Turner ait terminé seulement en 1837 la *Séparation de Héro et Léandre* pour la Royal Academy (BJ, n° 370). On trouve aussi de nombreuses études pour le *Déluge* (n° 13) et quelques-unes pour l'*Armée des Mèdes détruite dans le désert par un tourbillon,* tableau exposé en 1801 et aujourd'hui disparu. Des études de nus et des croquis de groupes de figures en rapport avec ces compositions sont disséminés à travers l'album. Il y a, en outre, une série importante d'études préparatoires pour les grandes marines que Turner exposa au cours de ces années : la « Marine Egremont » (BJ, n° 18), la *Jetée de Calais* de 1803 (Londres, National Gallery; BJ, n° 48), le *Naufrage* de 1805 (voir la mezzotinte n° 104) et la « Marine Bridgewater », *Bateaux hollandais dans la tempête; pêcheurs essayant de ramener le poisson à bord,* de 1801 (coll. part.; BJ, n° 14). Turner élabora la « Marine Bridgewater » — la première de ses grandes marines dramatiques à la manière des Hollandais du XVIIe siècle — par une série d'études puissantes au lavis de sépia, comme celle que nous exposons. A. W.

Londres, The Trustees of the British Museum (TB LXXXI)

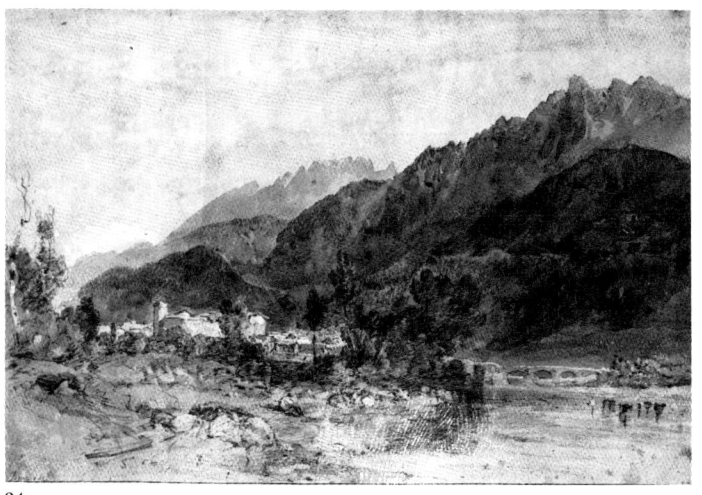

94

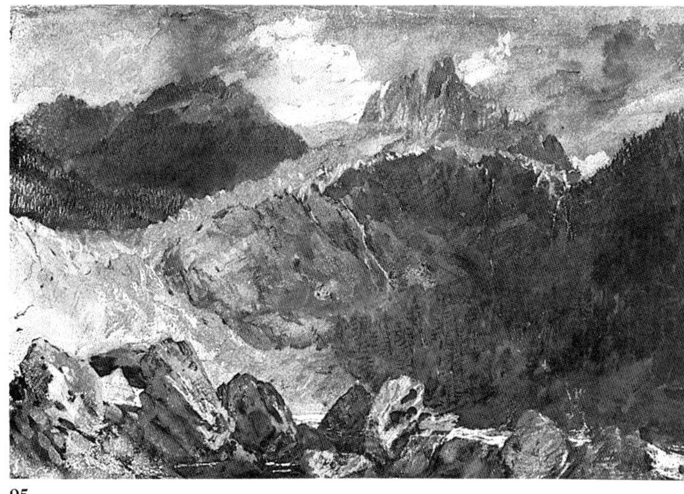

95

94

Bonneville, Savoie

1802

Crayon, aquarelle et gouache sur papier teinté d'un lavis gris. 0,314 × 0,477

Inscription, en bas à gauche, au crayon : *Bonneville.*

Exposition : Londres, 1975, n° 29.

Le plus grand des cahiers à dessin que Turner emporta dans son voyage en Suisse de 1802 fut celui de *Saint-Gothard et le Mont Blanc,* auquel appartient cette feuille. Le fond gris préparé, ainsi que les dimensions de la feuille, rappellent les « crayons écossais » de 1801 (voir n° 91), qui peuvent être considérés comme un exercice préparatoire à cet important voyage dans le décor le plus sublime de l'Europe. Mais cette vue de Bonneville est lyrique et pastorale plutôt que d'une majesté écrasante : Turner allait accentuer cette tendance lorsqu'il exécuta ses deux aquarelles achevées de Bonneville en 1807 et vers 1809 (W, n°s 381, 385; et n° 101). L'étude devait aussi servir de base à une peinture à l'huile (n° 11) exposée en 1803 et à une réplique de la même (n° 12) montrée en 1812.

En outre, Turner choisit le motif pour l'une des planches à sujet « montagneux » de son *Liber Studiorum* (n° 108). Au total, une utilisation très poussée et multiple d'un dessin plutôt modeste, mais où Turner trouvait probablement un heureux contrepoint de rangées de collines ou de montagnes à des distances variées. A. W.

Londres, The Trustees of the British Museum (TB LXXV-7)

95

Glacier au pied du Mont Blanc

1802

Aquarelle partiellement gouachée avec parties grattées, sur papier blanc teinté d'un lavis gris. 0,312 × 0,468

Exposition : *Turner and Watercolour,* 1974, n° 10.
Bibliographie : *Turner in Switzerland,* p. 42.

De même que les n°s 94 et 96, cette feuille se trouve dans le carnet *Saint-Gothard et le Mont Blanc;* elle servit de point de départ à une aquarelle très poussée, exécutée vers 1803, qui fut acquise par Fawkes et qu'on appelle couramment *Montenvers, vallée de Chamonix* (W, n° 376). Comme l'aquarelle achevée de *Bonneville* (n° 101), celle-ci est en fait plus petite que l'étude préparatoire; cela arrive d'ailleurs assez souvent chez Turner. Le motif ne fut que légèrement modifié, et les petites figures ajoutées changent peu de chose à la solitude lugubre des sommets — l'Aiguille du Dru, l'Aiguille Verte, les Grands Charmoz et l'Aiguille de l'M. Turner fit plusieurs dessins de la Mer de Glace dans le même carnet et n'exécuta pas moins de cinq aquarelles achevées de cette partie de la vallée de Chamonix, dont une très grande, exposée en 1803 (W, n° 365). A. W.

Londres, The Trustees of the British Museum (TB LXXV-21)

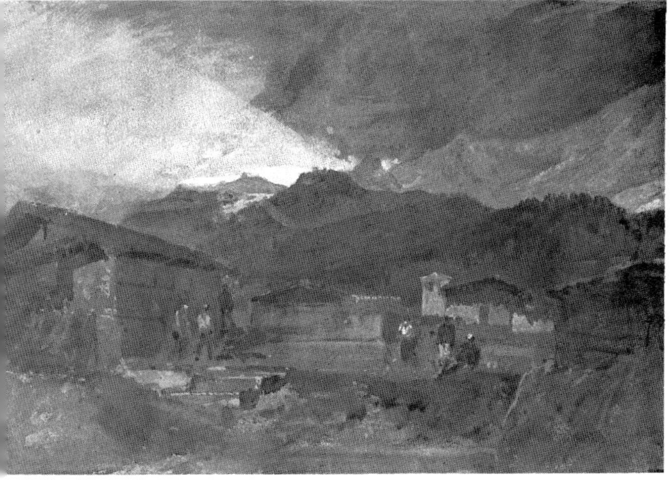

96

Les Contamines

1802

Crayon, aquarelle et gouache sur papier blanc teinté d'un lavis gris.
0,318 × 0,479

Bibliographie : *Ruskin on Pictures*, p. 228 (n° 552); Wilton, 1982, n° 6, p. 33.

Le sujet de cette feuille du carnet *Saint-Gothard et le Mont Blanc* fut identifié par Ruskin, probablement grâce à un dessin de la feuille suivante (p. 25), qui porte l'inscription *Contamines*, de la main de Turner. Elle montre l'église du village vue de près, avec la masse du Mont Blanc qui se dresse brusquement derrière. Dans le dessin exposé, seul le clocher de l'église est visible au-delà des autres constructions, mais les sombres lavis d'aquarelle et l'illusion d'une lumière crue d'orage donnent une plus grande intensité à cette feuille. Bien que, contrairement à beaucoup des études de montagne de cette année-là, le paysage ne soit pas vide de figures, ici elles sont tranquilles et silencieuses, figées, comme les bâtiments et les montagnes, dans une sorte d'immortalité classique. A. W.

Londres, The Trustees of the British Museum (TB LXXV-24)

97

Carnet « Louvre »

1802

88 feuillets de papier blanc teinté d'un lavis gris, avec deux feuilles volantes à chaque extrémité. Filigrane : 1799.
0,129 × 0,112

Ouvert aux pp. 51v-52r, copie du *Couronnement d'épines* de Titien et notes sur le tableau.
Aquarelle avec des parties grattées sur préparation grise.

Inscription à la plume et à l'encre grise :

This Picture is wholy [sic] *different as to / effect the most power full is the flesh / the drapery consists only to extend the / Light upon the Soldier to the right / and by being yellow keep up warmth / and mellows the flesh of Christ which / is the Soul of the piece shrinking / under the force of the Brutal Soldier with / filial resignation yet with dignity he / appear to bear thir* [sic] *insults while / the possition* [sic] *of the Legs indicates / excesive* [sic] *pain and exertion to / sustain it-*

This on a Greeny Brown / Ground Spanish Brown and Umber. The / flesh is thicker than the Entombing but / the same process. the Crimson drap [er] *y* / [continued on f. 51:] *is only a wash (VR) — the geen* [sic] *d is thicker / but Brown over it and the figure in Mail / in Black with lights this figure keeps / the Picture from being monotonously Brown in* [?] */ the Background which is the Broadest Shadow / thus is form'd the effect. as the other figs* [?] *have scatter'd light and strong shadow / the small piece* [?] *of Yellow causes with the / Legs of Christ a prepond* [er] *ence of Light to the / Left and the steps and the half Light. One small piece of Blue is admitted — / purely to give value to the warm color / by contrast and to check the Brown bw-* [Finberg reads "background"] */ by putting it so far behind or rather protrude itself.*

Exposition : Londres, 1974-1975, n° 91.

Bibliographie : Finberg, 1961, pp. 85-91; Reynolds, 1969, p. 53; Gage, 1969, pp. 60-62; Wilkinson, 1975, p. 56: Wilton, 1979, pp. 74-79.

Ce carnet est consacré entièrement à des notes manuscrites et à des copies au crayon ou à l'aquarelle de tableaux que Turner vit au Musée Napoléon lors de son séjour à Paris, quand il rentra de Suisse à l'automne 1802. Beaucoup de ses observations consistent en notes sur le coloris, avec emploi des seules initiales, disposées selon la relation des couleurs sur la toile. D'autres, bien plus élaborées, comportent une analyse de la technique, de la composition et des couleurs. Dans plusieurs cas, principalement *La mise au tombeau* et *Le couronnement d'épines* (ce dernier exposé ici; le tableau se trouve toujours au Louvre) de Titien, ou l'*Hiver* (« Le Déluge ») de Poussin, Turner donne une description vivante de l'effet produit sur lui par le tableau. Parmi les autres œuvres au sujet desquelles Turner prit des notes sur le carnet, citons *La tempête* de Ruysdael, *L'Enfant Jésus avec saint Jean* de Raphaël, *Alphonse de Ferrare et Laura de' Dianti* de Titien, *Diogène, Orphée et Eurydice* et *La récolte de la manne* de Poussin, *Saint Jérôme* de Corrège, *Mars et Vénus* et

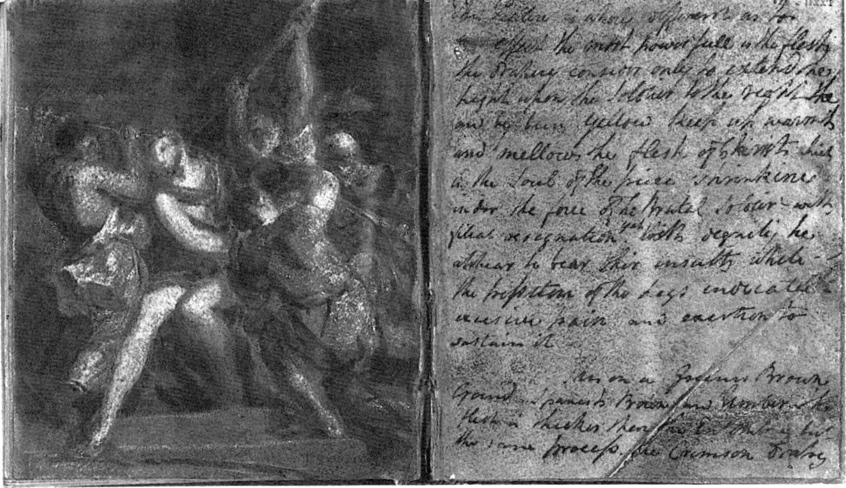

97

Hercule et Achéloüs du Dominiquin, *La résurrection de Lazare* du Guerchin, *Le bon Samaritain* et *L'Ange quittant la famille de Tobie* de Rembrandt, *Le tournoi* et le *Paysage à l'arc-en-ciel* de Rubens. Il nota aussi un tableau moderne : *Le retour de Marcus Sextus* de Guérin. A. W.

Londres, The Trustees of the British Museum (TB LXXII)

98

Saint-Gothard : le pont du Diable

vers 1804

Aquarelle et craie blanche avec des parties grattées. 1,060 × 0,762

W n° 368

Exposition : Yale Center for British Art, *Exhibition Watercolours*, 1981, n° 30.
Bibliographie : E. Joll, « Picture in Focus », *Turner Studies*, I, 2, 1982, p. 51.

Cette aquarelle « sublime », que Wilton mentionnait comme perdue, a refait surface ironiquement quelques semaines trop tard pour être incluse dans l'exposition *Turner and the Sublime* de 1980-1981.

Elle doit dater de 1804 environ; malgré ses dimensions énormes, elle conserve certains traits d'une esquisse.

Les effets vertigineux notés à la fois dans l'aquarelle et dans les versions à l'huile du *Col du mont Saint-Gothard* (n°s 99 et 9) sont encore accentués ici par la manière dont Turner a placé l'arc-en-ciel à mi-chemin seulement du haut de la gorge et le pont du Diable lui-même très loin au fond. E. J.

New Haven, Yale Center for British Art (Paul Mellon Collection)

99

Le col du Mont Saint-Gothard, vu du milieu du pont du Diable, Suisse

1804

Aquarelle avec ratures. 0,985 × 0,685

Signé et daté en haut à gauche : *J. M. W. Turner R. A. 1804.*

W n° 366

Expositions : Turner's Gallery, 1804; Londres, R. A., 1815, n° 281; Londres, Grosvenor Place, 1819, n° 4; Londres, 1974-1975, n° 67; Zurich, 1976-1977, n° 21; Munich, 1979-1980, n° 218.

D'après une esquisse à l'aquarelle sur la p. 33 du carnet *Saint-Gothard et le Mont Blanc* (TB LXXV), qui date du premier voyage de Turner sur le continent. Il montra *Le col du Mont Saint-Gothard* dans sa galerie de Harley Street lors de la première exposition, en 1804; l'aquarelle fut achetée, en même temps que le n° 100, par Walter Fawkes.

Au sujet d'une version à l'huile plus petite et presque certainement antérieure, voir la notice du n° 9, où sont relevées les petites différences entre les deux versions.

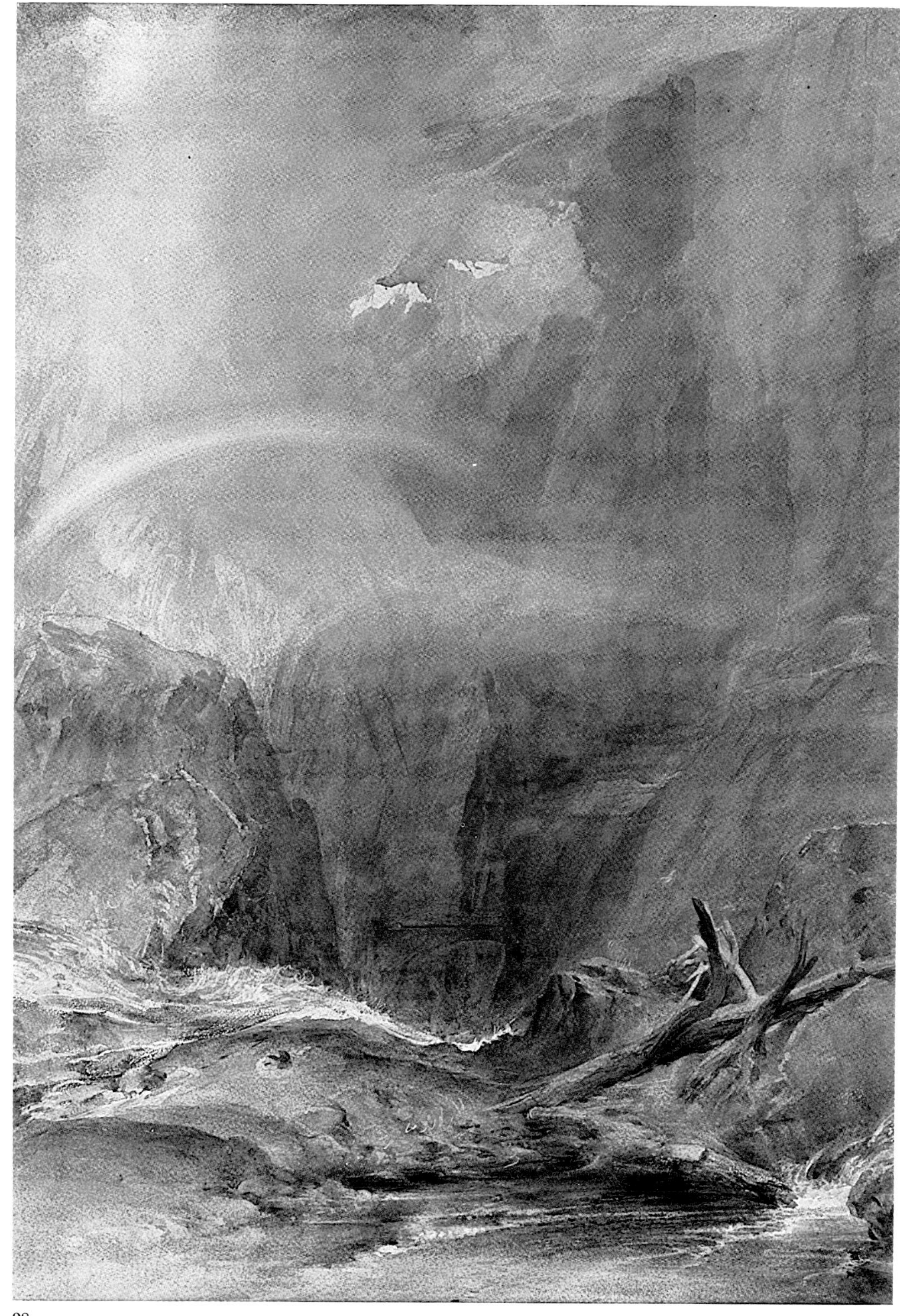

98

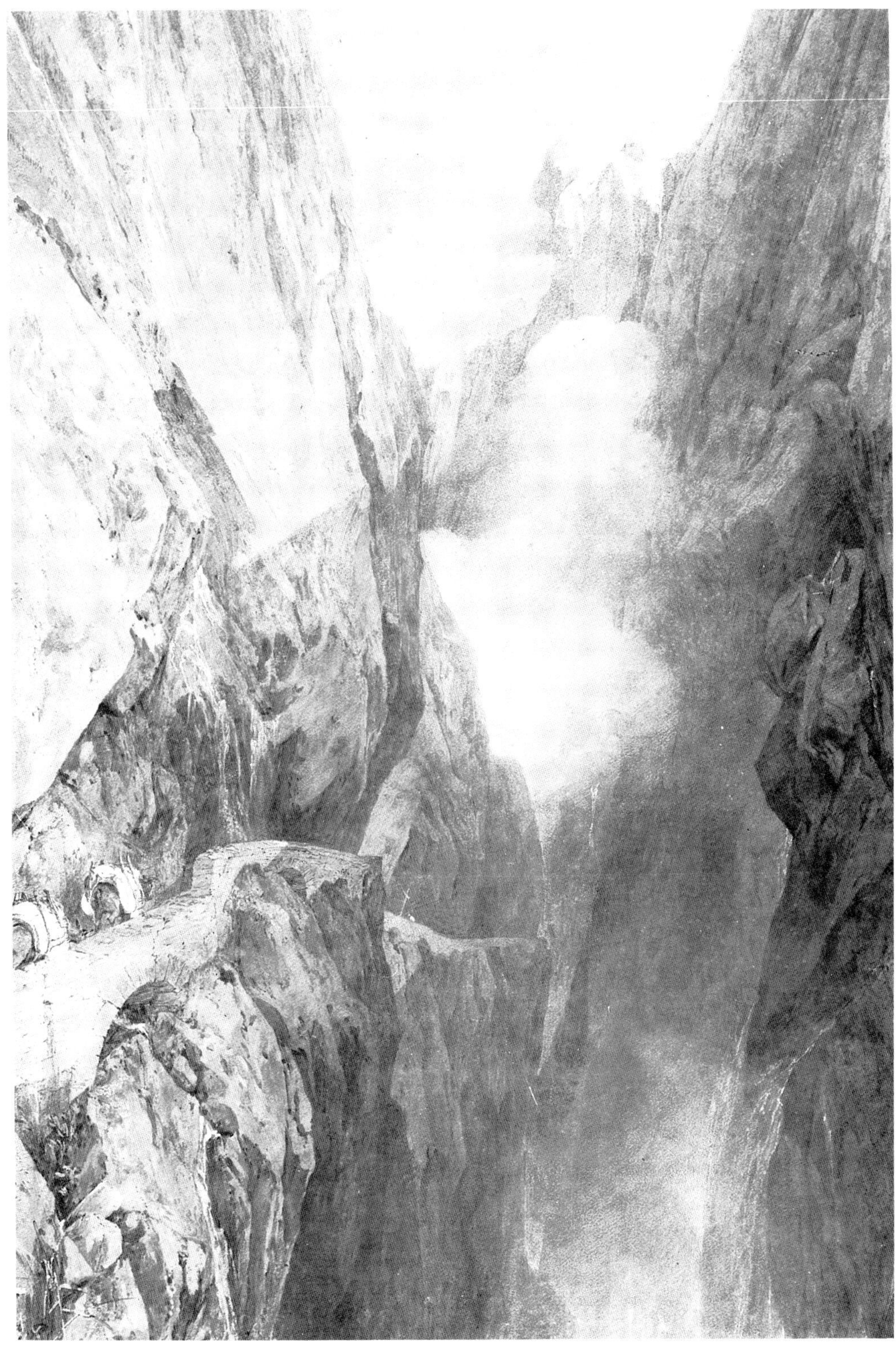

99

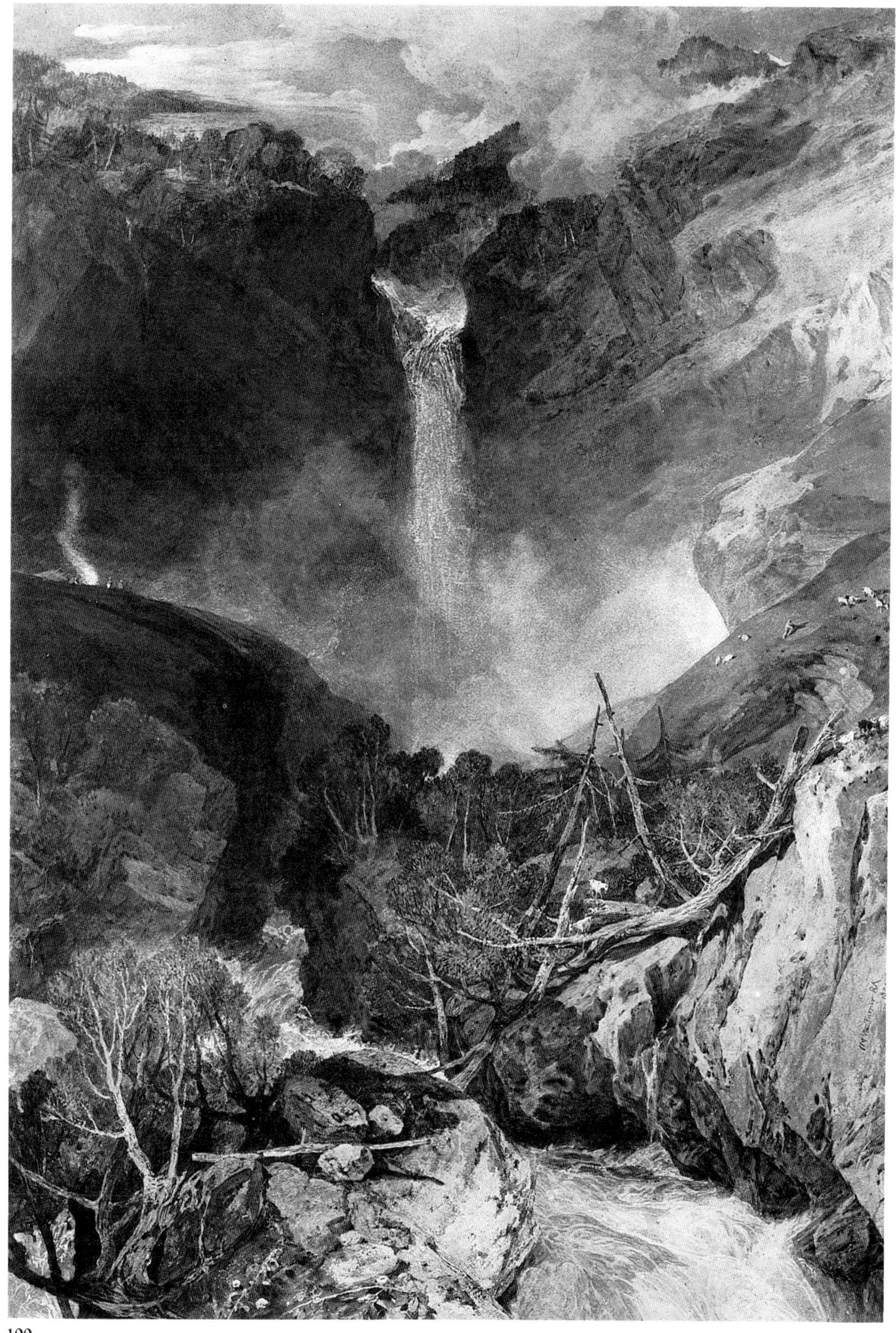
100

Wilton décrit ces grandes aquarelles suisses de la jeunesse de Turner comme des « essais intransigeants de "sublime", qui approfondissent le thème des grands paysages gallois des années précédentes en l'associant à la grandeur architecturale piranésienne des intérieurs de Salisbury » (voir nº 84). Le sentiment vertigineux de claustrophobie, noté dans le nº 9, est tout aussi puissant dans l'aquarelle que dans le tableau à l'huile. E. J.

Kendal, Abbot Hall Art Gallery (don Morse)

100

La grande chute de Reichenbach, dans la vallée du Hasli, Suisse

1804

Aquarelle. 1,022 × 0,689

Signé et daté, sur le rocher en bas à droite : *J. M. W. Turner RA 1804.*

W nº 367

Expositions : Turner's Gallery, 1804; Londres, R. A., 1815, nº 292.

Cette composition dérive d'une esquisse à l'aquarelle qui était originellement une page du carnet *Saint-Gothard et le Mont Blanc* (TB LXXV), mais appartient maintenant à la National Gallery of Ireland de Dublin (nº 2431; W, nº 361, fig. 88). L'esquisse date du voyage en Suisse de 1802.

La grande aquarelle fut montrée à la première exposition que Turner organisa dans sa propre galerie en 1804; elle y fut achetée par Walter Fawkes en même temps que le *Col du mont Saint-Gothard* (nº 99), de taille analogue. Fawkes se trouvait lui aussi en Suisse en 1802, et il avait pu y rencontrer Turner.

Comme l'a remarqué Wilton, dans ces premières aquarelles suisses, « le motif est presque toujours présenté comme s'il s'agissait d'une construction d'intérêt archéologique : aussi majestueusement que possible, de près, nettement défini dans ses traits saillants, bien que l'accent soit mis sur la tonalité sombre et l'échelle menaçante du paysage ».

La vaste taille de cette aquarelle est due, sans aucun doute, en partie à l'échelle du motif, mais aussi au défi des peintures à l'huile au milieu desquelles elle fut accrochée. Turner relève ici le défi par la touche hardie, presque sauvage parfois, qui rend parfaitement l'aspect terrifiant de ce décor « sublime ». E. J.

Bedford, The Trustees of the Cecil Higgins Art Gallery

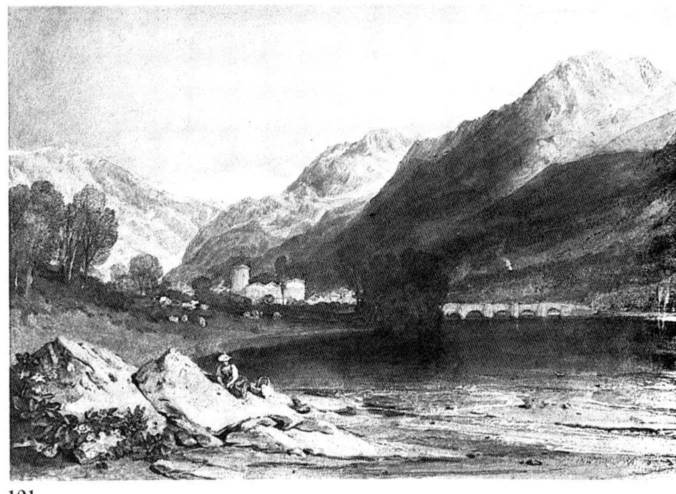

101

101

Bonneville

vers 1809

Aquarelle avec des parties grattées. 0,277 × 0,394

Signé et daté, en bas à droite : *J. M. W. Turner RA* 09 [ou 08 ?].

W nº 385

Exposition : Londres, 1975, nº 37.

La seconde des deux aquarelles que Turner réalisa à partir de l'étude du carnet *Saint-Gothard et le Mont Blanc* (nº 94). La première (W, nº 381) fut exécutée pour Walter Fawkes, probablement vers 1807, moment où Turner semble avoir fait un certain nombre d'aquarelles suisses de ces dimensions; toutefois, il dut compléter partiellement la série de Fawkes en 1809. Un autre mécène du nord de l'Angleterre, Sir John Swinburne, de Capheaton, Northumberland, commanda plusieurs sujets qu'il avait sans doute déjà vus à Farnley; celui-ci pourrait être l'un d'eux. Turner adoucit volontairement le profil aigu des montagnes et les place au-dessus d'un paysage d'un calme idyllique : on dirait qu'il a voulu établir une distinction nette entre les vues des Alpes dévoilées dans leur aspect sublime le plus pur et celles qui, centrées sur une ville ou un village, illustrent la vie d'une vallée fertile entre les rochers (par exemple *Les Contamines*, nº 96). A. W.

Londres, The Trustees of the British Museum (Legs Salting 1910-2-12-284)

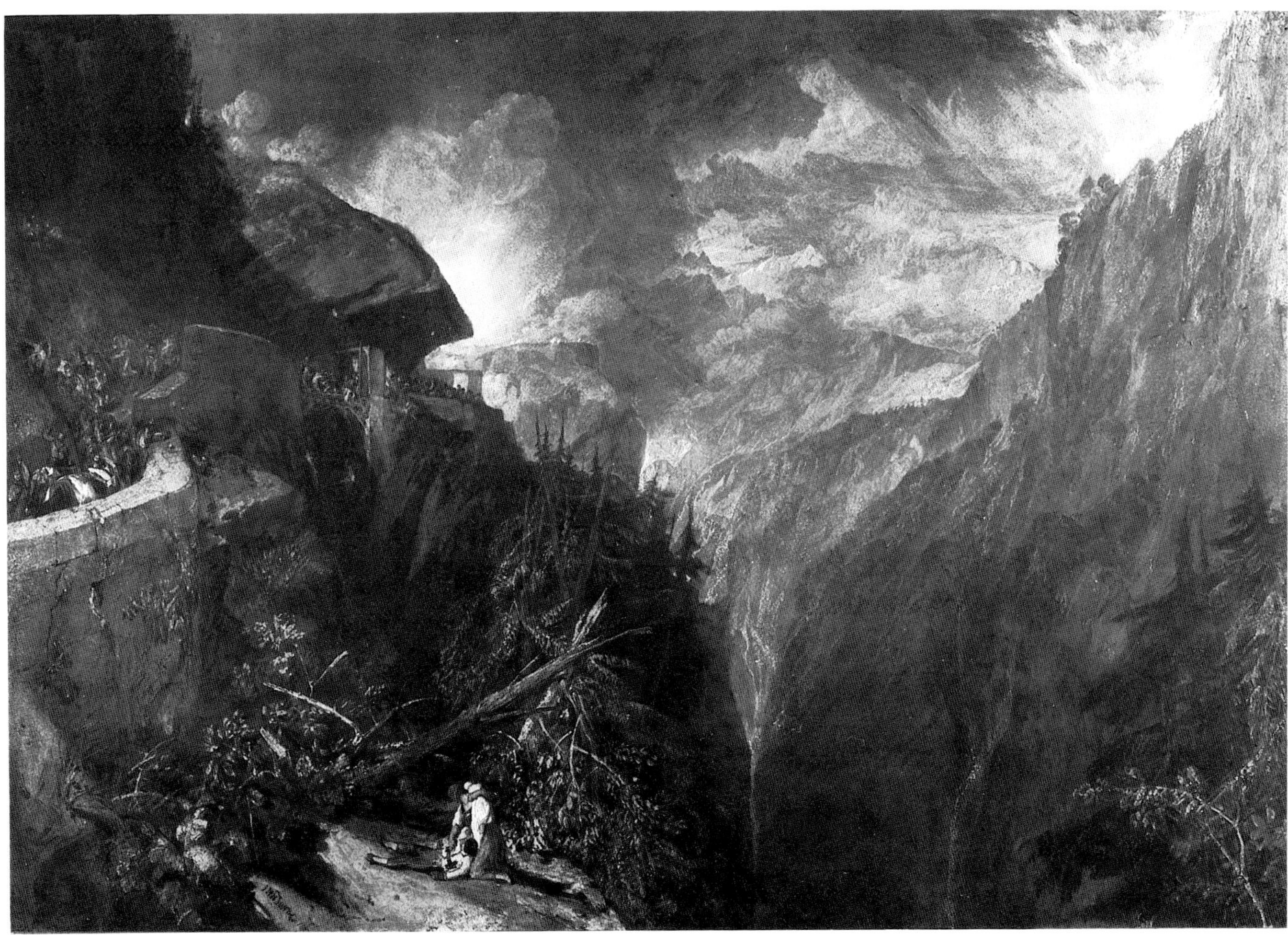

102

102

La bataille de Fort Roc, Val d'Aoste, Piémont, 1796

1815

Aquarelle partiellement gouachée avec des réserves. 0,695 × 1,010

Signé en bas à gauche : *I. M. W. Turner 1815.*

W n° 399

Expositions : Londres, R. A., 1815, n° 92; Londres, Marlborough House, 1857-1858, n° 75; Londres, 1975, n° 43; Toronto, New Haven, Londres, 1980-1981, n° 51.
Bibliographie : Thornbury, vol. I, p. 130; *Ruskin on Pictures,* p. 229, n° 555; T. S. R. Boase, *Les peintres anglais et la vallée d'Aoste,* Aoste, 1959. Wilton, 1979, pp. 103-104.

Cette aquarelle très élaborée, l'une des dernières de Turner exposées à la Royal Academy, dérive d'une étude sur une feuille détachée du carnet *Saint-Gothard et le Mont Blanc* (voir n° 94), qui se trouve actuellement au Fitzwilliam Museum de Cambridge (W, n° 360, fig. 103). Celle-ci fut d'abord utilisée pour une représentation tout aussi grande mais moins dramatique, dans laquelle la route de montagne sert paisiblement au trafic quotidien (W, n° 369, fig. 104). D'après Boase, l'aquarelle de 1815 pourrait figurer un épisode militaire de 1708 — les Français essayant de reprendre Fort Roc à La Thuile. Il n'est pas douteux, cependant, que Turner ait eu l'intention de représenter une bataille napoléonienne; on le voit d'après les costumes et d'après les vers qu'il composa pour accompagner l'œuvre dans le catalogue de la Royal Academy. Ils sont bien caractéristiques de ses rancœurs à l'égard de Napoléon, dont

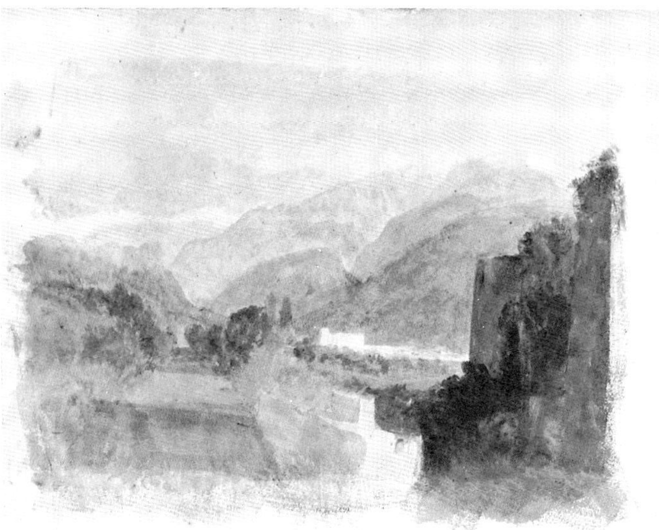

103

il aimait comparer les armées d'invasion au flot d'un torrent (voir les vers pour *The Opening of the Walhalla, 1842* [« L'inauguration du Walhalla »], de 1843; BJ, n° 401) :

> "The snow-capt mountain, and huge towers of ice,
> Thrust forth their dreary barriers in vain;
> Onward the van progressive forc'd its way,
> Propelled; as the wild Reuss, by native glaciers fed,
> Rolls on impetuous, with ev'ry check gains force
> By the constraint uprais'd; till, to its gathering powers
> All yielding, down the pass wide devastation pours
> Her own destructive course. Thus rapine stalked
> Triumphant; and plundering hordes, exulting, strew'd,
> Fair Italy, thy plains with woe."(1)

A. W.

Londres, The Trustees of the British Museum (TB LXXX-G)

103

Bonneville

vers 1817

Aquarelle. 0,386 × 0,495

Exposition : Paris, 1981-1982, n° 15, fig. 137.
Bibliographie : Wilkinson, 1974, p. 55.

En 1817, Turner exécuta pour son mécène du Northumberland, Sir John Swinburne, une aquarelle qui reprenait la composition d'une peinture à l'huile exposée en 1803 à la Royal Academy sous le nom de *Châteaux de Saint-Michel, Bonneville, Savoie* (n° 11). Il se servit sans doute pour l'aquarelle de la même étude que pour le tableau : une feuille du carnet *Saint-Gothard et le Mont Blanc,* aujourd'hui conservée à Londres, Courtauld Institute Galleries (W, n° 355). La feuille exposée ici est une étude préparatoire en couleurs pour l'aquarelle de 1817, dont on a perdu la trace. Le dessin fini fut gravé pour l'annuaire *Bijou* en 1829 (R, n° 313). Turner a rarement traité un même sujet à l'huile et à l'aquarelle, mais il l'avait déjà fait pour la vue de Bonneville de 1803 (n°s 10 et 94). On pourrait supposer que, comme dans ce cas, Turner avait exécuté une première version à l'aquarelle pour Walker Fawkes; mais aucune n'est mentionnée.

A. W.

Londres, The Trustees of the British Museum (TB LXXX-H)

(1) « Les monts de neige coiffés, les grandes tours de glace
Opposent vainement leurs sinistres barrières;
L'avant-garde se fraie avec fougue un chemin.
Comme le Reuss furieux, par les glaciers nourris,
Roule ses flots sauvages et redouble de force,
Par l'obstacle excité; sa puissance amassée
Fait enfin tout céder, et son cours destructeur
Le long du défilé exerce ses ravages.
Ainsi fond la rapine; les pillards exultants
Sèment, belle Italie, le malheur dans tes plaines ».

104 à 114

Le Liber Studiorum et ses retombées

(voir aussi n°s 156 à 164)

L'idée de publier une somme des principales compositions de Turner naquit, dit-on, vers 1805 d'entretiens avec un de ses amis, le paysagiste William Wells. Mais la conception cadrait parfaitement avec l'attitude personnelle de Turner vis-à-vis de son art, puisqu'à cette époque il en étendait volontairement le champ pour embrasser le plus de types et de genres possible. Son modèle était le *Liber Veritatis* de Claude Lorrain, alors dans la collection du duc de Devonshire, qu'on avait publié, dans les années 1770, sous forme d'une série d'estampes gravées à l'eau-forte et en mezzotinte par Richard Earlom. Les gravures d'Earlom et le plan du livre de Claude influencèrent sans aucun doute Turner, par exemple dans le choix d'une technique pour les planches (malgré une première expérience à l'aquatinte); toutefois, en réalisant le *Liber Studiorum* ses intentions étaient très différentes. Certes, il désirait montrer à un plus vaste public tout l'éventail de sa production; mais il semble avoir eu l'idée didactique d'une sorte de traité du paysage en images. Le titre qu'il donna à la série la définit comme *Illustrative of Landscape Compositions, viz. Historical, Mountainous, Pastoral, Marine and Architectural* (« illustrant les types de compositions de paysage, c'est-à-dire historique, montagneux, pastoral, marin et architectural »). Chaque livraison contenait cinq planches appartenant à l'une ou l'autre de ces catégories; elle ne comportait pourtant pas nécessairement un exemple de chaque type, et Turner en ajouta dans la pratique un sixième, indiqué sur les planches par les initiales *E.P.* qui signifient probablement « Elevated » ou « Epic Pastoral » (« pastoral noble » ou « pastoral épique »). On peut suivre à travers la série les rapports de Turner avec l'estampe pendant la longue décennie de la parution. Dès la première livraison, publiée le 11 juin 1807, il grava à l'eau-forte les contours qui reproduisaient sur les planches le tracé à la plume de ses dessins préparatoires. Le soin d'ajouter un ton en mezzotinte — indiqué dans les dessins par un lavis brun — fut confié d'abord à Charles Turner (aucune parenté), qui avait récemment terminé la grande planche du *Naufrage* (n° 104), et par la suite à d'autres graveurs. Pour la sixième livraison, qui parut en 1811, l'artiste réalisa entièrement lui-même la belle planche *Junction of the Severn and the Wye* (« Confluent de la Severn et de la Wye »); plus tard, il posa lui-même de temps en temps la mezzotinte. Plusieurs planches tardives, qui ne furent jamais publiées, sont aussi entièrement de sa main; l'usage du contour à l'eau-forte s'y fait plus rare. Elles annoncent le groupe des planches expérimentales que Turner exécuta en mezzotinte probablement vers 1825 et qui, elles aussi, traitaient de préférence des sujets nocturnes, exploitant à fond les riches contrastes d'ombre et de lumière auxquelles se prête la mezzotinte (n°s 158-162). Turner a pu être influencé par les paysages apocalyptiques en mezzotinte du peintre John Martin (1789-1854), ou par le *Coucher de soleil en mer* de F. Lewis d'après Francis Danby (1793-1861), que W. B. Cooke publia en 1826 (Éric Adams, *Francis Danby*, 1973, ill. p. 134). Cette série, dont seules sont connues quelques épreuves d'essai, est habituellement désignée sous le nom de « Petit Liber Studiorum ». Deux planches beaucoup plus grandes, l'une par J. P. Quilley d'après le *Déluge* de Turner (n° 13; estampe R, n° 794), l'autre de F. C. Lewis d'après *Le champ de bataille de Waterloo* (n° 33; estampe R, n° 795), publiées respectivement en 1828 et en 1830, marquent le sommet des contacts de Turner avec la technique de la mezzotinte, mais il ne produisait plus d'exemplaires de sa main. A.W.

Bibliographie : J. L. Roget, *Notes and Memoranda respecting the Liber Studiorum of J. M. W. Turner, R. A., written and collected by the late John Pye, landscape engraver,* 1879; Finberg, *Liber Studiorum*, 1924; G. Wilkinson, *Turner on Landscape*, 1982.

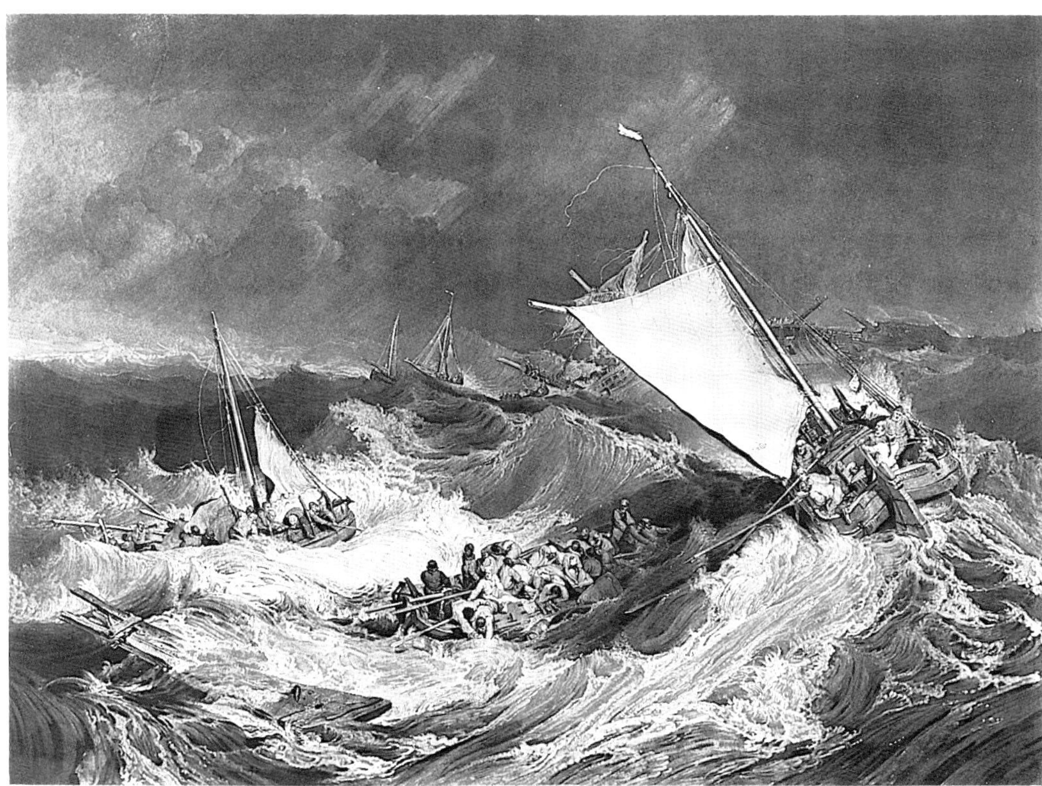

104

104

Charles Turner d'après J. M. W. Turner
A Shipwreck (Un naufrage)

1807

Mezzotinte, premier état publié (R, n° 751).
Planche : 0,593 × 0,830.

Inscription en bas au centre : *London Pub^d. Jany 1st 1807 by C. Turner, n° 50 Warren Str. Fitzroy Square.*

Bibliographie : Finberg, 1961, pp. 118-119.

Turner exposa le *Naufrage* dans sa galerie de Queen Anne Street en 1805. C'était une grande marine d'orage, dans la tradition de l'imposante *Jetée de Calais* (1803) et de la *Marine Bridgewater* (1801); on trouve des études préparatoires dans deux petits carnets du legs Turner (TB LXXXVII et LXXXVIII), ainsi que sur la p. 2 du carnet *Jetée de Calais* (n° 93), où l'ensemble de la composition est fixée dans ses grandes masses. Son succès immédiat auprès du public se traduisit par l'offre que fit Charles Turner (aucune parenté avec le peintre) de la graver et de la publier à ses frais. L'annonce de Charles Turner désignait le tableau comme « ce tableau célèbre », alors qu'il était encore exposé à la Turner's Gallery; il devint ensuite la propriété du graveur, chez qui l'on put aussi le voir pendant qu'il travaillait à la planche. Comme Charles Turner le soulignait également, c'était « la première gravure d'après un tableau de Turner proposée au public » — ou plus exactement d'après un tableau à l'huile, car des gravures d'après des aquarelles topographiques de Turner avaient fait leur apparition au cours de la décennie précédente. Pour Turner, c'était aussi sa première expérience de la mezzotinte et elle dut jouer un rôle important dans l'évolution du *Liber Studiorum* (voir n° 108). La lettre portait initialement comme date de publication 1er juillet 1806, mais les épreuves ne furent pas prêtes pour la publication avant le début de 1807. Certaines, imprimées en couleurs, furent éditées par le peintre lui-même, qui en était, dit-on, l'auteur; mais il semble plus probable qu'elles aient été tirées par des imprimeurs professionnels « sous la direction de l'artiste » selon les termes de l'annonce. A.W.

Grande-Bretagne, collection particulière

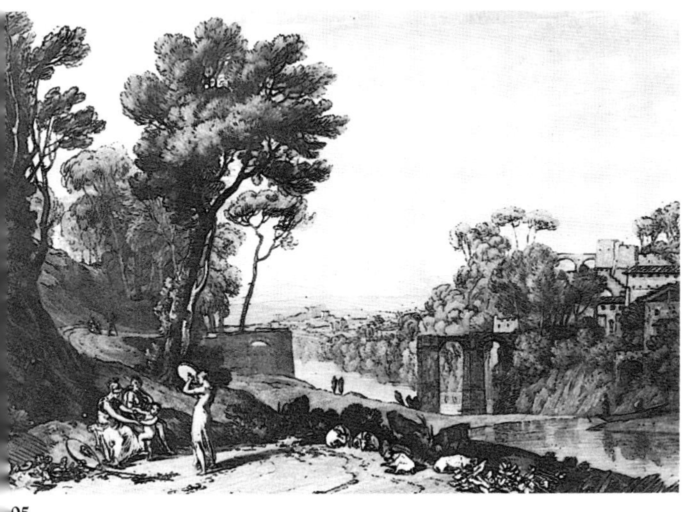

105

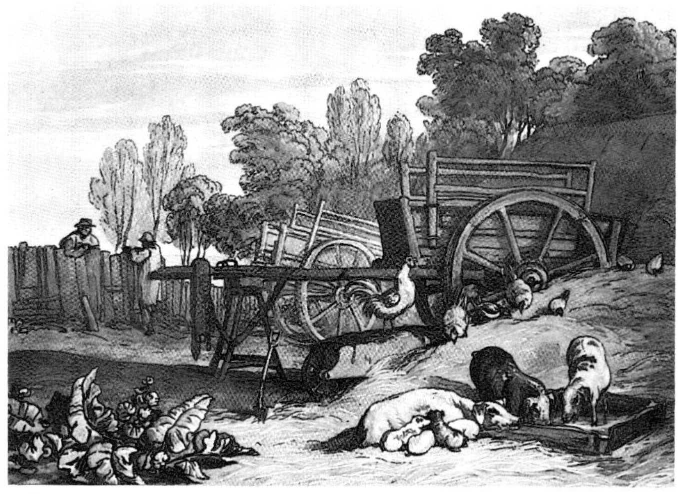

106

105

J. M. W. Turner et C. Turner d'après J. M. W. Turner
Woman and Tambourine
(Femme avec un tambourin)

1807

Eau-forte et mezzotinte, premier état publié (R, n° 3).
Sujet : 0,185 × 0,266. Planche : 0,209 × 0,290.

Inscription au-dessus : *E. P.* au-dessous : *Drawn & Etched by J. M. W. Turner RA.*; *Engraved by C. Turner*; et *Published as the Act directs by J. M. W. Turner Harley Street.*

Il existe un dessin de Turner à la sépia correspondant au sujet (TB CXVI-B), et la planche s'y conforme dans tous les détails. Elle fut publiée dans la première partie du *Liber Studiorum,* le 11 juin 1807. Dans la liste des planches qu'il inscrivit sur le carnet *Notes sur le Liber (2)* (TB CLIV (a), p. 23v), il la désigne simplement comme *E. P. Bridge,* ou encore *Claude E. P.* — ce qui souligne son intention évidente de créer un exemple de composition classique pour accompagner les sujets rustique, héroïque, marin et architectural de la même livraison. Wilkinson (op. cit.) a suggéré récemment que Turner aurait utilisé le motif du pont pour donner de l'unité à cette livraison; mais cela ne paraît guère plausible étant donné l'absence du pont sur deux des cinq compositions. L'atmosphère claudienne de cette planche « pastorale épique » revient dans une série de sujets à travers tout le *Liber* : *Castle above Meadows* (« Château dominant des prairies »; R, n° 8) dans la deuxième livraison, *Bridge in the Middle Distance* (« Pont à mi-distance »; R, n° 13) dans le troisième, *Temple of Minerva Medica* (« Temple de Minerva Medica »; R, n° 23) dans la cinquième, etc. Seules la quatrième et la septième livraisons n'offrent aucun exemple de ce type de sujet, bien que chacune comporte une planche *E. P.* Turner donna une nouvelle interprétation de la *Femme avec un tambourin* dans l'une de ses dernières toiles (n° 77). A.W.

Londres, Royal Academy of Arts

106

J. M. W. Turner et C. Turner d'après J. M. W. Turner
Farm-yard with a cock
(Cour de ferme avec un coq)

1809

Eau-forte et mezzotinte, premier état publié (R, n° 17). Sujet : 0,180 × 0,260. Planche : 0,210 × 0,290.

Inscription, au-dessus : *P*; au-dessous : *Drawn and Etched by J. M. W. Turner, Esqr R.A.P.P.*; *Engraved by Chas Turner* et *London. Published March 29, 1809, by C. Turner, N° 50, Warren Street, Fitzroy Square.*

Cette planche, parue dans la quatrième livraison du *Liber Studiorum,* a été gravée à partir d'un dessin de Turner à la sépia (TB CXVI-T). Des épreuves d'essai retouchées par l'artiste révèlent les soins que Turner prodigua à cette composition pourtant peu ambitieuse en apparence. Une épreuve porte l'annotation suivante : « Trop d'ombre en demi-teinte sur l'ensemble. Vous devez essayer de la concentrer en faisant la paille légère et effilée, les herbes et la charrette du fond encore plus légères. Faites ressortir la première des deux charrettes sur l'autre par une ombre. La brouette a actuellement la même valeur que le fond derrière elle : il faut la rehausser par des accents lumineux, le tout plus clair, avec la poule et les cochons... ». *Cocks and Hens* était le titre que Turner donnait à ce sujet dans ses notes manuscrites (TB CLIV (a), p. 23v). La planche témoigne du changement radical qui se produisit dans la conception des sujets « pastoraux » du *Liber* : Turner avait commencé par des scènes « pittoresques » dans la tradition de Gainsborough — par exemple la première de toutes *Bridge and Cows* (« Pont et vaches »; R, n° 2). Dans la deuxième livraison, la planche *Straw Yard* (« Cour avec grange ») mettait l'accent sur l'aspect domestique du sujet, de même que la vue de *Pembury Mill* (« Le moulin de Pembury »; R, n° 12) dans la troisième. Les cochons et les poules de la planche exposée montrent une extension de la catégorie jusqu'à la « vie triviale », et cette tendance se confirme dans les planches « pastorales » postérieures qui traitent des activités de jeunes campagnards, par exemple *Juvenile Tricks* (« Farces enfantines »; R, n° 22) dans la cinquième livraison, *Marine Dabblers* (« Enfants pataugeant dans la mer »; R, n° 29) dans la sixième livraison; et *Young Anglers* (« Jeunes pêcheurs à la ligne »; R, n° 32) dans la septième. Ce fut, semble-t-il, pour faire place à cette catégorie à part que Turner reclassa ses pastorales plus idéalisées comme « épiques ». A partir de la huitième livraison (1812), ces sujets deviennent plus rares. Leur présence dans le *Liber* coïncide avec les années où Turner s'intéressait aux sujets de genre à la manière des peintres hollandais du XVIIe siècle ou de David Wilkie (par exemple n° 15). A.W.

Londres, Royal Academy of Arts

107

Londres vu de Greenwich

vers 1810

Crayon, plume, encre gris brun et lavis. 0,183 × 0,264.

Bibliographie : Rawlinson, n° 26; Finberg, 1910, p. 80; Finberg, 1924, pp. 102-103; Wilkinson, 1974, p. 91.

Comme la peinture à l'huile de même sujet (n° 25), ce modèle pour une planche du *Liber Studiorum* dérive d'une esquisse au crayon appartenant au legs Turner (TB CXX-N; Finberg, 1910, pl. XXX). Selon le commentaire de Finberg,

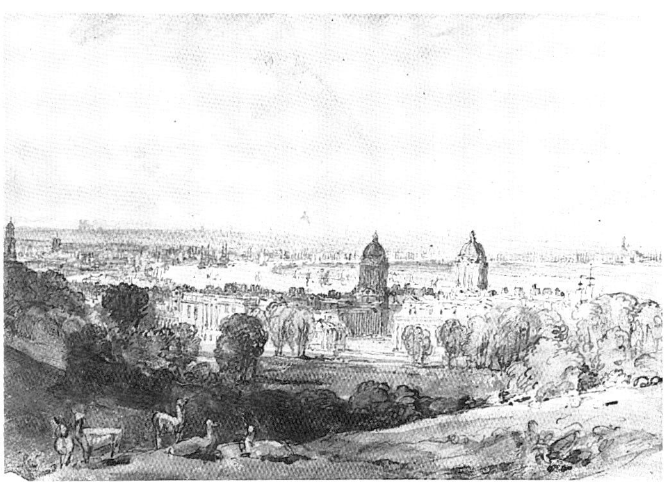

107

« il marque une sorte d'étape dans la prise de possession mentale du sujet par Turner ». La mezzotinte terminée donne à l'architecture de l'Hôpital Naval de Wren plus de présence et de cohésion. La planche fut gravée à l'eau-forte par Turner lui-même et la mezzotinte ajoutée par Charles Turner; elle fut publiée le 1er janvier 1811, dans la catégorie A (paysage « architectural »). A.W.

Londres, The Trustees of the British Museum (TB CXVII-D)

108

Liber Studiorum

illustrative of Landscape Compositions, viz. Historical, Mountainous, Pastoral, Marine, and Architectural, by J. M. W. Turner R. A.

Livraison n° 9, 1812 sur la couverture

Ouvert à *Peat Bog, Scotland* (« Tourbière, Écosse »; R; n° 45). Eau-forte et mezzotinte. Sujet : 0,181 × 0,276. Planche : 0,210 × 0,291.

Inscription, au-dessus : M; au-dessous : *Drawn & Etched by I. M. W. Turner Esq. R. A.*; *Engraved by* G. *Clint;* et *Published April 23 1812 by I. M. W. Turner Queen Ann Street West.*

La neuvième livraison du *Liber Studiorum* parut le jour de

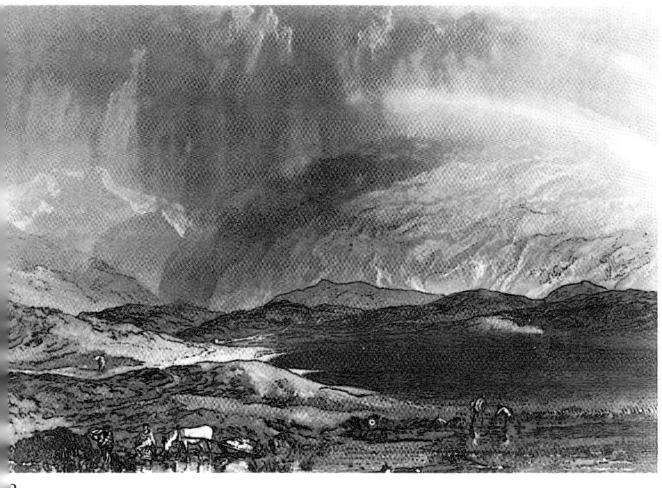

3

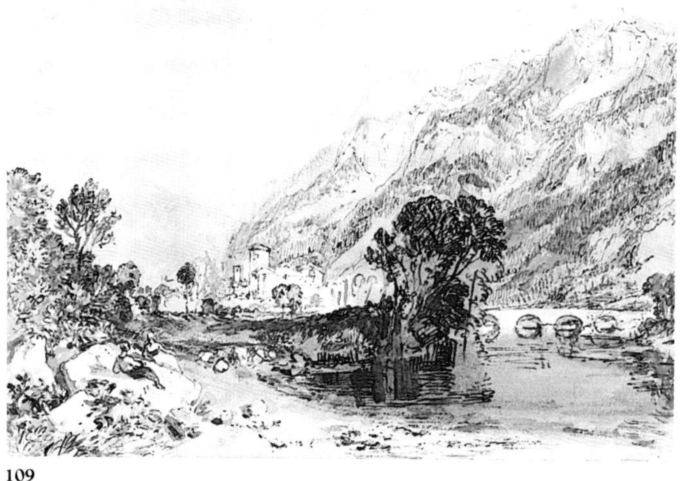

109

l'anniversaire de Turner, le 23 avril 1812. Elle contenait, comme d'habitude, cinq planches : *Winchelsea,* désigné comme *P,* « pastoral »; le sujet connu sous le nom de *Bridge and Goats* (« Pont et chèvres ») mais publié sans titre et comme *E. P; Rispah* (« Rispa »), « historique », d'après un tableau que Turner retravailla en 1808 (BJ, n° 79); enfin *Calm* (« Mer calme »), M pour « marin ». Le motif exposé ici est classé comme « montagneux »; il a pour modèle un dessin à la sépia appartenant au legs Turner (TB CXVII-T). Comme le note Rawlinson, « on a toujours compté la *Tourbière* au nombre des planches maîtresses du *Liber.* Elle est typique de Turner en tout. On n'y relève aucune influence d'un autre maître, aucune réminiscence ou trace d'une tradition antérieure. L'eau-forte mise par Turner lui-même est très vigoureuse. La gravure a été bien exécutée, comme pour toutes les planches de Clint. On n'imagine pas travail de mezzotinte plus parfait que celui du ciel. » A.W.

Grande-Bretagne, collection particulière

109

Bonneville

vers 1815

Plume et encre brune avec lavis brun et gris. 0,191 × 0,286

Bibliographie : Rawlinson, n° 64; Finberg, 1924, pp. 254-255.

Un des modèles pour la treizième livraison du *Liber Studiorum,* publiée le 1er janvier 1816; la planche fut peut-être en partie gravée à l'eau-forte par Turner lui-même, et la mezzotinte ajoutée par Henry Dawe; Turner la classa dans la catégorie M (paysage « montagneux »). Le motif développe un croquis du carnet *Saint-Gothard et le Mont Blanc,* qui servit également pour les tableaux à l'huile de 1803 et 1812 (nos 10 et 12). La version du *Liber* reprend le second de ces tableaux pour les figures du premier plan. Comparer aussi avec le même motif à l'aquarelle (n° 94). A.W.

Londres, The Trustees of the British Museum (TB CXVIII-J)

110

Le temple de Jupiter dans l'île d'Égine

vers 1816

Crayon, plume et encre gris brun. 0,197 × 0,294.

Bibliographie : Rawlinson, n° 77; Finberg, 1924, pp. 308-309; John Gage, « Turner and the Greek Spirit », *Turner Studies,* I, 2, p. 18.

L'un des deux dessins (l'autre signalé par Finberg dans la collection Hibbert) faits en vue d'une planche non publiée du *Liber Studiorum.* Le modèle ne fut pas suivi : la planche s'inspire plutôt du tableau exposé en 1816 (n° 32), avec au premier plan la danse de la romaika au lieu des figures quelque peu schématiques qu'on voit sur ce dessin. Comme l'a souligné Gage, une autre différence entre les deux compositions est que la lumière vient de l'ouest dans

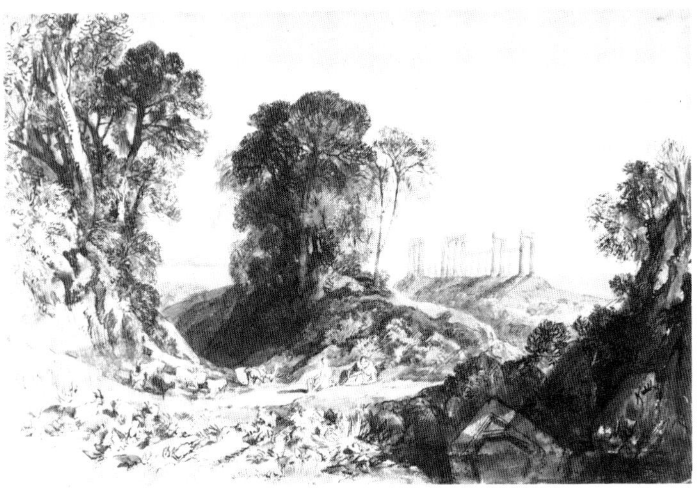
110

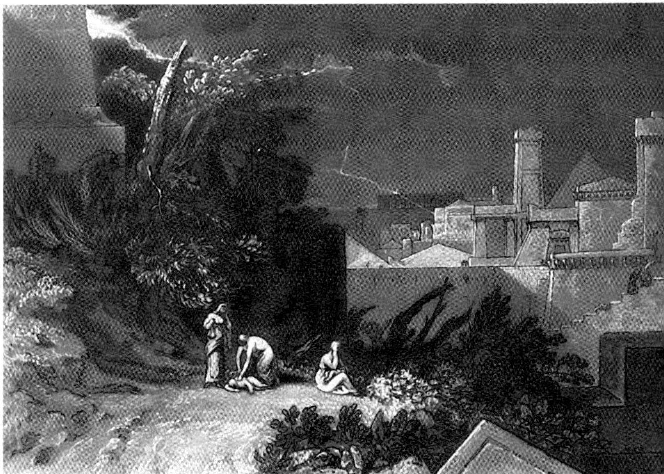
111

l'estampe mais de l'est dans le dessin — allusion possible aux influences opposées de la Turquie et de la Grande-Bretagne sur le destin de la Grèce. A.W.

Londres, The Trustees of the British Museum (TB CXVIII-S)

111

J. M. W. Turner et W. Say d'après J. M. W. Turner

Tenth Plague of Egypt

(La dixième plaie d'Égypte)

1816

Eau-forte et mezzotinte, premier état publié (R, n° 61). Sujet : 0,180 × 0,260. Planche : 0,210 × 0,290

Inscriptions, au-dessus : *H*; au-dessous : *Drawn & Etched by I. M. W. Turner Esq RA; Engraved by W. Say Engraver to HRH the Duke of Gloucester;* et *Published Jan 1 1816 by I. M. W. Turner, Queen Ann Street West.*

Le dessin à la sépia pour cette composition se trouve dans TB CXVIII-H. Il dérive lui-même du grand tableau que Turner montra à la Royal Academy en 1802 (BJ, n° 17). Il s'agit de l'une de ses inventions les plus conformes à l'esprit de Poussin, d'un progrès dans l'analyse géometrique de l'espace et dans l'exploitation du sublime, qualités qu'on remarquait pour la première fois avec *La cinquième plaie d'Égypte* de 1800 (n° 5); ce sujet fournit d'ailleurs aussi une planche au *Liber* (R, n° 16). Bien des traits qui allaient impressionner Turner lorsqu'il vit le *Déluge* de Poussin au Louvre, plus tard dans l'année 1802, se remarquent déjà dans cette composition. Turner la transposa en une des planches « historiques » les plus grandioses du *Liber;* comme l'observa Rawlinson, « le sentiment d'horreur et de terreur est bien plus frappant que dans *La cinquième plaie d'Égypte*... aucun doute que le peintre ait voulu nous faire éprouver une émotion dépassant la simple terreur ou angoisse physique ». On s'étonne de la rareté des sujets historiques dans le panorama des différents types de paysage du *Liber Studiorum.* Eu égard à l'opinion courante qui y voyait la plus noble des catégories, Turner a bien peu mis en vedette ses remarquables réalisations dans le « grand style » : des huit planches classées comme « historiques », seules les deux *Plaies* et peut-être *Rispa* (R, n° 46) abordent l'horreur sur une grande échelle. A.W.

Londres, Royal Academy of Arts

112

Clair de lune en mer ?

vers 1820

Plume, encre brune et lavis avec quelques ratures. 0,219 × 0,276

Bibliographie : Rawlinson, n° 85; Finberg, 1924, pp. 340-341; Wilkinson, 1974, p. 118, ill.

Bien qu'elle reprenne le motif central du premier tableau à

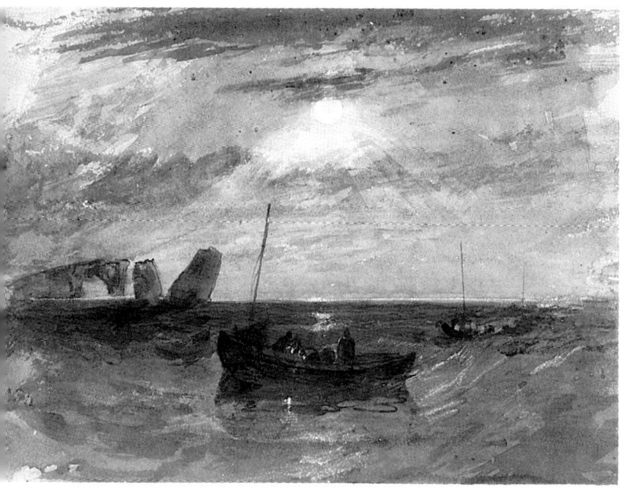

12

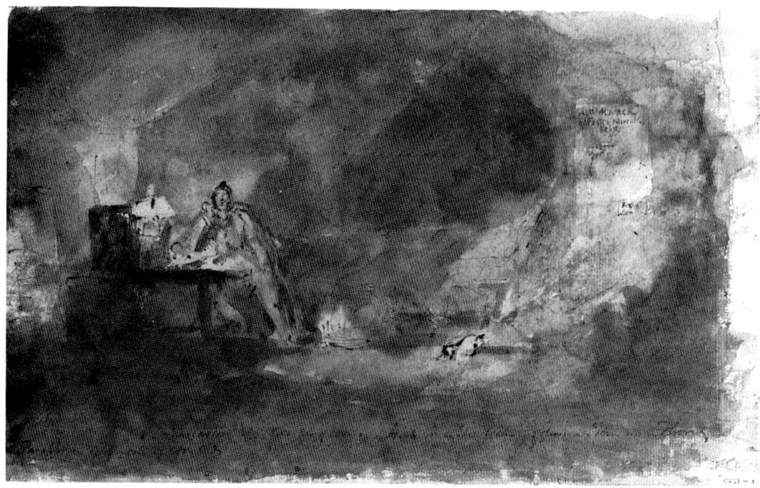

113

l'huile exposé par Turner, les *Pêcheurs en mer* de 1796 (BJ, n° 1), cette composition est probablement l'une des dernières destinées au *Liber Studiorum;* en fait, on peut dire qu'elle trouverait mieux sa place parmi les sujets du « Petit Liber », auxquels Turner travailla quelques années plus tard (n°s 157 à 163). On citera d'autres exemples de ces dessins intermédiaires : *Clair de lune sur la Medway* (R, n° 86), *Stonehenge à l'aube* (R, n° 81); et une vue considérée comme *Lucerne au clair de lune* (TB CXVIII-b; Wilton, 1982, pl. 15). Turner a presque éliminé tout contour à la plume, et, dans les estampes correspondantes (il n'en existe pas pour *Lucerne*), l'eau-forte vient seulement renforcer ce qui est presque de la mezzotinte pure. Dans ces exemples, comme dans le « Petit Liber », Turner a gravé lui-même les planches, et les épreuves sont extrêmement rares. A.W.

Londres, The Trustees of the British Museum (TB CXVIII-V)

113

La supplique de l'écrivain pauvre

vers 1808

Plume, encre brune, lavis et un peu d'aquarelle. 0,184 × 0,302

Inscriptions, au recto : *Translation and Vida Art of Poetry; Hints on Epic Poem Reviews Torn on Floor; Paraphrase of Job; coll. of odds and ends;* au verso : *The Garreteer petion* [sic] *to the [his* intercalé*] Muse;* et fragments de vers, dont :

The hard urged Garreteer whose [stout ?] brains
Shake hands with penury and pain
Inverted looks for inspiration to the ground
Sinking from thought to thought a vast profound

Expositions : Londres, 1974-1975, n° 120; Hambourg, 1976, n° 36; Copenhague, 1976, n° 14.
Bibliographie : J. Ziff, « J. M. W. Turner on Poetry and Painting », *Studies in Romanticism,* III, 1964, p. 207 ss; J. Gage, « Turner and the Picturesque — II », *Burlington Magazine,* CVII, 1965, pp. 207-208; J. Gage, *Turner : Rain, Steam and Speed,* 1972; Wilton, 1979, pp. 14-15, fig. 118.

Étude pour le tableau exposé sous ce titre en 1809 à la Royal Academy (BJ, n° 100). Le tableau contient un ensemble de références au *Poète désespéré* de Hogarth (publié avec des vers de la *Dunciad* de Pope, en particulier « Sinking from thought to thought a vast profound » cité par Turner au verso du dessin), et à Rembrandt, dont Turner imitait alors le clair-obscur dans des scènes d'intérieur. *L'artiste amateur* (n° 114) fut vraisemblablement conçu comme un pendant. D'après Gage, tandis que chez le poète la recherche de l'inspiration est sublime, chez l'artiste le manque de talent est ridicule; mais on pourrait soutenir que les deux sujets traitent de l'ambiguïté comique inhérente à l'échec de toute haute ambition — thème d'un intérêt spécial pour Turner qui, publiant ses propres vers dans le catalogue cette année-là, se présentait au public à la fois comme poète et comme peintre. Voir aussi *La facture impayée* (n° 15). A.W.

Londres, The Trustees of the British Museum (TB CXXI-A)

114

L'artiste amateur

vers 1808

Plume, encre brune et lavis avec un peu d'aquarelle et quelques ratures. 0,185 × 0,302

Inscription au recto : *Pictures either Judgment of Paris, Forbidden Fruit*
Old Masters scattered over the floor
Stolen hints from celebrated Pictures Phials/Crucibles
retorts, label'd bottle... varnish quiz;
au verso, *Pleas [d] with his Work he views it o'er and o'er*
And finds fresh beauties never seen before
The Tyro mind another feast controls
... [plusieurs lignes raturées]
The Master loves his art, the Tyro butter'd rolls

Expositions : Londres, 1975-1975, n° 121; Toronto, New Haven, Londres, 1980-1981, n° 50.
Bibliographie : voir n° 113.

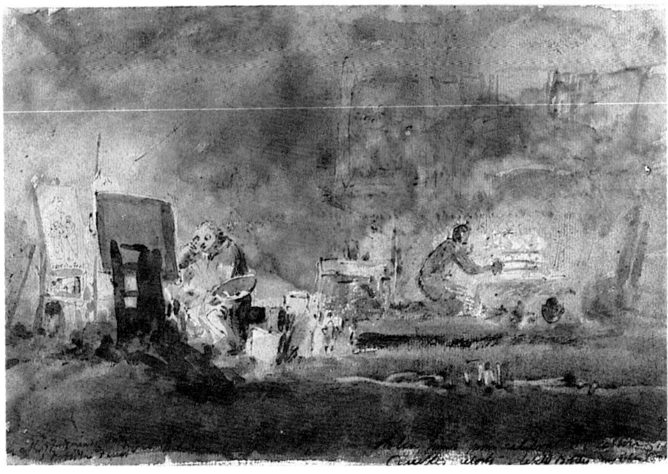

114

Analogue, par la technique et par l'esprit, au n° 113, ce dessin pourrait avoir été fait en vue d'un pendant à *La supplique de l'écrivain pauvre,* mais on ne connaît aucune huile de ce sujet. Le tableau connu sous le nom de *Boutique d'un marchand de couleurs pour artistes* (BJ, n° 207) présente quelques rapports, mais ne traite en réalité pas le même sujet. Comme le note Gage, « ici l'approche est plus caricaturale que dans *La supplique de l'écrivain pauvre;* le dessin rappelle le point de vue satirique de Hogarth et fait peut-être allusion à une maxime de Tom Paine que Turner copia dans un carnet : « Le sublime et le ridicule sont souvent si voisins qu'il est difficile de les séparer. Un degré au-dessus du sublime conduit au ridicule, un degré plus haut encore ramène vers le sublime » (TB CX, p. 1v). A.W.

Londres, The Trustees of the British Museum (TB CXXI-B)

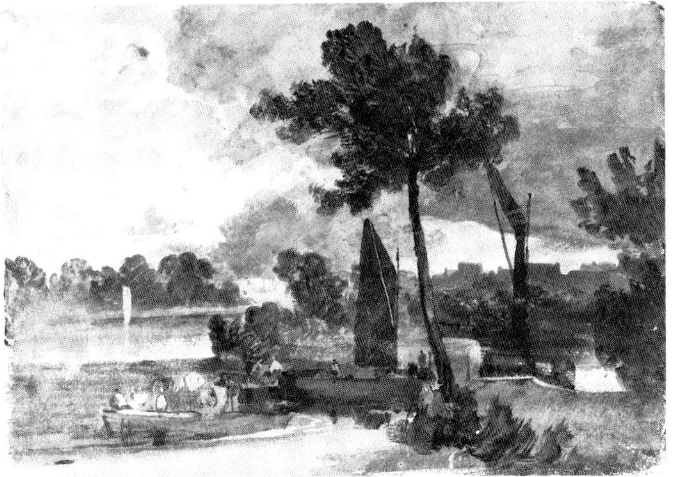

115

115

Vue de la Tamise avec des péniches et des canots; le château de Windsor au fond

vers 1806-1807

Aquarelle avec des réserves. 0,256 × 0,365

Expositions : Berlin, 1972, n° 43; Lisbonne, 1973, n° 9; Londres, 1975, n° 33.

La feuille appartient au carnet *La Tamise de Reading à Walton,* que Turner utilisa pour des études au crayon et à l'aquarelle lors d'excursions le long de la Tamise, en partant de Sion Ferry House, son nouveau pied-à-terre de Twickenham. Si quelques-unes de ces esquisses à l'aquarelle comptent parmi les plus libres que Turner ait peintes en

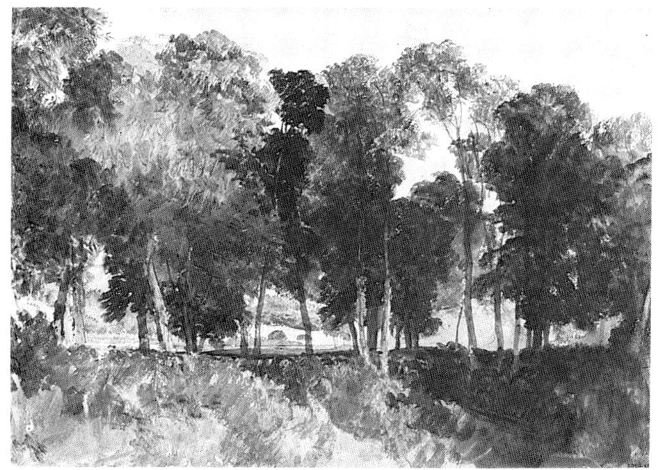

116

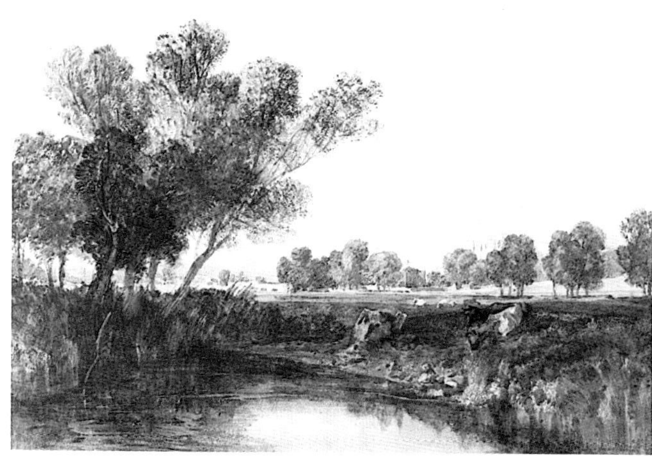

117

plein air, d'autres sont plus conventionnelles, par exemple celle-ci, où il a disposé les arbres et les voiles avec un souci tout classique de la forme. On retrouve les mêmes traits dans un autre carnet utilisé, peut-être un an environ avant celui-ci, sur les bords de la Tamise, *Études pour des tableaux : Isleworth* (TB XC). On y voit des études du fleuve et de ses rives alternant avec des interprétations imaginaires de ces vues comme cadre de peintures mythologiques. Bien que nombre de toiles antérieures évoquant la Tamise trahissent un intérêt croissant pour certaines connotations idéales ou classiques du lieu (par exemple *Vue de Richmond Hill et du pont;* BJ, n° 73), cette élaboration ne devait s'exprimer pleinement qu'en 1815 avec *Didon construisant Carthage* (BJ, n° 131). A.W.

Londres, The Trustees of the British Museum (TB XCV-12)

116

Groupe d'arbres au bord de la Tamise; un pont au loin

vers 1806-1807

Crayon et aquarelle. 0,257 × 0,371

Expositions : Berlin, 1972, n° 46; Lisbonne, 1973, n° 12; Londres, 1975, n° 34.

Comme pour le n° 115, il s'agit d'un feuillet du carnet *La Tamise de Reading à Walton;* le pont qu'on devine à travers les arbres est probablement celui de Kew. Le traitement libre de l'aquarelle caractérise l'ensemble du carnet, mais, dans son allure informelle et avec l'orchestration subtile des verts, des bruns et des gris dans l'écran de feuillage, le schéma d'ensemble apparaît ici exceptionnel. A.W.

Londres, The Trustees of the British Museum (TB XCV-46)

117

Vue des bords de la Tamise

vers 1807

Aquarelle sur faibles traces de crayon. 0,244 × 0,354

W n° 416

Exposition : Berkeley, 1975, n° 10.

Pratiquement inconnue jusqu'à l'exposition de Berkeley, cette aquarelle fut attribuée autrefois à Peter De Wint. Elle est cependant caractéristique des aquarelles que Turner peignit d'après la Tamise et ses rives vers 1807, et elle s'apparente de près, y compris par ses dimensions presque identiques, à un certain nombre de dessins du carnet *La Tamise de Reading à Walton* (TB XCV), utilisé en 1806-1807.

Le lieu n'a pas encore été identifié avec certitude, mais on a proposé soit les environs de Hampton Court, soit ceux de Kew Bridge et de Kew Palace. E. J.

États-Unis, collection particulière

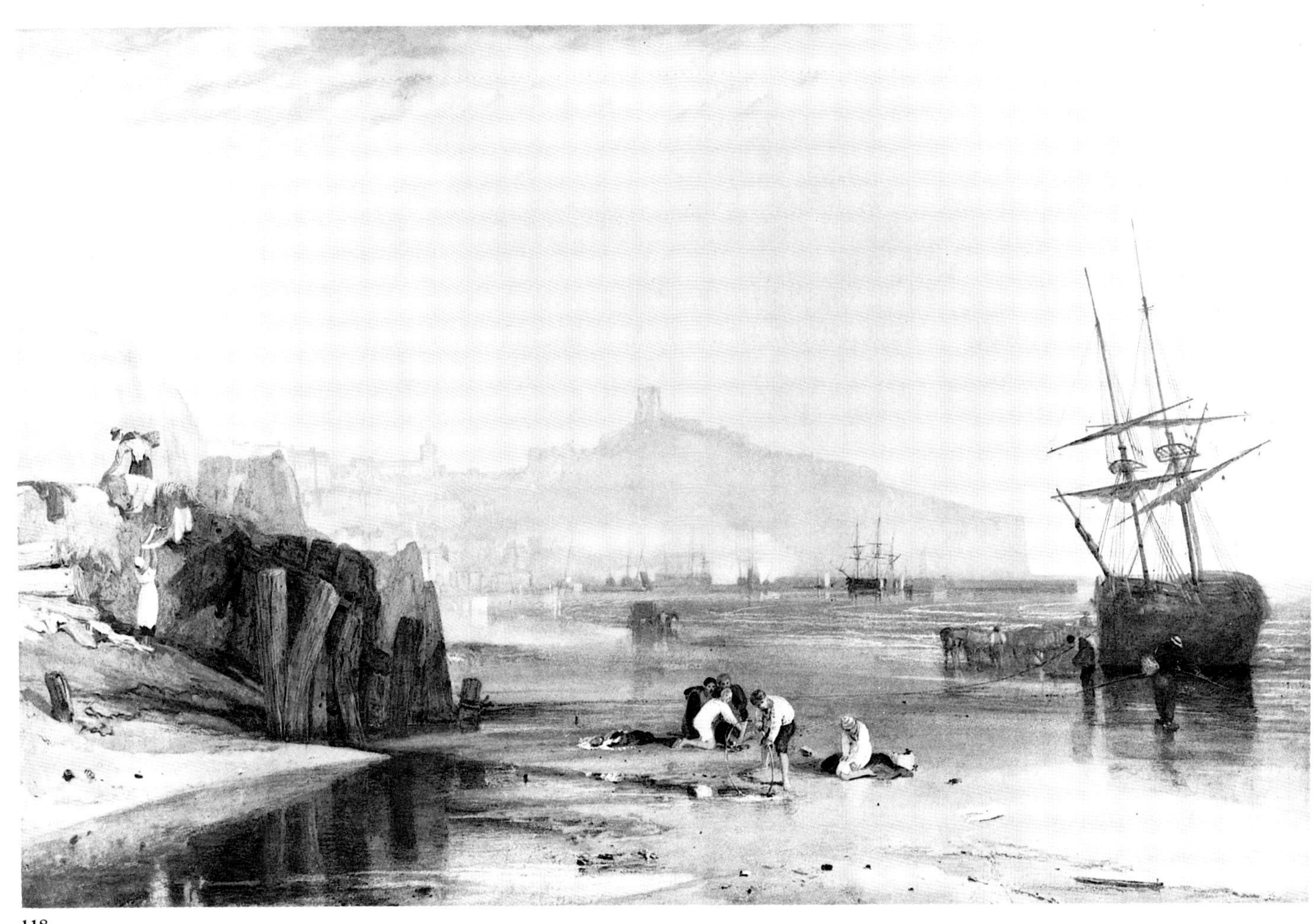

118

118

La ville et le château de Scarborough; le matin : jeunes garçons attrapant des crabes

1811

Aquarelle. 0,687 × 1,016

W n° 528

Expositions : Londres, R. A., 1811, n° 392; Londres, Grosvenor Place, 1819, n° 16; Londres, 1967, n° 43; Londres, 1974-1975, n° 113.

Cette aquarelle est une variante plus grande d'un dessin signé et daté 1809, mesurant 0,280 × 0,390, que Turner fit pour Sir Henry Pilkington (Londres, Wallace Collection). La version de la Wallace Collection comporte seulement deux petits pêcheurs de crabes et on n'y voit pas le bateau qui apparaît ici sur la droite au premier plan.

Le n° 118 fut acheté, probablement à l'exposition de la Royal Academy, par Walter Fawkes, qui connaissait peut-être déjà la version de 1809, puisqu'il était le voisin de Pilkington dans le Yorkshire. Les premiers dessins de Turner d'après le château de Scarborough datent de 1801 et proviennent du petit carnet *Fonthill* (TB XLVIII); mais il existe aussi deux essais de couleurs en rapport avec le n° 118 (TB CXCVI-B et surtout TB CXCVI-C). Le second, de mêmes dimensions que la version achevée, joue pour ainsi dire sur une seule note : un lavis d'or pâle qui annonce la splendeur radieuse de l'aquarelle exposée.

Turner peignit plus tard deux autres aquarelles de Scarborough : l'une est signée et datée 1818 (W, n° 529),

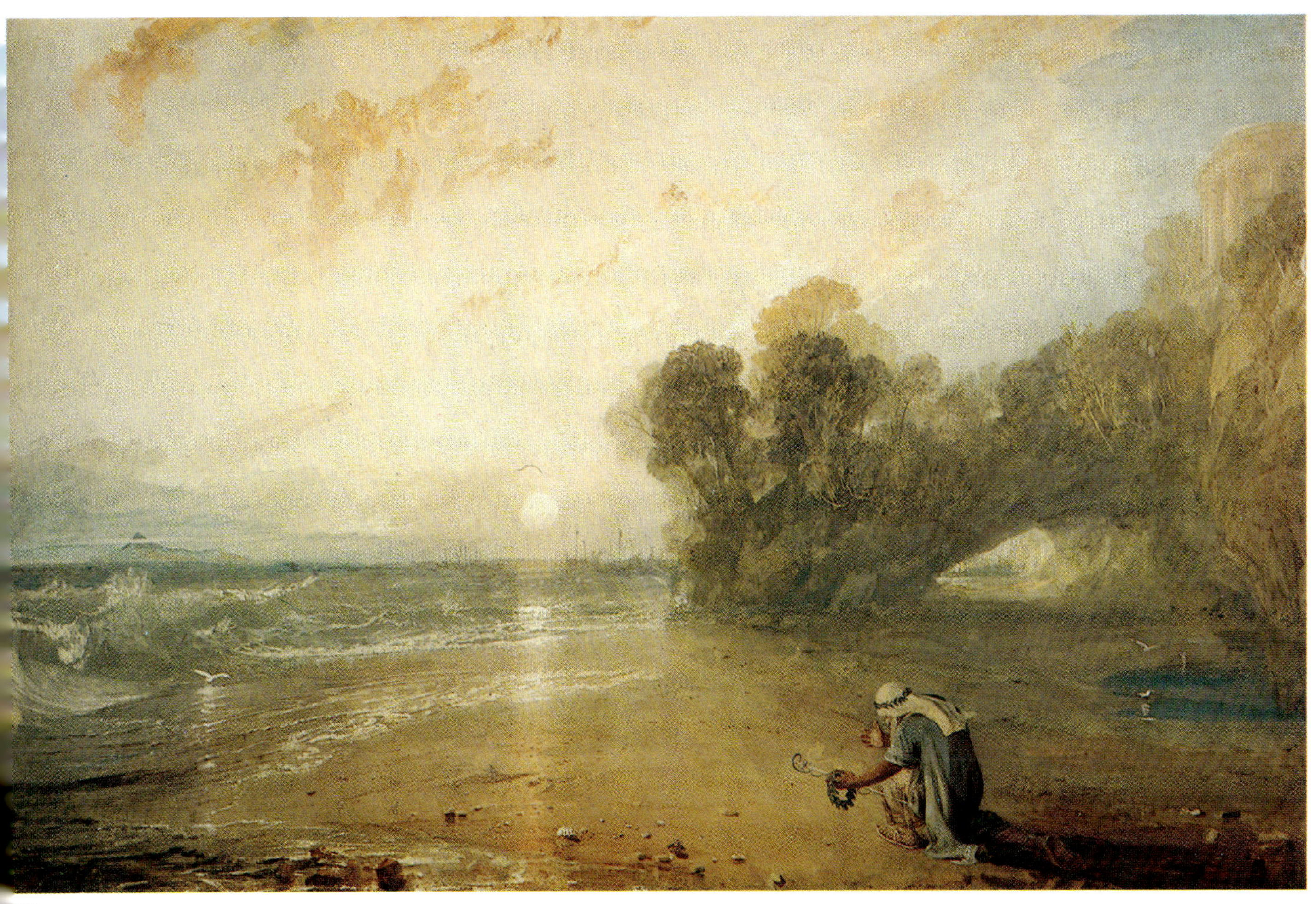

119

l'autre, de 1825 environ, fut gravée par Thomas Lupton pour la série des *Ports of England* (« Ports d'Angleterre ») en 1826 (W, n° 751). E. J.

Grande-Bretagne, collection particulière

119

Chrysès

1811

Aquarelle. 0,660 × 1,004

W n° 492

Expositions : Londres, R. A., 1811, n° 332; Londres, 1967, n° 40.

On trouve des études préparatoires pour cette aquarelle dans le carnet *La Wey, Guildford,* qui date de 1807 (TB XCVIII, pp. 3v, 4 et peut-être 5v).

Quand elle fut montrée à la Royal Academy, les vers suivants, empruntés à l'*Iliade d'Homère* de Pope, l'accompagnaient dans le catalogue :

« Le prêtre retourne en tremblant sur le rivage,
Et il est affligé par ses angoisses paternelles;
Inconsolable, et n'osant faire entendre ses plaintes,
Il erre en silence au bord de l'Océan sonore;
Puis, quand il se sent en sûreté, il prie son Dieu,
Le Dieu qui darde ses rayons sur l'univers tout entier ».

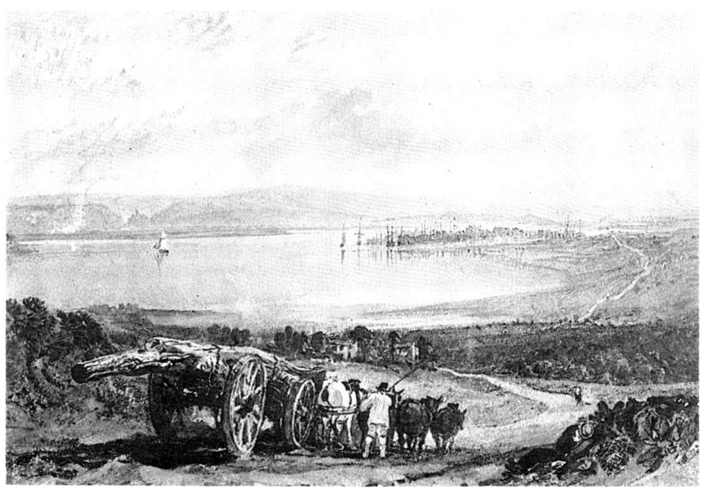

120

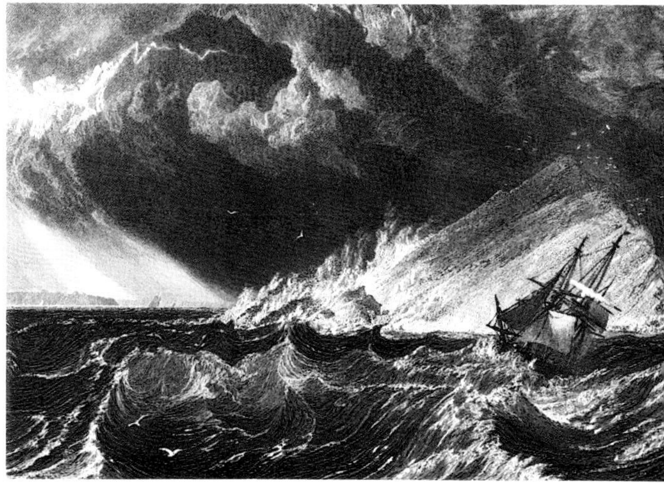

121

Chrysès, prêtre d'Apollon, était le père d'Astynomè, qu'on appelait aussi Chryséis. Quand les Grecs eurent pris la ville de Lyrnessos, on partagea le butin entre les conquérants et Chryséis fut attribuée à Agamemnon. En l'apprenant, Chrysès alla au camp des Grecs pour demander la restitution de sa fille, mais ses prières ne furent pas écoutées. Il implora alors l'aide d'Apollon (c'est l'épisode décrit ici), qui infligea une épidémie aux Grecs et les obligea à rendre Chryséis.

Le mythe d'Apollon préoccupait alors visiblement Turner, car une autre de ses œuvres exposées en 1811 à la Royal Academy était un *Apollon et Python* (fig. 18, p. 51), tableau qui a cependant quelques chances d'être plus ancien. Wilton suggère que si *Chrysès* n'est peut-être qu'un sujet historique (et, comme tel, insolite pour une aquarelle), il pourrait aussi s'agit d'un exemple précoce de l'interprétation du soleil comme Dieu, comme une force empreinte d'une signification toute personnelle pour Turner. E. J.

Grande-Bretagne, collection particulière

120

Poole et le château de Corfe, vu de loin, Dorsetshire

vers 1812

Aquarelle. 0,139 × 0,219

W n° 446

Gravure : par G. Cooke dans *Picturesque Views on the Southern Coast of England,* 1814 (R, n° 89).
Expositions : Londres, Cooke's Gallery, 1822, n° 92; Londres, 1967, n° 58.

En 1811, William Bernard Cooke (1778-1855), graveur et éditeur, commanda à Turner vingt-quatre dessins pour les graver dans une publication qu'on désigne en abrégé comme *Southern Coast.* Turner était payé 7.50 £ (puis 10.10 £) par aquarelle; en juillet il partit pour un circuit de deux mois dans le Dorset et la West Country afin de récolter les matériaux. Des dessins au crayon de Poole se trouvent dans le carnet *Côte du Devonshire n° 1* (TB CXXIII).

La plupart des planches furent gravées par W. B. Cooke ou par son frère George (1781-1834); d'autres artistes fournirent des aquarelles, mais Turner donna finalement quarante pièces, environ les quatre cinquièmes du total, qu'on grava entre 1814 et 1826.

Poole, de 1812 environ, fut l'une des premières aquarelles gravées et elle compte parmi les plus belles d'une série où Turner montre sa nouvelle maîtrise dans l'art de traduire des vues panoramiques en dessins d'échelle modeste. Cette œuvre se tient dans une gamme colorée exceptionnellement haute; c'est au moment — à peu près à la même époque — où Turner avivait également le ton de ses huiles qu'elles furent sévèrement critiquées par Sir George Beaumont et d'autres. E. J.

Grande-Bretagne, collection particulière

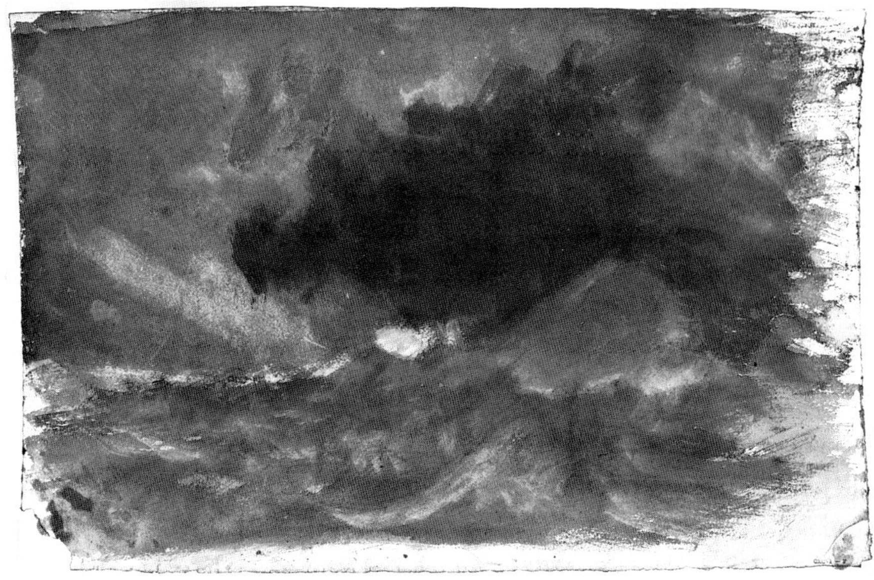

122

121

Picturesque Views on the Southern Coast of England

from Drawings made principally by J. M. W. Turner, R. A. and engraved by W. B. Cooke, George Cooke and other eminent engravers

Londres, 1826

Ouvert à *The Mew Stone at the Entrance of Plymouth Sound* (« Le Rocher aux mouettes à l'entrée de la baie de Plymouth »; R, n° 97). Gravure au trait par W. B. Cooke d'après J. M. W. Turner. Sujet : 0,162 × 0,243. Planche : 0,229 × 0,306

Inscription, au-dessous, outre le titre, la date de publication : *Feb 1 1816.*

Bibliographie : A. J. Finberg, *An Introduction to Turner's « Southern Coast »*, 1929; Shanes, 1981.

Les différentes parties de la *Southern Coast* de W. B. Cooke (voir n° 120) parurent entre 1814 et 1826; en 1824, Cooke annonçait les douze premières : « Prix, pour un in-4° grand raisin, 12 shillings 6 pence pièce; contient trois vues, deux vignettes et un texte descriptif de chaque vue ». En 1826, la série entière de quatre-vingt planches, comprenant des vues par d'autres artistes comme William Collins (1788-1847), Peter De Wint (1784-1848) et William Havell (1782-1857) parut en deux volumes (souvent reliés en un seul comme ici), élégamment imprimés par W. Nicol à la Shakspeare Press, Cleveland Row. Cette publication fut la première d'une série de projets élaborés en commun par Turner et Cooke; alors qu'elle était encore en chantier, les *Views in Sussex* (« Vues du Sussex »; voir n° 125) et les *Rivers of England* (« Rivières d'Angleterre »; voir n° 151) virent le jour. Mais, vers la fin de cette époque, la susceptibilité de Cooke et sa tendance à déceler l'insulte ou la malveillance dans l'attitude des autres à son égard envenimèrent les relations. La longue suite de modèles que créa Turner donna une ligne directrice à son activité jusqu'à la fin des années 1830, et l'on peut dire qu'elle influençait encore son approche de l'aquarelle à l'extrême fin de sa vie. La planche ici exposée est faite d'après une aquarelle de la National Gallery of Ireland de Dublin (W, n° 454), pour laquelle nous présentons aussi un essai de couleurs (n° 122). A.W.

Grande-Bretagne, collection particulière

122

Le Rocher aux mouettes à l'entrée de la baie de Plymouth

vers 1814

Aquarelle. 0,242 × 0,384

W n° 773

123

Bibliographie : Wilkinson, 1974, p. 136 ill.; Wilton, 1979, p. 351 (sous le n° 454).

Comme le n° 121, cette étude constitue un chaînon entre les *Picturesque Views on the Southern Coast of England*, (« Vues pittoresques de la côte sud de l'Angleterre ») et les mezzotintes du « Petit Liber », exécutées autour de 1825. Turner utilisa le motif du Rocher aux mouettes dans les deux séries, et Wilton (op. cit.) suppose que l'aquarelle exposée a été faite d'après la planche de la *Southern Coast* spécialement en vue de la seconde entreprise. Mais il semble plus probable qu'elle ait été exécutée vers 1814, date approximative de l'aquarelle très poussée qui fut gravée pour la *Southern Coast* en 1816 (n° 121; pour l'aquarelle, cf. Shanes, 1981, pl. 24). Turner s'y serait ensuite simplement reporté lorsqu'il grava sa planche en mezzotinte du Rocher aux mouettes (R, n° 804). Nous voyons ici un exemple frappant de la manière dont ses expérimentations des années 1820 en matière de gravure se développent logiquement à partir des projets à l'aquarelle de la décennie précédente. A.W.

Londres, The Trustees of the British Museum (TB CXCVI-F)

123

Carcasses de bateaux sur la Tamar : crépuscule

vers 1813

Aquarelle avec des parties grattées. 0,252 × 0,330.

Bibliographie : Wilkinson, 1974, pp. 134-135, ill.; Butlin et Joll, 1977, p. 75.

Le titre courant de cette aquarelle lui fut donné par Finberg d'après sa ressemblance globale avec le sujet d'un tableau de Turner dans la collection Egremont à Petworth, *Carcasses de bateaux sur la Tamar* (BJ, n° 119). On peut aussi la rattacher à une série d'études de carcasses de bateaux sur une rivière dans le carnet *Rivières du Devon n° 2* (TB CXXXIII, pp. 3-30), employé par Turner pendant son second voyage à travers le sud-ouest de l'Angleterre en 1813. Comme l'ont souligné Butlin et Joll, il n'y a pas conformité entre ces croquis et le tableau, que l'on identifie d'ailleurs avec l'œuvre exposée dans sa galerie en 1812 comme *Sur la Plym.*

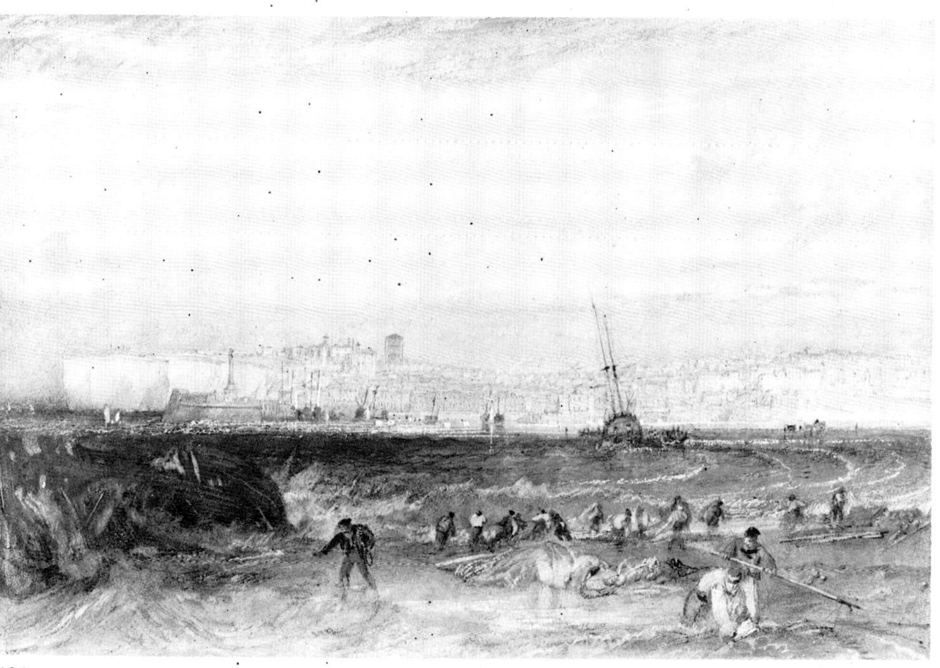

124

Il est possible que cette étude à l'aquarelle dérive d'un dessin au crayon sur la p. 28v du carnet *Rivières du Devon n° 2* (Wilkinson, ill. p. 134), que Finberg a reconnu comme une vue de la baie de Plymouth. En tout cas, aucune correspondance étroite n'existe apparemment entre l'aquarelle et le tableau; c'est plus probablement une étude préparatoire pour un sujet (jamais terminé) dans la série des *Picturesque Views on the Southern Coast of England* (« Vues pittoresques de la côte sud de l'Angleterre »; voir n° 121). Elle annonce en même temps, dans l'éclairage et l'atmosphère, les études que Turner fit pour son « Petit Liber » une décennie plus tard (voir n° 163). On citera encore comme antécédent plus dramatique à cette publication, et de la même période, une étude pour le phare d'Eddystone dans le carnet *Vallée de Heathfield* (TB CXXXVII, p. 40; Wilkinson, op. cit., ill. p. 132). Wilkinson pense que ce carnet daterait aussi de 1813. Voir également le n° 122. A.W.

Londres, The Trustees of the British Museum (TB CXCVI-E)

124

Margate

vers 1822

Aquarelle avec des parties grattées. 0,156 × 0,236

W n° 470

Gravure : par G. Cooke, 1824, pour les *Picturesque Views on the Southern Coast of England* (R, n° 113).
Expositions : Cooke's Gallery, 1824, n° 93; New Haven, Yale Center for British Art, *Presences of Nature*, 1982, II, n° 12.

D'après un dessin au crayon sur une double page du carnet *Hastings* (TB CXXXIX, pp. 16-17), qu'on peut situer vers 1816. L'aquarelle daterait de 1822 environ; elle est dans un état exceptionnel.

On voit au loin la ville de Margate — station balnéaire en vogue depuis la fin du XVIIIe siècle — dessinée avec le souci du détail qui convient à un modèle de gravure, tandis que le premier plan est traité avec une grande liberté. La touche fluide et l'impression d'activité trépidante par une journée de légère brise contrastent avec la quiétude du *Port de Poole* (n° 120), appartenant à la même série mais peint dix ans plus tôt. E. J.

New Haven, Yale Center for British Art (Paul Mellon Collection)

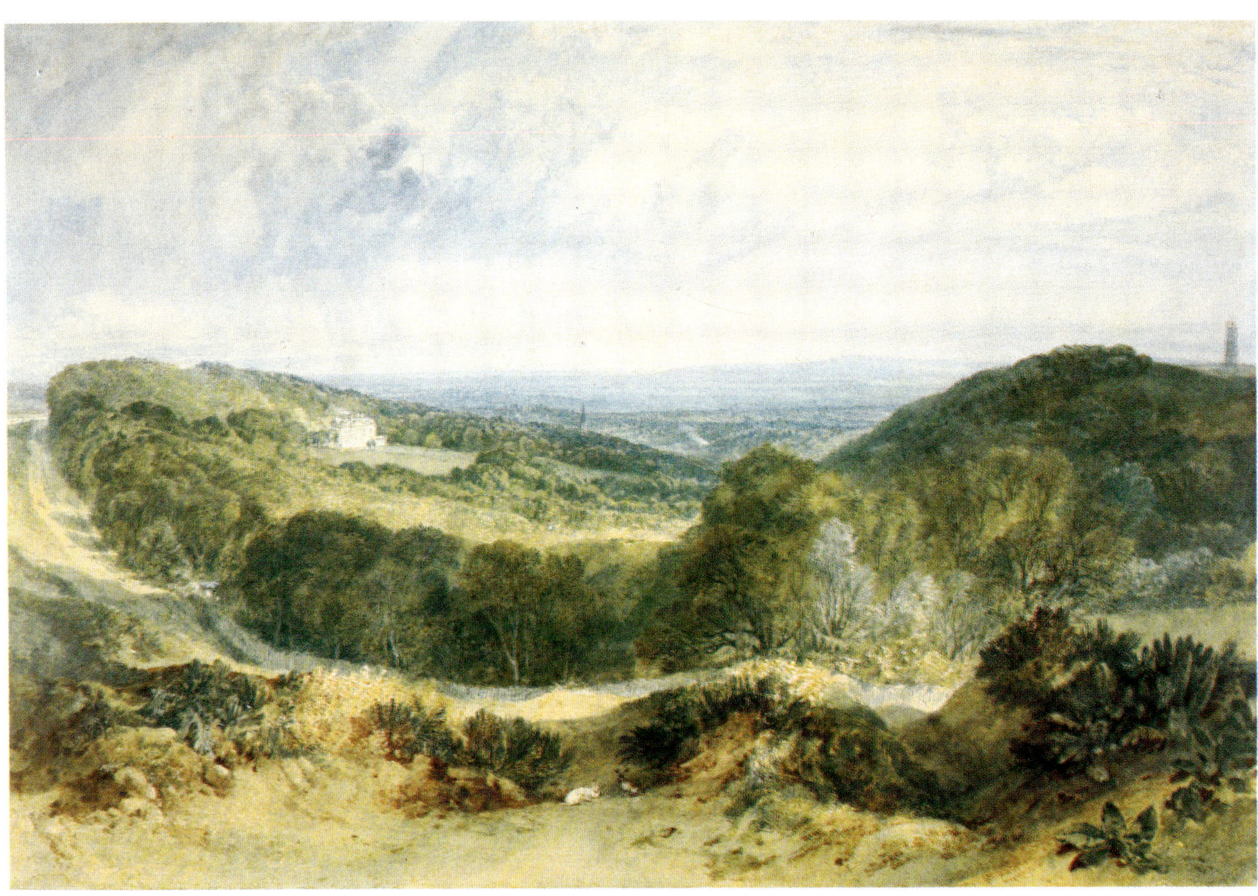

125

125

La vallée de Heathfield

vers 1816

Aquarelle avec ratures. 0,379 × 0,562

W n° 427

Gravure : par W. B. Cooke pour les *Views in Sussex,* 1818, pl. 6 (R, n° 133).
Exposition : Londres, 1975, n° 46.
Bibliographie : Shanes, 1981, p. 19, pl. 9.

En 1818, le député John Fuller, de Rosehill près de Hastings, dans le Sussex, commanda à Turner un certain nombre de vues. Pendant la décennie suivante, le peintre réalisa treize grandes aquarelles et un tableau à l'huile (BJ, n° 211), décrivant le domaine de Fuller et les paysages des environs. Quatre d'entre elles furent gravées à l'aquatinte par J.-C. Stadler, afin de permettre à Fuller de les faire circuler parmi ses amis (R, n°s 822-825). Plus tard, W. B. Cooke grava six des sujets, dont celui-ci, pour une publication supervisée par Fuller, *Views in Sussex* (« Vues du Sussex »). La première livraison parut en février 1820. Elle fut annoncée comme « consistant en un choix rare de vues de campagne et de mer prises dans cette intéressante région du comté de Sussex, d'après les splendides dessins de J. M. W. Turner, R. A., et accompagnées de descriptions historiques ». Ces descriptions avaient été rédigées par Ramsay Richard Reinagle, A. R. A. (1775-1862). L'intention primitive de Cooke était de publier l'œuvre en trois parties, mais comme « beaucoup de souscripteurs exprimèrent le désir d'avoir l'ensemble le plus tôt possible », il décida que la totalité des planches paraîtrait en deux parties seulement. Cependant, la seconde livraison ne fut jamais publiée, bien que Turner eût exécuté presque tous les sujets projetés. Ceux-ci comprenaient deux grandes marines,

Hastings : pêche en pleine mer (Londres, British Museum, Legs Lloyd; W, n° 504; Shanes, pl. 13) et *Hastings : le marché aux poissons* (Londres, commerce d'art, autrefois Vanderbilt; W, n° 510).

Beaucoup des notations de paysages de l'intérieur pour cette série se trouvent dans le carnet *Vallée de Heathfield* (TB CXXXVII), de 1810 probablement; celle qui servit de base à l'aquarelle exposée apparaît sur les pp. 41v-42 de ce cahier. Avec les motifs du *Richmondshire,* ce groupe d'aquarelles marque l'apogée de la période « anglaise » de Turner. Elles offrent des panoramas de campagne ondulée, avec les épaisses forêts du Sussex, qui étaient connues pour fournir les charpentes de bateaux de la marine anglaise; elles montrent de grandes étendues de côtes entre Eastbourne et Hastings, ponctuées par les tours Martello, bâties comme défenses contre une éventuelle invasion napoléonienne. Comme si souvent les représentations topographiques de Turner, elles combinent la description minutieuse et une étonnante majesté. A l'origine, il était entendu que Fuller paierait 100 guinées à Turner pour le prêt des quatre premiers dessins en vue de l'aquatinte; mais par la suite il lui acheta toute la série de vues de l'intérieur, qui resta dans sa famille avant d'être dispersée en vente publique en 1908.

A.W.

Londres, The Trustees of the British Museum (Legs Salting, 1910-2-12-273)

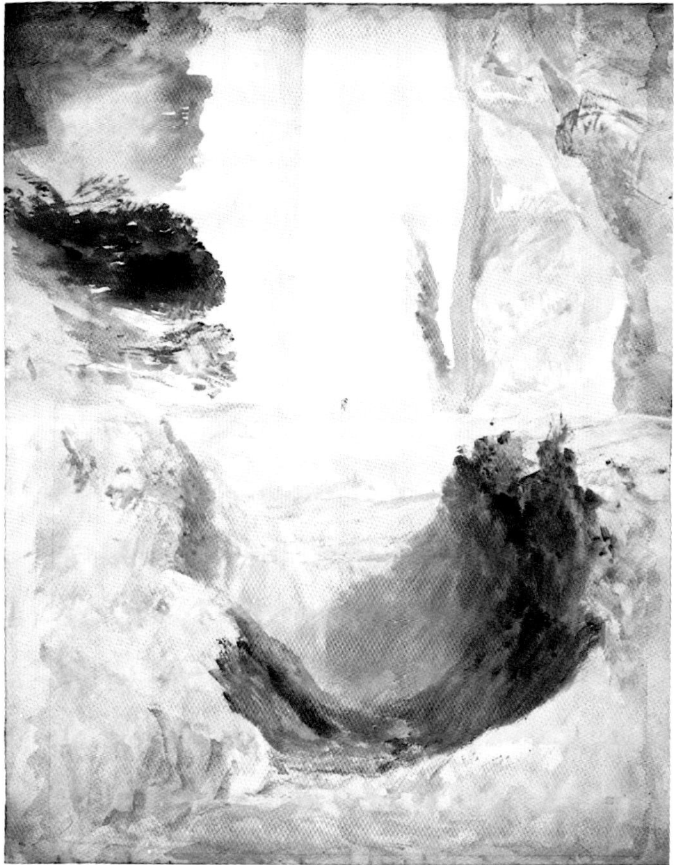

126

126

Feuille d'études avec des sujets du Yorkshire

vers 1816

Aquarelle. 0,555 × 0,445

Exposition : Londres, 1974-1975, n° 175.

Les trois compositions largement esquissées sur cette feuille sont à coup sûr des motifs destinés à une série de vues que Turner exécuta pour l'*History of Richmondshire* de Thomas Dunham Whitaker (voir n° 127). Une seule toutefois fut retenue dans la publication, les autres étant probablement rejetées ou gardées pour d'autres volumes qui ne virent jamais le jour. Le motif publié correspond à la grande étude qui couvre la moitié de la feuille exposée : il s'agit de *La chute de Hardraw,* près de Hawes dans la Wensleydale; la gravure date de 1818 (R, n° 182). L'aquarelle définitive se trouve au Fitzwilliam Museum de Cambridge (W, n° 574) et des esquisses préliminaires dans le carnet *Yorkshire 5* (TB CXLVIII, pp. 15r et v, 28v). Des autres études de la feuille, celle qui montre la silhouette d'une grande maison au fond d'une vallée ne correspond à aucune œuvre réalisée : elle pourrait représenter la vieille demeure de Hardwick Hall. La troisième vue est peut-être High Force sur la Tees, une cascade que Turner dessina dans le carnet *Yorkshire* en même temps que celle de la Hardraw (TB CXLVIII, p. 7v); on choisit une autre vue de High Force pour la planche de l'*History of Richmondshire* (W, n° 564). En revanche, l'esquisse de la feuille prouverait que certains motifs de paysages du Yorkshire notés alors par Turner pour Whitaker furent utilisés plus tard dans les premières livraisons des *Picturesque Views in England and Wales* (« Vues pittoresques de l'Angleterre et du Pays de Galles »; n°s 199 à 210) : en effet, la vue de High Force qui s'inspire de l'étude possède, de même que d'autres vues de la région publiées dans cette série, beaucoup de traits communs avec les vues de l'*History of Richmondshire.* Turner avait l'habitude de

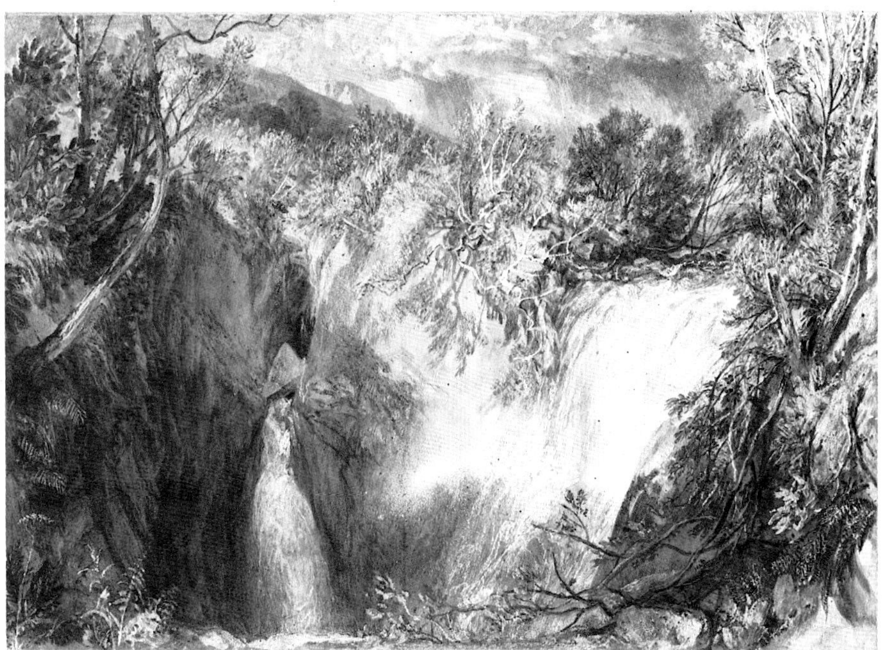

127

faire, comme ici, plusieurs études de couleurs sur une grande feuille; généralement, il les séparait par la suite (par exemple, *Richmond Hill*, n° 201). A.W.

Londres, The Trustees of the British Museum (TB CCLXIII-369)

127

La grotte de Weathercote, près d'Ingleton, Yorkshire

vers 1818

Aquarelle avec des parties grattées et gomme arabique. 0,301 × 0,423

W n° 580

Gravure : par S. Middiman pour l'*History of Richmondshire* de Whitaker, 1821.
Expositions : Londres, 1975, n° 55; Hambourg, 1976, n° 23; York, 1980, n° 127.

Thomas Whitaker (1759-1821), qui commanda cette aquarelle, était l'un des protecteurs de Turner depuis que celui-ci avait illustré son *History of Whalley* (1801). En 1816, il commanda à Turner des dessins, représentant une valeur de 3 000 guinées, pour une grande histoire du Yorkshire, qui devait comprendre sept volumes. On avait prévu à l'origine cent vingt aquarelles, mais, en raison de la mort de Whitaker en 1825, un seul volume parut, avec trente sujets publiés entre 1819 et 1823. Bien qu'ayant déjà une bonne quantité de matériaux à sa disposition, Turner fit en 1816 un voyage dans le Yorkshire pour en récolter d'autres. Il avait vu la grotte de Weathercote lors d'une de ses premières excursions dans le Yorkshire, peut-être en 1808; une autre vue de la cascade (W, n° 541) se rattache probablement à cette visite : David Hill a signalé qu'on pouvait alors voir la cascade en se plaçant à sa base, tandis que vers 1816 la grotte était devenue inaccessible et qu'on la voyait seulement d'en haut. D'où la composition exposée, où Turner exploite le temps extrêmement pluvieux sur lequel il était tombé pendant cette période et qui lui permit de montrer la grotte « à-demi remplie d'eau ». Il existe un dessin au crayon, fait sur place, dans le carnet *Yorkshire 4* (TB CXLVII, p. 33v). Turner avait coutume de mettre un arc-en-ciel dans ses vues de cascades; mais Hill cite une source possible pour ce détail dans un livre de John Hutton, *Tour of the Caves in the Environs of Ingleborough and Settle in the West Riding of Yorkshire*, 2e édition, 1781. A.W.

Londres, The Trustees of the British Museum (Legs Salting, 1910-2-12-281)

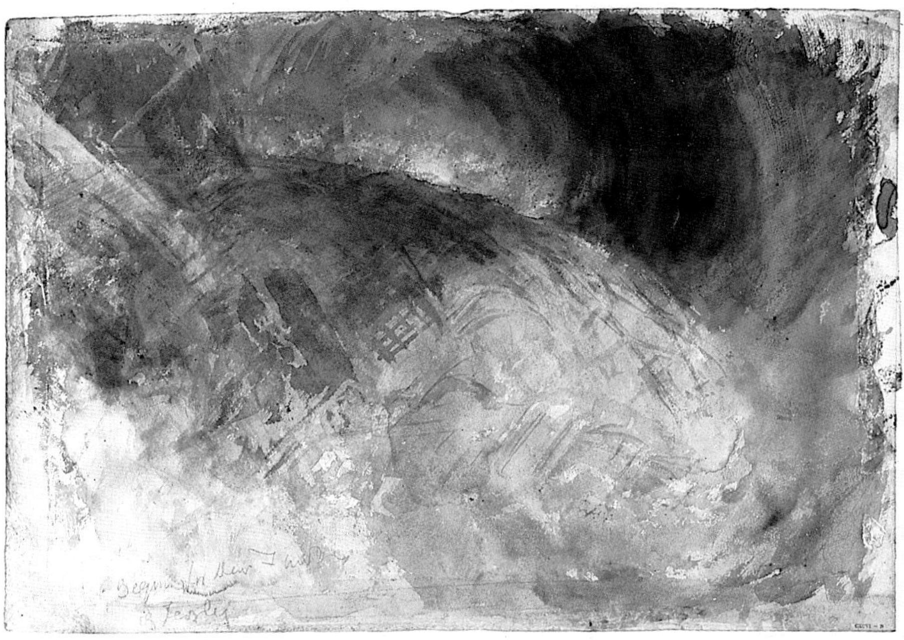

128

128

Étude pour « La perte d'un navire de guerre »

vers 1818

Aquarelle. 0,310 × 0,460

Inscription au crayon, en bas à gauche : *Begun for Dear Fawkes of Farnley.*

Expositions : Londres, 1974-1975, n° 187; Hambourg, 1976, n° 18; Cleveland, Detroit, Philadelphie, 1977-1978, n° 10.
Bibliographie : Wilton, 1979, p. 357 (sous cat. n° 500); *Turner in Yorkshire,* 1980, p. 57 (sous le n° 85).

L'aquarelle pour laquelle celle-ci est une étude se trouve dans une collection privée anglaise. Elle fut peinte vers 1818 à l'intention de Walter Fawkes, comme l'indique une inscription sur l'étude. Le libellé fait penser que Turner ajouta cette note après la mort de Fawkes en 1825. A peu près au même moment, il exécuta pour Fawkes une autre aquarelle, montrant un *Bateau de guerre apportant l'approvisionnement* (n° 129); elle était conçue comme « un dessin de dimensions normales mais qui donne une idée de la taille d'un bateau de guerre » — donc un de ces exercices de style visant à évoquer le gigantisme, que Turner affectionnait particulièrement. L'aquarelle exposée était peut-être une autre solution pour le même problème : la coque du navire occupe la feuille entière, tandis que dans l'aquarelle définitive la coque est parsemée de petites figures, et que sa silhouette estompée, vue d'en bas et entourée d'une foule de petits bateaux, domine le spectateur. A.W.

Londres, The Trustees of the British Museum (TB CXCVI-N)

129

Bateau de guerre apportant l'approvisionnement

1818

Aquarelle 0,286 × 0,397

Signé et daté en bas à droite : *IMW Turner 1818.*

W n° 499

Expositions : Londres, Grosvenor Place, 1819, n° 20; Londres, 1967, n° 54; Londres, 1974-1975, n° 194.

Sur l'origine de cette aquarelle, peinte par Turner lors d'une visite à Farnley en novembre 1818, il existe un récit (Londres, Archives de la National Gallery), dû à Edith

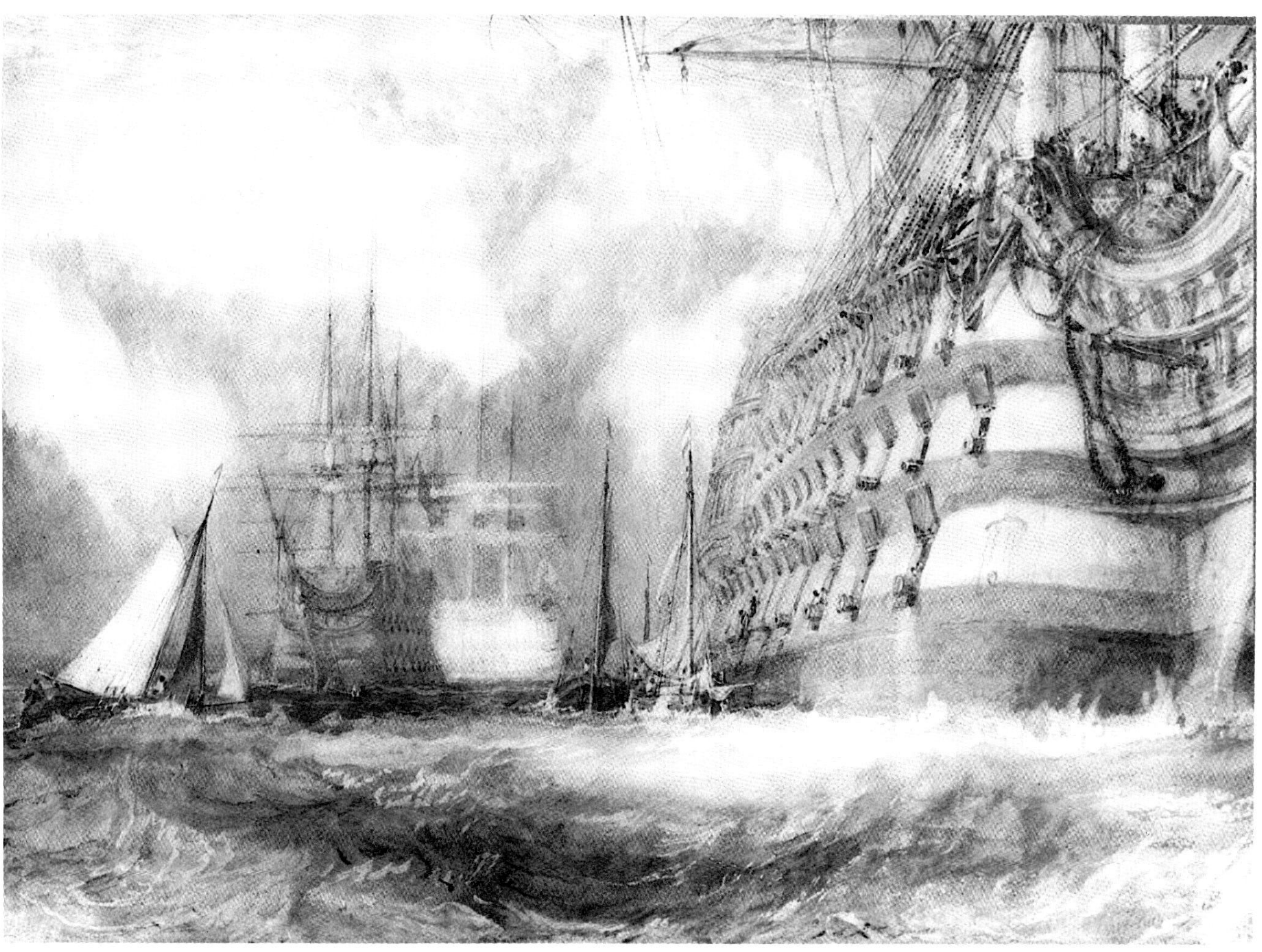

129

Mary Fawkes, femme de l'un des petits-fils de Walter Fawkes : « Un matin, au petit déjeuner, Walter Fawkes lui dit [à Turner] : "Je voudrais que vous me fassiez un dessin de dimensions normales mais qui donne une idée de la taille d'un bateau de guerre". Ce projet frappa l'imagination de Turner, car il dit avec un rire étouffé au fils aîné de Walter Fawkes, alors âgé de quinze ans environ : "Viens donc, Hawkey, et voyons ce que nous pouvons faire pour Papa"; le garçon resta assis à côté de lui toute une matinée, témoin de la genèse du *Bateau de guerre apportant l'approvisionnement.* Sa description de la manière dont Turner travaillait était vraiment extraordinaire; il commençait à verser de la peinture fraîche sur le papier jusqu'à le saturer, puis il enlevait, grattait, égratignait avec une sorte de frénésie; du chaos émergea peu à peu, comme par magie, le beau bateau, avec tous ses détails exquis, et à l'heure du déjeuner Turner descendit triomphalement avec le dessin ».

C'est l'une des très rares occasions (excepté les jours de vernissage) où Turner permit à quelqu'un de le regarder travailler, et ce fut apparemment la seule fois à Farnley. Le récit de Thornbury montre en outre Turner « travaillant comme un fou et déchirant la mer avec l'ongle de son pouce, véritable serre d'aigle ». Il dit aussi que l'aquarelle fut terminée en trois heures, ce qui nous donne un renseignement précieux sur la rapidité d'exécution du peintre.

Le sujet semble avoir été traité beaucoup plus tôt, dans une étude de 1798 environ (TB XXXIII-e). E. J.

Bedford, The Trustees of the Cecil Higgins Art Gallery

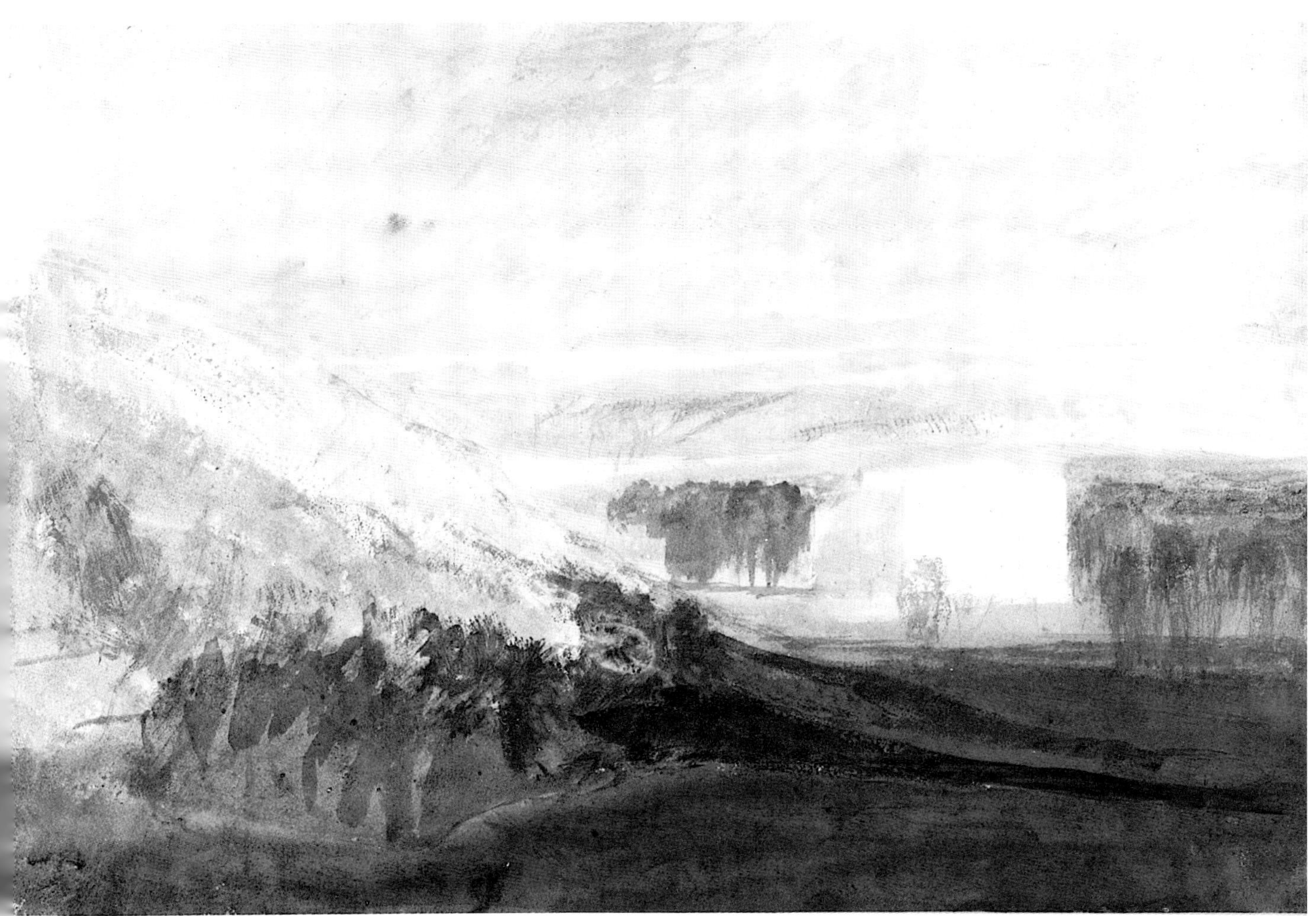

130

Étude pour « Le château de Hylton, Durham »

vers 1817

Aquarelle. 0,303 × 0,480

Partant d'un croquis au crayon dans le carnet *Raby* (TB CLVI, p. 10; voir n° 132), cette étude de couleurs pour la vue du *Château de Hylton* (n° 131) montre les procédés de Turner dans la création d'une aquarelle achevée; on comparera avec l'étude de couleurs pour *Tivoli,* d'une date voisine (n° 133), où toutes les particularités locales sont supprimées au profit de zones indifférenciées de couleur ou de valeur. Ici, au contraire, Turner a fait ressortir suffisamment les qualités individuelles du terrain, des arbres et du ciel pour conférer dans une certaine mesure à cette esquisse si libre l'atmosphère d'un véritable paysage. Le passage de l'étude pour l'*Hylton* à l'étude pour *Tivoli* correspond au glissement de l'intérêt pour les éléments naturels à un intérêt pour les éléments formels, picturaux. Bien que la seconde préoccupation nous paraisse plus « progressiste », elle ne remplaça pas la première dans le processus de travail de Turner, mais resta une alternative à laquelle il recourut souvent pour élaborer ses compositions postérieures.
A.W.

Londres, The Trustees of the British Museum (TB CXCVII-P)

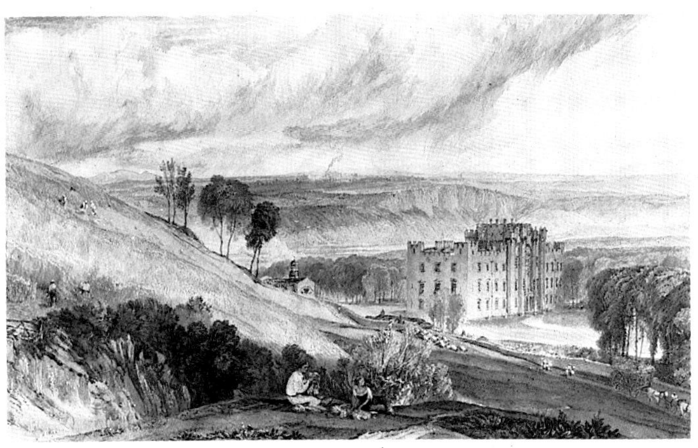

131

131

Le château de Hylton, Durham

vers 1818

Aquarelle. 0,198 × 0,290

W n° 556

Gravure : par S. Rawle pour l'*History of Durham,* 1820.

Au retour de son voyage dans les Pays-Bas et la région du Rhin, en septembre 1817, Turner alla séjourner au château de Raby, dans le comté de Durham, chez le comte de Darlington, qui lui commanda un tableau représentant le château (Londres, R. A., 1818; Baltimore, Walters Art Gallery). Pendant ce séjour, écrit Turner en novembre à son ami James Holworthy, « Lord Strathmore vint à Raby et m'emmena dans le nord ». Il reste un souvenir de cette excursion dans le carnet *Raby* (TB CLVI), où sur la p. 10 apparaît un dessin préliminaire du château de Hylton, propriété de Lord Strathmore. Un essai de couleurs pour ce sujet figure également dans l'exposition (n° 130).

Le château de Hylton fut gravé, ainsi que deux autres œuvres de Turner, *Gibside* (Bowes Museum, Barnard Castle) et *Le château de Raby,* par S. Rawle en 1819-1820, pour illustrer l'*History of Durham* (1816-1823) de Surtees. E. J.

Grande-Bretagne, collection particulière

132

Carnet « Raby »

1817

Trente-deux feuillets, reliure cartonnée avec les angles et le dos en cuir. 0,231 × 0,327

Ouvert à *Château de Raby,* p. 23v-24.
Crayon et aquarelle.

Exposition : Londres, 1974-1975, n° 202.
Bibliographie : Gage, 1969, p. 111; Wilkinson, 1974, pp. 168-169; Wilton, 1979, p. 172.

En 1817, le troisième comte de Darlington demanda à Turner de peindre un « portrait » de sa demeure, le château de Raby, dans le comté de Durham. Turner fit sur ce cahier des esquisses du bâtiment et de la campagne environnante, entre son voyage de l'automne sur le continent et une visite à Farnley en novembre. Le tableau qui en résulta se trouve

132

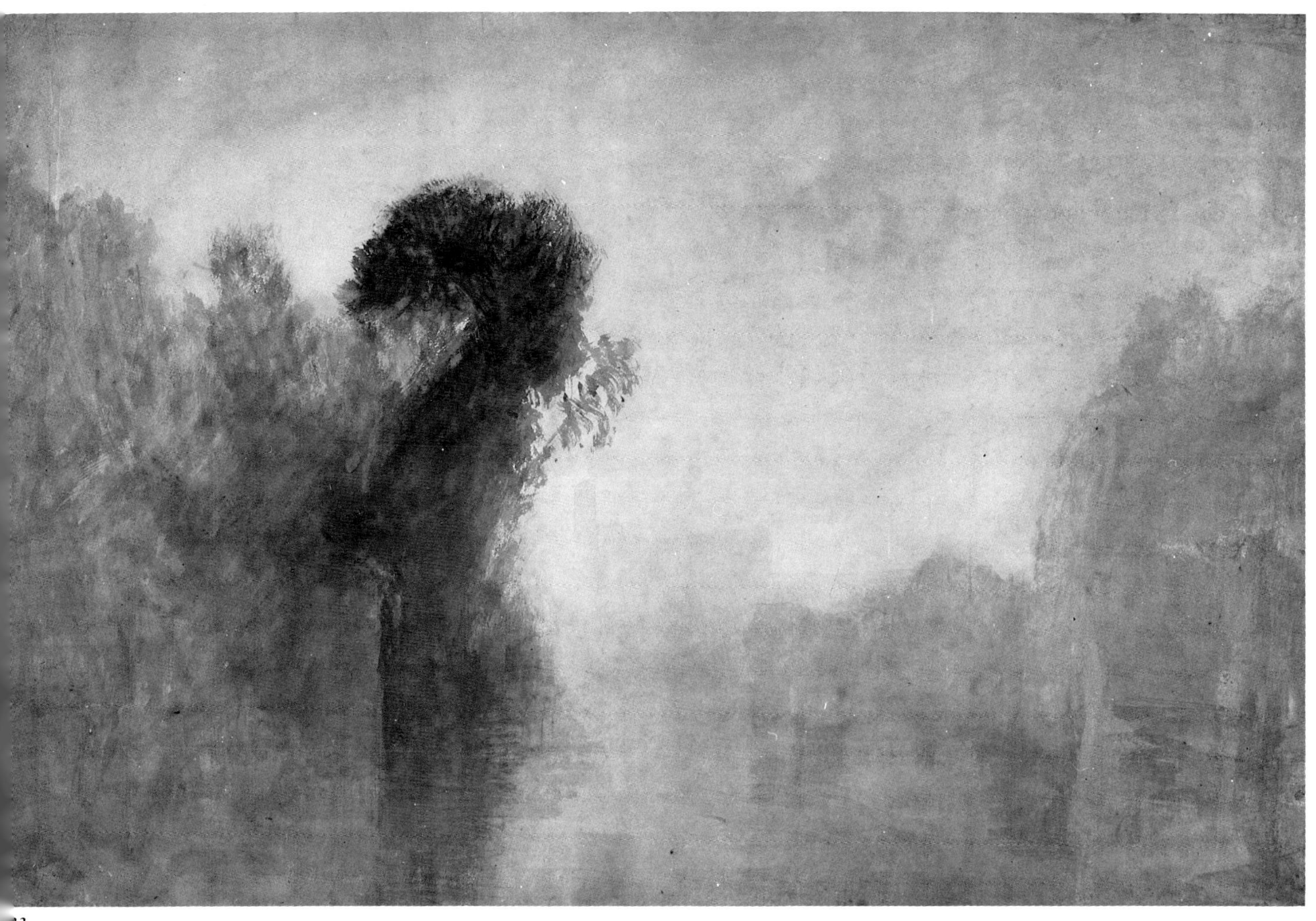

133

aujourd'hui à la Walters Art Gallery de Baltimore (BJ, n° 136); c'est l'un des derniers portraits de maison de Turner, et sûrement l'un des plus grandioses. La vue définitive s'inspire en partie d'un croquis au crayon sur les pp. 21v et 22, en partie de l'étude plus élaborée qu'on voit ici, aux touches de couleur si évocatrices bien que dispensées avec économie. D'autres dessins du carnet montrent Streatlam et Bishop Auckland. Gage soutient que les touches de l'esquisse exposée prouvent que Turner juxtaposa assez tôt des couleurs primaires; mais on peut aussi expliquer la présence des jaunes et des rouges par le fait qu'il fit ces notations de paysage en octobre, quand les couleurs automnales sont le plus intenses. A.W.

Londres, The Trustees of the British Museum (TB CLVI)

133

Étude pour « Tivoli »

vers 1817

Crayon et aquarelle. Filigrane : J. Whatman, 1811. 0,664 × 1,001

Exposition : Londres, 1974-1975, n° 182.
Bibliographie : Wilton, 1979, p. 159, fig. 169.

Cette étude de couleurs pour la grande aquarelle *Paysage, une composition sur Tivoli,* exposée en 1818 (n° 134), illustre l'usage fréquent que Turner faisait, dans l'élaboration de ses aquarelles, d'esquisses à l'échelle de l'œuvre définitive. C'est aussi un exemple précoce d'une de ses méthodes qui

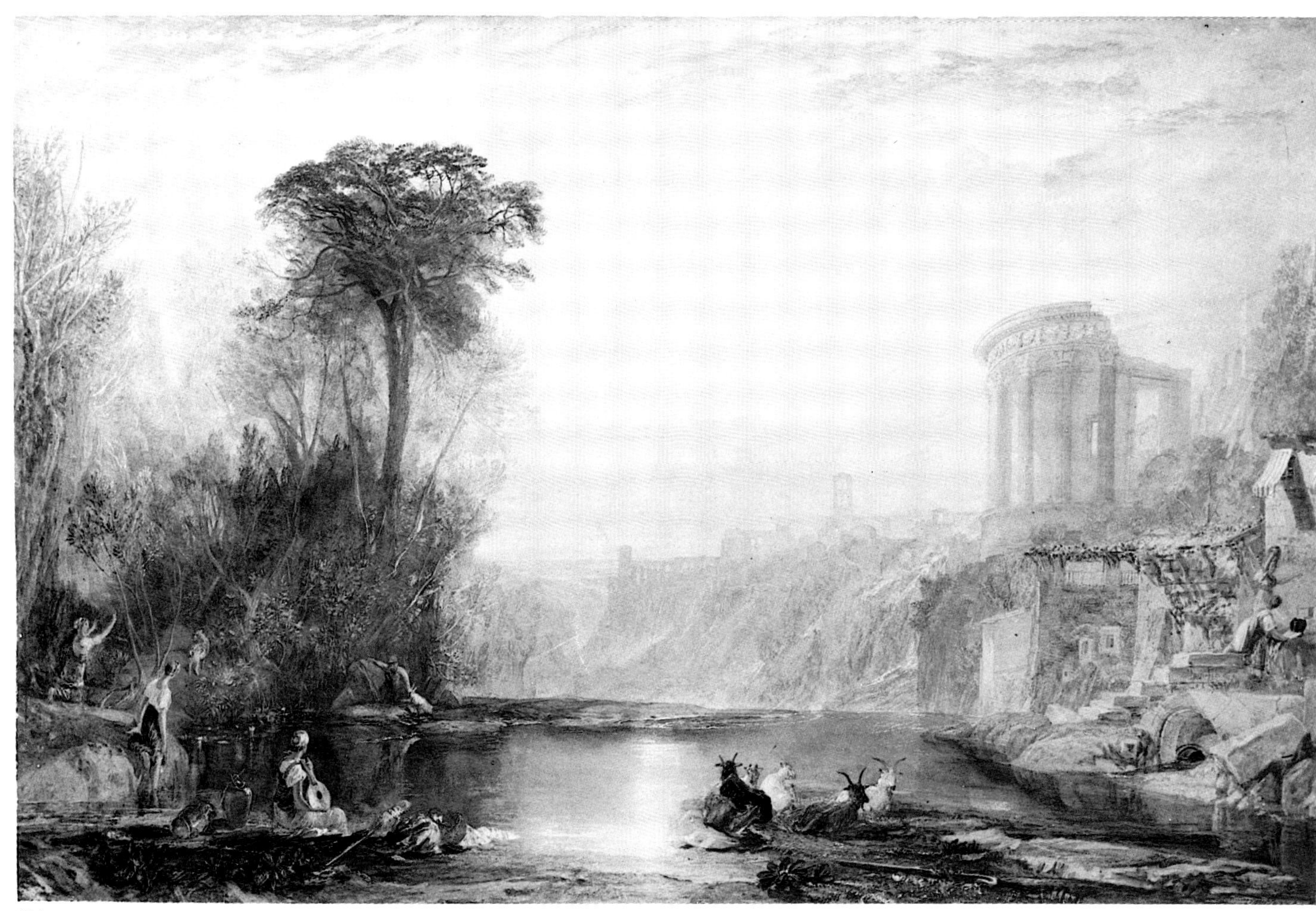

134

consistait à simplifier la structure chromatique des compositions en réduisant les éléments principaux à deux blocs de couleurs opposées : ici ocre et vert, association caractéristique de cette phase. On comparera avec le traitement plus naturaliste d'une autre étude vers la même époque (n° 130). A.W.

Londres, The Trustees of the British Museum (TB CXCVII-A)

134

Paysage, une composition sur Tivoli

1817

Aquarelle. 0,676 × 1,020.

Signé et daté, en bas à droite : *J M W Turner 1817.*

W n° 495

Gravure : par E. Goodall, 1827.
Expositions : Londres, R. A., 1818, n° 474; Londres, 1974-1975, n° 181.

Aquarelle peinte deux ans avant le premier voyage de Turner en Italie — comme le suggère le libellé du titre — pour John Allnutt, à qui était déjà destiné le n° 9.

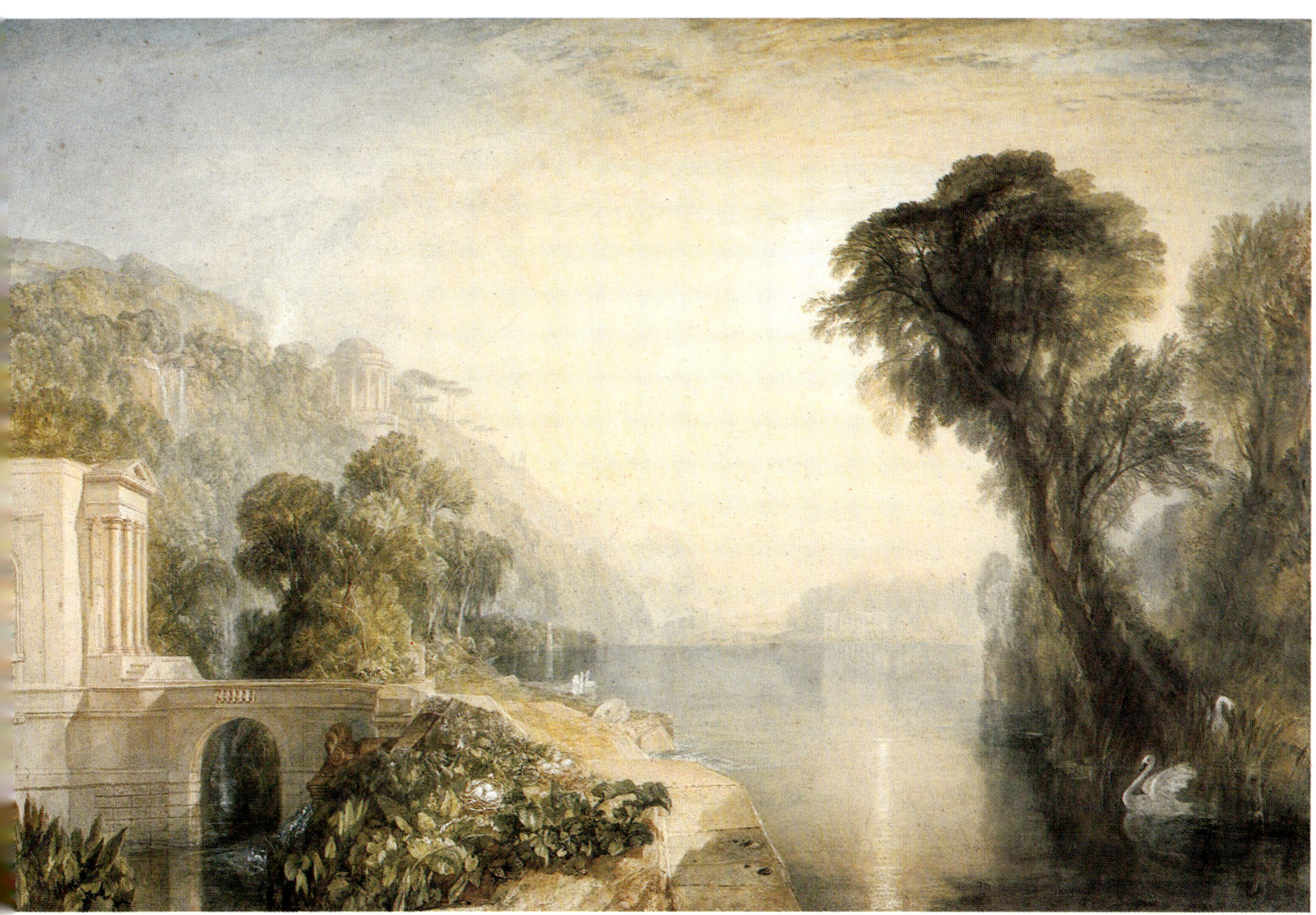

Un essai de couleurs (n° 133) ébaucha la structure générale de la composition définitive mais négligeait certains détails, en particulier le temple de la Sibylle, qu'on voit ici. Wilton a souligné la saveur délibérément « antique » du décor et le contraste formé par le groupe des lavandières en costume contemporain. Les changements et les adjonctions que Turner introduisit dans la version finale, en particulier la manière dont il a interverti les tours du second plan, augmentent à la fois l'impression de profondeur et la solidité de la composition.

Voir le pendant, n° 135. E. J.

Grande-Bretagne, collection particulière

135

Source de la rivière Stour à Stourhead

vers 1817

Aquarelle. 0,673 × 1,022

W n° 496

Exposition : Londres, R. A., 1825, n° 465.

Cette aquarelle fut peinte comme pendant à *Tivoli* (n° 134), bien qu'aucune preuve matérielle ne la rattache à John Allnutt, qui commanda *Tivoli* mais semble n'avoir jamais possédé le pendant. Comme on le remarquera, les deux compositions s'équilibrent parfaitement; le parc de

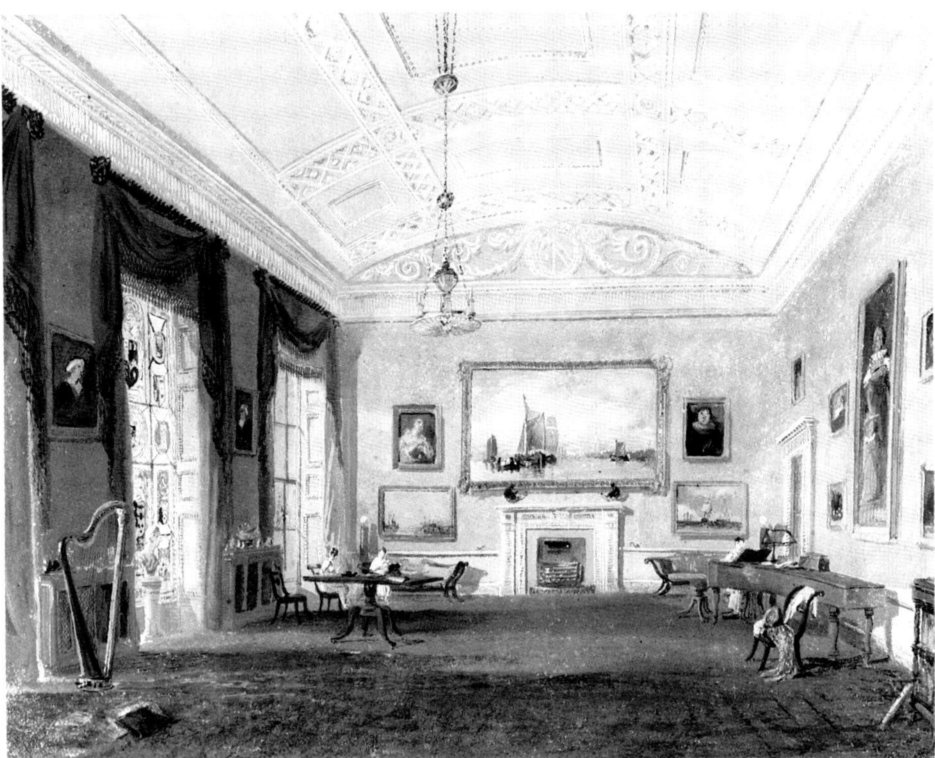

136

Stourhead (résidence d'un des protecteurs de Turner, Sir Richard Colt Hoare ; voir n° 83) avait été conçu selon les lignes classiques d'un tableau de Claude Lorrain, aussi cette aquarelle voulait-elle sans doute dépeindre un Tivoli transplanté dans la campagne anglaise.

Bien que vraisemblablement peinte vers 1817, à la même époque que *Tivoli,* l'aquarelle ne fut pas montrée à la Royal Academy avant 1825; les vers suivants la commentaient dans le catalogue :

"From his two springs in Stourton's woody glade,
Pure welling out — into the lake,
He pours his infant stream."(1)

C'est probablement à l'exposition de la Royal Academy ou peu après qu'elle fut achetée par James Morrison (1789-1857), qui devait aussi acquérir le n° 14 en 1827. Parfois désignée aussi comme « Le nid du cygne », elle a toujours appartenu depuis à la famille Morrison. E. J.

Winchcombe, Sudeley Castle (Walter Morrison Collection)

(1) « De ses deux sources en la clairière de Stourton
Il jaillit transparent, et dans le lac déverse
Son jeune cours si pur ».

136

Le salon, Farnley

1818

Gouache sur papier gris. 0,315 × 0,412

W n° 592

Expositions : Londres, 1974-1975, n° 189; York, 1980, n° 70.

Le château de Farnley, situé dans le Yorkshire à quatorze kilomètres environ de Leeds, était la résidence de Walter Fawkes (1769-1825), qui fut non seulement le principal mécène de Turner mais aussi un ami très intime.

Turner peignit une série d'aquarelles d'après la maison et le parc, dont beaucoup sont restées depuis à Farnley. Le n° 136 était destiné, sans aucun doute, à célébrer l'installation dans le salon d'un tableau de Turner, *Dort, ou Dordrecht : le paquebot de Dort venant de Rotterdam,* aujourd'hui simplement désigné comme *Dort.*

Turner avait présenté *Dort* à la Royal Academy en 1818; il y fut acheté par Walter Fawkes pour 500 guinées. Quant à

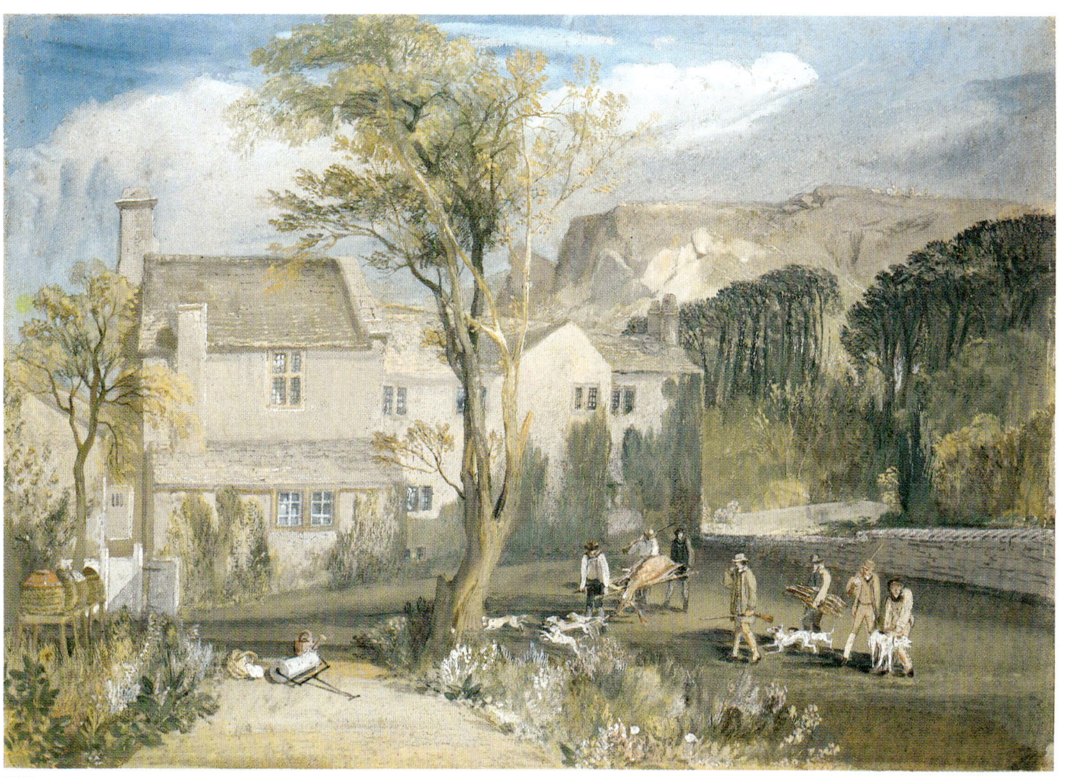

137

la gouache, Turner la peignit pendant son séjour à Farnley en novembre de la même année. Elle donne au bleu du ciel dans le *Dort* une vivacité beaucoup plus grande qu'il n'en a aujourd'hui, mais comme le tableau est dans l'ensemble en excellent état, on peut s'interroger sur le degré de fidélité de la couleur dans la gouache. L'absence du *Dort,* conservé au Yale Center for British Art, Paul Mellon Collection, de New Haven, semble la lacune la plus regrettable de l'exposition.

On remarque deux autres tableaux de Turner sur la gouache exposée : à droite du *Dort, Le « Victory » revenant de Trafalgar* (également à New Haven), et à gauche, *Le lever de soleil dans la brume* (University of Birmingham, Barber Institute of Fine Arts). E. J.

Grande-Bretagne, collection particulière

137

Le château de Caley : le retour de la chasse

vers 1818

Gouache sur papier beige. 0,304 × 0,429

W n° 612

Expositions : Edimbourg, National Gallery of Scotland, *Helen Barlow Bequest,* 1979, n° 46; York, 1980, n° 67, ill. sur la couverture.

Bien que la distraction favorite de Turner fût la pêche à la ligne, il aimait aussi la chasse, en particulier quand il séjournait chez les Fawkes à Farnley. Le château de Caley, qui appartenait à Walter Fawkes, était situé à la lisière des Landes et servait de pavillon de chasse. Il fut démoli en 1964.

La date du n° 137, à coup sûr l'un des plus beaux parmi les dessins du Yorkshire exécutés pour Fawkes, a fait l'objet d'une discussion dans le catalogue *Turner in Yorkshire.* On a conclu qu'il aurait été peint avant 1816, car en août de cette

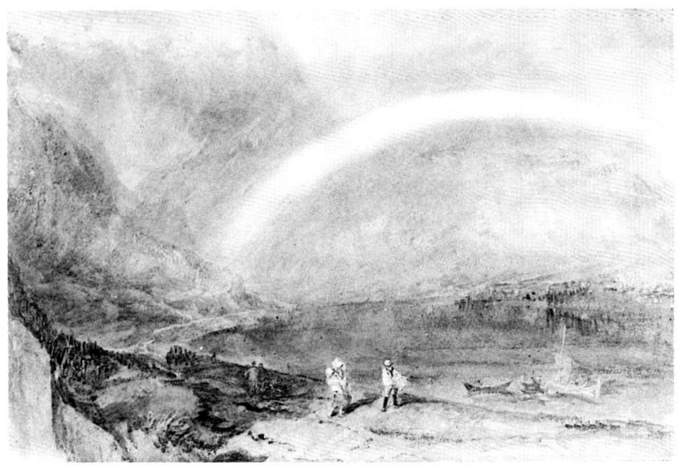

138

139

année le plus jeune frère de Fawkes, Richard, mourut d'un accident de chasse, ce qui diminua l'enthousiasme de Turner pour ce sport. Cependant, on n'a aucune preuve que ce drame ait mis fin aux chasses de Farnley, et d'autre part une date autour de 1818 — année où Turner passa une partie de novembre à Farnley — est beaucoup plus probable. E. J.

Edimbourg, The National Gallery of Scotland

138

Osterspey et Feltzen sur le Rhin : un arc-en-ciel

1817

Aquarelle. 0,217 × 0,327

W n° 674

Exposition : Berkeley, 1975, n° 13.

Il s'agit d'une des cinquante et une vues de la célèbre série du Rhin, résultat d'un voyage de Turner en août et septembre 1817 qui lui fit visiter la Hollande, la Belgique et le Rhin de Cologne à Mayence. Les vues dérivent essentiellement des carnets *Waterloo et le Rhin* et *Le Rhin* (TB CLX et CLXI).

On croyait autrefois — exemple de la « mythologie » turnérienne — qu'il avait terminé toute la série quand il se trouvait encore à l'étranger, ce qui signifiait une production de trois aquarelles par jour, puis qu'il serait allé directement à Farnley où Walter Fawkes lui aurait acheté toute la série. La réalité est moins sensationnelle : une fois débarqué en Angleterre, Turner se rendit d'abord au château de Raby, où il peignit certainement plusieurs aquarelles du Rhin, achevant sans doute le groupe à Farnley, qu'il avait gagné en novembre deux mois après son retour de l'étranger. Mais il est vrai que Fawkes acheta la série entière, pour 500 £ dit-on.

Presque toutes les gouaches et aquarelles sont sur papier blanc préparé au lavis gris; bien que le degré d'achèvement soit très variable, elles sont pour la plupart de très haute qualité. Turner en répéta quelques-unes, à plus grande échelle, en 1820, pour Sir John Swinburne; il exécuta aussi une seconde version de certaines autres — dont le n° 138 — en vue d'une série de gravures du Rhin, projetée par W. B. Cooke mais qui ne fut jamais réalisée (voir n° 139). E. J.

Stanford, The Stanford University Museum of Art (don de Josephine Grant McCreary, en souvenir de ses parents, Joseph et Edith Grant)

139

Osterspey et Feltzen sur le Rhin

vers 1820

Aquarelle et gouache sur papier brun clair. 0,188 × 0,292

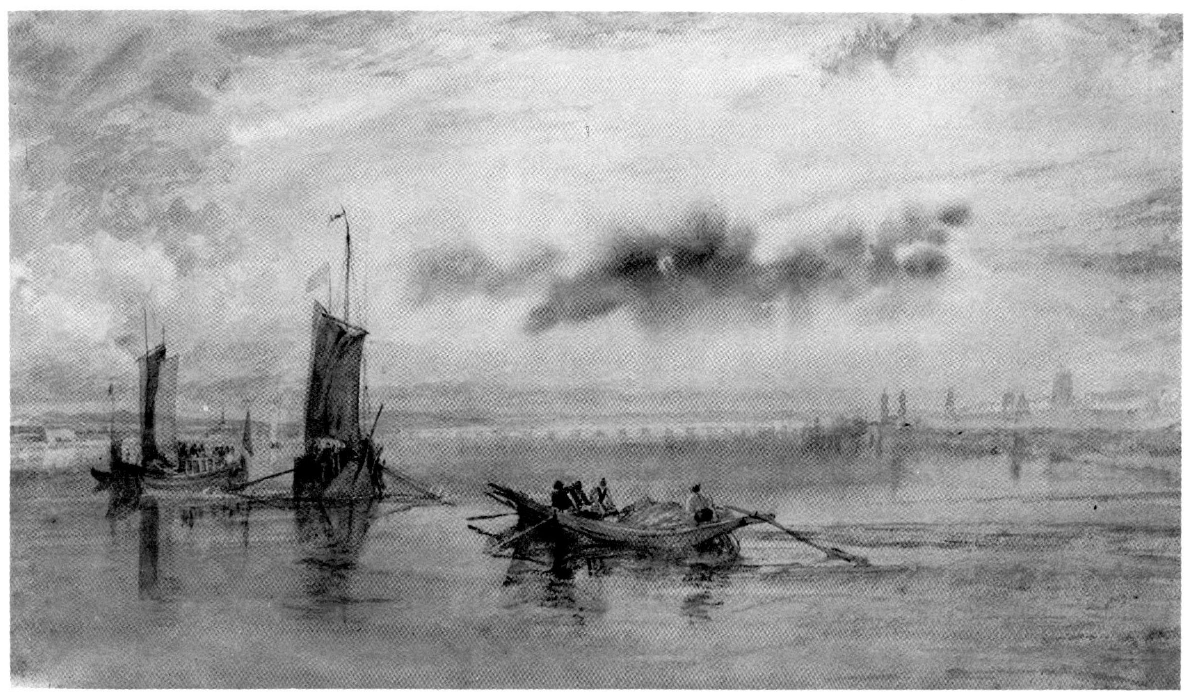

140

W n° 688

Gravure : par W. Miller, 1852 (R, n° 669).
Expositions : Cooke's Gallery, 1823, n° 21; Berkeley, 1975, n° 14.

C'est l'une des trois aquarelles faites par Turner vers 1820 pour être gravées dans une série de vues du Rhin. Le projet, lancé par W. B. Cooke, n'aboutit pas.

Le n° 139 dérive manifestement de la version de 1817 (n° 138), mais il apparaît beaucoup plus travaillé, en particulier dans le ciel, comme on peut d'ailleurs l'attendre d'un dessin destiné à la gravure.

Les différences entre les deux versions sont très minimes : un chien a été ajouté ici au premier plan, les deux figures qu'on voit au second plan sur le n° 138 retranchées.

Lorsqu'elle fut exposée à la Cooke's Gallery, l'aquarelle était intitulée : *Arc-en-ciel; Osterspey et Feltzen, sur le Rhin en aval de Bosnart, vus du vignoble de Dunkholder.* E. J.

Providence, Rhode Island School of Design, Museum of Art

140

Mayence et Kastel

1817

Aquarelle et gouache sur papier blanc. 0,208 × 0,365

W n° 678

Expositions : Londres, 1967, n° 48; Berkeley, 1975, n° 12.

On considère généralement le n° 140 comme le chef-d'œuvre de la série du Rhin, peinte en 1817 (voir n° 138). Turner créa le nuage sombre au centre en laissant la couleur tomber sur le papier préalablement mouillé. Les empreintes digitales de l'artiste se remarquent dans l'eau juste au-dessus de la barque.

Certains traits — taille légèrement supérieure, gamme plus vive, absence de la préparation au lavis gris (Wilton la mentionne à tort) — laissent penser que cette aquarelle fut exécutée après les autres. On donnera aussi comme argument que cinquante est un nombre plus normal que cinquante et un pour une série. Dans ce cas, le n° 140, dont la luminosité évoque davantage les dessins faits à Venise en

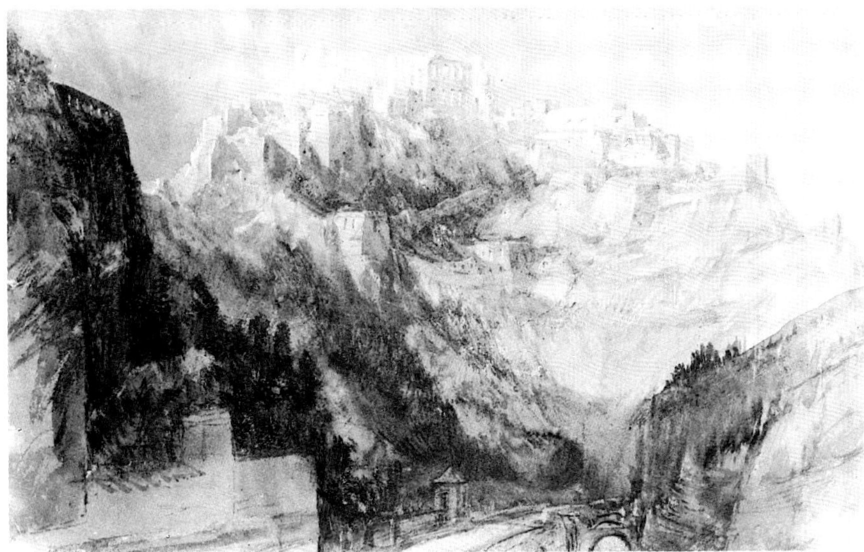

141

1819 que la majorité des dessins de la série rhénane, pourrait avoir été peint plus tard et ajouté aux cinquante comme le joyau de la série. E. J.

États-Unis, collection particulière

141

Ehrenbreitstein, vu du Zathel

1817

Gouache sur papier blanc teinté d'un lavis gris. 0,197 × 0,311

W n° 656

L'une des vues de la série du Rhin peintes en 1817 (voir n° 138).

C'est la première représentation d'Ehrenbreitstein par Turner, qui devait reprendre souvent ce sujet par la suite. Visiblement fasciné par les effets de lumière sur la forteresse aux différentes heures du jour, il les rendit dans un tableau exposé en 1835 (ici n° 59) et surtout dans de nombreuses aquarelles datant des années 1830 et surtout au début des années 1840. E. J.

Cambridge, Mass., Harvard University, Fogg Art Museum (don Edward W. Forbes)

142 à 150

L'Italie, 1819

En 1802, pendant son tour de Suisse, Turner avait visité rapidement le Val d'Aoste, mais les circonstances l'empêchèrent de reprendre le chemin de l'Italie pour un long voyage avant août 1819. Il partit au début de ce mois, via Paris, Lyon et Chambéry, pour traverser les Alpes au col du Mont-Cenis et gagner le

Piémont. Son séjour en Italie allait durer jusqu'en janvier 1820. Il prépara le voyage avec grand soin, consultant en particulier bon nombre de guides et exécutant de minuscules esquisses d'après des gravures de maints sites célèbres. L'itinéraire fut mis au point avec l'aide de James Hakewill (1788-1843), dont Turner avait, au cours des deux années précédentes, illustré le *Picturesque Tour of Italy* d'aquarelles d'après les croquis d'Hakewill lui-même. Sur les conseils de Hakewill, il descendit probablement à l'hôtel du Leon Bianco à Venise; à Rome, il logea dans le quartier des Anglais, près de la Piazza di Spagna. En octobre, Turner se rendit à Naples, peut-être stimulé par la nouvelle d'une éruption du Vésuve. Il avait déjà fait en 1817 une aquarelle très poussée de *L'éruption du Vésuve* (New Haven, Yale Center for British Art), mais il ne tira rien de son expérience personnelle du volcan. Avant de retourner à Rome, il vit les temples grecs de Paestum, qui lui fourniront plus tard le sujet d'une des mezzotintes du « Petit Liber » (n° 161) et d'une illustration pour l'*Italy* de Rogers (voir n° 216).

Alors que le séjour de 1828 à Rome devait le mettre en contact étroit avec les cercles artistiques locaux, en 1819 Turner préféra la solitude et le travail. Il remplit au moins dix-neuf carnets, surtout de croquis au crayon rapides et documentaires. Quatre cependant contiennent, outre les dessins au crayon, des aquarelles. Dans quelques cas, Turner revint à ses habitudes de 1802 en travaillant sur une préparation de lavis gris; une longue série d'œuvres de ce genre, tant en couleurs qu'au crayon avec des parties grattées, fixe le souvenir de la ville de Rome et des paysages de la campagne romaine. En d'autres occasions, surtout à Venise et à Naples, il procéda directement par touches d'aquarelles peu nombreuses sur le papier blanc. Celles-ci semblent posées spontanément devant le motif, mais il est plus vraisemblable que même ces études de couleurs aient été exécutées à l'hôtel, de mémoire ou d'après des croquis au crayon. Selon une personne qui rencontra Turner à Naples, l'artiste disait qu'« il pouvait faire seize croquis au crayon pour un en couleurs »; le crayon était évidemment la technique qu'il utilisait en plein air, comme d'habitude.

Hormis les trois grandes toiles achevées et exposées en 1820, 1823 et 1826 (BJ, n°s 228, 230, 233) et un certain nombre d'esquisses à l'huile inspirées de sujets italiens, les matériaux récoltés au cours du voyage en Italie aboutirent essentiellement à un groupe d'aquarelles très poussées, de 1820 et 1821 (voir n° 150), et plus tard, dans les années 1820, à un projet de *Picturesque Views of Italy* (« Vues pittoresques d'Italie »). Cette série ne fut jamais publiée, bien que Turner ait achevé quelques vues, en particulier *Florence vue de San Miniato* (W, n° 726), dont on connaît plusieurs versions, *Le lac de Nemi* (W, n° 1381) et *Arona, lac Majeur* (W, n° 730). Dans le legs, plusieurs des études de couleurs se rattachent probablement à cette série ou à d'autres sujets italiens, mais peu ont été identifiées avec certitude (voir n° 149). A. W.

Bibliographie : Finberg, *In Venice with Turner*, 1930; *Life*, 1961, pp. 256-261.

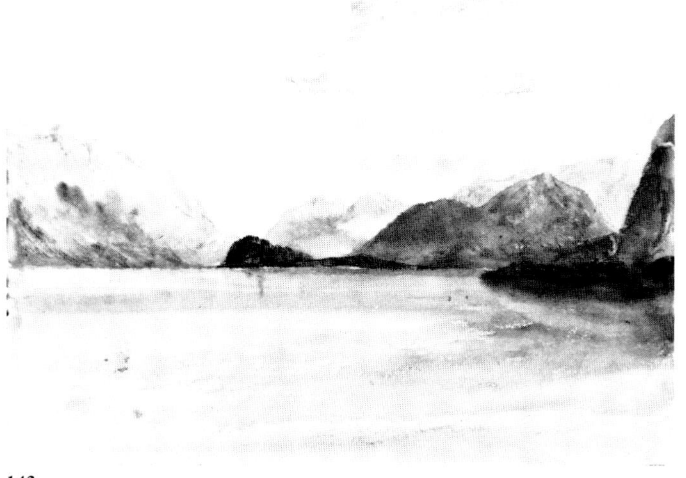

142

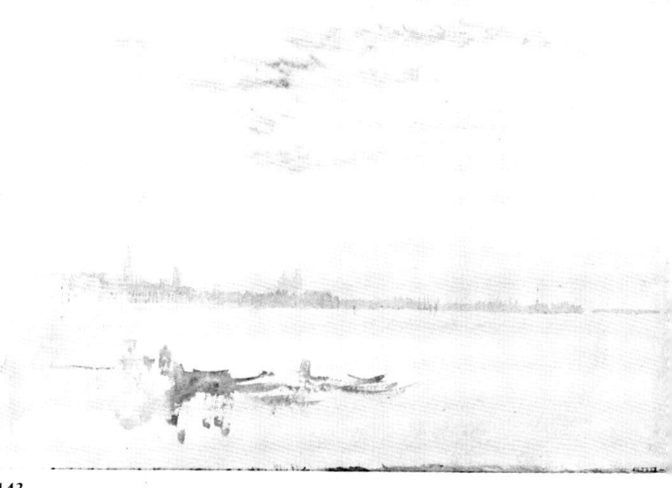

143

142

Vue du lac de Come

1819

Aquarelle. 0,224 × 0,287

Page du carnet *Come et Venise,* le premier du voyage en Italie où Turner utilisa la couleur. Comme dans une seconde étude, très semblable, du lac de Come (TB CLXXXI-1), la lumière tombant sur les collines et sur les bois traduit avec une fraîcheur acide la nouveauté du climat et de l'atmosphère. Une autre feuille du même album est exposée, la vue de Venise n° 143. A. W.

Londres, The Trustees of the British Museum (TB CLXXXI-2)

143

Venise vue de la Giudecca, en regardant vers l'est : soleil levant

1819

Aquarelle. 0,222 × 0,287

Exposition : Londres, 1974-1975, n° 213.
Bibliographie : Finberg, *In Venice with Turner,* 1930, p. 167; Wilton, 1982, p. 40, pl. 27.

De même que le n° précédent, ce feuillet appartient au carnet *Come et Venise;* c'est l'une des quatre études à l'aquarelle faites à Venise en 1819. Finberg pensait qu'elle montrait la Giudecca vue de la lagune : il s'agirait alors d'un coucher de soleil plutôt que d'un lever de soleil. Mais C. F. Bell a proposé, dans ses annotations manuscrites à l'exemplaire du livre de Finberg conservé au British Museum, l'identification retenue ici. Voir, au n° 150, une aquarelle achevée, dérivant de notations prises pendant ce séjour à Venise. A. W.

Londres, The Trustees of the British Museum (TB CLXXXI-5)

144

Naples : le Castel dell'Ovo avec Capri et Sorrente au loin

1819

Crayon et aquarelle. 0,253 × 0,401

Exposition : Londres, 1975, n° 71.
Bibliographie : Wilton, 1982, p. 41, pl. 30.

Ce numéro et le suivant sont des feuillets d'un carnet que Turner intitula *Naples, Rome : études* C. On a discuté sur le sens du C; certains y ont vu l'initiale de « *Chiaroscuro* », se

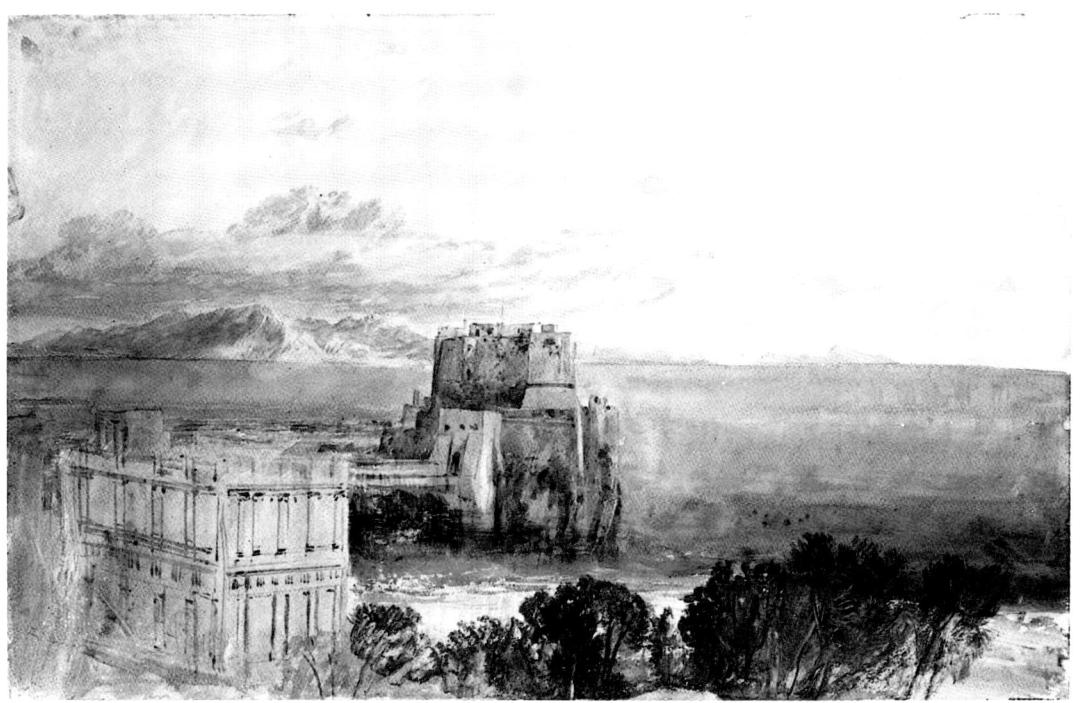

144

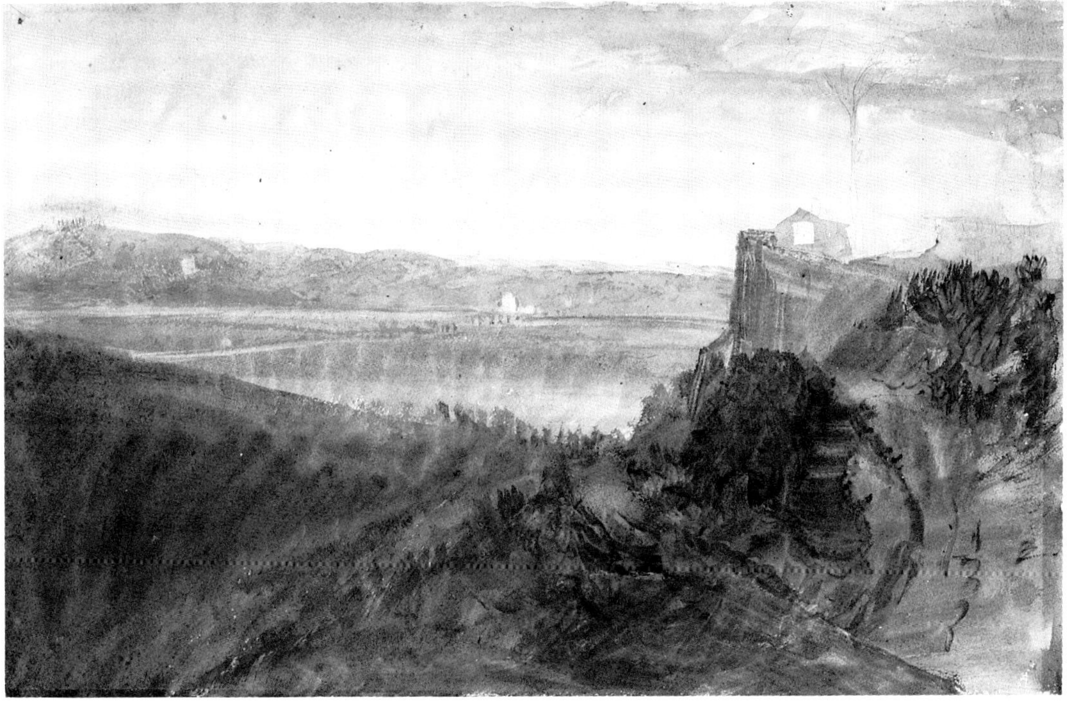

145

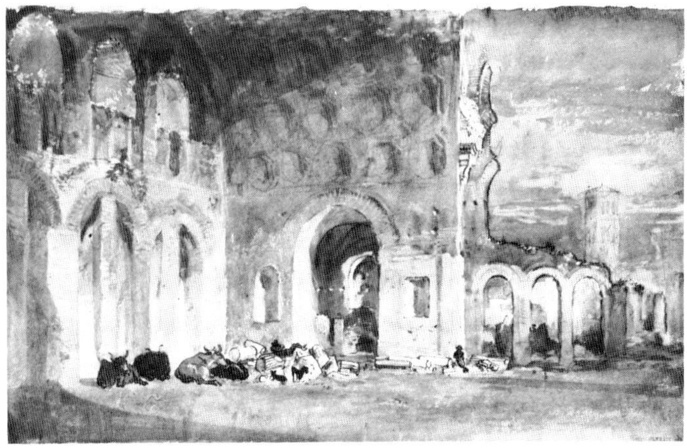

146

rapportant au fond gris sur lequel sont exécutés plusieurs des dessins. Mais il s'agit plus vraisemblablement de « Couleur », car l'initiale revient dans le carnet *Rome : études* C et dans le petit carnet *Études romaines* C, qui contiennent tous deux des esquisses en couleur (n°s 147 et 148). Au début de novembre 1819, Turner passa environ deux semaines à visiter Naples, où l'avait attiré, entre autres choses, une éruption du Vésuve. Il centra son activité, comme d'habitude, sur les croquis au crayon, mais quelques-unes des études à l'aquarelle peintes là-bas comptent parmi les plus lumineuses du groupe italien. Dans le même carnet, la p. 2 offre une autre étude de cette vue, peut-être d'après le dessin exposé mais plus large, avec suppression de tous les détails. A. W.

Londres, The Trustees of the British Museum (TB CLXXXVII-6)

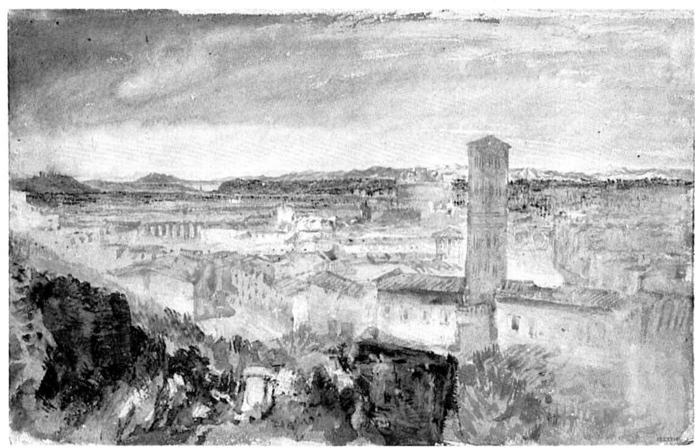

147

145

La campagne romaine : vue lointaine sur le Ponte Molle

1819

Crayon et aquarelle. 0,258 × 0,405

Comme le n° 144, page du carnet *Naples, Rome : études* C, qui contient une série d'études montrant des vues spacieuses de la campagne romaine, sur fond d'Apennin neigeux. Mais ici la vue, prise des environs du Monte Parioli, regarde vers l'ouest, avec à l'extrême gauche le Monte Mario et la villa Madame sur son flanc. La palette de bleus clairs, d'ocres soutenus et de bruns se retrouve dans toutes ces esquisses; cependant, sur la feuille exposée les couleurs ont un peu passé. A. W.

Londres, The Trustees of the British Museum (TB CLXXXVII-45)

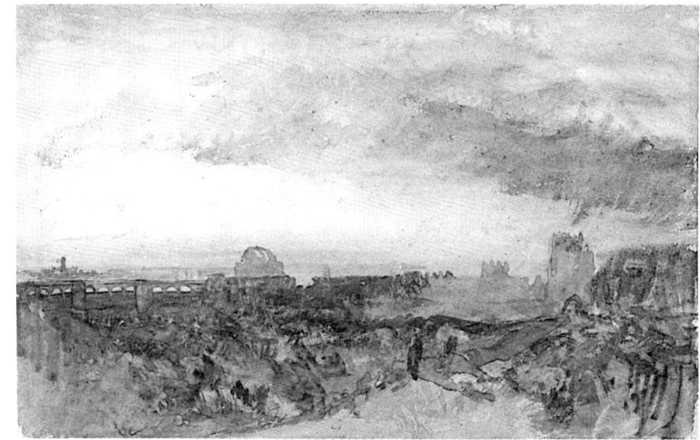

148

146

Rome : la basilique de Constantin

1819

Crayon, aquarelle et gouache avec plume et encre brune. 0,228 × 0,368

Exposition : Londres, 1975, n° 62.
Bibliographie : *Ruskin on Pictures*, p. 242.

En contraste avec les couleurs fraîches et transparentes de beaucoup des études vénitiennes et napolitaines de 1819 (par exemple n°s 143 et 144), Turner adopta la gouache pour quelques-unes de ses vues romaines — matière plus dense qui permet des effets brillants et qui annonce la technique de ses modèles pour *The Rivers of Europe* (« Les rivières d'Europe ») vers la fin de la décennie suivante. Toutefois, comme le mentionnait le catalogue de l'exposition de 1975 au British Museum, dans ces études romaines Turner chercha peut-être à évoquer la technique des *vedutisti* italiens ou français de la fin du XVIIIe siècle. Par l'emploi de figures marquant l'échelle pour accentuer l'importance de l'architecture, cette feuille rappelle aussi les eaux-fortes de Piranèse, vers lequel Turner dut sans cesse regarder pendant son séjour à Rome. A. W.

Londres, The Trustees of the British Museum (TB CLXXXIX-38)

147

Rome : le Tibre et le château Saint-Ange vus de Sant'Onofrio

1819

Crayon, aquarelle et gouache sur papier blanc teinté d'un lavis gris. 0,228 × 0,367

Exposition : Londres, 1975, n° 69.

Cette feuille appartient, comme les n°s 146 et 148, au carnet *Rome : études* C (voir n° 144). Avec les études de vues sur les toits de Rome, Turner créa une série de panoramas urbains qui n'a peut-être pas d'égale dans sa production et qu'il utilisa pour plusieurs de ses œuvres achevées. Parmi celles-ci, la plus importante est l'énorme toile *Rome vue du Vatican. Raphaël, accompagné de la Fornarina, prépare ses peintures pour la loggia,* exposée à la Royal Academy en 1820 (fig. 8, p. 31) : le fond montre un panorama détaillé de la ville, avec le château Saint-Ange. Mais ces dessins aquarellés ne sont pas précisément des dessins préparatoires pour des tableaux : ils représentaient plutôt pour Turner un moyen d'assimiler les richesses que lui offrait Rome. A. W.

Londres, The Trustees of the British Museum (TB CLXXXIX-3)

148

Rome : l'Aqueduc claudien et le temple de Minerva Medica

1819

Aquarelle et gouache sur papier blanc teinté d'un lavis gris. 0,230 × 0,368

Exposition : Londres, 1974-1975, n° 229.
Bibliographie : *Ruskin on Pictures*, p. 242; Wilton, 1982, p. 43, pl. 35.

Dans un petit nombre des études à l'aquarelle faites au cours de son voyage en Italie, Turner joua du fond gris, sur lequel il dessinait souvent au crayon, pour évoquer une atmosphère sombre et menaçante, celle d'un ciel d'orage ou de la fin du crépuscule. On rapprochera cette vue de celle du *Forum avec un arc-en-ciel* (Wilton, 1982, pl. 36), qui appartient aussi au carnet *Rome : études* C. Turner avait déjà recouru au parti d'articuler un paysage plat par des ruines antiques dans sa *Cinquième plaie d'Égypte* de 1800 (n° 5). Les connotations de ce tableau ont pu influencer le traitement dramatique de l'aquarelle, qui montre le dôme du nymphée d'Alexandre Sévère, communément appelé temple de Minerva Medica, ainsi que les arches de l'Aqua Claudia, construit par Néron, et dans le lointain probablement le campanile de Sainte-Marie-Majeure. Il y a une autre vue du nymphée, sans doute contemporaine, à la p. 35 du même carnet (*Turner and Watercolour,* 1974, pl. 18). A. W.

Londres, The Trustees of the British Museum (TB CLXXXIX-36)

149

Étude de couleurs : plaine étendue avec des collines au fond

1819 ?

Aquarelle. 0,379 × 0,545

Exposition : Londres, 1975, n° 60.

Ce paysage n'a pas été exactement localisé, mais le catalogue de l'exposition de 1975 au British Museum suggère qu'il s'agit d'une étude de couleurs libre d'après les vues de la campagne romaine que Turner exécuta lors de son séjour à Rome en 1819. On comparera avec le n° 145, qui offre une palette analogue; d'autre part, les grandes lignes de la composition ont beaucoup en commun avec les vues

149

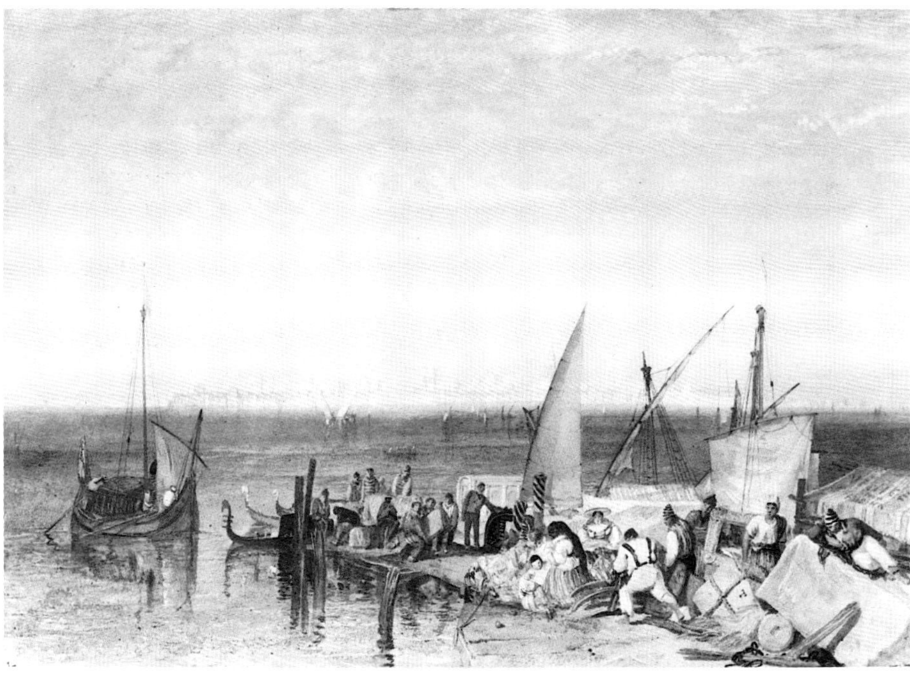

150

panoramiques des vallées du Tibre et de l'Aniene (TB CLXXXVII, p. 35; Londres, 1975, ill. p. 55). Les étroites affinités de gamme colorée ont inspiré l'idée que cette étude aurait été exécutée à Rome, comme, semble-t-il, les autres études de couleurs des carnets; mais il paraît plus probable qu'une « structure colorée » de ce genre ait été faite en vue d'une aquarelle plus poussée. Turner a très bien pu projeter une vue de la campagne romaine dans la série d'aquarelles de 1820-1821 (voir n° 150); toutefois, aucune œuvre de ce sujet ne fut apparemment réalisée. A. W.

Londres, The Trustees of the British Museum (TB CCLXIII-126)

150

Venise vue de Fusina

1821

Aquarelle. 0,286 × 0,406

Inscriptions, en bas à gauche : *1821;* sur un ballot à droite : *T;* sur une tente à l'extrême droite : *VENICE from FUSINA.*

W n° 721

Exposition : Leeds, 1839, n° 81.

On sait à quelle abondante production d'esquisses donna lieu le voyage en Italie de 1819, mais il en résulta seulement une douzaine environ d'aquarelles achevées. Sept d'entre elles furent peintes vers 1820-1821 pour Walter Fawkes, dont deux sujets vénitiens : l'aquarelle exposée et *Le Rialto, Venise,* actuellement à Indianapolis (W, n° 718).

Par son insistance sur le premier plan, surchargé de figures s'affairant, le n° 150 montre un esprit si différent des esquisses vénitiennes de 1819 qu'on peut légitimement y voir le fidèle reflet du goût de Fawkes. E. J.

Grande-Bretagne, collection Mrs Gordon Lorimer

151

The Rivers of England

From Original Drawings by J. M. W. Turner R. A. — W. Collins, R. A. — and the late T. Girtin, and engraved in Highly-finished Mezzotinto, on Steel, by Eminent Engravers.

Livraison n° 2, 1823.

Ouvert à *Norham Castle on the Tweed* (« Le château de Norham sur la Tweed » pl. 6; R, n° 756).
Mezzotinte par Charles Turner. Sujet : 0,154 × 0,217. Planche : 0,194 × 0,258.

Inscription au-dessous, outre le titre : *Drawn by J. M. W. Turner, R. A.; Engraved on Steel by Chas. Turner; Engraver in Ordinary to His Majesty;* et *Rivers of England : Plate 6/London Published by W. B. Cooke, 9, Soho Square.*

Bibliographie : Shanes, 1981.

Une annonce publicitaire de W. B. Cooke (voir nos 120 et 121) signalait en 1824 : « Une œuvre nouvelle et du plus haut intérêt, préparée de longue main, est désormais à la disposition du public sous le titre de The Rivers of England ». La série fut conçue et imprimée comme suite à la *Southern Coast* du même Cooke, à laquelle il devait « faire pendant », malgré le remplacement de la gravure au trait par la mezzotinte. On prévoyait douze livraisons, sous couverture de papier, contenant chacune trois planches comme les livraisons de la *Southern Coast;* les trente-six vues évoqueraient « les traits pittoresques de beaux sites de l'*intérieur* du pays... ». Finalement, les relations entre Cooke et les artistes s'étant détériorées, il ne parut que sept livraisons. Une nouvelle annonce donna plus de précisions sur le contenu des planches : elles montreront « les cités, villages, demeures et villas qui avoisinent les rivières, et on y joindra des vues plus panoramiques de leurs confluents avec la mer. Le style adopté pour la gravure des planches convient particulièrement aux effets puissants de lumière et d'ombre, selon les différents aspects du crépuscule, de l'aurore, du midi et du coucher de soleil, qu'on trouve dans les productions magistrales de Turner et de Girtin ». Des descriptions, par Mrs Hofland, imprimées sur des feuilles volantes, parurent dans la septième livraison.

Turner représenta plusieurs fois le château de Norham au cours de sa carrière. Il en prit d'abord un dessin lorsqu'il visita la région frontalière de l'Écosse en 1797; en 1798 il exposa à la Royal Academy une grande aquarelle du château (fig. 22, p. 159). Il utilisa de nouveau le motif en 1815 pour

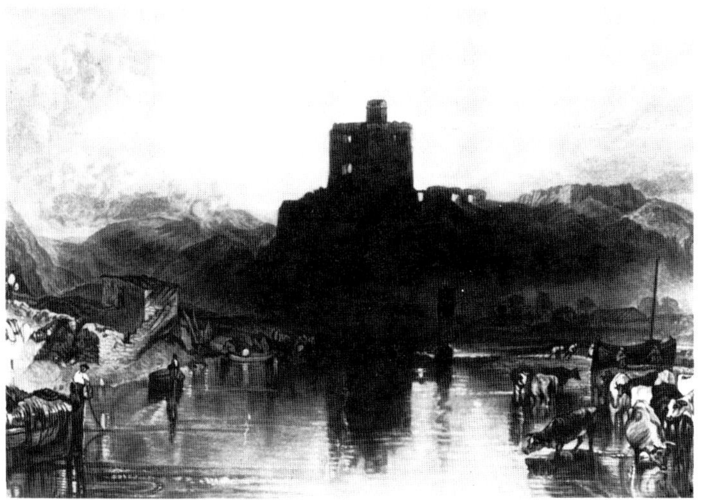

151

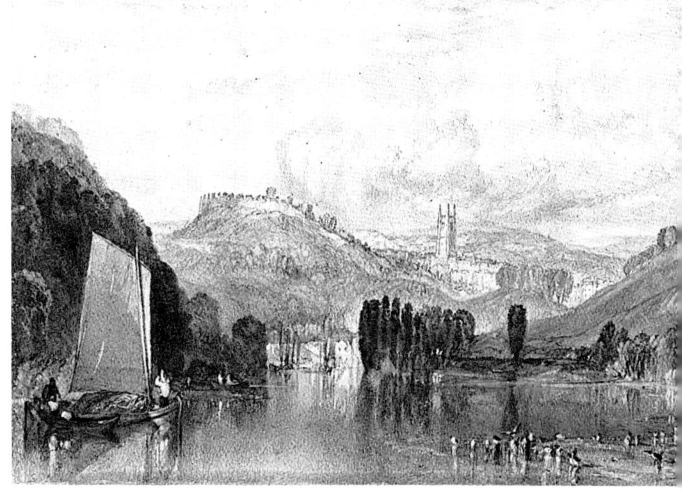

152

la douzième livraison du *Liber Studiorum* (R, n° 57), et retravailla la composition dans l'aquarelle (W, n° 736) qui servit de base à cette estampe des *Rivers of England.* D'autres furent réalisées pour Walter Fawkes (W, n° 1052) et pour illustrer les *Prose Works* de Scott (W, n° 1099). Vers la fin de sa vie, Turner peignit une étude visionnaire d'après la première de ces compositions (BJ, n° 512). Dans son commentaire à la planche des *Rivers of England,* Mrs Hofland suggère certaines des raisons qui rendaient le sujet si attirant pour Turner : « Ces ruines ont éveillé récemment un intérêt exceptionnel, car elles sont le cadre du beau poème de Sir Walter Scott *Marmion;* un peintre tout pénétré de poésie nous donne dans cette vue l'effet de jour déclinant que le grand barde écossais avait évoqué avec tant de force : 'Le soleil couchant s'arrêtait sur le rocher de Norham et les montagnes solitaires de Cheviot; ses derniers feux doraient encore le cours large et profond de la Tweed, les tours crénelées, le donjon, les meurtrières où viennent pleurer les prisonniers, et les montagnes qui entourent le château' ». A. W.

Grande-Bretagne, collection particulière

152

Totnes, sur la Dart

vers 1824

Aquarelle avec des parties grattées. 0,162 × 0,230

W n° 747

Gravure : par C. Turner pour les *Rivers of England,* 1827 (R, n° 767).
Bibliographie : Shanes, 1981, p. 32, n° 63.

La collaboration de Turner avec W. B. Cooke pour les *Picturesque Views on the Southern Coast of England* (« Vues pittoresques de la côte sud de l'Angleterre »; voir n° 121) suscita d'autres initiatives, dont les plus importantes sont probablement les séries jumelles des *Rivers* et des *Ports of England* (« Les rivières d'Angleterre », « Les ports d'Angleterre »), publiées entre 1823 et 1828. Ces dernières consistaient en dix-huit et douze vues respectivement, gravées en mezzotinte par Charles Turner et d'autres artistes, en particulier Thomas Lupton qui grava toute la série des *Ports;* voir au n° 151 une édition des *Rivers* sous sa couverture originale. Turner prêta les aquarelles pour les *Rivers* à Cooke moyennant huit guinées la pièce, puis les garda; toutes sauf une appartiennent maintenant au legs Turner. Les deux hommes se disputèrent en 1827, et la série des *Ports* fut entreprise à l'instigation de Lupton. Sur les douze sujets de la série, Turner en conserva seulement six; les autres prirent le chemin de collections privées et sont maintenant dispersées. Pour la couverture de cette série, Turner dessina une vignette (W, n° 750), qu'il grava peut-être lui-même à l'eau forte (R, n° 778).

Les aquarelles de ces deux séries diffèrent quelque peu, par leur technique, de celles destinées à la *Southern Coast* auxquelles les apparentent à la fois le type de sujet et l'époque. Pour la première fois, Turner y employa un système rigoureux de hachures couvrantes, qui sert comme dans la miniature à condenser un maximum d'expression

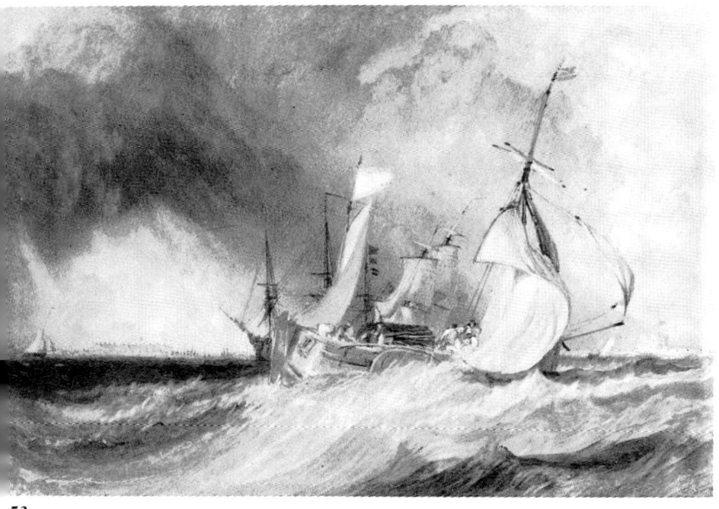

53

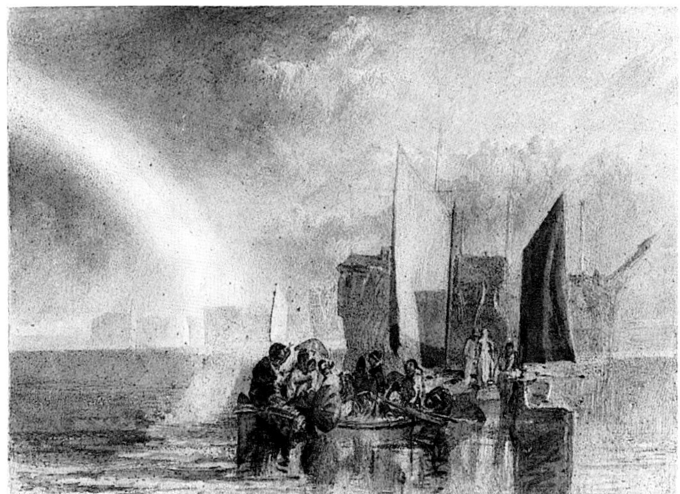

154

dans un espace restreint. La richesse et l'intensité de la couleur annoncent les vignettes créées pour l'illustration de Rogers et de Scott à la fin des années 1820 et au début des années 1830 (voir n°s 216 à 219) et résultent peut-être, comme dans ce dernier cas, de l'intérêt croissant de Turner pour le problème de la transposition en noir et blanc des couleurs par la gravure et la mezzotinte. A. W.

Londres, The Trustees of the British Museum (TB CCVIII-B)

153

L'embouchure de la Humber

vers 1824

Aquarelle. 0,165 × 0,243

W n° 743

Gravure : par G. H. Phillips pour les *Rivers of England,* 1826 (R, n° 763).
Bibliographie : Shanes, 1981, p. 31, n° 59.

Malgré son intérêt soutenu pour la topographie, Turner ne considérait pas que les commandes de « vues » impliquent un programme topographique précis. Les séries des *Rivers* et des *Ports* montrent qu'il interprétait très librement les prescriptions, et l'aquarelle exposée illustre bien cette distance vis-à-vis d'un « portrait » trop littéral de l'endroit. Comme dans plusieurs des modèles de *Ports,* il s'agit ici d'une marine dramatique, à la manière des premiers tableaux représentant des côtes (par exemple n° 6), et dépourvue de tout détail permettant une localisation exacte. On aperçoit à peine la ville de Grimsby dans le lointain, sur la gauche. Ce n'est donc pas une « vue de rivière » au sens strict. Certaines études appartenant au legs Turner semblent bien correspondre à cette composition (TB CCIII-E, F, G, H; un dessin au crayon dans le carnet *Ports d'Angleterre,* TB CCII, p. 20). A. W.

Londres, The Trustees of the British Museum (TB CCVIII-R)

154

La Medway

vers 1824

Crayon et aquarelle. 0,156 × 0,218

W n° 749

Exposition : Londres, 1974-1975, n° 242.
Bibliographie : Shanes, 1981, p. 32, n° 65.

Cette composition, destinée sans aucun doute aux *Rivers of England,* comme l'indiquent le format et le style, mais qui ne fut pas gravée, servit — avec des changements notables — pour une mezzotinte du « Petit Liber » (voir n°s 157 à 163); il existe une étude plus largement traitée, sur une feuille plus grande (coll. part.), qu'on peut mettre en rapport avec cette

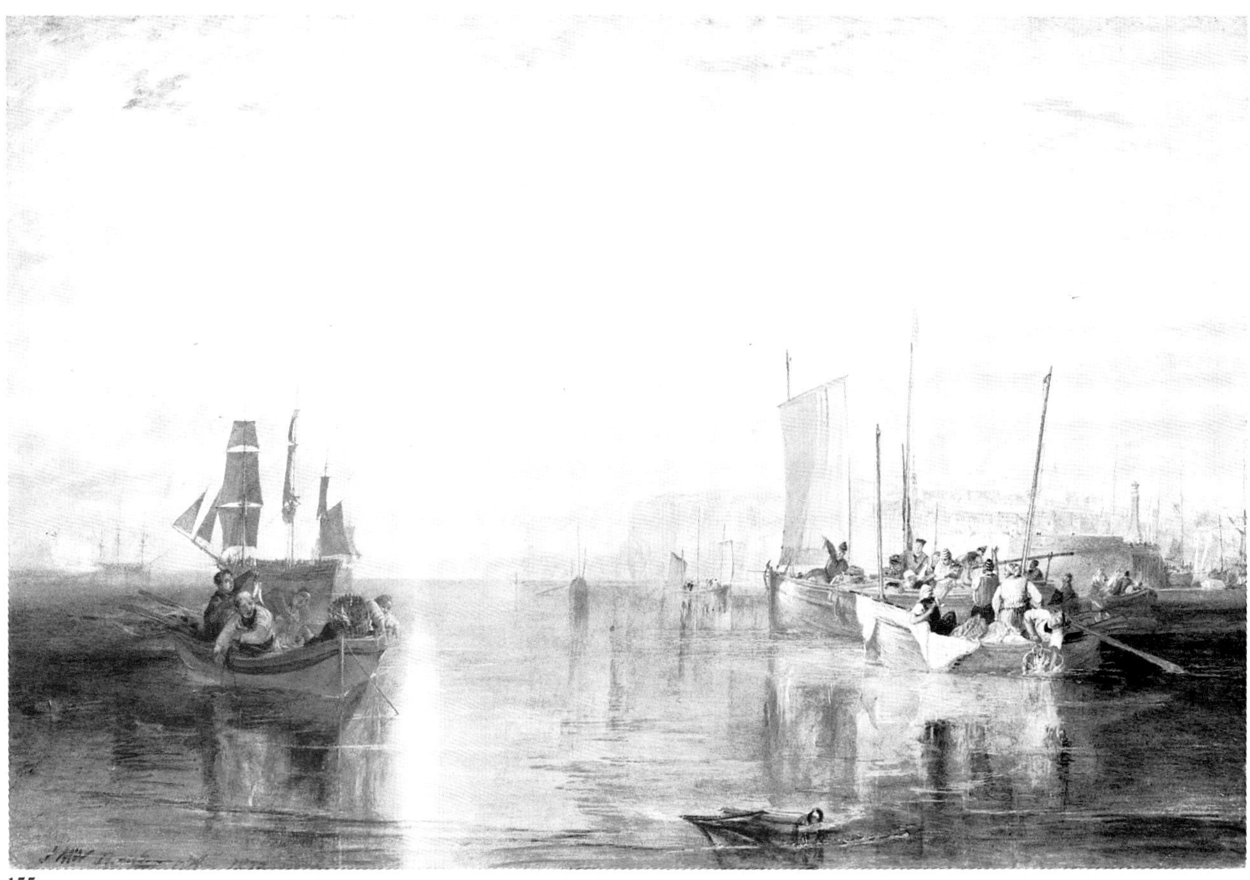

155

estampe (W, n° 765). Sur le dessin exposé on reconnaît, derrière les petits bateaux, un de ces grands pontons mis en évidence dans l'un au moins des tableaux représentant l'embouchure de la Medway que Turner exécuta une bonne décennie auparavant (*Le confluent de la Tamise et de la Medway*, exposé en 1808; BJ, n° 75). A. W.

Londres, The Trustees of the British Museum (TB CCVIII-P)

155

Margate vu de la mer : pêche au merlan

1822

Aquarelle. 0,430 × 0,646

Signé et daté en bas à gauche : *J. M. W. Turner RA 1822.*

W n° 507

Gravure : par T. Lupton, 1825 (R, n° 772).
Expositions : Cooke's Gallery, 1823 (sans n°), sous le titre « Margate : lever de soleil »; Yale Center for British Art, *Exhibition Watercolours,* 1981, n° 32.

Mentionnée par Wilton comme disparue, cette magnifique aquarelle fut retrouvée en 1980 dans une collection privée de Californie, d'où elle passa au Yale Center for British Art.

156

Turner la reprit, en même temps que *Le phare d'Eddystone* (W, n° 506), pour publier lui-même des gravures intitulées *Marine Views* (« Marines »), chacune dans une chemise portant une vignette gravée par W. B. Cooke. D'autres aquarelles (W, n°s 508-510) étaient peut-être destinées à la même série.

Malgré ses dimensions fort différentes, l'aquarelle exposée participe de la qualité monumentale d'énormes peintures comme *Dieppe* ou *Cologne* de la Frick Collection à New York.

On notera l'exceptionnelle richesse de couleurs qu'offrent les reflets dans l'eau à droite. E. J.

New Haven, Yale Center for British Art (Paul Mellon Collection)

156

Lever de soleil sur une mer calme

vers 1825

Aquarelle. 0,332 × 0,468

Bibliographie : Wilkinson, 1975, p. 141.

On peut dater vers 1825 une série d'études de soleil levant (ou couchant ?) dans la brume par temps calme, toutes traitées de manière analogue, avec parfois, comme ici, une structure plus énergique produite avec la hampe du pinceau, et généralement une surface colorée assez nourrie bien qu'en couches fines. Elles ne semblent pas correspondre à un projet déterminé, même si l'atmosphère de sérénité rayonnante s'apparente à celle de plusieurs sujets du « Petit Liber » (voir n° 163) et si leur technique diffère peu de celle des études pour cette série. Elles furent probablement faites à Margate, où Turner passait beaucoup de temps et où, prétendait-il, on pouvait voir « les plus beaux couchers de soleil d'Europe ». On citera aussi comme exemple de coucher de soleil incorporé dans la composition l'aquarelle très poussée *Margate vu de la mer : pêche au merlan*, de 1822 (n° 155). A. W.

Londres, The Trustees of the British Museum (TB CCLXIII-64)

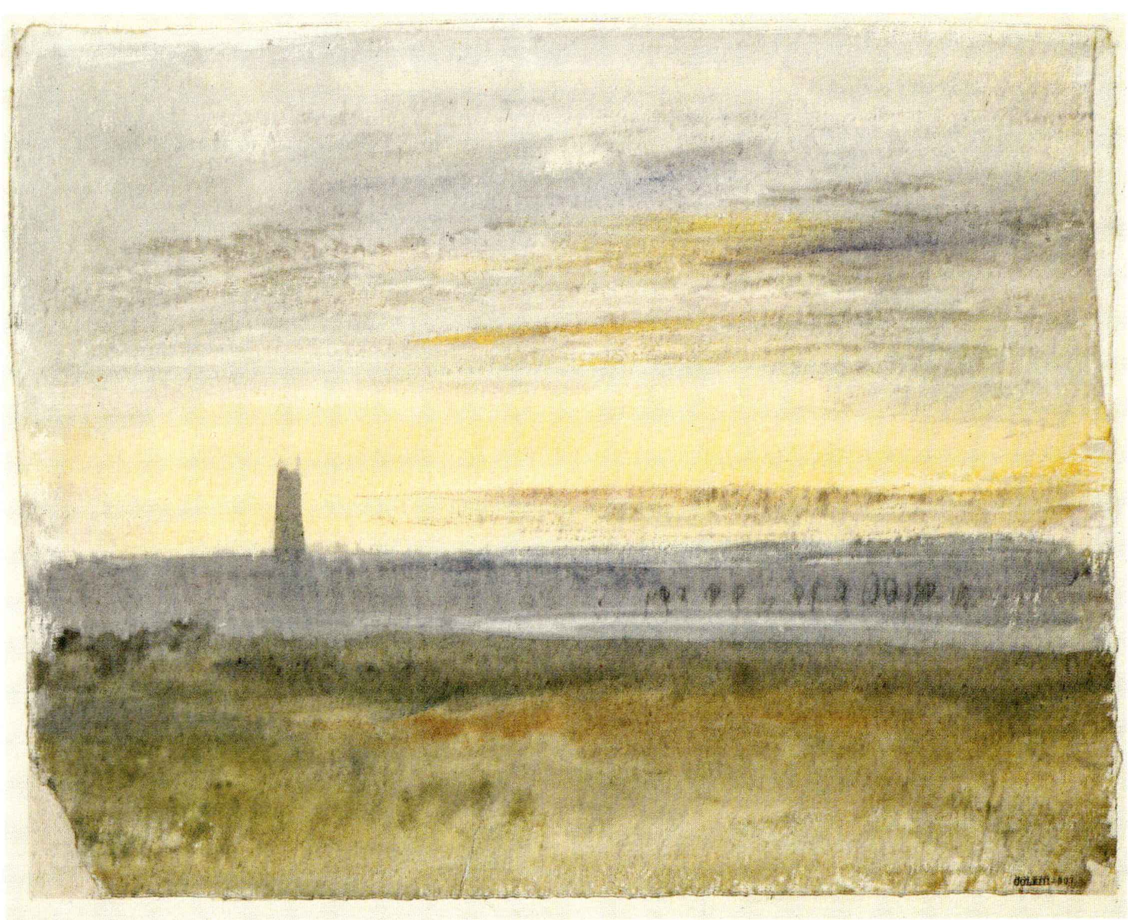

157

157

La cathédrale de Gloucester

vers 1825-1826

Crayon et aquarelle. 0,230 × 0,298

Au verso, deux études, peut-être en rapport avec la série *Ports of England.*

W n° 778

Gravure : mezzotinte par J. M. W. Turner pour le « Petit Liber », vers 1825 (R, n° 809).
Exposition : Londres, 1974-1975, n° 245.

Une autre étude d'après le même motif est TB CCLXIII-246 (Wilkinson, 1975, ill. p. 119). Turner transposa la composition qui figure ici, en mezzotinte pour le « Petit Liber »; on l'appelle parfois *Boston Stump* (n° 158). A. W.

Londres, The Trustees of the British Museum (TB CCLXIII-307)

158

La cathédrale de Gloucester

(ou *Boston Stump)*

vers 1825-1826

Mezzotinte sur cuivre; tirage posthume sur Chine (R, n° 809).
Sujet : 0,152 × 0,213. Planche : 0,190 × 0,254.

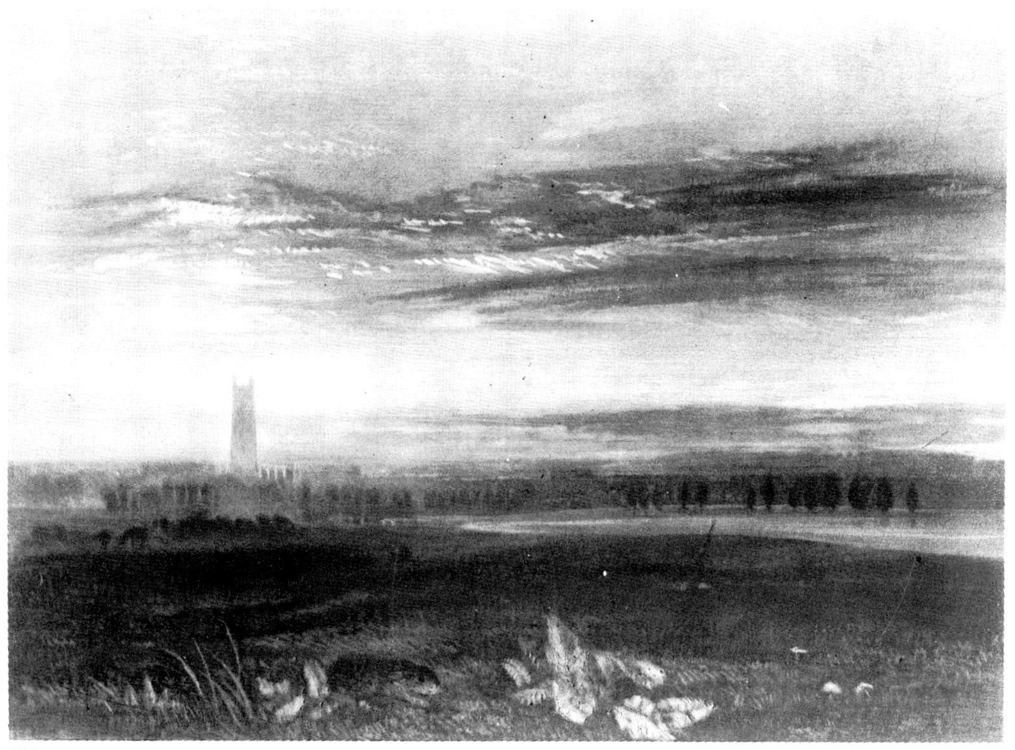

158

Planche gravée par Turner lui-même pour la série dite « Petit Liber ». Elle fut faite d'après le dessin exposé ici sous le n° 157. Aucun des deux titres ne semble lui convenir; Wilkinson (1975, p. 119) a proposé d'y voir « une ville des Midlands avec une église paroissiale ». Un troisième titre, *Le lièvre,* fait allusion à l'animal que Turner ajouta, accompagné de quelques buissons, au premier plan de la planche à un stade tardif de son évolution. A. W.

Grande-Bretagne, collection particulière

159

Catane, Sicile, sous l'orage

vers 1825-1826

Aquarelle. 0,212 × 0,283

W n° 774

Exposition : Berkeley, 1975, n° 20.

Connue d'abord comme *Saint-Pierre sous l'orage* (et figurant encore sous ce titre à l'exposition de Detroit-Philadelphie, *Romantic Art in Britain 1760-1860,* dont le catalogue suggère d'identifier plutôt la vue avec Venise), cette aquarelle est en réalité le modèle de la mezzotinte *Catania, Sicily* (R, n° 805) dans la série du « Petit Liber ». Le dernier état de la mezzotinte montre l'Etna dans le lointain, ce qui confirme l'identification. La coupole à l'horizon serait donc celle de S. Niccolo, la plus grande église de Sicile. Comme Turner n'alla jamais en Sicile, il a dû travailler d'après quelque esquisse d'un autre artiste.

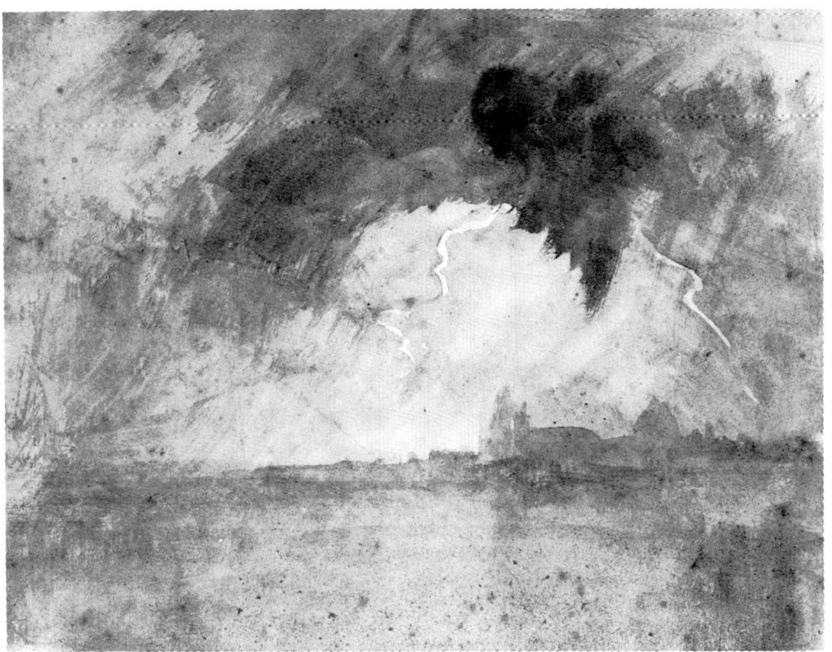

159

Wilton propose une date vers 1825, mais il signale aussi l'influence possible sur les estampes du « Petit Liber » de la mezzotinte de F. C. Lewis reproduisant le *Coucher de soleil sur la mer après l'orage* de Francis Danby, qui fut publiée en 1826. E. J.

Boston, Museum of Fine Arts (don de Ellen T. Bullard — 59.794)

160

Catane

vers 1825-1826

Mezzotinte sur cuivre; tirage posthume sur Chine (R, n° 805). Sujet : 0,154 × 0,216. Planche : 0,190 × 0,254.

Cette planche, l'une des mezzotintes les plus dramatiques que Turner ait gravées pour le « Petit Liber » a pour base une esquisse largement traitée (n° 159), qu'on appelait autrefois *Saint-Pierre sous l'orage.* Le tirage posthume de cette planche, et d'autres du « Petit Liber », fut exécuté par Sir Francis Seymour Haden (1818-1910), chirurgien, aquafortiste et ami de James McNeil Whistler. A. W.

Grande-Bretagne, collection particulière

161

Paestum

vers 1825-1826

Mezzotinte sur cuivre (?); épreuve d'essai (R, n° 799).

L'étude à l'aquarelle TB CCCLXIV-224 (W, n° 769) servit de modèle à la mezzotinte *Paestum,* une de celles du « Petit Liber » que Turner grava personnellement. A. W.

Oxford, The Visitors of the Ashmolean Museum

162

Paysage d'orage avec un obélisque et un portique classique

vers 1825-1826

Aquarelle. 0,211 × 0,292

W n° 776

Exposition : Londres, 1974-1975, n° 247.

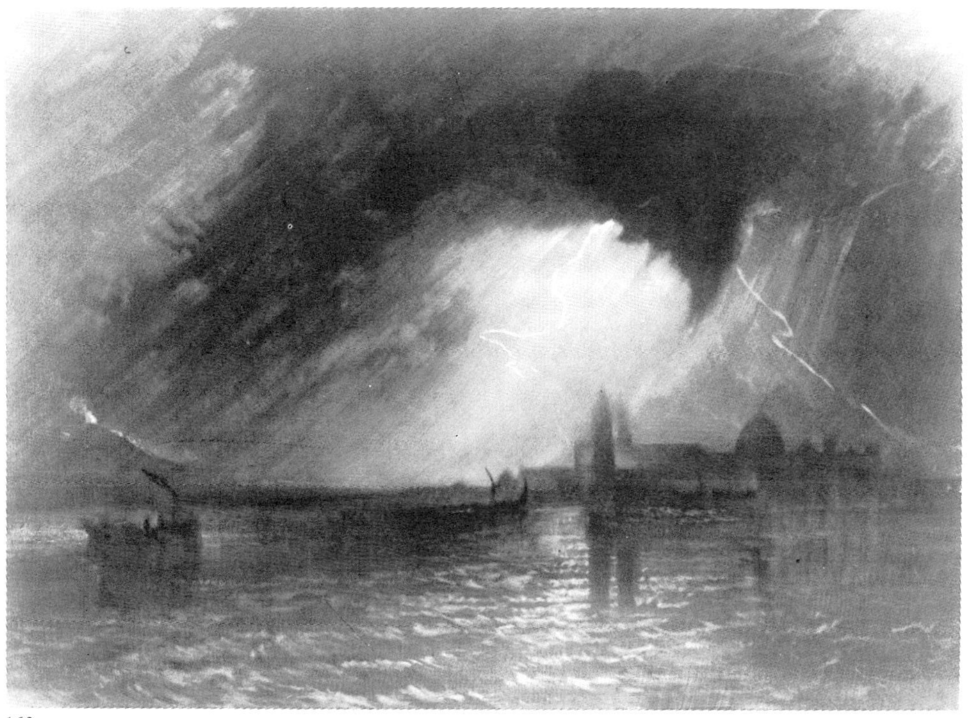

160

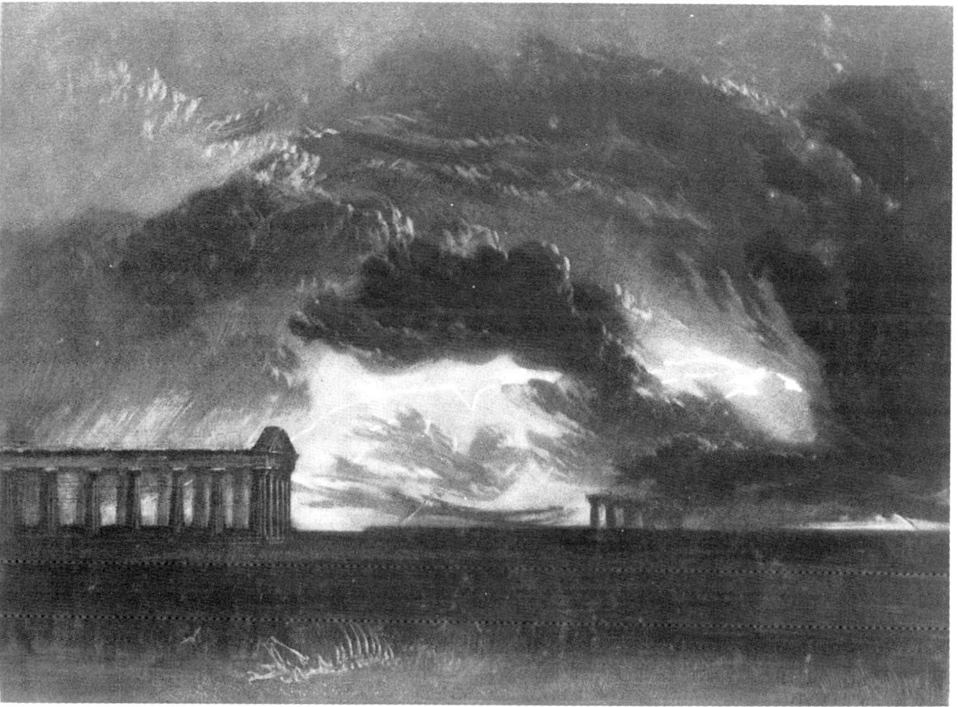

161

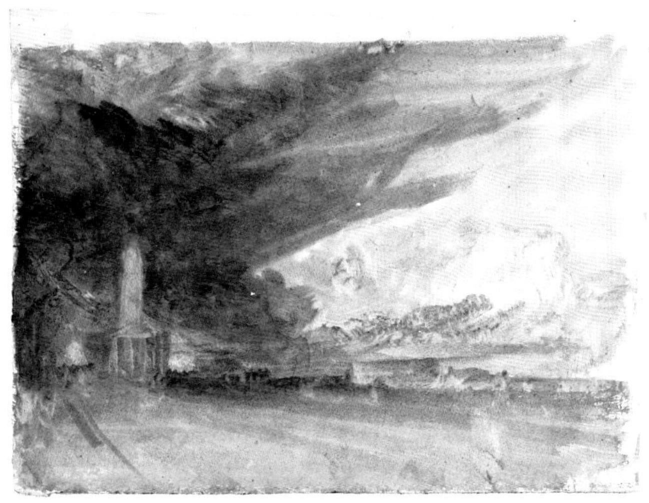

162

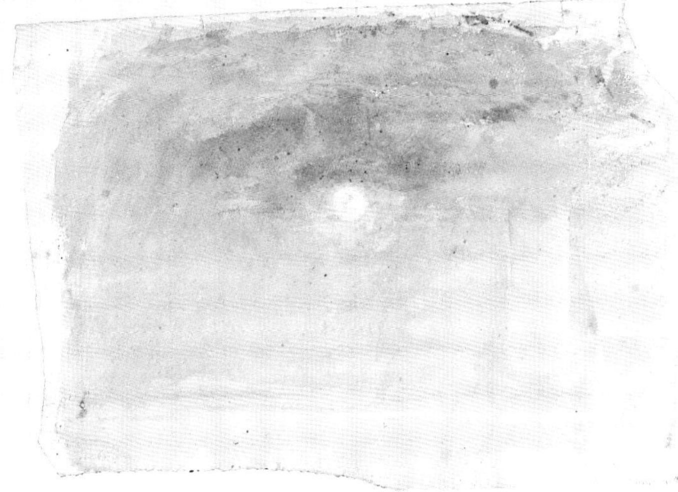

163

Il s'agit évidemment d'une des études en rapport avec le « Petit Liber », bien qu'elle ne corresponde précisément à aucune des mezzotintes connues. Le motif essentiel — un édifice classique dans un paysage plat obscurci par des nuées d'orage — est assez proche de l'estampe connue sous le nom de *Bridge and Monument* (« Pont et monument »; R, n° 807) pour permettre d'y voir une étape dans le développement de cette composition. On n'identifie pas bien le type de bâtiment représenté; peut-être un des temples de Paestum (voir la mezzotinte n° 161) ? Mais la présence de l'obélisque (s'il faut interpréter ainsi la colonne de lumière au-dessus du temple) reste énigmatique. Le traitement d'ensemble et l'atmosphère inquiétante de l'étude exposée sont caractéristiques de la série du « Petit Liber ». A. W.

Londres, The Trustees of the British Museum (TB CCLXIII-252)

163

Pleine lune sur la mer, avec un bateau à voile

vers 1825-1826

Aquarelle. 0,233 × 0,341

Cette feuille appartient à une série d'études de mer calme la nuit, qui se rattachent à la mezzotinte *Le phare de Shields,* gravée par Turner pour son « Petit Liber » vers 1825 (R, n° 801). Le dessin correspondant le plus étroitement à la composition de l'estampe est TB CCLXIII-308 (W, n° 771); d'autres se trouvent aux 192 et 311 (exp. Londres, 1975, n°s 88 et 89, ill.). Ce dernier porte une inscription très nette, *Moon Lits* (« Clairs de lune »), qui pourrait se rapporter à toute la série des nocturnes auxquels Turner s'intéressait alors. On a suggéré que le thème choisi serait une réplique à la publication par Cooke en 1826 d'une mezzotinte de F. C. Lewis d'après un tableau de Francis Danby (1793-1861) intitulé *Coucher de soleil sur la mer* (Wilton, 1979, p. 168). Mais il y a aussi un précédent direct dans la propre production de Turner : la vue de *Shields sur la Tyne,* qu'il inclut dans la série *Rivers of England* (TB CCVIII-V; W, n° 732) et qui fut gravée en mezzotinte par Charles Turner en 1823 (R, n° 732; *Turner and the Sublime,* n° 73, ill.). Elle servit de modèle à un tableau de 1835, *Mariniers déchargeant du charbon la nuit* (n° 61), qui semble avoir été lui-même le point de départ de certains sujets de baleiniers des années 1840 (voir n° 229). La feuille exposée nous offre donc une image réduite à sa plus simple expression d'un thème récurrent dans l'art de Turner. A. W.

Londres, The Trustees of the British Museum (TB CCLXIII-183)

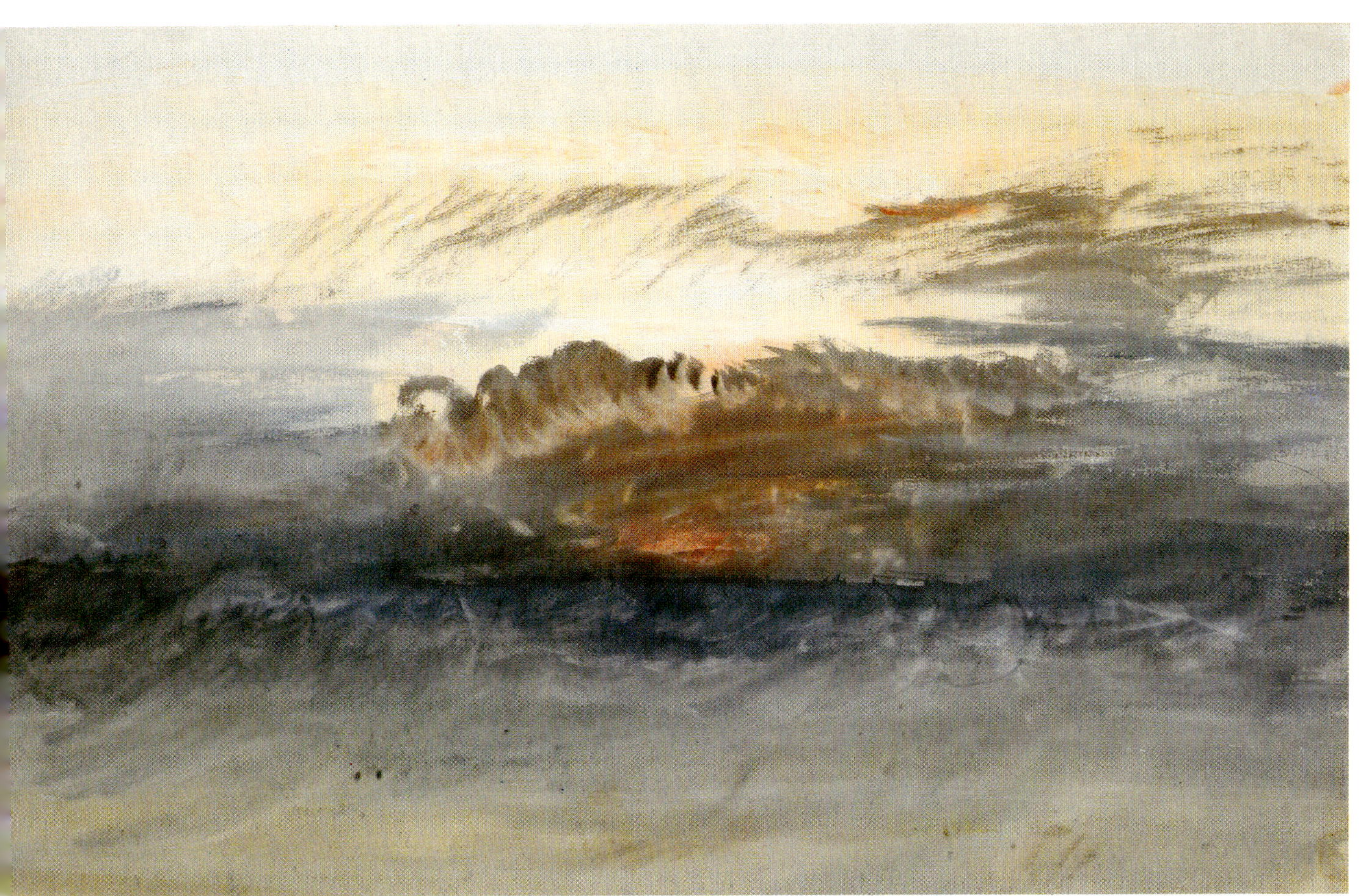

164

Coucher de soleil nuageux sur la mer

1825-1830 ?

Aquarelle. 0,306 × 0,468

Exemple choisi dans une série d'esquisses très colorées mais rapides, qu'on pourrait dater d'après le style vers le milieu ou la fin des années 1820. Cette feuille apporterait une preuve supplémentaire de l'influence qu'exerça sur Turner, à ce moment-là, Francis Danby et en particulier son *Coucher de soleil sur la mer,* gravé en 1826 (voir n° 163). A. W.

Londres, The Trustees of the British Museum (TB CCLXIII-305)

165 à 173

Petworth

Dès 1802, Turner a eu pour protecteur George Wyndham, troisième comte d'Egremont, qui lui acheta alors, à l'exposition de la Royal Academy, une marine imposante, *Bateaux allant au mouillage* (BJ, n° 18). Au cours des quelques années suivantes, il fit plusieurs autres acquisitions et il commanda même deux sujets en 1809, année pendant laquelle Turner passa quelque temps à Petworth, la résidence de Lord Egremont dans le Sussex, où il dessina. Les relations entre les deux hommes semblèrent s'espacer ensuite mais, peu avant 1830, Turner devait devenir un familier de Petworth. Egremont, outre qu'il fut un des plus perspicaces et des plus audacieux mécènes pour les artistes britanniques de son époque, était renommé pour sa généreuse hospitalité; il invitait chez lui de nombreux artistes, parmi lesquels on peut citer Beechey, Haydon, Chantrey, Leslie et George Jones, et il est certain que sa grande simplicité a été d'un extrême agrément pour Turner qui, essentiellement sociable, était souvent timide. Là, il avait le loisir de se livrer à son passe-temps favori, la pêche dans un lac magnifique, à la peinture dans l'atelier qu'Egremont lui avait fait installer et à l'étude de belles collections de maîtres anciens et modernes. Il pouvait aussi flâner dans le parc et dans la maison, et dessiner. Peu avant 1830, il avait pris l'habitude de faire des croquis, au crayon ou en couleurs, sur des feuilles de papier bleu découpé en petits rectangles de 140 sur 190 mm environ. C'est sur ces feuilles qu'il dessina pour les *Rivers of Europe* (« Rivières d'Europe ») (voir p. 240). Il était manifestement facile, à Petworth, d'en avoir dans ses poches et de les utiliser à sa volonté; la série d'études qui nous est parvenue nous transmet le souvenir de sujets intimes rares : nombreuses chambres de la maison, même des chambres à coucher, son atelier d'artiste et l'église; nombreuses études de la famille et de ses hôtes, qui attendent l'heure du dîner, qui bavardent au salon, qui écoutent de la musique ou écrivent des lettres. D'autres études représentent les vastes espaces du parc, qui avait été dessiné par « Capability » Brown entre 1757 et 1758 pour le deuxième comte d'Egremont. Il est probable que toutes ces études ont été faites à peu près en même temps, peut-être lors d'un unique séjour (on a proposé 1827). Pour celles-ci, Turner a utilisé de la gouache brillante et elles constituent une partie des expériences de couleur fortement saturée que l'on retrouve dans les autres projets de cette période. Pourtant, elles n'ont jamais été utilisées pour des œuvres achevées, même s'il semble qu'il puisse y avoir quelque rapport entre elles et les peintures que l'on associe traditionnellement à Petworth, comme *Le concert* (n° 39). La plus grande partie des études de Petworth est restée dans le legs Turner, bien que quelques-unes, presque uniquement des paysages peints dans le parc, aient été dispersées dans d'autres collections. A. W.

Bibliographie : Finberg, 1910, pp. 126 à 129; G. Reynolds, « Turner at East Cowes Castle » *Victoria and Albert Museum Year Book,* 1969, pp. 67 à 79; Evelyn Joll, « Painter and Patron : Turner and the third Earl of Egremont » *Apollo,* CV, mai 1977, pp. 574 à 579. Gage, *Correspondance,* pp. 250-251; P. Youngblood, « "That House of Art" : Turner at Petworth », *Turner Studies,* II, 2, 1983, pp. 18 à 33.

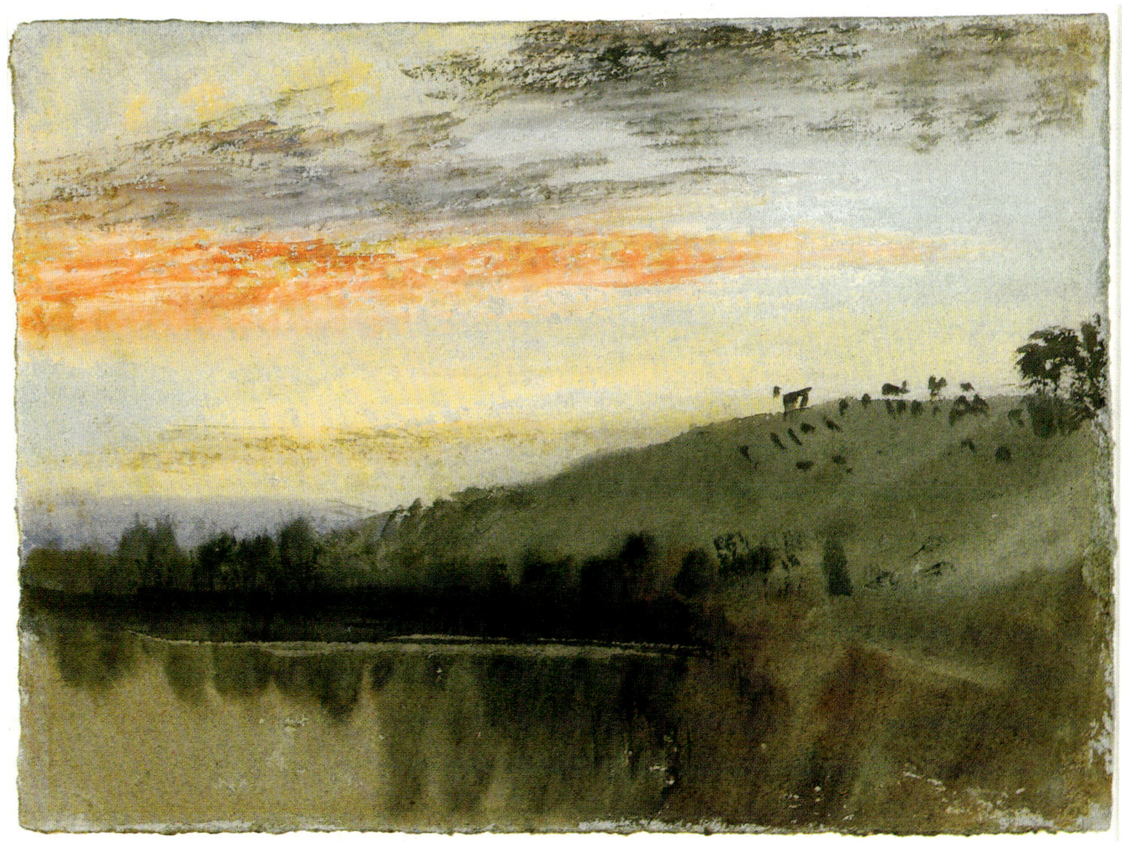

165

165

Petworth : le lac au coucher du soleil

vers 1828-1830

Aquarelle et gouache sur papier bleu. 0,140 × 0,190

W n° 910

Le legs Turner contient cent seize dessins de la vie à Petworth, peints aux entours de 1828-1830, dont la grande majorité est constituée par des études d'intérieur (voir n°s 167-172). Une demi-douzaine seulement de la série, environ, ont été vendus du vivant de Turner (ou peut-être donnés par lui ?) et il s'agit toujours de paysages. On ne connaît pas la provenance du n° 165 qui n'est apparu pour la première fois qu'il y a cinq ans, sans que l'on sût que c'était un Turner, dans un lot de dessins vendus aux enchères à Londres. C'est cependant certainement un des plus beaux de cette merveilleuse série et il a toutes les caractéristiques du groupe, dans son ensemble, avec sa technique de croquis rapide et sa couleur éclatante. E. J.

États-Unis, collection particulière

166

Le parc de Petworth

vers 1828-1830

Aquarelle et gouache sur papier bleu. 0,139 × 0,194

W n° 909

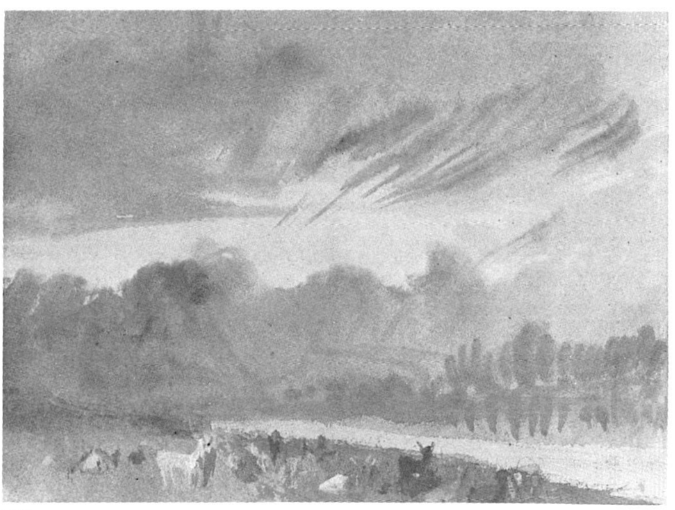

166

Le n° 166 a été donné au Whitworth Institute en 1892 par le propriétaire du *Manchester Guardian*, John Edward Taylor (1830-1905) qui avait constitué une des plus belles collections d'aquarelles de Turner de la deuxième moitié du XIXe siècle. Taylor s'est montré très généreux envers les musées; le reste de sa collection a été dispersé en juillet 1912, dans une célèbre vente chez Christie, où a été vendu aussi le n° 208 *(Le phare de Longships, Land's End)* exposé ici, ainsi que les deux « Rigis », le « bleu » et le « rouge » provenants de la série des vues de Suisse de 1842. E. J.

Manchester, University of Manchester, Whitworth Art Gallery

167

Petworth : le mur sud de la salle à manger carrée, avec le « Macbeth » de Reynolds

vers 1828

Gouache sur papier bleu. 0,137 × 0,189

Exposition : Londres, 1974, n° 361
Bibliographie : P. Youngblood, « "That House of Art" : Turner at Petworth », *Turner Studies*, II, 2, 1983, pp. 21-22 (ill.).

La série des études à la gouache de Petworth, utilisant ce support pour dépeindre sans cérémonie la demeure, avec ses environs, d'un ami et d'un mécène fait suite à la longue série de vues que Turner fit de Farnley Hall (voir n° 136). On peut comparer cette page, bien cadrée et sûre, avec le croquis, aussi direct et détaillé, du *Salon de Farnley* (n° 136), fait dix ans auparavant. Là, on voit, sur le manteau de la cheminée, le propre *Dort* de Turner; ici, une des toiles les plus ambitieuses d'un de ses mentors les plus révérés occupe une place analogue : le grand tableau *Macbeth et les sorcières* que Sir Joshua Reynolds avait peint pour la *Shakspeare Gallery* de Boydell et qu'Egremont avait acquis en 1817. Il est possible qu'en refaisant connaissance avec la scène de l'incantation, en 1827 ou en 1828, il ait été poussé à peindre sa propre *Vision de Médée,* exécutée et exposée à Rome en 1828-1829 (BJ, n° 293). A droite, deux portraits de Van Dyck, *Algernon Percy, plus tard Comte de Northumberland, avec sa femme et sa fille,* et *Lady Anne Cavendish.* A. W.

Londres, The Trustees of the British Museum (TB CCXLIV-108)

168

Petworth : la chambre rouge

vers 1828

Gouache sur papier bleu. 0,137 × 0,190

Expositions : Londres, 1974, n° 347; Hambourg, 1976, n° 69; Athènes (Géorgie), et Houston, 1982, n° 33.
Bibliographie : P. Youngblood, « "That House of Art" : Turner at Petworth », *Turner Studies*, II, 2, 1983, p. 28 (ill.)

Ainsi que le fait remarquer Youngblood, comme les vues de la *Bibliothèque blanche* (TB CCXLIV-16) et la *Chambre blanche et or* (TB CCXLIV-14), cette aquarelle ne représente pas de personnage; il suggère que toutes furent exécutées en même temps, « peut-être lors d'une unique séance de dessin. »

La vive intensité des couleurs dans les études que Turner fit à Petworth trouve un exemple frappant avec cette feuille, qui donne aussi l'exemple de sa précision en relevant de nombreux détails du mobilier et des tableaux du château. De chaque côté de la porte, les deux grands portraits sont ceux de Sir Robert et de Lady Shirley, grandeur nature, de Van Dyck. Shirley qui avait été envoyé auprès du shah de Perse avait l'habitude de porter le costume chargé et le turban avec lesquels Van Dyck l'a peint. Sa femme, une Circassienne, porte également un costume persan. Le couple a été peint à Rome, en 1622. A. W.

Londres, The Trustees of the British Museum (TB CCXLIV-21)

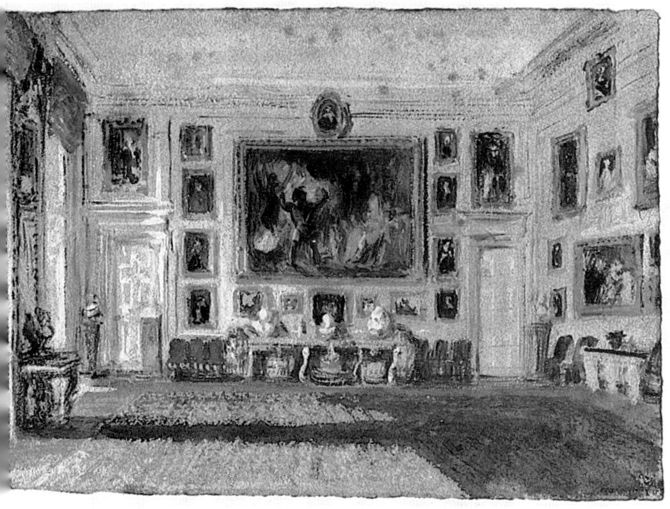

67

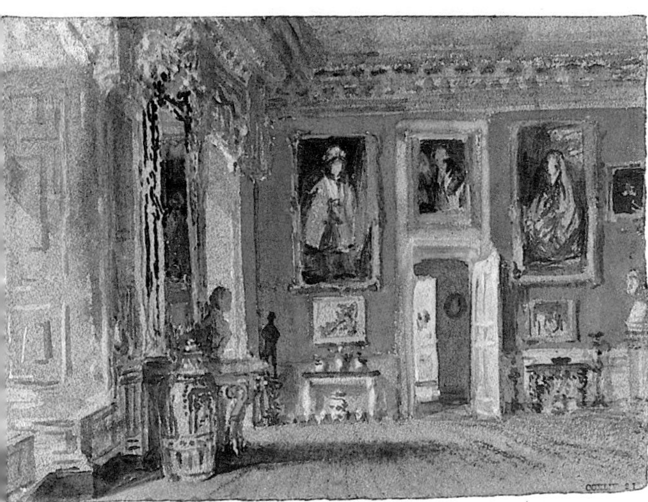

68

169

Petworth : intérieur avec personnages assis

vers 1828

Gouache avec plume et encre brune sur papier bleu. 0,141 × 0,192

Expositions : Londres, 1974, n° 350; Hambourg, 1976, n° 72; Athènes (Georgie) et Houston, 1982, n° 36.

L'ensemble de peintures que Turner exécuta à la manière de Rembrandt, peu avant 1830 — *La fille de Rembrandt* (fig. 9, p. 31) a été exposée à l'Académie en 1827 et *Pilate se lavant les mains* (BJ, n° 332) l'a été en 1830 — a souvent été relié à Petworth; voir la note de *Jessica,* n° 51. C'est avec des études comme celle-ci que l'on peut percevoir, peut-être, son regain d'intérêt pour cet artiste, qui se traduit par l'observation de la vie de famille chez Lord Egremont. Dans cette série, reviennent des intérieurs indistincts, éclairés par des chandelles, avec des hommes et des femmes qui bavardent, et certains personnages — comme le jeune homme avec des béquilles, couché sur le sofa, à droite de la feuille — se retrouvent sur plusieurs de ces œuvres. A. W.

Londres, The Trustees of the British Museum (TB CCXLIV-26)

170

Petworth : le grand escalier

vers 1828

Gouache sur papier bleu. 0,140 × 0,190

Bibliographie : P. Youngblood, « "That House of Art" : Turner at Petworth », *Turner Studies,* II, 2, 1983, pp. 22-23 (ill.).

Contrastant avec la précision minutieuse de son étude de la *Salle à manger carrée* (n° 167), cette esquisse rapide du grand escalier de Petworth — une de celles qu'il fit de l'entrée du XVIIᵉ siècle — ne suggère la richesse des détails que par

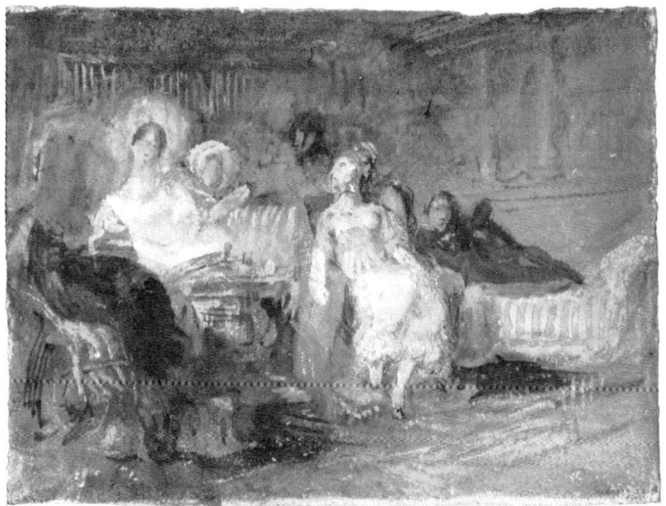

169

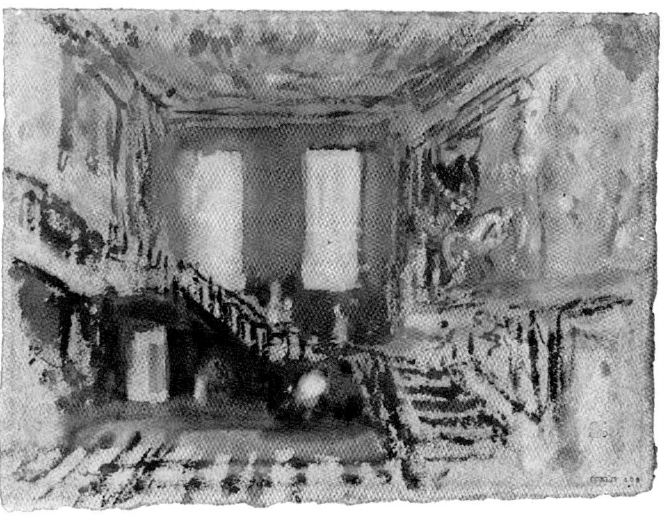

170

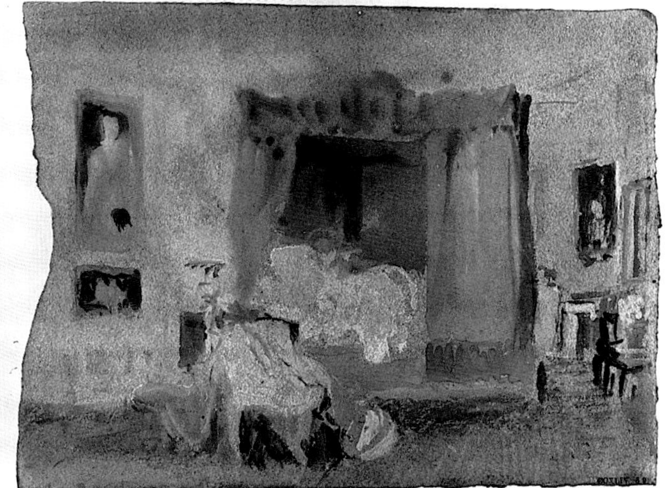

171

quelques traits vifs et précis et quelques taches de couleur, indiquant tout juste la présence des peintures murales de Laguerre qui constituent le grand intérêt de cet escalier. Les deux dessins appartiennent à la série Petworth sans personnages, où Turner s'est surtout intéressé à l'architecture plus qu'aux habitants de cette demeure. A. W.

Londres, The Trustees of the British Museum (TB CCXLIV-109)

171

Petworth : une chambre à coucher

vers 1828

Gouache sur papier bleu. 0,144 × 0,192 (la marge de gauche est irrégulière)

Exposition : *Turner and Watercolour,* 1974, n° 23
Bibliographie : Butlin, 1962, p. 52, n° 16; Youngblood, « "That House of Art" : Turner at Petworth », *Turner Studies,* II, 2, p. 30.

La série d'études de chambres dans les dessins de Petworth représentent sans doute la propre chambre de Turner (comparer avec le n° 172) et celles d'autres invités avec lesquels il était familier... très probablement, comme le laisse entendre Youngblood, ses amis artistes. Il semble qu'il y ait d'autres vues de la même pièce dans TB CCXLIV-42 et 83; cependant, et c'est significatif, les couleurs du baldaquin et d'autres détails sont modifiés d'une étude à l'autre. Non seulement ces études gardent le souvenir d'une magnifique demeure qu'il a aimée mais on y relève une imagination qui révèle très probablement l'influence de R.P. Bonington (1802-1828) et celle du romantisme français; ici, le décor semble mis pour l'entrée de personnages en costume du XVIIe siècle ou pour la représentation de quelque fine comédie familiale. A. W.

Londres, The Trustees of the British Museum (TB CCXLIV-69)

172

Petworth : intérieur avec femme à sa toilette

vers 1828

Gouache sur papier bleu. 0,192 × 0,140

Exposition : *Turner and Watercolour,* 1974, n° 24

La présence de cette étude dans les dessins de Petworth donne sans doute du poids à l'opinion selon laquelle Turner aurait eu une exceptionnelle liberté pour aller dans les chambres à coucher de Petworth; avec beaucoup de vraisemblance, on a laissé entendre que, généralement, c'est dans les chambres des artistes, ses compagnons, qu'il fit ses dessins (voir n° 171). Dans ce sujet, Gage a vu un nu mais il faudrait plutôt y voir, semble-t-il, une femme vêtue d'une robe de chambre ou d'un déshabillé transparent. Quoi qu'il en soit, cette étude dégage une atmosphère d'intimité et

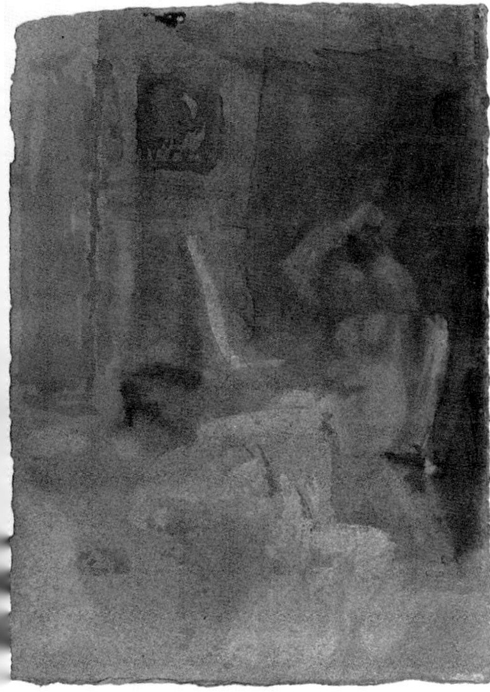

72

d'érotisme qui n'a rien de surprenant avec la réputation de Petworth à ce moment; on y retrouve un peu l'ambiguïté des œuvres des carnets d'*Études de couleurs* (voir n° 173). Un problème se pose : dans quelle mesure les études de Petworth sont-elles prises sur le vif ou sont-elles œuvres d'imagination inspirées par ce qu'il y a connu ? Il est certes difficile d'imaginer comment, dans la pratique, Turner aurait pu allier son rôle d'artiste à celui d'un « voyeur » ou, peut-être même, d'un amant. N'a-t-on pas remarqué que, toute sa vie, « Turner a aimé peindre des chambres à coucher » (Lindsay, 1966, p. 161; voir aussi n° 230). A. W.

Londres, The Trustees of the British Museum (TB CCXLIV-70)

173

Carnet « Études de couleurs 1 »

1830-1835 ?

54 feuilles, reliure cuir avec fermail. 0,077 × 0,102

Ouvert aux pp. 35 et 36 : études de personnages dans une chambre à coucher.
Aquarelle.

Exposition : Londres, 1974, n° 455
Bibliographie : L. Gowing, *Turner : Imagination and Reality*, 1966, p. 24; Wilkinson, 1974, pp. 76-77

Les deux minuscules carnets de croquis que Finberg a intitulés *Études de couleurs 1* et *2* sont tous deux emplis, en grande partie, de suites d'esquisses à larges badigeons décrivant des chambres à coucher avec des personnages nus. Dans le deuxième carnet (TB CCXCI (b)), ces études semblent conter une histoire érotique; le premier contient cependant une série de sujets qui sont moins étroitement reliés les uns aux autres. On a supposé que ces dessins avaient été faits à Petworth, au même moment où Turner faisait ses études de chambres plus directes (voir les n°s 171, 172); pourtant, si l'on sait qu'il s'est de nouveau intéressé aux clairs-obscurs à la manière de Rembrandt, il n'y a aucune raison de relier ces carnets à quelque expérience corrélative immédiate de ce genre. Elles sont plus probablement issues de l'imagination de Turner, de ses

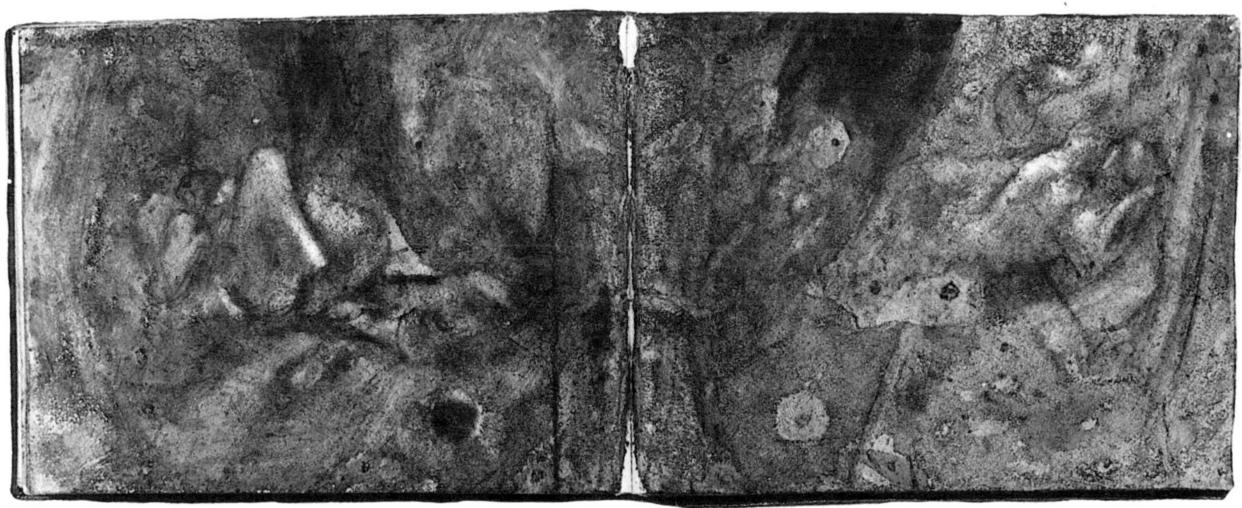

173

fortes pulsions sexuelles qui, comme l'a dit Jack Lindsay, étaient un élément essentiel pour le sens créateur de Turner (voir Lindsay, 1966, pp. 93, 94 et 161). Dès 1800, on trouve des croquis érotiques et le legs de l'artiste contient plusieurs carnets comme celui-ci où se trouvent des suites de dessins érotiques. Ceux-ci sont généralement d'une faible valeur esthétique mais sont une indication sur son tempérament. En 1858, un paquet de ce que l'on a appelé des dessins « d'une grossière obscénité » a été brûlé par les administrateurs du legs (les administrateurs de la National Gallery), avec l'approbation de Ruskin, et en sa présence, celui-ci disant qu'ils avaient été « dessinés sous l'empire d'un certain état d'aliénation ». Dans les carnets des *Études de couleurs*, cependant, l'érotisme s'est transmué en une riche et subtile poésie où se combinent, d'une manière presque unique en art, l'extase et la pure animalité. A. W.

Londres, The Trustees of the British Museum (TB CCXCI (b))

174 à 186

Rivers of Europe

(Rivières d'Europe)

Les commandes que des éditeurs firent à Turner, commandes de plus en plus nombreuses depuis qu'il avait entrepris les *Picturesque Views on the Southern Coast of England* (« Vues pittoresques de la côte sud de l'Angleterre »), en 1811, étaient devenues, vers 1825, le principal sujet de son travail. En 1825, toujours pris par les *Rivers of England* (« Rivières d'Angleterre ») et les *Ports of England* (« Ports d'Angleterre ») (voir les n°s 151 à 154), il avait commencé de travailler à l'édition de Byron par Murray. Pendant les années qui suivirent, il s'engagea aussi avec l'imprimeur-éditeur Charles Heath pour lui fournir les dessins nécessaires à deux nouvelles séries : les *Picturesque Views in England and Wales* (« Vues pittoresques d'Angleterre et du Pays de Galles »; voir les n°s 199 à 215) et pour une série pleine d'ambition pour laquelle Heath fit, en 1833, paraître des annonces, *Great Rivers of Europe* (« Les grandes rivières d'Europe »), tirées de l'Annual Tour de Turner, série connue également sous l'appellation de *River Scenery of Europe* (« Paysages des rivières d'Europe »). Le volume de 1833 fut consacré à un voyage sur les bords de la Loire; il contenait vingt et une planches et, pendant les deux années qui suivirent, quarante vues de la Seine furent publiées. Bien que Turner eût fait d'innombrables études, parmi lesquelles beaucoup ont été élaborées au point d'être « achevées », aucun autre volume n'a été publié et, comme *England and Wales*, cette entreprise avorta. Les trois « promenades » publiées comprennent un texte de Leitch Ritchie et des planches, œuvres de plusieurs graveurs surveillés de près par Turner lui-même, d'après des dessins qui, ce qui est plus que rare, ont été exécutés par lui, sur commande, en gouache sur papier bleu comme celui qu'il utilisait plus ordinairement à Petworth (voir les n°s 165 à 172). A l'exception des deux séries sur la Loire et sur la Seine, on ne sait pas avec certitude quelles rivières devaient figurer dans cette œuvre; pourtant, il devait s'y trouver la Meuse, la Moselle et le Rhin, comme en témoigne une longue suite d'études et de dessins achevés les représentant. Turner fit deux voyages dans les Ardennes et sur les bords du Rhin, en 1825 ou en 1826 et en 1834; il explora la Loire en 1826 et la Seine en 1829 et en 1832. D'autres croquis, du même format et de la même technique, rappellent qu'en 1828 il longea la côte sud de la France en se rendant en Italie. Il est vraisemblable qu'en 1833 un voyage à Berlin et à Dresde lui fournit aussi matière à des paysages du Danube. La richesse chromatique de ces dessins concorde avec ses essais, tant à l'aquarelle qu'à la gouache, de cette période et, dans certains dessins de la Meuse et de la Moselle, elle atteint des hauteurs d'intensité dans l'expression qu'il a rarement égalées. La palette des deux séries de la Loire et de la Seine est bien particulière et on y trouve sa propre atmosphère colorée : trait caractéristique chez Turner, il attribuait à chaque région qu'il peignait une gamme de teintes précise et distincte. Comme l'a résumé Nicholas Alfrey, les compositions « de la Loire ont tendance à avoir un caractère de simplicité alors que celles de la Seine sont denses, plus petites et allusives ». Avec les peintures blondes, ensoleillées de Paris lui-même, il semble avoir évoqué la palette idiosyncratique de Richard Parkes Bonington, mort en 1828, qui devait avoir une grande influence sur les artistes anglais de la décennie suivante. Il est certes possible que l'intérêt de Turner pour la couleur brillante, saturée, soit en grande partie provoqué, à cette époque, par les œuvres de Bonington et celles des romantiques français, de la même école, particulièrement celles d'Eugène Delacroix qu'il avait rencontré rapidement, probablement en 1832. A. W.

Bibliographie : L. Ritchie, *Liber Fluviorum, or River Scenery of France,* 1853; N. Alfrey dans *Turner en France,* 1981, pp. 187 et suiv.

174

Sur la Meuse : Dinant ?

1826 ?

Gouache sur papier bleu. 0,139 × 0,180

Les voyages que Turner fit sur les bords de la Meuse et de la Moselle, soit en 1826, soit en 1834 (on n'a pas encore fait la distinction entre les œuvres provenant de ces deux voyages), semblent l'avoir poussé à des expériences de couleurs manquant exceptionnellement d'orthodoxie; cette page est un exemple dans un groupe important où il se rapproche des Nabis et des Fauves, par le brillant franc et inattendu de sa palette. Une de ces études (CCXXI-J; ill. W, 1982, p. 65) comporte réellement toutes les couleurs du spectre, sans qu'elles soient mélangées, apparaissant dans leur véritable ordre et faisant le tour de la composition dans le sens des aiguilles d'une montre. Les pourpres, les bleus et les rouges vifs du n° 174 sont caractéristiques et peuvent peut-être se relier aux expériences que, vers cette date, Turner fit des possibilités expressives des seuls noirs et blancs dans ses mezzotintes pour la série du « Petit Liber » (n°s 157 à 163) et à la concentration de couleur qu'il a utilisée dans ses illustrations de livres (voir les n°s 216 à 223). Ici, nous avons presque certainement une vue de Dinant, — Turner en a fait plusieurs études, attiré comme il l'était par l'exotique flèche en forme d'oignon de l'église sous la masse de la forteresse en surplomb. On a une vue achevée de la ville prise pour le voyage de la Meuse, qui n'a pas été publiée (voir n° 175). A. W.

Londres, The Trustees of the British Museum (TB CCLIX-159)

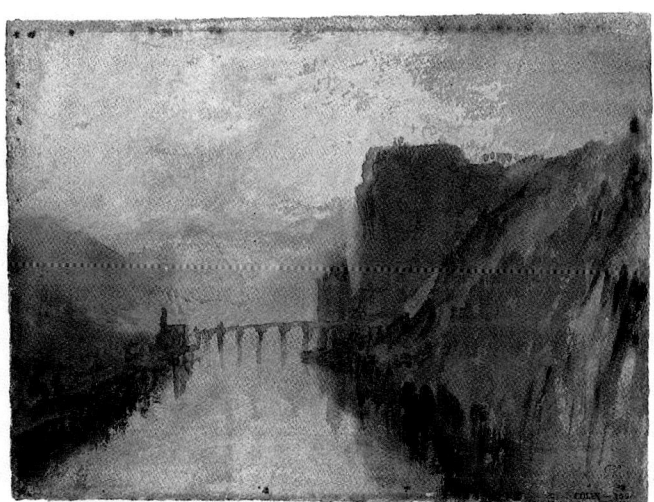

174

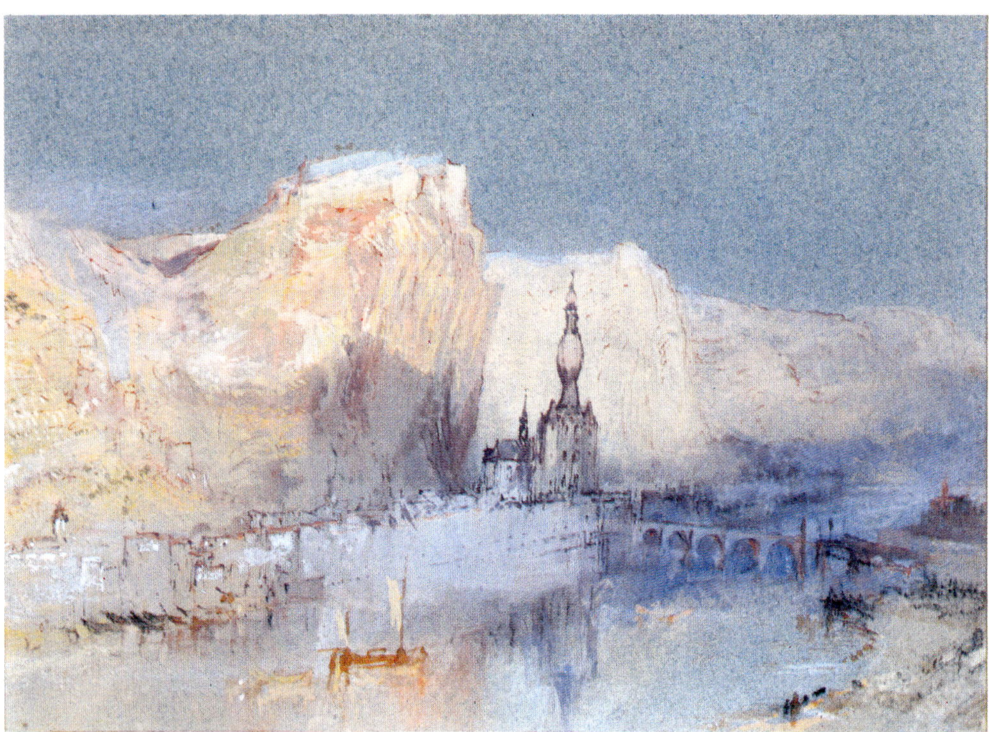

175

175

Dinant sur la Meuse

vers 1825-1834

Gouache avec encre, sur papier bleu. 0,133 × 0,190

W n° 1026

D'après l'étude de couleur CCXCII-37. Wilton la date des environs de 1825-1834 et la classe dans les dessins et études pour le projet des *Rivers of Europe,* pour lequel Turner avait réuni des éléments, en même temps que son travail pour les *French Rivers,* mais ce projet n'a pas abouti.

Ruskin, qui a été propriétaire du n° 175, considérait « le roc, en surplomb en dessous du fort, infranchissable », et il avait attiré l'attention sur l'habitude qu'avait Turner de laisser le papier de couleur sans y toucher du tout à certains endroits, pour l'inclure dans le fond. E. J.

Newcastle-upon-Tyne, Laing Art Gallery (Tyne and Wear County Council Museums)

176

Traben-Trarbach sur la Moselle

1834 ?

Gouache sur papier bleu. 0,140 × 0,188

Exposition : Cleveland, Detroit, Philadelphie, 1977, n° 44.

Identifier ce paysage, que Finberg appelle simplement « Sur le Rhin », comme étant celui de Traben-Trarbach n'est rien moins que certain mais il semble appartenir chromatiquement à la série des sujets de la Moselle que Turner a traités soit dans son voyage de 1826, soit dans celui de 1834. L'absence de personnages dans cette composition pourrait indiquer qu'il ne s'agit pas d'un dessin achevé pour la série, non publiée, des « Rivières d'Europe » mais il est également possible que toute la suite sur la Moselle ait été prévue comme ce dessin, c'est-à-dire plus pour exprimer la grandeur du paysage que, comme pour la série de la Seine, pour traduire la variété et la complexité de la vie sur les quais.

A. W.

Londres, The Trustees of the British Museum (TB CCLIX-152)

177

Ville au bord d'une rivière, avec pont et monument classique

vers 1830-1834

Gouache sur papier bleu. 0,139 × 0,193

Exposition : Cleveland, Detroit, Philadelphie, 1977, n° 41

Ce paysage n'a pas été identifié et on ne sait pas avec certitude quelle rivière Turner a voulu représenter ici. On a une composition élaborée et il semble qu'elle a été portée à un point approchant de l'achèvement; elle reste pourtant curieusement incomplète, les personnages ne se livrent à aucune activité et il y a peu d'autres caractéristiques propres, à l'exception de la tour néo-classique remarquable de la droite. La chaude couleur de la page est cohérente avec certains des dessins plus achevés de la Meuse mais il peut s'agir d'un autre fleuve, peut-être le Danube que Turner vit en 1833, qu'il longea de nouveau en 1840. A.W.

Londres, The Trustees of the British Museum (TB CCLIX-166)

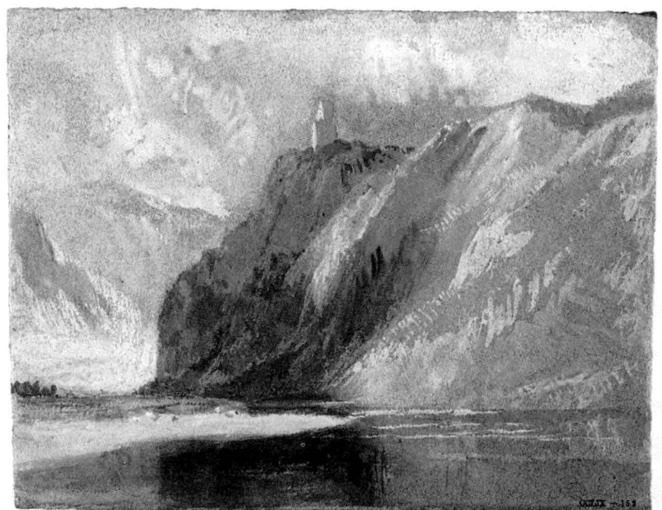

176

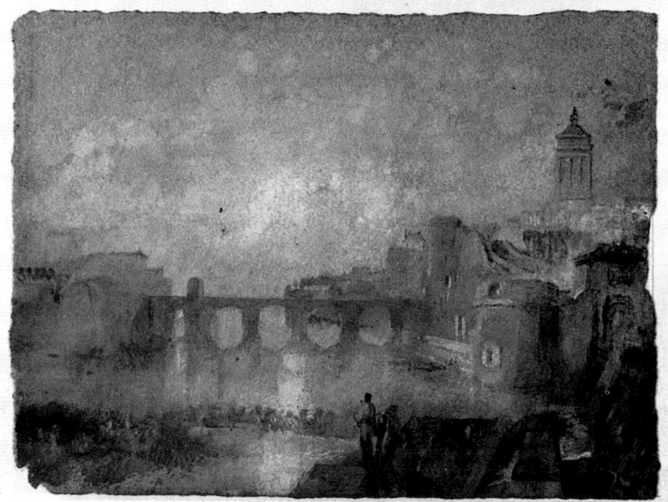

177

178

Promenade à Nantes

vers 1830

Gouache avec un peu de plume sur papier bleu. 0,126 × 0,183

Exposition : Paris, 1948, n° 54 (a).

Dessin pratiquement « achevé », qui n'a cependant pas servi pour le « Annual Tour » de la Loire. Nantes a été représenté par une vue du château (W, n° 950; ill. *Turner en France* p. 248) et par une vignette-titre de la cathédrale vue du fleuve (W, n° 930; ill. *Turner en France* p. 247). La plume renforçant la couleur, ce qui est fort apparent sur cette feuille, est un procédé que Turner a adopté à cette période et c'est un trait caractéristique de beaucoup de ses dessins rapidement exécutés qui devait rester un élément important de ses esquisses, jusqu'à sa mort. Ce procédé lui fut particulièrement utile pour faire ressortir des détails des très nombreux sujets de ces petits dessins, souvent aussi mouvementés que les compositions plus grandes de la série de *England and Wales*. A. W.

Londres, The Trustees of the British Museum (TB CCLIX-191)

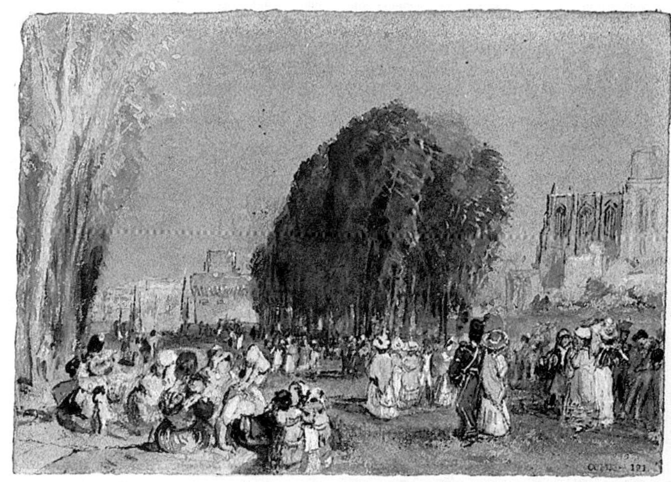

178

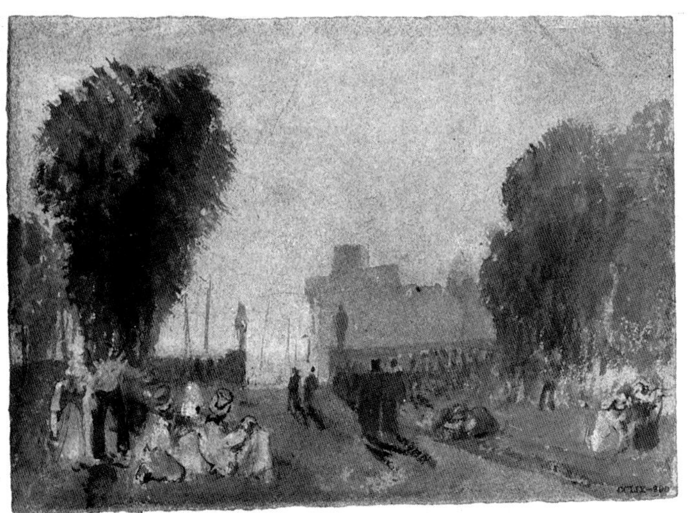

179

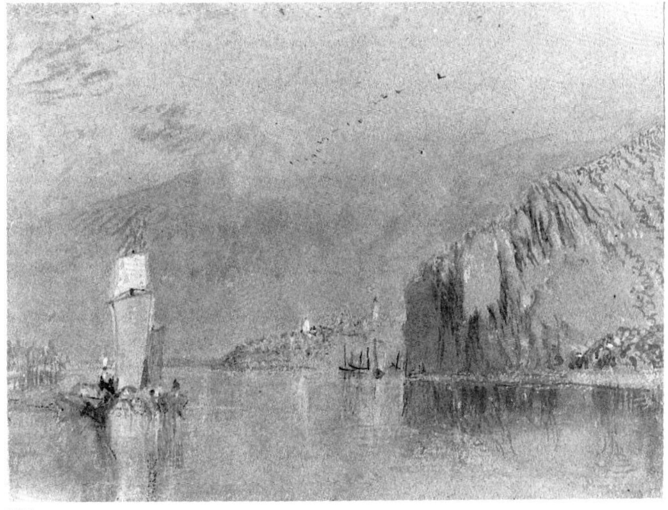

180

179

Nantes : la promenade près du château

vers 1830

Gouache avec plume, sur papier bleu. 0,132 × 0,181

Exposition : Paris, 1948, n° 54 (b).

Comme le n° 178, voici un dessin inutilisé des *Promenades sur les bords de Loire* de 1833 qui, une fois de plus, souligne comment les habitants de cette ville occupent leurs loisirs. Comme l'a observé Nicholas Alfrey, les paysages de la Loire qui ont été publiés se préoccupent moins, dans l'ensemble, de la vie locale que des tranquilles abords du fleuve; en réalité, cependant, plusieurs planches, — et particulièrement celles du *Canal of the Loire and Cher* (R, n° 439; dessin W, n° 937, ill. *Turner en France* p. 243) et *St Julian's Tours* (R, n° 441; W, n° 939, ill. *Turner en France* p. 354), — représentent de manière vivante des activités précises et, à Nantes, Turner semble avoir pris un grand plaisir à dépeindre les foules se promenant sous le soleil de l'après-midi. Une des vues publiées (W, n° 950) est une variante de cette gouache où l'on voit le château d'un point plus proche de la balustrade. A. W.

Londres, The Trustees of the British Museum (TB CCLIX-200)

180

Scène sur la Loire

(près des coteaux de Mauves)

vers 1830

Aquarelle et gouache, avec plume et encre noire, sur papier bleu. 0,140 × 0,190

181

Montjean

vers 1830

Aquarelle et gouache, avec plume et grattages sur papier bleu. 0,135 × 0,188

Gravure : par R. Wallis (n° 180) et J.T. Willmore (n° 181) pour le *Turner's Annual Tour — the Loire,* 1833 (R, n°s 449 et 445)
Exposition : Paris, 1981-1982, n° 63 et n° 56.
Bibliographie : Luke Herrmann, *Ruskin and Turner,* 1968, n° 180 : p. 79, n° 50 ill. sur planche en couleurs C; n° 181 : p. 75 n° 40 pl. XLVI G.

Les n°s 180 et 181 peuvent être datés des environs de 1830; ils sont tirés des croquis au crayon du carnet *Nantes, Angers et Saumur* (CCXLVIII) : les pp. 9 et 9v concernent le n° 180 et les pp. 20-21v concernent le n° 181 alors que l'on trouve

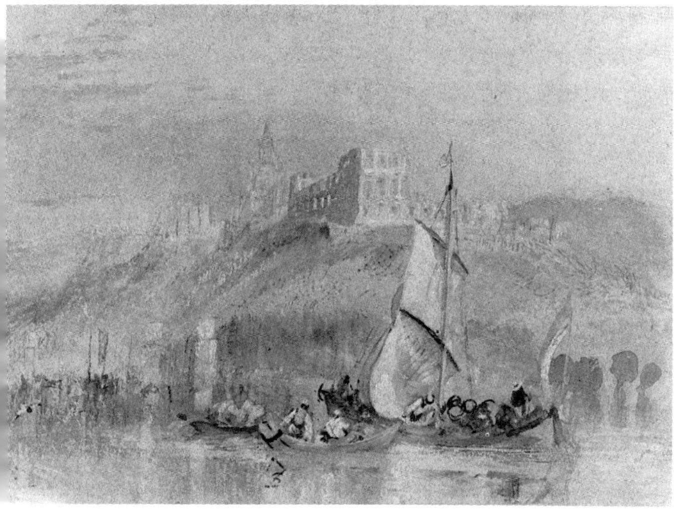

81

aussi deux études de couleurs reliées au n° 181 dans TB CCLIX : p. 163 (avec le titre de St-Germain ?) et p. 202.

La vue du n° 180 se trouve probablement dans la région des coteaux de Mauves; Ruskin la considérait « la meilleure de la série de la Loire » et « inestimable ».

Inversement, il décrivait le n° 181 comme « plein de repentirs et entièrement mauvais... (mais) instructif car il montre les ruines qui accablent les plus grands hommes quand ils changent gratuitement de convictions ». Herrmann incline à penser que l'opinion de Ruskin pourrait être fondée sur la comparaison entre le n° 181 et la gravure qui avait été beaucoup modifiée et qui, par cela, était considérablement plus forte. Aucun « repentir » n'est visible dans le n° 181 lui-même et les critiques de Ruskin semblent d'une dureté injustifiable. E. J.

Oxford, The Visitors of the Ashmolean Museum

182

Carnet « Rouen »

vers 1826

15 feuilles sous brochage papier. Filigrane : 1816. 0,115 × 0,183

Ouvert aux pp. 8v et 9r : Rouen vu de la colline de Ste Catherine

Bibliographie : Wilkinson, 1975, pp. 64-65; Paris, 1981-1982, pp. 356-357.

Turner s'est rendu plusieurs fois à Rouen, entre 1821 et 1832, et a fait une étude extensive de la ville, sous forme d'études au crayon portant sur son architecture, sur ses habitants et sur son environnement. Il s'est inspiré de ces études pour dessiner les quatre vues de Rouen qui se trouvent dans le premier volume de son « Annual Tour » sur la Seine (1834). Ce carnet de croquis nous montre la cathédrale sans la flèche, détruite par la foudre en 1822 et reconstruite en 1827; il daterait donc, sans doute, d'un voyage de 1825 ou de 1826.

Le croquis exposé a servi de base à la vue générale de la ville telle qu'elle apparaît de la colline de Ste-Catherine (n° 185). A. W.

Londres, The Trustees of the British Museum (TB CCLV)

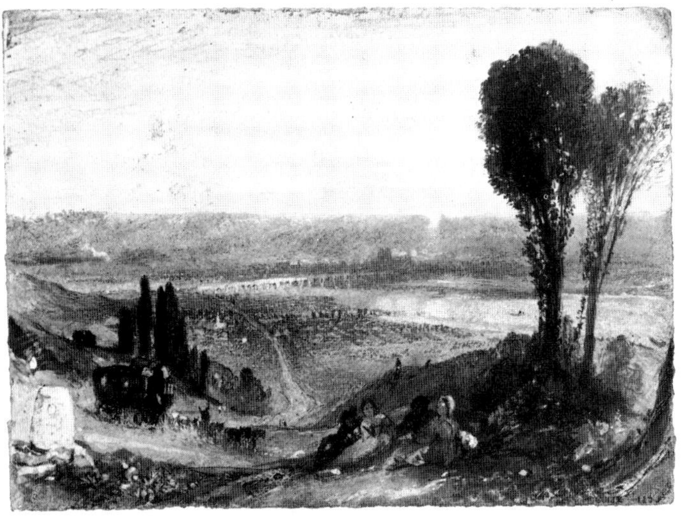

183

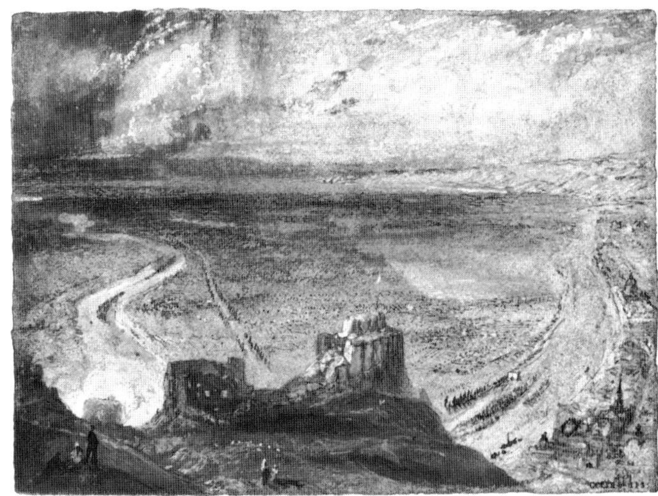

184

183

Pont de l'Arche

vers 1832

Gouache sur papier bleu. 0,139 × 0,192

W n° 974

Gravure : par J.T. Willmore pour le *Turner's Annual Tour — the Seine,* 1835 (R, n° 476)
Expositions : Londres, 1975, n° 195; Paris, 1981-1982, pp. 444-445
Bibliographie : *Liber Fluviorum,* p. 231.

« La forêt, la ville, le pont remarquable et le voisinage du Pont de l'Arche, — écrit Leitch Ritchie, — sont si bien décrits dans leur apparence générale par Turner qu'il ne nous reste rien à faire. » Cette remarque résume l'intention qu'avait Turner de faire des vues topographiques pour des publications comme les *French Rivers* (« Rivières de France »). Ces vues sont conçues pour être des états complets de l'environnement géographique, économique et social de chaque lieu, assurant une fonction aussi spécifique, à cette date tardive qu'en avaient eu les exercices du même genre dans sa jeunesse. Cependant, elles sont aussi préparées pour donner une évocation plus poétique, dans l'ensemble, de l'atmosphère et, comme dans ce cas, elles sont souvent rédigées en un langage qui trouve essentiellement son origine chez Lorrain. A. W.

Londres, The Trustees of the British Museum (TB CCLIX-112)

184

Château-Gaillard vu de l'est

vers 1832

Gouache avec un peu de plume, sur papier bleu. 0,140 × 0,191

W n° 972

Gravure : J. Smith pour le *Turner's Annual Tour — the Seine,* 1835 (R, n° 474)
Expositions : Londres, 1975, n° 194; Paris, 1981-1982, p. 394, ill. 340.

Parlant des Andelys, Leitch Ritchie décrit longuement Château-Gaillard et son histoire. Il remarque que « pour n'avoir même qu'une faible idée de ce site extraordinaire, il est nécessaire de faire l'effort d'imaginer les tours évanouies et même, par analogie, de retrouver le tracé des murailles dont les ruines sont maintenant entièrement recouvertes par de successives couches de terre. Si l'on se tient sur la colline la plus élevée, derrière, on a un décor d'une incroyable beauté, ou se mêlent grandeur et désolation; c'est de cet endroit que Turner a fixé sa vue. La principale partie ruinée, devant, est constituée par les remparts de la citadelle et, dans ce cercle, ceux du donjon. A droite, en dessous, se trouvent la petite ville des Andelys et le cours de la Seine alors que, sur la gauche, un méandre analogue du fleuve contribue à former la péninsule de Bernières ». La double perspective magnifique de ces deux bras du fleuve qui s'étirent jusqu'à l'horizon, dans une plaine presque plate,

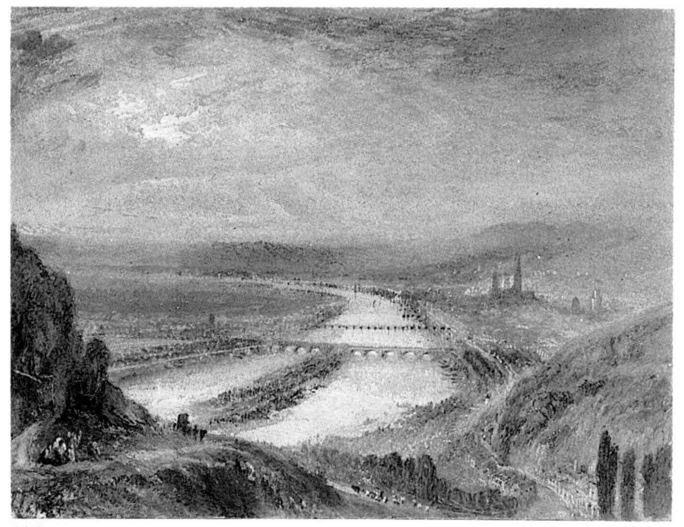
185

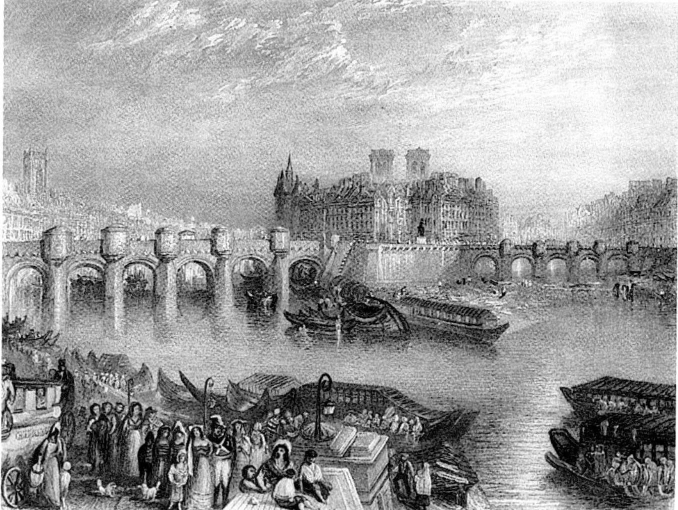
186

donne à Turner l'occasion de faire un de ses essais les plus spectaculaires de compression d'un panorama dans un espace réduit. Ses études au crayon sur ce sujet se trouvent dans le carnet *La Seine et Paris* (TB CCLIV, pp. 55-56v), probablement utilisé en 1829. Plusieurs esquisses ont servi à cette vue composite. A. W.

Londres, The Trustees of the British Museum (TB CCLIX-113)

185

Rouen de la colline de Sainte Catherine

vers 1832

Aquarelle et gouache. 0,139 × 0,184

W n° 966

Gravure : par W. Miller pour le *Turner's Annual Tour, the Seine,* 1834 (R, n° 468).

D'après un crayon de la p. 8v du carnet sur Rouen (TB CCLV) (voir n° 182). Une vue similaire, au *verso* de la p. 7, représente la cathédrale sans sa flèche, ce qui situe le croquis entre les deux dates du 15 septembre 1822, quand la flèche a été détruite par la foudre, et 1827, quand commencèrent les travaux de reconstruction. On peut dater le n° 185 de 1832 environ.

Exposé à la Fine Art Society en 1878, n° 56 parmi la collection des aquarelles de Turner de John Ruskin, celui-ci, dans les notes du catalogue, écrit du n° 185 : « Aucun des dessins de la grande série des Rivières de France ne surpasse celui-ci et peu l'égalent ». E. J.

Grande-Bretagne, collection particulière.

186

Wanderings by the Seine, from Rouen to the Source.

By Leitch Ritchie, Esq... with Twenty Engravings from Drawings by J. M. W. Turner, Esq. R.A.

Londres, 1835

Ouvert à : *Pont Neuf, Paris*
Gravure au trait par W. Miller d'après J. M. W. Turner. Sujet : 0,098 × 0,133

L'étude au crayon du motif central se trouve dans le carnet *Paris et environs* (TB CCLVII pp. 55v, 56v); le modèle achevé de la gravure est TB CCLIX-118 (cf. *Turner en France*, fig. 749, 753, 916). A. W.

Grande-Bretagne, collection particulière.

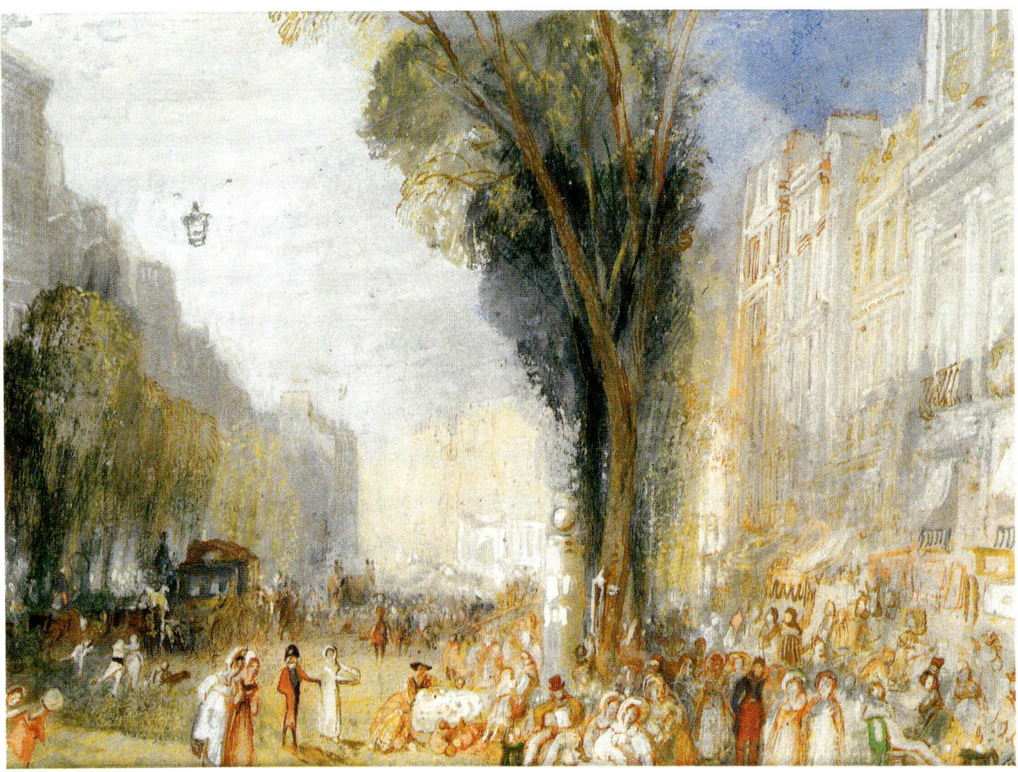

187

187

Paris, boulevard des Italiens

vers 1832

Aquarelle sur papier bleu. 0,134 × 0,184

W n° 987

Gravure : par T. Higham pour le *Turner's Annual Tour — the Seine,* 1835 (R, n° 489).

Le seul des cinq sujets sur Paris, gravé, de la série de la Seine qui ne soit pas dans le legs Turner et c'est le seul qui n'ait pas figuré dans la récente exposition du Marais, *Turner en France.*

Quoique le boulevard des Italiens ne donnât point sur la Seine, le commentaire qui accompagnait la gravure (édition de 1837) justifiait qu'on l'eût inclus dans la série car c'est « peut-être, en Europe, la plus variée et la plus amusante des scènes de ce genre ». On faisait également remarquer que « ... pour avoir une notion à peu près juste du caractère des Français, rien n'est plus indispensable que de faire le tour des boulevards ». E. J.

Suède, collection particulière

188

Saint-Germain-en-Laye

vers 1830

Aquarelle. 0,299 × 0,457

W n° 1045

Gravure : par R. Wallis pour *The Keepsake,* 1832 (R, n° 326).

Ce n° 188, qui date de 1830 environ, a été acquis en 1976 par le Louvre; c'était la première aquarelle de Turner qui entrait dans ce musée. On trouve un certain nombre

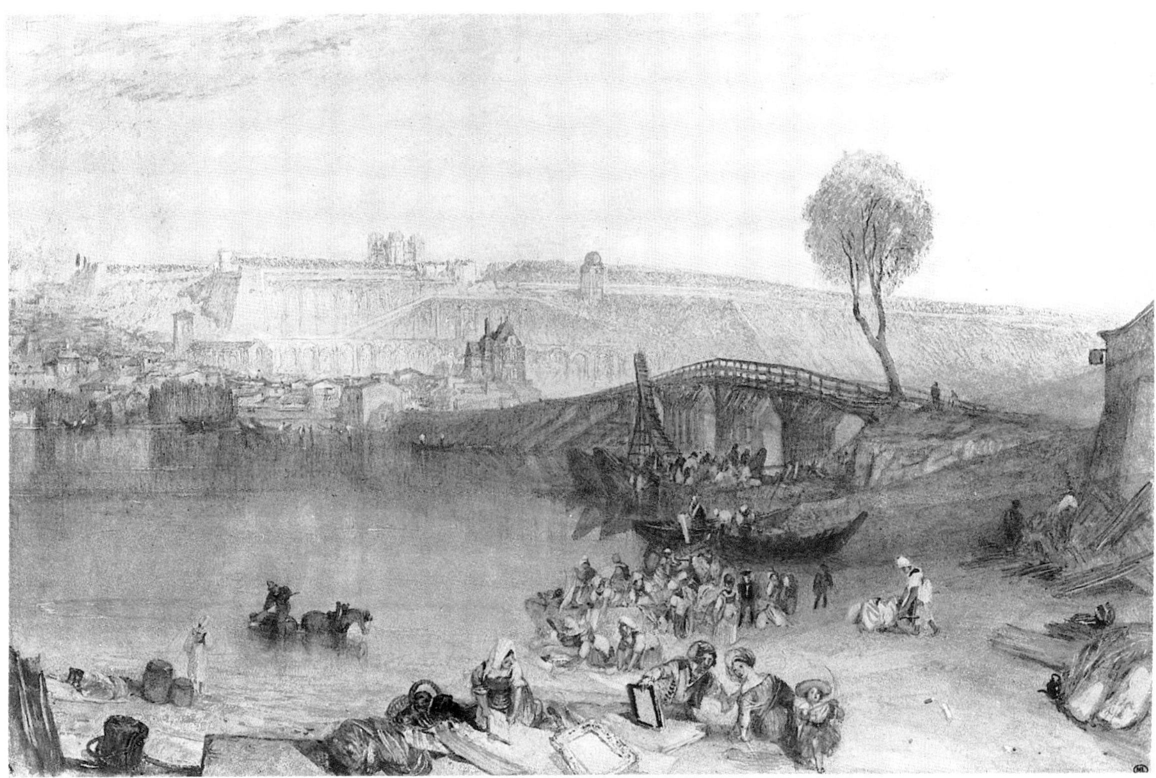

188

d'autres vues de Saint-Germain dans le legs Turner, certaines à l'aquarelle (TB CCLIX) et d'autres au crayon et à l'encre (TB CCLX), mais les études au crayon pour le n° 188 se trouvent dans le carnet *Paris et environs* (TB CCLVII) (pp. 161v, 164v et 165v). Ces études ont ensuite donné naissance à un dessin élaboré (TB CCLX, p. 59) où l'on retrouve tous les traits principaux de l'aquarelle achevée. Ce dessin préparatoire a figuré dans l'exposition du Marais (n° 99) mais a malheureusement été reproduit à l'envers dans le catalogue, sous le numéro 858.

The Keepsake était un des « Annuals » les plus populaires de son époque et Turner y traita dix-sept sujets de 1828 à 1837. Dans le catalogue de l'exposition du Marais, Nicholas Alfrey fait remarquer que les vues panoramiques de Saint-Germain et de Marly, de Turner, font penser qu'il a eu un regain d'intérêt pour cette forme spécialisée de topographie, qui était en vogue au début du siècle, mais il est vrai, également, que Turner a continué de l'utiliser dans certains de ses dessins pour la *Southern Coast*, de 1814 à 1826. Wilton attire l'attention sur « l'ombre d'un bleu extraordinaire, projetée par un objet impossible, qui renforce la zone bleue centrale et donne au dessin une homogénéité encore plus rigoureuse », et suggère que Turner, en se servant d'une structure de couleurs qui paraît tellement arbitraire, peut avoir été conscient que Reynolds l'approuvait, citant Véronèse parmi ceux qui employaient des méthodes similaires. E. J.

Paris, Musée du Louvre (RD 36.067)

189

Château-Gaillard : lieu de naissance de Nicolas Poussin

vers 1832

Aquarelle et gouache sur papier bleu, vignette. 0,181 × 0,127

Inscription au centre : *Nicholo Poussin's Birth-Place*

W n° 1006

Exposition : Berkeley, 1975, n° 33.

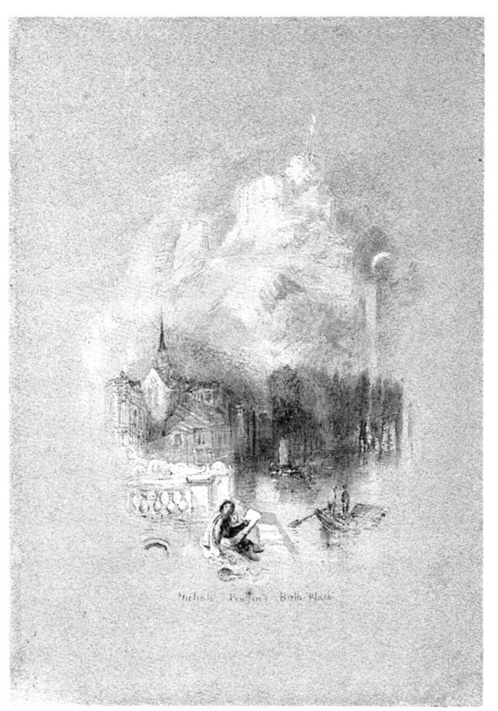

189

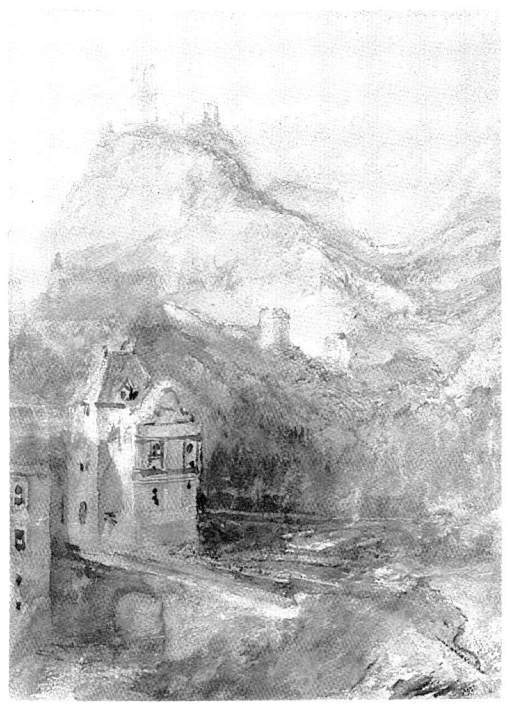

190

Le village du premier plan est Les Andelys, où Poussin (ici représenté en train de dessiner) est né en 1594; loin au-dessus, on voit Château-Gaillard (voir n° 184). S'il s'agit d'un dessin de 1832 environ, il n'a pas été utilisé pour le *Annual Tour of the Seine;* son format de vignette doit signifier qu'il a été prévu pour la page de titre mais a été finalement écarté en faveur de *Phares à La Hève* (W, n° 951, maintenant au British Museum : TB CCLIX-132).

Pour un pendant possible, voir n° 190. E. J.

Indianapolis, Indianapolis Museum of Art (legs de Kurt F. Pantzer, Sr.)

190

« Le pays natal de Claude Lorrain »
Le pont de Buzet

vers 1832

Aquarelle et gouache sur papier bleu. 0,180 × 0,130

W n° 1007

Lors de la vente chez Christie, en 1971, le n° 190 avait pour seul désignation « Le pont »; au dos, une étiquette indiquait qu'il avait appartenu à Ruskin. Les indices qui justifient son titre actuel semblent assez flous.

Claude Gellée est né en 1600, à Chamagne, petit village proche de Nancy; on ne trouve pourtant aucun pont de Buzet dans le voisinage. Il existe, non loin, un lieu-dit Pont de Genet mais les deux noms sont trop différents pour avoir pu être confondus. Dans d'autres régions de France, on trouve un Buzet-sur-Baïse (Lot-et-Garonne) et un Buzet-sur-Tarn (Haute-Garonne) mais aucun de ces endroits ne sont proches de la patrie du Lorrain, ce qui laisse à penser que les deux parties du titre ici donné au n° 190 pourraient se contredire.

Le problème se complique car il y a une autre aquarelle, à l'École de dessin de Rhode Island, à Providence (W, n° 1008), que Turner a intitulé « Pont de Buset » (la troisième lettre du mot « Buset » est certainement un « s »). Lors de son exposition des aquarelles de Turner en 1878, Ruskin a intitulé le n° 52 de son catalogue le « Pont de

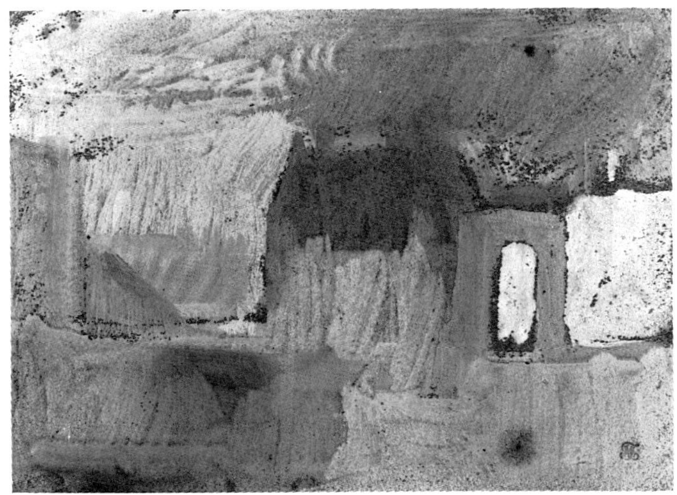

191

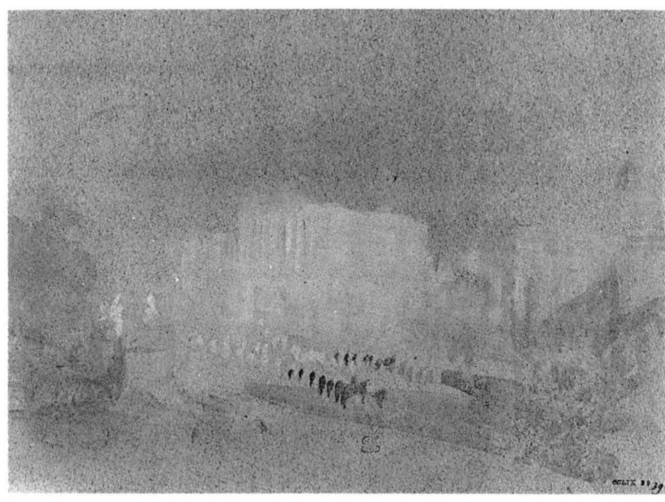

192

Busel ? » et il avouait qu'il n'y avait là qu'une tentative de lecture de cette « inscription indéchiffrable ». Cela fait penser qu'il possédait l'aquarelle de Providence, qui a été inscrite alors que le n° 190 ne l'a pas été. Que les deux dessins représentent en fait le même endroit, voilà qui est également douteux : le pont du dessin de Providence comporte certainement d'autres arches que celle, unique, que l'on voit dans le n° 190.

Si nous refusons le « Pont de Buzet » et que nous supposions que Turner a voulu, avec le n° 190, représenter le pays natal de Claude Lorrain (sujet qui ne pouvait que l'attirer), quel rapport a-t-il avec le n° 189 ? S'agit-il de dessins sans relation l'un avec l'autre, se rapportant respectivement aux séries des *French Rivers* (« Rivières de France ») et des *Rivers of Europe* (« Rivières d'Europe ») ou devaient-ils être les deux pendants d'un hommage rendu à ces deux grands artistes, comme Wilton en évoque la possibilité ? Dans l'ensemble, pourtant, en raison de leur différence de format, cela semble assez improbable. E. J.

Indianapolis, Indianapolis Museum of Art (legs de Kurt F. Pantzer, Sr.)

191

Étude d'un groupe de bâtiments, peut-être à Paris

vers 1830

Gouache sur papier bleu. 0,140 × 0,192

Exposition : New York, 1966, n° 67.

Dans cette étude audacieuse, les masses des bâtiments s'étalent en larges blocs de couleurs plats, comme peints à l'huile. On a peu d'indications sur le lieu de cette scène mais la palette, avec ses jaunes blonds, crémeux et ses marrons d'un ton chaud présente beaucoup de similitude avec les coloris des vues de Paris destinées au *Turner's Annual Tour — The Seine* de 1835 (voir n° 192). A. W.

Londres, The Trustees of the British Museum (TB CCLIX-38)

192

Une grande place, peut-être à Paris

vers 1830

Gouache sur papier bleu. 0,139 × 0,194

Exposition : New York, 1966, n° 68.

Comme le n° 191, il peut s'agir ici d'une étude pour une des vues de Paris que Turner aurait faites pour l'*Annual Tour* de 1835 (voir n° 187). Dans ce cas, la similarité des intentions contribue à souligner combien ces deux dessins sont fortement contrastés : l'un est défini, structuré avec précision, insiste sur la présence architecturale des bâtiments et sur les distances mesurables qui les séparent; l'autre

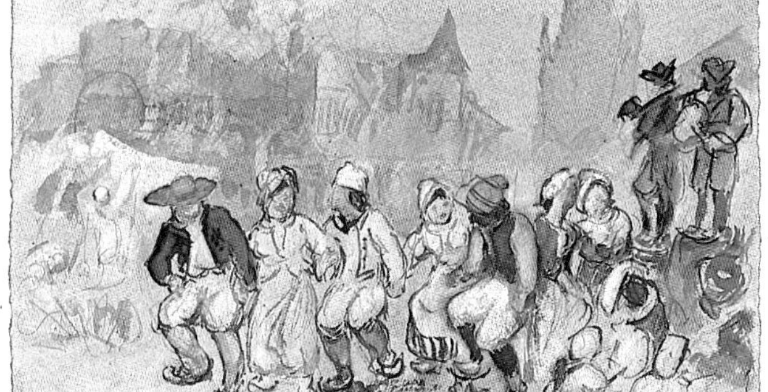

193

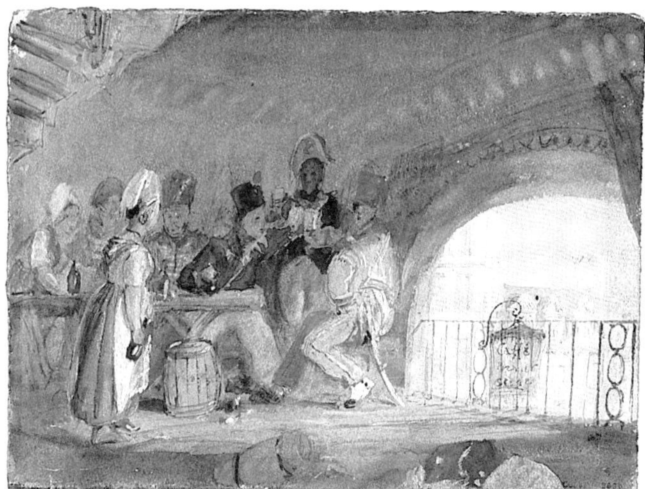

194

est un essai dans l'espace et la lumière, dans lesquels se dissolvent presque les éléments d'architecture. On trouve pourtant, et c'est caractéristique, une indication nette, quoique légère, d'activité humaine sur la place; il semble, dans ce cas, qu'il s'agisse d'un défilé militaire. Un défilé analogue se retrouve sur la vue du *Champ de Mars* (TB CCLIX-7; *Turner en France,* ill. p. 462). A. W.

Londres, The Trustees of the British Museum (TB CCLIX-39)

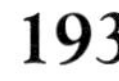

193

Paysans dansant dans la rue

vers 1830

Crayon, plume et encre brune, aquarelle et gouache sur papier bleu. 0,132 × 0,188

Expositions : Paris, 1948, n° 55 (a); Londres, 1975, n° 160; Athènes (Georgie) et Houston, 1982, n° 64.
Bibliographie : Denise Delouche, *Peintres de la Bretagne, découverte d'une province,* Rennes, 1977, p. 61.

Cette page et le n° 194 sont des exemples de l'intérêt que portait Turner à enregistrer, aux endroits qu'il visitait, les détails de la vie quotidienne; il insérait parfois de longues notes dans ses carnets de croquis; parfois, comme ici, il croquait une scène caractéristique, apportant généralement une grande attention aux détails du costume et des attitudes. Il pouvait ensuite intégrer ces groupes dans ses œuvres achevées... soit de petits dessins pour les *French Rivers* (« Rivières de France ») (voir, par exemple, la foule de la *Promenade de Nantes,* n° 178), soit dans des aquarelles plus grandes où il s'est inspiré de ses travaux pour ce projet (comme *Saint-Germain-en-Laye,* n° 188). On a dernièrement déterminé que la scène de cette page se trouvait en Bretagne et Nicholas Alfrey pense que la ville où Turner a dessiné cette scène pourrait être Morlaix, où il se rendit en 1829. A. W.

Londres, The Trustees of the British Museum (TB CCLIX-197)

194

Soldats dans la salle du premier étage d'un café

vers 1830

Aquarelle et gouache avec un peu de plume sur papier bleu. 0,140 × 0,190

Expositions : Paris, 1948, n° 55 (b); Londres, 1975, n° 159; Athènes (Georgie) et Houston, 1982, n° 65.

Turner, voyageur et touriste, s'intéressait beaucoup au spectacle que l'on pouvait voir dans les tavernes, les auberges et les hôtels : il s'arrêtait souvent, en route, pour dessiner les maisons et la population, avec tout le détachement de celui qui ne participe pas à la scène, qui est conscient d'y être étranger. L'atmosphère de dessins comme celui-ci n'est certes pas très éloignée de celle des intérieurs de Petworth (comparer tout particulièrement avec le n° 172) quant au charme, au jeu du clair-obscur et à la combinaison des personnages dans cette petite scène rendue avec beaucoup de vie. Les costumes indiquent que cette scène se passait quelque part en Normandie. A. W.

Londres, The Trustees of the British Museum (TB CCLIX-263 (b))

195

Un fort de la côte française, vu du large

vers 1830

Gouache sur papier bleu. 0,139 × 0,190

C'est une des nombreuses études que Turner fit des côtes de Picardie et de Normandie, vers l'époque de ses voyages de 1829 et de 1832. Le support et le format font penser à un rapport avec le projet des *Rivers of Europe* (« Rivières d'Europe ») mais il n'est pas impossible qu'en les exécutant, il ait eu une autre publication à l'esprit : « Un travail qui sera intitulé *The English Channel or La Manche,* qui sera constitué de vues qu'il aura prises de Dunkerque à Ouessant et des environs; avec d'autres dessins de la côte anglaise, de l'autre côté de la mer. » Les études de ces côtes, des rivages français et des rivages anglais, qui abondent à partir de ce moment, auraient trouvé une place toute naturelle dans un tel projet et l'on ne voit pas pourquoi celui-ci n'aurait pas été envisagé, comme celui des *Rivers of Europe,* sur les petites feuilles de papier bleu et à la gouache qu'il utilisait alors. A. W.

Londres, The Trustees of the British Museum (TB CCLIX-173)

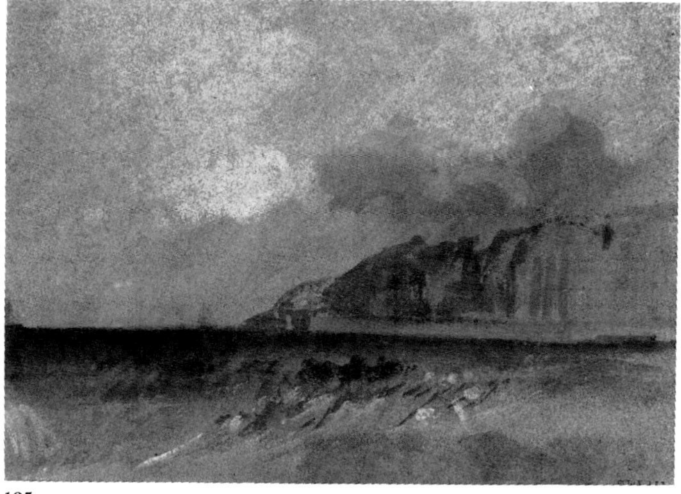

195

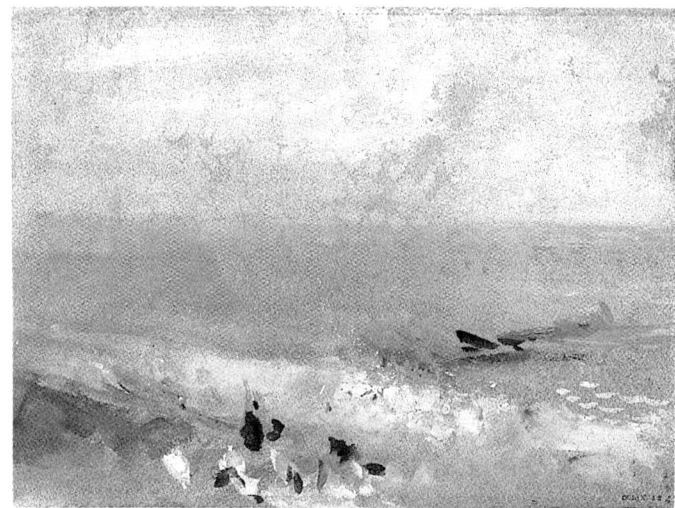

196

196

Plage avec personnages et une jetée

vers 1830

Gouache sur papier bleu. 0,139 × 0,190

Exposition : New York, 1966, n° 69, ill. p. 26.

Finberg estimait que c'était une plage de la Méditerranée; Turner a fait un certain nombre d'études sur la côte du midi de la France, en 1828 (voir Londres, 1975, n° 149 et *Turner en France,* pp. 279 à 291) mais c'est peu vraisemblable, tant

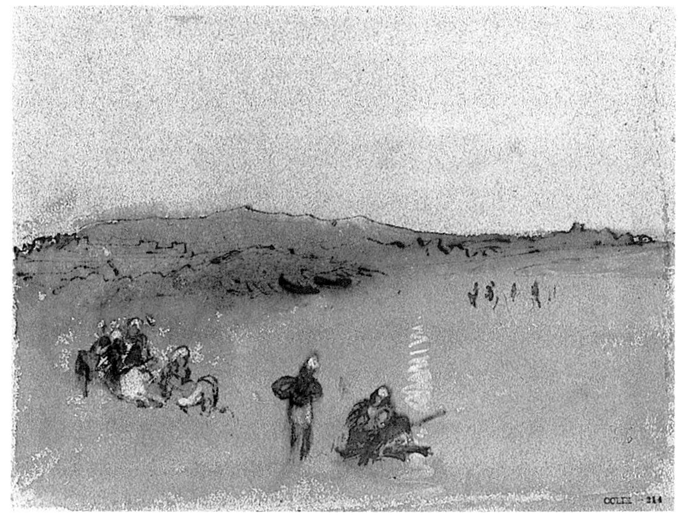

197

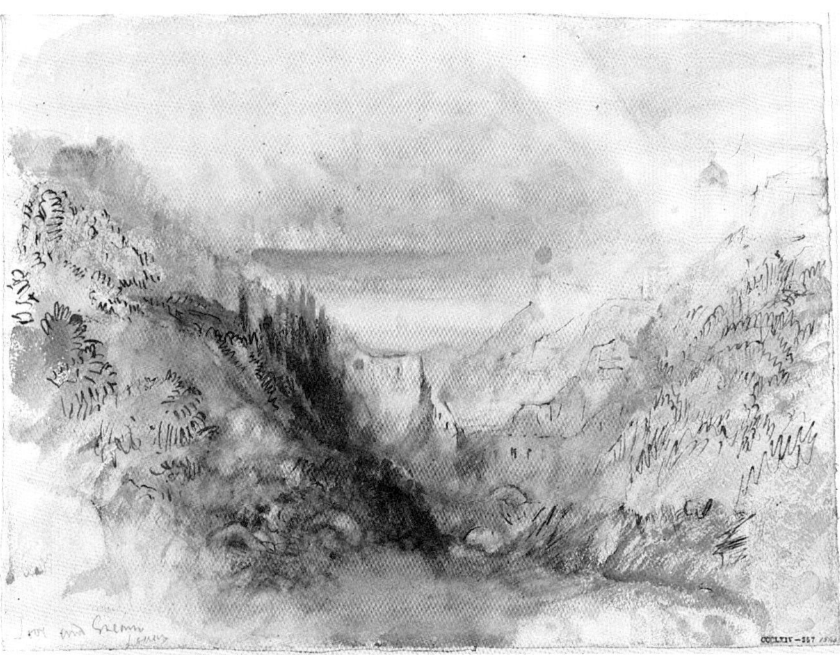

198

à cause du sujet que des coloris. C'est peut-être un paysage de la côte du nord de la France mais semble plus vraisemblablement un paysage anglais, soit vers Brighton, soit vers Margate. Cette gouache semble appartenir à une série d'études similaires, dont certaines se trouvent dans le legs Turner et certaines sont dispersées dans d'autres collections (W, n°s 914 à 927). On leur a donné des titres comme *Margate, Tempête au large de la côte est* et *Le rivage vu d'Hastings*, ce qui indiquerait, malgré leur diversité, un sujet anglais. Cette gouache peut se rapporter à un projet de vues sur la Manche (voir n° 195). A. W.

Londres, The Trustees of the British Museum (TB CCLIX-42)

197

La côte française : pêcheurs sur la plage

vers 1829

Plume et encre brune et gouache sur papier bleu. 0,142 × 0,190

Parmi les nombreuses études de Turner faites sur papier bleu et se rapportant à ses excursions le long de la Loire, de la Seine et d'autres fleuves, beaucoup ne traitent pas d'architecture ni même d'un lieu bien défini; il s'agit d'études de gens se livrant à une activité précise : parfois élaborées (voir les n°s 193-194), parfois seulement esquissées, elles témoignent de l'intérêt que Turner portait en permanence à l'activité humaine sous toutes ses formes. On ne voit pas avec précision ce qui se passe sur ce croquis plutôt rapidement esquissé mais il peut n'être pas sans rapport avec la toile qu'il exposa en 1830 à la Royal Academy sous le titre de *La plage de Calais à marée basse : poissardes récoltant les appâts* (n° 52). Les attitudes des personnages du dessin semblent cependant indiquer un délassement plutôt qu'un travail et la ville que l'on aperçoit au loin, à gauche, ne présente pas de ressemblance marquée avec Calais. A. W.

Londres, The Trustees of the British Museum (TB CCLIX-214)

198

Vue sur une vallée débouchant sur un lac ou un fleuve

1833-1834 ?

Aquarelle et plume. 0,218 × 0,297

En bas à gauche, inscription au crayon : *Love and strewn (?) Leaves*

Dessin énigmatique, que Finberg inscrit douteusement dans son *Inventaire* comme une vue « sur la Loire ». C'est une feuille qui provient d'un des rouleaux que Turner a constamment utilisés de 1830 à 1850; d'après son style, il semble appartenir à l'époque qui va de 1830 à 1840. La technique consistant à renforcer le sujet en plongeant une plume dans les couleurs utilisées pour les lavis a été mise au point dans les *Rivers of Europe* (« Rivières d'Europe ») et devait plus tard remarquablement flamboyer dans les carnets de 1841-1844 (voir n° 251). La composition rappelle des vues de Lausanne de cette période mais, au loin, le plan d'eau ne semble pas assez vaste pour le lac Léman. Il s'agit peut-être du Rhin ou du Danube mais le sujet ne ressemble guère à la Loire, avec cette ville nichée dans un ravin encaissé, d'une architecture d'Europe centrale. Un détail encore plus surprenant, dans ce dessin, c'est, au premier plan, l'esquisse de deux personnages nus et l'inscription énigmatique, qui n'a pas encore été déchiffrée de manière satisfaisante. Les amants rappellent ceux des carnets des *Études de couleurs* (voir n° 173). A. W.

Londres, The Trustees of the British Museum (TB CCCLXIV-357)

199 à 215

Picturesque Views in England and Wales

(Vues pittoresques d'Angleterre et du Pays de Galles)

Des nombreux ensembles d'aquarelles que Turner fit pour être gravés, la série que l'on appelle habituellement *England and Wales* (« L'Angleterre et le Pays de Galles ») est certainement la plus ambitieuse et ces aquarelles sont, sans aucun doute, les plus belles exécutées dans ce but. L'entreprise se révéla pourtant un désastre commercial qui mit pratiquement en faillite l'éditeur principal, Charles Heath (1785-1848).

Heath était un graveur professionnel d'une grande réputation; vers 1825, il se fit éditeur, fut à la source des « Picturesque Annuals », publications qui remportèrent un grand succès, comme *The Literary Souvenir* et *The Keepsake*, auxquelles Turner collabora. Heath semble avoir eu l'idée de *England and Wales* en 1826 et Turner s'engagea à faire cent vingt vues, dont il devrait choisir lui-même les sujets. Selon Rawlinson, Turner reçut « soixante à soixante-dix guinées par vue » pour ses aquarelles mais Finberg pense que c'est certainement une exagération.

Pour ce projet, on embaucha une équipe de graveurs, parmi lesquels des hommes jeunes ainsi que d'autres, comme R. Wallis et W.R. Smith qui avaient déjà travaillé avec Turner. Les gravures étaient d'une qualité exceptionnelle, le format d'environ 16,5 sur 24 cm étant légèrement supérieur à celui de la *Southern Coast*. Rawlinson nous dit que « les planches étaient généralement gravées dès que Turner fournissait les dessins, si bien que la date portée sur chaque tirage correspond presque toujours, avec une marge d'environ une année, à celle des dessins »; il faut cependant ne pas trop prendre cette déclaration à la lettre.

Turner se mit immédiatement à travailler sur les aquarelles et les douze premières planches furent achevées en 1827. Soixante vues furent publiées ensemble dans un seul volume, en 1832, mais ne furent suivies que de trente-six autres planches avant que le manque de vente ne forçât les éditeurs à abandonner cette entreprise en 1838 et à liquider leur stock de planches et les tirages non vendus. Tout fut mis aux enchères mais, comme l'a raconté Alaric Watts (Finberg, *Life*, p. 374), « juste au moment où le commissaire-priseur allait monter sur l'estrade, M. Turner arrêta la vente et acheta [les planches et les tirages] à l'amiable, au prix de réserve de trois mille livres, au grand dam de beaucoup d'assistants qui se préparaient à les acheter par lots. » Ensuite, Turner revendit les tirages mais conserva les planches pour empêcher qu'on pût les modifier et les abîmer.

Pourquoi la série *England and Wales* fut-elle un tel échec commercial ? Dans le livre qu'il y consacra (voir la bibliographie), Eric Shanes propose trois raisons principales :

1) Turner a insisté sur l'utilisation du cuivre, pour les planches, au lieu de l'acier qui résiste mieux à l'usure. Bien que l'on puisse obtenir des effets plus subtils avec le cuivre, le prix en est beaucoup plus important, si bien que les tirages semblèrent très onéreux par comparaison aux gravures sur acier.

2) Au titre de ses droits d'auteur, Turner recevait trente tirages de chaque gravure et c'était certainement les premiers et les meilleurs, laissant au public les tirages suivants, moins bons.

3) Le public était, vers 1838, repu des gravures de Turner. Le marché avait été inondé de publications analogues — et généralement beaucoup moins onéreuses — et, de toute manière, les illustrations de paysages étaient pratiquement passées de mode.

Dès leur parution, cependant, on reconnut la grande qualité de ces aquarelles et elles devinrent encore plus populaires grâce à deux expositions organisées par Heath, pendant que les séries étaient en cours de réalisation : la première à l'Egyptian Hall, Piccadilly, en 1829, et la seconde en 1833 dans Pall Mall, à la Moon, Boys and Graves Gallery.

Comme nous l'avons déjà indiqué, on avait laissé Turner choisir les paysages et, si certains étaient parfaitement nouveaux, d'autres étaient inspirés par des dessins précédents, mais il faut cependant signaler que Turner regardait toujours d'un œil neuf ce qu'il connaissait bien, et les dessins qu'il en faisait n'étaient aucunement des copies. Turner utilisait aussi beaucoup les « ébauches en couleurs » dans ses travaux préparatoires pour cette série (voir les n°s 200-201; 211 à 213).

La nature anglaise et galloise était alors d'une infinie variété, et cette variété a trouvé un équilibre merveilleux dans les dessins de Turner. Même les six exemples donnés ici parviennent à faire percevoir une partie de sa profondeur et de sa souplesse : peut-il y avoir plus grand contraste entre le calme transparent du *Lac d'Ullswater* (n° 207) et les vagues vertigineuses qui lèchent les falaises dans *Le phare de Longships* (n° 208) ? Ou bien, encore, la grandeur des ruines désertes du *Château de Kenilworth* (n° 203) ne semble-t-elle pas appartenir à un autre monde que les fumées industrielles et les hauts fourneaux de *Dudley* (n° 205). D'ailleurs, comme d'autres l'ont fait remarquer, ce n'est pas seulement la diversité du décor que rend ici Turner, c'est aussi chaque heure de la journée, de l'aurore au clair de lune, et c'est chaque type des conditions météorologiques qui sont la caractéristique du capricieux climat de l'Angleterre.

A ces divers aspects du paysage, du temps et de l'heure du jour, Turner en ajoute un quatrième : les êtres humains, et c'est cet aspect qui donne à cette série son caractère propre. Dans les dessins, les personnages jouent un rôle plus important et plus significatif que dans toutes les autres aquarelles de Turner et, nulle part ailleurs, n'apparaît avec autant de clarté son sens aigu de l'observation, souvent rehaussé par son sens de l'humour. Ainsi, cette série nous livre-t-elle une fascinante étude sociale de l'Angleterre et de son époque, qui va aussi loin dans ses termes de référence que le faisait le *Liber Studiorum* dans son exploration des frontières de la peinture même du paysage.

Comme l'a écrit Andrew Wilton, pour Turner « l'homme est la pierre de touche du paysage. Ce qui distingue l'homme tel que Turner le voit des fourmis de John Martin, c'est que Turner nous fait compatir; il crée une humanité soumise à la peine et au plaisir, qui se prête à de simples rires et à de simples joies. »

Dans l'œuvre de Turner, rien n'illustre mieux cela que les aquarelles de *England and Wales.* E. J.

Bibliographie : W.G. Rawlinson, *The Engraved Work of J.M.W. Turner, R.A.*, 2 volumes, 1908 et 1913; Andrew Wilton, *Turner in the British Museum* (catalogue de l'exposition), 1975, pp. 20 à 26; Eric Shanes, *Turner's Picturesque Views in England and Wales, 1825-1838,* 1979; Andrew Wilton, *J.M.W. Turner : vie et œuvre,* 1979, pp. 173 à 190 et nos 785 à 888.

199

La Tamise vue de Richmond Hill

vers 1815-1819

Crayon et aquarelle. 0,188 × 0,271

Expositions : Londres, 1974-1975, n° 174; Hambourg, 1976, n° 23; Copenhague, 1976, n° 15.
Bibliographie : Wilkinson, 1974, p. 174, ill. p. 175; Wilton, 1979, p. 132, pl. 133.

La Tamise à Twickenham, vue de la colline de Richmond, était particulièrement chère à Turner; il choisit de faire construire sa propre maison, Sandycombe Lodge, à cet endroit, non loin du fleuve, et il a rendu ce décor célèbre par sa grande toile de 1819, *Angleterre, Richmond Hill, le jour de l'anniversaire du Prince Régent* (n° 34). Il a fait diverses autres versions de ce sujet, dont trois aquarelles terminées (voir n° 202), la première, récemment découverte, datant de 1794 environ et étant tirée d'une étude élaborée à l'aquarelle (TB XXVII-K). Ce croquis, qui compte parmi les

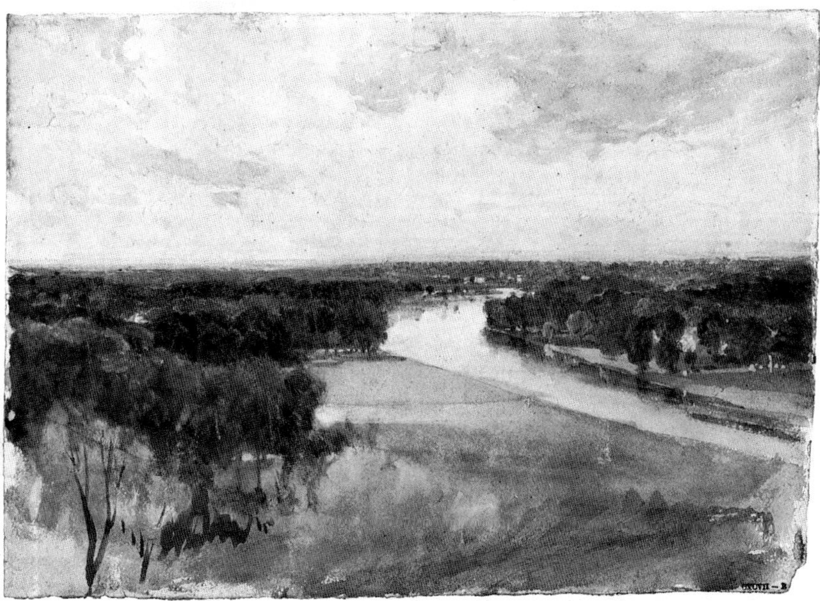

199

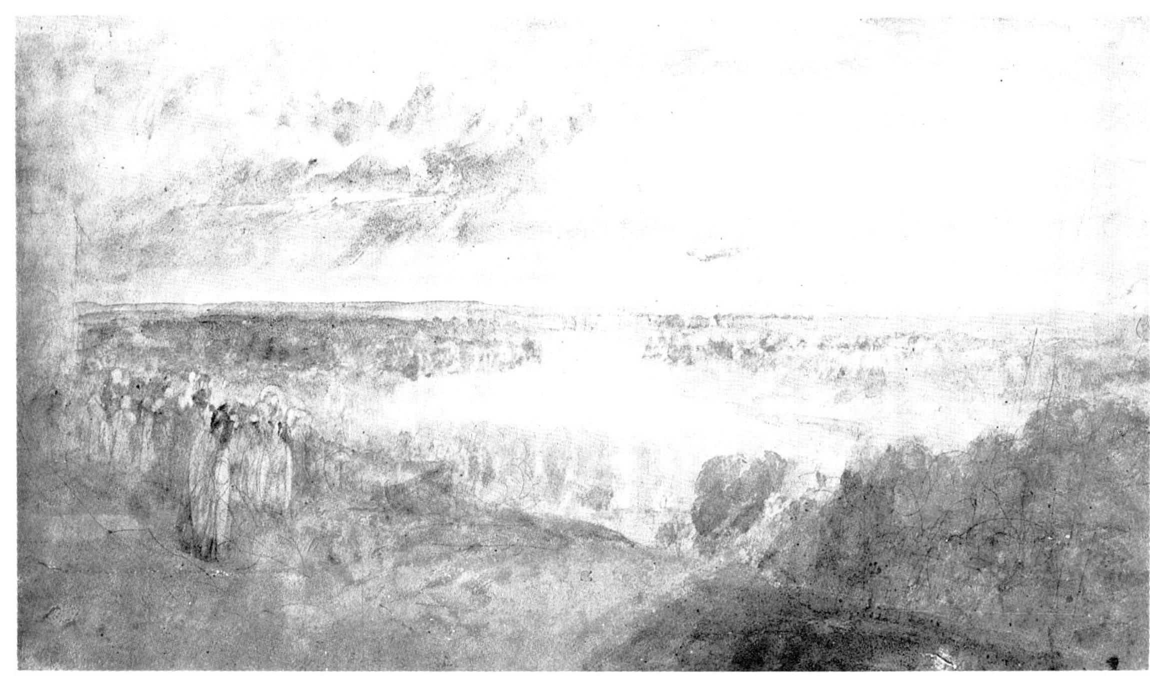
200

201

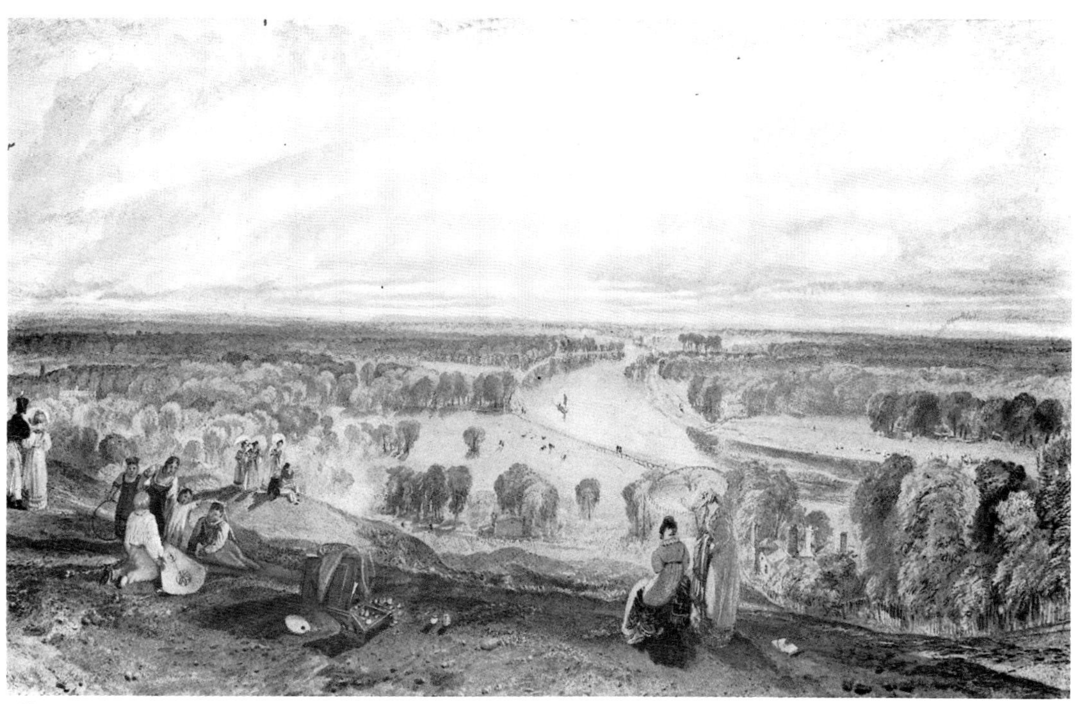
202

études les plus spontanément naturalistes de la Tamise par Turner, peut avoir été fait d'après nature, comme le suggère son atmosphère, ou avoir été tiré d'un dessin au crayon du carnet *D'Hastings à Margate* (TB CXL p. 76). Sa fraîcheur plus qu'essentielle donne peut-être encore plus d'importance au fait que Turner a fait précéder le titre de sa grande peinture du mot « Angleterre » et il est possible que nous ayons là une étude préparatoire. Ce n'est cependant pas comme le pense Wilkinson, « une aquarelle soigneusement achevée de ce sujet ». A. W.

Londres, The Trustees of the British Museum (TB CXCVII-B)

200

Étude pour « Richmond Hill »

vers 1825

Crayon et aquarelle. 0,315 × 0,562

201

Étude pour « Richmond Hill »

vers 1825

Aquarelle. Filigrane : 1824. 0,365 × 0,584.

Exposition : Londres, 1974-1975, n° 256

Tout en travaillant à des vues du Yorkshire pour l'*History of Richmondshire* de Whitaker (voir le n° 127), Turner avait pris l'habitude de faire une série d'études en couleurs en vue d'une unique œuvre achevée; cela venait de ses anciennes habitudes de travailler une composition, à l'huile ou à l'aquarelle, grâce à toute une série de croquis faits sur les pages d'un carnet. On en trouve les exemples les plus frappants dans les dessins se rapportant aux *Picturesque Views of England and Wales* et il est vraisemblable que l'on doive rattacher ces dessins à ce projet (voir nos 199 et suiv.). Il s'agit manifestement d'études pour l'aquarelle achevée de *Richmond Hill* (n° 202) qui a été peinte vers 1825 lorsque le projet de *England and Wales* était en cours, même si elle n'a pas été gravée pour lui. Dans tous les cas, l'utilisation d'études en couleurs successives pour distiller l'essence de la

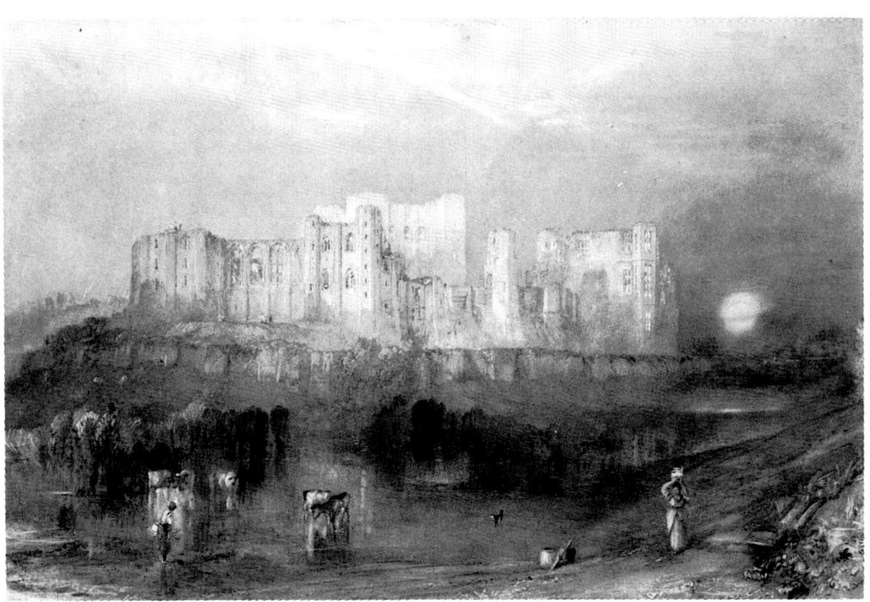

203

composition et des couleurs du dessin à partir des croquis exécutés sur place (peut-être le croquis en couleur n° 199) trouve ici une démonstration évidente. Il n'est pas sans intérêt de constater que, si la structure générale de la composition finale se retrouve bien, les deux études suggèrent la présence d'une foule de personnages, foule qui est un élément essentiel de l'œuvre achevée. Le bord supérieur du n° 201 semble avoir été coupé par Turner : il est manifeste qu'une autre composition, placée perpendiculairement, a été peinte immédiatement à côté. Avec le n° 126, on trouvera une page sur laquelle on peut encore voir de telles études non séparées. A. W.

Londres, The Trustees of the British Museum (TB CCLXIII-348, 385)

202

Richmond Hill

vers 1825

Aquarelle et gouache. 0,297 × 0,489

W n° 518

Gravure : par E. Goodall pour *The Literary Souvenir,* 1826 (R, n° 314).

Expositions : Londres, 1974-1975, n° 257; Londres, Agnew, *Turner's Picturesque Views in England and Wales,* 1979, n° 45.
Bibliographie : Eric Shanes, *Turner's Picturesque Views in England and Wales, 1825-1838,* 1979, pp. 33-34, n° 45.

Il s'agit sans doute du site le plus souvent représenté dans l'art anglais. Turner en fit d'abord une aquarelle vers 1794 et allait y revenir à plusieurs reprises au cours de sa carrière. Outre l'énorme tableau *Angleterre : Richmond Hill, le jour de l'anniversaire du Prince Régent* (n° 34), exposé en 1819, il fit deux essais de couleurs pour ce sujet (n°s 200 et 201), puis le n° 202, que Wilton date vers 1820-1825. Il était peut-être destiné à la gravure, car Turner peignit, au milieu des années 1820, un certain nombre d'aquarelles poussées de Londres et de ses environs qui furent gravées pour des annuaires. Enfin, il devait reprendre l'essentiel de la composition dans l'aquarelle *Richmond Terrace, Surrey* (W, n° 879), peinte vers 1836 et gravée dans la série *England and Wales.*

Toutes les versions achevées sont remarquables par l'art que Turner déploie dans les figures, très vivantes et d'une grâce inhabituelle.

Bien que cette aquarelle n'ait pas été gravée dans la série *England and Wales,* Eric Shanes l'a incluse dans son livre sur ce recueil, sous prétexte qu'elle pourrait avoir été projetée comme l'une des vues de la série, puis détournée arbitrairement par Charles Heath pour *The Literary Souvenir.* Mais, si *Richmond Hill* ressemble beaucoup aux aquarelles d'*England and Wales* par la taille et l'aspect

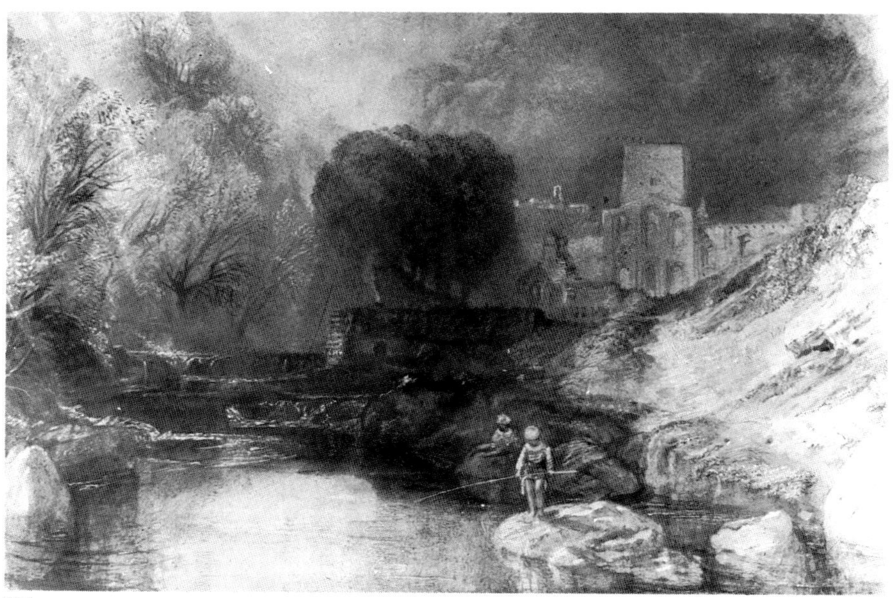

204

général, en réalité elle a pu être exécutée avant le projet de cette série. E. J.

Port Sunlight (Cheshire), The Lady Lever Art Gallery

203

Vue du château de Kenilworth

vers 1830

Aquarelle et gouache, avec traces de crayon. 0,292 × 0,454

W n° 842

Gravure : par T. Jeavons, 1832, pour les *Picturesque Views in England and Wales* (R, n° 266).
Expositions : Moon, Boys & Graves Gallery, 1833, n° 22; Berkeley, 1975, n° 26.
Bibliographie : Eric Shanes, *Turner's Picturesque Views in England and Wales 1825-1838*, 1979, p. 37, n° 51.

Tiré d'un crayon des pp. 29v et 30 du carnet *Kenilworth* (TB CCXXXVIII), utilisé par Turner dans son voyage dans les comtés du centre, à l'automne de 1830, voyage qu'il a fait spécialement pour réunir de nouveaux éléments pour la série *England and Wales*.

Dix ans plus tard, Ruskin rencontra pour la première fois Turner chez Thomas Griffith, à Norwood. Ruskin devait plus tard rappeler « ... le dessin de Kenilworth était un de ceux qui sortirent après le dîner du dossier de M. Griffith; et je crois que j'ai dû dire quelque folie à ce sujet, comme "voilà qui nous promet une des séries sur l'Angleterre" qui a fortement déplu à Turner. Il y avait peu de choses qu'il détestait plus que d'entendre des gens faire de longs discours sur des dessins particuliers; il savait que cela voulait simplement dire qu'ils ne pouvaient voir les autres ». La gravure d'après cette aquarelle est exposée ici (n°s 209-210). E. J.

San Francisco, The Fine Arts Museums of San Francisco, Achenbach Foundation for Graphic Arts (don Osgood Hooker, 1967)

204

Le prieuré de Brinkburn, Northumberland

vers 1830

Aquarelle. 0,292 × 0,463

W n° 843

Gravure : par J.C. Varrall, 1832, pour les *Picturesque Views in England and Wales* (R, n° 267).
Expositions : Moon, Boys & Graves Gallery, 1833, n° 46; Agnew, *Turner's Picturesque Views in England and Wales*, 1979, n°s 46.

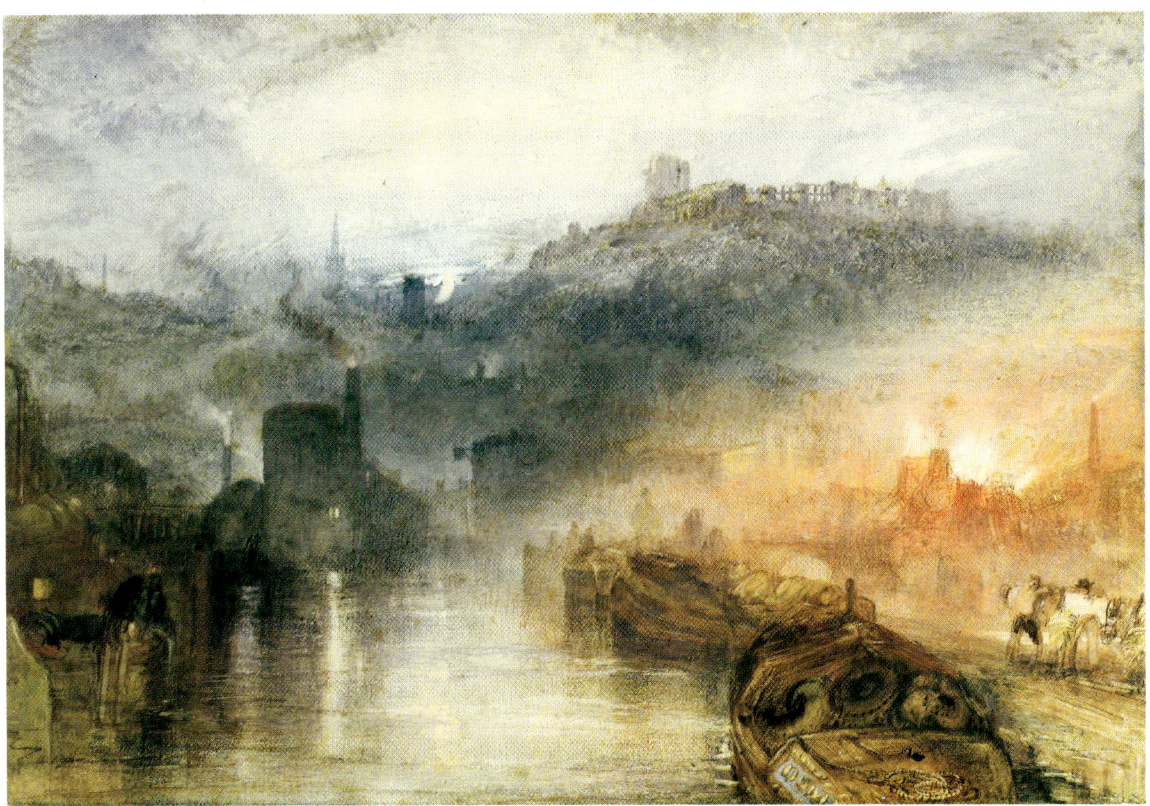

205

Bibliographie : Eric Shanes, *Turner's Picturesque Views in England and Wales 1825-1838,* 1979, pp. 36-37, n° 49.

Exécutée vers 1830 et tirée d'une étude au crayon sur une page provenant du carnet *Smaller Fonthill* (TB XLVIII) de 1801 environ. Cette étude se trouve maintenant au Fogg Art Museum d'Harvard.

Brinkburn se trouve sur la rivière Coquet, entre Alnwick et Morpeth.

Shanes considère que le n° 204 est « une belle étude d'opposition », la composition étant divisée par des diagonales croisées, « tout ce qui se trouve à gauche apparaissant avec abondance et luxuriance, tout ce qui se trouve à droite étant dénudé et désolé. Les ruines des œuvres humaines s'opposant ainsi à la fertilité et à la régénérescence de la nature ». On peut cependant se demander si Turner voulait que l'on interprétât le n° 204 avec ce symbolisme.

E. J.

Sheffield, Sheffield City Art Galleries.

205

Dudley, Worcestershire

vers 1832

Aquarelle et gouache. 0,288 × 0,430

W n° 858

Gravure : par R. Wallis, 1835, pour les *Picturesque Views in England and Wales* (R, n° 282).
Expositions : Moon, Boys & Graves Gallery, 1833, n° 77; Londres, 1974-1975, n° 426; Agnew, *Turner's Picturesque Views in England and Wales,* 1979, n° 66.
Bibliographie : Eric Shanes, *Turner's Picturesque Views in England and Wales, 1825-1838,* 1979, pp. 43, 156 à 158, n° 66; Wilton, 1979, p. 187.

En 1830, Turner fit une excursion dans les comtés du centre afin de réunir des éléments nouveaux pour la série *England and Wales* (voir p. 255) pour laquelle il s'était engagé. On trouve des études au crayon, faites à Dudley,

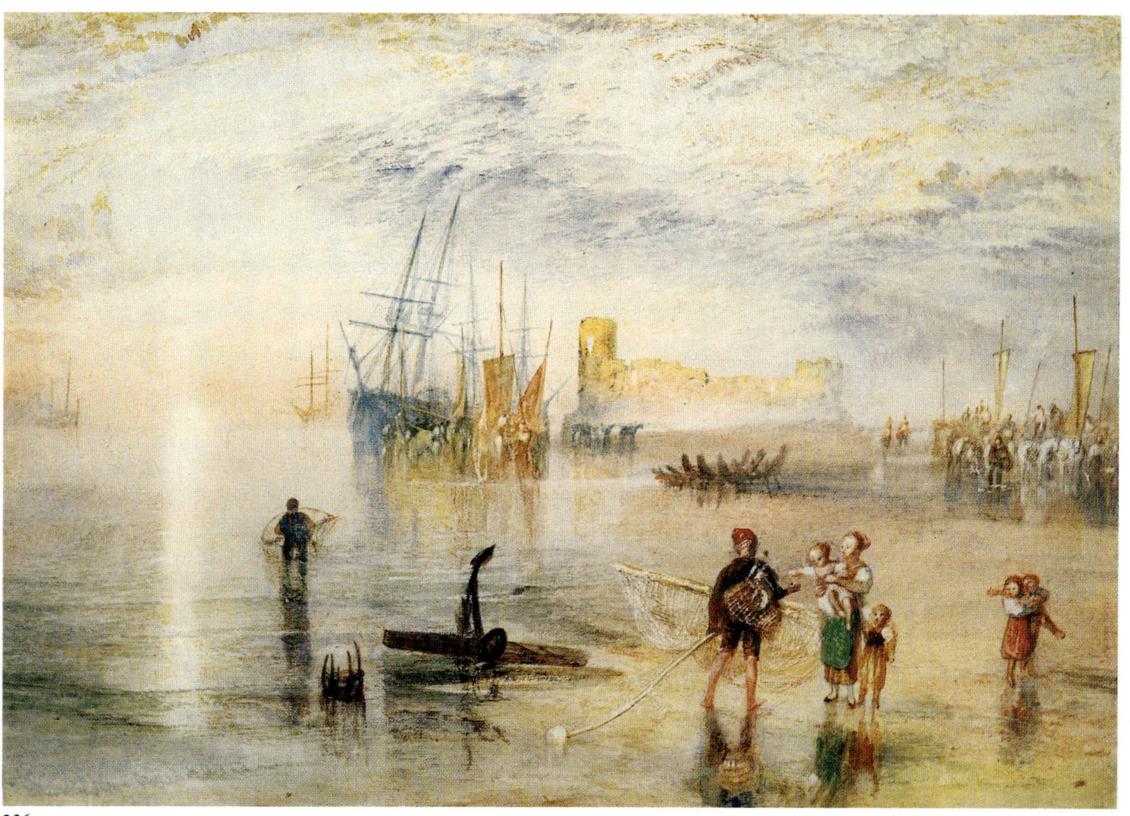

206

dans les deux carnets de *Kenilworth* (TB CCXXXVIII) et *Birmingham and Coventry* (TB CCXL) qu'il utilisa pendant ce déplacement. Le nº 205 date lui-même probablement de 1832.

C'est la plus « industrielle » des aquarelles de *England and Wales* et c'est aussi une des plus belles. Ruskin a écrit que c'était « une des premières expressions, par Turner, de son parfait discernement de ce que devait devenir l'Angleterre. » Certes, Turner, ne semble pas avoir, ici, de difficulté à souligner la dichotomie des zones historiques et des zones modernes de cette ville, qui sont représentées, d'une part, par l'église et par les ruines du château, et, d'autre part, par les cheminées qui vomissent la fumée et par les fours qui grondent. Shanes incline à penser que le quasi alignement dans la composition de la flèche de l'église avec les cheminées d'usine symboliserait le remplacement des valeurs anciennes par de nouvelles.

Wilton fait remarquer que, bien qu'il n'y ait pas d'ébauche en couleurs pour *Dudley* dans le legs Turner, l'aquarelle achevée est élaborée sur des lignes similaires, c'est-à-dire « des segments contrastés de masses de couleurs; pourtant, en travaillant son dessin, Turner masque sa fondation soigneusement établie avec un revêtement enchevêtré de couleurs qui font écho, se réverbérant d'une zone à une autre, si bien que l'on a peine à percevoir le plan du sol. »

E. J.

Port Sunlight (Cheshire), The Lady Lever Art Gallery

206

Le château de Flint, Galles du Nord

vers 1834

Aquarelle. 0,265 × 0,391

W nº 868

Gravure : par J. H. Kernot, 1836, pour les *Picturesque Views in England and Wales* (R, nº 292).
Exposition : Agnew, *Turner's Picturesque Views in England and Wales*, 1979, nº 75.

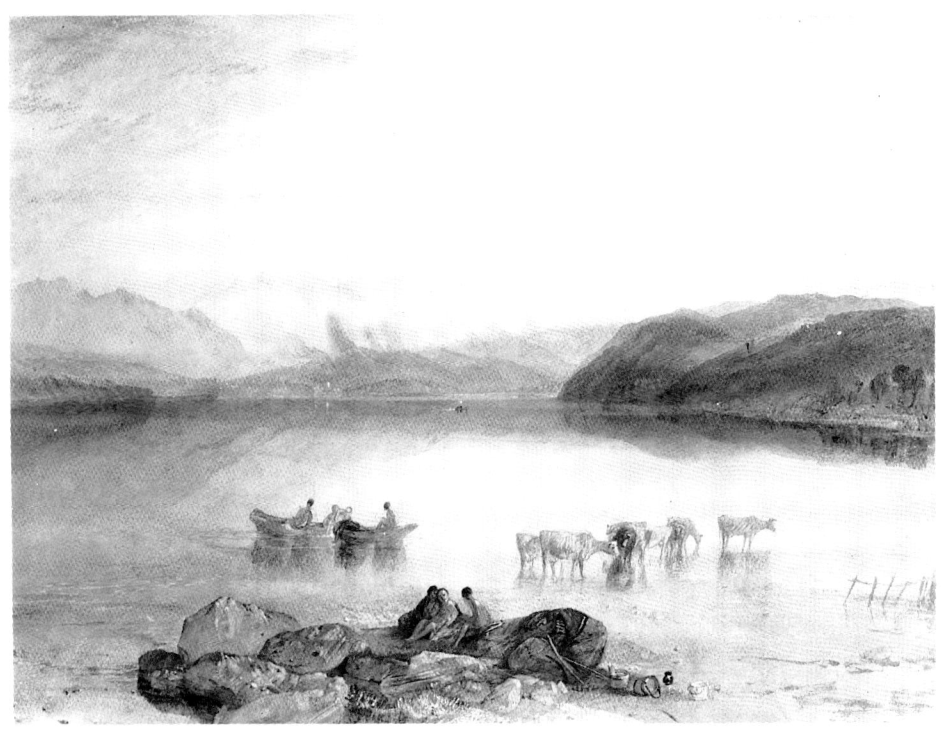

207

Bibliographie : Eric Shanes, *Turner's Picturesque Views in England and Wales, 1825-1838,* 1979, p. 46, n° 75.

Le château de Flint figure dans une des premières planches du *Liber Studiorum,* publié en juin 1807, bien qu'il y soit inexplicablement intitulé « Paysage sur la côte française ». Il est tiré d'un dessin du legs Turner (TB CXVI-C).

Lorsque Turner s'y rendit pour peindre le sujet en vue d'une gravure de la série *England and Wales,* il fit d'abord un dessin plus petit (W, n° 885, qu'il date de 1830 env.; celui-ci appartient actuellement à M. M. Yamanaka, de Tokyo), où le soleil se trouve immédiatement à gauche du château tandis que les personnages et les bateaux sont regroupés encore plus à gauche.

On ignore pourquoi Turner fit une deuxième version mais le n° 206 est une des aquarelles les plus chargées d'atmosphère de cette série et les couleurs nacrées, opalescentes font penser qu'elles doivent quelque chose au deuxième séjour de Turner à Venise, en 1833. On devrait donc ne pas se tromper en attribuant au *Château de Flint* une date des environs de 1834.

Le n° 206 a appartenu à Ruskin qui en écrivit : « Le vert et l'orange, violents, des personnages proches sont pénibles, en eux-mêmes; ils sont pourtant d'une inestimable utilité pour projeter la totalité du vert dans l'eau et les chaudes couleurs du ciel dans le lointain aérien, et l'effet de lumière, sans eux, aurait été impossible ». Ruskin estimait aussi que le n° 206 « est la plus belle pièce de pure aquarelle de toute ma collection. »

E. J.

Cardiff, National Museum of Wales

207

Ullswater, Cumberland

Aquarelle. 0,330 × 0,426

W n° 860

Gravure : par J.T. Willmore, 1835, pour les *Picturesque Views in England and Wales* (R, n° 284).
Expositions : Londres, 1974-1975, n° 428; Agnew, *Turner's Picturesque Views in England and Wales,* 1979, n° 68.
Bibliographie : Eric Shanes, *Turner's Picturesque Views in England and Wales, 1825-1838,* 1979, p. 44, n° 68.

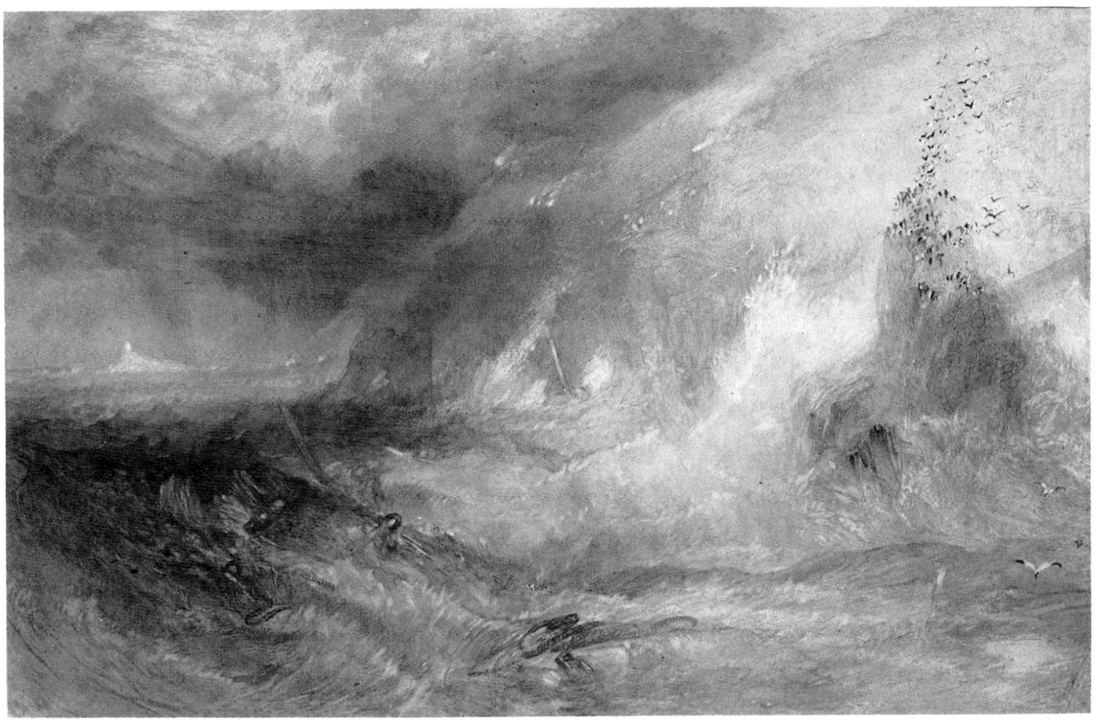

208

Peinte vers 1833 mais tirée probablement d'études faites dès 1797, dans le carnet *Tweed and Lakes* (TB XXXV).

Par la superficie, le lac d'Ullswater vient juste après celui de Windermere et il a toujours été un des sujets favoris des artistes depuis le XVIIIe siècle. Gilpin a fait remarquer (comme on le voit dans le catalogue de l'exposition *Turner and the Sublime,* p. 181) : « Je n'ai pas souvenance d'aucun décor où le beau et le sublime, selon ma conception, soient plus mêlés qu'ici... »

Turner semble s'être donné du mal pour mettre en valeur le sentiment de tranquillité du décor. La grande étendue de la surface du lac, sans une ride, souligne ce sentiment global de calme et celui-ci est encore renforcé par la délicatesse du coloris, en particulier les pourpres doux des reflets ombragés des collines, à l'extrémité la plus lointaine du lac.

Ruskin a dit des roches du premier plan qu'elles étaient « le plus bel exemple au monde de dessin terminé de roches ayant été soumises à l'action violente des eaux » — cette dernière phrase faisant penser à des conditions climatiques bien éloignées de l'atmosphère du n° 207. E. J.

Grande-Bretagne, collection particulière.

208

Le phare de Longships, Land's End

1834-1835

Aquarelle. 0,290 × 0,440

W n° 864

Gravure : par W.R. Smith, 1836, pour les *Picturesque Views in England and Wales* (R, n° 288).
Expositions : Paris, 1972, n° 304; Berlin, 1972, n° 93; Londres, 1974-1975, n° 431; Agnew, *Turner's Picturesque Views in England and Wales,* 1979, n° 73.
Bibliographie : Eric Shanes, *Turner's Picturesque Views in England and Wales,* 1979, pp. 45, 155, 157, n° 73.

Turner se rendit à Land's End en 1811 quand il réunissait des éléments pour les gravures de la série de la *Southern Coast.* On trouve un dessin qui donne la genèse du n° 208 à la p. 27 du carnet *D'Ivy Bridge à Penzance* (TB CXXV).

Étant donné que *Longships* ne fait pas partie des soixante-six aquarelles de la série *England and Wales* exposées à la Moon, Boys and Graves Gallery à Londres en 1833, il semble raisonnable de penser qu'elle a été peinte plus tard,

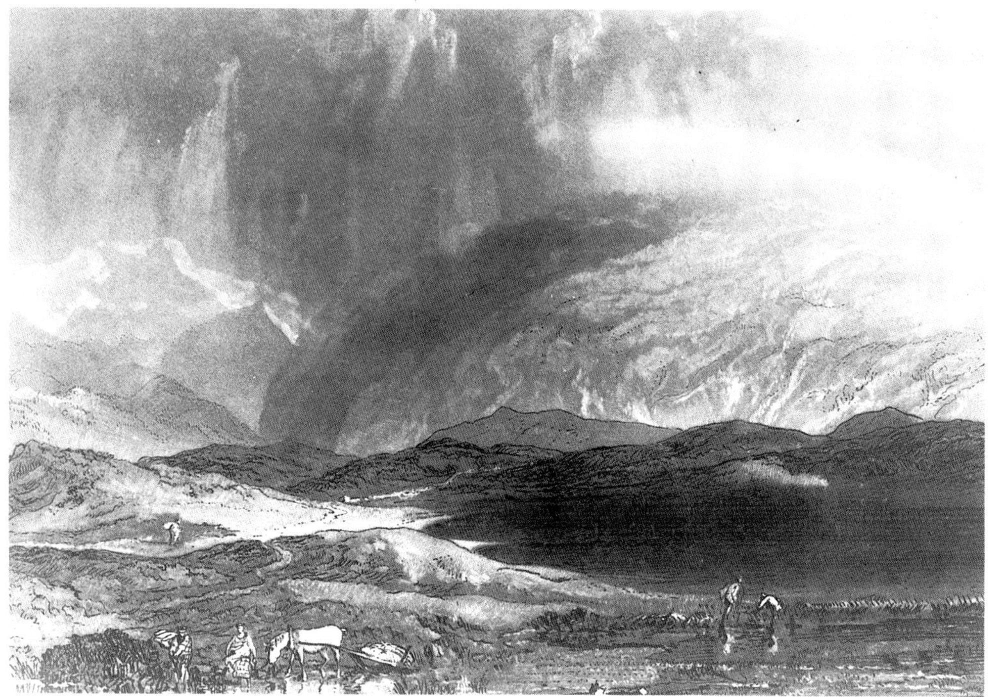

209

probablement en 1834-1835, ce qui correspondrait avec la date de la gravure.

Longships ne manque pas de titres à être considérée comme le chef-d'œuvre de la série *England and Wales* et des écrivains comme Ruskin, Laurence Binyon et Martin Hardie ont tous cherché à en définir les extraordinaires qualités. La description de Ruskin (*Works,* 1903-1912, III, p. 403-404) est trop longue pour être citée mais Martin Hardie (qui estimait le n° 208 « peut-être la plus belle des aquarelles de Turner ») en a saisi l'essentiel dans ce passage :

« Le tableau n'est qu'air et espace, avec toute la vigueur dramatique de la scène — la tempête qui fait rage, les cris des mouettes, le spectre du phare, les éclairs d'argent de l'écume, les embruns tournoyants, la brume qui gagne, les volutes de vapeur, les collines sauvages à demi-masquées dans le brouillard — rendue émouvante par des tons adoucis et l'imbrication des courbes et des cercles qui expriment les furieuses contorsions des éléments et, par leurs propres formes, donnent au subconscient un vague sentiment d'infini. »

Hardie a également vu dans le n° 208 l'annonce de *Pluie, vapeur et vitesse* (voir n° 74) mais on trouverait peut-être un rapport plus significatif avec les grandes aquarelles de Suisse de 1842-1843 car, dans les deux cas, on trouve l'aspect de l'œuvre terminée — la quintessence de la spontanéité, semble-t-il — obtenu par des touches de pinceau aussi bien d'une extrême complexité que minutieusement maîtrisées. Avec le n° 208, la liberté de l'effet est particulièrement remarquable dans une aquarelle destinée à la gravure.

Le n° 208 illustre à la perfection la remarque de Rothenstein et Butlin (*Turner,* 1964, p. 79) qui disent que, à la fin de sa vie, Turner « pouvait totalement supprimer les personnages sans diminuer mais plutôt en augmentant la signification humaine de ses thèmes ». E. J.

États-Unis, collection particulière.

209

Picturesque Views in England and Wales

from Drawings by J.M.W. Turner, Esq. R.A., with Descriptive and Historic Illustrations, by H.E. Lloyd, Esq.

Londres, 1832

Ouvert à *Kenilworth Castle, Warkwickshire*
Gravure au trait par T. Jeavons, 1832 (R, n° 266). Sujet : 0,164 × 0,252. Planche : 0,245 × 0,307

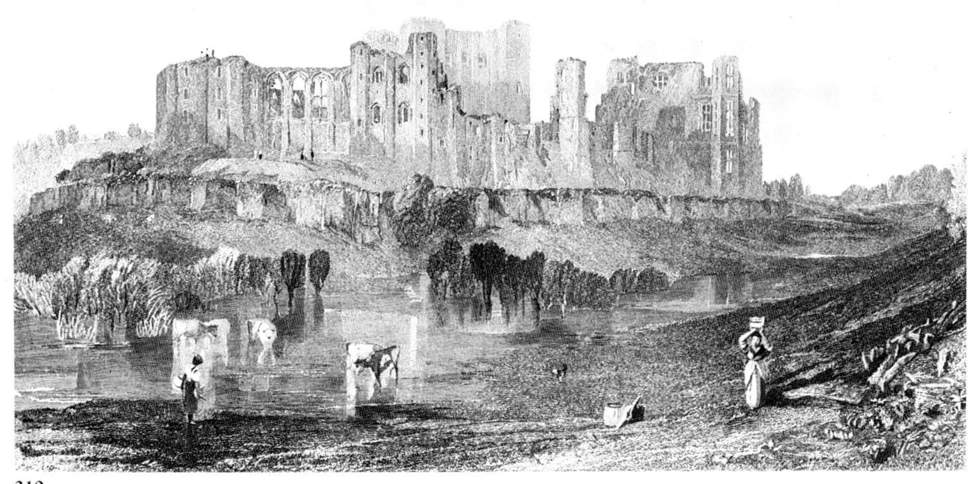

210

Inscription, au-dessous : *Drawn by J.M.W. Turner, R.A.* et *Engraved by T. Jeavons;* et, outre le titre : *London, Published 1832, for the Proprietor, by Moon, Boys and Graves, 6, Pall Mall.*

Pour l'histoire de cette publication, voir pp. 255-257. Une épreuve d'essai de cette planche est exposée au n° 210.

A. W.

Grande-Bretagne, collection particulière.

210

T. Jeavons d'après J.M.W. Turner

Kenilworth Castle, Warwickshire

1832

Gravure au trait, épreuve d'essai (R, n° 266). Sujet : 0,164 × 0,252. Planche : 0,245 × 0,300.

Pour l'état définitif voir le n° 209. Publiée d'abord dans le chapitre XV, n° 2. L'aquarelle achevée qui servit de modèle est le n° 203.

A. W.

Grande-Bretagne, collection N.W. Lott et H.G. Gerrish.

211

Étude de couleurs : port au soleil couchant

vers 1825-1830 ?

Aquarelle. 0,368 × 0,552

Parmi les nombreuses études colorées de Turner portant sur des structures de paysages, plusieurs n'ont aucun lien apparent avec les vues topographiques qui constituent le thème habituel des aquarelles achevées. Il s'agit, semble-t-il, d'un décor classique imaginaire, et elles sont souvent comparables à des études à l'huile de sujets analogues (par exemple n° 47). C'est probablement le cas de la feuille exposée. On ignore si Turner a jamais envisagé de réaliser à l'aquarelle des compositions idéales du type de sa *Composition sur Tivoli* (n° 134), unique dans son œuvre; mais il employa souvent pour des vues topographiques ordinaires le langage héroïque de Claude Lorrain ou de Poussin (par exemple la vue resplendissante du *Château de Prudhoe,* dans la série *Picturesque Views in England and Wales;* W, n° 798, fig. 187). Aussi n'est-il pas impossible que cette étude, dépourvue de presque tout signe distinctif, ait été faite en vue d'un sujet topographique, peut-être pour la série *England and Wales.* Du point de vue stylistique, elle présente

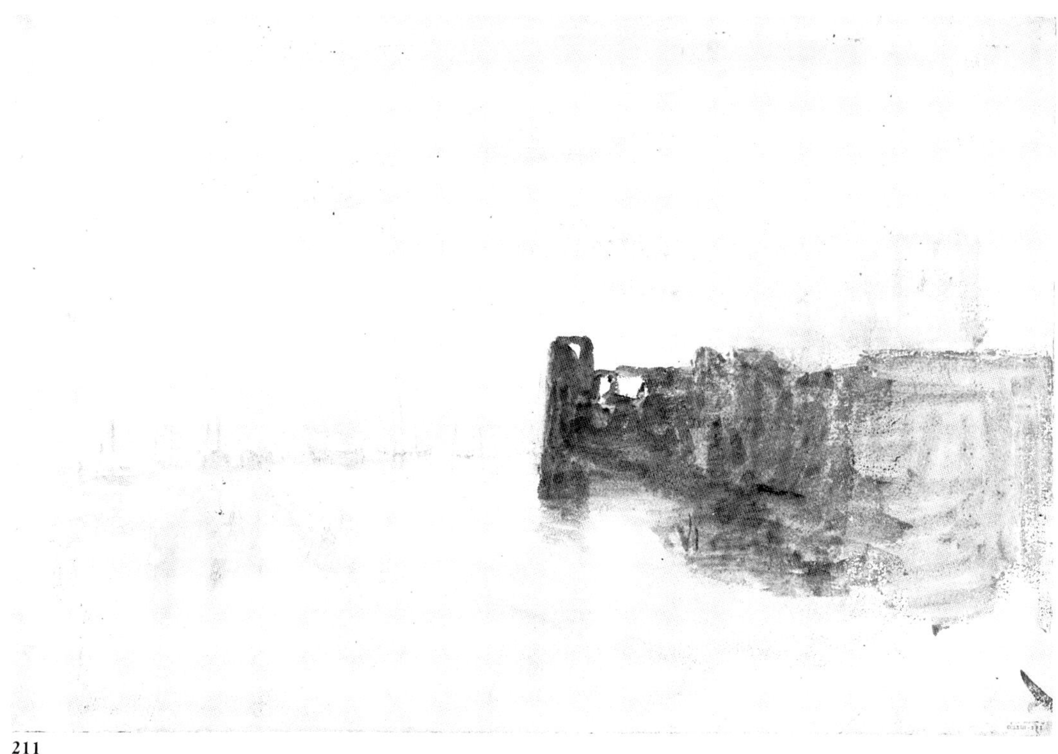
211

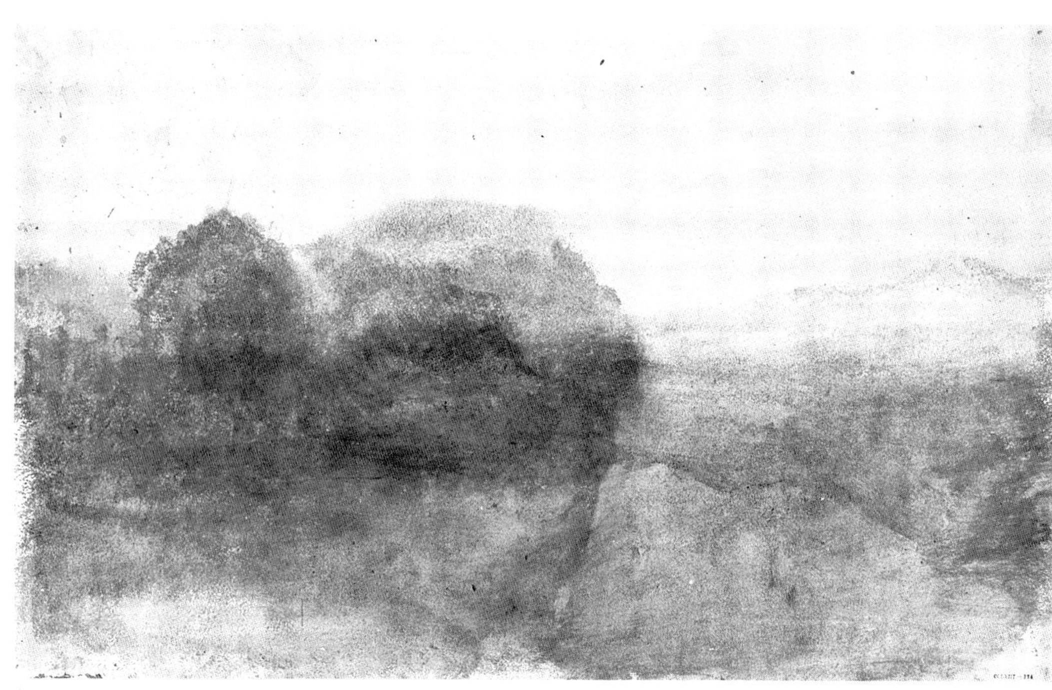
212

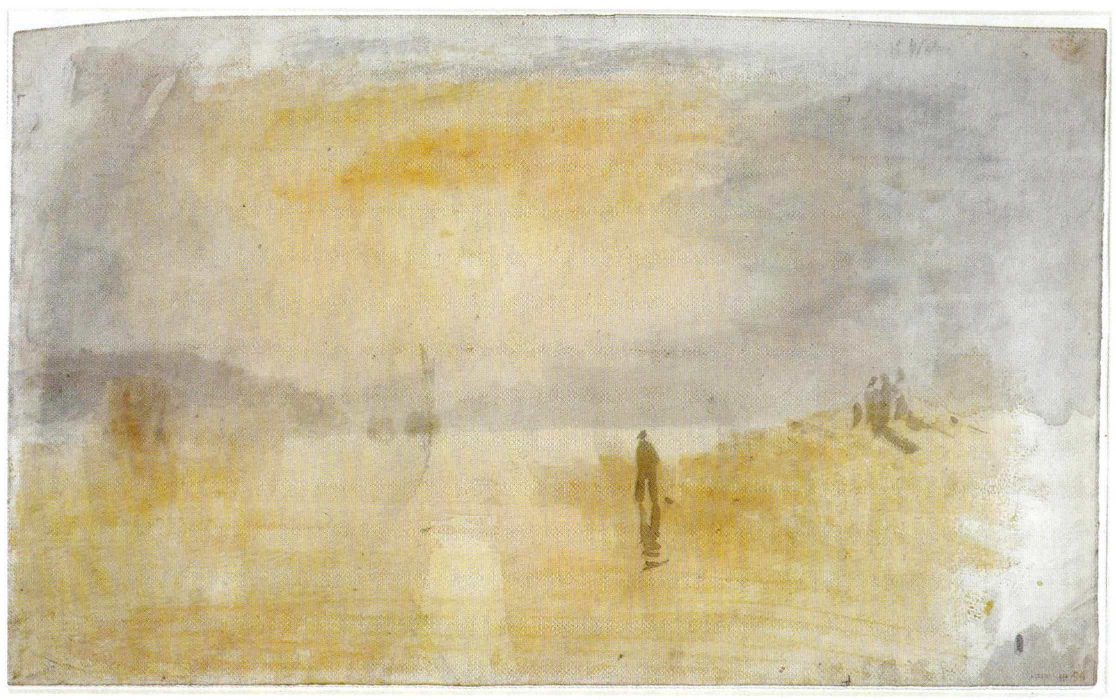

213

beaucoup de traits communs avec les études qui se rattachent à cette publication. La facture plus sommaire et le pigment plus épais suggèreraient toutefois une date légèrement antérieure au début des années 1830 — période généralement assignée à un grand nombre d'études de couleurs exécutées pour la série *England and Wales*. A. W.

Londres, The Trustees of the British Museum (TB CCLXIII-361)

212

Étude de couleurs : lac avec un promontoire au loin

1830-1835 ?

Aquarelle. 0,313 × 0,502

Comme beaucoup des études du legs Turner, cette feuille pose des problèmes de date et de sujet. Son coloris assez chaud et dense justifierait une datation vers le début des années 1820, mais elle semble se rattacher plutôt à la série *England and Wales* : il s'agirait peut-être d'une « structure colorée » en vue de l'aquarelle *Lac de Keswick, Cumberland* (Londres, British Museum, legs Lloyd; W, n° 871), qui fut gravée en 1837 par William Radclyffe, une des dernières de la série (R, n° 295). Le lac est vu de la rive nord (Keswick), avec, à gauche, la cascade de Lodore se déversant d'une falaise boisée. A. W.

Londres, The Trustees of the British Museum (TB CCLXIII-134)

213

Étude de couleurs : coucher de soleil avec le château de Flint

vers 1830-1834 ?

Aquarelle sur fond gris partiel. Filigrane : 1825. 0,323 × 0,551

Inscription au crayon en haut à droite : *N Water* (ou *Wales*)

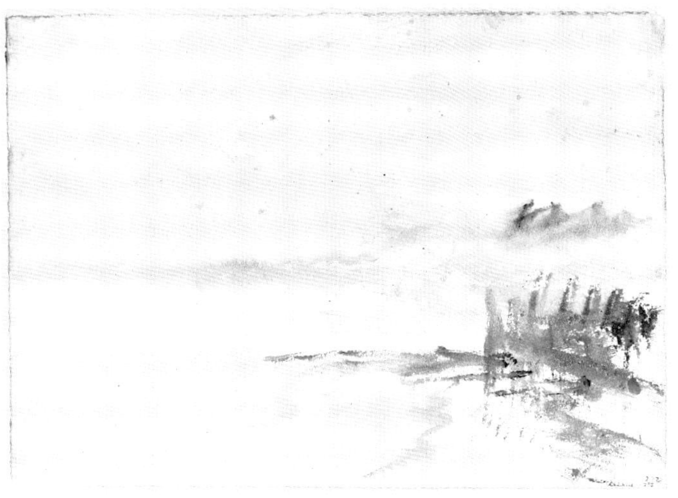

214

215

Une des études de couleurs étendues, de palette claire que Turner fit dès 1830 pour son travail sur la série *England and Wales;* on peut relier cette page à la vue du *Château de Flint* qui a été gravée en 1836 (n° 206) ou à une autre vue similaire du même sujet, probablement légèrement antérieure (W, n° 885). En ramenant tout le sujet à une couleur unique, Turner souligne ici ce qui est apparent dans beaucoup de ses œuvres après 1820, qu'il ne comprenait pas la lumière solaire seulement comme le moyen par lequel nous percevons les choses mais comme la substance même du monde extérieur. Un certain nombre d'autres études du legs Turner, représentant un château se détachant sur un horizon lointain au-delà d'une étendue d'eau, peuvent aussi se relier à ce sujet, même si elles n'utilisent pas la même palette de couleurs solaires. A. W.

Londres, The Trustees of the British Museum (TB CCLXIII-124)

214

Vue sur la mer

1830-1840 ?

Aquarelle. 0,192 × 0,272

215

Vue sur la mer avec une jetée

1835-1840 ?

Aquarelle. 0,193 × 0,272

Le legs Turner contient une série d'esquisses très légères qui évoquent des vues de côtes — mer, ciel et sable — avec une économie maximum de formes et de couleurs. Ces deux feuilles sont typiques du groupe, où Turner a laissé prédominer le blanc du papier, à peine modifié par quelques touches rapides de lavis. Extrêmement personnelles, presque hermétiques à force d'ellipse, elles ont pu être exécutées lors d'un des séjours de l'artiste à Margate (voir n° 156), un endroit qui lui était très cher et qui se situe au cœur même de ses méditations les plus intimes. Rien ne permet d'associer ces études à des œuvres plus poussées, mais elles semblent s'inscrire dans la phase de création qui produisit, au cours des années 1830, une série de marines à l'huile, par exemple *Le bateau de sauvetage et l'équipage de Manby,* de 1831 (n° 53), ou les *Pilleurs d'épaves,* de 1834 (n° 54). A. W.

Londres, The Trustees of the British Museum (TB CCLXIII-272 et 274)

216 à 223

Les illustrations de livres

Lorsque Turner commença à accepter d'illustrer des œuvres littéraires, plutôt que les excursions topographiques qui, jusque-là, étaient les sources de ses textes, il ne modifia pas de manière radicale ses choix habituels de sujets, continuant à faire, pour la plupart, des dessins d'après le genre de « vues » que l'on trouve dans les séries de la *Southern Coast* ou du *Richmondshire.* Presque toutes ses illustrations, pour les éditions que Cadell faisait des *Œuvres poétiques* et des *Œuvres en prose* de Sir Walter Scott, exécutées au cours des premières années suivant 1830, respectent cette règle, comme c'est le cas pour les deux éditions de Byron par Murray, l'une de 1825 et l'autre de 1832-1834. Le format de ces dessins est cependant considérablement modifié. Nombre des sujets de Scott, il est vrai, sont réellement des aquarelles à grande échelle, du type habituel, que Turner se contenta d'exécuter sur des pages de papier beaucoup plus petites; d'autres prennent cependant la forme de vignettes, ce qui exige, pour la composition, des solutions absolument différentes. Turner avait déjà dessiné pour des vignettes, une, par exemple, pour la page de titre des *Antiquities of Pola* de Thomas Allason (1819; TB CXCVI-T) et deux pour les *Provincial Antiquities of Scotland* de Walter Scott (1819-1826; W, n°s 1058 et 1063). Il faut rechercher sa maîtrise la plus impressionnante de la forme avec ses illustrations pour deux volumes de vers d'un poète mineur, Samuel Rogers, qui les lui commanda lui-même. Le premier volume, *Italy,* fut publié en 1830 et son succès fit hâter la parution du deuxième, un recueil de poèmes, *Poems,* en 1834. Pour ces travaux, Turner fut aidé d'un groupe de graveurs d'une exceptionnelle qualité qu'il avait formés lui-même, pour la plupart, surveillant scrupuleusement leur travail en cours (voir n° 220). Ici, sa maîtrise à condenser tout un monde d'idées dans un minuscule espace, grâce à sa technique de l'aquarelle, d'une précision minutieuse, et à la compréhension qu'il venait d'acquérir de la couleur saturée, se traduisit par la création de quelques-unes des illustrations de livres les plus célèbres dans l'histoire de l'art britannique. Ruskin a dit que c'était les vignettes du « Rogers » qui avaient, pour la première fois, déclenché son enthousiasme pour Turner. Dans le volume de *Poems,* Turner s'éloigna encore plus radicalement qu'auparavant de la base topographique de ses sujets et il dessina plusieurs scènes qui illustrent avec la plus grande précision les événements décrits par le texte. Cette tendance au narratif est encore plus prononcée dans les sept illustrations de Milton, en 1835, et dans les vingt des *Œuvres poétiques* de Campbell éditées par Moxon en 1837. Il exécuta également le frontispice d'une édition de *The Pilgrim's Progress* (1836) et quatre vignettes pour *The Epicurean* de Thomas Moore (1839) ainsi que quelques illustrations individuelles pour des poèmes publiés dans le *Keepsake Annual* (1835-1837). Vers 1840, il semble avoir commencé une série de vignettes et d'autres décorations pour une œuvre sur la chasse à la baleine (voir n° 229), mais celles-ci ne parurent jamais.

A. W.

Bibliographie : Adele Holcomb, « A Neglected Classical Phase of Turner's Art : his Vignettes to Roger's *Italy* », *Journal of the Warburg and Courtauld Institutes* XXXII, 1969, pp. 405 à 410; et, même auteur, « The Vignette and the Vortical Composition in Turner's Œuvre », *Art Quarterly,* XXXIII, 1970, pp. 16 à 19; Mordechai Omer, *Turner and the Poets,* catalogue de l'exposition, Twickenham, Norwich, Wolverhampton, 1975; Gerald Finley, *Landscapes of Memory : Turner as Illustrator to Scott,* 1980.

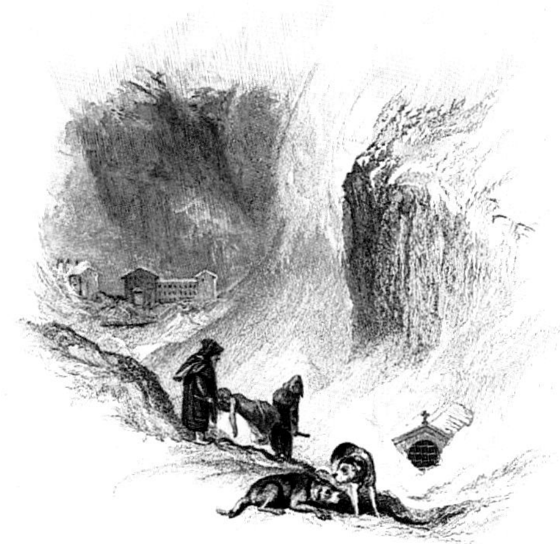

216

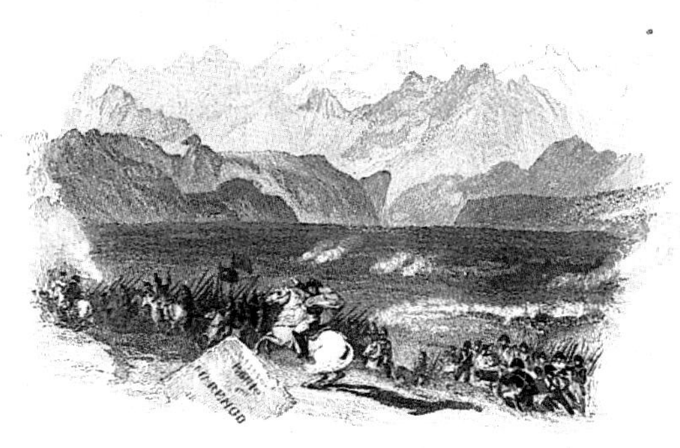

217

216

W.R. Smith d'après J.M.W. Turner

The Hospice of the Great St Bernard : the Dead House

(L'hospice du Grand-Saint-Bernard : la maison morte)

1827-1829

Gravure au trait, premier état publié, papier d'Inde (R, n° 352) Vignette. Sujet : 0,08 × 0,08. Planche : 0,251 × 0,142

Inscription, en dessous : *London. Published September 1 1829, by R. Jennings 62 Cheapside.*

Bibliographie : A. Holcomb, « A Neglected Classical Phase of Turner's Art : his Vignettes to Rogers's *Italy* » in *Journal of the Warburg and Courtauld Institutes,* XXXII, 1969, pp. 405-410; M. Omer, *Turner and the Poets,* catalogue d'exposition, 1975; *Turner in Switzerland,* p. 138.

Samuel Rogers (1763-1855), banquier et poète, publia son long poème *Italy* en deux parties entre 1822 et 1828. En 1826, il avait déjà demandé à Turner de participer à l'illustration de la seconde édition. Ses gravures devaient compléter celles de Thomas Stothard (1755-1834), et l'on sollicitait manifestement la collaboration de Turner pour toucher un public plus vaste que celui de la première édition. La seconde parut en 1830, avec un succès immédiat. Rogers pria alors Turner de préparer une nouvelle série destinée à illustrer son volume de *Poems* (voir n° 218). Les conditions furent bientôt fixées : Turner recevait cinq livres pour le prêt de chaque dessin (vingt-cinq pour *Italy*; trente-cinq pour les *Poems*), mais conservait l'ensemble. C'est pourquoi la plupart font partie du legs de l'artiste (TB CCLXXX) sauf un : celui qui servit de modèle pour notre gravure; il est aujourd'hui conservé au Vassar College, Poughkeepsie, N.Y. (W, n° 1156). Dans la marge, des esquisses au crayon de Landseer et Stothard suggèrent un traitement différent des chiens et des personnages. Pour les chiens, le graveur se servit évidemment des suggestions de Landseer. Les bâtiments lointains du monastère sont inspirés d'une étude que fit Turner dans son carnet *Grenoble* (1802; TB LXXIV-55). A. W.

Birmingham, Birmingham Museums and Art Gallery.

217

E. Goodall d'après J.M.W. Turner

The Battle of Marengo

(La bataille de Marengo)

1829

Gravure au trait, épreuve d'essai (a), papier d'Inde (R, n° 353). Vignette. Sujet : 0,053 × 0,087. Planche : 0,258 × 0,144.

Inscription dans le sujet : *Battle/MARENGO*

Bibliographie : A. Holcomb, 1969, p. 407, ill.; M. Omer, 1975; *Turner in Switzerland,* pp. 26, 138.

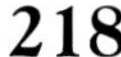

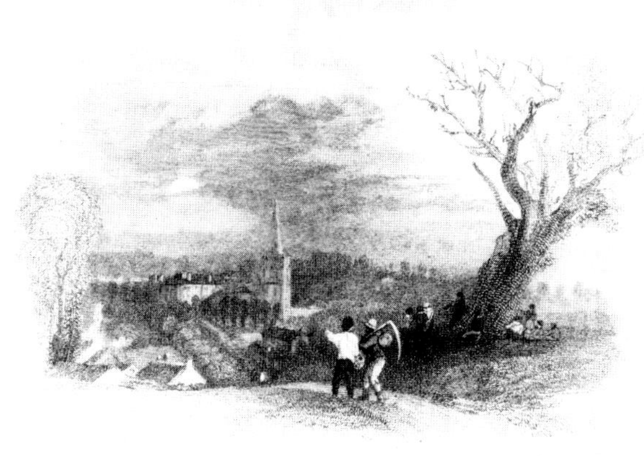

18

Une des vignettes pour l'*Italy* de Samuel Rogers (voir n° 216). L'aquarelle qui servit de modèle se trouve dans le legs Turner (TB CCLXXX-146; W, n° 1157). Le premier état publié est daté du 1er septembre 1829. Holcomb souligne qu'au moment de se consacrer à l'illustration de cet ouvrage, Turner dessina surtout des paysages et des architectures, alors que Stothard représenta des personnages à grande échelle; elle suggère que dans ce cas précis qui nécessitait une représentation relativement grande de Napoléon, Rogers proposa de s'inspirer du célèbre portrait équestre de David, pour éviter l'« embarras » que n'aurait pas manqué de provoquer la création originale de personnages par Turner. Dans la mesure où Rogers employa Turner précisément en raison de son exceptionnel talent de dessinateur, cette hypothèse paraît peu vraisemblable. Il est tout à fait conforme à la personnalité de l'artiste d'imaginer cette « citation » d'un tableau qu'il a pu voir à Paris dès 1802, et sans doute plus tard en 1821 et 1825. Du reste, on trouve d'autres vignettes dessinées pour Rogers, avec des personnages encore plus grands. A. W.

Birmingham, Birmingham Museums and Art Gallery.

218

Poèmes de Samuel Rogers,

Londres, 1834

Ouvert page 7. *Une soirée au village*
Gravure au trait par E. Goodall, d'après J.M.W. Turner (R, n° 374)
Vignette. 0,058 × 0,080 env.

L'aquarelle qui servit de modèle pour cette vignette se trouve dans TB CCLXXX-168 (W, n° 1178). Turner s'est particulièrement soucié d'harmoniser dans la mise en page textes et vignettes. A. W.

Grande-Bretagne, collection particulière

219

Le château de Caerlaverock

1831-1832

Aquarelle. 0,095 × 0,140

W n° 1076

Gravure : par E. Goodall pour les *Scott's Poetical Works*, 1833 (R, n° 499)
Expositions : Twickenham, Norwich, Wolverhampton, 1975, n° XVII; Aberdeen, 1982, n° 64
Bibliographie : Gerald Finley, *Landscapes of Memory : Turner as Illustrator to Scott*, 1980, pp. 93, 103, 240 et 244.

La vue est prise de l'intérieur des terres, du côté du château qui donne sur le Solway Firth, et elle est tirée d'une étude au crayon se trouvant au verso de la page 49 du carnet *Chants des confins écossais;* on trouve dans le même carnet cinq autres croquis de Caerlaverock (TB CCLXVI).

Ces croquis ont été faits à la fin juillet 1831, pendant le voyage que Turner fit en Écosse pour réunir la matière d'une édition illustrée des *Œuvres poétiques* de Scott (« parti pour le Nord, pour le travail d'un éditeur », a-t-il noté). Sa destination était Abbotsford, sur la Tweed, où il séjourna chez Sir Walter Scott à partir du 4 août. L'éditeur de Scott, Robert Cadell, y était aussi et il semble avoir désiré inclure Caerlaverock dans les illustrations de l'ouvrage *The Minstrelsy of the Scottish Border* (« Chants des confins écossais »), même si, en fait, ce château n'est pas mentionné dans ces poèmes. Scott prétendit que Caerlaverock et New Abbey, également proposée par Cadell, avaient été « fichus là-dedans sans aucune raison », mais Cadell obtint manifestement gain de cause car *Caerlaverock* servit finalement pour le frontispice du volume IV des *Œuvres poétiques.*

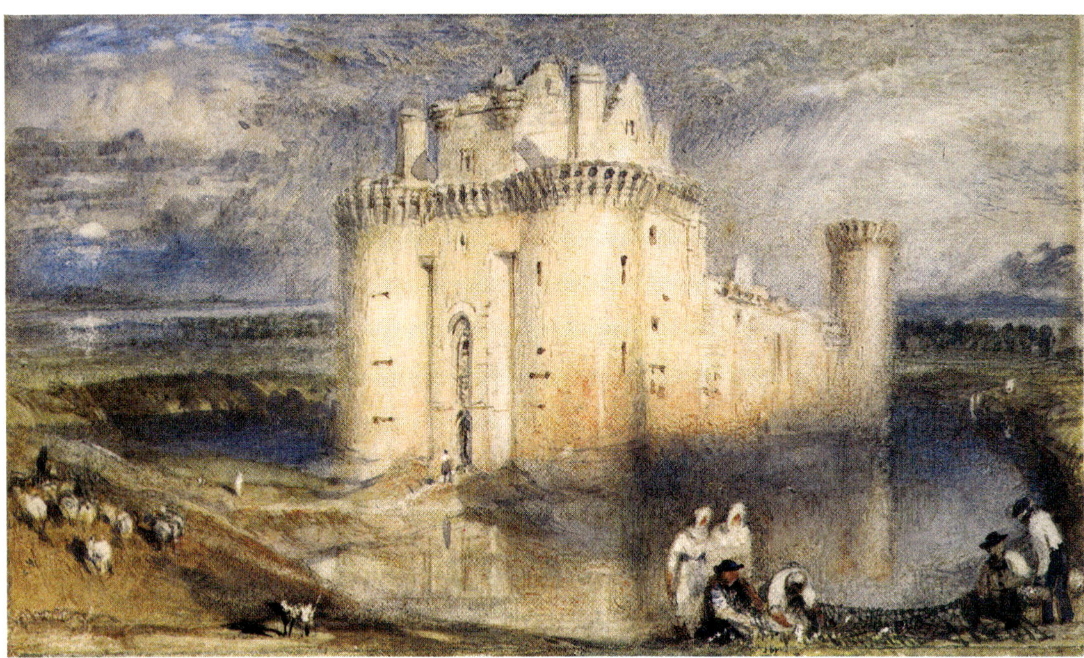

219

Cadell vendit plus tard le n° 219, une des plus brillantes aquarelles de toute la série, à Munro de Novar, lequel devait à la fin posséder trente-sept des illustrations faites par Turner pour l'œuvre de Scott. Cette aquarelle fut acquise par l'Aberdeen Art Gallery tout dernièrement, au mois de mars 1982. E. J.

Aberdeen, Aberdeen Art Gallery and Museums.

220

W. Miller, d'après J.M.W. Turner

Paris vu du Père Lachaise, la stèle de Masséna

1835

Gravure au trait, épreuve d'essai, retouchée par l'artiste (R, n° 536) Sujet : 0,08 × 0,116. Planche : 0,152 × 0,210

Inscription, en dessous : *J.M.W. Turner R.A.* et *William Miller;* au crayon, de la main de Turner : *more reduced in strength and form/yet make all the sky into smaller (?) forms like my marking to accord/with those you have done and/*(entre les lignes : *Lightened)/then (?)reduced the whole sky/in Tone;* et : *X more like Houses/O an Hospital;* et : *Le Favre my mistake in drawing corrected.*

L'aquarelle de *Paris vu du cimetière du Père Lachaise* (W, n° 1113) est réapparue dernièrement sur le marché d'art de Londres; elle est aujourd'hui dans une collection particulière. La gravure a été publiée en frontispice dans le tome XIV des *Œuvres en prose* de Scott, édition de Cadell, illustrant sa *Vie de Napoléon.* Cette épreuve d'essai, soumise par le graveur à Turner, pour examen, montre bien combien l'artiste surveillait de près tous les tirages de ses dessins. Remarquer tout autant son souci de la précision et de la netteté des détails que sa sensibilité devant l'effet général et l'atmosphère dégagés par l'œuvre. A. W.

Exeter, University of Exeter

221

Fontainebleau

vers 1833

Aquarelle, vignette. 0,195 × 0,180

W n° 1115

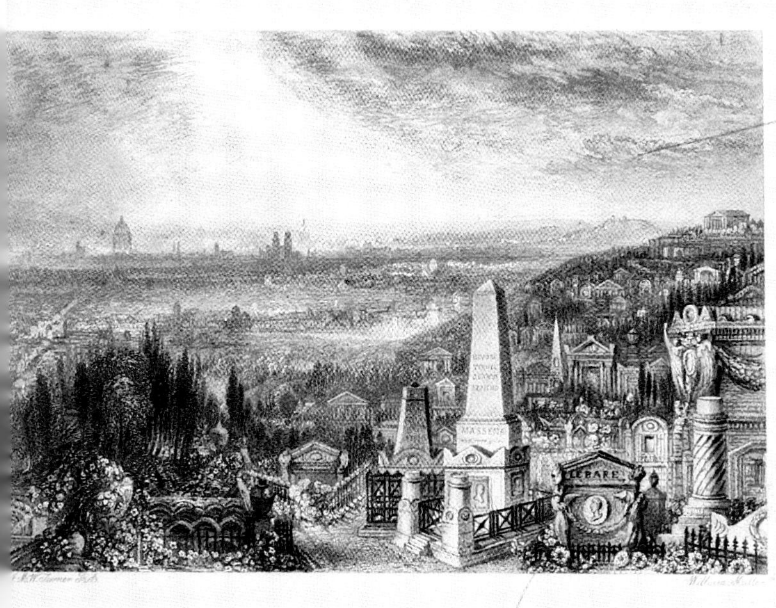

Gravure : par W. Miller, 1835, pour la *Vie de Napoléon,* vol XV des *Scott's Prose Works,* 1834-1836 (R, n° 538).
Exposition : Paris, 1981-1982, n° 158.
Bibliographie : Gerald Finley, *Landscapes of Memory : Turner as Illustrator to Scott,* 1980, p. 190 et ss., 198.

D'après un crayon se trouvant au verso de la p. 84 (et identifié à tort par Finberg comme étant Saint-Cloud) du carnet *Paris et environs* (TB CCLVII), dont se servit Turner pendant son voyage en France au mois de septembre 1832; ainsi, il se trouvait à l'étranger pour la mort de Scott, le 21 septembre. Turner avait déjà prévu ce séjour en raison du projet sur les *French Rivers* (« Rivières de France »), aussi cela ne représentait-il pas beaucoup plus, pour lui, de faire, en même temps, des dessins pour la *Vie de Napoléon* de Scott. Ce voyage a été un succès mais Turner fut tellement occupé pendant l'hiver que, lorsque l'éditeur de Scott, Robert Cadell, alla voir Turner au printemps 1833, il fut consterné de découvrir que Turner n'avait pas achevé une seule illustration pour le « Napoléon ». Harcelé cependant par Cadell, Turner en remit la moitié au mois de juin et le reste vers la fin de l'année.

C'est le gendre de Scott, J.G. Lockhart, qui proposa Fontainebleau pour les illustrations mais la manière de traiter le sujet est entièrement celle de Turner. Il a choisi un dramatique moment historique : l'abdication de Napoléon à la fin mars 1814; il a représenté les envoyés de l'Empereur, Caulaincourt et Ney, sur le point de regagner leur voiture en partance pour Paris, avec l'acte d'abdication. Du haut de l'escalier du château, l'état-major de l'Empereur les regarde mais Napoléon lui-même se tient un peu à l'écart, dans un isolement tragique.

En dépit de l'échelle minuscule des personnages, écrasés par la façade démesurée du palais, Turner les a regroupés avec une telle adresse que l'instant dramatique et pathétique est parfaitement traduit. De toutes les illustrations, c'est une des plus parfaites. E. J.

Indianapolis, Indianapolis Museum of Art (don en mémoire de Dr. et Mrs. Hugo O. Pantzer)

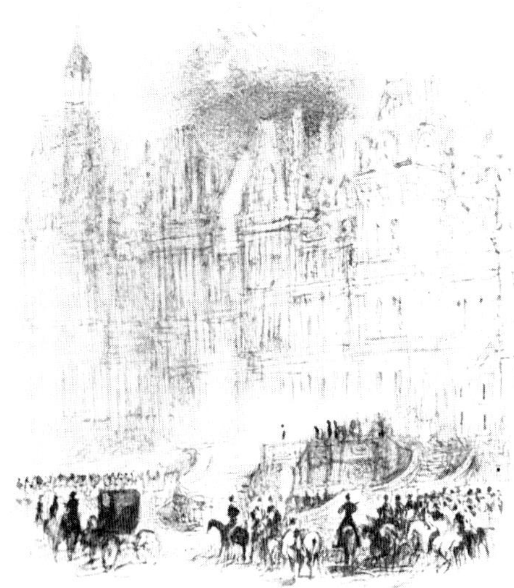

221

222

« *Le Bellerophon* » *dans la passe de Plymouth*

vers 1833

Aquarelle, vignette. 0,130 × 0,100

W n° 1117

Gravure : par E. Goodall, 1835, pour *Scott's Prose Works,* 1834-1836 (R, n° 540).
Bibliographie : Gerald Finley, *Landscapes of Memory : Turner as Illustrator to Scott,* 1980, pp. 199, 201 et 203, ill. 89.

Dessiné vers 1833 et publié en 1835 comme vignette de titre de la *Vie de Napoléon* de Walter Scott.

Après Waterloo, Napoléon se rendit à Rochefort et c'est là qu'il fit sa reddition au commandant du *Bellerophon,* un des navires britanniques assurant le blocus de la côte occidentale de la France pour empêcher l'Empereur de s'échapper par la mer.

Le 24 juillet, le *Bellerophon* arriva à Torbay, où ordre lui fut donné de rallier Plymouth. Turner a choisi de représenter le moment où Napoléon se trouvait sur le pont. Voici comment Scott nous dépeint cette scène : « Quand il apparut, il fut accueilli par des "hourra" auxquels il répondit par un salut, mais sans pouvoir dissimuler son étonnement devant cette explosion de curiosité populaire, d'un peuple qu'il n'était pas accoutumé de voir dans un tel état d'excitation ».

Comme l'a fait remarquer Gerald Finley, cette vignette, comme *Fontainebleau* (voir le n° 221), est un autre exemple de l'adresse de Turner qui parvient à faire dominer toute sa composition par un minuscule personnage : Napoléon est debout à hauteur du grand mât, au centre du dessin, si bien que l'œil se porte naturellement sur lui. En outre, son immobilité contraste fortement avec l'activité débordante de la nuée de petits bateaux entourant le *Bellerophon,* soulignant ainsi l'isolement de Napoléon. E. J.

Grande-Bretagne, collection particulière.

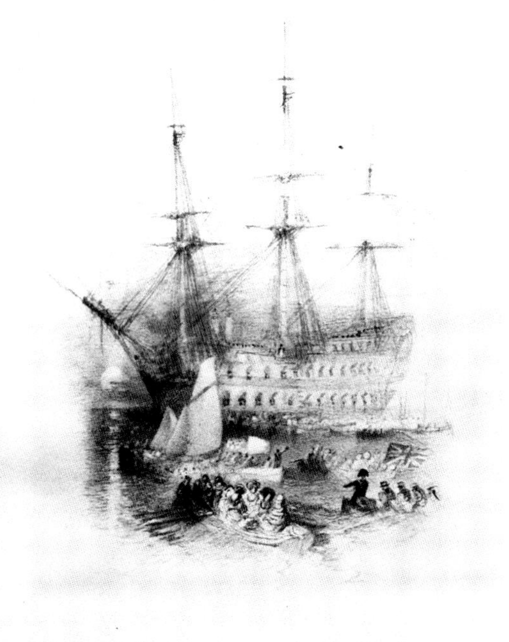

222

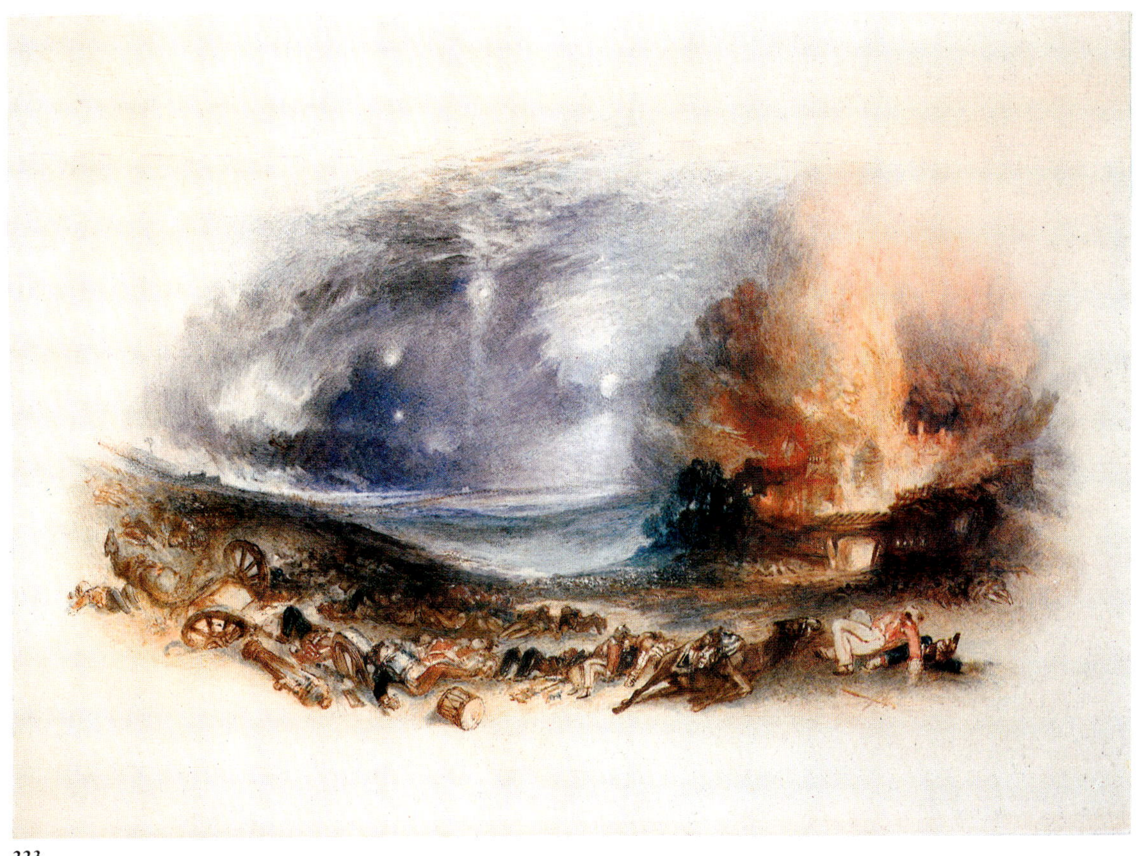

223

223

Le champ de bataille de Waterloo vu de Hougoumont

vers 1832

Aquarelle, vignette. 0,152 × 0,254

W n° 1229

Gravure : par E. Finden pour la page de titre du vol. XIV des *Works of Lord Byron,* 1833 (R, n° 425).
Bibliographie : A.G.H. Bachrach, « The Field of Waterloo and beyond » dans *Turner Studies,* I, 2, p. 9, ill. 6.

D'après des croquis que Turner fit le samedi 16 août 1817, quand il consacra une journée entière à voir le champ de bataille de Waterloo. Ces croquis, — notations très rapides au crayon — sont conservés dans le carnet *Waterloo et le Rhin* (TB CLX) et ils montrent combien Turner a suivi de près l'itinéraire indiqué dans le chapitre de son guide qui est intitulé « Promenade sur le champ de bataille de Waterloo ». Cet itinéraire dirigeait directement ses pas vers le château de Hougoumont et le guide citait le poète Robert Southey :

« A Hougoumont, eut lieu le combat le plus ardent... »
et c'est en effet là que la 1re brigade de la Garde repoussa des attaques répétées des cuirassiers français beaucoup plus nombreux, un courage égal animant les deux adversaires.

Le résultat immédiat du voyage de 1817 fut le n° 33, exposé en 1818, mais il est évident que la visite de Waterloo fit sur Turner une impression profonde et durable. Certes, le n° 223, peint quelque quinze ans plus tard, est sans doute l'évocation la plus intense de cette journée, avec son ciel rouge sang qui évoque avec beaucoup de vigueur le carnage du champ de bataille. E. J.

États-Unis, collection particulière.

224

224

Étude de couleurs : l'incendie du Parlement

1834

Aquarelle. 0,234 × 0,323

Exposition : Cleveland, Detroit, Philadelphie, 1977, n° 47.
Bibliographie : Butlin, 1962, p. 54; Reynolds, 1969, p. 164; Gage, 1969, p. 35; Wilkinson, 1975, p. 78; Butlin et Joll, 1977, p. 190 (sous le n° 359).

Finberg a identifié les deux carnets du legs Turner comme étant reliés à l'incendie du Parlement, le 16 octobre 1834. L'un est un petit livre contenant des esquisses légères au crayon (TB CCLXXXIV); il ne contient, en réalité, pas un seul dessin pouvant s'interpréter comme l'enregistrement de l'incendie ni des bâtiments en train de brûler. Il semble avoir servi à prendre des notes rapides de bateaux au bord d'une plage et on peut probablement l'écarter quant à la réaction de Turner devant l'incendie. L'autre carnet pose aussi des problèmes. C'est un carnet de croquis « enroulé », exemple type du genre qu'il avait adopté pour ses dessins d'extérieur à partir de 1820 et il contient neuf études à la seule aquarelle, dont voici un exemple. Le dos de chaque feuille est taché de la couleur venant de la feuille suivante et ce fait, ainsi que le traitement très large, très rapide de ces études, a amené les spécialistes à penser que ce livre a été utilisé par Turner sur place, alors que l'incendie faisait rage. On pense maintenant, cependant, que ces reports de couleur ont sans doute été provoqués par l'inondation de 1928; et ce traitement très large des études n'est pas plus remarquable, en lui-même, que dans de nombreuses autres esquisses en couleur de Turner, à la même époque. De plus, il n'y a aucune correspondance directe entre les images du livre et l'aspect réel des flammes tel qu'il a été conservé dans de nombreuses peintures contemporaines ainsi que dans deux tableaux de Turner qui furent exposés l'année suivante (voir le n° 60). Il est clair que ces études représentent un incendie survenu près d'un plan d'eau et on voit que des foules de gens regardent (ce qui serait une conséquence automatique d'un important incendie). On attendrait cependant au moins une ressemblance générale entre les bâtiments des dessins et l'aspect de Westminster dans la réalité; il n'y en a pas et aucun des croquis ne ressemble, pour la composition, aux deux peintures finies de Turner ni à l'aquarelle ayant le même sujet (n° 225). Il est donc au moins possible qu'il s'agisse d'un autre incendie, comme celui du quai de Fenning, le 30 août 1836, dont nous savons que Turner l'a dessiné (W, n° 523); de toute manière, si ces

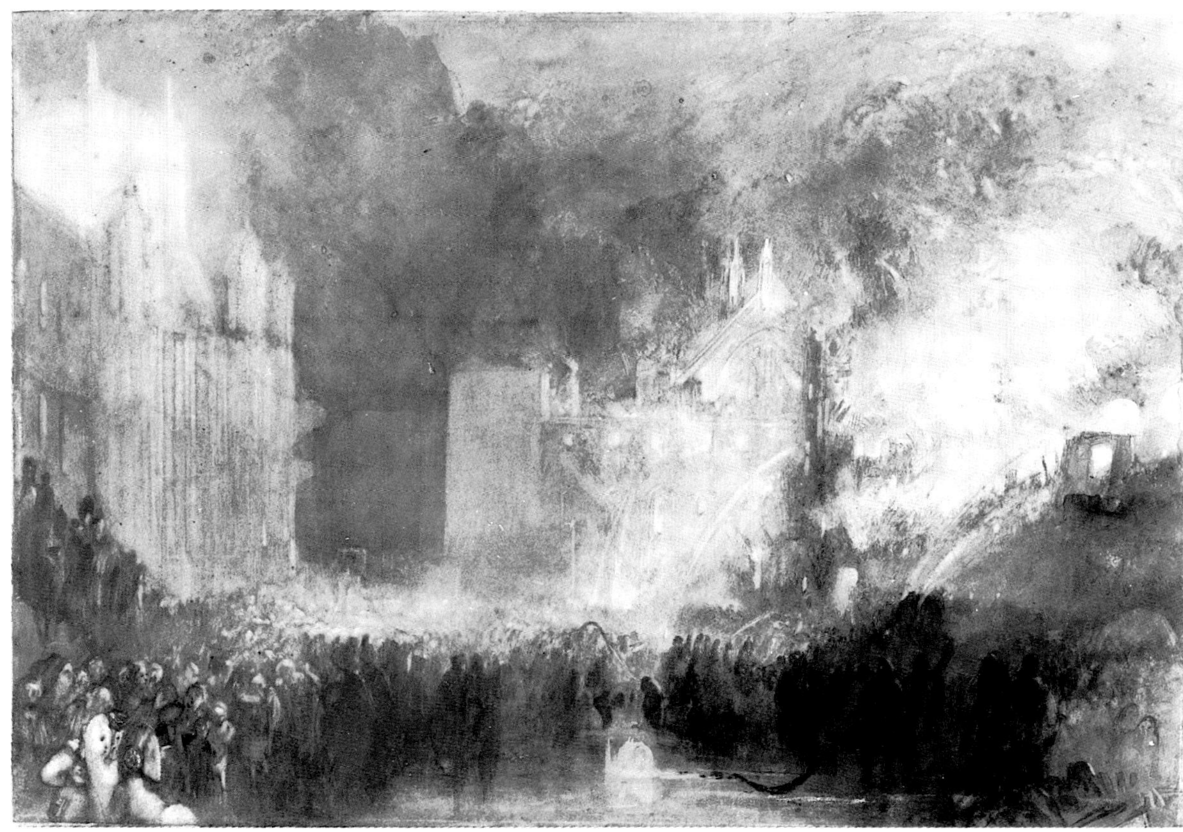

225

études du carnet concernent l'incendie de Westminster, elles doivent être des méditations fortement généralisées après coup et non pas des essais de consigner ce que l'artiste a réellement vu. Cet exemple ne comporte que de très vagues suggestions de bâtiments et ne se préoccupe presque exclusivement que de l'effet des flammes sur l'eau, dans la nuit. C'est un thème que Turner a traité dans d'autres œuvres de cette époque comme, en particulier, dans la grande toile connue sous le nom de *Incendie en mer* (BJ, n° 460). A. W.

Londres, The Trustees of the British Museum (TB CCLXXXIII-3).

225

L'incendie du Parlement

1834 ou plus tard

Aquarelle et gouache avec grattages. 0,293 × 0,440

W n° 522

Expositions : New York, 1966, n° 71; Londres, 1974-1975, n° 456; Hambourg, 1976, n° 125; Copenhague, 1976, n° 71.
Bibliographie : Butlin et Joll, 1977, p. 190 (sous le n° 359); R. Dorment, *Catalogue of English Paintings in the Philadelphia Museum of Art* (à paraître).

On dit habituellement que cette page est une aquarelle achevée; et il s'agit certes d'une œuvre beaucoup plus proche d'un état terminé que les études de l'incendie que Turner fit dans un carnet (voir n° 224). Quoi qu'il en soit, elle conserve certaines des caractéristiques de ses études, particulièrement dans l'arrière-plan, où les flammes et

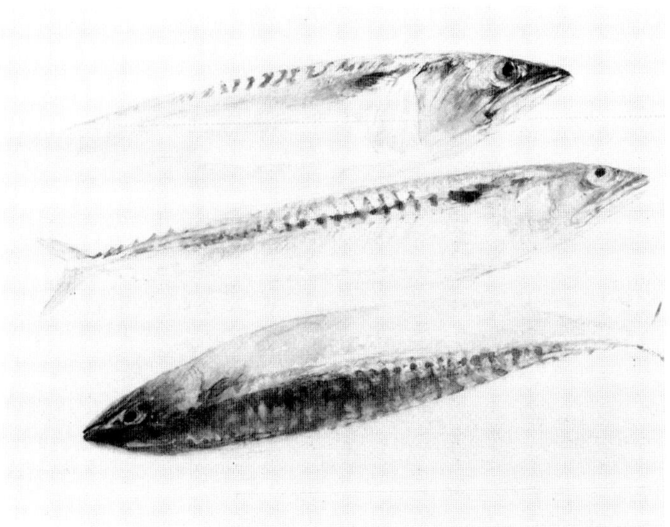

226

l'obscurité sont traitées à larges coups de pinceau. On ne possède pas d'autre aquarelle achevée des années 1830 traitée de cette manière, mais il faut dire que ce thème est inhabituel. Le petit dessin de la vignette *Destruction des deux Chambres du Parlement par l'incendie* (W, n° 1306), gravée en 1835, tout en utilisant la même palette de couleurs est exécuté avec beaucoup plus de précision. L'expressive utilisation de la peinture que l'on trouve dans le dessin plus grand fait prévoir les œuvres achevées de Turner entre 1845 et 1850 mais on n'a aucune raison de penser que cette aquarelle soit de cette époque. C'est beaucoup plus probablement la nature même du sujet qui a poussé Turner à travailler avec cette liberté; reste encore à déterminer s'il a eu ou non l'intention de porter ce tableau à un quelconque degré de finition supplémentaire. Il est vraisemblable qu'il l'a dessiné en vue de la gravure : des gravures de l'incendie ont proliféré immédiatement après et il aurait naturellement pensé à profiter de la demande. La gravure n'a cependant jamais été faite. Comme l'a fait remarquer Richard Dorment, on se trouve ici placé à l'intérieur de la cour du palais, alors que l'incendie était bien avancé; au premier plan, l'eau n'est pas celle de la Tamise mais celle qui vient des lances d'incendie. Comme les peintures de l'incendie, cette composition ne semble pouvoir être reliée à aucune des études du carnet; comme sur elles, aussi, l'insistance est fortement mise sur les foules de gens qui se sont rassemblés pour regarder le spectacle. A. W.

Londres, The Trustees of the British Museum (TB CCCLXIV-373)

226

Croquis de trois maquereaux

vers 1835-1840

Aquarelle et crayon. 0,224 × 0,287

W n° 1399

Exposition : Londres, 1974-1975, n° 269.
Bibliographie : Luke Herrmann, *Ruskin and Turner*, 1968, pp. 97, 98, n° 80, ill. XX.

Une des aquarelles que Ruskin donna à l'École de Dessin d'Oxford qu'il avait fondée en 1875. Il possédait deux autres études de maquereaux qui ont figuré dans l'exposition de ses Turner à la Fine Art Society, en 1878; dans les notes sur l'une d'elles, dans le catalogue, il écrivit : « Étude faite sur le buffet de la cuisine, à Margate, avant que le cuisinier ne le prenne ». Pour un autre dessin, il nota qu'il l'avait acheté à Mrs Booth, si bien que l'on peut supposer qu'ils viennent tous les trois d'elle. Comme Turner passait plus de temps chez Mrs Booth, à Margate, après la mort de son mari en 1834, Wilton a proposé une date « peu avant 1840, sinon plus tard » pour ces études de poisson, tandis que Herrmann propose de 1820 à 1830 environ.

En 1881, Ruskin devait écrire de croquis similaires d'oiseaux et de poissons se trouvant dans le legs Turner : « Ils sont tous exécutés principalement en vue de la couleur et, quant à la couleur, en vue de ses derniers raffinements, comme dans... les irisations discrètes du poisson. Aucune exécution à l'aquarelle n'est comparable à celles-ci pour cette combinaison de rapidité, de finesse et de précision... » E. J.

Oxford, The Visitors of the Ashmolean Museum

227

Les routes de Yarmouth

vers 1840

Crayon et aquarelle avec grattages. 0,241 × 0,356

W n° 1409

Exposition : Londres, 1974-1975, n° 626.

Un dessin, — et indiscutablement le plus beau, — d'un groupe de six (W, n°s 1405 à 1410) que l'on associe traditionnellement à Yarmouth; quoique l'on ne sache pas avec certitude si Turner s'est rendu à Yarmouth après 1824,

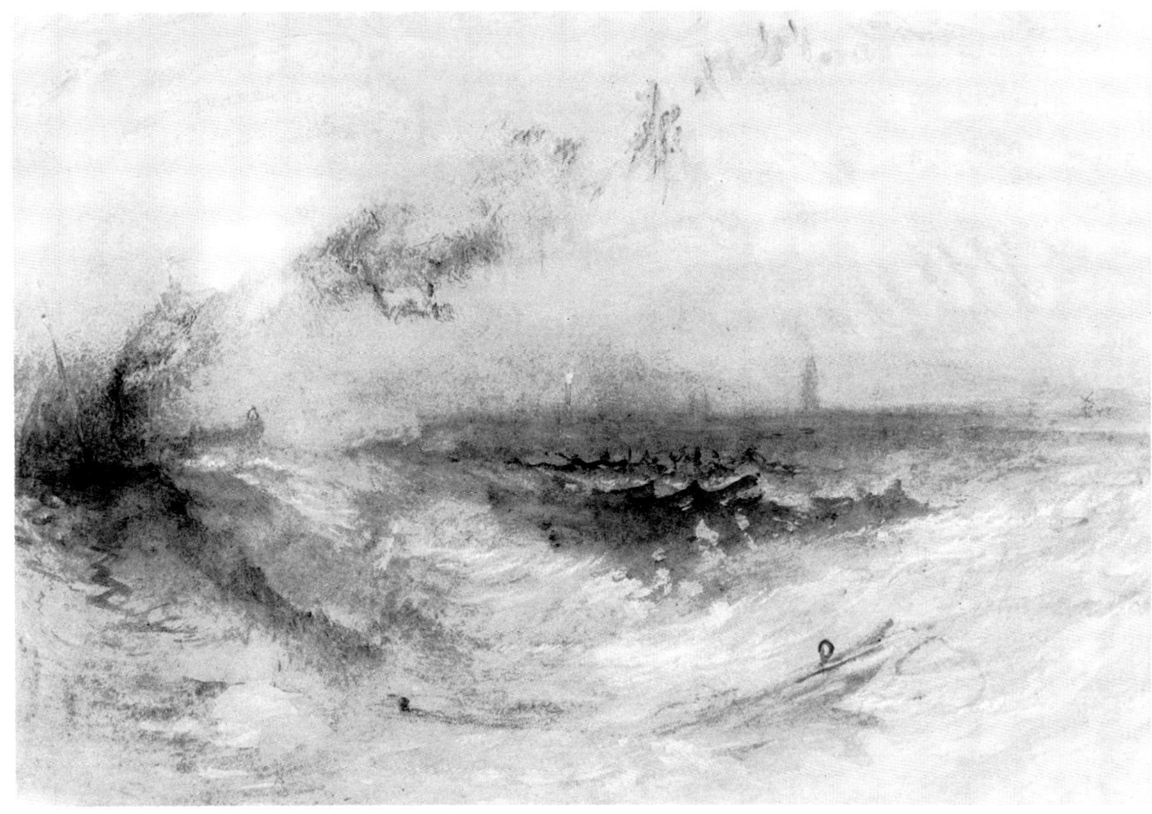

227

ces dessins semblent le confirmer et il est vraisemblable, car ils sont en majorité de la même taille, qu'il s'agit de feuilles provenant d'un carnet utilisé lors de ce dernier séjour.

En raison de ressemblances techniques avec certaines des études de couleurs vénitiennes, Wilton propose pour ce groupe une date avoisinant 1840, quoique soulignant bien que ce n'est là qu'une conjecture. Dans le catalogue de l'exposition du bicentenaire à la Royal Academy, il a cependant proposé 1842 environ, attirant l'attention sur les étroites ressemblances entre le n° 227 et la peinture à l'huile *Tempête de neige : vapeur au large d'un port faisant des signaux, en eau peu profonde, et se faisant guider* (BJ, n° 398), exposée la même année, qui représente également un vapeur pris dans un tourbillon de mer et de ciel. Cette dernière date me semble plus plausible, en raison de la couleur surtout : la prédominance du vert (la couleur, on le sait, que Turner aimait le moins) rappelant certaines huiles des environs de 1845, comme *Arrivée à Venise* (R.A., 1844; BJ, n° 412) et *Marine : Folkestone* (vers 1845; BJ, n° 472). E. J.

Port Sunlight (Cheshire), Lady Lever Art Gallery.

228

L'aube après le naufrage

vers 1841

Aquarelle. 0,245 × 0,362

W n° 1398

Expositions : Londres, Courtauld Institute Galleries, 1974, n° 11; Londres, British Museum, *Drawings from the Courtauld Collection*, 1983, n° 122.
Bibliographie : M. Kitson, *Turner Watercolours from the Collection of Sir Stephen Courtauld*, 1974, pp. 11, 12.

Comme le fait remarquer Michael Kitson, certaines ressemblances avec une peinture comme *La plage de Calais* (voir n° 52) font à première vue penser à une date des environs de 1830. Ruskin l'a cependant attribuée aux « dernières années » de Turner et une date suivant de peu 1840 semble plus convaincante quand on examine la densité de la pigmentation et quand on songe que Turner a sans doute symboliquement utilisé ici la couleur — Ruskin le

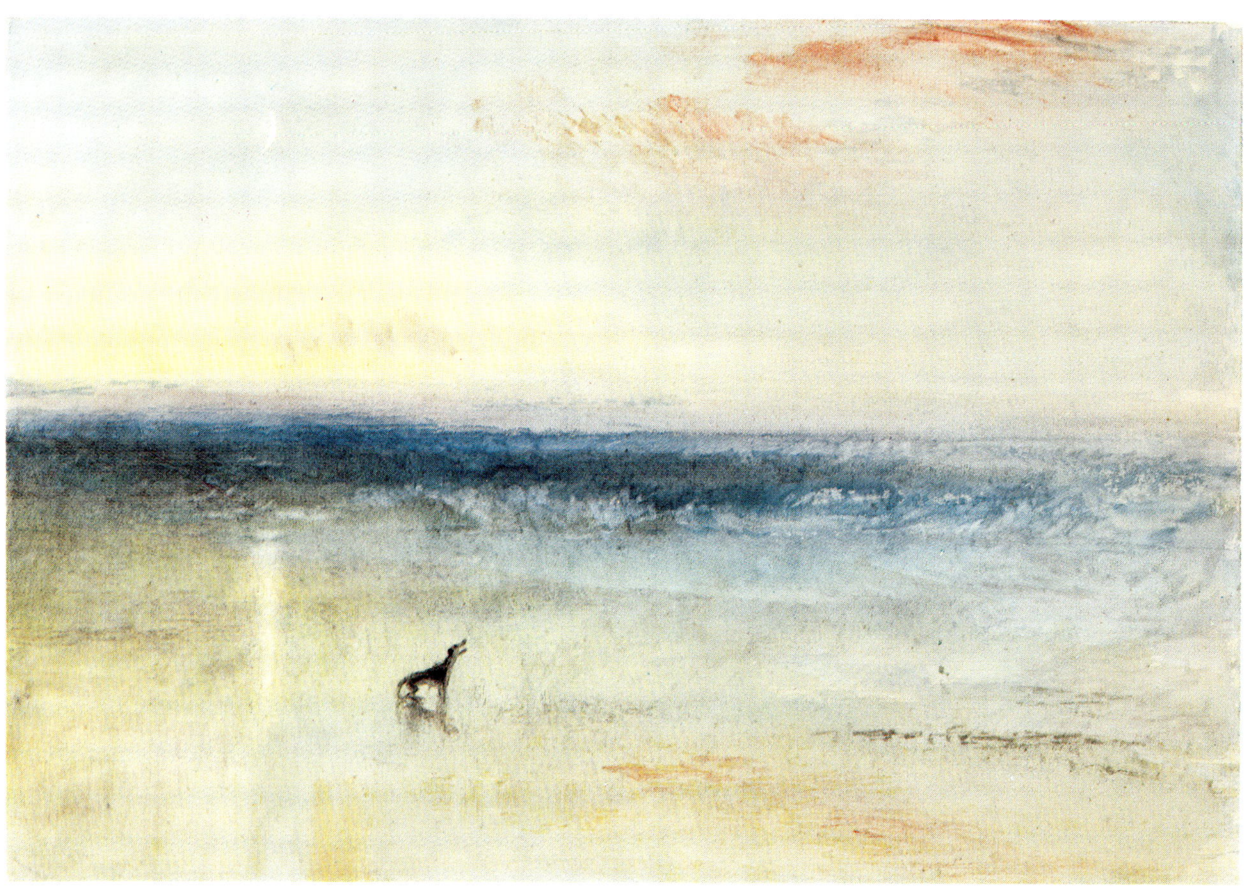

228

reconnaît — comme dans le *Négrier* (voir fig. 2) et *Goldau* (n° 250) afin de souligner l'association avec la mort. Ruskin a ainsi décrit cette aquarelle dans *Modern Painters,* tome V, partie IX, chapitre XI :

« C'est un petit espace de rivage plat; au loin, à l'est, une lumière franche, douce; quelque petit navire, — un charbonnier probablement — a sombré pendant la nuit, tous les matelots ont péri; seul un chien a touché terre. Épuisé, les pattes postérieures ne le soutenant plus, s'enfonçant dans le sable, il hurle et tremble de froid. Les nuages matinaux ont, au-dessus, une première lueur écarlate, une faible nuance seulement, qui se réfléchit telle une tache de sang sur le sable ».

Le chien, hurlant à la mort de son maître noyé, est certainement une des plus poignantes représentations du désespoir que l'on puisse trouver dans la peinture romantique de Grande-Bretagne. E. J.

Londres, Courtauld Institute Galleries

229

Pêcheurs de baleines faisant bouillir de la graisse

vers 1845

Aquarelle, gouache et pastels sur papier blanc apprêté avec un lavis gris. Filigrane : 1823.0,221 × 0,332

Exposition : Londres, 1974-1975, n° 633.

Deux publications semblent avoir suscité l'intérêt de Turner pour la pêche à la baleine dans les années qui suivirent 1840 : *The Natural History of the Sperm Whale,* de Thomas Beale en 1839, et le compte rendu de la Société de Zoologie de Londres sur *The Zoology of the Voyage of H.M.S. « Erebus » et « Terror »,* en 1845 (voir Londres, 1974,

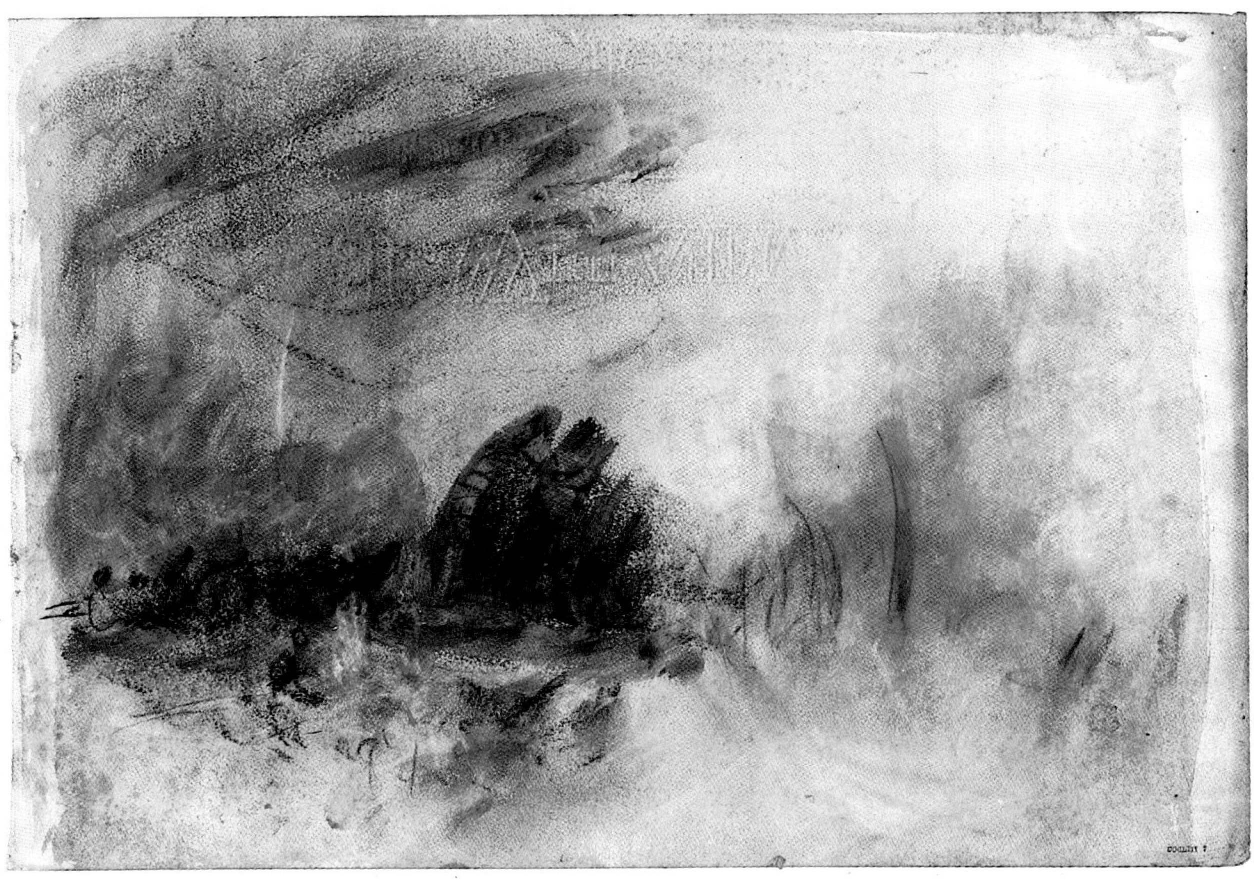

229

p. 189). Quatre toiles avec des sujets concernant l'industrie de la baleine furent exposées à la Royal Academy, deux en 1845 et deux en 1846, trois d'entre elles avec des références à Beale et une comportant, dans son titre, la mention « le baleinier Erebus » (BJ, n°s 414, 415, 423, 426). La dernière était intitulée *Pêcheurs de baleines (faisant bouillir de la graisse) pris dans les glaces, et essayant de s'en sortir;* c'est une nouvelle approche des thèmes de *Mariniers déchargeant du charbon la nuit* (n° 61), le soleil arctique et les feux des chaudières s'opposant. Cette étude fait partie de plusieurs croquis d'un carnet tardif qui semble se rattacher à ce tableau. L'usage du pastel est surprenant car Turner n'a que rarement utilisé cette technique après 1805; sa combinaison avec un fond apprêté gris est encore plus extraordinaire. D'autres dessins avec des baleines se trouvent (ou en proviennent) dans le carnet *Ambleteuse et Wimereux* de 1845 (TB CCCLVII et W, n°s 1411, 1412) et l'on a supposé (voir Butlin, 1962, p. 82) que Turner a vu réellement une baleine dans la Manche, lors de sa dernière traversée pour aller en France ou en revenir. Ce qui est cependant plus probable, c'est qu'il s'agisse d'autres réminiscences d'un thème qui, à cette date, le préoccupait. A. W.

Londres, The Trustees of the British Museum (TB CCCLIII-7).

230 à 239

Les dernières aquarelles de Venise

Turner est allé trois fois à Venise. Il s'y rendit d'abord en 1819 et y retourna pour la dernière fois en 1840 mais on n'a pas une certitude absolue pour la date du deuxième séjour. Finberg, écrivant *In Venice with Turner* (1930), pensait que ce devait être en 1835 mais, plus tard, et surtout parce que Turner a exposé deux huiles de Venise à la Royal Academy en 1833, il proposa à la place la date de 1832. Maintenant, grâce aux recherches de Hardy George, il est vraiment établi que Turner s'y rendit en 1833, probablement financé par Munro de Novar.

Deux anomalies caractérisent les dernières aquarelles vénitiennes de Turner : tout d'abord, aucune d'elle n'est « finie » au sens où, par exemple, les dessins de *England and Wales* d'après 1830, ou les vues de Suisse, juste avant 1845, le sont. Cela laisse supposer que, malgré le nombre des huiles vénitiennes commandées à Turner entre 1834 et 1846, aucun mécénat exactement analogue ne s'est étendu aux aquarelles. A la place, les collectionneurs comme Ruskin et Henry Vaughan ont acheté des pages des carnets de Venise, soit directement à l'artiste lui-même, soit à son agent, Thomas Griffith.

Ensuite, aucune des aquarelles vénitiennes ne peut se rattacher au séjour de 1833, si difficile que ce soit de le croire de la part de Turner qui, pendant toute sa carrière, a dessiné avec tant de constance, sans s'arrêter. Thornbury raconte cependant (1877, p. 105) que Munro fut déçu que, revenant de son séjour de 1833, Turner ne rapportât pas l'aquarelle qu'il avait espérée mais une grande et ambitieuse peinture (voir n° 63). Cette anecdote confirmerait peut-être la théorie selon laquelle Turner se serait abstenu, de manière tellement inhabituelle, de faire des aquarelles pendant ce séjour.

On a cependant supposé que le n° 235 et les trois autres « orages » à l'aquarelle (W, n°s 1352, 1353 et 1355) venaient de la visite de 1833, se fondant pour cela sur le fait que la couleur est appliquée en couches plutôt plus épaisses que dans les aquarelles du carnet roulé (TB CCCXV), avec un filigrane de 1834, et qui devait donc appartenir au voyage de 1840, mais les différences de style sont trop légères pour qu'il y ait là autre chose qu'une possibilité.

De la même manière, déjà dans le passé, une aquarelle, *Vue du toit de l'hôtel Europa* (TB CCCXVI-36), dont on retrouve des variantes dans des croquis sur papier brun (n° 231, par exemple) a été rapprochée de la peinture *Juliette et sa nourrice* (voir n° 62), exposée en 1836. Cela viendrait certes confirmer la date de 1833 pour les dessins mais, en fait, il n'y a pas de rapport véritablement étroit entre les vues de ces dessins et celle de la peinture à l'huile. En outre, si les croquis vénitiens à l'aquarelle et à la gouache sur papier gris (TB CCCVII) et brun (TB CCCXVIII) pourraient être pratiquement contemporains des dessins de Petworth ou des *French Rivers,* parce que exécutés sur le même support, les différences de style sont telles qu'il y a là une impossibilité absolue.

En conséquence, tous les indices dont nous disposons jusqu'à maintenant (certains sont trop complexes pour être examinés ici en détail, il convient donc de se reporter à la bibliographie ci-dessous) corroborent la date de 1840 pour toutes les aquarelles vénitiennes datant d'après le séjour de 1819 et c'est cette date qui leur a été attribuée en bloc, tant dans les expositions Turner que dans les récentes études parues sur lui, avec la réserve que cette réponse puisse très bien n'être pas définitive.

Naturellement, Turner a sans aucun doute travaillé sur ces sujets vénitiens quand il est rentré en Angleterre mais les différents ensembles de dessins sont assez homogènes pour que l'on puisse trancher en faveur de l'hypothèse selon laquelle ils auraient été achevés en un an ou deux après son retour. E. J.

Bibliographie : A.J. Finberg, *In Venice with Turner*, 1930; Hardy George, « Turner in Venice », *Art Bulletin*, LIII, 1971, pp. 84 à 87; Catalogue de l'exposition du bicentenaire à la Royal Academy, 1974, pp. 154, 155; Andrew Wilton, *Turner in the British Museum* (catalogue de l'exposition), 1975-1976, nos 216 à 260; Andrew Wilton, *J.M.W. Turner : vie et œuvre*, 1979, p. 462 et nos 1352 à 1375.

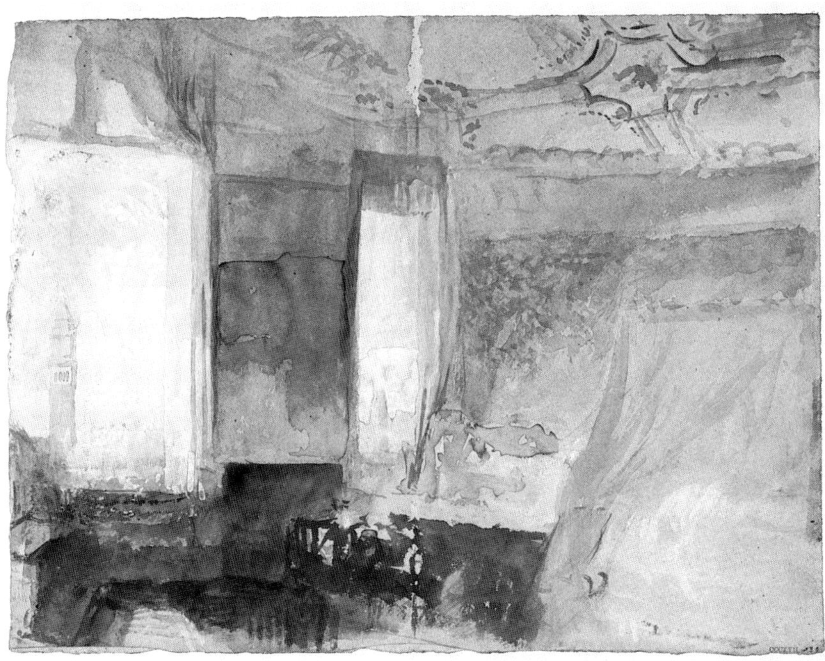

230

230

Venise, la chambre de l'artiste à l'hôtel Europa

1840

Gouache sur papier gris chamoisé. 0,227 × 0,300

Inscription au crayon, au verso : *J M W T Bedroom at Venice* et *F* (?).

Exposition : Londres, 1974-1975, n° 34.
Bibliographie : Finberg, 1930, p. 93; Wilton, 1982, p. 61, ill. 86.

Le dernier séjour de Turner à Venise a probablement eu lieu lors d'un voyage prolongé en Europe, à l'automne de 1840; il resta trois semaines dans cette ville et, pendant ce temps, produisit un nombre étonnant de ravissantes études en couleur (voir les nos 231 à 238). Sans aucun doute, il a pensé qu'à l'âge de soixante-cinq ans il était peu probable qu'il y retournât et il a décidé de garder une trace aussi complète que possible des sites et des effets atmosphériques de la lumière qui le frappèrent le plus. Poussé par le même désir de ne rien omettre, il dessina aussi sa chambre avec la vue sur le campanile de St-Marc, qu'il avait dessiné à d'autres occasions (voir n° 232). A. W.

Londres, The Trustees of the British Museum (TB CCCXVII-34).

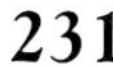

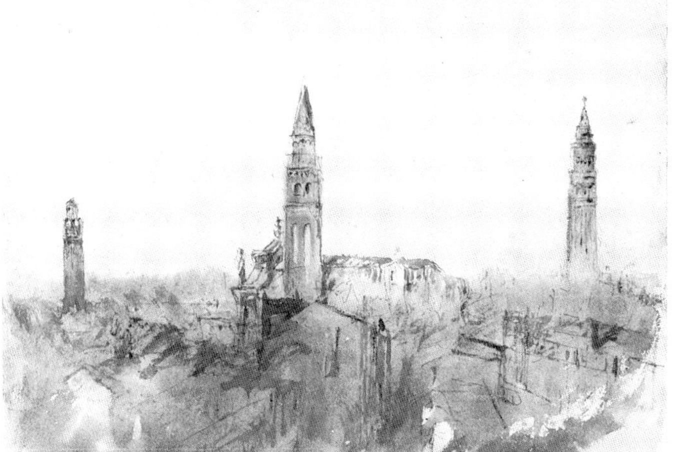

231

232

233

231

Venise : vue sur les toits, de l'hôtel Europa, avec les tours de S. Maurizio, de S. Moise et de S. Marco

1840

Crayon et aquarelle avec un peu de gouache. 0,194 × 0,281

Au verso, inscription au crayon : *From my Bedroom, Venice.*

Exposition : Londres, 1975, n° 224.

C'est la vue qu'avait Turner de sa chambre d'hôtel, quand il fit une esquisse de la chambre (n° 230). Il la dessina plusieurs fois, lors de son dernier séjour à Venise en 1840. Ce n'est pas une transcription littérale de la vue mais, comme c'est si souvent le cas dans ses études d'ensembles de bâtiments, une composition où il a modifié la disposition des éléments et où ils les a fait entrer dans le format de son papier afin d'avoir un équilibre satisfaisant : même avec des études aussi intimes et peu formalistes, il respecte les règles de l'art; comme dans toutes ces tardives aquarelles vénitiennes, la topographie n'agit là que comme catalyseur pour l'envol d'une imagination de la plus rare espèce. A. W.

Londres, The Trustees of the British Museum (TB CCCXVI-3).

232

Venise : la Dogana, le Campanile et le palais des Doges vus de la Giudecca

1840

Crayon et aquarelle sur papier blanc cassé. 0,218 × 0,296

Exposition : Londres, 1975, n° 228.

La plupart des études vénitiennes à partir de 1840 sont exécutées sur les pages des carnets roulés favoris de Tûrner, en papier tramé blanc lisse (généralement du papier Whatman). Certaines sont cependant faites sur papier gris ou sur papier brun (voir les n°s 233-234) et, pour quelques-unes, Turner a utilisé un papier inhabituel, épais, crémeux qui donne au fond un ton plus chaud que le blanc habituel et qui tend à absorber la couleur, donnant des effets larges et indécis. Il était impossible, dans ces études, d'insister sur un détail précis mais les images simplifiées et adoucies provenant de l'application du pinceau sur ce papier donnent une atmosphère parfaitement conforme au sentiment que Venise inspirait à Turner et elles sont remarquables par la

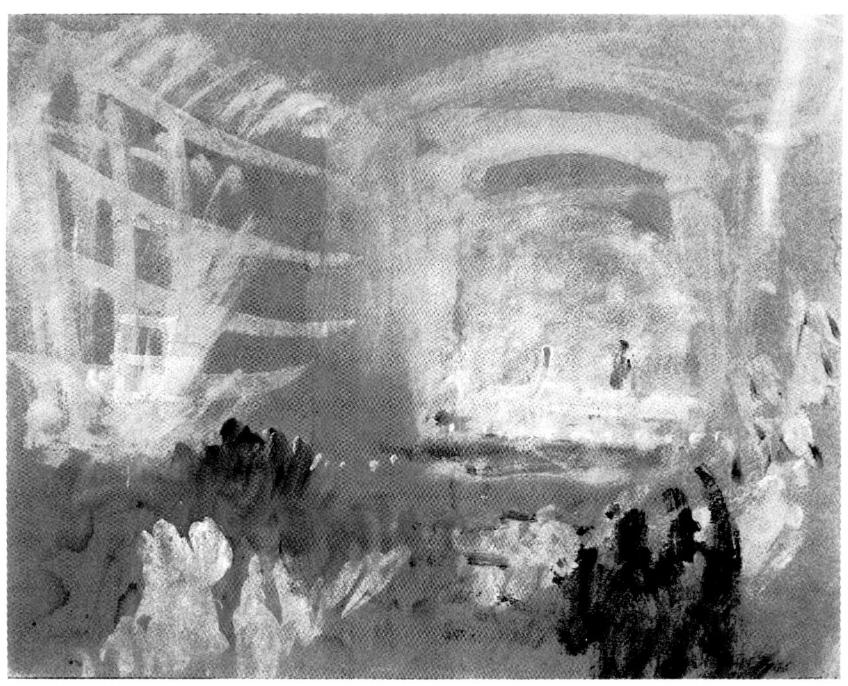

234

combinaison de leur intensité et de leur sobriété. Les dessins exécutés sur ce papier appartiennent au TB CCCXVI-11 à 15. A. W.

Londres, The Trustees of the British Museum (TB CCCXVI-14).

233

Venise : feu d'artifice vu du Zattere

1840

Aquarelle, gouache et pastel blanc sur papier brun. 0,225 × 0,297

Expositions : Londres, 1974-1975, n° 563; Copenhague, 1976, n° 78.
Bibliographie : Finberg, 1930, p. 38.

Outre de nombreux dessins de Venise sur papier blanc, dans le legs Turner, il existe aussi un ensemble de vingt-neuf dessins sur papier brun, certains ayant des sujets analogues à ceux du reste de la série; d'autres sont des scènes nocturnes ou des intérieurs avec de spectaculaires effets de lumière. L'utilisation de la gouache (inévitable avec le fond sombre) et la présence de feux d'artifice sont deux indications que ces dessins pourraient être de peu après 1830 : comparer les vues à la gouache pour les *Rivers of Europe* (n°s 174 à 187) et les feux d'artifice de *Juliette et sa nourrice* en 1836 (n° 62). Il est donc possible que ces dessins aient été faits lors de son séjour en 1833; le traitement de ces études est cependant peut-être plus en correspondance avec une date légèrement ultérieure. Il est absolument impossible de dire qu'ils ont été tous faits d'après nature : comme beaucoup des autres dessins tardifs, ils sont empreints de méditations ou de réminiscences. Il convient de remarquer qu'ils ne sont pas faits sur le même papier que la chambre de Turner (n° 230), manifestement une étude directe qui est sur papier gris chamoisé plutôt que brun sombre. A. W.

Londres, The Trustees of the British Museum (TB CCCXVIII-10).

234

Venise : intérieur de théâtre

1840

Gouache sur papier brun. 0,224 × 0,292

Au verso, inscription : *24*.

Exposition : Londres, 1975, n° 248.

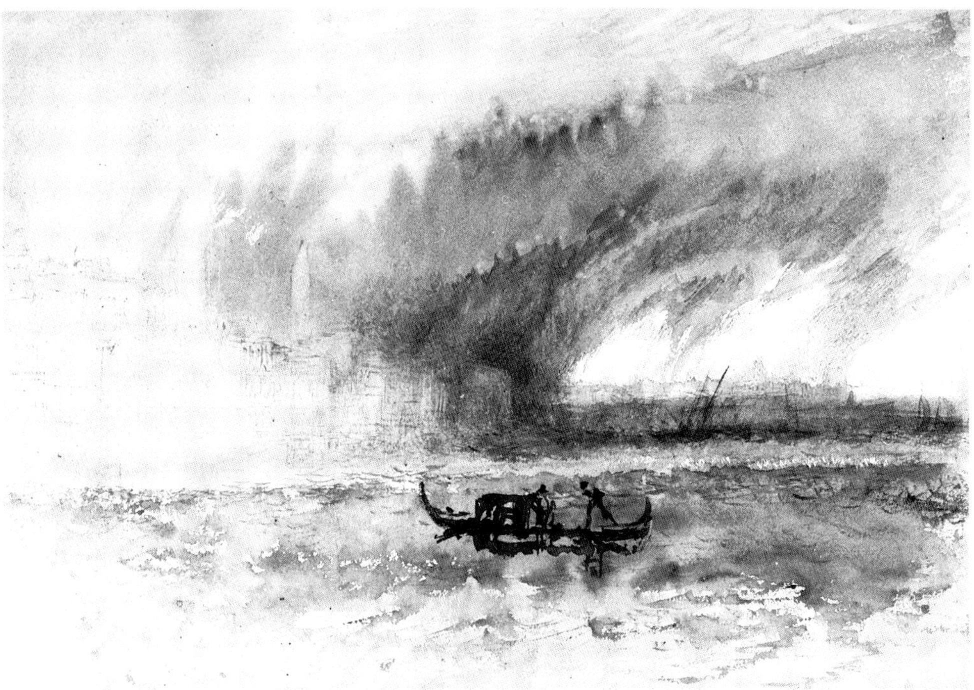

235

L'ensemble d'études sur papier brun associé au dernier voyage de Turner à Venise présente plusieurs problèmes. Beaucoup sont difficiles à interpréter car elles sont exécutées avec une grande liberté, une grande rapidité. Il n'est même pas certain que toutes représentent des sujets vénitiens, quoique certaines (comme le n° 233 dans cette exposition) le fasse à l'évidence. Comme les études d'incendie, également libres, rapides et peu déterminées, se reliant probablement à l'incendie du Parlement en 1834 (n° 224), elles semblent plutôt des réminiscences que des vues prises sur le vif. D'autres pages du groupe, qui représentent un théâtre, se trouvent dans TB CCCXVIII-4, 17; ce dernier montre un décor vu de beaucoup plus près de la scène que dans ce dessin-ci, et on peut supposer que Turner faisait des essais de plusieurs compositions inspirées par une soirée au théâtre, à Venise. Si l'on pense à son amour de la musique et à son ignorance de l'italien, il devrait s'agir d'un opéra plutôt que d'une pièce. A. W.

Londres, The Trustees of the British Museum (TB CCCXVIII-18).

235

Venise : un orage

1840

Aquarelle et plume. 0,218 × 0,318

W n° 1354

Exposition : Londres, 1975, n° 260.
Bibliographie : Finberg, 1930, p. 160; Butlin, 1962, p. 66; Wilton, 1982, p. 61, ill. 85.

Turner a fait une série d'études d'orages à l'aquarelle pendant son séjour à Venise, probablement celui de 1840. Une de celles-ci (W, n° 1352) rend de manière dramatique l'effet d'un éclair violent sur la Piazzetta; d'une manière plus générale, ces études représentent des orages sur le Bacino, comme ici, ou sur la lagune. Pour créer de violents contrastes de lumière et d'ombre, avec le mouvement rapide du vent et de l'eau, Turner avait recours à un procédé de hachures compliquées, autrement, assez rare dans les dessins vénitiens de cette date, quoique ces hachures se retrouvent assez souvent dans ses études des montagnes et des lacs de Suisse (voir les n°s 242, 245, 247). Bien qu'un très grand nombre d'études vénitiennes soit demeuré dans le legs de

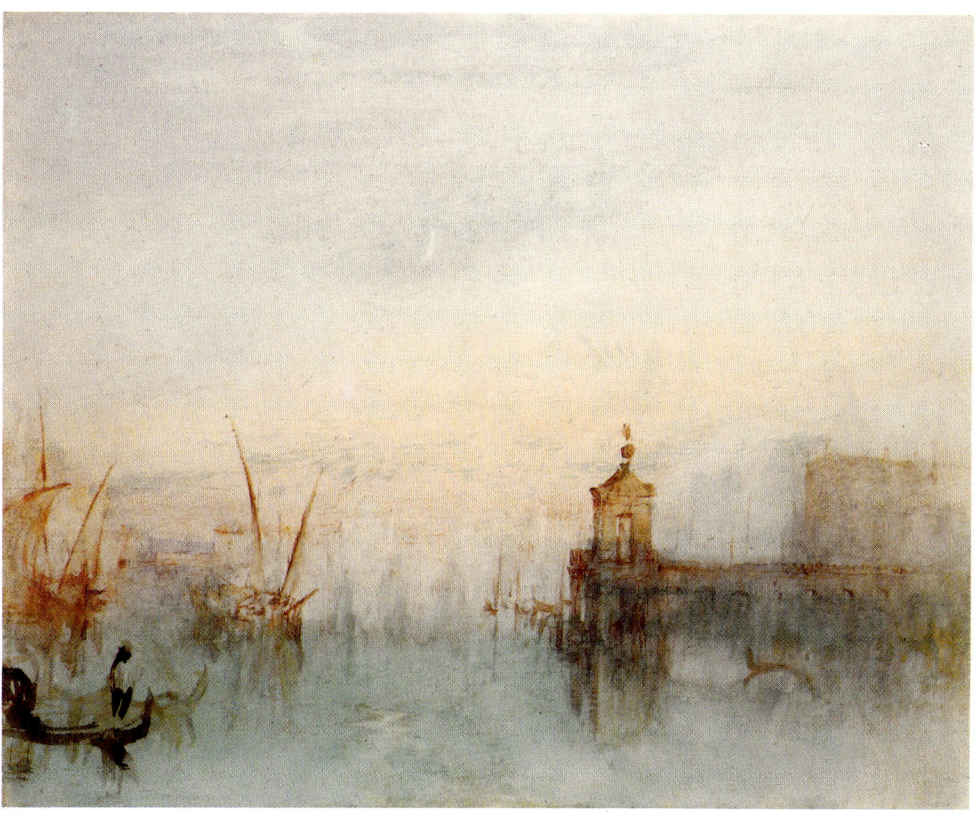

236

l'artiste, toutes les scènes d'orage ont été dispersées par son agent, Thomas Griffith : malgré leur nature qui est essentiellement celle d'une esquisse, on les a manifestement très tôt considérées comme des exemples particulièrement splendides des œuvres tardives de Turner, ce qu'elles sont bien. Celle-ci a appartenu à Sir William Quilter, qui collectionna avec enthousiasme les aquarelles de Turner durant le dernier tiers du XIXe siècle. A. W.

Londres, The Trustees of the British Museum (legs Sale, 1915-3-13-50).

236

Venise : la nouvelle lune - La Dogana vue de l'hôtel Europa

1840

Aquarelle. 0,238 × 0,303

W n° 1365

Exposition : Agnew, 1967, n° 74.

Cette aquarelle a initialement appartenu à Thomas Griffith, l'agent qui était chargé de la vente des dessins vénitiens de Turner. Griffith en a manifestement gardé un certain nombre pour lui, dont celle-ci; ou encore, peut-être lui ont-elles été octroyées à titre de commission sur les ventes comme cela arriva en 1842 pour une aquarelle, sur un ensemble de dix œuvres sur la Suisse (voir p. 293). Le n° 236 appartient à la poignée de sujets vénitiens restés chez des particuliers.

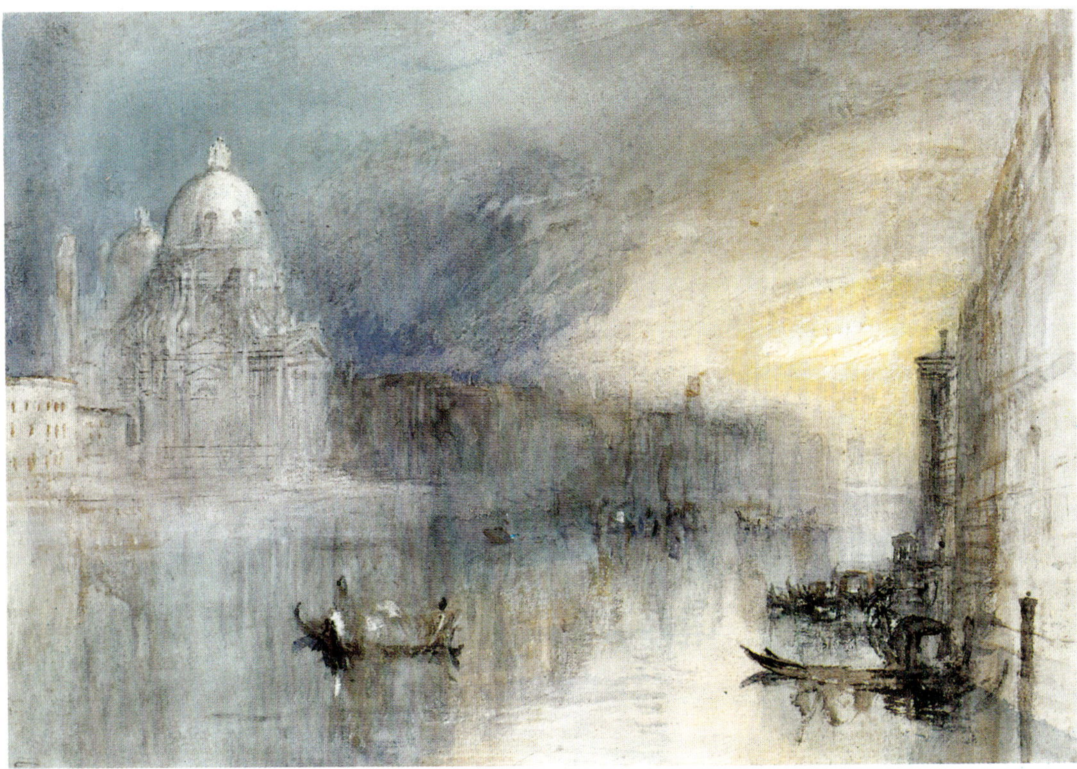

237

La vue est prise de l'hôtel Europa où il semble que Turner avait coutume de loger à Venise et, malgré l'absence de San Giorgio, à gauche, est la même que celle de la peinture à l'huile de *La Dogana San Giorgio, Zitella, vues des marches de l'Europa* (n° 67), que Turner exposa à la Royal Academy en 1842 (n° 52).

En l'absence de preuve formelle pour la datation des dernières aquarelles de Venise (voir p. 284), on leur a attribué à toutes la date « collective » de 1840. E. J.

Grande-Bretagne, collection particulière.

237

Venise : le Grand Canal et la Salute

1840

Aquarelle et gouache, avec grattages, sur des traces de crayon. 0,218 × 0,318

W n° 1368

Exposition : Londres, 1974-1975, n° 555 (ill. coul.).

Un des quelques dessins vénitiens de 1840 encore propriété privée, provenant par succession, de Thomas Griffith, l'agent de Turner, jusqu'au propriétaire actuel. Elle est plutôt plus achevée que la plupart des autres du même groupe, et elle est dans un état de conservation exceptionnel. E. J.

Grande-Bretagne, collection particulière.

238

Venise : l'embouchure du Grand Canal

1840

Aquarelle. 0,219 × 0,317

W n° 1360

Exposition : New Haven, Yale Center for British Art, *English Landscape 1630-1850,* 1977, n° 150.

Cette aquarelle et l'*Orage s'approchant de San Giorgio et de la Dogana* (W, n° 1355) sont les seules de Venise qui datent de 1840 et se trouvent en Amérique.

Le n° 238, dessin d'une finesse exquise, est un bon exemple du savoir de Turner pour rendre une impression vibrante avec de la lumière et de la couleur sans, en réalité, utiliser une seule couleur vive. E. J.

New Haven, Yale Center for British Art (Paul Mellon Collection).

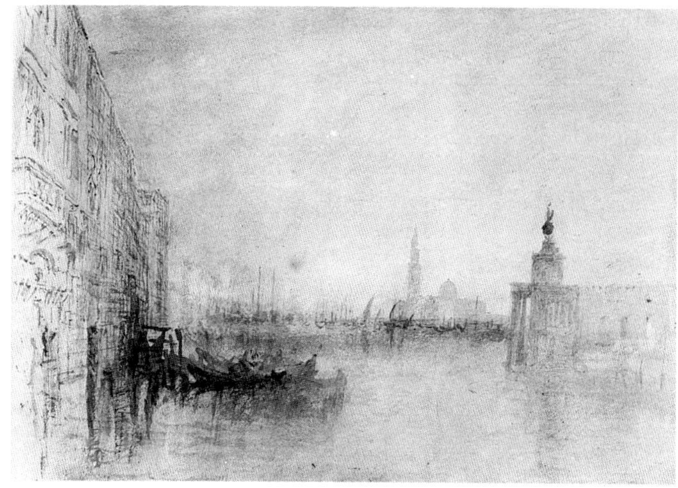

238

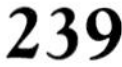

239

Petits bateaux sur un lac

vers 1840

Aquarelle. Filigrane : 1828. 0,245 × 0,307

Exposition : Londres, 1975, n° 262.

Avec des coloris d'une harmonie riche de chaudes couleurs, cette page ressemble à certaines études que Turner fit à Venise en 1840; il pourrait s'agit d'une vue de la lagune.

A. W.

Londres, The Trustees of the British Museum (TB CCCLXIV-137).

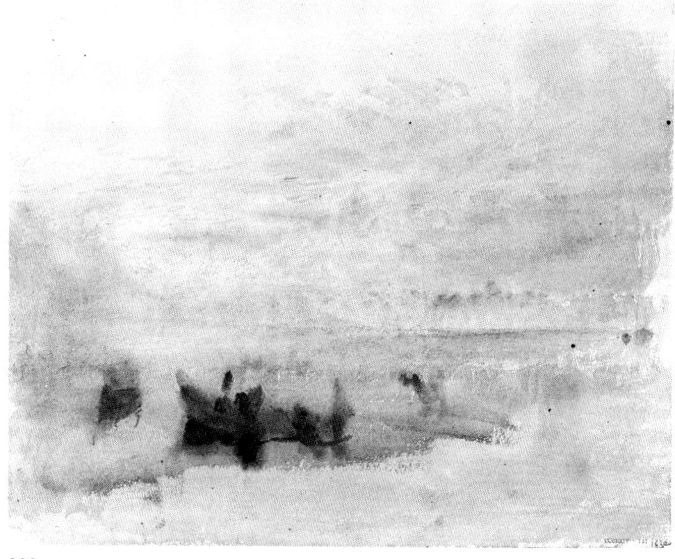

239

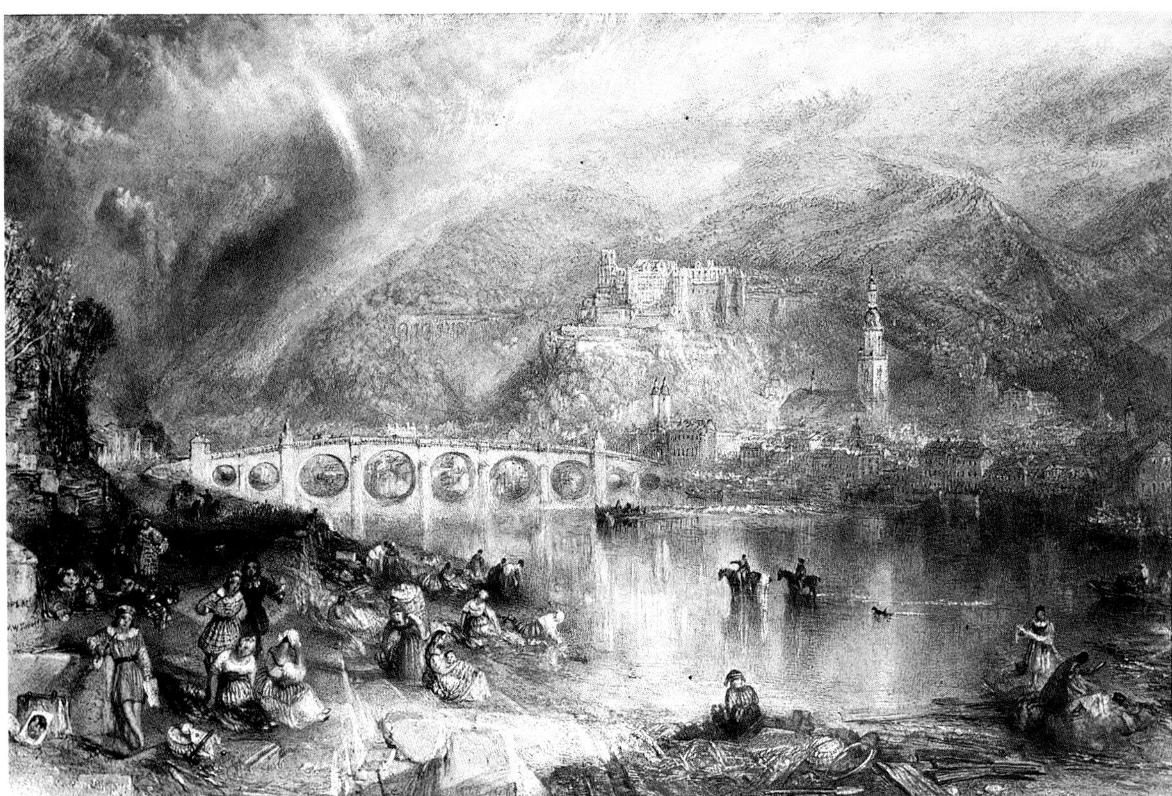

240

240

Heidelberg, avec un arc-en-ciel

vers 1840

Aquarelle. 0,311 × 0,521

Signature sur une borne : *J.M.W. Turner*

W n° 1377

Gravure : par T.A. Prior, 1846 (R, n° 663).
Expositions : Agnew, 1967, n° 81; Munich, 1979-1980, n° 213.

Au mois de septembre 1840, Turner séjourna à Heidelberg et y fit de nombreuses études de la ville et du château, dans les carnets *Spire et Heidelberg* (TB CCXCVII) et *De Heidelberg à Strasbourg* (TB CXCVIII). Le n° 240 était cependant manifestement déjà fait avant ce séjour car Rawlinson raconte que T.A. Prior, le graveur, lui dit avoir adressé, en 1840, à Turner, une commande de gravure, en proposant de prendre Heidelberg comme sujet. Tout d'abord, Turner ne l'avait pas encouragé car ses grandes gravures ne s'étaient pas bien vendues dernièrement mais, finalement, il avait cédé et avait peint le n° 240 d'après un croquis de Prior; pour le prix de 100 guinées.

Pendant son séjour à Heidelberg, plus tard cette même année, Turner avait évidemment ressenti le besoin de traduire le croquis de Prior dans son propre style et c'est pour cela qu'il avait fait un grand dessin de travail (TB CCCLXV-34) qu'il avait annoté et sur lequel il avait inscrit : *10 mars 1841*.

Les personnages semblent en costume du XVIIe siècle, comme dans l'huile de *Heidelberg* de la Tate Gallery (n° 518). Martin Butlin a suggéré que, dans cette toile à l'huile, Turner avait voulu une allusion à la cour bien éphémère d'Élizabeth la « Reine d'un hiver », sœur de Charles Ier et femme de l'Électeur palatin Frédéric V.

Turner a peint deux autres aquarelles achevées de Heidelberg : une vers 1840-1841, actuellement à la City Art Gallery de Manchester (W, n° 1376) et l'autre qui se trouve à la National Gallery of Scotland (Legs Vaughan; W, n° 1554) de 1846 environ. E. J.

Grande-Bretagne, collection particulière.

241 à 250 et 257

Les dernières aquarelles de Turner en Suisse

Turner s'est rendu tous les ans en Suisse, de 1841 à 1844, et les aquarelles qu'il rapporta de ces voyages sont universellement reconnues comme le couronnement de son œuvre d'aquarelliste. Techniquement, elles ne manquent pas de paradoxe car, si elles donnent une impression de grande spontanéité et de grande liberté, un examen approfondi révèle que cet effet provient d'un travail du pinceau d'une telle précision qu'il ressemble au pointillé d'une gravure.

Les montagnes et les lacs de Suisse ont particulièrement stimulé Turner car ils présentent deux aspects contrastés de la nature qui correspondaient à des préoccupations analogues dans son art propre : le mystère et la majesté tout autant que l'idylle et le rêve. L'adresse de Turner pour mêler ces deux éléments apparemment disparates en un tout harmonieux donne à ces dessins leur magie particulière.

Après 1840, Turner peignit trois, ou peut-être quatre ensembles d'aquarelles achevées dont le premier, celui de 1842, est à la fois le mieux documenté et, avec raison, le plus célèbre. C'est Ruskin qui donne le récit le plus graphique de la genèse de la série de 1842 (XIII, p. 477 et suivantes) et ce récit garde tout son pouvoir d'enchantement, même aujourd'hui. Au printemps 1842, Turner alla voir Thomas Griffith, son marchand et agent, avec quinze croquis de décors de Suisse (voir les n°s 242, 245, 247) d'après lesquels il se proposait de tirer un ensemble de dix aquarelles terminées. Ce faisant, selon Ruskin, il se proposait « de montrer si sa main, dans sa soixante-cinquième année (en réalité, il avait près de soixante-sept ans), tremblait ou avait autrement perdu son adresse ». Pour donner à des acheteurs éventuels une idée de ces dessins terminés, il en avait déjà exécuté quatre, à titre d'exemples, et le n° 243 en est certainement un, le n° 248 en étant aussi presque certainement un autre. Turner suggérait que Griffith pourrait en tirer 1000 guinées en tout mais Griffith répondit qu'ils n'étaient pas du style habituel de Turner et il estimait que 80 guinées par dessin était le maximum qu'il en pouvait demander.

Griffith prit contact avec quatre clients : Godfrey Windus de Tottenham, Munro de Novar, Elhanan Bicknell et les Ruskin, le père et le fils. C'est Windus qui arriva le premier mais il dit ne pas beaucoup aimer le changement de style que trahissaient ces nouvelles aquarelles, aussi n'acheta-t-il rien (manquant ainsi une des plus belles occasions de l'histoire des collections). Finalement, Griffith ne parvint à placer des commandes que pour neuf aquarelles de la série, à Munro (5), à Bicknell (2) et aux Ruskin (2), aussi prit-il le dixième dessin pour lui-même, à titre de commission.

L'année suivante, en 1843, Turner proposa un programme analogue mais, cette fois, Griffith ne réussit à placer que cinq dessins; trois avec Munro (voir n° 249) et deux avec Ruskin (voir n° 250), mais Munro, finalement en acheta aussi un sixième.

Turner acheva une troisième série, constituée par dix autres dessins, en 1845, et il semble vraisemblable, quand on sait combien il aimait travailler sur des séries, qu'il avait commencé une ultime série au cours de ses toutes dernières années. Si tel est le cas, le n° 257 doit y avoir appartenu.

Presque tous les sujets de ces dernières séries d'aquarelles sont suisses, les autres étant italiens. Pour leur liste complète, le lecteur est prié de se reporter aux pp. 138 à 140 de *Turner in Switzerland* et à Wilton, n°s 1523 à 1569. E. J.

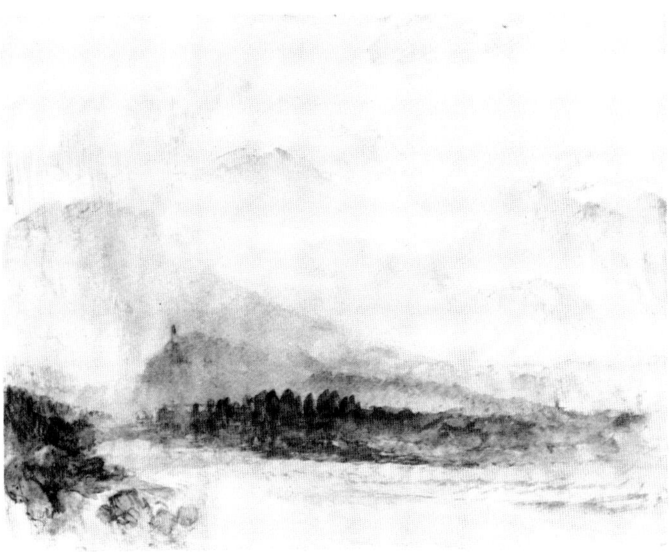

241

241

Le Rhin à Reichenau

1841 ?

Aquarelle. 0,244 × 0,312

Exposition : Zurich, 1976, n° 61.
Bibliographie : J. Russell et A. Wilton, *Turner in Switzerland*, 1976, p. 108, ill.

Cette feuille est caractéristique des dernières études de Turner en Suisse, avec sa combinaison de largeur extrême et de touches soudaines d'une grande finesse, avec un remarquable choix de couleurs. Au centre de la composition, la montagne si éclairée par le soleil a été identifiée comme la Signina, au sud de Coire dans les Grisons, à côté du site du grand *Splügen* (n° 242) dessiné pendant le même voyage. Turner a toujours été fasciné par les contrastes des conditions climatiques sur la même vue, et la Suisse, avec ses énormes étendues et ses immenses hauteurs, lui a donné nombre de ces occasions; cette aquarelle est certainement parmi les plus éclatantes. A. W.

Londres, The Trustees of the British Museum (TB CCCLXIV-217).

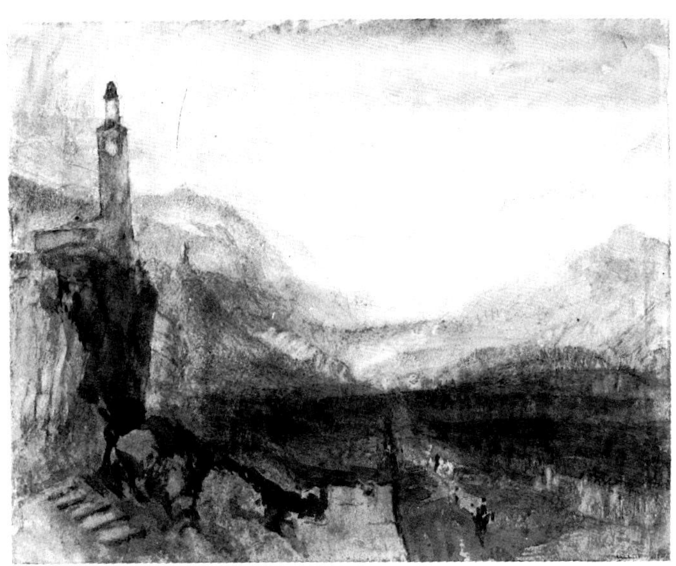

242

242

Splügen : étude « échantillon »

1841-1842

Crayon, aquarelle avec grattage. 0,242 × 0,305

Expositions : Londres, 1974-1975, n° 604; Cleveland, Detroit, Philadelphie, 1977, n° 67.
Bibliographie : *Ruskin on Pictures*, 1900, p. 116.

Cette aquarelle, ainsi que le n° 245, est un exemple des études de couleurs que Turner a présentées à Thomas Griffith comme « échantillons » à faire voir aux mécènes qui choisiraient d'après elles les sujets « à réaliser » (selon le terme de Ruskin) comme œuvre achevée. Cette page-ci est

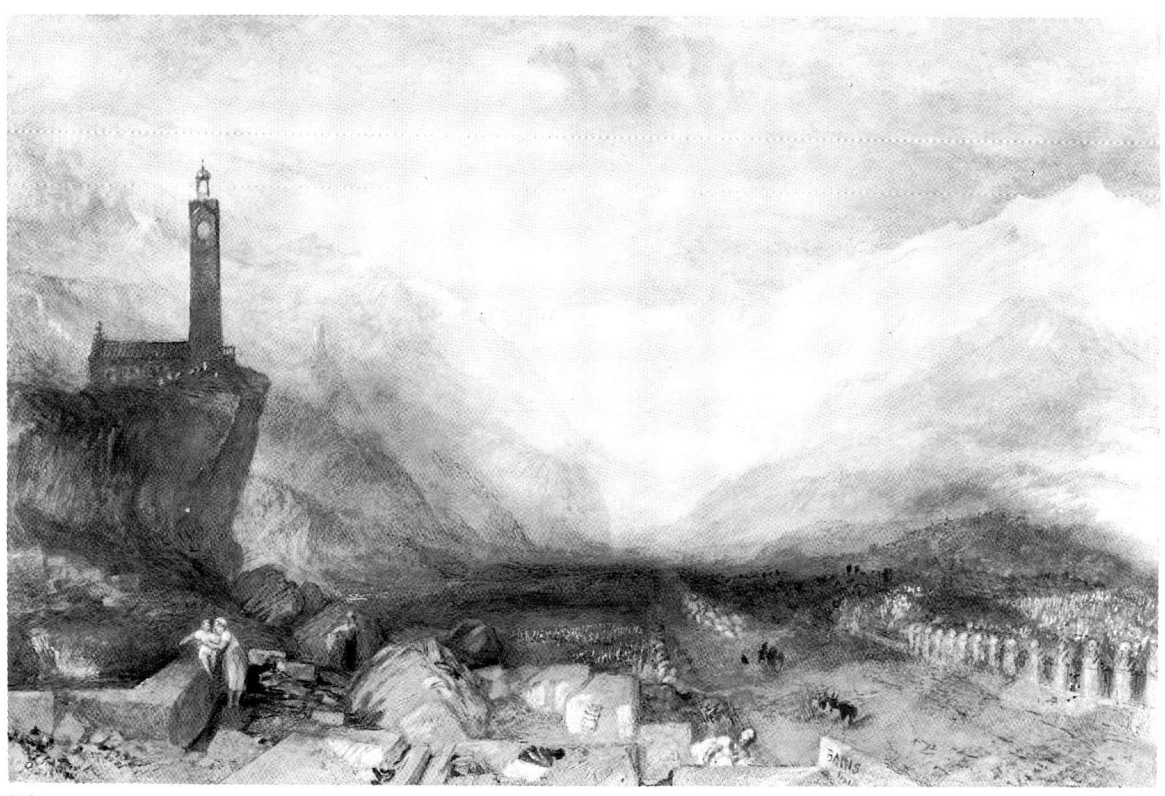

243

une des cinq du premier groupe qu'il offrit ainsi au choix de H.A.J. Munro de Novar et elle fut « réalisée » par Turner, avec le titre *Splügen* que Ruskin porta en premier lieu dans la liste des dix qui furent exécutées en 1842 (n° 243). Quoique l'aquarelle achevée soit infiniment plus grande par son évocation des immenses espaces des Alpes, cette étude en contient déjà le germe : la route centrale qui coupe droit à travers le paysage, dans le lointain. A. W.

Londres, The Trustees of the British Museum (TB CCCLXIV-277).

243

Le col du Splügen

1842

Aquarelle. 0,292 × 0,451

Inscription en bas à droite : *BAINS*

W n° 1523

Bibliographie : John Russell et Andrew Wilton, *Turner in Switzerland,* 1976, pp. 19, 20, 27, 109, 138, n° 68.

D'après l'étude « échantillon » du legs Turner (TB CCCLXIV-277), exposée ici sous le n° 242.

Cette vue montre de manière traditionnelle, au centre, la grand-route qui, passant par le col du Splügen, conduit à Chur; la tour romaine de Maienfeld est bien visible, sur le rocher en surplomb à gauche, tandis que le mot *BAINS* indique les thermes proches de Pfäfers et de Ragatz.

On trouvera pp. 293-294 les origines des aquarelles de Suisse de 1842. Au moment où elles vinrent sur le marché, le père de Ruskin voyageait à l'étranger, pour affaires, et John Ruskin, toujours dépendant financièrement entièrement de son père n'avait aucune possibilité d'agir, bien qu'il dût plus tard écrire du n° 243 : « Je savais parfaitement que c'était là le plus beau paysage suisse jamais peint par l'homme; et que c'était certainement une bonne chose pour *moi* de l'avoir et inopportun que quelque autre personne l'eût ». Avant le retour du père de Ruskin, Munro de Novar

244

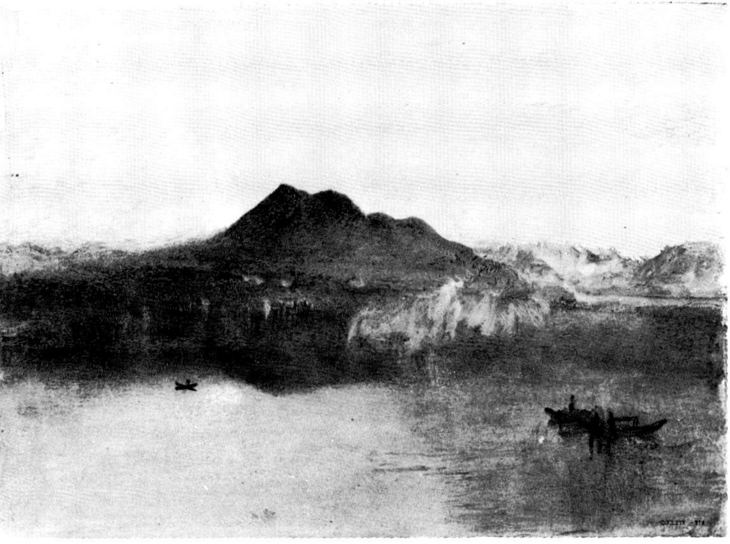

245

l'avait achetée. Ruskin la convoitait cependant toujours et, après une visite à Munro, en 1844, il écrivit : « Je me suis senti très malheureux... Je l'aurai cependant un jour, si je vis ». Heureusement, cela se produisit quand, après la vente Munro au mois d'avril 1878, le n° 243 fut acheté par Agnew et quand un groupe d'amis de Ruskin se cotisa pour l'acheter et la lui offrir, sur quoi elle fut immédiatement ajoutée à l'exposition Ruskin des dessins de Turner à la Fine Art Society.

Comme Wilton l'a remarqué, la composition du n° 243 évoque comme un écho une aquarelle bien antérieure : *Saint Hugues menace de vengeance le berger de Courmayeur dans le val d'Aoste* (W, n° 364, exposé en 1803 et maintenant au Soane Museum à Londres). La composition classique, dans le style de Poussin, du dessin de 1803 fut cependant transformé, avec le n° 243, par une inondation de lumière et de couleur bien caractéristique des œuvres de Turner d'après 1840. E. J.

États-Unis, collection particulière.

244

Étude du Rigi

1841 ?

Crayon et aquarelle. 0,220 × 0,270

Inscription au crayon, en bas à droite : *L.*

Exposition : Londres, 1974-1975, n° 600.

L'initiale, dans le coin de cette feuille, signifie « Lucerne ». Finberg a appelé cette étude le *Rigi bleu* : elle n'est pourtant pas obligatoirement en rapport direct avec cette aquarelle. L'étude « échantillon » en est probablement le TB CCCLXIV, p. 330, qui est plus élaborée, que l'on peut comparer à l'échantillon du *Rigi sombre,* n° 245. Turner a fait de nombreux dessins de la montagne, non seulement en 1841 mais lors de ses séjours suivants à Lucerne et cet exemple a un traitement plutôt esquissé, rapide, qui pourrait appartenir à n'importe lequel. Il n'est pas impossible qu'il ait été exécuté au même moment qu'un dessin se trouvant sur une feuille de même dimension actuellement au Ashmolean Museum, *Fin d'après-midi : nuage sur le mont Rigi, vu de Zoug* (W n° 1474). A. W.

Londres, The Trustees of the British Museum (TB CCCLXIV-327).

245

Le « Rigi sombre » : étude « échantillon »

1841-1842

Crayon et aquarelle, avec grattages. 0,228 × 0,322

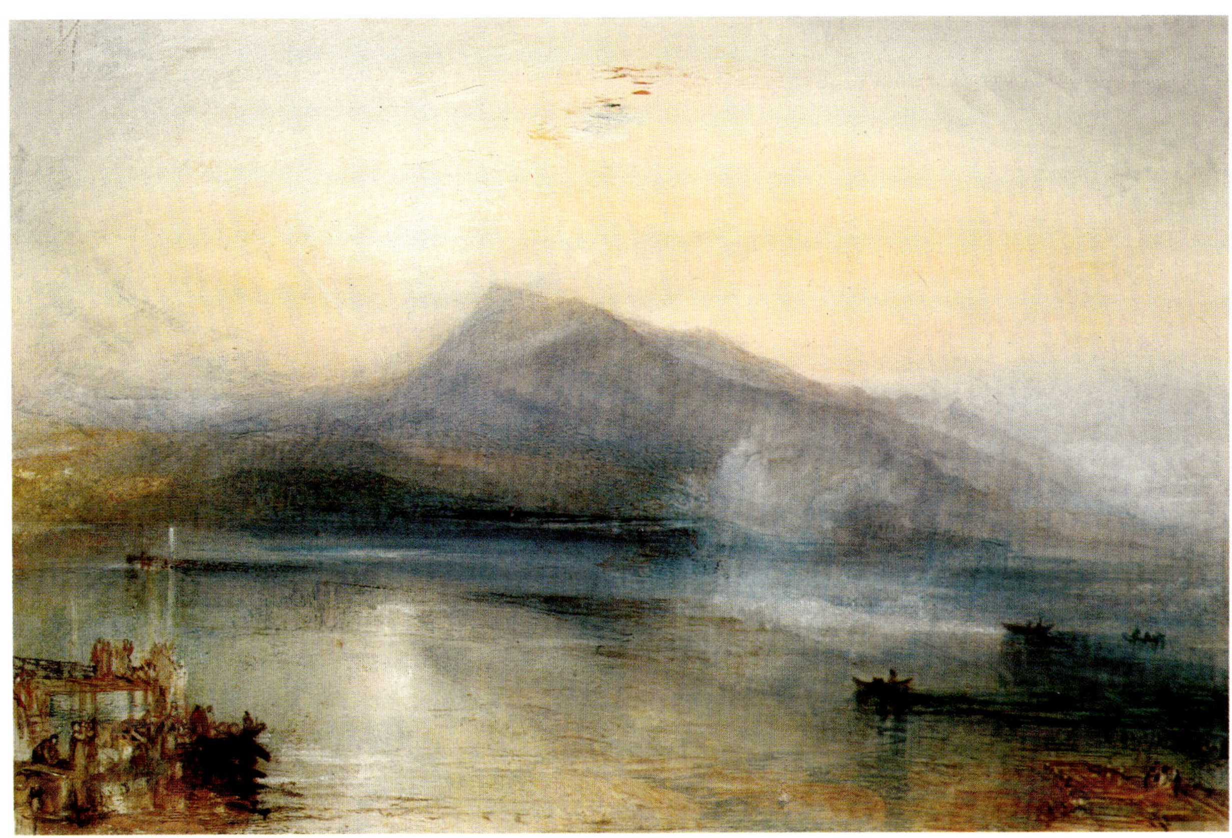

246

Inscription au crayon, au verso : *J.A. Munro Esq 31.*

Expositions : Paris, 1972, n° 306; Londres, 1974-1975, n° 599; Cleveland, Detroit, Philadelphie, 1977, n° 70; Madrid, 1983, n° 91.
Bibliographie : Ruskin on Pictures, pp. 121, 122; Wilton, 1982, p. 67, ill. 104.

Bien qu'il ne s'agisse naturellement pas de l'aquarelle achevée que Turner fit pour H.A.J. Munro de Novar mais seulement de son « échantillon », cette aquarelle contient dans son essence presque tout ce qu'il devait exprimer dans cette œuvre (n° 246). Les fines hachures qui forment le volume de la montagne impliquent par elles-mêmes, et avec une grande subtilité, le passage de la lumière sur ses pentes tandis que la montée du brouillard matinal est déjà suggérée par l'utilisation pleine de virtuosité du grattage et de l'effacement. Malgré le fait que les vues du Rigi soient, dans les œuvres tardives de Turner, celles où l'on trouve le plus d'introspection et de calme, il est intéressant de remarquer que la modification, très apparente, de cette étude dans le tableau achevé est constituée par l'insertion d'un plus grand nombre de personnages : ici, ses intentions à ce sujet ne sont qu'indiquées par les barques esquissées schématiquement au premier plan.

A. W.

Londres, The Trustees of the British Museum (TB CCCLXIV-279).

246

Le lac de Lucerne avec le Rigi au lever du soleil

(Le « Rigi sombre »)

1842

Aquarelle. 0,305 × 0,455

W n° 1532

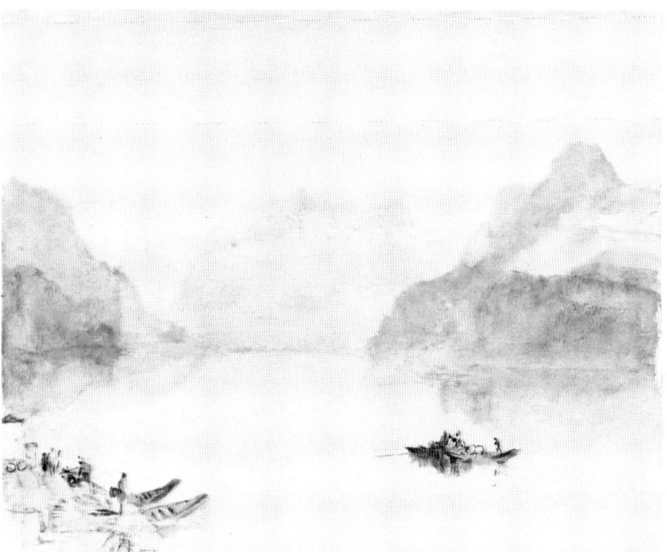

247

Exposition : Munich, 1979-1980, n° 229.
Bibliographie : John Russell et Andrew Wilton, *Turner in Switzerland,* 1976, p. 89, ill. en couleurs.

N° 9 de la série de dix aquarelles de vues suisses exécutées en 1842 et décrite par Ruskin comme étant la vue du Rigi de la fenêtre de l'auberge « Le Cygne » où logeait Turner. Cette aquarelle est tirée de l'échantillon TB CCCLXIV, p. 279, au verso de laquelle est inscrit : *J.A. Munro Esq 31.* Munro de Novar a acheté, en tout, cinq aquarelles de la série, parmi lesquelles, avec les n°s 243 et 248 présents ici, *Le Rigi au coucher du soleil,* connu sous l'appellation du « Rigi rouge », actuellement à Melbourne (W, n° 1525).

La série comprend une autre vue du Rigi au lever du soleil, connue sous l'appellation du « Rigi bleu » (W, n° 1524). Que Turner ait consacré trois vues sur dix à cette montagne montre combien était forte la fascination exercée sur lui par ce site. Il est remarquable que les deux vues « aurorales » soient de couleurs très différentes, le « Rigi bleu » étant en même temps le plus frais, ce qui rend plausible la suggestion de Wilton selon laquelle le n° 246 dépeint un moment légèrement plus tardif, quand « le soleil commence à répandre un peu de chaleur sur le lac mort » et semble présager un jour d'été plein de promesses infinies.

E. J.

Suisse, collection particulière.

247

La baie d'Uri vue du Brunnen

1841 ?

Crayon et aquarelle. 0,244 × 0,298

Expositions : Turner and Watercolour, 1974, n° 36; Toronto, New Haven, Londres, 1980-1981, n° 114.
Bibliographie : J. Russell et A. Wilton, *Turner in Switzerland,* 1976, p. 100, ill.

La vue de la baie d'Uri sur le lac des Quatre-Cantons, du haut du Brunnen, semble avoir été, avec le Rigi, un des sujets favoris de Turner et il y retourna à de multiples occasions pendant ses séjours en Suisse, peu après 1840. Pour une aquarelle achevée exécutée pour l'ensemble de 1842, voir le n° 248. Cette étude en est indépendante mais a tout à fait le même sens de la plénitude que les études « échantillons »; certes, elle a pu être offerte comme « échantillon » et n'avoir jamais servi. Une des dernières vues achevées de la baie d'Uri (W, n° 1543) repose sur un modèle tout à fait analogue (Wilton, 1982, ill. 122) et, dans *Turner in Switzerland,* on suggère que les deux œuvres pourraient être de 1844. En fait, cette feuille est nettement plus audacieuse et ferme dans son utilisation du lavis et elle appartient probablement aux œuvres de 1841. Avec ses perspectives fondues de bleu et d'or, c'est une des plus agréables des études tardives de Suisse.

A. W.

Londres, The Trustees of the British Museum (TB CCCLXIV-342).

248

Le lac de Lucerne : la baie d'Uri vue du haut du Brunnen

1842

Aquarelle. 0,298 × 0,457

W n° 1526

Exposition : Toronto et New Haven, 1980-1981, n° 116.
Bibliographie : John Russell et Andrew Wilton, *Turner in Switzerland,* 1976, p. 138, n° 71.

Probablement tiré de l'étude « échantillon » se trouvant dans le legs Turner (TB CCCLXIV-354).

On trouvera la genèse de la série de vues suisses de 1842 à la page 293. Le n° 248 était la deuxième aquarelle à choisir

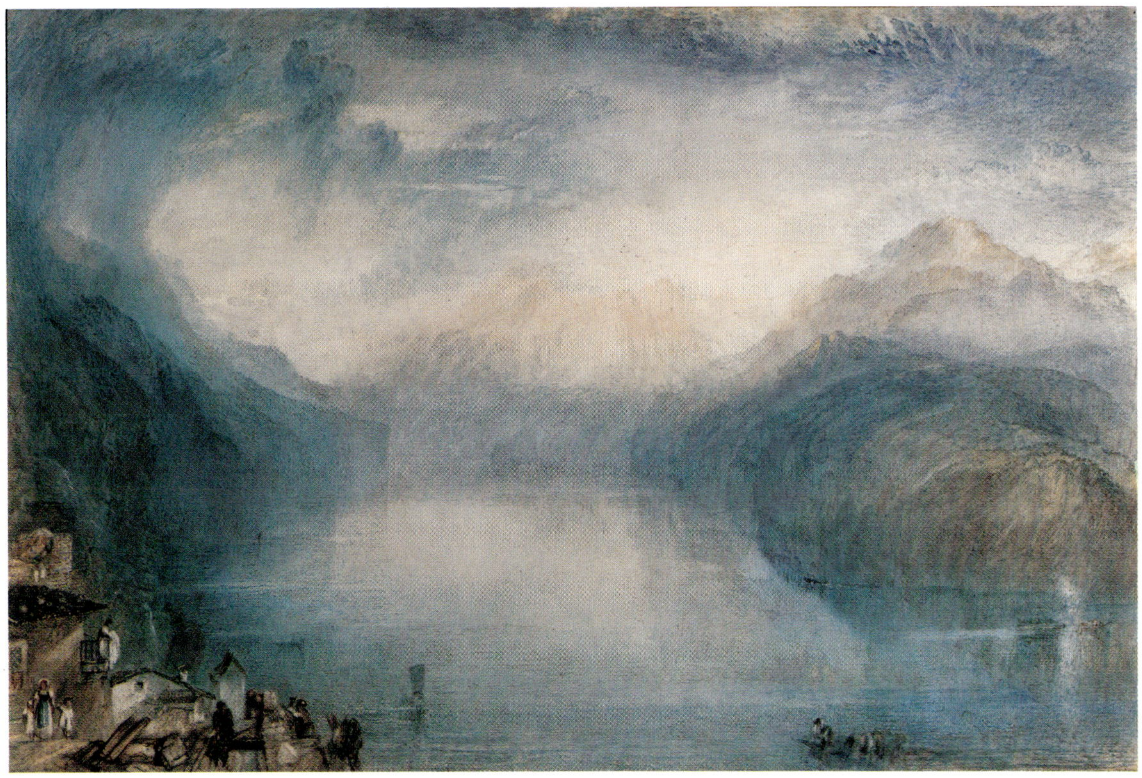

248

et elle fut achetée par Munro de Novar. Jusqu'à son apparition lors de la récente exposition *Turner and the Sublime,* elle était pratiquement inconnue car elle s'était toujours trouvée dans des collections particulières aux États-Unis depuis 1910.

Comme le fait remarquer Wilton, la vue sur le lac, du haut du Brunnen, était le sujet favori de Turner quand il se trouvait à Lucerne; il en fit de nombreuses études au crayon et en couleurs ainsi que trois autres aquarelles achevées.

La facture avec laquelle Turner a peint les montagnes plongeant perpendiculairement dans le lac montre que l'aspect « sublime » des Alpes continuait de le captiver mais que, en même temps, le calme de la surface du lac révèle que le côté tranquille de la nature lui faisait un égal plaisir. L'impression de rayonnement que dégage le n° 248 est certes une indication de l'effet de jouvence que ce décor de Suisse eut sur l'art de Turner pendant les dix dernières années de sa vie. E. J.

États-Unis, collection particulière.

249

Le lac de Zoug : au petit matin

1843

Aquarelle. 0,298 × 0,466

W n° 1535

Exposition : Berkeley, 1975, n° 42.
Bibliographie : John Russell et Andrew Wilton, *Turner in Switzerland,* 1976, pp. 106, 114, 115, 139, ill. en couleurs.

Cette vue est prise en regardant au-dessus du lac, vers l'est, en direction du village d'Arth, le Rossberg et Mythen se trouvant derrière.

D'après une étude « échantillon » du legs Turner (TB CCCLXIV-280) portant au verso l'inscription : « *Art — Lake of Zug. n° 9; × 810 M. Munro* ».

Ruskin l'a décrite comme étant le deuxième des cinq dessins de 1843 et Wilton fait l'hypothèse que ce serait « une sorte de pendant au *Goldau* » (voir n° 250), « peut-être la

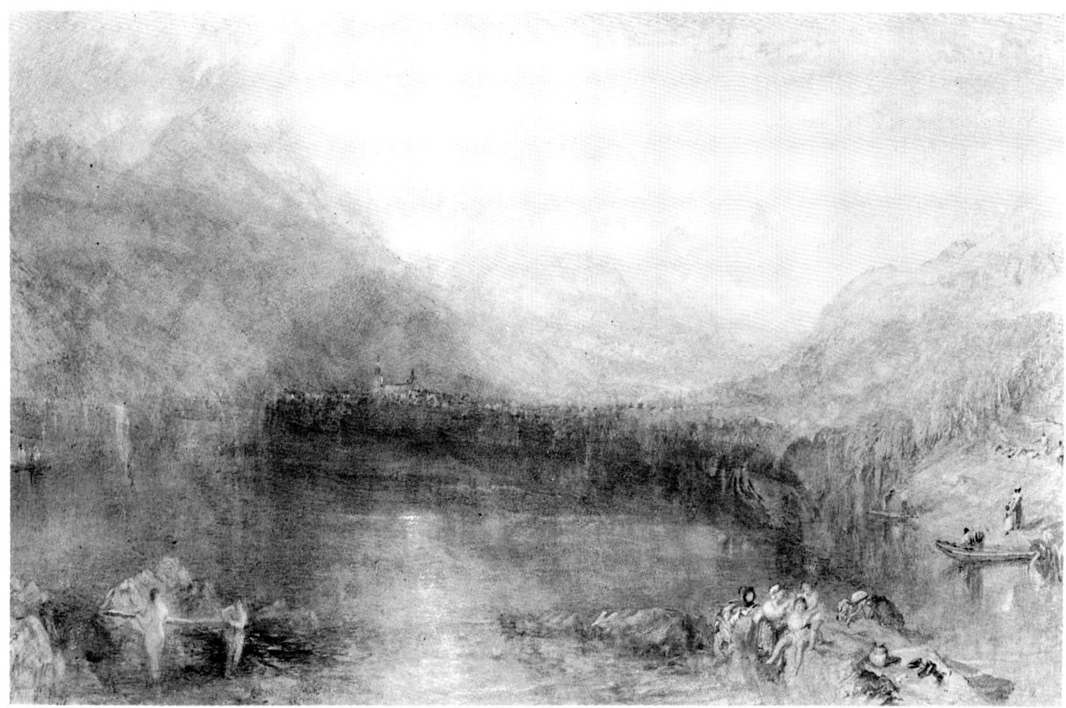

249

plus richement colorée de toutes les tardives vues de Suisse, utilisant un bleu intense qui recouvre une grande partie du dessin et qui complète le rouge, d'une force égale, du *Goldau* ».

Il est évident que Munro a trouvé ce bleu trop vif et Ruskin note avec laconisme, dans l'épilogue de ses *Notes* pour l'exposition de 1878 : « Munro trouvait le Zoug trop bleu, et il m'a fait partager son opinion ».

Le jeu de la lumière à la surface du lac constitue bien, même parmi les dernières aquarelles de Suisse, un passage exceptionnellement brillant. E. J.

New York, The Metropolitan Museum of Art (Fonds Marquand, 1959).

250

Goldau

1843

Aquarelle avec grattages. 0,305 × 0,470

W n° 1537

Expositions : Londres, 1974-1975, n° 611; Zurich, 1976-1977, n° 86; Toronto et New Haven, 1980-1981, n° 106.
Bibliographie : John Russell et Andrew Wilton, *Turner in Switzerland*, 1976, pp. 106, 110, 114, 139, ill. en couleurs.

Peinte pour Ruskin en 1843, en même temps que *Le col du Faido* (W, n° 1538), d'après un croquis en couleurs qui se trouve dans le legs Turner (TB CCCLXIV-281). Les différences profondes de couleurs entre l'étude et l'aquarelle achevée sont très frappantes mais s'expliquent facilement si l'on se rend compte que, alors que le croquis représente un décor dans des conditions de temps données, le n° 250 commémore la nuit du 2 septembre 1806, quand une avalanche de rochers, provenant du mont Rossberg voisin, a englouti le village de Goldau et quatre hameaux tout proches, dans une catastrophe qui provoqua quatre cent cinquante-sept morts. Le coucher de soleil rouge sang symbolise ainsi la tragédie, de la même manière que dans *Le Négrier* (voir fig. 2). Comme l'a remarqué Ruskin, Turner avait « l'habitude d'indiquer l'association d'un sujet quelconque avec la mort, et particulièrement la mort d'une multitude, en le plaçant sous un de ses ciels couchants du *pourpre* le plus profond... » En même temps, cependant, Turner affirme sa foi dans la puissance de régénérescence de l'humanité en mettant, au premier plan, quelques personnes

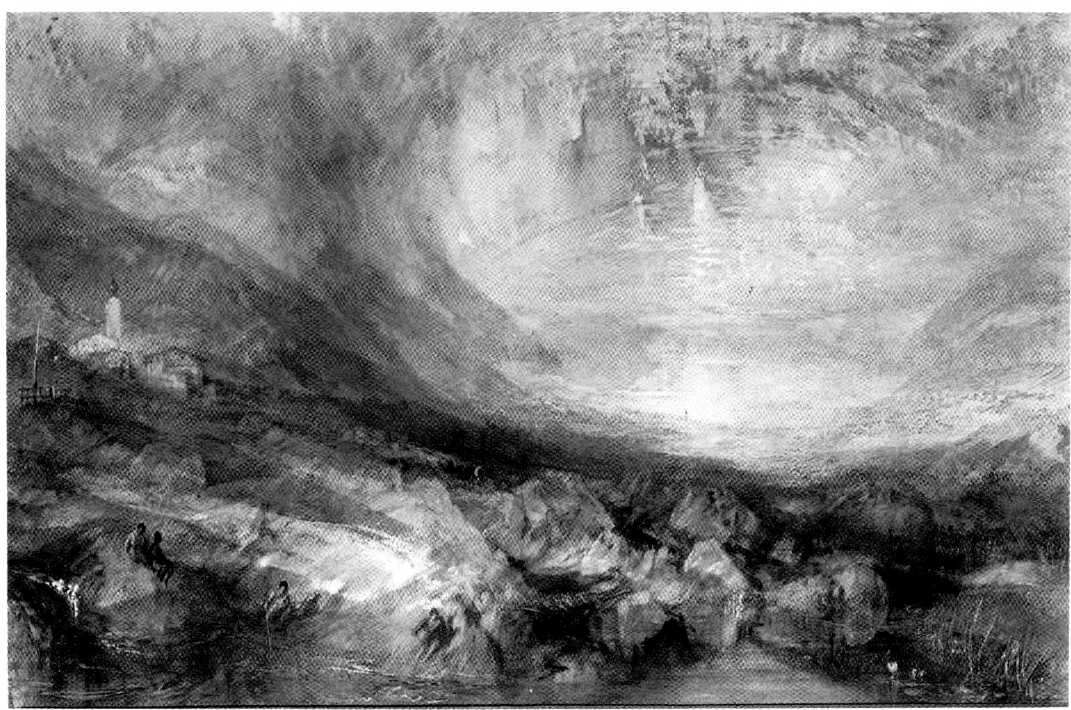

250

assises sur les rocs mêmes qui ont dû avoir enfoui Goldau trente-sept ans auparavant et sous lesquels, très probablement, sont ensevelis leurs propres parents.

A un certain moment, Ruskin a critiqué le *Goldau* parce que « il accuse, dans l'exécution de certaines parties du ciel, des signes d'impatience... » Son verdict final, cependant (auquel il est difficile de ne pas souscrire), a été qu'il y avait là « dans l'ensemble, le dessin le plus puissant de sa dernière époque ». E. J.

États-Unis, collection particulière.

251

Vue du Rhin : Rheinfelden ?

1844

Crayon et aquarelle avec plume. 0,228 × 0,329

En haut, au centre, inscription : *blue,* et en haut à droite : *Town against the sky* (?)

Expositions : Berlin, 1972, n° 114; Lisbonne, 1973, n° 53; Londres, 1975, n° 293.
Bibliographie : Wilton, 1982, p. 73, ill. 124.

Pour son dernier voyage en Rhénanie, en 1844, Turner a utilisé son carnet *Rheinfelden;* celui-ci contient un certain nombre d'études exécutées avec une technique qui caractérise particulièrement cette époque, et spécialement cette année, car le carnet *Heidelberg* (voir n° 252) en contient également plusieurs. Cette technique implique la combinaison de la plume et du lavis, éléments égaux et interdépendants, dans une exécution intégrée unique, souvent utilisée quand Turner désire transmettre un grand nombre de renseignements particuliers, sur une ville, par exemple, et cela le plus rapidement possible. Il semble que ce soit pendant son travail pour les *Rivers of Europe* (voir les n°s 174 à 198) qu'il ait eu l'idée de dessiner avec une plume trempée dans les couleurs de son sujet. Dans ces études tardives sur papier blanc, avec cette méthode, il a obtenu un brillant et un chatoiement, combinés à des détails nerveux et à un large éventail de couleurs, qui marquent un progrès technique rarement utilisé avant ce siècle. L'adjonction d'un minimum de lavis légers sur la structure hardiment tracée fait penser à un temps pluvieux que, nous le savons, il subit pendant ce voyage : « La pluie vint si tôt que je ne pus

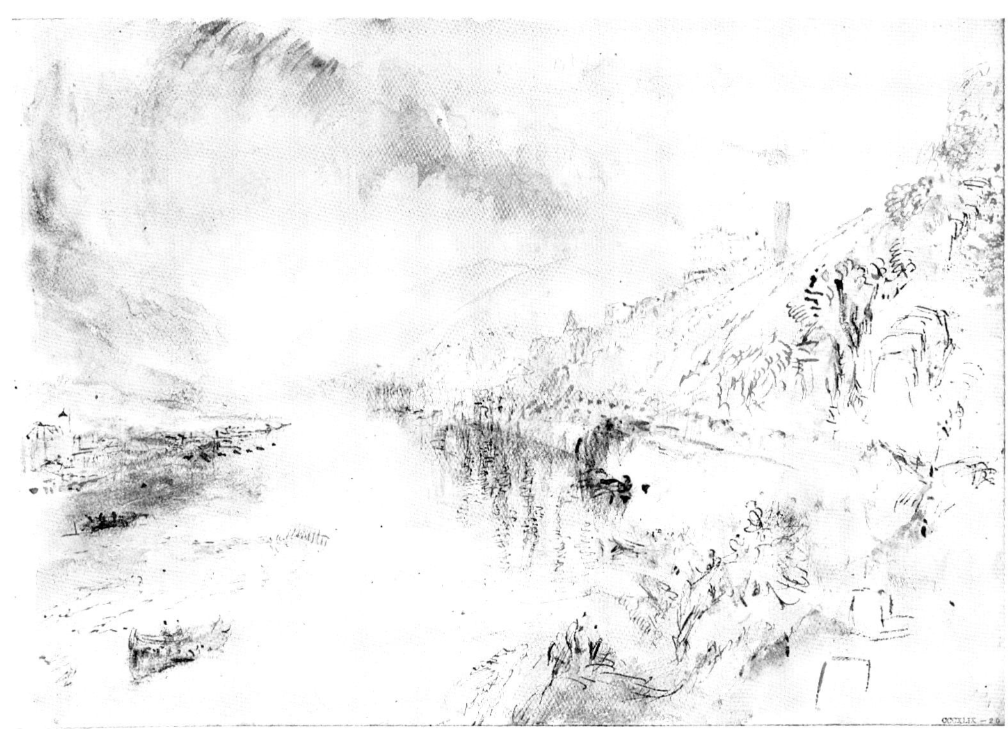

251

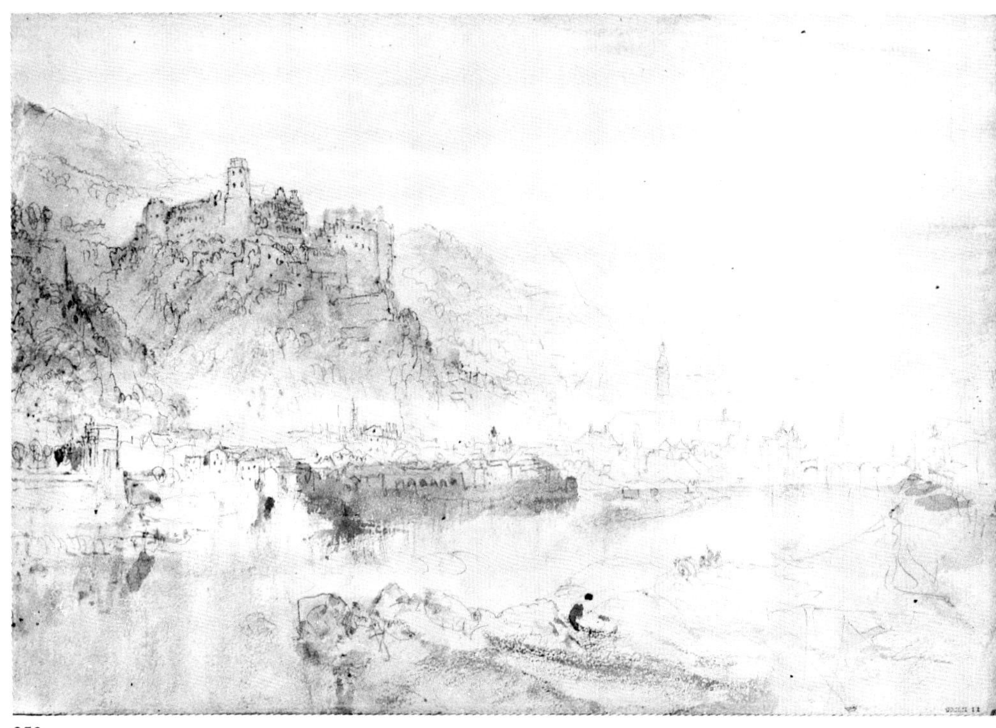

252

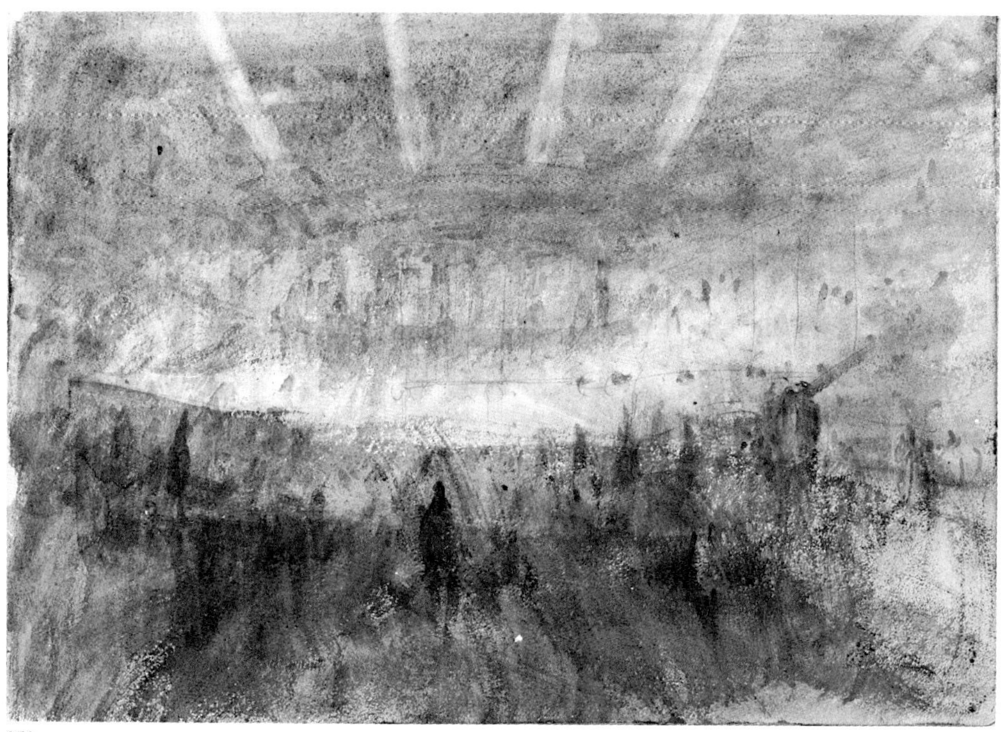

253

traverser les Alpes; j'ai essayé deux fois mais dus revenir, les vêtements trempés, les chaussures éculées et, après les avoir fait réparer, j'ai remonté quelques-unes des petites vallées du Rhin et je les ai trouvées plus intéressantes que je ne m'y attendais » (lettre à Hawkesworth Fawkes, du 28 décembre 1844). A. W.

Londres, The Trustees of the British Museum (TB CCCXLIX-20).

252

Heidelberg : la ville vue de l'est

1844

Crayon et aquarelle. 0,229 × 0,332

Une page du carnet *Heidelberg* que Turner a utilisé en revenant de Suisse, en 1844. Comme le livre de *Rheinfelden* (voir n° 251), il renferme des dessins exécutés dans le style aéré, sobre, qui semble avoir été porté au pinacle pendant ce voyage, et la série de vues que Turner fit de Heidelberg donne une image inhabituellement rayonnante de cet endroit, qui lui avait déjà inspiré deux aquarelles achevées magnifiques (voir n° 240). Probablement à la suite de ce dernier séjour, il en fit une troisième (National Gallery of Scotland; W, n° 1554; Herrmann, 1975, ill. 149). Dans des dessins comme cette étude, où le contour au crayon est à peine renforcé par de pâles lavis, Turner semble combler le précipice entre ses croquis sur le vif et ses œuvres achevées, fort élaborées : la couleur sobrement appliquée ne sert qu'à faire ressortir la plénitude inhérente au contour initial.

A. W.

Londres, The Trustees of the British Museum (TB CCCLII-11).

253

Carnet « Dieppe »

1845

22 feuillets, brochage en papier. Filigrane : 1844. 0,230 × 0,329

Ouvert à la p. 23v : intérieur brillamment éclairé et personnages. Aquarelle.

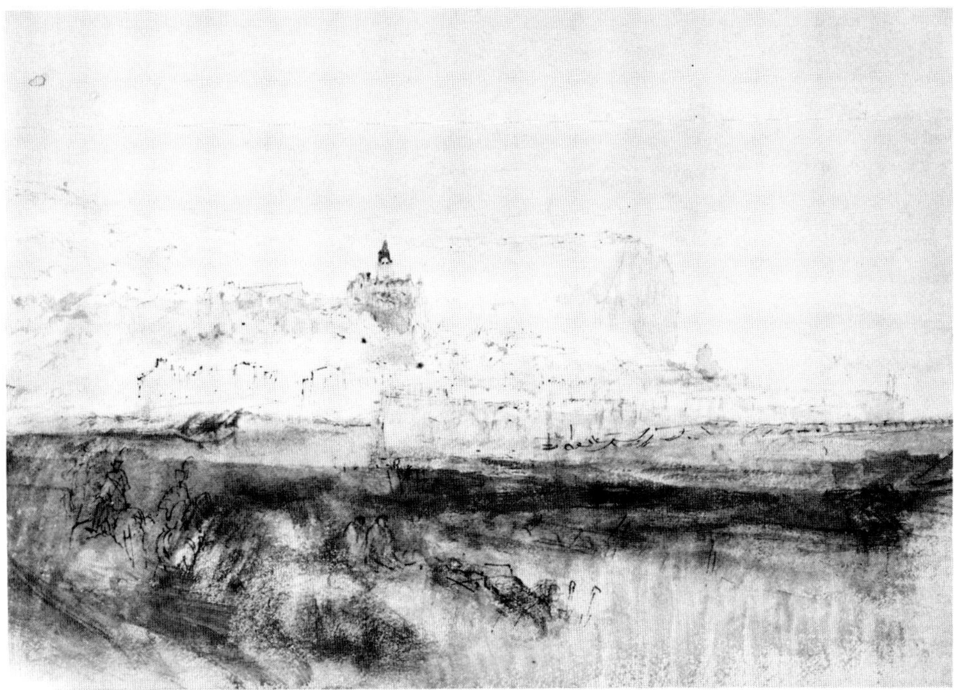

254

Expositions : Londres, 1974-1975, n° 632; Paris, 1981-1982, n° 184.
Bibliographie : Gage, 1969, p. 39; Finley, 1979, p. 692.

C'est un des rouleaux que Turner a utilisés au cours de son dernier voyage sur le continent, celui de 1845; il contient des sujets dessinés à Dieppe même et une série d'intérieurs avec des tables éclairées avec des chandelles ou au gaz, dans une salle avec des tableaux. On a pensé que c'était des pièces du château d'Eu, où Turner a rendu visite à Louis-Philippe (voir n° 254); ou encore que ces dessins pouvaient se rattacher à la visite de la Reine Victoria à Eu, quand Turner y était. Il est aussi parfaitement possible que ces dessins aient été faits en Angleterre, peut-être lors d'un dîner à la Royal Academy, avant le départ de Turner en voyage. Un autre rouleau, de 1845 (*Dieppe et Kent,* TB CCCLXI) contient des croquis faits des deux côtés de la Manche. A. W.

Londres, The Trustees of the British Museum (TB CCCLX).

254

Eu : la ville vue de l'est, avec le château de Louis-Philippe

1845

Crayon avec aquarelle et plume. 0,231 × 0,330

Bibliographie : Butlin, 1968, ill. 23.

Le dernier séjour de Turner sur le continent a été relativement court et s'est limité à la côte française du nord, entre Dieppe et Boulogne. Il a rempli un certain nombre de rouleaux de dessins, beaucoup d'entre eux en couleurs et une de ces séries, dans le carnet *Eu et Le Tréport,* est composée de vues de la ville d'Eu, dominée par sa cathédrale et par l'immense château utilisé par le Roi Louis-Philippe, avec lequel Turner avait des rapports amicaux depuis l'exil du Français à Twickenham en 1815. Les frères Redgrave racontent, dans leur *Century of British Painters* (1866), une anecdote amusante sur ce séjour (Vol. II, pp. 86, 87) :

« Arrivé à Eu, il se trouva dans l'obligation de faire réparer ses chaussures et il prit une chambre dans une maison de pêcheur. Il n'y était pas depuis longtemps qu'un officier de la cour vint le demander pour lui dire que Louis-

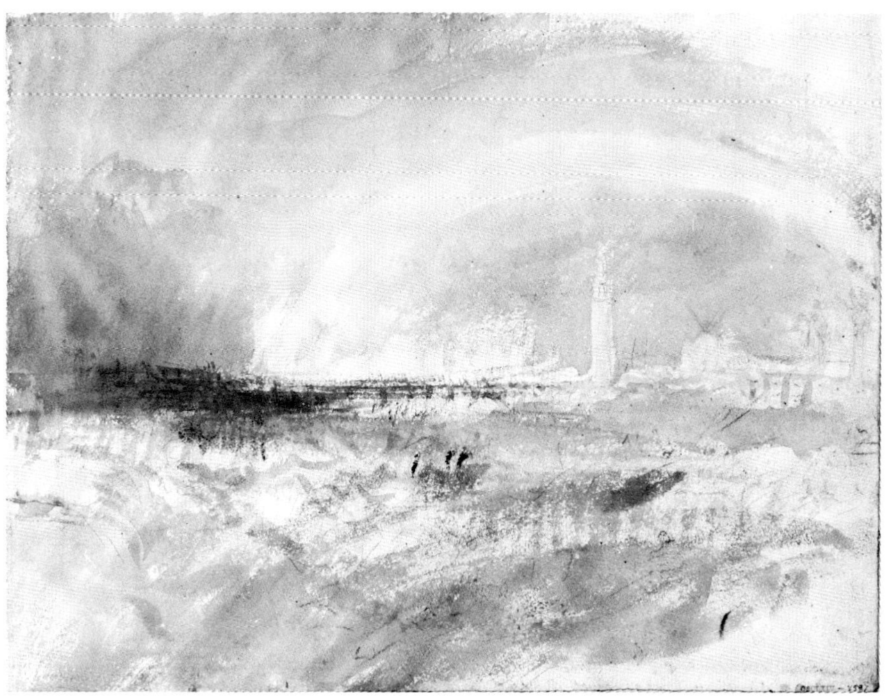

255

Philippe... ayant appris que M. Turner était en ville, l'avait envoyé pour l'inviter à dîner... Turner commença à s'excuser, — il n'avait rien à se mettre sur le dos, — mais il fut battu : il portait généralement l'habit de cette époque et il reçut la garantie qu'il n'avait besoin que d'une cravate blanche, et que le roi n'accepterait pas de refus. La femme du pêcheur lui fournit facilement une cravate blanche, la coupant dans du linge, et Turner déclara qu'il avait passé une soirée des plus agréables à bavarder avec sa vieille relation de Twickenham. » On peut mettre en doute l'authenticité de cette histoire (voir p. 41) mais plusieurs études représentant une grande salle à manger brillamment éclairée dans le carnet *Dieppe* seraient, pense-t-on, faites d'après l'intérieur du château d'Eu (voir n° 253). A. W.

Londres, The Trustees of the British Museum (TB CCCLIX-12).

255

Étude d'arc-en-ciel sur une jetée

1845 ?

Aquarelle. 0,221 × 0,291

En portant ce dessin dans son *Inventaire* du legs Turner, Finberg a indiqué qu'il représentait « un tir de fusées sur la côte... à Yarmouth, probablement ». Il pensait manifestement à la peinture à l'huile *Bateau de sauvetage et l'équipage de Manby se dirigeant vers un navire échoué lançant des signaux de détresse* de 1831 (n° 53), ce qui lui a probablement été suggéré par le coloris gris et vert frais de cette étude. Cette feuille semble cependant dater en réalité d'une période plus tardive et pourrait appartenir à une série de croquis de la jetée de Dieppe que Turner a faite lors de son dernier passage en 1845 (voir n° 253). A. W.

Londres, The Trustees of the British Museum (TB CCCLXIV-134).

256

Adieu Fontainebleau

vers 1845-1850

Aquarelle. 0,219 × 0,291

Inscription au crayon en bas, à droite : *Adieu Fontaineblau* (sic).

Exposition : Londres, 1974-1975, n° 638.

256

Le carnet d'où provient ce feuillet porte le filigrane de 1825 et Finberg l'a associé aux études de Turner pour les illustrations de livres d'après 1830. Turner a certes fait une vignette de Napoléon à Fontainebleau pour la *Vie de Napoléon* de Scott (W, n° 1115; voir le n° 221); mais ce dessin ne semble aucunement s'y rattacher; et les autres études du carnet sont également sans relation avec des projets identifiables. Leur nature schématique à l'extrême, comme le fait que plusieurs d'entre eux, comme celui-ci, ont reçu des inscriptions assez obscures de Turner, font penser à une date tardive; peut-être très peu avant 1850, quand il ajouta apparemment des annotations poétiques à un certain nombre de ses dessins. A ce moment, il y avait déjà plus de dix ans qu'il s'était rendu pour la dernière fois à Fontainebleau (en 1832) et on ne trouve aucune raison à cette inscription. A. W.

Londres, The Trustees of the British Museum (TB CCLXXX-29).

257

Le lac de Brienz

vers 1848-1850

Aquarelle, un peu de plume et d'encre rouge, avec grattages. 0,337 × 0,545

W n° 1562

Wilton suppose que, pendant ses cinq dernières années, Turner a prévu un dernier ensemble d'aquarelles. Aucune de celles-ci ne semble avoir été connue de Ruskin mais Turner peut délibérément ne pas les lui avoir montrées car il était sans doute conscient que Ruskin devait penser que les forces de Turner déclinaient sérieusement.

Wilton propose une date des environs de 1848-1850 pour le n° 257 et il le relie à deux autres dessins du même musée

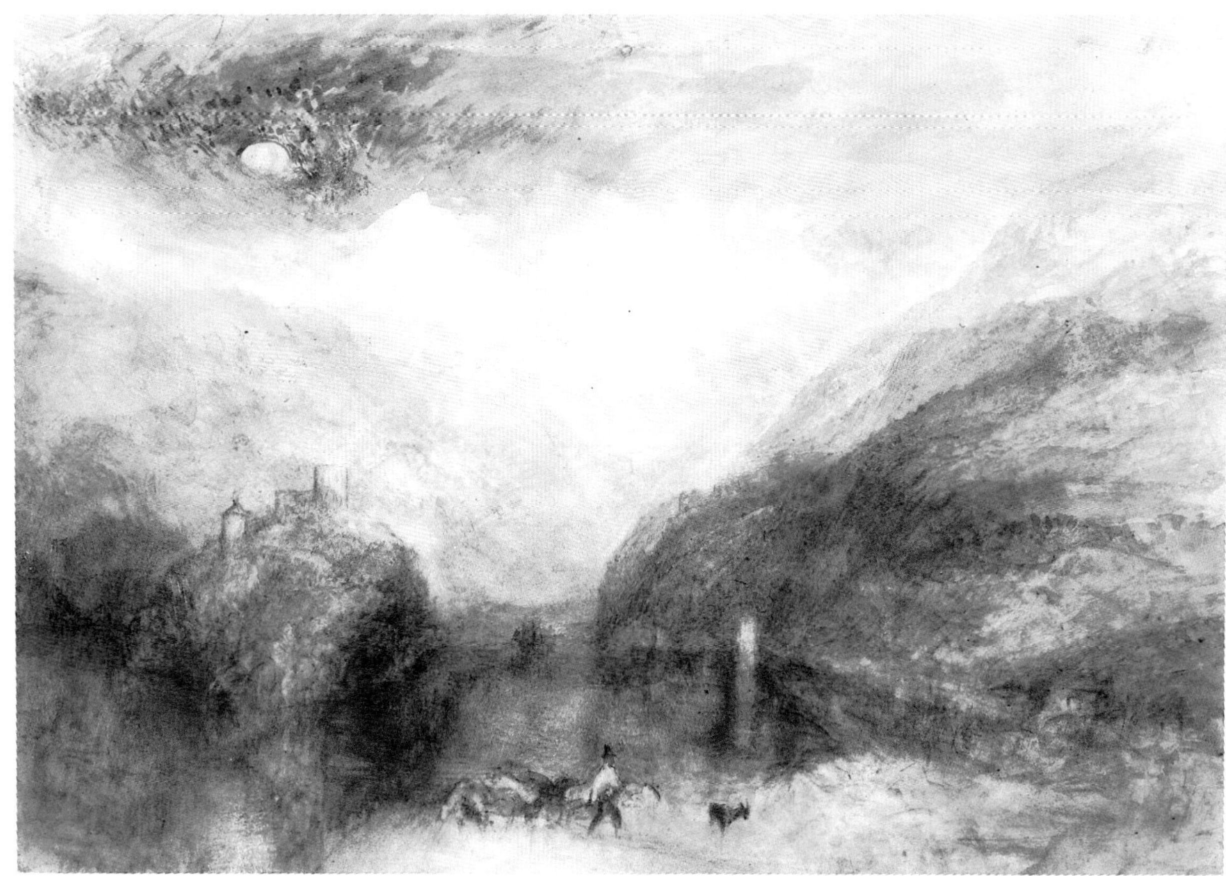

257

(W, nos 1563 et 1565). Ces tout derniers dessins ont pour caractéristiques un travail de pinceau très mouvant combiné à un peu de plume; les couleurs sont surtout riches, des bleus profonds et des bruns pain-brûlé. Un certain flou du contour indique nettement que la sûreté de main de Turner n'était peut-être plus ce qu'elle avait été.

Wilton fait aussi remarquer que, comme dans le cas de quelques autres dessins parmi les derniers, le titre traditionnel n'est aucunement d'une exactitude certaine. E. J.

Londres, Victoria and Albert Museum

Biographie

1775
Naissance de Joseph Mallord William Turner, fils de William Turner, barbier-perruquier, et de Mary Marshall, à Londres, 21 Maiden Lane, Covent Garden. Sa date de naissance reste incertaine mais il a toujours dit être né le 23 avril, jour de la fête de St Georges, patron de l'Angleterre, et jour anniversaire de la naissance de Shakespeare (voir n° 34).

1784
Premiers dessins arrivés jusqu'à nous, d'après nature, à Margate et ses environs, dans le Kent (W, n°s 1-4).

1786
Demeure probablement chez le frère de sa mère à Brentford, Middlesex; il fréquente l'école de John White et colorie des gravures.

1787
Première aquarelle datée et signée; c'est la copie d'une gravure de la tour de Bacon, à Oxford (W, n° 5).

1788
Fait peut-être des dessins pour gravure sur argent, puis travaille pour Thomas Malton, dessinateur en architecture, et pour Thomas Hardwick, architecte.

1789
Il fait des croquis d'après nature, pendant qu'il habite chez son oncle maternel, à Sunningwell, près d'Oxford (TB. II).
11 décembre : il est reçu à l'Académie de moulage des écoles de la Royal Academy, sous le patronage de l'académicien J.F. Rigaud, après un trimestre de probation.

1790
Première exposition à la Royal Academy : une aquarelle représentant *Le palais de l'archevêque, Lambeth* (W, n° 10). Hardwick lui a peut-être demandé d'en faire une copie.

1791
Deux aquarelles à la Royal Academy (W, n°s 12, 14).
Il colorie des estampes pour des graveurs et des marchands de gravures.
Il fait des croquis de Bristol, de Bath et de Malmsbury et de leurs environs, tout en habitant chez un ami de son père, John Narraway, acheteur du W, n° 10.
Il étudie la perspective.

1792
Mars ? : premier contact avec John Soane, architecte.
Mai : deux aquarelles à la Royal Academy (W, n°s 25, 27).
25 juin : il est admis au cours du modèle vivant de la Royal Academy.
Juillet-août : il parcourt le nord et le centre du Pays de Galles.
Il fait la connaissance de l'aquarelliste W.F. Wells.

1793
27 mars : il reçoit la « Greater Silver Palette » de la Society of Arts, pour un dessin de paysage.
Mai : trois aquarelles à la Royal Academy (W, n°s 17, 18, 31).
Premier contact établi avec le Dr Thomas Monro (voir W, n° 40).
Premiers essais de peinture à l'huile (TB XXVIII, H et BJ, n° 20).

1794
Mai : première gravure faite d'après un dessin de Turner représentant Rochester, publiée dans le *Copper Plate Magazine* (R, n° 1). Un grand tableau à l'huile, *Le château de Rochester,* semble aussi dater de cette année (BJ, n° 21).
Cinq aquarelles exposées à la Royal Academy (W, n°s 48, 49, 53, 55, 57), font l'objet de bonnes critiques dans le *St James's Chronicle* et le *Morning Post.*
Première activité certaine comme professeur de dessin (TB XX,

p. 17). Il vend trois versions de l'*Abbaye de Llanthony* (W, n° 65) au prix de 2,5 guinées pièce (TB XII, F).
Première excursion dans le centre de l'Angleterre, principalement pour faire des dessins à graver. Il rencontre Thomas Girtin à l'« Academy » du soir du Dr Monro, exécutant des dessins inspirés de J.R. Cozens, de Thomas Hearne et d'autres.

1795

Mai : huit aquarelles à la Royal Academy (W, n^os ? 58, 123 à 126, 128). Séjours en Galles du Sud et dans l'île de Wight pour des commandes de graveurs et de plusieurs collectionneurs privés, parmi lesquels le vicomte Malden et sir Richard Colt Hoare.

1796

Mai : dix aquarelles à la Royal Academy, parmi elles, le n° 81, première référence nette au style des anciens. Première huile exposée, *Pêcheurs en mer au large des Aiguilles* (BJ, n° 1) qui a été louée par « Anthony Pasquin » et a été vendue 10 £.
Il fait des croquis de la propriété de William Lock de Norbury.
Fait des croquis de Brighton et de ses environs.
Il commence à étudier les techniques de la gravure à l'eau-forte (TB XXX, dos de la couverture).

1797

Mai : il donne des leçons de dessin à Julia, Lady Gordon.
Deux huiles et quatre aquarelles, y compris le n° 83, à la Royal Academy.
Voyage dans le nord de l'Angleterre, y compris dans la région des lacs; il travaille à Harewood.

1798

Avril : rapide voyage dans le Kent, avec le Rév. R. Nixon et le peintre d'histoire S.F. Rigaud.
Mai : six aquarelles et quatre peintures à l'huile à la Royal Academy, parmi lesquelles le n° 1. Trois peintures à l'huile et deux aquarelles reçoivent des légendes tirées de Milton et de Thomson.
Voyage à Malmsbury, à Bristol et en Galles du Nord; il se rend sur le lieu de la naissance de Richard Wilson et fait des copies, à l'aquarelle, de ses peintures (TB XXXVII).
Date probable des premières huiles commandées : deux panneaux décoratifs pour la bibliothèque de Harewood (BJ, n°s 26, 27).
Date possible de la peinture classique, *Enée et la Sibylle, lac Averne* (BJ, n° 34), faite pour Colt Hoare dans le style de Wilson.
15 novembre : il achète une importante collection d'études de personnages de C.R. Ryley.

1799

Avril : il est recommandé à Lord Elgin pour l'exécution de dessins topographiques en Grèce; pour manque d'accord sur les conditions, le projet est abandonné.
Mai : il va voir les Lorrain des Altieri, à l'hôtel Beckford de Londres.
Quatre peintures à l'huile et sept aquarelles à la Royal Academy; il vend l'aquarelle du *Château de Caernarvon* (n° 89) à J.J. Angerstein, pour 40 guinées, « ce qui est plus que n'en aurait demandé Turner ».
Juillet : il reçoit plusieurs commandes, concernant en tout soixante dessins.
Août-septembre : il travaille à Fonthill, pour Beckford.
Automne : excursion dans le Lancashire (pour une commande) et dans les Galles du Nord; il visite le Kent et fait ses premiers croquis à l'huile (n°s 3-4).
4 novembre : il est élu membre associé de la Royal Academy; il devient membre du club de l'Academy; il emménage au 64 de Harley Street, à Londres, où il partage l'appartement avec un peintre de marines, J.T. Serres.
Premiers importants essais de poésie (TB XLII), parmi lesquels des chants du genre qui a été rendu populaire par John Danby, de qui la veuve, Sarah, devint à ce moment la maîtresse de Turner.

1800

Mai : deux peintures à l'huile, *La cinquième plaie d'Égypte* (n° 5) et *Le château de Dolbadern, nord du pays de Galles* (BJ, n° 12), dont la légende en vers est peut-être de Turner, exposées à la Royal Academy, avec six aquarelles, cinq représentant Fonthill.
Été : visite à Fonthill.
Le duc de Bridgewater lui commande un pendant pour un Guillaume Van de Velde le Jeune.
27 décembre : la mère de Turner est admise à l'asile d'aliénés du Bethlem Hospital, où le Dr Monro est médecin.

1801

Mars : il assiste aux conférences de Füssli sur la peinture, à la Royal Academy.
Mai : deux huiles et quatre aquarelles à la Royal Academy; *Bateaux hollandais dans la tempête : Pêcheurs essayant de ramener le poisson à bord* (BJ, n° 14) que West, Füssli et Beaumont qualifient de supérieur à Rembrandt, et vendu au duc de Bridgewater pour 250 guinées.
Juin-août : voyage en Écosse, peut-être avec Nicholas Smith habitant 42 Gower St., à Londres; il revient par la région des lacs.

1802

12 février : Il est élu académicien en titre; il ne signe plus « W. Turner » mais « J.M.W. Turner ».
Mai : trois aquarelles et trois huiles à la Royal Academy, parmi lesquelles *Bateaux allant au mouillage* (BJ, n° 18), acquise par le troisième comte d'Egremont, et *Jason* (BJ, n° 19), premier sujet classique exposé.
Juillet-octobre : voyage en France et en Suisse, probablement sous le patronage du comte d'Yarborough et de Walter Fawkes,

qui peuvent l'avoir accompagné; plusieurs semaines pour visiter le Louvre (voir n° 97); il se rend dans les ateliers de David et de Guérin.
Novembre : il assiste aux funérailles de Girtin.
Décembre : il demande à être nommé « Visitor » (enseignant) dans les écoles de l'Academy.
Il offre une douzaine de cuillers à dessert en argent à l'Academy.

1803

Membre du conseil de l'Academy et du jury d'admission.
Février : il consigne : « aucun tableau, ils partent aussi vite qu'il les peint, des commandes pour vingt ans. »
Mars : il assiste aux conférences de Füssli sur la peinture.
Mai : deux aquarelles et cinq huiles à la Royal Academy, parmi lesquelles son premier sujet à la manière de Claude Le Lorrain, *La fête des vendanges à Mâcon* (n° 7); Beaumont et quelques académiciens critiquent son manque de fini.
Première étude importante de l'œuvre de Turner par John Britton, dans *The British Press* (9 mai).
Août : visite à la galerie Truchsessian.

1804

Membre du conseil de la Royal Academy.
15 avril : mort de la mère de Turner, probablement au Bethlem Hospital.
18 avril : la propre galerie privée de Turner est ouverte dans Queen Anne St., à Londres.
Mai : deux huiles et une aquarelle à la Royal Academy.

1805

Mai : première mention de Turner à Sion Ferry House, Isleworth.
Mai-juillet : *Le naufrage* (BJ, n° 54) exposé à la Galerie Turner; acheté par Sir J. Leicester au prix de 315 livres; c'est la première huile à avoir été gravée et la première grande planche unique d'après une œuvre de Turner (n° 104); tirages vendus à quelque 130 souscripteurs. Autres œuvres exposées (non spécifiées) décrites par Hoppner comme « un étalage de légumes verts, en désordre, d'un ton cru, luxuriants ».
22 décembre : croquis du *Victory*, venant de Trafalgar, sur la Medway.

1806

Février : deux huiles à la première exposition de la British Institution.
Mai : une huile et une aquarelle à la Royal Academy; premiers signes de l'« école de Turner » dans l'œuvre de W. Havell et A.W. Callcott. *La bataille de Trafalgar* (BJ, n° 58) se trouve parmi les peintures de la Galerie Turner.
15 mai : dernière trace de Turner à Sion Ferry House.
Été : il séjourne chez W.F. Wells; genèse du *Liber Studiorum*.
7 août : il félicite Lord Elgin de l'acquisition des marbres du Parthénon.
Hiver : il prend une maison 6 West End, Upper Mall, Hammersmith.

1807

Mai : deux huiles à la Royal Academy.
4 mai : il achète un lot de terrain à bâtir à Twickenham.
Vues de la Tamise exposées à la Galerie Turner; West les traite de « taches crues ».
11 juin : publication du premier numéro du *Liber Studiorum*.
Croquis à l'huile, faits d'un bateau, de la Tamise et de la Wey.
Il s'abonne aux *Lectures on Painting* de John Opie (publiées en 1809).
2 novembre : il est élu professeur de perspective à la Royal Academy.
Première notice française indépendante sur Turner dans le *Magazin Encyclopédique*.

1808

Février : deux huiles à la British Institution (parmi lesquelles *Jason*).
Mai : *La facture impayée, ou le dentiste reprochant à son fils sa prodigalité* (n° 15) à la Royal Academy.
Long compte rendu de John Landseer dans *Review of Publications of Art*, qui étudie douze huiles à la Galerie Turner, en même temps que les dessins du *Liber Studiorum*.
Été : à Tabley, Cheschire, avec Sir J. Leicester; croquis de la Dee, en Pays de Galles; il étudie les réflexions pour les conférences sur la perspective; (?) il rendrait visite à Farnley Hall, résidence de Walter Fawkes.
Première notice en allemand, dans J.D. Fiorillo, *Geschichte der zeichnenden Künste*, V.

1809

Mars : il aide Soane pour la présentation de ses cours d'architecture à l'Academy.
Mai : deux aquarelles et six huiles exposées à la Galerie Turner, parmi lesquelles *La harpe éolienne de Thomson* (n° 26).
Quatre huile exposées à la Royal Academy.
Été : visite à Petworth, Sussex, résidence de Lord Egremont.
Août : visite du Yorkshire; peut-être avec Fawkes à Farnley.
Décembre : il montre les plans d'un nouvel éclairage de la salle de conférence de la Royal Academy.
Visite Oxford pour des travaux en vue de gravures.

1810

2 mai : changement d'adresse à Londres, il va 47 Queen Anne St. West.
Quinze huiles exposées à la Galerie Turner; parmi elles, l'*Avalanche* (n° 27).
Trois huiles à la Royal Academy.
Il visite le Sussex pour faire des dessins pour Jack Fuller de Rosehill.
Août : visite du Yorkshire; probablement à Farnley.

1811

Membre du conseil de l'Académie et du jury.
C'est à cette date qu'il lit les poèmes de Sir Walter Scott.

7 janvier : commencement de la première série de six conférences sur la perspective.
8 janvier : il propose la création d'une chaire de paysage à la Royal Academy.
Mai : quatre huiles et cinq aquarelles à la Royal Academy, parmi elles, les n°s 118-119.
Juillet-septembre : recherche de matériaux, dans la région ouest, pour l'œuvre de Cooke, *Southern Coast* (n° 121), pour lequel il écrit aussi le plus long poème. Il rencontre à Plymouth la famille de C.L. Eastlake ainsi que, à Barnstaple et à Exeter, des parents de son père.
Octobre-novembre : visite à Farnley.

1812

Membre du conseil de la Royal Academy; il est « Visitor » des écoles.
Janvier-février : six conférences sur la perspective à la Royal Academy.
Printemps (?) : il commence la construction de Sandycombe Lodge, Twickenham, sur ses propres plans.
Mai-juin : la Galerie Turner ouvre; sept huiles citées.
Quatre huiles à la Royal Academy, parmi lesquelles la *Tempête de neige : l'armée d'Hannibal franchissant les Alpes* (n° 28).
Novembre-décembre : il rend visite à Farnley.

1813

« Visitor » des écoles de l'Academy.
Mai : deux huiles, le *Matin de gel* (n° 22) et *Le déluge* (n° 13) à la Royal Academy.
Mai (?) : achèvement de Sandycombe Lodge et occupation (première imposition en juillet).
Constable rend visite à la Galerie Turner et, assis à côté de lui au banquet de la Royal Academy, il est frappé par « sa merveilleuse largeur d'esprit ».
Été : visite du Devon, en partie avec Eastlake, A.B. Johns et Cyrus Redding (voir n° 29).
Novembre : il reste à Farnley.

1814

Janvier-février : six conférences sur la perspective à la Royal Academy.
Premiers fascicules parus des *Picturesques Views on the Southern Coast of England* (sans texte de Turner). Il présente *Apullia à la recherche d'Appulus* (BJ, n° 128) au concours de paysage de la British Institution; il est mis hors concours mais l'œuvre est exposée.
Mai : *Didon et Enée* (BJ, n° 129) montrée à la Royal Academy.
Premiers articles de William Hazlitt sur Turner.

1815

Janvier-février : six conférences sur la perspective à la Royal Academy.
Mai : exposition de *Blythe Sand* (n° 24), du *Passage du ruisseau* (BJ, n° 130), de *Didon construisant Carthage* (BJ, n° 131), de *L'éruption des Monts de la Soufrière, dans l'île St-Vincent, le 30 avril 1812, d'après un croquis fait par M. Hugh P. Keane* (n° 30), *Fort Roc* (n° 102), *La grande chute de Reichenbach dans la vallée du Hasli, Suisse* (n° 100), *Le col du mont Saint-Gothard* (n° 99) et une autre aquarelle à la Royal Academy.
Août : il est possible qu'il ait pensé à se marier.
Visite à Farnley.
Novembre : il expose *Blythe Sand* et *Jason* à Plymouth.
B.R. Haydon visite la Galerie Turner avec Canova, qui qualifie Turner de « grand génie ».
A cette date, lecture de *Childe Harold* de Byron.

1816

Président du conseil d'administration de l'Artists' General Benevolent Institution; « Visitor » de l'École de peinture de la Royal Academy qui vient d'être fondée.
Janvier-février : six conférences sur la perspective à la Royal Academy.
Mai : deux huiles à la Royal Academy, y compris n° 32.
Juillet-août : visite du Yorkshire avec une commande de cent vingt aquarelles pour l'*History of Richmondshire* de Whitaker (il n'en fit que vingt); il résidait à Farnley.

1817

Mai : *Le déclin de l'Empire carthaginois* à la Royal Academy (BJ, n° 135).
Juin : John Sell Cotman propose de collaborer à une œuvre sur les paysages de Normandie, Turner refuse.
Août-septembre : il visite la Belgique, la Rhénanie et la Hollande et fait 51 aquarelles sur le Rhin, achetées par Fawkes (voir les n°s 138-140).
Octobre-novembre : divers croquis de Durham et du Yorkshire, alors qu'il séjournait à Farnley.
Il commence probablement à travailler sur le *Picturesque Tour of Italy* de Hakewill.

1818

Président et trésorier de l'Artists' General Benevolent Institution.
Janvier : six conférences sur la perspective.
Il assiste à une au moins des *Conférences sur les poètes anglais* d'Hazlitt, en compagnie de Soane.
Mai : trois huiles, parmi lesquelles *The Dort* (BJ, n° 137) et n° 33 à la Royal Academy; plus une aquarelle (n° 134).
Août : il achète d'autres terrains à Twickenham.
Octobre : W.B. Cooke commande douze dessins du Rhin à graver; il n'en fit que trois, et ils n'ont pas été gravés.
Octobre-novembre : en Écosse, pour voir Scott à propos des *Provincial Antiquities of Scotland.*
Novembre : à Farnley (voir n° 136).

1819

Membre du conseil de la Royal Academy et inspecteur de la Bibliothèque de l'Academie.

Janvier : six conférences sur la perspective.
Février : la commande de Cooke est portée à trente-six dessins du Rhin.
Mars : huit huiles montrées dans la nouvelle galerie de Sir J. Leicester à Londres, parmi lesquelles les nos 2, 14.
Avril-Juin : plus de soixante aquarelles (parmi lesquelles les nos 100,118, 129) exposées à la maison de Walter Fawkes à Londres.
Mai : deux huiles à la Royal Academy, parmi lesquelles le n° 34.
Août : premier séjour en Italie, surtout à Rome mais il va également à Venise et, dans le sud, descendra jusqu'à Paestum.
24 novembre : il est élu membre honoraire de l'Académie Romaine de St Luc; il avait été présenté par Canova.
Décembre : deuxième galerie en construction à Londres.

1820
Février : il revient d'Italie.
Membre du conseil de la Royal Academy; inspecteur de la collection des moulages.
Avril-juin : la collection Fawkes ouvre de nouveau.
Mai : *Rome, du Vatican* (BJ, n° 228) à la Royal Academy.
Juin : il hérite à Wapping (à l'est de Londres) de cottages qu'il transforme en taverne « Ship and Bladebone ».
3 juillet : il est assis à côté de Constable au dîner donné par la Royal Academy pour l'anniversaire du Roi.
Août : il encourage l'achat de la copie de *La Cène* de Léonard de Vinci par Marco d'Oggiono et de la collection Cumberland de dessins et de gravures par la Royal Academy.

1821
Février-mars : six conférences sur la perspective.
26 mai : il achète aux enchères trois croquis à l'huile de Reynolds mais ne peut se faire adjuger un carnet de Reynolds.
Fin de l'été ou automne : il va à Paris, à Rouen, à Dieppe; il fait des copies du Lorrain, au Louvre, au crayon.
Décembre : première visite à David Wilkie; Noël à Farnley.

1822
« Visitor » de l'École de Peinture de la Royal Academy.
Février-août : vingt-quatre aquarelles exposées chez W.B. Cooke (voir le n° 120).
Mai : première exposition dans la nouvelle Galerie Turner. *Ce que vous voudrez* (n° 35) exposé à la Royal Academy.
Août : visite d'Edimbourg, principalement pour préparer une série de peintures à graver, pour commémorer la visite royale dans cette ville.

1823
« Visitor » de l'École de Peinture de la Royal Academy.
Janvier : deuxième exposition chez W.B. Cooke, avec onze aquarelles (voir les nos 141, 155).
Mars-avril : copie au crayon, non autorisée, du *Chapeau de paille* de Rubens, alors exposé à Londres (TB CCV, p. 44).
Mai : *La baie de Baiae, avec Apollon et la Sibylle* (BJ, n° 230) à la Royal Academy.
Juin : publication des premières gravures des *Rivières d'Angleterre.*
Septembre : croquis des côtes anglaises et françaises vues de la Manche.
Commande par George IV d'une peinture de *La bataille de Trafalgar,* de grand format (BJ, n° 252).
Octobre : à Farnley.

1824
Vérificateur des comptes à la Royal Academy.
Janvier-février : six conférences sur la perspective.
Avril : troisième exposition chez W.B. Cooke, avec seize aquarelles (voir le n° 124).
Juin : il est membre fondateur de l'Athenaeum Club.
Il fait des croquis des côtes sud et est.
Novembre-décembre : dernier séjour à Farnley.

1825
« Visitor » à l'École de Peinture de la Royal Academy.
Janvier-février : six conférences sur la perspective.
Mai : une huile, *Le port de Dieppe* (BJ, n° 231) et l'aquarelle *Source de la rivière Stour à Stourhead* (n° 135) à la Royal Academy.
Août : voyage en Hollande, en Belgique.
25 octobre : mort de Walter Fawkes.
Début des *Picturesque Views in England and Wales* (W, n° 794).

1826
Avril : publication des premières gravures des *Ports d'Angleterre.*
Mai : publication de la dernière gravure de la *Southern Coast.* Quatre huiles, dont *Cologne* (Bj, n° 232) et le *Forum Romanum* (BJ, n° 253) à la Royal Academy.
19 juin : vente de Sandycombe Lodge.
Août : vingt-neuf aquarelles, principalement de Farnley, exposées à Leeds, à la Northern Society.
Novembre : voyage en Meuse, en Moselle, en Bretagne et dans la Loire.
Il fait la première vignette pour l'*Italy* de Rogers (W, n° 1158).

1827
Janvier-février : quatre conférences sur la perspective.
Mai : cinq huiles à la Royal Academy, dont *Port Ruysdael* (BJ, n° 237); *La fille de Rembrandt* (fig. 9, p. 31) et *Mortlake Terrace, résidence de William Moffatt. Un soir d'été* (n° 36).
7 juillet : il rachète deux de ses premières peintures lors de la vente de Tabley.
Juillet-septembre : va à East Cowes Castle avec John Nash (voir nos 37, 38, 39)
Octobre : il est à Petworth en même temps que Samuel Rogers. Il fait la dernière vignette pour l'*Italy* de Rogers (W, n° 1176).

1828

Membre du conseil de la Royal Academy et de son jury.

Janvier-février : dernière série de six conférences sur la perspective.

Mai : quatre huiles à la Royal Academy, dont *Le château d'East Cowes, résidence de J. Nash* (n° 38).

Deux aquarelles de la collection Swinburne sont exposées à Newcastle, à la Northern Academy of Arts.

Août : il se rend à Rome en passant par Paris, Lyon, Avignon et Florence.

18 décembre : il expose deux peintures au Palazzo Trulli, via del Quirinale, à Rome : (?) *Regulus* (BJ, n° 193) et *Orvieto* (n° 42), y ajoutant ensuite *Médée* (BJ, n° 294); cette exposition a été beaucoup attaquée.

Il étudie à la chapelle Sixtine.

1829

Février : il revient en Angleterre en passant par Lorette, Ancône, Bologne, Turin, le Mont Cenis, Lyon, Mont Tarare.

Membre du conseil de l'Academy; Inspecteur de la collection des moulages.

Mai : une aquarelle et trois huiles, dont *Ulysse raillant Polyphème, L'Odyssée d'Homère* (BJ, n° 330) à la Royal Academy.

Juin-juillet : Charles Heath expose trente-six aquarelles de la série *England and Wales* à l'Egyptian Hall, Piccadilly, plus deux autres utilisées dans ses *Annuals* et trois destinées à « une œuvre sur l'Italie » qui n'a jamais été publiée. Six œuvres ont été exposées après à la Society of Artists de Birmingham.

Août-septembre : il visite Paris, la Normandie, la Bretagne.

Début septembre : à Petworth.

21 septembre : mort du père de Turner.

30 septembre : premier testament de Turner prévoyant un legs pour instituer une chaire de paysage à la Royal Academy, une médaille d'or Turner pour un paysagiste et la fondation d'un collège ou maison de retraite pour les peintres paysagistes anglais dans la gêne; il laisse également *Didon construisant Carthage, ou la montée de l'Empire carthaginois* (BJ, n° 131) et *Le déclin de l'Empire carthaginois* (BJ, n° 135) à la National Gallery, pour être placés à côté du *Port de mer* et du *Moulin* du Lorrain.

Décembre : il se démet de ses fonctions de président et de trésorier de l'Artists' General Benevolent Institution.

1830

« Visitor » de la Life Academy et de l'École de Peinture; vérificateur des comptes de la Royal Academy.

Mai : une aquarelle et six huiles à la Royal Academy, dont *Orvieto* (n° 42), *Jessica* (n° 51) et *La plage de Calais* (n° 52).

Deux œuvres exposées à la Society of Artists de Birmingham.

Juillet : publication de l'*Italy* de Rogers.

Août-septembre : voyage dans les comtés du centre.

Novembre : Turner s'oppose à l'acquisition, par la Royal Academy, de la collection Lawrence de dessins anciens.

1831

« Visitor » de la Life Academy et de l'École de Peinture.

Janvier : Heath expose les dessins de *England and Wales* à l'*Artists' and Amateurs' Conversazione.*

(?) Mars : visite à Petworth.

Mai : sept huiles à la Royal Academy, dont le *Bateau de sauvetage et l'équipage de Manby se dirigeant vers un navire échoué lançant des signaux de détresse* (n° 53) et *Médée* (BJ, n° 294).

Deux aquarelles exposées à la Liverpool Academy.

10 juin : deuxième testament, où il remplace le *Déclin de Carthage* par *Lever de soleil dans la brume* (BJ, n° 69).

15 juillet : il achète de nombreux croquis d'un portraitiste, John Jackson, et d'un autre, William Owen, à la vente Jackson, ainsi que les palettes de Reynolds et d'Hogarth et qu'un moulage du crâne de Raphaël.

Juillet-septembre : voyage en Écosse, se rapportant aux illustration des *Poèmes* de Scott (voir le n° 219); il séjourne à Abbotsford.

1832

Janvier : il offre la palette d'Hogarth à la Royal Academy.

Mars : Moon, Boys and Graves exposent douze aquarelles destinées aux *Poèmes* de Scott.

Mai : six huiles à la Royal Academy, dont le *Pélerinage de Childe Harold - Italie* (BJ, 342) et *Staffa, la grotte de Fingal* (BJ, n° 347).

Juin : membre de la commission chargée d'étudier la place réservée à la Royal Academy dans la nouvelle National Gallery, à Trafalgar Square.

20 août : nouveau codicille à son testament prévoyant que les œuvres de Turner devront ne pas être séparées.

Octobre : il visite Paris et ses environs pour rassembler des éléments pour illustrer l'œuvre de Scott, *Life of Napoleon* (voir les n°s 221-222); il rend probablement visite à Delacroix à cette occasion.

Décembre : à Petworth.

1833

Vérificateur des comptes de la Royal Academy.

Mai : six huiles à la Royal Academy, dont *L'embouchure de la Seine à Quillebœuf* (BJ, n° 353) et les deux premiers sujets vénitiens (BJ, nos 349, 352).

Juin : publication de *Turner's Annual Tour : Wanderings by the Loire.*

Moon, Boys and Graves exposent douze dessins de Scott et soixante-six dessins de *England and Wales.*

30 juin : Turner achète deux dessins attribués à Rembrandt, des études de personnages et de paysages d'Hoppner et treize lots de dessins de lui, ou attribués à lui-même, lors de la vente Monro.

Septembre : il se rend probablement à Venise, en passant par la Baltique, par Berlin, par Dresde, par Prague et par Vienne.

Octobre : trois œuvres anciennes exposées à la Society of British Artists.

Décembre : publication du *Turner's Annual Tour : Wanderings by the Seine* et des *Poetical Works* de Rogers.

1834

« Visitor » de la Life Academy de la Royal Academy et vérificateur des comptes.
Mars : premiers acomptes des *Landscape Illustrations of the Bible* de Finden.
Mai : cinq huiles à la Royal Academy, dont *Le rameau d'or* (BJ, n° 355) et les *Pilleurs d'épaves* (n° 54).
Trois œuvres anciennes sont exposées à la Society of Artists de Birmingham.
Juillet : il se rend à Oxford; voyage sur la Meuse, la Moselle et le Rhin pour une suite envisagée, *Great Rivers of Europe*, pour l'*Annual Tours*.
Les illustrations pour Byron sont exposées chez Colnaghi.
Exposition à la société graphique *Conversazione* des dessins provenant de la collection Tomkinson et des dessins de l'*Annual*.
Septembre : à Petworth.
16 octobre : études de l'incendie du Parlement vu d'un bateau sur la Tamise (voir les n°s 224-225).
Décembre : quatre huiles anciennes exposées à la Society of British Artists. Publication du dernier volume de *Turner's Annual Tours : the Seine*.

1835

« Visitor » à la Life Academy et à l'École de Peinture.
Février : *L'incendie des Chambres des Lords et des Communes le 16 octobre 1834* (n° 60) montré à la British Institution.
Mai : cinq huiles à la Royal Academy, dont les n°s 59, 61.

1836

« Visitor » de l'École de Peinture.
Février : *Les pilleurs d'épaves* (n° 54) et une deuxième version de l'*Incendie des Chambres des Lords et des Communes* (BJ, n° 364) à la British Institution.
Mai : trois huiles, dont *Juliette et sa nourrice* (n° 62) à la Royal Academy.
Août : voyage en France, en Suisse et dans le Val d'Aoste avec Munro of Novar.
Octobre : Ruskin écrit sa première défense de Turner contre les critiques du *Blackwood's* (voir n° 62); Turner le persuade de ne pas publier.
Décembre : Turner obtient de la Royal Academy qu'elle organise un banquet d'adieu à Somerset House avant d'emménager à Trafalgar Square.

1837

Membre du conseil de l'Académie et de son jury; « Visitor » de la Life Academy.
Février : *Regulus* (BJ, n° 293) exposé à la British Institution. Il offre à la Royal Academy le portrait de Bartolozzi, de Carlini et de Cipriani par J.F. Rigaud.
Mai : quatre huiles à la Royal Academy.
Le duc de Bridgewater prête *Bateaux hollandais dans la tempête* (BJ, n° 14) pour une exposition de « Old Masters » à la British Institution, ainsi que le Van de Velde qui lui fait pendant.
Octobre : à Petworth.
11 novembre : mort d'Egremont.
28 décembre : il se démet de sa charge de professeur de perspective.
Publication des *Poèmes* de Thomas Campbell, avec vingt illustrations de Turner.

1838

Membre du conseil de la Royal Academy et du jury; « Visitor » de la Life Academy et de l'École de Peinture; inspecteur de la Bibliothèque et de la collection de moulages.
Février : une huile à la British Institution.
Mai : trois huiles à la Royal Academy, dont *l'Italie moderne - Les Pifferari* et *L'Italie antique - Ovide banni de Rome* (BJ, n°s 374-375) (voir p. 52).
Publication des dernières planches d'*England and Wales*.

1839

« Visitor » de l'École de Peinture de la Royal Academy.
Février : *La fontaine de l'erreur* (BJ, n° 376) à la British Institution.
Mai : il cesse d'être fidéicommissaire de l'Artists' General Benevolent Institution.
Cinq huiles, dont *Le vaisseau de ligne « Le Téméraire » remorqué à son dernier mouillage pour y être démoli* (BJ, n° 377) et la *Rome antique* (n° 64) à la Royal Academy.
Quarante-deux dessins de Farnley sont exposés à Leeds.
Août : voyage en Belgique.
Décembre : J.H. Maw, collectionneur et artiste amateur, offre à Turner un « grand studio d'artiste avec chambre » à Hastings mais on ne sait si cette offre a été acceptée ou non.

1840

Février : une huile à la British Institution.
Mai : sept huiles à la Royal Academy, dont le *Négrier* (BJ, n° 385).
22 juin : il rencontre Ruskin pour la première fois.
Août-octobre : visite à Venise, en passant par Rotterdam et la Rhénanie; il revient par Munich et Cobourg.

1841

Février : deux huiles à la British Institution.
Mai : six huiles à la Royal Academy.
Août-octobre : voyage en Suisse, il visite Lucerne, Constance et Zurich.

1842

« Visitor » de l'École de Peinture de la Royal Academy.
Il offre à la Royal Academy un moulage du Torse du Belvédère.
Il peint une série de dix aquarelles de la Suisse, qui seront mises en vente par son marchand, Griffith; celui-ci n'en vendra que neuf (voir les n°s 243, 248).

Mai : cinq huiles à la Royal Academy, dont les n°s 70-71.
Août-octobre : voyage en Suisse, en passant par la Belgique et la Rhénanie.

1843
« Visitor » de l'École de Peinture de la Royal Academy.
Janvier : il propose de faire encore dix dessins de plus de la Suisse pour les vendre par l'intermédiaire de Griffith mais il ne peut obtenir que cinq commandes (voir les n°s 249, 250).
Mai : publication du premier volume des *Modern Painters* de Ruskin.
Six huiles à la Royal Academy, dont les n°s 72-73.
Août-novembre (?) : visite du Tyrol et de l'Italie du nord.

1844
Mai : sept huiles à la Royal Academy, dont *Pluie, vapeur et vitesse* (n° 74).
Juin-juillet : il assiste au banquet d'adieu pour Charles Dickens, en compagnie de Clarkson Stanfield.
Août-octobre : dernier séjour en Suisse; Lucerne, Thoun, Interlaken, Grindelwald, retour par Heidelberg et le Rhin.
8 octobre : il voit débarquer Louis-Philippe à Portsmouth, pour sa visite à la Reine Victoria.

1845
Membre du conseil de la Royal Academy et de son jury.
20 février : il est nommé Président de fait de la Royal Academy pendant l'indisposition de Shee.
Mai : six huiles à la Royal Academy.
Une huile ancienne à l'Academie de Liverpool, deux à la Royal Manchester Institution (dont le n° 32) et deux à la Royal Scottish Academy.
Brève visite à Boulogne et les environs.
Juin : Démission de Sir Martin Archer Shee, président de la Royal Academy; Turner, doyen des académiciens, est élu président intérimaire (jusqu'en décembre 1846).
Il retire le *Liber Studiorum,* quoique de nombreux exemplaires antérieurs soient entre ses mains.
Août : il envoie *L'inauguration du Walhalla, 1842* (1843; BJ, n° 401) au Congrès d'Art Européen à Munich, où les critiques allemands le dénigrent.
Septembre-octobre : dernière visite à l'étranger, à Dieppe et sur la côte de Picardie; il rend visite au Roi Louis-Philippe, à Eu (voir n° 254).

1846
Président intérimaire de la Royal Academy.
Il offre à la Royal Academy un volume de *Rime* de Michel-Ange (1817).
Février : *La grotte de la reine Mab* à la British Institution (BJ, n° 420).
Mai : six huiles à la Royal Academy; deux huiles anciennes à la Royal Scottish Academy et une à la Royal Hibernian Academy.
Août : vers cette époque, cherche un autre logement.
29 août : première mention de Sophia Booth, qui tient sa maison de Chelsea, dans un codicille à son testament, par lequel il demande également à être enterré dans la cathédrale de St Paul, parmi « ses frères dans l'Art ».

1847
Mai : une huile (tableau ancien retouché) à la Royal Academy.
Une huile ancienne à la Society of Artists de Birmingham et deux autres à la Royal Scottish Academy (dont le n° 32).
Hiver : il parle de problèmes techniques avec le photographe J.J. E. Mayall.

1848
Il prend Francis Sherrell comme élève et comme assistant.
Janvier : le n° 67 placé à la National Gallery pour représenter le legs Vernon. Une huile ancienne est exposée à la Royal Scottish Academy.
2 août : nouveau codicille à son testament, se rapportant au legs et à l'exposition des « tableaux finis », demandant de modifier la disposition tous les ans ou tous les deux ans.

1849
La Society of Arts demande s'il autorise une exposition rétrospective de ses œuvres; il refuse « car cela le gêne particulièrement cette année ».
Mai : il repeint un tableau ancien, *La bouée d'épave* (BJ, n° 428) pour la Royal Academy et la présente en même temps qu'une autre œuvre ancienne (BJ, n° 150).
Le n° 54 exposé à la Royal Scottish Academy.
Naufrage d'un cargo (BJ, n° 210) et *Mâcon* (n° 7) à l'exposition des « Old Masters » de la British Institution.

1850
Il offre à la Royal Academy des pinces à sucre en argent.
Mai : quatre huiles sur le thème de Didon et Enée à la Royal Academy. Trois aquarelles anciennes exposées à la Société des aquarellistes. Une huile ancienne exposée à l'Académie de Liverpool.

1851
Peut-être l'année des dernières aquarelles, *Le lac de Thoun, Florence* et *Gênes* (W, n°s 1567 à 1569).
Janvier : il visite le Palais de Cristal que l'on construit pour la Grande Exposition.
Mai : il assiste aux vernissages de la Royal Academy, à la présentation privée et au banquet, quoique n'exposant rien.
7 mai : il assiste pour la dernière fois à un dîner de l'Academy Club.
Mâcon (n° 7) et le *Naufrage d'un cargo* sont exposés à la Royal Scottish Academy.
Octobre : il prend le lit dans sa maison de Chelsea.
19 décembre : mort de Turner à Chelsea.
30 décembre : Turner est enterré dans la Cathédrale St Paul.

Expositions

Ne figurent dans la liste suivante que les expositions totalement ou partiellement consacrées à l'œuvre de Turner. Pour une liste plus complète on peut se reporter aux ouvrages de M. Butlin et E. Joll, *The Paintings of J.M.W. Turner*, 1977, et d'A. Wilton, *Turner : vie et œuvre*, 1979.

1857, MANCHESTER, *Art Treasures of the United Kingdow Collected at Manchester.*

1858, LONDRES, *Catalogue of the Sketches and Drawings of J.M.W. Turner, R.A., Exhibited in Marlborough House in the Year 1857-1858* par John Ruskin, Marlborough House.

1899, LONDRES, *Loan Collection of Pictures and Drawings by J.M.W. Turner, R.A. and of a Selection of Pictures by some of his Contemporaries*, Guildhall.

1936, AMSTERDAM, *Twee Eeuwen Engelesche Kunst*, Stedelijk Museum.

1938, PARIS, *La peinture anglaise*, XVIIIe *et* XIXe *siècles*, Musée du Louvre.

1938, VENISE, XXIe *Espozizione Biennale Internazionale d'Arte.*

1946-47, NEW YORK (Metropolitan Museum), CHICAGO (Art Institute), TORONTO (Art Gallery of Ontario), *Masterpieces of English Painting : William Hogarth, John Constable, J.M.W. Turner.*

1947-48, AMSTERDAM (Stedelijk Museum), BERNE (Kunstmuseum), PARIS (Orangerie), BRUXELLES (Palais voor Schone Kunst), LIEGE (Museum voor Schone Kunst), VENISE (XXIVe Biennale), ROME (Palazzo Venezia), *Turner 1775-1851.*

1949, LISBONNE, MADRID, *Un siècle de peinture anglaise.*

1949-50, HAMBOURG (Kunsthalle), OSLO (Kunsterernes Hus), STOCKHOLM (Nationalmuseum), COPENHAGUE (Statens Museum for Kunst), *La peinture anglaise de Hogarth à Turner.*

1952, CAPE TOWN, *Some Paintings of the British School 1730-1840*, National Gallery of South Africa.

1955, ROTTERDAM, *Engelse landschapschilders van Gainsborough tot Turner*, Museum · Boymans.

1955, INDIANAPOLIS,, *Turner in America*, John Herron Art Museum.

1959, LONDRES, *The Romantic Movement*, Tate Gallery (Conseil de l'Europe).

1960, ADELAIDE (National Gallery of South Australia), SYDNEY (Art Gallery of New South Wales), MELBOURNE (National Gallery of Victoria), BRISBANE (Queensland National Art Gallery), PERTH (Art Gallery of Western Australia), *Paintings by J.M.W. Turner.*

1960, NEW YORK, CHICAGO, TORONTO, MOSCOU, LENINGRAD, *British Painting 1700-1960.*

1966, NEW YORK, *Turner, Imagination and Reality*, Museum of Modern Art.

1967, LONDRES, *Loan Exhibition of Paintings and Watercolours by J.M.W. Turner, R.A.*, Thos. Agnew and Sons.

1968, DETROIT (Institute of Art), PHILADELPHIE (Museum of Art), *Romantic Art in Britain : Paintings and Drawings 1760-1860.*

1969, PRAGUE (Galerie nationale), BRATISLAVA (Galerie nationale de Slovaquie), VIENNE (Völkerkunde Museum), *Deux siècles de peinture anglaise.*

1969, TURIN, *Il sacro e il profano nell'arte dei Simbolisti*, Galleria Civica d'arte moderna.

1970-71, TOKYO (Musée national d'art occidental), KYOTO (Musée national d'art moderne), *Le paysage anglais aux* XVIIIe *et* XIXe *siècles.*

1971, KENDAL, *Watercolours by J.M.W. Turner lent by the Trustees of the British Museum*, Abbot Hall Art Gallery.

1972, PARIS, *La peinture romantique anglaise et les préraphaëlites*, Petit Palais.

1972, DRESDE, *William Turner 1775-1851*, Gemäldegalerie Neue Meister.

1972, BERLIN, *Turner-Maler des Lichts*, Nationalgalerie.

1973, LISBONNE, *Turner 1775-1851*, Fundaçao Calouste Gulbenkian.

1974, COVENTRY, SHEFFIELD, NORWICH, LEEDS, BRISTOL, EASTBOURNE, *Turner and Watercolour. Exhibition of Watercolours from the Turner Bequest.*

1974-75, LONDRES, *Turner 1775-1851*, Royal Academy.

1975, LONDRES, *Turner in the British Museum, Drawings and Watercolours*, British Museum.

1975, TWICKENHAM, NORWICH, WOLVERHAMPTON, *Turner and the Poets.*

1975, BERKELEY, *J.M.W. Turner : Works of Art on Paper from American Collections*, University Art Museum.

1975-76, LENINGRAD (Musée de l'Ermitage), MOSCOU (Musée Pouchkine), *Turner 1775-1851.*

1976, COPENHAGUE, *J.M.W. Turner. Akvareller og tegninger frä British Museum*, Statens Museum for Kunst.

1976, HAMBOURG, *William Turner und die Landschaft seiner Zeit,* Kunsthalle.

1976, MUNICH, *Turner und die Dichtkunst,* Bayerische Staatsgemäldesammlungen.

1976-77, ZURICH, *Turner und die Schweitz,* Kunsthaus.

1977, LONDRES, *Turner : a special loan exhibition of twenty rarely-seen paintings,* Tate Gallery.

1977-78, CLEVELAND (Museum of Art), DETROIT (Institute of Arts), PHILADELPHIE (Museum of Art), *Turner Watercolours from the British Museum.*

1978, LA HAYE, *Turner,* Haags Gemeente Museum.

1979, LONDRES, *Turner Watercolours and Engravings from the Series "Picturesque Views in England and Wales",* Thos. Agnew and Sons.

1979-80, MUNICH, *Zwei Jahrhunderte der englischen Malerei 1700-1900,* Haus der Kunst.

1980, YORK, *Turner in Yorkshire,* York City Art Gallery.

1980, TORONTO (Art Gallery of Ontario), NEW HAVEN (Yale Center for British Art), LONDRES (British Museum), *Turner and the Sublime.*

1980, COLOGNE, *J.M.W. Turner : Köln und der Rhein,* Wallraf-Richartz Museum.

1981-82, PARIS, *Turner en France,* Centre culturel du Marais.

1982, BURNLEY, *Turner and Dr Whitaker,* Townley Hall Art Gallery.

1982, ABERDEEN, *Turner in Scotland,* Aberdeen Art Gallery.

1982, ATHENES (Georgia Museum of Art), HOUSTON (Museum of Fine Arts), *J.M.W. Turner Watercolours.*

1983, MADRID, *J.M.W. Turner : dibujos y acuarelas del Museo Británico,* Museo del Prado.

Bibliographie

Cette bibliographie comprend tous les ouvrages classés par ordre alphabétique d'auteurs, mentionnés sous cette rubrique dans les notices et concernant principalement ou uniquement Turner. On peut trouver des bibliographies plus complètes dans les ouvrages de M. Butlin et E. Joll, *The Paintings of J.M.W. Turner*, 1977 et d'A. Wilton, *J.M.W. Turner : vie et œuvre*, 1979.

ARCHER (J.W.) "Reminiscences" (1862), *Turner Studies*, I, 1, 1981, pp. 31-37.

ARMSTRONG (Sir W.) *Turner*, 1902.

BACHRACH (A.G.H.) *Turner and Rotterdam, 1817, 1825, 1841*, 1974.

BACHRACH (A.G.H.) "Turner, Ruisdael and the Dutch", *Turner Studies*, I, 1, 1981, pp. 19-30.

BACHRACH (A.G.H.) "The Field of Waterloo and Beyond", *Turner Studies*, I, 2, 1981, pp. 4 ss.

BOASE (T.S.R.) *Les peintres anglais et la vallée d'Aoste*, Aoste, 1959 (aussi en anglais dans *Journal of the Warburg and Courtauld Institutes*, XIX, 1956, pp. 283-293).

BRION (M.) *Turner*, Paris, 1929.

BURD (V.A.) "Background to Modern Painters: the Tradition and the Turner Controversy", *Publications of the Modern Languages Association of America*, 74, 1, 1959, pp. 2 ss.

BURNET (J.) *Turner and His Works*, 1852.

BUTLIN (M.) *Turner Watercolours*, 1962.

BUTLIN (M.) *Watercolours from the Turner Bequest, 1819-1845*, 1968.

BUTLIN (M.) "Turner's late unfinished oils: some new evidence for their late date", *Turner Studies*, I, 2, 1981, pp. 43 ss.

BUTLIN (M.) et JOLL (E.) *The Paintings of J.M.W. Turner*, 2 vol, New Haven et Londres, 1977.

CHERFILS (C.) *Canon de Turner*, 1906.

FALK (B.) *Turner the painter: his hidden life*, 1938.

FARINGTON (J.) *The Diary of Joseph Farington*, publié par K. Garlick, A. Macintyre, K. Cave, New Haven et Londres, 1978 ss.

FINBERG (A.J.) *A Complete Inventory of the Drawings of the Turner Bequest*, 2 vol., 1909.

FINBERG (A.J.) *Turner's Sketches and Drawings*, 1910 (seconde édition avec une introduction de L. Gowing, New York, 1968).

FINBERG (A.J.) *Les aquarelles de Turner à Farnley Hall*, Londres, Paris et New York, s.d., [1912].

FINBERG (A.J.) *The History of Turner's Liber Studiorum*, 1924.

FINBERG (A.J.) *In Venice with Turner*, 1930.

FINBERG (A.J.) *The Life of J.M.W. Turner, R.A.*, 1939 (seconde édition révisée et complétée par Hilda F. Finberg, Oxford, 1961).

FINLEY (G.E.) "Two Turner Studies", *Journal of the Warburg and Courtauld Institutes*, XXXVI, 1973, pp. 385-390.

FINLEY (G.E.) "Turner, the Apocalypse and History: 'The Angel' and 'Undine'", *Burlington Magazine*, CXXI, 1979, pp. 688-696.

FINLEY (G.E.) *Landscapes of Memory: Turner as Illustrator to Scott*, 1980.

FINLEY (G.E.) "'Ars longa, vita brevis': the *Watteau Study* and *Lord Percy* by J.M.W. Turner", *Journal of the Warburg and Courtauld Institutes*, XLIV, 1981, pp. 241-247.

GAGE (J.) *Colour in Turner: Poetry and Truth*, 1969.

GAGE (J.) *Turner: 'Rain, Steam and Speed'*, 1972.

GAGE (J.) "Gautier, Turner and John Martin", *Burlington Magazine*, CXV, 1973, p. 393.

GAGE (J.) "Turner and Stourhead: the making of a Classicist ?", *Art Quarterly*, XXXVII, 1974, pp. 59-87.

GAGE (J.) "The distinctness of Turner", *Journal of the Royal Society of Arts*, CXXIII, 1975, pp. 448-458.

GAGE (J.) *Collected Correspondence of J.M.W. Turner*, 1980.

GAGE (J.) "Turner and the Greek Spirit", *Turner Studies*, I, 2, 1981, pp. 16 ss.

GAGE (J.) "Turner coloriste" in *Turner en France*, Centre culturel du Marais, Paris, 1981, pp. 567 ss.

GEORGE (H.) "Turner in Venice", *Art Bulletin*, LIII, 1971, pp. 84-87.

GOWING (L.) *Turner: Imagination and Reality*, Museum of Modern Art, New York, 1966.

HAMERTON (P.G.) *The Life of J.M.W. Turner, R.A.*, 1879.

HAMERTON (P.G.) *Turner*, Paris, 1889.

HARDIE (M.) *Water-colour Painting in Britain*, II: *The Romantic Period*, 1967, 2e éd. 1970.

HERRMANN (L.) *Ruskin and Turner*, 1968.

HERRMANN (L.) *Turner*, 1975.

HERRMANN (L.) "Turner and the Sea", *Turner Studies*, I, 1, 1981, pp. 4-18.

HILL (D.) "A Frosty Morning: Turner in

Yorkshire", *Country Life*, 25 décembre 1980, pp. 2402-2403.

HOLCOMB (A.) "A neglected classical phase of Turner's art: his vignettes to Rogers' *Italy*", *Journal of the Warburg and Courtauld Institutes*, XXXII, 1969, pp. 405-410.

HOLCOMB (A.) "The vignette and the vortical composition in Turner's œuvre", *Art Quarterly*, XXXIII, 1970, pp. 16-29.

HOLCOMB (A.) "'Indistinctness is my fault'. A letter about J.M.W. Turner from C.R. Leslie to James Lenox", *Burlington Magazine*, CXIV, 1972, pp. 557 ss.

HOLME (C.), éd., *The Genius of J.M.W. Turner*, 1903.

JOLL (E.) "Painter and Patron: Turner and the Third Earl of Egremont", *Apollo*, mai 1977, pp. 374-390.

KITSON (M.) "Un nouveau Turner au Musée du Louvre", *La Revue du Louvre*, 4-5, 1969, pp. 247-256.

KITSON (M.) "Nouvelles précisions sur le 'Paysage' de Turner", *La Revue du Louvre*, 12, 1971, pp. 89-94.

KITSON (M.) "Turner et Claude Gellée" in *Turner en France*, Centre culturel du Marais, Paris, 1981, pp. 578-596.

KITSON (M.) "Turner and Claude", *Turner Studies*, II, 2, 1983, pp. 2-15.

LECLERCQ (J.) "J.M.W. Turner", *Gazette des Beaux-Arts*, 3e pér. 31, 1904.

LEMAITRE (H.) *Le paysage anglais à l'aquarelle, 1760-1851*, Paris, 1955.

LINDSAY (J.) *The Sunset Ship: Poems by J.M.W. Turner*, 1966.

LINDSAY (J.) *J.M.W. Turner. His Life and Work; A Critical Biography*, 1966.

LIVERMORE (A.) "Turner's Unknown Verse-Book", *Connoisseur Year Book*, 1957, pp. 78-86.

LIVERMORE (A.) "Turner and Music", *Music and Letters*, XXXVIII, 1957, pp. 170-179, (étude révisée dans *Turner Studies*, II, 1, 1983).

MARKS (A.S.) "Rivalry at the Royal Academy: Wilkie, Turner and Bird", *Studies in Romanticism*, XX, 1981, pp. 341 ss.

MATTESON (L.R.) "The Poetics and Politics of Alpine Passage: Turner's *Snow Storm: Hannibal and his army crossing the Alps*", *Art Bulletin*, LXII, 1980, pp. 385 ss.

MAUCLAIR (C.) *Turner*, Paris, 1939.

MONKHOUSE (W.C.) *Turner*, Londres, 1879.

MONNERET (S.) "Turner et la France", *Connaissance des Arts*, 357, novembre 1981.

OZENFANT (A.) "Turner et l'art moderne français", *The Listener*, 21, 1939, pp. 76-77.

RAJNAI (M.) "Two recently-discovered sketches by Turner", *Turner Studies*, II, 2, 1982, pp. 58-59.

RAWLINSON (W.G.) *Turner's Liber Studiorum*, 2e éd., Londres, 1906.

RAWLINSON (W.G.) *The Engraved Works of J.M.W. Turner, R.A.*, 2 vol., Londres, 1908-1913.

RAWLINSON (W.G.) et FINBERG (A.J.) *The Watercolours of J.M.W. Turner*, 1909.

REYNOLDS (G.) *Turner*, Londres et New York, 1969.

REYNOLDS (G.) "Turner at East Cowes Castle", *Victoria and Albert Museum Year Book*, 1969, pp. 67-69.

RITCHIE (L.) *Liber Fluviorum, or River Scenery in France depicted in sixty-one Line Engravings from Drawings by J.M.W. Turner, with a biographical sketch by A.A. Watts*, 1853.

ROSNY (J.H. aîné) *Turner*, Paris, 1925.

ROTHENSTEIN (Sir J.) et BUTLIN (M.) *Turner*, Londres, 1964.

RUSKIN (J.) *Ruskin on Pictures*, 1902.

RUSKIN (J.) *Works*, Library Edition, éd. Sir E.T. Cook et A. Wedderburn, 39 vol., 1903-1912.

RUSSELL (J.) et WILTON (A.) *Turner in Switzerland*, Zurich, 1976.

SHANES (E.) *Turner's Picturesque Views in England and Wales, 1825-1838*, 1979.

SHANES (E.) *Turner's Rivers, Harbours and Coasts*, 1981.

SHANES (E.) "The Mortlake Conundrum", *Turner Studies*, III, 1, 1983, pp. 49 ss.

THORNBURY (W.) *The Life of J.M.W. Turner, R.A.*, 1862 (2e éd., 1877 et 1904).

TINKER (C.B.) *Painter and Poet*, 1938.

VENNING (B.) "Turner's annotated books", *Turner Studies*, II, 1 et 2, III, 1, 1982-1983.

WALLACE (M.B.) "J.M.W. Turner's circular, octagonal and square paintings, 1840-1846", *Arts Magazine*, 53, avril 1979, pp. 107-117.

WILKINSON (G.) *Turner's Early Sketchbooks, Drawings in England, Wales and Scotland, 1789-1802*, 1972.

WILKINSON (G.) *The Sketches of Turner, R.A., 1802-1820: Genius of the Romantical*, 1974.

WILKINSON (G.) *Turner's Colour Sketches, 1820-1834*, 1975.

WILTON (A.) *J.M.W. Turner : vie et œuvre*, Fribourg, 1979.

WILTON (A.) *Turner and the Sublime*, 1980.

WILTON (A.) *Turner Abroad*, 1982.

WORNUM (R.N.) *The Turner Gallery*, 1875.

YOUNGBLOOD (P.) "The Painter as Architect: Turner and Sandycombe Lodge", *Turner Studies*, II, 1, 1982, pp. 20-35.

YOUNGBLOOD (P.) "'That House of Art': Turner at Petworth", *Turner Studies*, II, 2, 1983, pp. 18-33.

YOUNGBLOOD (P.) "Three mis-identified works by J.M.W. Turner", *Burlington Magazine*, CXXV, 1983 (à paraître).

ZIFF (J.) "Turner and Poussin", *Burlington Magazine*, CV, 1963, pp. 3 ss.

ZIFF (J.) "'Backgrounds: introduction of architecture and landscape': a lecture by J.M.W. Turner", *Journal of the Warburg and Courtauld Institutes*, XXVI, 1963, pp. 124-147.

ZIFF (J.) "J.M.W. Turner on poetry and painting", *Studies in Romanticism*, III, 1964, pp. 193-215.

ZIFF (J.) "Copies of Claude's paintings in the sketchbooks of J.M.W. Turner", *Gazette des Beaux-Arts*, 65, 1965, pp. 51-64.

ZIFF (J.) "Turner's first poetic quotations: an examination of intentions", *Turner Studies*, II, 1, 1982, pp. 2-11.

ZIFF (J.) "But why *Medea* in Rome ?", *Turner Studies*, II, 1, 1982, p. 19.

Index des prêteurs

Crédits photographiques

Berkeley, Colin Mc Rae, n° 117.

Boston, Museum of Fine Arts, fig. 2, n° 159.

Cambridge (Mass.), Fogg Art Museum, fig. 9, n° 141.

Cheam, John Webb, fig. p. 94

Fort Worth, Kimbell Art Museum, n° 65.

Indianapolis Museum of Art, Robert Wallace, n°s 5, 38, 189, 190, 221.

Londres, British Museum, fig. 3, 20, 21, 23, 25.

Londres, Hawkley Studio Associates Ltd, fig. 22.

Londres, Tate Gallery, fig. 8, 10, 18, 19.

Londres, Sydney W. Newbery, n°s 140, 208, 250.

New Haven, Yale Center for British Art, n°s 11, 31, 54, 98, 124, 155, 238.

New York, Metropolitan Museum of Art, n°s 63, 249.

Oberlin, Allen Memorial Art Museum, n° 66.

Paris, Documentation photographique de la Réunion des musées nationaux, n°s 76, 188.

Paris, Direction des musées de la Marine, fig. 16.

Paris, Bibliothèque nationale, fig. 14, 17.

Philadelphia Museum of Art, n°s 12, 60.

Québec, Musée du Québec, n° 41.

San Francisco, Fine Arts Museums, n° 203.

Stanford University Museum of Art, n° 138.

Washington, National Gallery of Art, n°s 36, 61.

Maquette de Jean-Pierre Rosier

Achevé d'imprimer en octobre 1983
par la Nouvelle Imprimerie Moderne du Lion, Paris
Composition et photogravure de Bussière arts graphiques

Dépôt légal octobre 1983

ISBN 2-7118-0238-8